德礼为政教之本，刑罚为政教之用，犹昏晓阳秋相须而成者也。

（唐）长孙无忌等
《唐律疏议·名例》

中國法制通史

【第四卷】隋唐

总主编　张晋藩
本卷主编　陈鹏生
本卷副主编　张中秋　丁凌华

中国法制出版社
CHINA LEGAL PUBLISHING HOUSE

撰稿人（以撰写章节为序）

陈鹏生　绪言、第五章、第六章
徐永康　第一章、第四章
赵元信　第二章、第三章
董长春　第七章第一节
李玉生　第七章第二节、第三节
丁凌华　第八章
张中秋　第九章
郭　建　第十章
金　眉　第十一章
王立民　第十二章
徐忠明　第十三章
殷啸虎　第十四章、第十五章、第十六章

CONTENTS

目录

绪　言

隋唐是我国封建社会的上升时期。我国封建社会自隋王朝继承北周统一中国北方之基础，兴兵灭掉南方陈王朝，结束了西晋末年以来持续二百七十多年南北分裂对峙的局面之后，便重新得到了统一，并把历史推进到一个新的时期。特别是继隋而起的唐王朝，深为偌大的隋王朝在农民起义的疾风骤雨中顷刻覆亡感到“惕然震惧”，面对“万户则城郭空虚，千里则烟火断灭”①的残破局势，力矫隋弊，“动静必思隋氏，以为殷鉴”②，采取了一系列的让步政策和改革措施，使社会迅速恢复安定和发展，在有唐一代出现过“贞观之治”和“开元盛世”的繁荣局面。所以，从总体上看，隋唐时期我国封建的经济、政治和文化，都有了进一步的发展，是继汉代文景之治以后，我国封建社会的又一次鼎盛。

隋唐之法律，作为我国封建社会这一鼎盛时期经济、政治和文化之反映，也臻于成熟和详备。隋唐法律集封建法律之大成，上承汉魏，下启五代宋元，直至明清。特别是唐律，其使用时间包括唐，及其后的五代、两宋，从公元 618 年唐建立起，到公元 1279 年宋最后灭亡止，长达 660 年，是中国历代律中使用时间最长的。而唐律不但成为封建法律之楷模，而且被公认为中华法系之代表，对亚洲古代各国封建法典具有深远之影响，因而法制史界常将唐律在东亚法制史上所占的地位与罗马法在西洋法制史上

① 《旧唐书·李密传》。

② 《贞观政要》卷 9。

所占之地位相提并论。历代学者对唐律更是赞誉备至，清朝著名学者纪昀在其所撰《四库全书总目〈唐律疏议〉提要》中说："论者谓唐律一准乎礼以为出入，得古今之平。""而上稽历代之制，其节目备具，足以沿波而探源者，要惟唐律为最善。"清朝担任过刑部尚书的律学家薛允升在其所著《唐明律合编》的序言中说，唐律"繁简得其中，宽严亦俱得平，无可再有增减者矣"。著名学者陈寅恪在其《隋唐制度渊源略论稿》中也认为，"元魏之律遂汇集中原、河西、江左三大文化因子于一炉而冶之，取精用宏，宜其经由北齐，至于隋唐，成为二千年来东亚刑律之准则也"[①]。封建社会的学者之所以如此讴歌唐律，固然由于唐律的"一准乎礼"与他们评价法律——以儒家政治观和法律观为准是相融合的，但也反映了唐律从法律内容到立法技术、篇章体例，都的确是先秦以来中国封建法律之集大成。正因为如此，长期以来，唐律被人们看作一座封建法学的宝库，唐律一直是国内外法史学界研究的热点，人们对此孜孜以求，历久不衰，充分显示唐律本身蕴含的高度学术价值和深刻的历史借鉴意义。

隋唐法律是在总结前代各朝封建法律之得失的基础上，加以损益取舍的结果，同时又为后代各朝制定封建法典所依本，其承前启后涉及的历史悠久，资料浩瀚。历来人们研究唐律，往往出现两种偏向：一种偏向是沉缅于资料的收集、整理和考证的工作，而忽略了理论上的概括和论证，这种研究方法，不但不容易充分揭示唐律的本质特点，也难以从中获取规律性的认识以作为历史的借鉴；另一种偏向是着重从宏观上去研究，虽然注意到运用马克思主义的立场、观点和方法作指导，但对资料的搜集、整理和论证的工作则跟不上，影响了研究工作的深度。我们认为，研究历史无疑要采取实事求是的态度，而实事求是的本身就既要实其"事"，也要求其"是"。实事与求是相辅相成，相得益彰，绝不可偏废，故而历来史学

① 陈寅恪:《隋唐制度渊源略论稿 · 刑律》，商务印书馆 2011 年版，第 119 页。

研究都提倡史论结合。今天的唐律研究，由于前人对有关资料进行了大量的搜集、整理和考证工作，已保存下来浩瀚的典籍资料，而诸如敦煌、吐鲁番的唐文书出土，又不断地发掘出新的文献资料，这就要求我们要充分利用这些资料，不断开拓唐律的研究领域，并运用马克思主义的立场、观点和方法，把唐律研究进一步引向深入。我们撰写中国法制通史隋唐卷，正是以此为努力方向，力图在现有研究成就的基础上，有所前进，有所发展。其中涉及研究界看法分歧的一些问题，我们在提出自己的看法的同时，对于比较有影响的、言之成理的不同看法，也加以介绍，以供读者参考定夺。比如说，法史界历来认为中国封建法律重刑轻民，而自商鞅受《法经》以相秦，改法为律之后，历代王朝制定的律典，实质上都是刑法，因而研究唐律者，往往单从刑法的角度去说明问题。其实，从云梦睡虎地出土秦简已表明，律自秦开始也不完全是刑法，秦律中的仓律、田律、金布律等，都是行政管理方面的规定。汉承秦制，汉律中的上计律、钱律等也不是刑法。当然，即使是秦汉法律或其他朝代的法律，也有些刑法是不包括在律里面的。为了较全面地反映唐律的内容，我们特地在本书中，设立《唐朝的经济法律》和《唐朝的民事法律》等篇章。至于《唐六典》的性质，历来仁者见仁，智者见智，我们在论证自己的观点时，也将学术界主要的分歧看法介绍给读者。

隋唐法律是隋唐社会经济关系、政治关系的反映和产物。马克思早在《德意志意识形态》一书中就精辟地分析了经济基础和上层建筑之间的这种关系，指出“人们的生产关系，应当表现为法律关系和政治关系”，封建经济的根本在于农业，封建地租剥削形态主要取决于土地制度。因而封建统治者历来十分重视运用掌握的国家机器，制定和推行符合自身利益的土地占有制度，而法律也成为维护这种土地占有制的工具。

隋朝建立后，在经济上主要是实行沿袭北魏以来的均田制和推行大索貌阅及输籍法，从而使得中央政府直接控制了全国大多数农户，保证了朝廷的赋税财政收入，对中央集权的巩固起了重要的作用。故史称“隋代之盛，实由于此”[①]，而均田制和大索貌阅及输籍法的实行，也在一定程度上改善了人民的生活，缓和了阶级矛盾，并有利于削弱地方割据势力，强化了中央集权对国家经济和财政的统一控制。及至唐朝，继隋仍实行均田制。均田制自北魏至北齐而隋朝，历经变化，却集中表现于唐朝。唐朝于高祖武德七年（624年）颁布均田令，基本内容为土地国有，计口授田和土地还授。由于唐初农民已经在隋末起义中从地主手中夺取了一部分土地，唐朝统治者不得不承认这一既成事实，加之长期大规模战争造成人口大量流亡，太宗贞观初年全国人口不满三百万户，还不及隋朝的三分之一，使封建政府占有了大量无主土地，这就使唐初在施行均田制方面有较好的条件。唐律中对有关分田、卖田、占田、盗耕田和侵夺田都做了具体规定，实际上是为了保证均田制的贯彻。当然，隋唐均田制的实行，由于后来“法令弛坏”而不彻底，但客观上对限制强宗豪族大量侵占土地仍起一定作用。唐在实行均田制时，还配套施行租庸调法，相对减轻人民的赋役负担，有利于稳定农民的生产和生活。所有这些，都为唐朝走向鼎盛提供了重要的条件。

隋唐在政治方面，主要是在以皇帝为中心的基础上，不断完善中央三省六部体制，以强化专制主义中央集权制度。自战国以来，封建国家的统治已历经一千多年，统治经验的积累日益丰富，隋朝开创重新统一的局面后，皇帝制度在新形势下又有了发展，在三国两晋南北朝时期初步形成的中央三省制基础上，重新厘定中央官制，确立了以三省六部廿四司为核心的中央行政管理体制，这是封建政治制度的一个重要发展。三省即尚书省、门下省、内史（唐改中书）省，共同组成中央辅政机构，三省长官为宰相之职，而六部即吏部、户部、礼部、兵部、刑部和工部，作为中央各项政务的执行机构。到了唐朝，皇帝制度在隋的基础上又有了进一步的加强，不论在内容上抑或在形式上，都臻于更加完备的程度。从皇位制度、继承

① 《通典·食货》。

制度、后宫制度、外戚政治、宦官制度到宗室制度，都建立了严格的朝规和管理体制，形成了一整套等级森严、相互制约而又有明确分工的官僚体系，以充分确立和维护皇帝的至尊至高地位。而作为辅佐“衡石量书”“日理万机”的皇帝的辅政体制——中央三省六部，在这时适应皇权强化和日益繁杂的封建国家政务的要求，在机制和运行方面都有了进一步的发展。隋唐时期主持辅政工作的宰相已不是一人，而是一个相互分工制约的集体。秦汉时期，宰相权力相当集中，故有“一人之下，万人之上”的说法。到了隋唐，随着皇权专制程度的提高，统治权日益集中到皇帝手中，宰相权力便逐步下降。唐制对中央三省有明确分工，中书出令、门下封驳、尚书执行，“每事先经中书省，中书做定将上，得旨，再下中书，中书以付门下。或有未当，则门下缴驳，又还中书，中书又将上，得旨，再下中书，中书又付门下。若可行，门下又下尚书省，尚书但主书撰奉行而已”[①]。在这种三省正常运行机制外，还规定三省长官对较重大的事务共同议政于门下省的政事堂，如发生分歧异议，则悉听皇帝最后裁定。可见唐代中央三省的职权是在皇权控制下密切协调的。这既有利于使宰相之间相互牵制，削弱其权柄，防止宰相专权，又便于皇权的直接控制，有效贯彻皇帝意旨，可以说是封建政治发展史上君权与相权矛盾斗争的经验总结。

综上所述，隋唐时期封建经济与政治的发展，为封建法律的发展既在客观上提出了更高的要求又提供了重要的前提条件。封建经济的繁荣和封建政治的巩固推动了封建法律的完善，而封建法律的完善又有力地维护了封建经济的繁荣和封建政治的巩固。特别是隋唐统治，从借鉴历史的教训出发，都比较注意调整社会关系，协调阶级矛盾，讲求统治方法，总结统治经验，这对隋唐法律的发展起了重要的作用。中国封建社会秦王朝和隋王朝都经历了极盛而衰的短暂命运，它们突如其来的土崩瓦解，都给人们带来极大的震惧。从汉以秦亡为殷鉴到唐的“动静必思隋氏”，并进而认

---

① 《朱子语类》卷128。

识到“舟所以比人君，水所以比黎庶，水能载舟，亦能覆舟”[①]，都反映了封建统治者重视法律修订的历史动因。加之封建法制经过魏晋南北朝继汉开唐的重要过渡，到了隋唐，体例编纂技术，都达到详备和成熟的程度，因此，隋唐法律成为封建法律发展的最高成就，这就是历史的必然了。

中国封建社会悠悠几千年，王朝历经更迭，治乱相循，而法制的发展却上下一贯，陈陈相因，内在的上承下启沿革十分清楚，为世上所少见。隋唐法律作为封建法律之集大成者，自有其深刻的历史发展渊源。列宁在《论国家》中说：“考察每个问题都要看某种现象在历史上怎样产生，在发展中经过了哪些主要阶段，并根据它这种发展去考察这一事物现在是怎样的。”我们也应该穷源竟委地考察隋唐法律与前代法律的承受关系，才能客观地探究其发展的规律性。

隋朝统治三十七年而亡，立国虽短，但一部《开皇律》上承汉典，下开《唐律》，在封建法制发展史上的重要地位和深远影响却是引人注目的。对于《开皇律》的历史渊源，史书记载不一，有的认为“多采后齐之制而颇有损益”[②]，有的说是“上采魏、晋刑典，下至齐、梁，沿革轻重，取其折衷”[③]，还有的认为是“隋文帝参用周、齐旧政，以定律令，除苛惨之法，务在宽平”[④]。我们认为解决这个问题，应该从封建法律自身的发展历史过程来加以考察。封建法典始于魏国李悝所编制之《法经》六篇，即盗法、贼法、囚法、捕法、杂法、具法。及至汉初，萧何于六篇之外加户、兴、厩三篇为汉九章律，其后叔孙通制傍章十八篇，张汤制越宫律二十七篇，赵禹制朝律六篇，合为汉律六十篇。曹魏因依汉律，制新律十八篇，将汉具律改称刑名，置于律首，并置八议于律书中，堪称“开晋唐宋明诸律之

① 《贞观政要 · 教戒太子诸王》。
② 《隋书 · 刑法志》。
③ 《隋书 · 裴政传》。
④ 《旧唐书 · 刑法志》。

先河”。[①] 西晋时，又增损汉魏诸律，“蠲其苛秽，存其清约”，定为二十篇，其中将魏刑名分为刑名、法例二篇。西晋末年因西北各氏族的进入，分裂为南北朝的对峙，自是法律也分为二支。南朝多沿用晋律，法制上建树不多，而北方的拓跋氏，总结历代制律之经验，取精用宏，既吸取汉律精神，也沿用魏晋之制，多次修订律令，尤其是后魏世宗，本“循变协时，永作通制”精神，制成独擅一代之盛的北魏律二十篇，在刑法原则上有重大发展，编纂体例亦趋于“简要得体”，是一部处于中国历代法律总结时期的法典。其后，著名的北齐律就是以北魏律为基础损益修订而成的。北齐律吸收魏晋立法经验，校正古今，省并篇名，务存清约，“所增损十有七八”[②] 共分为十二篇，九百四十条，完成了魏晋以来法典体例由繁而简的改革。程树德在《九朝律考》中说：“南北朝诸律，北优于南，而北朝尤以齐律为最。”并认为“隋唐二代之律，均以此为蓝本”。[③]

程树德在《九朝律考》中还将律系的这种发展沿革列表如下：[④]

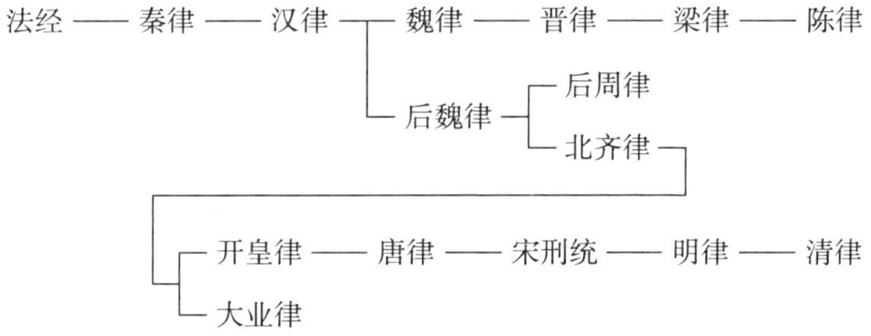

后来的研究者对南北朝法律的发展脉络及其评价虽或有所不同，但对《开皇律》主要承继《北齐律》而来，则多数是认同的。隋文帝受周禅，

① （清）程树德：《九朝律考·魏律考序》，商务印书馆 1995 年版，第 249 页。

② 《九朝律考·北齐律考序》，第 521 页。

③ 《九朝律考·北齐律考》，第 527 页。

④ 《九朝律考》“律系表”。

所制定的《开皇律》不沿用周律，而以《北齐律》为蓝本，究其原因，主要有二：一是北周律模仿《尚书》《周礼》，杂采魏晋，篇章条目繁多，“比于齐法，烦而不要”[①]，故隋律依北齐而不采北周。二是北齐既避免《北周律》刻意仿古的迂腐，又在内容上注意礼律并举，使礼法糅合，互相渗透。这在儒家思想继汉的独尊儒术以来，已日益占统治地位的当时，是《北齐律》为隋朝所重的重要原因。当然，说《开皇律》主要承继《北齐律》，并不能完全排除它受《北周律》的影响。因为隋承北周，文帝不但曾任北周丞相，而且为北周制定过《刑书要制》。开皇三年法典的主撰者裴政也曾参加周律的修订工作，所以《开皇律》的制定难免受周律的影响。《旧唐书·刑法志》也说：“隋文帝参用周齐旧政，以定律令，除苛惨之法，务在宽平。”

封建统治就其本质来说即专制统治，在朕即国家，法自君出的封建社会，历代封建王朝的统治者，都十分重视运用法制武器来强化其专制统治。因而封建法制发展的总趋势，是一个由不完善到逐渐完善的过程。我们说隋唐法律是集封建法律之大成，实际上指的是隋唐法律把历代封建王朝在法制上采取的进步性措施，加以总结并吸收到自己的法制中来。特别是自汉代确立儒家思想的统治地位以来，礼法结合一直是封建法制发展的指导原则，礼法结合之“道”，“德主刑辅”之“仁”和“中”，就是封建王朝统治者从实践中总结出来的统治人民的基本经验。强大的秦王朝和隋王朝一下子土崩瓦解，给其后的统治者除了极大的震惧之外，还提出一个如何从中吸取教训，避免重蹈覆辙的问题。唐太宗和长孙无忌、魏征等辅弼大臣，经常聚在一起议论的无非就是这个问题，一部“贞观政要”记载的都是这方面的议论。总地来说，这种教训就是要从农民起义中充分认识老百姓的力量，人心向背对封建统治的兴衰存亡关系至大，从而迫使他们采取若干让步的措施。表现在法制上，就是要“约法省刑”。这就使得封建法

① 《隋书·刑法志》。

律从秦的繁法苛刑开始，经过汉代的改革，逐步由繁到简，由严到宽地发展。一部《开皇律》，一部《唐律》，都只有十二篇，比起“繁如秋荼，密如凝脂”的秦法，和“律令繁多，百又余万言”的汉法来，简约得多了。而就刑制来说，隋所确立的笞、杖、徒、流、死五刑制，比起前朝历代的刑制都是最轻的，唐沿隋制，仅在流刑上稍作改变，即三流各加千里，役期皆减为一年。尤其值得注意的是，隋唐刑制主刑均为一罪一刑，不用一罪数刑，这是封建法制中其他朝代所没有的。对死刑，隋唐在历代王朝中也是最文明的。隋文帝废除磬、枭首，定斩、绞两种为法定死刑，唐代因之。唐律还规定，新法重则依照轻的旧法；新法轻，就依新法。这已近似现代刑法的规定。其他诸如刑罚的加减，数罪俱发的处理，以及对“存留养亲”，老人、儿童、残疾人和妇女的优待等，都比之过去合理。这些情况，说明中国封建法律的发展有沿有革，都是在礼法结合的原则下陈陈相因，一脉相承，而隋唐法律的确把历代法律中比较合理、先进的东西汇集吸收进来，并有所进步和发展。如果说，隋王朝的《开皇律》因促使中国封建法律统一化和规范化而成为中国法制史上的一个重要里程碑，而唐律继隋律之精神，达到“一准乎礼”，成为封建法律的楷模，其实质就是唐律在隋律基础上，把历代王朝礼法结合的基本经验进一步总结提高，使礼成为唐律的灵魂，唐律成为礼的法律表现。

唐自安史之乱起，由于政局动荡，战乱频仍，社会关系的各个方面都发生了深刻的变化，其法制虽是唐前期之继续，但又非前期法制之旧。从史籍所载唐后期的立法活动看，除一次修格外，几乎没有修定过律、令、式，主要立法是编撰格后敕和刑律类统。而格后敕和刑律类统，其实质就是编敕。编敕取代了唐前期数年一度的对律令格式的修改重定。因此，唐后期敕的地位日益重要，不仅跻身于正式法典，而且其法律效力和适用范围远远超过律令格式等正式法典。应该说，由唐前期的重视律令格式的修定，到唐后期的凡事“皆先检详制敕”，这是唐朝法制上一个非常重要的变化。后来五代及赵宋即沿此发展而皆以编敕和刑律统类为基本法典，甚至发展到“一断以敕”，以敕代律，盖源于此。

到了五代十国，社会动荡不宁，阶级矛盾尖锐，是中国封建社会的乱世，历来被人们称为封建法制史上最混乱和最黑暗的时期。五代十国承唐末之乱，立法主要是仿效唐末编纂格敕和刑律类统。直至周世宗时，鉴于当时格敕条目繁杂又不统一，文字难懂，界限不清，官吏得以弄法舞文，陷害民众，乃诏令御史张逞等注释删节，并令王蒲、范质等据文评议，详定为《刑统》，至公元958年，即显德五年，又在此基础上编成《大周刑统》21卷[①]，这是五代最著名的一部法律，“刑名之要，尽统于此”，堪称当时的一部刑事法律百科全书，对促进后周的政治，乃至改变唐末以来大分裂的局势，都起了积极的作用。而《刑统》这种立法方式，也为后来宋代所采用。

中国法律绵延四千年不曾中断，在世界五大法系中独树一帜，自成体系。而在中国古代法律系统的漫长历史演变和发展中，律是其代表，隋唐律作为集封建法律之大成者，它首先是集律之大成。中国封建法制历代密密相接，彼此相应之主线即起自战国初创之《法经》，而完善于隋唐的律典，隋唐律的成就，实为包含前朝各代立法者心力造诣的结晶。清代大学问家孙星衍说过一句很精辟的话：“不读唐律，不能知先秦历代律令因革之宜。”这说明唐律与历代律典之间的来龙去脉的嬗递关系。这是我们研究隋唐律者所当记住的。

① 《册府元龟 · 刑法部》。

第一章　隋朝的立法概况和立法思想

隋朝的立法实践对唐朝具有直接而巨大的影响，而隋唐两代统治者迥然有异的立法思想不仅使其立法实践带有各自的特色，而且也给后人以深刻的启示。

第一节　隋朝的立法背景

隋朝法律制度的发展，既由于有秦汉建立的封建法制的基本框架和魏晋南北朝时期各个朝代立法者对新的法制的不断探索和补充作为其坚实基础，同时又有赖于经过长时期的动荡分裂之后，一个统一的中央集权的王朝对统一完备的法制的企盼。如果说，前者是法律制度发展本身应当具备的条件的话，那么，后者恰恰就是法律制度发展的必要的社会保证和内在要求。

一、隋朝的建立和全国的统一

东汉末年董卓之乱以后，全国陷于分裂状态，时近四百年之久。到了南北朝后期，社会结构和社会经济状态发生了显著变化，统一的条件逐步成熟，统一的呼声渐趋高涨，这一历史使命最终由代周而起的隋朝来完成了。

（一）隋代周

北周宣帝宇文赟的统治，政治腐败，为了建筑规模壮丽的洛阳宫，“发山东诸州兵，增一月功为四十五日役，起洛阳宫，常役四万人”[①]，极大地加重了人民的负担。为了镇压人民和异己势力，又制定了《刑经圣制》，规定了残酷的刑罚，杖刑至少是一百二十杖，后又加重至二百四十。[②]自己的生活更是极度奢靡，后宫嫔御无数，极尽声色犬马之能事。这种昏庸的统治搞得内外怨愤，上下离心，阶级矛盾和统治阶级内部的矛盾日趋激化，给以杨坚为首的集团提供了夺取政权的机会。

杨坚的祖先杨元寿，曾任北魏武川镇的司马，与北周皇室的祖上同居一地。杨坚的父亲杨忠是鲜卑大贵族独孤信的部下，当年随魏孝武帝入关，竭力辅佐宇文泰建立政权，当上了柱国大将军，晋爵隋国公，任大前疑（宰相），掌握军政大权。杨坚小名那罗延，继承了父亲杨忠的隋国公爵位，历任大司马、大后丞、大前疑等中央政府的要职。杨坚的妻子是鲜卑大贵族八柱国之一独孤信的女儿，而杨坚的女儿又是宣帝宇文赟的皇后，所以，他又是周静帝的外祖父。由此可见，杨坚既是关陇集团上层强有力的军事领袖，又是皇亲国戚，享有很高的政治地位。

周宣帝宇文赟本人早死，儿子宇文阐八岁称帝，是为周静帝，早对北周统治不满的汉族大官僚郑译、李德林、刘昉、高颎等人趁机推戴杨坚“入宫辅政”，总揽军政大权。为了收揽人心，杨坚还进行了一些改革，《隋书》卷一《高祖纪》称：“宣帝时刑政苛酷，群心崩骇，莫有固志。至是，高祖大崇德政，法令清简，躬履节俭，天下悦之。”此举为他进一步夺取帝位创造了条件。

此时，亲近北周皇族的势力已看到了这一不利局面，手握重兵的一些

① 《周书·宣帝纪》。

② 《隋书·刑法志》。

地方将领纷纷起兵反对杨坚，杨坚迅速派兵反击，消灭了这些反杨势力。然后杨坚大杀北周皇族，北周宗室子孙死亡殆尽，周静帝彻底孤立，听凭杨坚摆布。北周大象二年（580年），杨坚自称隋王，准备上演“禅让”一幕。第二年二月，杨坚迫使宇文阐让位，推翻北周王朝，改国号为隋，改元开皇。杨坚即位，是为隋文帝。此时，离他总揽北周军政大权还不满一年。

（二）隋的统一事业

南北朝末年，北强南弱的格局已定。建德六年（577年），北周武帝派兵灭齐，一举统一了长江以北，然后又收复了被陈朝大将吴明彻占据的淮南一带，使北周疆土不仅据有长江以北的广大区域，而且包括长江中上游各地（今湖北、四川），从而奠定了“平突厥，定江南”，统一全国的基础。可惜周武帝不久病死，没有来得及完成这一任务。

隋朝建立后，北方经济的进一步发展，中央集权制的巩固和军事力量的加强，以及南北对峙的民族矛盾的消失，使得统一全国的事业注定要由隋朝来完成。

隋代周后，其时尚有立国江陵，原附庸于西魏、北周的小国后梁。后梁起初仍如前由隋设总管监统，以后停设。开皇七年（587年），隋文帝下令梁帝萧琮到长安入朝，并留而不遣。梁国大臣萧岩胁迫文武官员及十余万民众投降南陈，于是隋文帝派大将崔弘度进驻江陵，废掉梁国，同时着手灭陈的准备工作。

在隋朝紧锣密鼓地部署灭陈计划时，陈朝统治集团依旧是歌舞升平，过着腐败荒淫的生活。开皇八年（588年）春，隋文帝下诏揭露陈后主二十条罪恶，声言讨伐，并抄发三十万张诏书散布江南。年末，设置淮南行台省于寿春（今安徽寿县），以晋王杨广为尚书令，总领平陈的战役，率军队五十余万，大举攻陈。前后不过数月，就平定了陈国全部旧境，实现了南北统一。

二、隋朝经济的发展

南北统一局面的形成，促进了经济的繁荣，再加上隋文帝实行的一系列内外改革，使原来发展迟缓的社会经济，在隋朝统治期间开始迅速上升。

（一）隋朝的均田制和农业的发展

隋朝的经济发展和均田制有着密切的关系，当时的均田制大抵是沿袭了北齐的做法，而且在隋文帝和炀帝统治时，曾几度下令均田。如开皇元年（581 年）文帝称帝后，就宣布继续均田，“男女三岁已下为黄，十岁已下为小，十七已下为中，十八已上为丁。丁从课役，六十为老，乃免。自诸王已下，至于都督，皆给永业田，各有差。多者至一百顷，少者至四十亩（《通典》作三十顷）。其丁男、中男永业露田，皆遵后齐之制，并课树以桑榆及枣。其园宅，率三口给一亩，奴婢则五口给一亩。……京官又给职分田。一品者给田五顷。每品以五十亩为差，至五品，则为田三顷，六品二顷五十亩。其下每品以五十亩为差，至九品为一顷。外官亦各有职分田。又给公廨田，以供公用”[①]。农民受田的数目，按北齐的办法，一夫受露田八十亩，妇人四十亩，另有桑田或麻田二十亩，合计为一百四十亩。奴婢依良人办法受田。牛一头，受田六十亩，限止四牛。按规定露田必须还受，永业田包括桑田和麻田则可传于子孙。根据史料的记载，隋朝的均田制实行得并不彻底，而且官僚地主和农民所受土地的数量非常悬殊，但这一制度的实行，在一定程度上限制了土地兼并的加剧，有利于加强中央集权，原来无地的农民也多少能得到一些土地，因而提高了生产积极性。

为了发展农业生产，隋初还对赋役制度作了更定。如开皇三年（583 年），将成丁年龄由原来的 18 岁改为 21 岁，将服役时间改为“每岁为二十日役”[②]，

---

① 《隋书 · 食货志》。

② 《隋书 · 食货志》。

大约比南北朝减少了一半。以后临时性的减免赋税的诏令也多次颁布。此外，隋初还积极组织农民兴修水利。这些措施对农业生产的发展均起了有利的作用。

（二）隋朝的工商业

在农业发展的带动下，隋朝的工商业借助南北统一、大运河开通等有利条件，也比前朝有了比较明显的进步。隋文帝在中央设了太府寺，负责管理全国的手工业，“征天下工匠，纤微之巧，无不毕集”[①]。炀帝时从太府寺内又分出少府监，管辖的手工业的门类更多，对工匠的控制也更严。当时的手工业主要有纺织业、造船业、瓷器业和制茶业，不少产品已具有相当的水平。

隋朝商业的发展则有几个显著的标志：一是统一了货币，以五铢钱取代了原先种类繁杂的旧钱；二是统一了度量衡，结束了计量紊乱的局面；三是出现了长安、洛阳等繁华的商业城市，聚集了八方珍货，招致了四方客商。此外，隋朝还以西北陆上和东南海上两路，发展了与少数民族和外国的贸易。隋在内地三千户以上的城市均设置市署，专门管理地方商业，控制商品的流通和市场价格，这一措施，既表明隋朝的商业带有浓重的“官方”色彩，又有力地推动了市场管理法制的健全。虽然现在留传下来的隋律条文这方面的内容并不多，但我们仍然可以从唐律的有关制度中，感觉到隋律对其的影响。

三、隋朝巩固封建统治的政治改革

隋文帝夺取政权以后，为了加强中央集权，巩固隋王朝的统治，对前朝实行的诸多制度进行整顿和改革，重新建立了一系列的制度。

---

① 《隋书·苏孝慈传》。

（一）中央和地方的职官制度

在中央职官方面，开皇元年（581 年），废去了北周模仿《周礼》所置的六官，建立了三省六部制度。三省即尚书省、内史省、门下省。尚书省负责全国政务，内史省负责起草诏令，门下省负责审查政令及封驳，三省长官都是宰相。在尚书省以下，分设吏（掌人事）、礼（学校、科举、祭祀）、兵（国防）、都官（司法）、度支（财政）、工（掌营造屯田等）六部。开皇三年（583 年）改都官为刑部，度支为户部。六部设尚书，总管部务。从此以后，历唐、宋、元、明、清各朝，中央官制基本沿袭这一制度，只有部分影响不大的改变。另外，中央还设有御史台（负责监察）、太常（掌礼乐）、大理（最高审判机关）等九卿（后有废置），还有左右卫（掌禁卫）、十二府（管府兵）。

在地方职官方面，最初沿齐、周时的州郡县三级制。开皇三年（583 年），河南道行台兵部尚书杨尚希上表指出："当今郡县，倍多于古，或地无百里，数县并置；或户不满千，二郡分领。县寮以众，资费日多，吏卒又倍，租调岁减。清干良才，百分无二，动须万数，如何可觅？所谓民少官多，十羊九牧。"建议对地方政府应"存要去闲，并小为大，国家则不亏粟帛，选举则易得贤才"[①]。隋文帝接受了杨尚希的意见，罢去郡一级设置，实行州、县两级制。对州、县也视实际情况作了并省，并裁汰了一些冗官。这些措施既可节省政府的开支，也有利于提高行政效率。隋炀帝时，改州为郡，仍为两级制。同时，地方官吏均由中央任命，中央集权制有了进一步的加强。

（二）府兵制度

府兵制是西魏建立的兵制。西魏、北周的府兵制，起初是兵农分离，

① 《隋书 · 杨尚希传》。

兵民分离，即家属随营，列于兵户，不属州县，当军队征战时，家属亦随之流动。后来逐渐实行兵农合一，将府兵制和均田制相结合，通过均田制来保证国家的兵源，并加强对农民功役上的奴役。开皇十年（590年），隋文帝颁布诏书，称："魏末丧乱，宇县瓜分，役车岁动，未遑休息。兵士军人，权置坊府，南征北伐，居处无定。家无完堵，地罕包桑，恒为流寓之人，竟无乡里之号。朕甚愍之。凡是军人，可悉属州县，垦田籍帐，一与民同。军府统领，宜依旧式。"[①] 这一诏书，将兵户编入了民籍，同隶属于州县，实现了兵民合治。在府兵的统率上，隋仿照前朝的做法，设置十二卫，各置大将军，为府兵最高将领，总隶于皇帝。这种建立在均田制之上的军事制度，在保证府兵兵源，强化农民的功役负担、集中军事统率权和加强中央集权等方面，均有相当成效。

（三）科举制的创立

北朝后期，曹魏以来实行了几百年的九品中正制已遭冷遇，官吏的选擢开始注意到才干，士族门阀在政治上的特殊权利也不复存在。隋文帝开皇年间，为加强中央集权，正式取消了九品中正制，改而用分科考试的方式来选拔官员，起初命诸州岁贡三人，开皇十八年（598年）又命"京官五品已上、总管、刺史，以志行修谨、清平干济二科举人"[②]，同时以秀才、明经等常设科目考试选人。"炀帝嗣兴，又变前法，置进士等科"[③]，使科举制度得到确立。隋朝对选举制度的变革，扩大了封建政权的阶级基础，对中国封建社会中后期的政治法律制度产生了深远的影响。

① 《隋书·高祖纪》。

② 《隋书·高祖纪》。

③ 《唐会要·制科举》。

第二节　隋朝的立法概况

隋朝虽统治时间不长，但受魏晋南北朝时期各个朝廷频繁立法的影响，隋文帝和隋炀帝都比较重视通过制定法律来显示自己的正统地位，并分别颁布了以他们统治时的年号命名的《开皇律》和《大业律》。

一、《开皇律》的制定

《开皇律》的制定始于隋文帝改元开皇不久。据史书记载，开皇元年（581 年）隋文帝下令制定《开皇律》，于同年十月颁行。具体参与定律的有“尚书左仆射、勃海公高颎，上柱国、沛公郑译，上柱国、清河郡公杨素，大理前少卿、平源县公常明，刑部侍郎、保城县公韩濬，比部侍郎李谔，兼考功侍郎柳雄亮”7 人。[①]

在颁布法律之时，隋文帝下诏曰：“帝王作法，沿革不同，取适于时，故有损益。夫绞以致毙，斩则殊刑，除恶之体，于斯已极。枭首轘身，义无所取，不益惩肃之理，徒表安忍之怀。鞭之为用，残剥肤体，彻骨侵肌，酷均脔切。虽云远古之式，事乖仁者之刑，枭轘及鞭，并令去也。贵砺带之书，不当徒罚，广轩冕之荫，旁及诸亲。流役六年，改为五载，刑徒五岁，变从三祀。其余以轻代重，化死为生，条目甚多，备于简策。宜班诸海内，为时轨范，杂格严科，并宜除削。先施法令，欲人无犯之心，国有常刑，诛而不怒之义。措而不用，庶或非远，万方百辟，知吾此怀。”[②] 这篇诏书，表明了隋文帝变革法制和减轻刑罚的追求。

① 《隋书·刑法志》。
② 《隋书·刑法志》。

这部法律颁行之后，隋文帝鉴于“律令初行，人未知禁，故犯法者众。又下吏承苛政之后，务锻炼以致人罪”等情况，诏令全国“敦理辞讼”，规定“有枉屈县不理者，令以次经郡及州，至省仍不理，乃诣阙申诉。有所未惬，听挝登闻鼓，有司录状奏之”①，试图用直诉制度来纠正司法偏颇的弊病。

到了开皇三年（583 年），隋文帝览阅刑部的奏文，发现断狱的数量仍达万条之多，认为这是法律还过于严密苛刻的缘故，以致人们稍一不慎，即身陷法网，于是命令苏威、牛弘等人“更定新律”，对《开皇律》重新修订。后世所称的《开皇律》，一般均指此次修订后的新律。

《隋书·刑法志》记载，经过开皇三年的修订，“除死罪八十一条，流罪一百五十四条，徒杖等千余条，定留唯五百条。凡十二卷。”“自是刑网简要，疏而不失。”这十二卷的名称是：“一曰名例，二曰卫禁，三曰职制，四曰户婚，五曰厩库，六曰擅兴，七曰贼盗，八曰斗讼，九曰诈伪，十曰杂律，十一曰捕亡，十二曰断狱。”至此，中国封建社会中期法典十二篇五百条的框架结构已基本确定。

二、《大业律》的制定

隋炀帝继位之后，初时仍沿用开皇制度，并未立即更定法律和其他制度，如在大业元年（605 年）闰七月丙子所颁的一份诏书中，仍提出“其国子等学，亦宜申明旧制”②，此时离他登基已有一年。大业二年（606 年），炀帝命牛弘等人更制《大业律》，次年律成。大业三年（607 年）夏四月“甲申，颁律令，大赦天下，关内给复三年”③。

① 《隋书·刑法志》。
② 《隋书·炀帝纪》。
③ 《隋书·刑法志》。

关于《大业律》的篇目，《隋书·刑法志》记为十八篇，《唐六典》注、《玉海》与《资治通鉴》均采此说，而且。《隋书·刑法志》和《唐六典》注都列举出了十八篇的全部篇名："一曰名例，二曰卫宫，三曰违制，四曰请求，五曰户，六曰婚，七曰擅兴，八曰告劾，九曰贼，十曰盗，十一曰斗，十二曰捕亡，十三曰仓库，十四曰厩牧，十五曰关市，十六曰杂，十七曰诈伪，十八曰断狱。"惟《隋书·经籍志》称"《大业律》十一卷"，后者显属误记。

隋炀帝以《大业律》取代《开皇律》，是由于他认为文帝时的法制"禁网深刻"[①]，"开皇律令犹重"[②]，所以，新修定的《大业律》从表面上看比《开皇律》要有所轻缓："其五刑之内降从轻典者二百余条，其枷杖决罚讯囚之制，并轻于旧。"[③]并废止了将十恶单独列目规定的做法，将十恶删去二条，惟存其八，且分隶各条。而隋炀帝立法之后的实际情况却是"征役繁兴，民不堪命，有司临时迫胁，以求济事，不复用律令矣"[④]。这部未产生实际效果的法律对后世也没有什么影响，以后《唐律》的修订主要是沿袭《开皇律》。

三、隋朝的法律形式

隋朝立法者对前朝的法律形式，在继承的基础上又加以规范统一，形成了律、令、格、式四种主要的法律形式。《隋书·经籍志》称，隋朝"律、令、格、式并行"，这种以不同特点、不同作用的法律形式相互配合的立法模式一直沿用于封建社会中期。

---

① 《隋书·刑法志》。
② 《玉海》卷 65。
③ 《隋书·刑法志》。
④ 《资治通鉴》卷 180。

（一）律

律之名称由战国时商鞅改法为律而来，通常为一个朝代的正式法典，是定罪量刑的比较稳定的法律形式。隋朝的律共有《开皇律》和《大业律》两部，在四种法律形式中，它最能反映一个时期的立法内容以及与前后朝法律之间的沿革与变化关系。

（二）令

令和律一样，都具有国家强制力，但令不像律那样具有较强的稳定性和整齐划一的形式，而是具有较大的灵活性，帝王可以根据自己的需要随时颁布令，用之补充律文之疏漏或不足，因此令的数量很多。秦汉时，令已是重要的法律形式，但当时律与令常常合称，相互之间的界限并不是很清楚。西晋杜预所作《律序》云："律以正罪名，令以存事制。"对律和令下了明确的定义。此后，令通常都是在制定律典的过程中，另外单独编撰的。

隋朝有《开皇令》和《大业令》。《隋书·经籍志》载："隋《开皇令》三十卷，目一卷。"《唐六典》"刑部郎中令"注记录了《开皇令》的具体名称："隋《开皇令》，高颎等撰，三十卷：一、官品上；二、官品下；三、诸省台职员；四、诸寺职员；五、诸卫职员；六、东宫职员；七、行台诸监职员；八、诸州郡县镇戍职员；九、命妇品员；十、祠令；十一、户令；十二、学令；十三、选举；十四、封爵俸廪；十五、考课；十六、宫卫军防；十七、衣服；十八、卤簿上；十九、卤簿下；二十、仪制；二十一、公式上；二十二、公式下；二十三、田令；二十四、赋役；二十五、仓库厩牧；二十六、关市；二十七、假宁；二十八、狱官；二十九、丧葬；三十、杂令。"

《大业令》的卷数则史书记载不一。《隋书·经籍志》称"《大业令》三十卷"，而《新唐书·艺文志》则作"十八卷"，倪正茂先生根据《隋书》与《新唐书》的成书年代先后，《大业令》与《开皇令》《永徽令》的关系以及各自的卷数分析，认为《大业令》亦应为三十卷。[①]

（三）格

“格”属于行政法规，其名源于汉代的“科”。东魏孝静帝兴和三年（541年），命群官于麟趾阁议定新制，以格代科，制定了《麟趾格》。隋开皇年间，“律、令、格、式，多（苏）威所定”。[②] 从仅见的史书片断记载中，也可以看到格所涉及的内容，如《隋书·刘炫传》称：“高祖年间，以刀笔吏类多小人，年久长奸，又以风俗陵迟，妇人无节，于是立格，州县佐史三年而代之，九品妻无得再醮。”但开皇所颁之格，不久就遭人诟病，连苏威本人也几度想修改。大业年间，未见有颁格的记载。

（四）式

式亦属行政法规，主要是有关办事细则和公文程式的规定。从《睡虎地秦简》中的《封诊式》、汉代的“品式章程”，到西魏文帝大统十年（544年）命尚书苏绰编撰的《大统式》，性质和特点均无大变化。隋开皇年间，苏威在制定律、令、格的同时，曾编定式，但缺乏详细的记载。大业年间亦多次制定和颁布式，如大业四年（608年）十月乙卯，炀帝“颁新式于天下”[③]。当然，与隋朝其他法律形式一样，隋代式的内容也鲜有留传。

第三节　隋朝统治者的法律思想

由于隋朝统治的时间过于短暂，因此不像其他朝代那样产生过比较丰

① 倪正茂：《隋律研究》，法律出版社1987年版，第10—11页。

② 《隋书·苏威传》。

③ 《隋书·炀帝纪》。

富的学术思想，至于法律思想，当然也更加有限。而且，这一时期的法律思想很少表现在思想家的著述中（辑集了王通言论的《中说》是一个难得的例外），而主要是见之于君主和大臣的政治实践、立法和司法实践。另外，在隋朝的两代君主当中，隋文帝的思想要显得丰富复杂一些，下面我们讨论的也主要是隋文帝的法律思想。

一、儒法佛道相混合的法律思想

在隋文帝的思想观念中，对儒法佛道几家学说均不排斥，而是把它们组合在一起，以适应隋初的社会现实。

经过汉武帝及其后历朝历代统治者的推崇，儒学的地位不断提高，儒家思想对法律的影响也不断加深。隋文帝虽然对儒学的兴趣不大，但既为人主，仍得以"德主刑辅"的理论作为治国的指导方针。为此，在他的诏书中，经常出现此类文字。如开皇三年（583 年）秋七月壬戌，他下诏说："行仁蹈义，名教所先，厉俗敦风，宜见褒奖"，同年十一月己酉，下诏曰："朕君临区宇，深思治术，欲使生人从化，以德代刑，求草莱之善，旌闾里之行。"[①]《隋书・儒林传序》说："高祖膺期纂历，平一寰宇，顿天网以掩之，贲旌帛以礼之，设好爵以縻之，于是四海九州强学待问之士靡不毕集焉。……中州儒雅之盛，自汉、魏以来，一时而已。"隋文帝的思想也影响了他颁布的一些法令的内容，如他接受了治书侍御史李谔的建议，下令九品已上妻，五品已上妾，夫亡不得改嫁，[②]以维护社教风俗。

为了缓和阶级矛盾，巩固自己的统治，隋文帝在统治之初颇为注意施行"德政"，树立自己的良好形象，如"躬履俭约"、减轻徭赋、查究官吏的受贿行为等。有一年，关中地区遭受饥荒，隋文帝"遣左右视百姓所食。

---

① 《隋书・高祖纪》。

② 《隋书・李谔传》《隋书・高祖纪》。

有得豆屑杂糠而奏之者，上流涕以示群臣，深自咎责，为之彻膳不御酒肉者殆将一期。及东拜太山，关中户口就食洛阳者，道路相属。上敕斥候，不得辄有驱逼，男女参厕于仗卫之间。逢扶老携幼者，辄引马避之，慰勉而去。至艰险之处，见负担者，遽令左右扶助之”[①]。

这种行“德政”的观念还影响到隋的司法活动，隋初有一些官吏注重教化，“以德化民”，他们以德政代替刑罚的种种做法也得到了文帝的肯定。如冀州刺史赵煚田中蒿草为人所盗，盗者为吏捕获，赵煚说：“此乃刺史不能宣风化，彼何罪也。”对盗者“慰谕而遣之”，还送了他一车蒿草，结果“盗者愧恧，过于重刑”。后文帝到洛阳，赵煚前往朝谒，文帝勉励他：“冀州大藩，民用殷实，卿之为政，深副朕怀。”[②]

又有平乡令刘旷，“人有诤讼者，辄丁宁晓以义理，不加绳劾，各自引咎而去。所得俸禄，赈施穷乏。百姓感其德化，更相笃励，曰：‘有君若此，何得为非！’在职七年，风教大洽，狱中无系囚，争讼绝息，囹圄尽皆生草，庭可张罗。及去官，吏人无少长，号泣于路，将送数百里不绝”。后迁任临颍令，“清名善政，为天下第一”。文帝召见他，称赞说：“天下县令固多矣，卿能独异于众，良足美也！”又下“优诏”，擢拜莒州刺史。[③]

还有一个王伽，开皇末年担任齐州行参军，“初无足称。后被州使送流囚李参等七十余人诣京师。时制，流人并枷锁传送。伽行次荥阳，哀其辛苦，悉呼而谓之曰：‘卿辈既犯国刑，亏损名教，身婴缧绁，此其职也。今复重劳援卒，岂独不愧于心哉！’参等辞谢。伽曰：‘汝等虽犯宪法，枷锁亦大辛苦。吾欲与汝等脱去，行至京师总集，能不违期不？’皆拜谢曰：‘必不敢违。’伽于是悉脱其枷，停援卒，与期曰：‘某日当至京师，如致前却，吾当为汝受死。’舍之而去。流人咸悦，依期而至，一无离叛。隋文

① 《隋书·高祖纪》。
② 《隋书·赵煚传》。
③ 《隋书·循吏刘旷传》。

帝'闻而惊异之，召见与语，称善久之。于是悉召流人，并令携负妻子俱入，赐宴于殿庭而赦之。'"[①]

然而，隋文帝对儒家思想主要是利用而不是真正推崇，到了晚年，这种利用的积极性也逐渐下降，仁寿元年（601 年）六月，他一面口称"儒学之道，训教生人，识父子君臣之义，知尊卑长幼之序，升之以朝，任之以职，故能赞理时务，弘益风范"，一面又以学校生徒"多而未精"为由，下令"太学、四门及州县学并废"，只留下了京师国子学一处，学生名额也仅限七十人。[②]于是被后人指为"不悦儒术，专尚刑名"[③]，"不敦诗书，不尚道德，专任法令，严察临下"[④]。

而隋文帝对法家学说的态度，我们从上面引用的"专尚刑名""专任法令"的评语已可见一斑。此外，隋文帝即位以后大力立法的举动，隋文帝晚年和隋炀帝统治时期对严刑峻法的迷恋和依赖程度，也足以说明隋朝统治者对法家理论的重视。为了巩固统治的需要，隋文帝对儒法两家理论予以同样的关注，对德刑两手基本上是交替使用，而隋炀帝则更偏向于法家。与汉以后历代统治者相比，隋朝君主对儒法两家学说所持态度的这一微妙变化，实际上是适应了承长期战乱分裂和北周末年法制混乱之后，急欲加强法治的需要。这与秦朝统治者所处的形势和采用的对策有某种相似之处，只不过在封建正统法律思想业已形成的情况之下，隋朝统治者不可能抛弃儒学，专任法治，而只能两手兼用，并视形势变化而有所侧重。

另外，佛教传入中国后，在魏晋南北朝时期得到传播，道家的宗教化也已完成，儒学的相对衰落，更助长了佛、道的流行，这对隋文帝的思想不能没有影响。《隋书·刑法志》说："帝以年龄晚暮，尤崇尚佛道，又素

---

① 《隋书·循吏王伽传》。

② 《隋书·高祖纪》。

③ 《隋书·儒林列传序》。

④ 《隋书·循吏列传序》。

信鬼神。二十年，诏沙门道士坏佛像天尊，百姓坏岳渎神像，皆以恶逆论。”《隋书·高祖纪》的记载更为详细，内容与《刑法志》也略有差异：开皇二十年十二月辛巳，诏曰：“佛法深妙，道教虚融，咸降大慈，济度群品，凡在含识，皆蒙覆护。所以雕铸灵相，图写真形，率土瞻仰，用申诚敬。其五岳四镇，节宣云雨，江、河、淮、海，浸润区域，并生养万物，利益兆人，故建庙立祀，以时恭敬。敢有毁坏偷盗佛及天尊像、岳镇海渎神形者，以不道论。沙门坏佛像，道士坏天尊者，以恶逆论。”而且在“废除学校”的当天，隋文帝又“颁舍利于诸州”[①]。这一切，都说明了隋文帝对佛、道的强调。

二、“因时变法”的立法思想

隋文帝在立法过程中表现出来的积极变革，不拘成规的态度也非常值得注意。在夺袭帝位，建立隋朝之后，他命令大臣立即制定新律，当年十月便颁行了《开皇律》，并下诏说：“帝王作法，沿革不同，取适于时，故有损益。”[②]表明将根据需要而随时变革法律。果然，仅隔两年，到开皇三年，隋文帝又一次修改《开皇律》，并予公布施行。这种修改法律的频率是很少见的。

关于五百家乡正的设立和废置，曾经引起过争论。隋文帝先是设置五百家乡正，“令理民间辞讼”，很快又因其弊端丛生，命令停废。隋文帝的做法虽有偏听偏信和过于轻率之嫌，但根据五百家乡正设立以后的实际情况，及时废置亦不失为一种明智的选择。隋文帝和李德林之间意见的对立，主要在于所选方式的不同，同时也是追求法与时变和法制稳定两种观

① 《隋书·高祖纪》。

② 《隋书·刑法志》。

点的摩擦。[①]

在隋文帝统治时期，法制方面的改革相当频繁，如蠲除前代的苛法酷刑，改革审断案件的办法，改变上诉及死刑覆奏方法等。隋文帝在临死时所发的遗诏中还表示："自古哲王，因人作法，前帝后帝，沿革随时。律令格式，或有不便于事者，宜依前敕修改，务当政要。"[②] 可以说，隋文帝前期开创的开皇法制是其因时变法思想的积极成果，而后期的废法毁法则是在不正常的情况下这一思想被扭曲后的消极反映。

三、"以轻代重"的刑罚思想

以轻代重，主要是隋文帝杨坚前期的刑罚思想。《隋书·高祖纪》载，北周宣帝制定了《刑经圣制》，"其法深刻"，杨坚"以法令滋章，非兴化之道，切谏"，但未被采纳。宣帝死后，杨坚实际上掌握了北周的政权，他"大崇惠政，法令清简，躬履节俭，天下悦之"，这是"以轻代重"思想的最初表现。

《开皇律》的修订过程再一次体现了"以轻代重，化死为生"的精神，经过修律，减去死罪八十一条，流罪一百五十四条，徒、杖罪等千余条，同时废除鞭刑、枭首、轘裂等苛惨之法，史称"刑网简要，疏而不失"。

在隋文帝以后颁布的诏令中，"以轻代重"的内容也屡见不鲜。如废除讯囚制度中的"苛惨之法"，规定"讯囚不得过二百，枷杖大小，咸为之程品，行杖者不得易人"。[③] 对死刑的判决必须慎重，判决后必须经三覆奏才可处决；等等。这些内容对《唐律》都有直接影响。只不过隋文帝的这一思想没有保持下去，到他晚年，就已被"用法益峻"的做法所替代了。

---

① 参见《隋书·李德林传》。

② 《隋书·高祖纪》。

③ 《隋书·刑法志》。

第二章　隋朝法律的基本内容与特征

任何一个想永保长治久安的封建王朝，都会不遗余力地专注于法律法规的制订和修整，以此作为王朝永基的制度保障。不管这些法律法规是否能够实施，有没有实施的保障，为了从容地实施权力，法律编制就被认为是必要的。隋朝制定的法典对以后几个世纪都产生了影响，王夫之在十七世纪对隋朝律令作了这样的评论："今之律其大略皆隋裴政之所定也，政之泽远矣。千余年间，非无暴君酷吏，而不能逞其淫虐，法定故也。"[①]

隋代留给后世作为蓝本的，不仅有政治制度、军事制度、选举制度、经济制度，等等，而且在法律制度，尤其法律的基本内容和原则等方面，有集前朝之大成，开后世之先风的方面。

第一节　隋朝的刑罚

隋的刑罚，在制度上较前朝有所减轻。开皇元年（581 年）隋朝制律的宗旨就是"除苛惨之法，务在宽平"[②]。标榜"以轻代重，化死为生"[③]。开皇三年（583 年）更定《开皇律》时，在刑制上，仍以"沿革轻重，取其

① （明）王夫之：《读通鉴论》卷 19。
② 《旧唐书·刑法志》。
③ 《隋书·刑法志》。

折衷”[①]为原则，这些原则，在刑罚制度中得到较为集中的体现。

隋代刑罚立制的总特点是省刑恤罚。《隋书·刑法志》对《开皇律》的法定刑制作了这样的介绍：“其刑名有五：一曰死刑二，有绞，有斩。二曰流刑三，有一千里、一千五百里、二千里。应配者，一千里居作二年，一千五百里居作二年半，二千里居作三年。应住居作者，三流俱役三年。近流加杖一百，一等加三十。三曰徒刑五，有一年、一年半、二年、二年半、三年。四曰杖刑五，自五十至于百。五曰笞刑五，自十至于五十。”由此观之，隋代刑罚较前代刑制有了较大变化，这种变化主要表现在以下方面。

一、除枭轘之惨刑，定死刑为绞、斩二等

隋朝之前北齐和北周的刑罚制度十分残酷，仅以死刑而言，除斩、绞外，有轘，有枭，还有磬（《唐六典》作“磔”）。轘这种刑罚，据刘熙《释名》云：“车裂曰辍。轘也者，散也，支体分散。”是先处死后以车分裂其尸。关于枭首，《说文》云：“枭，不孝鸟也。日至捕枭磔之。从鸟，头在木上。”钮树玉《校录》云：“磔而悬之于木也，因即谓之为枭者，凡磔而悬之，皆象此枭也。”是处死而割首悬于木。这两种刑罚真可谓惨绝人寰，隋除此二刑，定死刑为绞和斩，在很大程度上减轻了刑罚，代表了一种进步的倾向。

沈家本先生认为，磬与绞在处刑手段上无大异。[②]《说文解字》亦谓：“绞，缢也。”“缢，经也。”“摎，缚杀也。”段《注》说：“缚杀者，以束缚杀之也。且悬死者曰缢，亦曰雉经。凡以绳帛等物杀人者曰缚杀，亦曰摎，亦曰绞。”其实，绞是将人勒死，与缢是有些区别的。勒死后悬尸谓缢，

① 《隋书·裴政传》。

② （清）沈家本:《历代刑法考·刑法分考四》，中华书局1985年版，第135—138页。

亦即磬。“绞以致毙”，但能留下全尸，故比身首异处的斩刑为轻。斩为“殊身首”之刑。刘熙《释名》：“砍头曰斩，斩腰曰腰斩。”隋及以后各朝之斩刑，当为斩首之刑。绞、斩二等死刑作为绝人生命的极刑沿及清末，这种轻绞重斩的迷信观念也延续了极长时间，直至二十世纪，死刑唯一的理论才受到重视并贯注于律。

隋文帝除前代枭首、车裂之法，但到隋炀帝时，又恢复了枭首、车裂之酷刑。大业九年（613 年），杨玄感起兵失败，御史大夫裴蕴对杨玄感在洛阳开赈济过的百姓，“凡受米者，皆阬之于都城之南”[①]。内史舍人韦福嗣，为杨玄感所获并委以心腹，曾草“数帝罪恶”之书，后来背弃杨玄感逃归东都，仍为炀帝所恶，被宇文述“缚……于格上，以车轮括其颈，使文武九品以上皆持兵斫射，乱发矢如蝟毛，支体糜碎，犹在车轮中”，[②] 或：“仍加车裂，皆焚而扬之。”[③] 又《隋书 · 董纯传》载：“东海贼彭孝才众数千，掠怀仁县，转入沂水，保五不及山。纯以精兵击之，擒孝才于阵，车裂之，余党各散。”

其实，即使在文帝执政年间，生杀任情，法外处死亦不罕见。尤其是“每于殿廷打人，一日之中，或至数四”，且“杖大如指，捶楚人三十者，比常杖数百，故多致死”。[④] 楚州参军李君才上言，说文帝对高颎过于宠信，文帝大怒，在殿内无杖的情况下，“遂以马鞭笞杀之”[⑤]。对于朝廷要员的处死，则多采取“赐死”的方式。文帝时的王谊、秦王杨俊之妃崔氏、燕荣、刘昶，炀帝时，张衡、齐王杨暕韦妃之姊尤氏、李敏之妻宇文氏都被赐自尽于家。[⑥]

① 《资治通鉴》卷 182。

② 《资治通鉴》卷 182。

③ 《资治通鉴》卷 182。

④ 《隋书 · 刑法志》。

⑤ 《隋书 · 刑法志》。

⑥ 《隋书》“王谊传”“秦王杨俊传”“张衡传”“燕荣传”“刘昶女传”“齐王杨暕传”“李敏传”。

《隋书》中有明文记载的赐死方式是李敏之妻宇文氏被“赐鸩而终”，[①] 即赐以剧毒的鸩酒使自尽，比起杀戮于集市，自然是一种皇上的恩惠了。

二、减流徒之役年，缩短里程，去除鞭笞

流刑作为仅次于死刑的重刑，古已有之。《尚书·舜典》载：“流宥五刑。”它的含义是：不忍刑杀，宽纵而徙之远方。中国人安土重迁，把远离故乡和亲属视作有悖祖宗意愿的行为，因而强迫远徙仍属很严厉的惩罚手段。秦汉时没有流刑，有迁刑，亦称徙。《史记·秦始皇本纪》载：秦始皇“八年，王弟长安君成蟜将军击赵，反，死屯留，军吏皆斩死，迁其民于临洮”。汉文帝六年，“淮南王长谋反，废迁蜀严道，死雍”[②]。又《汉书·地理志》：“秦灭韩，徙天下不轨之民于南阳。”秦汉时的迁徙刑，与后世的流刑不完全相同，带有某种政治惩罚的意味。后代意义上的流刑始于梁代，天监“三年八月，建康女子任提女，坐诱口当死。其子景慈对鞫辞云，母实行此。……诏流于交州。至是复有流徒之罪”[③]。但梁的流刑不入五刑。北魏流刑称为流徒，已入五刑之列，附加鞭刑一百。北齐北周的流刑很可能沿袭北魏的刑制而来，北齐流刑加鞭笞各一百，未有道里之差，“其不合远配者，男子长徒，女配舂六年”[④]。北周在刑名上作了较大改制，流刑分去皇畿二千五百里至四千五百里五等，以五百里为等差，每等仍加鞭一百，加笞数分 60 至 100 五等，北周沿袭北齐，役作皆“以六年为限”。[⑤] 在这样的基础之上，隋代流刑在制度上更为完备：流分三等，杖而不加鞭笞；课以居作，由二年至三年（《刑法志》谓“流役六年，改为五载”，疑

① 《隋书·李敏传》。
② 《汉书·文帝纪》。
③ 《隋书·刑法志》。
④ 《九朝律考·北齐律考》，第 528 页。
⑤ 《唐六典》注。

有误）；其最近者千里，最远者二千里，较北周为近。流刑配役，在劳役刑成为主刑的北朝时期已有制度，但明确规定不同刑等的居作年限，并只对近流加杖，隋朝的规定也比较合理。《隋书·刑法志》说："开皇十三年，改徒及流并为配防。"此处的"配"，当为"流配"，"防"，是为"边防"，"防边"。沈家本先生认为此"疑即汉之屯边也"，有一定道理，但如果更确切地说，因为不是集团性徒边屯戍，"配防"应该类似后世的充军或军流。

徒刑的出现，适应了封建生产关系的需要。"徒"的含义有很多，但它的基本含义是剥夺人身自由且强制劳役。从这一意义而言，徒刑出现在战国时期。由于社会发展的需要，战国时刑徒承担了部分农民的徭役，他们不仅参加修城、筑路的工程，还在冶铜、冶铁等官营冶炼工程中承担繁重的劳动，有些技术要求较高的复杂劳动也由刑徒参加。现在保存的韩、魏等国的青铜器物上，可以看到有关主理刑狱的司寇督造的铭文。这些器物当是出于刑徒之手。[①]秦汉徒刑称之为"城旦舂"，"鬼薪白粲"等，沈家本先生说"不名为徒，第以此等人供役使之事，故当时称之为徒耳"[②]。即把供徒役者称为徒，而非所论之罪谓徒，沿袭时间久了，就成了刑罚名称。徒刑由终身刑渐渐发展为有年限的刑罚，故也称为年刑。魏晋以后，劳役刑成为刑罚制度中主要的刑种，显示出社会的文明进步。徒刑的名称也愈加规范，尤其在北周的刑名中，直接称为"徒 × 年"，表现了立法技术上的提高，为隋律所承。北齐北周的徒刑均加鞭笞，隋朝徒刑不加鞭笞，可以铜赎，成为唐朝立制的基础。

三、以杖、笞取代鞭、杖，完善五刑体系

笞杖刑，就行刑的方式而言，并无大的差异，两者都是在古代扑刑的

① 《文物》1972 年第 10 期。

② 《历代刑法考·刑法分考十三》，第 337 页。

基础上发展而来。《尚书》有“扑作教刑”的记载。中国古人的观念中，扑刑的意义和作用不是惩罚，而是教育，使其感到羞耻，不敢再犯。同时借以教训旁人，使其不敢轻举妄动。[①]沈家本先生也说：古代的扑刑不在五刑之列，惟学校典礼诸事用之，所谓教训之刑也春秋时或用以治官事。[②]又《汉书·刑法志》载：“大刑用甲兵，其次用斧钺，中刑用刀锯，其次用钻凿，薄刑用鞭扑”，可见扑刑被认为是很轻的刑种而保留下来，在于维持刑罚体系的平衡。

《说文解字》云：“杖，持也。”杖刑可能因此而得名，即可持之物曰杖。秦和西汉时，杖未见之于刑名，东汉始才有以杖为刑的记载，而且已有定数。作为法定刑，南朝梁有鞭杖刑六等和杖督刑，“杖皆用生荆，长六尺，有大杖、法杖、小杖三等之差”[③]。鞭杖刑应该是既行鞭又行杖，鞭分制鞭、法鞭、常鞭，一般行刑，即“其问事诸罚，皆用熟靼鞭、小杖”[④]。北魏将鞭刑和杖刑分开，杖刑为最轻，行刑并无确定的杖数。北齐因之，但分十至三十三等。北周杖刑分等较细，分十至五十五等。隋朝以杖刑笞刑取代北朝的鞭刑、杖刑，是取轻刑之意，因为“鞭之为用，残剥肤体，彻骨浸肌，酷均脔切。虽云远古之式，事乖仁者之刑”[⑤]。

轻刑作为制度定下来，统治者是操了心的，但在执行时往往又很任性。文帝除廷杖外，又以诏令决定法外用刑。开皇十七年（597年）三月诏曰：“分职设官，共理时务，班位高下，各有等差。若所在官人不相敬惮，多自宽纵，事难克举。诸有殿失，虽备科条，或据律乃轻，论情则重，不即决罪，无以惩肃。其诸司论属官，若有愆犯，听于律外斟酌决杖。”[⑥]“于是，上下相驱，

① 蔡枢衡：《中国刑法史》，广西人民出版社1983年版。
② 《历代刑法考·刑法分考十四》，第355页。
③ 《隋书·刑法志》。
④ 《隋书·刑法志》。
⑤ 《隋书·刑法志》。
⑥ 《隋书·高祖纪下》。

迭行棰楚，以残暴为干能，以守法为懦弱。”[1] 杖刑成了朝廷肃纪的法宝。

笞刑见于记载较早，秦代用得比较普遍，《睡虎地秦简》中多次提到笞刑，如《法律答问》：“今士伍甲不会，笞五十；未卒岁而得，笞当加不当？当。”《秦律杂抄》：“城旦为工殿者，笞人百。大车殿，赀司空啬夫一盾，徒笞五十。”汉代有笞杀、笞督、榜笞等记载，《玉篇》谓：“笞，击也，箠也。”笞字从竹，其得名可能刑具由竹制成的缘故：“笞者，箠长五尺，其本大一寸，其竹也，末薄半寸，皆平其节。”[2] 汉文帝除肉刑，以笞刑五百代斩左趾，笞三百代劓，笞数过多，“加笞者，或至死而笞未毕”，[3] 故景帝减笞数，定箠令，“凡笞所用之质，所制之度，所行之人，所施之处，皆详悉具著”[4]。但晋代仍有“累笞不过千二百”[5] 的规定，虽然是累计之限，且是笞刑，但成千成百之数，恐非轻刑之意。魏晋以后笞不再是法定刑种，南朝梁“诸督罚，大罪无过五十、三十，小者二十。当笞二百以上者，笞半，余半后决，中分鞭杖”[6] 中的“笞”，与杖无异。北齐北周徒刑附加笞。从隋开始，笞才正式作为法定的独立刑种，列为五刑之一，沿及清代。

西方学者认为《开皇律》只保持了死、流、徒、杖四种刑罚[7] 是有一定道理的，因为隋文帝在律成之后所颁的诏文中，对于隋朝刑罚的改制，只提及对前朝轘身枭首及鞭刑之废和流刑、徒刑的“以轻代重”，并未言及笞刑。关于笞杖刑之别，《唐六典》注谓：“笞用小竹板或荆条为之，杖以大于笞刑所用的竹板或荆条为之”，[8]《疏议》注谓：“笞是用荆条制成的小

① 《隋书 · 刑法志》。
② 《汉书 · 刑法志》。
③ 《汉书 · 刑法志》
④ （明）邱濬：《大学衍义补》。
⑤ 《晋书 · 刑法志》张斐《律序》。
⑥ 《隋书 · 刑法志》。
⑦ ［英］崔瑞德编：《剑桥中国隋唐史》，中国社会科学出版社 1990 年版，第二章。
⑧ 汪潜编注：《唐代司法制度——唐六典选注》，法律出版社 1985 年版，第 74 页。

板子，杖是用竹板或牡荆制成的大板子。”[①] 则两种刑罚只是刑具规格稍有别，其刑具材料、行刑方式并无异，可以视为同一刑种。所谓杖重笞轻，仅指行刑数的多少而已。

四、赎刑规格上的定制

隋代五刑皆可赎：“笞十者铜一斤，加至杖百则十斤。徒一年，赎铜二十斤，每等则加铜十斤，三年则六十斤矣。流一千里，赎铜八十斤，每等则加铜十斤，二千里则百斤矣。二死皆赎铜百二十斤。”[②] 赎刑由来已久，从《尚书·舜典》“金作赎刑”的记载开始，各个历史时期都有关于赎的规定:《吕刑》的“墨辟疑赦，其罚百锾，阅实其罪”等记载了对不同刑罚不等的赎金数;《国语·齐语》谓:“制重罪赎以犀甲一戟，轻罪赎以鞼盾一戟”;《秦简》体现的赎刑范围较广，对有爵者、无爵的宗室后代和少数民族的君长，有赎死、赎宫、赎黥、赎耐、赎鋈足、赎迁，但士伍百姓一般只能赎黥、赎耐和赎迁，如果交不起赎金，可以劳役替代，一天抵金八钱，还要扣除二钱伙食费[③]。汉代惠帝元年（公元前 194 年）规定:“民有罪，得买爵三十级以免死罪。”[④] 一级值钱二千，共六万。汉武帝时“令死罪入赎钱五十万减死罪一等。”[⑤] 赎钱数大大提高，司马迁因为“家贫不足自赎”，只得以宫代死。赎刑古代用铜，汉改用黄金，其间也用过钱，东汉用缣。魏晋时赎成为固定的刑名，如“魏法赎刑十一，罚金六”。[⑥] 晋律规定:“其年老小笃癃及女徒，皆收赎。诸应收赎者，皆月入中绢一匹，老小女人半

---

① 曹漫之主编:《唐律疏议译注》，吉林人民出版社 1989 年版，第 24 页。

② 《隋书·刑法志》。

③ 栗劲:《秦律通论》，山东人民出版社 1985 年版，第 294 页。

④ 《汉书·惠帝纪》。

⑤ 《汉书·武帝纪》。

⑥ 《晋书·刑法志》。

之。”[①]“宋及南齐……赎罪绢兼之。”[②]北朝的情况有些变化。现存的北魏刑名中没有明列赎刑，[③]孔颖达《尚书正义》云：“汉及后魏赎罪皆用黄金，后魏以金难得，合金一两，收绢十匹。”[④]则北魏应该也是有赎刑的。以绢代金的制度为北齐所承，而恢复用金赎罪，始于北周，“赎杖刑五，金一两至五两；赎鞭刑五，金六两至十两；赎徒刑五，一年金十二两，二年十五两，三年一斤二两，四年一斤五两，五年一斤八两，赎流刑一斤十二两，俱役六年，不以远近为差等。赎死罪金二斤”[⑤]。北齐北周以绢代金。“隋代赎法，以铜代绢”[⑥]，用铜不用金，很可能也是“以金难得”之缘故。隋炀帝时，赎铜数有所变化：“杖百则三十斤矣。徒一年六十斤，每等加三十斤为差，三年则一百八十斤矣。流无异等，赎二百四十斤。二死同赎三百六十斤。”[⑦]原因是“时斗皆小旧二倍，其赎铜亦加二倍为差”[⑧]。其实赎制无大变，仅流刑赎数不分等算是一项改革。

五、沿袭前代，以籍没作为附加刑

籍没作为一种惩罚手段始于战国。它的意思是由官府没收罪犯的财产和家口，充为官有。被籍没的家口要服役于官府。《睡虎地秦简》有：“‘夫有罪，妻先告不收’。妻媵臣妾，衣器当收不当？不当收。”这里的“收”就有这层意思。“收”一词在《睡虎地秦简》中使用广泛，与古代“父子兄弟罪不

① 《北堂书钞》卷44。

② 《唐六典·刑部三》。

③ 《九朝律考·后魏律考上》，第473页。

④ 转引自《九朝律考·后魏律考上》，第478页。

⑤ 《隋书·刑法志》。

⑥ 《隋书·刑法志》。

⑦ 《隋书·刑法志》。

⑧ 《隋书·刑法志》。

相及”的原则相悖，这与战国时法家着意以严刑酷法治国的宗旨是相一致的。汉律规定：“罪犯妻子没为奴婢，黥面。”[①] 魏晋南北朝时期，籍没法使用较为普遍，这与当时社会门阀制度盛行，对奴婢需求量大有一定关系。如“梁律：其谋反、降叛，大逆以上皆斩。父子同产男，无少长，皆弃市。母妻姊妹及应从坐弃市者，妻子女妾同补奚官为奴婢”[②]。北魏律谓：“大逆不道腰斩，女子没县官。”[③] 北周也规定：“逃亡者皆死，而家口籍没。”[④] 隋代将籍没作为重大犯罪的从刑，“唯大逆谋反叛者，父子兄弟皆斩，家口没官”[⑤]。文帝时，上柱国，郕国公梁士彦，上柱国，杞国公宇文忻，柱国，舒国公刘昉等“谋逆乱”，“士彦，叔谐妻妾及资财田宅，忻、昉妻妾及资财田宅，悉没官”[⑥]。曾位上大将军，又拜宁州刺史的元谐被告谋反罪，谤詈皇上和朝官，被处死，“籍没其家”[⑦]。炀帝时，李子雄随杨玄感起事，“玄感败，伏诛，籍没其家”[⑧]。又赵元淑及其小妻魏氏，因与杨玄感之弟玄纵通谋，被“俱斩于涿郡，籍没其家”[⑨]。因房陵王，太子杨勇而伏诛的元旻、唐令则、邹文腾、夏侯福、元淹、萧子宝、何竦七人“妻妾子孙皆悉没官”[⑩]。但是，籍没其实并未限于大逆，谋反谋逆叛罪，开皇十六年（596 年），因有司奏合川仓粟减少了七千石，经鞫查为管粮仓的主典所盗，主典被斩，家口没为奴婢。文帝因此下诏：“盗边粮一升以上皆死，家口没官。”[⑪] 炀帝

① 《三国志·魏志·毛玠传》。
② 《隋书·刑法志》。
③ 《魏书·刑罚志》。
④ 《魏书·刑罚志》。
⑤ 《隋书·刑法志》。
⑥ 《隋书·刘昉传》。
⑦ 《隋书·元谐传》。
⑧ 《隋书·李子雄传》。
⑨ 《隋书·赵元淑传》。
⑩ 《隋书·房陵王勇传》。
⑪ 《隋书·刑法志》。

“大业九年秋八月戊申制盗贼籍没其家”[①]。可见，籍没作为一个附属的刑种，皇帝可以任意加施于危害他统治的任何犯罪。

六、未取消的酷刑——族诛

族诛即灭族，也是战国形成的制度。族指亲族，一人有罪，诛杀及于亲族。中国古代重视宗法家族的血缘关系，族诛实际上是滥用了这一观念。族诛的范围大于籍没，处以极刑，自然也重于籍没。族诛的野蛮性、残酷性，可谓古代刑罚之最。

“文公二十年，法初有三族之罪。”[②] 关于三族，今、古文学各有说法，从历朝记载的案例而言，三族并不一定特指三代或三个支系，实际上一般包括同一高祖的直系、旁系在内的五族，以达到连根拔除、铲灭后代的目的。汉代，“当三族者，皆先黥、劓、斩左右趾，笞杀之，枭其首，菹其骨肉于市，其诽谤詈诅者，又先断舌，故谓之具五刑”[③]。残忍至极。汉初有过除三族罪的记载，显然并未见效。魏晋和南北朝都有族诛的记录，北魏有“一人为恶，殃及合门”的“门房之诛”。隋代曾一度废除族刑。据《隋书 · 刑法志》载：尉迟迥、王谦、司马消难起兵反抗杨坚“入宫辅政”，败后家口均被配没。开皇六年（586 年），隋文帝“诏免尉迟迥、王谦、司马消难三道逆人家口之配没者，悉官酬赎，使为编户。因除孥戮相坐之法”[④]。此处废除的应当是《开皇律》内要诛杀父子兄弟的内容，文帝朝确似未见族诛的案例。但炀帝时又重蹈覆辙，“猜忌臣下，无所专任，朝臣有不合意者，必构其罪而族灭之。”[⑤] 大业十一年（615 年）五月，“杀右骁卫大将

① 《隋书 · 炀帝纪下》。
② 《史记 · 秦本纪》。
③ 《汉书 · 刑法志》。
④ 《隋书 · 刑法志》。
⑤ 《隋书 · 炀帝纪下》。

军，光禄大夫、郕公李浑，将作监，光禄大夫李敏，并族灭其家”[①]。既此，则炀帝曾说过的什么“罪不及嗣，既弘至孝之道，恩由义断，以劝事君之节”[②]之类的话就显得太虚伪了。

除上述刑罚外，隋朝还有除名之刑。除名之称始于汉。汉律：“死罪及除名，罪证明白，考掠已至，而抵隐不服者，处当列上。”[③]晋律“除名当三岁刑。吏犯不孝、谋杀其国王侯伯子男官长，诬偷受财枉法及掠人和卖诱藏亡奴婢，虽遇赦，皆除名为民。其当除名而所取饮食所用之物非以为财利者，应罚金四两以下，勿除名”[④]。《隋律》规定：“犯十恶及故杀人狱成者，虽会赦，犹除名。”[⑤]作为对官僚的一种惩罚措施，除名是将所有官职同爵位全免，但不是永久性的，在一定期限后仍可听其叙官。此制隋代很普遍，兹不赘述。

第二节　隋朝的罪名

作为一部影响极大的封建法典，隋律规定的犯罪种类，从经济基础到上层建筑，从官吏的活动到普通人的生活，涉及社会关系的方方面面，凡是侵犯封建统治阶级利益的行为，几乎包罗净尽。这一方面说明隋统治者特别强调以法制手段治理国家，保护地主阶级的利益；另一方面也说明古代刑事立法的高度发展，从而使隋律成为唐代制律的范本。隋朝规定的罪名，可能是十分详尽而细密的，可惜的是看不到《开皇律》了，故本节所述罪名，依《隋书》中的案例作分类，未将个例收进。

① 《隋书·炀帝纪下》。
② 《隋书·刑法志》。
③ 《陈书·沈洙传》。
④ 《太平御览》卷651。
⑤ 《隋书·刑法志》。

一、侵犯皇权罪

封建社会中，皇帝有至高无上的地位，皇权神圣不可侵犯。因此，只要构成对以皇帝为首的封建政权，对皇帝及其家族的人身和尊严等的侵犯，就被认为是最严重的犯罪行为，而给予极严厉的制裁。隋王朝作为四百年离乱后的统一政权，统治者对皇权的维护尤为关注，并制定了种种罪名箝制臣民。

（一）谋反

隋律采北齐立“重罪十条”之制，置“十恶”之名，第一次完整概括了秦、汉以来的重大罪名。十恶“一曰谋反，二曰谋大逆，三曰谋叛，四曰恶逆，五曰不道，六曰大不敬，七曰不孝，八曰不睦，九曰不义，十曰内乱。犯十恶及故杀人狱成者，虽会赦，犹除名”[①]。十恶之首为谋反，谋反构成了对皇帝全部权力和安全的最大威胁，故在史书中记载最多，而且处刑最重，即使仅有“反心”，也要处以死刑。普通百姓的谋反行为是不经审理即予屠戮的。开皇十年（590 年）十一月，“婺州人汪文进，会稽人高智慧、苏州人沈玄侩皆举兵反，自称天子，署置百官。东安蔡道人、蒋山李棱、饶州吴代华、永嘉沈孝澈、泉州王国庆、余杭杨宝英、交趾李春等皆自称大都督，攻陷州县”。开皇十七年（597 年）七月，“桂州人李代贤反”，仁寿二年（602 年）十二月，“交州人李佛子举兵反”；[②] 隋末大业年间，反叛的记载更是连连不断。对于风起云涌的起义民众，隋统治者毫不妥协，野蛮、残酷地进行杀戮，以致“流血成川泽，死人如乱麻”。[③]

对于官僚贵族集团中的谋反行为，统治者防范更严密，因为这些人手

---

① 《隋书 · 刑法志》。
② 《隋书 · 高祖纪下》。
③ 《隋书 · 炀帝纪下》。

握重兵，对皇权构成极大的威胁，故即有“反形”，甚至捕风捉影或诬告陷害的罪名，都要处以极刑。位居柱国，舒国公的刘昉，拥立高祖为帝有大功，“位列辟公，狭高庶尹”，后因为“恩礼渐薄”，“中被疎远”，“郁郁不得志”，而与梁士彦、宇文忻“相与谋反，许推士彦为帝”，事泄后伏诛，籍没其家。[①]郢国公王谊与杨坚“旧为同学”，他也因“恩礼稍薄”而“颇怨望”，与“颇失意”的上柱国元谐数相往来，“言论丑恶。胡僧告之。公卿奏谊大逆不道，罪当死”。文帝下诏数落他“说四天王神道，谊应受命，书有谊谶，天有谊星，桃，鹿二州，岐州之下，岁在辰巳，兴帝王之业”。王谊被赐死于家[②]，元谐伏诛，籍没其家。[③]

上柱国王世积“见上性忌刻，功臣多获罪，由是纵酒，不与执政言及时事”；但这样闭门避祸，仍然横祸飞降，他的亲信皇甫孝谐有罪，“吏捕之，亡抵世积。世积不纳，由是有憾”。后因穷困潦倒而诬告世积谋反，称“世称尝令道人相其贵不？道人答曰：‘公当为国主’。谓其妻曰：‘夫人当为皇后’。又将之凉州，其所亲谓世积曰：‘河西天下精兵处，可以图大事也。’世积曰：‘凉州土旷人稀，非用武之国’。”云云。王世积因此而以谋反罪被诛[④]。上柱国、鲁国公虞庆则开皇十七年被遣出征岭南镇压李贤起义，时妇弟赵什柱“先与庆则爱妾通，恐事彰”，于是诬告庆则谋反，说他在潭州观眺山川形势时说：“此城险固，加以足粮。若守得其人，攻不可拔。”“上案验之，庆则于是伏诛。”[⑤]

即使是皇帝极其信任，立有大功的重臣，皇帝可以赦免他一切罪过，唯有谋反罪不予宽宥。如开皇二年（582年）隋文帝对“密表劝进”立了大功的李穆下诏曰：“礼制凡品，不拘上智，法备小人，不防君子。……自

① 《隋书·刘昉传》。
② 《隋书·王谊传》。
③ 《隋书·元谐传》。
④ 《隋书·王世积传》。
⑤ 《隋书·虞庆则传》。

今已后，虽有愆罪，但非谋逆，纵有百死，终不推问。”[①] 可见一斑。

（二）叛逆

《隋书》中记载较多的是“谋反”，有时则沿袭前朝称“大逆无道”。农民的反叛行为则称为“盗”或“贼”。对“盗”“贼”只能杀戮。炀帝六年春天，“有盗数十人，皆素冠练衣，焚香持华，自称弥勒佛，入自建国门。监门者皆稽首。既而夺卫士仗，将为乱。齐王暕遇而斩之。于是都下大索，与相连坐者千余家。”[②] 又载，大业七年（611 年），被隋炀帝驱使去征伐辽东的战士及运送粮草的人“填咽于道，昼夜不绝，苦役者始为群盗”。于是，炀帝下诏令让军队和地方官“相知追捕，随获斩决之”[③]。大业九年（613 年），又有“吴人朱燮，晋陵人管崇拥众十万众，自称将军，寇江左”。炀帝“制盗贼籍没其家”[④]。大业九年杨玄感叛乱平定后，隋炀帝甚至对侍臣说：“玄感一呼而从者如市，益知天下人不欲多，多则为贼。不尽诛，后无以示劝。”于是令御史大夫裴蕴“穷其党与，诏郡县坑杀之，死者不可胜数”[⑤]。“叛”指背叛皇帝和朝廷，“盗贼”是反叛，官员、将领逃亡而投奔外蕃也是反叛，《隋书》中一个显例即斛斯政案。兵部侍郎斛斯政与杨玄感兄弟皆有交往，“玄感之反也，政与通谋”，并为之计策。杨玄感兵败后，斛斯政“内不自安，遂亡奔高丽”。后来，隋炀帝再征高丽，“高丽请降，求执送政”。将斛斯政缚送还隋，到了京师，左翊卫大将军宇文述认为，斛斯政的罪行不同一般，处刑也不能用常刑，否则，无以惩肃贼臣逆子。炀帝表示赞同。于是，将斛斯政推出金光门，缚于柱子上，“公卿百僚并

① 《隋书 · 李穆传》。
② 《隋书 · 炀帝纪上》。
③ 《隋书 · 炀帝纪上》。
④ 《隋书 · 炀帝纪下》。
⑤ 《隋书 · 食货志》。

亲击射，脔割其肉，多有噉者。噉后烹煮，收其余骨，焚而扬之。”[①]

（三）左道厌蛊

“十恶”中的“不道”，有“厌魅、蛊毒”罪。“厌魅”是一种鬼怪，“蛊”是专门培植出来用以害人或牲畜的毒虫。用“厌魅、蛊毒”行害，还常常伴随某种咒语，所以具有很大的神秘性，让人觉得极为恐怖。虽然是迷信，但在封建社会却流传很广。文帝开皇十八年（598 年）曾下诏：“畜猫鬼、蛊毒，厌魅、野道之家，投于四裔。”[②] 上柱国郑译因为被文帝所疎，曾暗地让道士章醮以祈福助，被其婢以“厌蛊左道”罪上奏。[③] 甚至有个官吏因为迷信颜色对官运的影响，爱穿红裤子，也被皇帝认为是“厌蛊，将斩之”[④]。炀帝时，杨纶因为被猜忌，“曾呼术者王琛而问之”，又常令沙门和尚惠恩等人受星法，被人奏告，炀帝命黄门侍郎王弘穷治，王弘“希旨奏纶厌蛊恶逆，坐当死”[⑤]。隋代最大的一个左道案，记载的是这么一件事：文帝的皇舅独孤陁“好左道”。一次逢独孤皇后和杨素的妻子都得了病，医生认为“此猫鬼疾也”。因为独孤陁是皇后的异母弟，而陁妻是杨素的异母妹，文帝把这层关系联系起来一想，认为很可能是独孤陁所为，但独孤陁不承认施过左道。文帝因此降了他的官职，他心存怨气。由是，文帝命令高颎、苏威、皇甫孝绪、杨远等“杂治之”。独孤陁家的婢女徐阿尼说，她从随母家里来，“常事猫鬼”。猫鬼每次杀人，被杀者家的财物就会神不知鬼不觉地转移到畜猫鬼的人家中来。独孤陁要喝酒，妻子说家中没钱买酒，陁便让阿尼去越公家念咒语，让自己有更多的钱。就这样，阿尼为独孤陁驱使往杨素家，往皇后居所等处数次呼猫鬼。大理丞杨远让阿尼在门

---

① 《隋书·斛斯政传》。
② 《隋书·高祖纪下》。
③ 《隋书·郑译传》。
④ 《隋书·赵绰传》。
⑤ 《隋书·滕穆王瓒传》。

下省呼一次猫鬼，“阿尼于是夜中置香粥一盆，以匙扣而呼之曰：‘猫鬼可来，无住宫中’。久之，阿尼色正青，若被牵曳者，云猫鬼已至。”这件事在公卿集议时，牛弘说：“妖由人兴，杀其人可以绝矣。”于是独孤陁夫妇被赐死，后虽经陁之弟苦苦哀求被免死，仍除名为民，其妻杨氏为尼。文帝并下诏诛被讼行猫鬼家[①]。

行图谶是与左道较类似的犯罪。谶纬迷信的风气在西汉末年哀帝平帝时漫延开来。谶或谶语是预示吉凶祸福的启示和隐语，内容多为国家兴亡，君主吉凶的政治性预言。纬是对经而言的，纬书大多假托孔子以谶语妄解经书，制造符命。王莽利用图谶篡位夺权，刘秀也声称自己受天命是应了图谶，因而他做皇帝后立即宣布“图谶天下”。东汉的白虎观会议则将神学化的谶纬与经学合流。直至汉末，谶纬才逐渐衰微。隋文帝抑儒崇佛，用佛教迷信裁抑谶纬迷信，又用禁止谶纬打击他所不喜欢的儒学，当然，更重要的原因是图谶被其视作一种隐匿的政治手段而于皇权有害。开皇十三年（593 年）二月丁酉，“制私家不得隐藏纬候图谶”。[②] 文帝征讨辽东，“有方士安伽陀，自言晓图谶，谓帝曰：‘当有李氏应为天子。’劝尽诛海内凡姓李者”。宇文述趁机诬构李浑谋反，李浑、李敏因此被诛。可见，皇帝其实是相信图谶的，因为害怕危及己身，因而要严加禁止。[③] “炀帝即位，乃发使四出，搜天下书籍与谶纬相涉者，皆焚之，为吏所纠者至死。”[④] 采取的手段不谓不严厉。如前所述，王谊即以此获罪。

（四）不敬不忠

不敬不忠的直接客体是皇帝的尊严及其权威。封建皇帝至高无上的统

① 《隋书·独孤陁传》。
② 《隋书·高祖纪下》。
③ 《隋书·李浑传》。
④ 《隋书·经籍志一》。

治地位，决定了这类犯罪也要受到严厉的制裁。炀帝时的礼部尚书宇文弼常常“物议时谈”，“帝渐好声色，尤勤远略，弼谓高颎曰：‘昔周天元好声色而国亡，以今方之，不亦甚乎？’又言‘长城之役，幸非急务。’有人奏之，竟坐诛死。”[①] 位至将军的贺若弼，“大业三年，从驾北巡，至榆林，帝时为大帐，其下可坐数千人，召突厥啟民可许飨之。弼以为大侈，与高颎、宇文幹等私议得失，为人所奏，竟坐诛。”[②] 专制君主的所作所为，是不允许臣民妄加议论的，如果有恶言诅咒，也格杀勿论。大将军元谐与其从父弟元谤“同谒上，谐私谓谤曰：‘我是主人，殿上者贼也。’因令谤望气，谤曰：‘彼云似蹲狗走鹿，不如我辈有福德云。’”[③] 作为谋反的罪证之一，文帝听而大怒，后两人均被诛。《唐律》将这类犯罪归为“指斥乘舆”，属“大不敬”之一。对皇帝的任何不礼貌，不尊敬行为，都可能致罪。太子千牛备身刘居士曾“与其徒游长安城，登故未央殿基，南向坐，前后列队”，被人告以“意有不逊”，后以数罪并论处斩。“五贵”之一的苏威也曾“从祠太山，坐不敬免”[④]。黄门侍郎柳謇之炀帝幸辽东时被召“检校燕郡事。及帝班师，至燕郡，坐供顿不给，配戍岭南”[⑤]。大业五年（609 年），炀帝西巡，天水太守乞伏慧“坐为道不整，献食疎薄，帝大怒，命左右斩之”[⑥]。就连一些极其细小的事，有时也会触犯皇帝的尊严。如于炀帝即位有功的杨素异母弟杨约，一次被炀帝召“诣京师享庙，行至华阴，见其兄墓，遂枉道拜哭，为宪司所劾。坐是免官”[⑦]。在皇帝看来，这是一种无言的憎怨。又如炀帝即位不久，薛道衡“上《高祖父皇帝颂》”，以数千文字盛赞先朝，

① 《隋书·宇文弼传》。
② 《隋书·贺若弼传》。
③ 《隋书·元谐传》。
④ 《隋书·刘昶女传》。
⑤ 《隋书·柳机传》。
⑥ 《隋书·乞伏慧传》。
⑦ 《隋书·杨约传》。

但炀帝读后却大感不快，认为“致美先朝，此《鱼藻》之义也”[①]。意谓不忠于当朝皇帝。后来，薛道衡又因朝廷讨论新法令而迟迟不决，说了一句“向使高颎不死，令决当久行”，有人奏告炀帝，炀帝大怒：“汝忆高颎邪？”遂“付执法者勘之”，最后竟被逼令自尽。[②]

（五）朋党

贵族官僚相互勾结，树为朋党，互相倾轧，对皇权是一种威胁，也势必削弱整个地主阶级的统治力量。历史上，朋党之祸一波接着一波，却又屡禁不绝。隋王朝建立以后，对官僚队伍中的朋党也予以严厉箝制。隋朝较著闻的一则朋党案是苏威、卢恺案。苏威之子苏夔与国子博士何妥议乐事，各有所持，两人的意见交朝廷百官议论，由于苏威的权势，赞同苏夔的占了十之八九，何妥愤怨无比，“遂奏威与礼部尚书卢恺，吏部侍郎薛道衡，尚书右丞王弘，考功侍郎李同和等共为朋党”，“上令蜀王秀，上柱国虞庆则等杂治之，事皆验。”“于是免威官爵……知名之士坐威得罪者百余人。”[③]卢恺也被除名为百姓。曾得到苏威荐举和卢恺褒奏的房恭懿，虽然隋文帝曾经特诏奖掖，却也因苏、卢的朋党罪受牵而配防岭南。[④]《隋书》记载的另一件朋党案是诬陷构成的：“恒山赞治王文同与茂有隙，奏茂朋党，附下罔上。诏遣纳言苏威、御史大夫裴蕴杂治之。茂素与二人不平，因深文巧诋，成其罪状。帝大怒……除名为民。”[⑤]与朋党罪名相似的是“交通”“通谋”之类的罪名，可解释为有过交往、曾经共议某事，等等，有时能以互赠之物或起事前的接触为据，有时却单凭风闻、奏告即构成罪。

① 《隋书·薛道衡传》。
② 《隋书·薛道衡传》。
③ 《隋书·苏威传》。
④ 《隋书·房恭懿传》。
⑤ 《隋书·郎茂传》。

《隋书》中有："蜀王秀之得罪，（元）胄坐与交通，除名。"[①]"齐王暕之得罪也，纯坐与交通"[②]，"（柳）彧以内臣，交通诸侯，除名为民，配戍怀远镇。"[③]"（杨）浩以诸侯交通内臣，竟坐废免。"[④]

二、职务上的犯罪

封建官吏是国家机器运转的基础，是王朝长久地实行统治的保证。封建法律一方面赋予官吏种种特权，要求他们为镇压和掠夺百姓卖命，一方面又牢牢控制官吏的行为，把他们约束在地主阶级根本利益规定的范围和程度之内。在官吏执行职务方面，隋律设置了许多罪名，对官吏的行为加以制约。

（一）贪赃受贿

历代统治阶级整肃吏治，都将重惩贪赃作为一项主要任务，以缓和阶级矛盾。但是，在封建社会中，出于剥削阶级的本性，几乎是无官不贪，无吏不盗。隋朝亦是如此。《隋书·杨汪传》载："高祖谓谏议大夫王达曰：'卿为我觅一好左丞。'达遂私于汪曰：'我当荐君为左丞，若事果，当以良田相报也。'汪以达所言奏之，达竟以获罪，卒拜汪为尚书左丞。"治书侍御史柳彧开皇中曾"持节巡省河北五十二州，奏免长吏赃污不称职者二百余人。"[⑤]潭州总管权武曾"多造金带，遗岭南酋领，其人复答以宝物，武皆纳之，由是致富。"[⑥]有司案验其事后，文帝气得想斩杀他，后以父亲之

① 《隋书·元胄传》。
② 《隋书·董纯传》。
③ 《隋书·柳彧传》。
④ 《隋书·文四子传》。
⑤ 《隋书·杨汪传》。
⑥ 《隋书·权武传》。

功绩求哀，才免于一死。开皇十三年（593 年），“晋州刺史、南阳郡公贾悉达，隰州总管、抚宁郡公韩延等，以贿伏诛。”① 仁寿中，番州刺史陆让“数有聚敛，赃货狼籍，为司马所奏。上遣使按之皆验，于是囚诣长安，亲临问。”② 陆让称冤，文帝又命治书侍御史覆按，查验得实，公卿百僚议其罪当死，得到批准。临刑前，因陆让的母亲“流涕呜咽”，“上表求哀”，“词情甚切”，才得以“特免死辜”。炀帝时，兵部尚书李圆通也因受赂而免官。③ 不仅大大小小的官吏以货贿求利，求财、贪污、受财，连家产万贯的皇室成员，也贪得无厌地搜刮民脂民膏。文帝十四年（594 年）曾下诏“省府州县，皆给公廨田，不得治生，与人争利。”④ 但仍有所违。秦王杨俊，为文帝三子，生活奢侈，“违犯制度，出钱求息，民吏苦之。上遣使按其事，与相连坐者百余人。俊犹不悛，于是盛治宫室，穷极侈丽。”⑤ 因为贪赃的普遍，民人李士谦曾有一番以肉刑治赃的理论，他说：“今之赃重者死，是酷而不惩也。语曰：‘人不畏死，不可以死恐之。’愚谓此罪宜从肉刑，刖其一趾，再犯者断其右腕。流刑刖去右手三指，又犯者下其腕。小盗宜黥，又犯则落其所用三指，又不悛下其腕，无不止也。……有识者颇以为得治体。”⑥ 恢复肉刑当然不符合历史潮流，但由此可见人们对贪赃行为的憎恶。

（二）失职

封建统治者为了强化官僚机构的统治效能，要求官吏们必须尽职尽责，不得玩忽职守。对官吏的失职行为，都要追究法律责任。开皇初年，行五铢钱。“钱既新出，百姓或私有镕铸”，“三年……诏行新钱以后，前代旧

① 《隋书 · 高祖纪下》。
② 《隋书 · 陆让母传》。
③ 《隋书 · 李圆通传》。
④ 《隋书 · 高祖纪下》。
⑤ 《隋书 · 文王四子传》。
⑥ 《隋书 · 李士谦传》。

钱，有五行大布，永通万国及齐常平，所在用以贸易不止。四年，诏仍依旧不禁者，县令夺半年禄。”[①] 县一级官吏要负多方面的刑事责任，不仅奉诏行新钱，还要教化民众，查验客舍。如：开皇七年（587年）十一月甲午，文帝“幸冯翊，亲祠故社。父老对诏失旨，上大怒，免其县官而去。”[②]“又开皇十八年（598年）九月庚寅，敕舍客无公验者，坐及刺史、县令。”[③] 对于专司监督地方官的刺史，也常会因失职而获罪。如相州刺史梁彦光，因“邺都杂俗，人多变诈，为之作歌，称其不能理化。上闻而谴之，竟坐免。”[④] 历有善政的长孙平也曾任相州刺史，“在州数年，会正月十五日，百姓大戏，画衣裳为鳌甲之象，上怒而免之。”[⑤] 即使是“以藩邸之旧，恩宠莫与为此”的御史大夫张衡，也曾因为隋炀帝至涿郡及祠恒岳时，“父老谒见者，衣冠多不整”这样的小事，以“宪司皆不能举正”之由出为榆林太守[⑥]。文帝时，尚书左丞元寿以“知非不举”弹劾殿内侍御史韩微之和检校治书侍御史臣刘行本，原因是开府仪同三司萧摩诃之妻患病将死，萧自行随文帝出苑观射，又奏求让其子去江南收其家产，萧摩诃“远念资财，近忘匹好，”“一言才发，名教顿尽”，御史官“亲所闻见，竟不弹纠”，不足以“整肃缨冕，澄清风教”，要求将他们付大理治罪[⑦]。对官吏而言，确实是动辄得咎。

（三）擅权及违纪

由于法律对各级官吏的职责和行为都有比较明确的规定，官吏若滥用

① 《隋书·食货志》。
② 《隋书·高祖纪上》。
③ 《隋书·高祖纪下》。
④ 《隋书·梁彦光传》。
⑤ 《隋书·长孙平传》。
⑥ 《隋书·张衡传》。
⑦ 《隋书·元寿传》。

或超越自己的职权和规范，便构成了犯罪。隋朝的重臣苏威曾几次被奏劾其滥用选任官员的权力，如何妥言“威以曲道任其从父弟彻，肃等罔冒为官”[①]。威因而被免官。又炀帝时裴蕴“令白衣张行本奏威昔在高阳典选，滥授人官”[②]。开皇初年，宪司奏统摄吏部尚书事的礼部尚书卢恺：“吏部预选者甚多，恺不即授官，皆注色而遣。威之从父弟彻、肃二人，并以乡正征诣吏部。彻文状后至而先任用，肃左足挛蹇，才用无算，恺以威故，授朝清郎。”[③]高级官僚曲私授官是犯罪，部门官吏越权擅为也是犯罪。《隋书·源师传》载：炀帝时，“敕宫外卫士不得辄离所守。有一主帅，私令卫士出外，帝付大理绳之。师据律奏徒，帝令斩之”，由于源师据理力争，该主帅才得以保命。即使不是职务上的擅权，只要违反了法令，即要治罪。隋朝有“县令无故不得出境”的法令，有一个伊阙县的县令叫皇甫诩的，受宠于齐王杨暕，被齐王违制带到了汾阳宫，齐王因此被炀帝治了罪。[④]《唐律疏议·职制》谓：“诸刺史、县令、折冲、果毅，私自出界者，杖一百。”则隋律有此条款意义相同。内史令，右光禄大夫元寿之子荫父职擢为内史舍人，却“省泄省中语”。这也是触犯法律的。[⑤]

三、军事上的犯罪

军队是国家政权的重要支柱。为了加强国防建设，防止外族侵扰，镇压农民反抗，巩固地主阶级政权，各朝统治者都特别重视军事方面的法制建设。隋朝的政权虽然主要不是通过军事手段夺得的，开皇九年平陈战事获胜后，也曾下诏说：“代路既夷，群方无事，武力之子，俱可学文，人间

---

① 《隋书·苏威传》。
② 《隋书·苏威传》。
③ 《隋书·卢恺传》。
④ 《隋书·齐王暕传》。
⑤ 《隋书·元寿传》。

甲仗，悉皆除毁。”但整个隋王朝并非只有平陈一次战役，因而军事犯罪在《隋书》中仍有记载。

（一）临阵惧敌

刑部尚书薛胄，虽然以持法宽平，甚有能名著称，但汉王谅在遂州作乱时，因“畏谅兵锋，不敢拒”，没有应慈州刺史上官政的请援，后又说归杨谅的部将綦良，“朝廷以胄怀贰心，锁诣大理。……坐除名，配防岭南。”[①]在隋朝奉事二朝三十余载的重臣苏威，最后被除名为民的罪名之一便是“畏怯突厥，请还京师”[②]。又大业年间，刘元进起兵进据建安，隋炀帝令吐万绪进讨，吐万绪以“士卒疲敝，请息甲待至来春。帝不悦，密令求绪罪失，有司奏绪怯懦违诏，于是除名为民，配防建安”[③]。大业末年，“百姓思乱，盗贼日益”，左骁卫将军、榆林太守董纯被派往击彭城贼，“纯虽频战克捷，所在蜂起。有人谮纯怯懦，不能平贼，帝大怒，遣使锁纯诣东都。有司见帝怒甚，遂希旨致纯死罪，竟伏诛。”[④]

（二）师徒败丧

军垒交战，要求主帅督励士兵英勇作战，既要取胜，又要保全军事力量，倘若努力作战而丧失大部分战斗力，主帅仍将负有罪责，甚至坐死。开皇三年，幽州总管李崇率步骑三千拒战犯塞的突厥，转战十几天，军队死亡大半，且留下的士兵也伤得很重，又没有食物，李崇“知必不免，令其士卒曰：‘崇丧师徒，罪当死，今日效命以谢国家。’”[⑤]又文帝十九年，突厥再次侵犯边塞，郭文振领行军总管，带兵击破突厥。但因郭文振与王世

① 《隋书·薛胄传》。
② 《隋书·苏威传》。
③ 《隋书·吐万绪传》。
④ 《隋书·董纯传》。
⑤ 《隋书·李崇传》。

积有旧交，胜战归师“世积以罪被诛，文振坐与交关，功遂不录”。仁寿初年，郭文振又带兵讨嘉州作乱的獠贼，因为没有救兵，“军遂大败”。蜀王秀因为“甚衔”文振，“及此，奏文振师徒丧败。右仆射苏威与文振有隙，因而谮之，坐是除名。”[①] 再如大业年间，太仆卿杨义臣率军征辽东，“每为先锋，一日七捷。后与诸军俱败，竟坐免。”[②] 大业末，鱼俱罗率兵击贼，但因“百姓思乱，从盗如市”。鱼俱罗恐道路隔绝，难逢在京、洛的诸子，便趁“东都饥馑，谷食踊贵，俱罗遣家仆将船米至东都粜之，益市财货，潜迎诸子。朝廷微知之，恐其有异志，发使案验”，后大理司直梁敬真奏其师徒败衄，“于是斩东都市，家口籍没。”[③]

（三）其他

与军事有关的犯罪行为见于记载的还有《隋书·韩擒虎传》：上柱国韩擒虎平陈立了大功，然“有司劾擒放纵士卒，淫污陈宫，坐此不加爵邑”。又南宁州总管韦冲兄子韦伯仁，“掠人之妻，士卒纵暴，边人失望”，结果，韦冲因之坐免。可见，放纵士卒对主帅而言也是犯罪行为[④]。另外，私造兵器也属犯罪。开皇初年（581年），文帝即下令“禁大刀长矟”，九年（589年）又诏“戎旅军器，皆宜停罢”，“人间甲仗，悉皆除毁”。[⑤] 开皇十五年（595年）春二月丙辰，又下令“收天下兵器，敢有私造者，坐之。关中缘边，不在其例。”[⑥]《唐律》中有私留兵器罪，与此条略同。隋炀帝时，连民间一般的铁器也作为武器予以禁绝了，大业“五年春正月，……制民间铁叉、搭钩、䂎刀之类，皆禁绝之。”[⑦] 为了王朝的永固，

① 《隋书·郭文振传》。
② 《隋书·杨义臣传》。
③ 《隋书·鱼俱罗传》。
④ 《隋书·韦世康传》。
⑤ 《隋书·高祖纪上》。
⑥ 《隋书·高祖纪下》。
⑦ 《隋书·炀帝纪上》。

统治者已到了草木皆兵的程度。

四、审判上的犯罪

为了保证法律的实施，必须建立一套执法制度，其中最重要的就是审判制度。明确规定官吏在审判中的责任，用法律手段杜绝徇私枉法行为，是缓和阶级矛盾和维护稳定的统治秩序之必要手段。

（一）决罚不如法

诉讼审判程序中，问讯拷囚和判决执行是两个关键。秦汉以来，封建法律对此都有所规范，但奸吏佞臣乃至封建帝王常置法律于不顾，以残忍的手段草菅民命。《隋书·酷吏传》记载了很多这样的事例。如襄州总管田式，“僚吏奸赃，部内劫盗者，无问轻重，悉禁地牢中，寝处粪秽，令其苦毒，自非身死，终不得出。每赦书到州，式未暇读，先召狱卒，杀重囚，然后宣示百姓。其刻暴如此。由是为上所谴，除名为百姓。”[①] 被文帝称为“其暴过于猛兽”的贝州刺史厍狄士文，对吏民“有细过，必深文陷害”，“发擿奸隐，长吏尺布升粟之赃，无所宽贷。得千余人而奏之，上悉配防岭南，亲戚相送，哭泣之声遍于州境。至岭南，遇瘴疠死者十八九，于是父母妻子唯哭士文。士文闻之，令人捕捉，枌棰盈前，而哭者弥甚。”[②] 厍狄士文由此而坐免。《燕荣传》载：燕荣对“吏人过之者，必加诘问，辄楚挞之，创多见骨”。高祖时为幽州总管，“鞭笞左右，动至千数，流血盈前，饮噉自若。”“人或自陈无咎，荣曰：‘后若有罪，当免尔’。及后犯细过，将枌之，人曰：‘前日被杖，使君许有罪宥之。’荣曰：‘无过尚尔，况有过邪！’榜棰如旧。”“是时元弘嗣被除为幽州长史，惧为荣所辱，固辞。上知之，敕

① 《隋书·酷吏传》。

② 《隋书·酷吏传》。

荣曰：‘弘嗣杖十以上罪，皆须奏闻。’荣忿曰：‘竖子何敢异我！’于是遣弘嗣监纳倉粟，飏得一糠一粃，辄罚之。每笞虽不满十，然一日之中，或至三数。如是历年，怨隙日构，荣遂收付狱，禁绝其粮。弘嗣饥馁，抽衣絮，杂水咽之。其妻诣阙称冤，上遣考功侍郎刘士龙驰驿鞫问。奏荣虐毒非虚，又赃秽狼籍，遂征还京师，赐死。”① 恒山郡丞王文同亦是惨酷无比。巡察河北诸郡时，“文同见沙门斋戒菜食者，以为妖妄，皆收系狱。此至河间，召诸郡官人，小有迟违者，辄皆覆面于地而箠杀之。求沙门相聚讲论，及长老共为佛会者数百人，文同以为聚结惑众，尽斩之。又悉裸僧尼，验有淫状非童男女者数千人，复将杀之。郡中士女号哭于路，诸郡惊骇，各奏其事。帝闻而大怒，遣使者达奚善意驰锁之，斩于河间，以谢百姓。”②

（二）故纵

司法官吏出入人罪是司法审判中的严重罪行，为了缓和矛盾、稳固政权，统治阶级对审判案件时的营私舞弊和玩忽职守行为，也要进行严厉制裁。开皇年间发生了这么一件案子：有个商人住在一家客店里被盗贼劫走了财物，他怀疑是同宿一室的房客所为，就把那房客捆绑起来送到官府，原州总管元褒观察那人的言辞神色，料定他受了冤枉，便把他放走了。商人不肯善罢甘休，到京师告元褒“受金纵贼”，这在当时是个不小的罪名。于是，文帝派人去穷加追究。派去的官员严责元褒：“你为什么看重财宝而放纵盗贼？”元褒只是引咎自责，对这样一个罪名并不进行反驳。使者将元褒带到京城治罪，依律免去了他的官职，后来，在这个州的其他地方又发生了盗窃案，文帝便对元褒说：“你出身名门，又是朝廷故旧，一直受到朝廷恩遇，位高权重，为什么要以受金纵贼这样一个罪名自诬呢？”元褒对曰：“臣受委一州，不能息盗贼，臣之罪一也。州民为人所谤，不付法司，

① 《隋书 · 酷吏传》。

② 《隋书 · 酷吏传》。

悬即放免，臣之罪二也。牵率愚诚，无顾形迹，不恃文书约束，至令为物所疑，臣之罪三也。臣有三罪，何所逃责？臣又不言受赂，使者复将有所究，然则缧绁横及良善，重臣之罪，是以自诬。”[①] 高祖很为感叹。《隋书·史万岁传》记载：史万岁平定南宁夷，生擒其头目爨翫，“万岁遣使驰奏，请将翫入朝，诏许之。爨翫阴有二心，不欲诣阙，因赂万岁以金宝，万岁于是舍翫而还。”“明年，爨翫复反，蜀王秀奏万岁受赂纵贼，致生边患，无大臣节。上令穷治其事，事皆验，罪当死。”潭州总管权武收纳岭南酋领答赠的宝物致富。其晚年得子，与亲戚朋友设酒宴庆贺，“酒酣，遂擅赦所部内狱囚。”又其“常以南越边远，治从其俗，务适便宜，不依律令，而每言当今法急，官不可为。”这些事查验以后，“上大怒，命斩之。”[②] 可见，弃律于不顾，即使官高位重，也是要受到惩处的。

五、封建伦常方面的犯罪

“十恶”中有相当部分属侵犯父母尊长及伦常关系的犯罪，如恶逆，不孝，不睦，不义之类，以调节家庭关系的平稳与和睦，实现“齐家—治国—平天下”的政治理想。

（一）家庭伦常

《隋书·郎茂传》载：开皇年间，“有民张元预，与从父弟思兰不睦。丞尉请加严法，茂曰：‘元预兄弟，本相憎疾，又坐得罪，弥益其忿，非化民之意也。’于是遣具中耆旧更往敦谕，道路不绝。元预等各生感悔，诣县顿首请罪。茂晓之以义，遂相亲睦，称为友悌。”这是处理家庭关系的一个典型案例。而违背了家庭伦常原则，不论位禄职别，都会被作为罪名

---

① 《隋书·元褒传》。

② 《隋书·权武传》。

惩处。上柱国郑译即曾因“与母别居，为宪司所劾，由是除名。”[①]“与高祖有旧”的庆州总管刘昶因其子刘居士对朝廷“意有不逊”获罪，“宪司又奏昶事母不孝”，由是“竟赐死于家”。[②]可见，先秦儒家所言之“孝悌”仍为治家之本。

（二）婚姻风俗

隋王朝为了整肃世风，曾两次对品官妻妾改嫁下诏禁止。《隋书 · 李谔传》载：“谔见礼教凋敝，公卿薨亡，其爱妾侍婢、子孙辄嫁卖之，遂成风俗。谔上书曰：‘臣闻追远慎终，民德归厚，三年无改，方称为孝。如闻朝臣之内，有父祖亡没，日月未久，子孙无赖，便分其妓妾，嫁卖取财。有一于兹，实损风化。……’上览而嘉之。五品以上妻妾不得改醮，始于此也。”又《高祖纪下》：“十六年六月辛丑，诏九品以上妻，五品以上妾，夫亡不得改嫁。”诏令以后，风俗难改。“炀帝即位，牛弘引炫修律令。高祖之世，……以风俗陵迟，妇人无节。于是立格，……九品妻无得再醮。炫著论以为不可，弘竟从之。”[③]唐朝无此禁令。这一禁令并不始于隋朝。三国时期，随着门第观念的日益浓重，士大夫对汉朝以来的贵族寡妇的改嫁便以为非，[④]但因为北朝没有贵族妇女的再嫁之禁，故承袭北朝的隋便也对此不加禁止。隋统一南北以后，随着汉族士大夫加入政权的增多，正统的儒家观念重又抬头，才有肃风之说，但再醮可耻的观念尚未普遍树立，故禁令不禁。对官吏婚娶违律，也以法律惩治。酷吏库狄士文的从父妹原为齐氏嫔妃，长得很漂亮，齐灭之后，赐给薛国公长孙览为妾，长孙览之妻请求文献皇后逼令其离绝。应州刺史唐君明居母丧，竟将库狄士文从妹

① 《隋书 · 郑译传》。
② 《隋书 · 刘昶女传》。
③ 《隋书 · 刘炫传》。
④ 参见陈鹏：《中国婚姻史稿》，中华书局 1990 年版，第 456 页。

娉娶为妻，厍狄士文、唐君明并为御史所劾。[1] 居丧不得嫁娶，也是古代礼法的规定，唐以后著于律，隋律略同。

隋朝的纠正风俗，在官场中也有体现："开皇四年九月，'泗州刺史司马幼之文表华艳，付所司治罪。'并要求诸司'普加搜访，有如此者，具状送台'。"以杜绝官吏"逐俗随时，作轻薄之篇章。"[2]

六、户籍、钱财方面的犯罪

封建刑律对作为征发徭役和收缴赋税的基本依据——户籍的管理向来十分重视，同时，也严格保护封建国家的官有财产及地主阶级的私有财产，以此作为专制统治的基础。《隋律》的记载中，也保留了一些有关罪名。

（一）脱漏户口

秦汉以来，户籍就得到法制上的严格管理，但是严刑密法仍不能杜绝逃户漏口的现象。隋朝统一之后，民间逃漏户口者仍大有人在，故在开皇、大业年间，朝廷反复重申户口之禁。隋初，"高祖令州县大索貌阅，户口不实者，正长远配，而又开相纠之科。大功以下，兼令析籍，各为户头，以防容隐。""高颎又以人间课输，虽有定分，年常征纳，除注恒多，长吏肆情，文帐出没，复无定簿，难以推校，乃为输籍定样，请徧下诸州。每年正月五日，县令巡人，各随便近，五党三党，共为一团，依样定户上下。帝从之。自是奸无所容矣。"[3] 隋初户口逃循、隐匿的现象是很严重的，《隋书》载开皇初乞伏慧拜曹州刺史，"曹土旧俗，民多奸隐，户口簿帐恒不

① 《隋书·厍狄士文传》。

② 《隋书·李谔传》。

③ 《隋书·食货志》。

以实。慧下车按察，得户数万。”[①] 沧州刺史令狐熙上任时，“山东承齐之弊，户口簿籍类不以实。熙晓谕之，令自归首，至者一万户。”[②] 但这个问题隋中期仍没解决，“禁网疏阔，户口多漏，或及成丁，犹诈为小；未至于老，已免租赋。”民部侍郎裴蕴曾历三州刺史，“案知其情，因是条奏，皆令貌阅。若一人不实，则官司解职，乡正里长，皆远流配。”[③]“又许民相纠，若纠得一丁者，令被纠之家代输赋役。是岁，大业五年也。诸郡计帐：进丁二十四万三千，新附口六十四万一千五百。”[④]

（二）盗边粮

边粮，应视为军粮，故盗边粮不是单纯的经济犯罪，而又属破坏军事罪。隋朝对此罪惩处甚严。开皇十五年（595 年）十二月，“敕盗边粮一升以上皆斩，并籍没其家。”[⑤]《刑法志》又载：“十六年，有司奏合川仓粟少七千石，命斛律孝卿鞫问其事，以为主典所窃。复令孝卿驰驿斩之，没其家为奴婢，鬻粟以填之。是后盗边粮者，一升已上皆死，家口没官。”[⑥] 这两个法令疑为一，两处在时间记载上有些差误。盗边粮和监守自盗均应加重处理，在当时，该主典是罪有应得，但盗一升以上处斩，此律是大大加重了。由于盗贼日益增多，“奸回不止，京市白日，公行掣盗，人间强盗，亦往往而有。”文帝要群臣共策断禁之法，但未等臣下开口，文帝已决定“诏有能纠告者，没贼家产业，以赏纠人。时月之间，内外宁息。”然而，没多久，一些市井无赖，总是候富家子弟出门前，在路上遗一些物件，偶有拾取，便扭送官府以取赏。“帝知之，乃命盗一钱以上皆弃市。”“此后

---

① 《隋书 · 乞伏慧传》。
② 《隋书 · 令狐熙传》。
③ 《隋书 · 裴蕴传》。
④ 《北史 · 裴蕴传》。
⑤ 《隋书 · 高祖纪下》。
⑥ 《隋书 · 刑法志》。

又定制，行署取一钱以上，闻见不告言者，坐至死。自此四人共盗一榱桶，三人共窃一瓜，事发即时行决。”[①] 由于此制过重，造成人人自危，民怨极大，文帝不得已又取消了盗取一钱弃市之法。隋炀帝时期，由于“外征四夷，内穷嗜欲，兵革岁动，赋敛滋繁”，官府则“宪章遐弃，贿赂公行”，穷人被逼得纷纷反叛，“帝乃更立严刑，敕天下窃盗已上，罪无轻重，不待闻奏，皆斩”。“帝以盗贼不息，乃益肆淫刑。九年，又诏为盗者籍没其家。”[②] 忽刑是无以治理盗贼的，皇帝本人即大盗，窃国盗财，执法的各级官吏也都是盗，何以能以盗治盗呢？

（三）犯钱禁

汉以来，关于私铸钱的禁令逐渐增多，《汉书·贡禹传》云：“自五铢钱起，以来七十余年，民坐盗铸钱被刑者甚众。”各朝对私自铸造钱币，包括以大改小，以重改轻的行为都处以重刑，隋朝亦此。《隋书·食货志》载：“高祖既受周禅，以天下钱货轻重不等，乃更铸新钱。”“是时钱既出，百姓或私有镕铸。”于是，又诏令将新钱样本发往各关，关外来的钱，样子相似的可以入关通用，不同的便即入官熔毁。前朝旧钱在贸易上仍可通用，但或私铸钱不禁，“县令夺半年禄。”由于私铸之风由来已久，屡禁难止。开皇十年（590 年），“诏晋王广，听于扬州立五铲铸钱。”又“又恶钱之禁。京师及诸州邸肆之上，皆令立榜，置样为准。不中样者，不入于市。”十八年，因为“钱益滥恶，乃令有司，括天下邸肆见钱，非官铸者，皆毁之，其铜入官。而京师以恶钱贸易，为吏所执，有死者。”“数年之间，私铸颇息。”但好景不长，到大业年间，私铸之风更加狂烈，“或翦铁鍱，裁皮糊纸以为钱。”到了这样的地步，离王朝崩溃也就不远了。[③] 但触犯钱禁，并

① 《隋书·刑法志》。
② 《隋书·刑法志》。
③ 《隋书·食货志》。

无死法："时上禁行恶钱，有二人在市，以恶钱易好者，武侯执以闻，上令悉斩之。绰进谏曰：'此人坐当杖，杀之非法。'"[①]

第三节 隋朝法律的适用原则

隋初制律，主要出于维护已经袭得的统治地位，"为了有条不紊地行使权力"的需要。如第一章所述，隋朝制律时并未以某一种思想作为主体的指导思想，隋统治者考虑最多的是形式和内容在选择性继承基础上的新颖和简化，综合和一致，以适应重新建立的统一的大王朝的治理。就法律的适用原则言，我们无法从律文中有所了解，仅就资料所及作如下概括。

一、等级特权原则——"八议"

"八议"指八种享有法律特权的人，由于他们位高权重，为了维护统治集团的内部团结和结构稳定，"八议"之人犯罪在不少情况下可以得到减免宽宥。"八议"源于《周礼》之"八辟"，"辟者，法也。"汉代改为"八议"，曹魏时入律，成为法定的量刑原则，"自魏、晋、宋、齐、梁、陈、后魏、北齐、后周及隋，皆载于律"[②]。魏晋南北朝时期，"八议"之制具体的司法程序和处理方式记载不甚明确，《唐律疏议 · 名例》"八议"条疏议说："其应议之人，或分液天潢，或宿侍旒扆，或多才多艺，或立事立功，简在帝心，勋书王府，若犯死罪，议定奏裁，皆须取决宸衷，曹司不敢与夺。此谓重亲贤，敦故旧，尊宾贵，尚功能也。以此八议之人犯死罪，皆

① 《隋书 · 赵绰传》。

② 《唐六典》注。

须奏请，议其所犯，故曰八议。”[①] 这就是说，当他们犯重罪时，普通司法机关无权依律审理，而需以他们的身份奏请皇帝作出最后裁决。从当时的实际运用来看，八议的对象主要是亲贵：“若亲贵犯罪，大者必议，小者必赦。”一般都可以得到减刑和免刑的优待。如魏明帝时，“许允为尚书选曹郎，与陈国，袁侃对，同坐职事，皆收送狱，诏旨严切，当有死者，正直者为重。允谓侃曰：卿功臣之子，法应八议，不忧死也”[②]。隋朝总结了汉魏以来保护地主贵族官僚的等级特权的立法经验，在制度上使八议更加完备。隋律规定：“其在八议之科，及官品第七以上犯罪，皆例减一等。其品第九以上犯者，听赎。”[③] 八议“听赎”，晋已有之，“例减”法却为隋朝所创。“例减”是照例应予减等处罚的意思，对流以下罪适用，为唐、宋等律所沿。对八议之人的保护，文帝在隋初即已昭明：“贵砺带之书，不当徒罚，广轩冕之荫，旁及诸亲”，[④] 表明要使受过封爵的贵人和做过大官的人不受罚充役，并可庇荫犯罪的亲属从轻处罚。隋统治者对贵族和高级官僚的关爱不仅如此，隋文帝曾对长孙览、杨雄、元谐、李充、高颎、虞庆则、贺若弼等高级官僚说：“朕之于公，义则君臣，恩犹父子。朕当与公共享终吉，罪非谋逆，一无所问。”[⑤] 可见规定谋逆大罪以外的法律特权，被认作巩固王朝统治的重要原则。

八议中议亲的对象是皇亲国戚。这些人甚至犯有十恶重罪时有时也能幸免一死。文帝五子汉王杨谅在隋文帝死后起兵作乱，后为杨素击败投降。百僚奏谅罪当死，帝曰：“‘朕终鲜兄弟，情不忍言，欲屈法恕谅一死。’于是除名为民，绝其属籍，竟以幽死。”[⑥] 卫昭王杨爽之子杨集被人告发“密

① 《唐律疏议・名例》。
② 《魏略》。
③ 《隋书・刑法志》。
④ 引“颁律诏书”。
⑤ 《隋书・长孙览传》。
⑥ 《隋书・庶人谅传》。

怀左道，厌蛊君亲，公然咒诅，无惭幽显。情灭人理，事悖先朝，是君父之罪人，非臣子之所赦，请论如律。”隋炀帝却表示“不忍加诛”，下诏说：“……公卿议既如此，览以潸然。虽复王法无私，恩从义断，但法隐公族，礼有亲亲。致之极辟，情所未忍。”[①] 于是除名为民，远徙边郡。

议故是对皇室故旧减免刑罚的规定。史载：彭国公刘昶与高祖有旧，其子刘居士“聚徒任侠，不遵法度，数得罪。上以昶故，每辄原之。”[②] 又鱼俱罗之弟鱼赞“性凶暴，虐其部下，令左右炙肉，遇不中意，以籤刺瞎其眼。有温酒不适者，立断其舌。帝以赞藩邸之旧，不忍加诛。”[③]

议贤即谓有大德行者。议能指有大才艺者，更重治国治军的杰出人才。如《隋书》记载卢太翼“博综群书，爰及佛道，皆得其精微。尤善占候算历之术。”为太子杨勇赏识而召属之，杨勇被废黜，卢太翼坐法当死，“高祖惜其才而不害，配为官奴。”[④]《隋书》还记载一个叫耿询的人，曾“创意造浑天仪，不假人力，以水转之”，他所制作的马上刻漏，世称其妙。由于耿询才思奇特，被赐给蜀王杨秀，深得杨秀信任，后蜀王被废，耿询“复当诛，何稠言于高祖曰：‘耿询之巧，思若有神，臣诚为朝廷惜之。’上于是特原其罪。”[⑤]

议功即对有大功勋者减免刑罚。曾助杨坚袭夺帝位的郑译，开皇初进位上柱国，被高祖“恕以十死”。“译性轻险，不亲职务，而赃货狼籍。高祖阴疏之，然以其有定策功，不忍废放。”[⑥] 又贺若弼因平陈有功，加位上柱国，拜位右武侯大将军，“弼自谓功名出朝臣之右，每以宰相自许。既而杨素为右仆射，弼仍为将军，甚不平，形于言色，由是免官，弼怨望愈

① 《隋书·卫昭王爽传附嗣王集传》。
② 《隋书·刘昶女传》。
③ 《隋书·鱼俱罗传》。
④ 《隋书·艺术传·卢太翼传》
⑤ 《隋书·艺术传·耿询传》。
⑥ 《隋书·郑译传》。

甚。……公卿奏弼怨望，罪当死。上惜其功，于是除名为民。岁余，复其爵位。”[①] 青州总管张威也是因平王谦作乱有功而进位上柱国的，但他“不修名行，唯利是视”，其奴又侵扰百姓，为人奏劾，但隋文帝对他说：“公虽不遵法度，功效实多，朕不忘之。”[②] 于是复拜洛州刺史。因为父兄有功，也可得免。宇文恺开皇初文帝即位诛宇文氏家族时“亦在杀中”，因其“兄忻有功于国，使人驰赦之，仅而得免。”[③]

议贵是对贵族和高级官吏犯罪的减免。于仲文之兄于颛因嫌杀人，“太傅窦炽等议颛当死。上以门著勋绩，特原之。”[④] 给事黄门侍郎陈茂之子陈政与京师大侠刘居士“数从之游”，后来刘居士下狱被诛，陈政应当从坐，“上以功臣子，挞之二百而赦之。”[⑤]

议勤即为封建国家服务勤劳之人，“八议”条疏议曰：“谓大将吏恪居官次，夙夜在公，若远使绝域，经涉险难者。”开皇初虞庆则奉诏出使突厥，受赠好马千匹，为人告发，文帝因其远使招抚，劳苦功高，“皆无所问”。[⑥] 议宾，指前朝国君及皇室贵族。开皇元年，隋封周静帝为六国公，邑五千户。

二、划分公罪与私罪原则——“官当”

官当，即以官品抵当刑罚。晋律有“免官比三岁刑”[⑦] 的规定，是最早的官当制的记载。北魏则规定：“五等列爵及在官品令从第五，以阶当刑二

① 《隋书·贺若弼传》。
② 《隋书·张威传》。
③ 《隋书·宇文恺传》。
④ 《隋书·于颛传》。
⑤ 《隋书·陈茂传》。
⑥ 《隋书·虞庆则传》
⑦ 《九朝律考·晋律考上》，第 333 页。

岁，免官者三载之后听仕，降先阶一等。”[①]《隋书·刑法志》引：“陈律：五岁四岁刑，若有官，准当二年，余并居作。其三岁刑，若有官，准当二年，余一年赎。若公坐过误，罚金。其二岁刑，有官者，赎论。一岁刑，无官亦赎论。”官当制是八议的延伸，以更全面地维护秦汉以来日益完善的官僚特权制度。

隋朝的官当制是这样记载的：开皇元年，更定新律。“犯私罪以官当徒者，五品以上，一官当徒二年；九品以上，一官当徒一年；当流者，三流同比徒三年。若犯公罪者，徒各加一年，当流者各加一等。其累徒过九年者，流二千里。”[②]这一规定廓清了这样两个界限：其一是官品尊与卑之划分。如《唐律疏议》云：“九品以上官卑”，“五品以上官贵”。隋朝在开皇元年还没有建立科举选士的制度，仍实行九品中正制，“九品及中正，开皇中方罢”[③]，故官品的尊与卑，仍带有门阀制度的痕迹，开皇元年即确立如此详尽的官当原则，对朝廷统治并不利。故隋朝的官当原则似当立于科举选士制度基本建立之后，才有可行的意义。其二是有关公罪、私罪的划分。钱大群先生关于“区别公私罪的历史渊源”[④]阐述道：“东汉就有‘公坐’之罪。”然法律认定官吏犯罪有“公”“私”之分，则始于西晋张斐《进律表》：“犯罪为公为私……，随事轻重取法。”[⑤]《抱扑子·审举篇》中载：“‘诸居职，其犯公坐者，以法律从事。’南朝《陈律》有‘公坐过误，罚金’及‘以公事免’。”[⑥]可见，官吏犯罪区分“公罪”与“私罪”，不自隋始。但《隋律》首次按官品的高低确定了“公罪”“私罪”的当徒年限，是有其意义的：首先，它对“公罪”和“私罪”的构成因此而作了最原始的界定，《唐律疏议》

① 《魏书·刑罚志》。
② 《隋书·刑法志》。
③ 《通典·选举二》。
④ 钱大群、钱元凯：《唐律论析》，南京大学出版社1989年版，第88页。
⑤ 《晋书·刑法志》。
⑥ 《隋书·刑法志》。

在此基础上于注文中明确了定义："公罪，谓缘公事致罪而无私曲者。""私罪，谓私自犯及对制诈不以实、受诸、枉法之类。"[①] 这样，对官吏犯罪的认定便有了依据。其次，规定了处理私罪与公罪的总的原则是私罪重于公罪。唐律因之而作了更加详细的发挥。严格区分公、私罪，对加强封建国家的统治效能及整饬吏治有一定的作用。

三、连坐原则

连坐又称缘坐、从坐、相坐、随坐等，可以说是籍没刑和族诛刑的立制原理。因血缘关系而连坐处死已包含在族诛刑之中了。连坐也包括因邻伍，职务等种种非血缘关系。连坐所处之刑不限于死刑和没为官奴婢。据考，《周礼》中已有令民间相互督察纠发以告奸，一家有罪，九家连举发[②]的记载。春秋时，梁国建立了称作"伍"的邻保制度，如果一家犯法后逃亡，那么同"伍"的五家都要连坐被杀[③]。战国秦时商鞅将这一制度发挥为："令民为什伍，而相牧司连坐。不告奸者腰斩，告奸者与斩敌首同赏。匿奸者与降敌同罚。"[④] 这以后，虽然有文帝前元二年（公元前 178 年）"尽除收孥诸相坐律令"的诏令和昭帝时"贤良""文学"们反对"一人有罪，州里惊骇，十家奔之"[⑤] 刑罚政策的呼声，但连坐并未消止，只在政策上有所调整。如晋时规定："在室之女，从父母之诛；既醮之妇，从夫家之罚。"[⑥] 又规定："复三族刑，惟不及妇人。"[⑦]

① 《唐律疏议·名例》注文。
② 《历代刑法考·刑法分考一》，第 72 页。
③ 《公羊传·僖公十九年注》。
④ 《史记·商君列传》。
⑤ 《盐铁论·周秦》。
⑥ 《晋书·刑法志》。
⑦ 《晋书·明帝纪》。

隋朝的连坐制度结集了魏晋以来的变化，改变了秦汉滥用族诛的状况，较秦汉有所减轻。有以下案例可证：文帝时刘昉、梁士彦、宇文忻谋反被诛，“士彦、忻、昉兄弟叔侄，特恕其命，有官者除名。士彦小男女、忻母妻女及小男并放。”“士彦、昉儿年十五以上远配。”[①] 炀帝时，右骁卫大将军李浑被妻兄宇文述诬构谋反罪，与李敏等宗族三十二人被诛，“自余无少长，皆徙岭外。”[②] 又高颎因“谤讪朝政”被诛，“诸子徙边。”[③] 滕穆王杨瓒之子杨纶被告“怨望咒诅”，“厌蛊恶逆，坐当死”，“帝以公族不忍，除名为民，徙始安。诸弟散徙边郡。”[④] 炀帝时名臣苏威因高颎、贺若弼等诛“坐与相连，免官。”[⑤]……此类案例极多，连坐的原因和范围也各不相同。连坐原则在适用上是有任意性的，对被统治者而言，在适用时往往是任意扩大范围，加重刑罚，尤其对重大罪名，更是严惩不贷。但对官僚而言，尤其是高级官僚，统治者会从其地位、家族、影响等方方面面的关系去反复斟酌，选择连坐的方案。所以，连坐原则在适用上也体现出封建法律的不平等性。

四、律无正条量刑——类推原则

各朝法律即使修订得再完备，仍然不可能囊括天下所有的犯罪行为，但为了使司法镇压对任何危害社会的行为都发挥作用，在“律无正条”的情况下，就会在司法实践中实行类推原则。

类推，又称比附。类推的应用渊源已久。《尚书 · 吕刑》即记有“上

① 《隋书 · 刘昉传》。
② 《隋书 · 李浑传》。
③ 《隋书 · 高颎传》。
④ 《隋书 · 滕穆王瓒传附嗣王纶传》。
⑤ 《隋书 · 苏威传》。

下比罪”。战国末年的荀况也说过：“有法者以法行，无法者以类举。”[①]秦称比附为“比”，汉称“决事比”。后世各朝也都有弥补法律不周不全的一些专门的方法。隋律没有保存下来，但唐朝进士、左拾遗赵冬曦神龙初年（705 年）在上书中说：“古律条目千余，隋时，奸臣侮法，著律曰：律无正条者，出罪举重以明轻，入罪举轻以明重，一辞而废条目数百，自是轻重沿爱憎，被罚者不知其然，使贾谊见之，恸哭必矣。”[②]此处可见隋朝的类推原则，这一原则为唐律所继承。

隋有关比附的另一记载见之于《隋书·刘子翊传》，侍御史刘子翊在驳刘炫议李公孝“不供养继母”一案中提到：“彼言‘以’轻‘如’重，自以不同。此谓如重之辞，即同重法，若使轻重不等，何得为‘如’？律云‘准枉法’者，但准其罪，‘以枉法论’者，即同真法。律以弊刑，礼以设教，准者准拟之名，以者即真之称。‘如’‘以’二字，义用不殊，礼律两文，所防是一。”这里关于律文中“准”和“以”的区别，与《唐律疏议》的解释完全一致，是比附适用的主要术语，可见隋律比附之一斑。

① 《荀子·大略》。

② 《新唐书·赵冬曦传》。

第三章　隋朝的司法制度

隋朝的司法制度在前朝的基础上有所改革和补充，使之日臻完备。虽然它还存在不少弊端，而且由于统治者生杀任情，造成制度的败坏，但与秦汉以来各朝的司法制度相比，仍有较大变化。

首先，中央司法一分为二。由于隋律的亡佚，我们无法得到完整的有关司法制度的资料，从隋初在尚书省下专设刑部主管司法行政，可以想知其作用一方面使大理寺掌刑狱的职能更加突出，另一方面与大理寺相互配合、又互相牵制，相互监督，是封建皇权加强的有力措施。

其次，地方机构职权划定。虽然地方司法经历了由州县改郡县的变化，但在司法上规定地方无权判处死刑，而将这一权利收归中央，无疑也是有利于慎刑的。

最后，监察制度初步健全。隋的统一为监察制度的完备和健全创造了历史条件，结束了魏晋以来监察机构设置的不稳定性。隋朝的监察机构在封建统治中发挥了较大作用。

第一节　隋朝的司法机构

隋朝的司法机构分为中央和地方两级。

一、中央司法机构

（一）大理寺

北齐将秦汉以来的廷尉改为大理寺以后，逐渐成为定制。开皇初年（581 年），在议论于尚书省下设置六卿时，曾欲废除大理寺，内史侍郎卢思道上奏："省有驾部，寺留大仆，省有刑部，寺除大理，斯则重畜产而贱刑名，诚为未可。……上悉嘉纳之。"①

大理寺的职责，在《隋书》中未作明确交代，但在《纪》《传》中常有某事"请归大理"，某案"付大理绳之"的记载，则其职应该与北齐"大理寺，掌决正刑狱"是一致的。隋代大理寺在构建上与北齐相似，大理寺与光禄、太仆等九寺皆置卿（正三品），少卿（正四品）各一人，另有丞（正七品）、主簿（从九品）、录事各二人，下不统署。又置正、监、评各一人（正六品），司直（从五品）十人，律博士（正八品）八人，明法二十人，狱掾八人。文帝开皇三年（583 年）四月，罢大理寺监、评及律博士，加置大理寺正为四人，人员有所减少，系统更集中了。炀帝时，"大理寺丞改为勾检官，增正员为六人，分判狱事。置司直十六人，降为从六品，后加至二十人。又置评事四十八人。掌颇同司直，正九品。"②机构显然有所扩大。

（二）刑部

三省制形成后，隋初，在管理全国政务的尚书省之下，设吏部、礼部、兵部、都官、度支、工部六个部门。都官主刑名，统都官尚书一人（正三品），都官侍郎二人（正六品），刑部、比部侍郎各一人（正六品），司门侍郎二人（正六品）。开皇三年四月，"改都官尚书为刑部尚书，诸曹侍郎

---

① 《隋书·卢思道传》。
② 《隋书·百官志下》。

及内史舍人，并加为从五品。增置通事舍人十二员，通旧为二十四员。”① 开皇六年（586 年），“尚书省二十四司，各置员外郎一人，以司其曹之籍账。”② 隋炀帝即位后，又作了较大的改制，“尚书省六曹，各侍郎一人，以贰尚书之职。……诸曹侍郎，并改为郎。……改刑部为宪部郎，……废诸司员外郎，而每增置一曹郎，各为二员。都司郎各一人，品同曹郎，掌都事之职。”③ 这样，刑部的机构改为：刑部尚书一人，侍郎一人（正四品），下置都官郎，宪部郎，比部郎，司门郎四曹，另各置曹郎二人（正九品），都司郎一人（正九品）。《唐六典》注谓：“隋初置都官侍郎二人，犹掌非违得失事。开皇三年（583 年），改都官尚书曹曰刑部，其都官郎曹遂改掌簿录配没官私奴婢，并良贱诉竞，俘囚之事。”

隋朝对刑部官吏的选拔是很慎重的，任职者一般都治绩突出，名望很高。如宇文弼：“当官正色，为百僚所惮”，开皇初平陈后“擢拜刑部尚书”，炀帝时又两拜刑部尚书。刘仁恩初为毛州刺史，治绩号天下第一，擢拜刑部尚书，李圆通任刑部尚书，“以为堪当大任。”④ 这表明隋朝统治者对刑部地位的重视。从记载看，刑部为司法行政部门。

二、地方司法机构

隋代地方行政开皇初沿袭北朝魏、齐之制，置州、郡、县三级。州郡县皆分九等，并对每一等级定员编制，形成地方统治网络。开皇初年（581 年）全国共有 211 个州，508 个郡，1124 个县，⑤ 以至出现“或地无百里，数县并置；或户不满千，二郡分领”的狭小区域，于国家统治极不利。兵部

① 《隋书 · 百官志下》。
② 《隋书 · 百官志下》。
③ 《隋书 · 百官志下》。
④ 《隋书 · 李圆通传》。
⑤ 《隋书 · 地理志》。

尚书杨尚希上表曰："当今郡县，倍多于古，……民少官多，十羊九牧。……今存要去闲，并小为大。国家则不亏粟帛，选举则易得贤才。"[①] 建议得到文帝嘉许。开皇三年（583 年），将传统的州、郡、县三级制改为州、县二级制，州直接辖县。炀帝大业三年（607 年），又改州为郡，以郡统县，实现郡、县二级制。集行政职能与司法职能于一身的地方机构的改革，为加强皇帝对各级司法机构的控制铺平了道路。

1. 州 "上上州置刺史，长史，司马，录事参军事，功曹，户、兵等曹参军事，法、士曹等行参军，行参军，典籤，州都光初主簿，郡正，主簿，西曹书佐，祭酒从事，部郡从事，仓督，市令、丞等员。并佐史，合三百二十三人。"[②] 以下各等递减。隋初，"文帝以并、益、荆、扬四州置大总管，其余总管府置于诸州。"[③]《隋书·百官志》云："州，置总管者，列为上中下三等。总管刺史加使持节。"由此可见，大总管，总管并非每州都置，一般是等级较高的大州及军事要冲之州才设。[④] 在京城长安所在地雍州，长官称州牧，属员与其他州不同，人数更比其他州要多。开皇十四年（594 年），改九等州县为三等。[⑤]

2. 郡 "（上上）郡，置太守，丞，尉，正，光初功曹，光初主簿，县正，功曹，主簿，西曹，金、户、兵、法、士等曹，市令等员。并佐史，合一百四十六人。"[⑥] 以下各等递减。京兆郡置尹、丞、正等员，人数也比普通郡多。文帝时，由兵部尚书杨尚希的建议而罢诸郡，炀帝时复置，以

---

① 《隋书·杨尚希传》。

② 《隋书·百官志下》。

③ 《文献通考》卷 61 "职官考"。

④ 《文献通考》卷 63 "职官考十七" 曰："隋县有令有长，炀帝以大兴、长安、河南、洛阳四县令并增正五品，诸县皆以所管间剧及冲要之处以为等级。" 可证。

⑤ 杜佑《通典》《唐六典》及《隋书·百官志》谓："十四年改九等州县为上、中、中下、下凡四等。" 从古代习惯及《百官志》载炀帝时 "罢州置郡，郡置太守。上郡从三品，中郡正四品，下郡从四品"，似未言及改四级为三级事。故十四年应《通典》所记为是。

⑥ 《隋书·百官志》。

郡领县。郡太守的品秩由从四品、从五品、正六品提为从三品，正四品，从四品，地位明显提高。

3. 县 “（上上）县，置令，丞，尉，正，光初功曹，光初主簿，功曹，主簿，西曹，金、户、兵、法、士等曹佐，及市令等员，合九十九人”。[①]以下各等递减。大兴、长安两县以令，丞，正为长官，置员一百四十七人。开皇三年（583 年）规定，“刺史、县令，三年一迁。”[②]

县下置乡。乡的设置始于春秋时期。乡长官没有政府专门认定的职和权，一般有督促税赋，摊派徭役及调解民间纠纷的权利。汉末九品中正制建立以来，乡官显然也为大族所把持，弊端不少。开皇元年（580 年），“苏威又奏置五百家乡正，即令理民间辞讼。”建议在县下专置一级官员。内史令李德林坚决反对。他争辩说：“以为本废乡官判事，为其里闾亲戚，剖断不平，今令乡正专治五百家，恐为害更甚。且今时吏部，总选人物，天下不过数百县，于六七百万户内，诠简数百县令，犹不能称其才，乃欲于一乡之内，选一人能治五百家者，必恐难得。又即时要荒小县，有不至五百家者，复不可令两县共管一乡。”[③]李德林担忧的，显然是将乡提升为一级法定行政机构的话，将面临的人才危机，以及五百户为一乡的建制问题。但由于高颎的赞同，东宫会议后，高祖采纳了苏威的意见。这项制度约在开皇八九年才建立起来。开皇十年（590 年），虞世则等巡视关东归来，上奏“五百家乡正，专理辞讼，不便于民。党与反憎，公行货贿。”[④]文帝下令废除，但李德林却认为乡官“置来始尔，复即停废，政令不一，朝成暮毁，深非帝王设法之义。”[⑤]这一意见触怒了文帝。开皇十五年（595 年），文帝下诏罢乡官。

① 《隋书·百官志下》。
② 《隋书·百官志下》。
③ 《隋书·李德林传》。
④ 《隋书·李德林传》。
⑤ 《隋书·李德林传》。

第二节　隋朝的监察机构

隋朝的监察机构也分中央和地方两级，此外，另有谏官系统，台谏分立。

一、中央机构——御史台

御史台系由秦汉时的御史大夫府发展而来。御史大夫位高权重，与主管行政的丞相和主管军事的太尉一起并称三公。作为副丞相，御史大夫的首要任务是辅佐丞相总理国政，参予朝仪，谋议大略。但御史大夫的本职是“典正法度”，“举劾非法”。由于御史大夫主职辅佐丞相，故其主要属员御史中丞就承担了实际的监察工作。东汉时，御史中丞成为监察机构的最高长官，并成立了专门机构——御史台。沿及隋朝，仍以御史台为中央监察机关，设御史大夫一人（从三品，大业五年定为正四品），治书侍御史二人（正五品，后改从五品），侍御史八人（从七品，后改正七品），殿内侍御史（正八品）、监察御史（从八品，后改从七品）各十二人，录事二人，另有主簿（从七品下）。[①]

据《历代职官表》，隋朝的御史大夫实为汉魏的御史中丞，地位与秦汉的御史大夫已不可同日而语。御史的选任，隋朝改变了北魏以来由御史台自选御史的制度，由吏部铨选，有时则由宰相奏请皇帝批准。御史由于其地位高，选任条件比较严格，一般由那些正直敢言的官吏和名士充任。如《隋书·梁毗传》载：“开皇初，置御史官，朝廷以毗鲠正，拜治书侍御史，名为称职。”曾弹权臣杨素：“素任寄隆重，多所折挫，当时朝士无不

---

① 《隋书·百官志下》。

慴伏，莫有敢与相是非。辞气不挠者，独毗与柳彧及尚书右丞李纲而已。”[①] 又记骨仪：“性刚鲠，有不可夺之志。开皇初，为侍御史，处法平当，不为势利所回。”[②] 柳彧“曾判高颎子申牒请戟三品以上官”，“后迁治书侍御史，当朝正色，甚为百僚之所敬惮。”高祖评价他“柳彧正直士，国之宝也。”柳彧曾“持节巡省河北五十二州，奏免长吏赃污不称职者二百余人，州县肃然，莫不震惧。”[③] 隋朝注意监察官的选任，表明了惩治官吏贪赃的决心，因而，监察机构的作用（主要在隋朝前期）发挥得也比较好。

隋朝御史台弹劾的行为有：对违反法令者。文帝时京师饥荒，诏令禁酒，但舒国公刘昉使其妾租屋当垆卖酒，为治书侍御史梁毗所劾。[④] 对疏于朝政者。尚书右仆射苏威不理职事，为御史所劾。[⑤] 对监授人官不举贤才者。苏威在高阳典选，滥授人官，被御史大夫裴蕴所劾。[⑥] 对以权谋私者。以纠劾官吏贪污受贿，中饱私囊为其基本职责。对朝会时举止礼仪不整肃者。如《隋书·刑法志》载：元正朝会之日，有武官衣剑不整，御史监师没有纠弹，文帝发怒曰：“尔为御史，何纵舍自由。”就命人把监师杀了。御史并有权谏正君主得失和弹劾皇子。

二、地方机构

（一）司隶台

为了进一步加强对地方的控制，沟通中央与地方的联系，隋朝在地方建立了司隶台和谒者台，监督地方官吏。文帝仁寿年间，令遣持节者巡行

① 《隋书·梁毗传》。
② 《隋书·骨仪传》。
③ 《隋书·柳彧传》。
④ 《隋书·刘昉传》。
⑤ 《隋书·苏威传》。
⑥ 《隋书·苏威传》。

州县，“察长吏能不”。持节使就是司隶台的前身。炀帝大业二年（606 年）三月，建立司隶台，“掌诸巡察”，隋的地方监察机构由此得以健全。司隶台置“大夫一人（正四品），掌巡察，别驾二人（从五品），分察畿内，一人案东都，一人案京师。刺史十四人（正六品），巡察畿外。诸郡从事四十人，副刺史巡察。”[①] 刺史下又置丞（从六品），主簿（从八品），录事（从九品）各一人，处理日常台务。刺史每年二月乘轺巡郡县，十月入奏。

司隶台以“六条”巡察京畿内外：一察品官以上理政能不。二察官人贪残害政。三察豪强奸猾，侵害下人，及田宅踰制，官司不能禁止者。四察水旱虫灾，不以实言，枉征赋役，及无灾妄蠲免者。五察部内贼盗，不能穷逐，隐而不申者。六察德行孝悌，茂才异行，隐不贡者。

隋朝刺史与西汉刺史有很多相似之处，但显然监察的范围扩大了，监察的重点也以考察品官理政能力和纠察贪残害政为主，体现出统治者对控制地方和稳定政局的关注。但到大业末年，朝臣朋党之争日剧，参掌朝政的御史大夫裴蕴与内史侍郎虞世基勾结，裴蕴“欲重己权势”，唆使虞世基罢司隶台，仅保留司隶从事官职虚名，“不为常员，临时选京官清明者，权摄以行”。[②] 于是州郡监察又处隳废，国家不久也沦亡。

（二）谒者台

谒者台是炀帝时设的另一监察机构，“掌受诏劳问，出使慰抚，持节察授，及受冤枉而申奏之。驾出，对御史引驾。”[③] 置谒者大夫一人为台长，（从四品，大业五年改为正四品），司朝谒者二人，为大夫副式（从五品）。属官有丞（从六品），主簿（从八品），录事（从九品）各一人，处理台内日常事务。又有通事谒者二十人（从六品），议郎二十四人，通直三十六人，

① 《隋书·百官志下》。
② 《隋书·百官志下》。
③ 《隋书·百官志下》。

将事谒者三十人，谒者七十人，皆掌出使。后废议郎及通直、将事谒者、谒者等员，改为统一置员外郎八十人。接着又置散骑郎（从五品）二十人，承议郎（正六品）、通直郎（从六品）各三十人，宣德郎（正七品）、宣义郎（从七品）各四十人，徵事郎（正八品）、将仕郎（从八品）、常从郎（正九品）、奉信郎（从九品）各五十人，共为三百六十人，均为正员，并得禄当品。又各有散员郎，无员无禄。不久改常从为登仕，奉信为散从，自散骑以下，皆主出使，并量事大小，据品派遣，代表皇帝出使监察。

隋代谒者台掌握对地方的监察权，使秦汉以后临时性的遣使巡察制度化，成为唐代巡察使的前身。

三、谏官系统

谏官系统是监察制度中又一重要部分。隋朝的言谏机构承袭南北朝，隶于门下省。隋初在门下省置“纳言二人（正三品），给事黄门侍郎四人（正四品），录事、通事令史各六人。又有散骑常侍、通直散骑常侍各四人，谏议大夫七人（从四品），散骑侍郎四人，员外散骑常侍六人（正五品），通直散骑侍郎四人，并掌部从朝直。又有给事二十人，员外散骑侍郎二十人（从五品），奉朝请四十人，并掌同散骑常侍等，兼出使劳问。”[①]

谏官的职责是“讽议左右，以匡人君”，必须对政事有所损益。故开皇年间，柳机为纳言，“机性宽简，有雅望，然当近侍，无所损益……在职数年，复出为华州刺史。”而柳雄亮任给事黄门侍郎，“尚书省凡有奏事，雄亮多所驳正，深为公卿所惮。”[②] 另《隋书·刘行本传》记载：刘行本迁黄门侍郎。一次，文帝迁怒于一个小官，要在殿堂上行笞。刘行本进言说：“这个人平时做事谨慎，这次偶有小过，请陛下宽免。”文帝没有息怒。刘

① 《隋书·百官志下》。
② 《隋书·柳机传》。

行本又严正指出："陛下信任我，才将我置于您的左右。如果我说得对，您怎么能不听呢？而如果我说错了，应该把道理告诉我，让臣下懂得，岂能对我的话如此轻视而置之不理呢？我不是出于私心才说这番话的。"说完，将代表言官身份的笏置于地而欲离开。文帝这才收敛怒容，谢过刘行本，并宽恕了那个官吏。可是，谏官不仅纠正奏章得失，也可以向皇帝纳言谏正。但言官并不受重视，隋炀帝不喜人谏，干脆废除谏议大夫。

第三节 隋朝的诉讼和审判

一、诉讼

（一）监督纠举

隋朝的编户组织，据隋初所颁新令："制人五家为保，保有长。保五为闾，闾四为族，皆有正。畿外置里正，比闾正，党长比族正，以相检察焉。"[①]这里的"相检察"，当指相互监督纠举，若有强盗、命案，被害人及同保、同闾、同族之人有向主司报告的义务。这样，民间以户为基础，构成了一张严密的监督网络。这一制度起于战国的连坐告奸制度，法律强迫人们互相监督并且应检举揭发别人的违法行为，若"其见知而故不举劾，各与同罪。"[②]保证这一制度的实施，对防止和打击犯罪有重要意义。

（二）奖励告奸

为了有效地防止贼盗，隋朝还规定了奖励告奸和惩治知情不告的措施。

---

① 《隋书·食货志》。

② 《晋书·刑法志》。

隋文帝时，因为京师有白日抢劫的强盗，故“诏有能纠告者，没贼家产业，以赏纠人。”[①]大业年间，裴蕴奏请“貌阅”户口，也提出“许民相告，若纠得一丁者，令被纠之家代输赋役”[②]，这样的政策，自是令“吏民慑惮。”

另一方面，隋律又规定了对知情不告者的惩治办法。隋文帝曾“定制，行署取一钱以上，闻见不告言者，坐至死。自此四人共盗一榱桶，三人共窃一瓜，事发即时行决。”[③]法律如此惨酷，就超出了其稳定社会的效能。

（三）诬告反坐

《隋书 · 刑法志》载，开皇五年（585年），“侍官慕容天远，纠都督田元，冒请义仓，事实而始平县律生辅恩，舞文陷天远，遂更反坐。”诬告即捏造事实向官府控告，意图使被诬陷者承担罪责。这类犯罪不仅严重危害被诬陷者的身家性命，且于社会稳定不利，故秦汉以来就为封建刑法所禁止。隋律承袭前代，依照诬告罪的性质与轻重，实行诬告反坐原则。又见《隋书 · 韦冲传》：南宁州总管韦冲因其兄子韦伯仁“掠人之妻，士卒纵暴”，益州长史元严案冲“无所宽贷”而坐免。韦冲之弟，太子洗马韦世约便在皇太子面前大说元严的坏话，韦世约因而除名。

（四）自首免罪

秦、汉法律已经注意到犯罪自首的问题。在汉律中，详密规定了自首减刑、自首免刑及不除其罪的条款；汉以后各朝，都利用“先自告除其罪”的原则来稳定社会秩序。隋朝关于自首有一个特例：王舜的父亲王子春被其兄嫂王长忻夫妇谋杀，当时王舜只有七岁，另有两个妹妹——五岁的王粲和二岁的王璠，她们姐妹三人孤苦无依，寄食于亲戚家。从那时起，王

---

① 《隋书 · 刑法志》。
② 《隋书 · 裴蕴传》。
③ 《隋书 · 刑法志》。

舜便有了复仇之心。待三姐妹长大成人，亲戚欲将她们许嫁于人，三人辄拒不从。王舜对两个妹妹说："我没有兄弟，父仇才至今未报。我们虽是女子，父仇不报，活着还有什么意思？我想与你们共报父仇，你们愿意吗？"两个妹妹哭着表示赞同。由于王长忻毫无戒备，当夜，三姐妹持刀踰墙手刃王长忻夫妇，并到父亲墓前告慰。然后，她们"诣县请罪，姊妹争为谋首，州县不能决。"隋文帝闻知后甚为感叹，"特原其罪。"[①] 这个案例虽与自首有关，但免罪的原因可能主要不是因其自首，而是王舜姐妹的复仇之志，这个十分复杂的案子由皇帝特免，更主要的是起到渲染效果。

二、审判

（一）案件的审理

隋开皇三年（583 年），文帝就对审案理狱作了规定："断决大狱，皆先牒明法，定其罪名，然后依断。"[②] 古代断狱以有罪推定为原则，故要求先诣尚书省刑部书面声（申）请司法解释，核定罪定，再依律剖断。开皇五年（585 年），文帝闻慕容天远被诬案后，又下诏曰："人命之重，悬在律文，刊定科条，俾令易晓。分官命职，恒选循吏，小大之狱，理无疑舛。而因袭往代，别置律官，报判之人，推其为首。杀生之柄，常委小人，刑罚所以未消，威福所以妄作。为政之失，莫大于斯。其大理律博士，尚书刑部曹明法，州县律生，并可停废。"并要求"诸曹决事，皆令具写律文断之。"[③] 文帝认为之所以还会有刑罚未消、威福妄作的情况，一在于执法者的选用，二在于用律得法，依律断狱。故因此而决定废弃一些帮办理狱的官职，要求官吏熟习律令，并于开皇六年（586 年）"敕诸州长史以下，行参军以上，

① 《隋书·孝女王舜传》。
② 《隋书·刑法志》。
③ 《隋书·刑法志》。

并令习律，集京之日，试其通不”。定期对地方官吏进行律令考试，对于提高办案质量无疑是有利的，但《隋书》中没有记载这一敕令的实施情况。另外，文帝还特别强调了断狱需引律文，《唐律疏议》卷三十《断狱》谓：“诸断罪皆须具引律、令、格、式正文，违者笞三十”，这一规定当本于此。立有文案，必犯有罪，必处以刑，受自古以来圣哲追求“无讼”理想和体现爱民风范的影响，有些官吏断狱也不立案。如《隋书》记载牟州刺史辛公义“受领新讼，皆不立文案，遣当直佐僚一人，侧坐讯问。”[①]再犯立案，也是导民劝善的一种手段吧。更有三犯才定罪的，裴政任襄州总管，“民有犯罪者，阴悉知之，或竟岁不发，至再三犯，乃因都会时，于众中召出，亲案其罪。”[②]由此而“令行禁止，小民苏息。”“不修囹圄，殆无争讼。”但最高统治者自己并不依律行罚，“怒甚”时，便于殿廷杀人，故而隋中期，仍然是“用律者多致踳驳，罪同论异。”[③]

（二）刑讯

司法实践中，刑讯拷问是取证的主要手段。《开皇律》规定：“讯囚不得过二百，枷杖大小，咸为之程品，行杖者不得易人。”这个规定是针对“前代相承，有司讯考，皆以法外。或有用大棒束杖，车辐鞵底，压踝杖桄之属，楚毒备至，多所诬伏”[④]而制定的。汉以来，各朝对刑讯逼供都确立了制度，但又都往往流于具文。隋开皇后期至仁寿年间，《隋书》记载的许多案子甚至不待审讯，即付决罚，“怒问事挥楚不甚，即命斩之。”且每于殿廷打人，所用之“杖大如指，捶楚人三十者，比常杖数百”。[⑤]炀帝大业

① 《隋书 · 辛公义传》。
② 《隋书 · 裴政传》。
③ 《隋书 · 刑法志》。
④ 《隋书 · 刑法志》。
⑤ 《隋书 · 刑法志》。

三年（607年）颁《大业律》,“其枷杖决罚讯囚之制，并轻于旧。”[①] 但转而便“更立严刑，敕天下窃盗已上，罪无轻重，不待闻奏，皆斩”。其所谓的“推心待物，每从宽政”只是一派谎言。关于审案，裴政曾说过：“凡推事有两，一察情，一据证，审其曲直，以定是罪。”[②] 他在受东宫太子之命推问一起造账案时，以情推理，既否定了自己挟私陷人，也厘清了案由。虽然证据仍以审讯时的口供为主，但应该说，在封建司法已经成熟的隋朝，是有一批好的执法官的。

（三）案件的申诉

隋初，文帝曾下诏：“有枉屈县不理者，令以次经郡及州，至省仍不理，乃诣阙申诉。有所未惬，听挝登闻鼓，有司录状奏之。”[③] 可见隋朝的诉讼必须按级依次进行，不得任意申诉，其规定的诉级，必须先由县，县不理，再经州郡至尚书省刑部，仍不理，才得向宫廷申诉。登闻鼓之设仿南北朝之制。这些制度无疑出于慎刑，但真能依级上诉到中央的能有几个人呢？即使能够申诉，也仍以人主之意为决，朝廷并非以公平为准。文帝仁寿年间，“大理寺丞杨远，刘子通等，性爱深文，每随牙奏狱，能承顺帝旨。帝大悦，并遣于殿庭三品行中供奉，每有诏狱，专使主之。候帝所不快，则案以重抵，无殊罪而死者，不可胜原。”[④]《隋书》记载，炀帝时裴蕴擢授御史大夫，参掌机密。“蕴善候伺人主微意，若欲罪者，则曲法顺情，锻成其罪。所欲宥者，则附从轻典，因而释之。是后大小之狱皆以付蕴，宪部大理莫敢与夺，必禀承进止，然后决断。”[⑤] 这样，再大的冤屈也无处申诉了。

① 《隋书·刑法志》。
② 《隋书·裴政传》。
③ 《隋书·刑法志》。
④ 《隋书·刑法志》。
⑤ 《隋书·裴蕴传》。

（四）死刑的报审和执行

关于死审的核定，隋朝沿袭北朝以来的制度，规定："诸州囚有处死，不得驰驿行决。""诸州死罪不得便决，悉移大理案覆，事尽然后上省奏裁。""死罪者三奏而后决。"[①]这表明，隋朝改变了秦、汉时地方官司有死刑的判决和执行权的做法，将死刑的判处权收归中央，一方面能对死刑的判决更加慎重，表明封建司法制度的成熟；另一方面也表明了封建皇权的更加集中和完整，故而，这一制度为唐所承。

汉以后，有立春后秋分前不决死刑的制度，隋朝虽没有确切记载，但由下面一例可证其制同旧："帝尝发怒，六月棒杀人。大理少卿赵绰固争曰：'秀夏之月，天地成长庶类。不可以此时诛杀。'帝报曰：'六月虽曰生长，此时必有雷霆。天道既于炎阳之时，震其威怒，我则天而行，有何不可。'遂杀之。"[②]除了皇帝的任情之外，从《隋书》可见，对谋反、盗贼、恶逆之类的犯罪也是不依此制的。

（五）录囚和赦免

《隋书·高祖纪》记载，文皇有过六次"亲录囚徒"，《隋书·刑法志》记："帝又每季亲录囚徒。常以秋分之前，省阅诸州申奏罪状。"[③]录囚亦即虑囚，是对已经判决尚未执行的囚犯进行复查的一种司法行政措施。录囚作为一种制度开始于西汉，作为一种监督程序，西汉的录囚制度还不完备，录囚的对象和时间都不确定。由于统治者在意愿上和形式上都对于录囚这样一种"平冤狱，录罪囚，察囹圄"的制度有需要，故从汉到明，历代都举行录囚，就是像南北朝、五代十国的分裂动荡时间，一些割据政权也没有忘记搞录囚，以示慎刑。隋朝的录囚记载较少，《杨汪传》载：杨汪"守

① 《隋书·刑法志》。
② 《隋书·刑法志》。
③ 《隋书·刑法志》。

大理卿。汪视事二日，帝将亲省囚徒。其时系囚二百余人，汪通宵究审，诘朝而奏，曲尽事情，一无遗误，帝甚嘉之。”[①] 则所谓皇帝亲省，只是了解监狱所押囚犯的情况，形式是由大理寺长官作详细而全面的汇报。

赦免也是西汉以后形成的制度。历史上，凡遇庆典，详端及重大事变或灾异、遇乱时，封建皇帝就会下赦令，有减等、特赦、曲赦、赦徒，别赦等[②]。据《隋纪》，文帝在位二十四年，大赦十二，曲赦五、降囚徒四。炀帝在位十四年，大赦八，曲赦三。炀帝大业八年（612 年）并下诏：“大辟罪以下，已发觉未发觉，已结正未结正，系囚见徒，罪无轻重，皆赦除之。其常赦所不免、谋反、大逆、妖言惑众语及国家，并不在赦例。”[③] 就赦免的本质而言，它有时是一种摆设，更多的时候是一种避危的手段。

① 《隋书·杨汪传》。

② 《历代刑法考·赦三》，第 569—587 页。

③ 《册府元龟》卷 83。

第四章　从“开皇之治”到隋末法制的崩溃

隋朝的统治非常短促，从其统治的特点来看，“其兴也忽，其亡也忽”，从它代周而起，一统南北，到内乱四起，一朝覆灭，匆匆地走完了不少朝代需要上百年甚或几百年才能走完的路。从其法制的演变来看，在立国之初便推出《开皇律》，而且隋文帝和隋炀帝均视立法为国家统治的重要内容，但又都不能慎守法制，善始善终，最终法之废弃成为国之乱因之一，给后人留下了值得认真总结和牢牢记取的惨痛教训。

第一节　《开皇律》与“开皇之治”

一个天下大治的局面的出现，首先必须有天下一统的前提。隋王朝是在经历了魏晋南北朝360多年大分裂、大混乱之后建立起来的国家，维护国家的统一，镇压政治上的反叛势力，巩固中央集权，是统治者最为看重的任务，《开皇律》及开皇年间颁布的各种法令在这方面起了极其重要的作用。

早在隋朝立国的当年（581年），隋文帝即颁布了《开皇律》，这部法律对保卫皇权、维护帝王的权威设置了严密的法条。比如这部法律在《名例律》之后，即规定了《卫禁律》，将其列为分则各篇之首。这篇律名的变化，据《唐律疏议》解释：“《卫禁律》者，秦汉及魏未有此篇。晋太宰贾充等，酌汉魏之律，随事增损，创制此篇，名为《卫宫律》。自宋洎于后周，此名并无所改。至于北齐，将关禁附之，更名《禁卫律》。隋开皇改为《卫禁律》。”关于《卫禁律》置于《名例律》之后，分则各篇之前的理由，《唐律疏议》的说明是：“卫者，言警卫之法；禁者，以关禁为名。但敬上防非，于事尤重，故次《名例》之下，居诸篇之首。”值得注意的是，在《开皇律》之前，唯有《北齐律》的《禁卫律》是将关于警卫皇帝及其宫、殿、太庙、陵墓的“警卫之法”和保卫州、镇、城、戍、关、津要塞和边防的“关禁之法”合在了一起，成为相对独立的一篇的。而《北齐律》中《禁卫律》的排列顺序是“关禁”在前、“宫卫”在后，隋《开皇律》则将“宫卫”调整到了“关禁”之前，突出地强调了保卫帝王安全与尊严的重要性。此外，《北周律》之《卫宫律》是列在全律25篇中的第9篇，《开皇律》则将《卫禁律》置于《名例律》之下、其余诸篇之上，其用意也是十分清楚的。上引《唐律疏议》的解释对此已作了概括，《开皇律》为保卫皇帝安全和尊严而对《卫禁律》所作的刻意安排，也为唐宋法律所宗，沿用数百年未作改变。

在《北齐律》“重罪十条”的基础上，《开皇律》首创“十恶之条”，这一规定对危害皇权的各种行为作了集中归纳，其中，对位居“十恶”前三条的“谋反”“谋大逆”“谋叛”，予以最为严厉的处罚。不仅对犯罪者本人处以极刑，而且连坐其家族，充分表现了统治者用法律来保卫皇权的迫切要求。不管对皇权的威胁是来自被统治者还是统治集团内部，都会依法严惩而毫不手软。

比如，刘昉在杨坚夺取政权的过程中曾出过大力，杨坚亦投桃报李，在丞相任上，即将刘昉“拜上大将军，封黄国公”，“前后赏赐巨万”，登上皇位后，又给予刘昉“进位柱国，改封舒国公”的厚遇。但没过多久，刘昉即与梁士彦、宇文忻等人“相与谋反，许推士彦为帝。后事泄，上穷治之”。在诛杀刘昉等的诏书中，隋文帝杨坚说，刘昉、梁士彦、宇文忻等，“荣高禄重……但心如溪壑，志等豺狼，不荷朝恩，忽谋逆乱”，“虽国有常刑，罪在不赦”。[1]

---

① 《隋书·刘昉传》。

在解释之所以要诛杀处罚助他登基的这批功臣时，隋文帝把责任都推到了这批人对他不忠，严重威胁皇权，因此不得不采取断然措施予以处置："微刘昉、郑译及责、柳裘、皇甫绩等，则我不至此。然此等皆反复子也。当周宣帝时，以无赖得幸，及帝大渐，颜之仪等请以宗王辅政，此辈行诈，顾命于我。我将为治，又欲乱之。故刘昉谋大逆于前，译为巫蛊于后。如贲之徒，皆不满志。任之则不逊，致之则怨，自难信也，非我弃之。众人见此，或有窃议，谓我薄于功臣，斯不然矣。"[①] 隋文帝以"谋逆乱""谋大逆"的罪名诛杀了刘昉，在处罚其他臣下时，又分别加以"谋反""不道""不孝"等罪名，其实，具体定什么罪名是次要的，关键的问题是绝对不允许触犯皇帝的尊严，绝对不允许冒犯皇权，至于其他一般的违反法律的行为，都是可以眼开眼闭，不予查究的。正如隋文帝在给太师李穆的诏书中所说："礼制凡品，不拘上智；法备小人，不防君子。……自今已后，虽有愆罪，但非谋逆，纵有百死，终不推问。"[②] 明白了这一点，为什么《开皇律》要详密地规定"十恶之条"，为什么会出现隋朝"草创元勋及有功诸将，诛夷罪退，罕有存者"[③] 的现象，就都可以理解了。

在努力加强以杨氏集团为中心的中央集权政府和巩固国家统一的同时，隋文帝又凭借法律武器极力维护隋初推行的均田制、租庸调赋役制等各项经济制度，在控制劳动人手、控制封建手工业和商业方面取得了很大的成效。比如，隋初为解决南北朝时长期存在的户口隐漏问题，沿用北魏施行均田时所立的三长制，严格阅实户口。三长是政府设立的用以推行均田、劝课农桑、催驱赋役和检察户口的农村基层组织，隋朝在畿内设保长、闾正和族正为三长，在畿外设保长、里正和党长为三长，利用他们来大索貌阅和执行"输籍定样"。《隋书 · 食货志》载："高祖令州县大索貌阅，户

① 《隋书 · 卢贲传》。
② 《隋书 · 李穆传》。
③ 《隋书 · 高祖纪》。

口不实者，正长远配，而又开相纠之科。大功以下，兼令析籍，各为户头，以防容隐。”关于实行输籍定样的原因和理由，《隋书·食货志》也作了记载：“高颎又以人间课输，虽有定分，年常征纳，除注恒多，长吏肆情，文帐出没，复无定簿，难以推校，乃为输籍定样，请遍下诸州。每年正月五日，县令巡人，各随便近，五党三党，共为一团，依样定户上下。帝从之。自是奸无所容矣。”通过这些措施，隋开皇年间得以尽最大可能检括人口，稳定地增加国家的赋税收入。

隋朝大规模检察人口一共进行过两次，其中开皇初年（581 年）一次就检出四十四万三千丁，一百六十四万一千五百口。《通典》卷七《食货典》《历代盛衰户口》原注称：“后周静帝末授隋禅，有户三百五十九万九千六百四。”到大业五年（609 年），已有八百九十万七千五百四十六户，四千六百零一万九千九百五十六人[①]，除“开皇九年平陈，得户五十万”[②]，大业五年，检出二十四万三千丁，六十四万一千五百口[③]外，其余绝大部分应当都是开皇年间全国性和各地方检括人口所得，以及在社会安定、经济繁荣以后人口自然出生的增加。而对于大规模和经常性检括人口的工作，是不可能没有法律手段作为保障的。如果我们去看一下《唐律·户婚律》对脱户、漏口所作的严厉的处罚规定，那么对《开皇律》有关的法律内容也可以猜想到一二了，尽管这些法条没有能直接留传下来。

随着统治的稳定和经济的恢复发展，隋文帝又相继实行了一些缓和阶级矛盾、减轻剥削的政策，从而使社会进一步趋于安定。比如开皇九年（589 年），“帝以江表初定，给复十年。自余诸州，并免当年租税。十年（590 年）五月，又以宇内无事，益宽徭赋。百姓年五十者，输庸停防。”开皇

① 《隋书·地理志序》。《通典·食货典》《历代盛衰户口》时间作大业二年（606 年），户作八百九十万七千五百三十六。

② 见《通典·食货典》《历代盛衰户口》原注。

③ 《隋书·裴蕴传》。

十二年（592 年），又下诏曰：“既富而教，方知廉耻，宁积于人，无藏府库。河北、河东今年田租，三分减一，兵减半，功调全免。”[①] 这种情况一直延续到隋文帝统治的后期，“开皇十七年，户口滋盛，中外仓库，无不盈积。所有赉给，不逾经费，京司帑屋既充，积于廊庑之下，高祖遂停此年正赋，以赐黎元。”[②] 不仅像这样中央和地方府库皆满的富饶景象已几百年未见，而且如此频繁地停征租赋也是西汉文景以来很少有的。《贞观政要·论贡赋》说，到文帝末年，“计天下储积，得供五六十年”，库藏如此丰足，实属难得。

从史书记载来看，隋文帝在其统治的大多数时间里，尚能有所克制，不使自己的私欲过度膨胀。《隋书·食货志》载：“帝既躬履俭约，六宫咸服浣濯之衣。乘舆供御有故敝者，随令补用，皆不改作。非享燕之事，所食不过一肉而已。有司尝进干薑，以布袋贮之，帝用为伤费，大加谴责。后进香，复以毡袋，因笞所司，以为后诫焉。”“隋文帝既平江表，天下大同，躬先俭约，以事府帑。”[③] 隋文帝注重节俭，力戒奢靡，既有利于地主阶级的长久统治，也是“开皇之治”形成的必要条件。

关于开皇年间的社会情况，史书并没有留下详尽的记载，但我们仍可从那些简略的描写中了解到一些情况。《隋书·高祖纪》载：“初，得政之始，群情不附，诸子幼弱，内有六王之谋，外致三方之乱。握重兵、居重镇者，皆周之旧臣。上推以赤心，各展其用，不逾期月，克定三边，未及十年，平一四海。薄赋敛，轻刑罚，内修制度，外抚戎夷。每旦听朝，日昃忘倦，居住服玩，务存节俭，令行禁止，上下化之。开皇、仁寿之间，丈夫不衣绫绮，而无金玉之饰，常服率多布帛，装带不过以铜铁骨角而已。虽啬于财，至于赏赐有功，亦无所爱吝。乘舆四出，路逢上表者，则驻马

① 《隋书·食货志》。
② 《隋书·食货志》序。
③ 《隋书·食货志》。

亲自临问。或潜遣行人采听风俗，吏治得失，人间疾苦，无不留意。”“于是躬节俭，平徭赋，仓廪实，法令行，君子成乐其生，小人各安其业，强无陵弱，众不暴寡，人物殷阜，朝野欢娱。二十年间，天下无事，区宇之内晏如也。”①

通过这些资料，我们可以看到隋文帝开皇年间统治的主要特点，一是在经济上，“躬节俭，平徭赋”，“薄赋敛”，既适当减轻人民的负担，又注意节制统治者的需求，终于出现了“仓廪实”“人物殷阜”的景象；二是在政治上保持了比较清醒的头脑，“内修制度，外抚戎夷”，合理用人，留意“吏治得失，人间疾苦”，缓和了阶级矛盾和民族矛盾；三是在法制方面能依法办事，“令行禁止”，“乘舆四出，路逢上表者，则驻马亲自临问”，以了解民瘼，减少冤案的发生，使得“君子成乐其生，小人各安其业”。这些正史中的记载，虽不免有溢美之词，但文帝统治的“二十年间，天下无事，区宇之内晏如也”，大体还是符合史实的。

第二节　隋末法制的崩溃

隋初制定的《开皇律》在总体上较充分地反映了统治阶级的意志，作为统治阶级运用法律手段治理国家的经验与教训的系统总结，《开皇律》在隋朝前期得到了较认真的贯彻和执行，但到隋朝后期，法制迅速地陷于崩溃。

一、隋文帝统治时期的法制状况

关于《开皇律》颁布以后隋朝君臣的执法情况，史书有不少记载。例

① 《隋书·高祖纪》“史臣曰”。

如，黄门侍郎刘行本与雍州别驾元肇就法律条文和官员命令的效力问题曾有过不同看法，有一次，元肇向文帝报告："有一州吏，受人馈钱三百文，依律合杖一百。然臣下车之始，与其为约。此吏故违，请加徒一年。"刘行本反驳说："律令之行，并发明诏，与民约束。今肇乃敢重其教命，轻忽宪章。欲申己言之必行，忘朝廷之大信，亏法取威，非人臣之礼。"以损坏国法为代价来树立官员自己的威信，这种做法当然不可取，文帝也同意刘行本的意见，"嘉之，赐绢百匹"[①]。有时，欲弃法律于不顾的倘若是君主本人，敢于挺身而出维护法制就真需要有一些勇气了。"上尝怒一郎，于殿前笞之。行本进曰：'此人素清，其过又小，愿陛下少宽假之。'上不顾。行本于是正当上前曰：'陛下不以臣不肖，置臣左右。臣言若是，陛下安得不听？臣言若非，当致之于理，以明国法，岂得轻臣而不顾也！臣所言非私。'因置笏于地而退，上敛容谢之，遂原所笞者。"[②]在刘行本的一再坚持下，文帝终于收回成命，不再固执己见。

像这样不惜摘去乌纱帽甚至犯颜死谏以护国法的官员在隋初并不止一个，其结果也大多是隋文帝作出让步。如苏威对隋初法制的奠定多有贡献，先后担任过大理卿、御史大夫和刑部尚书，并一度同时兼任大理卿、京兆尹、御史大夫等要职，而这正起因于他敢于劝阻文帝滥杀人。《隋书·苏威传》载，"上尝怒一人，将杀之，威入阁进谏，不纳。上怒甚，将自出斩之，威当上前不去。上避之而出，威又遮止，上拂衣而入。良久，乃召威谢曰：'公能若是，吾无忧矣。'于是赐马二匹，钱十余万。"又有刑部侍郎赵绰，"每有奏谳，正色侃然，上嘉之，渐见亲重。"由于盗贼问题严重，难以禁遏，隋文帝准备加重刑罚，赵绰认为应维护法律的权威，不能随意改变，向文帝进谏说："陛下行尧、舜之道，多存宽宥。况律者天下之大信，其可失乎！"文帝听后，不仅"忻然纳之"，而且对赵绰说："若更有闻见，

---

① 《隋书·刘行本传》。

② 《隋书·刘行本传》。

宜数陈之也。”随即将赵绰升迁为大理少卿。[1]

这以后，赵绰严格执法的劲头更足了，接二连三地指出和纠正了隋文帝违背法律的做法，而且言辞激烈的程度也有所升级。刑部侍郎辛亶喜欢穿红色的短裤，据说这样能够官运亨通。“上以为厌蛊，将斩之。绰曰：‘据法不当死，臣不敢奉诏。’上怒甚，谓绰曰：‘卿惜辛亶而不自惜也？’命左仆射高颎将绰斩之，绰曰：‘陛下宁可杀臣，不得杀辛亶。’至朝堂，解衣当斩，上使人谓绰曰：‘竟何如？’对曰：‘执法一心，不敢惜死。’上拂衣而入，良久乃释之。明日，谢绰，劳勉之，赐物三百段。”[2] 为了阻止隋文帝任意杀人，赵绰不惜冒死抗旨，而文帝最后也能以法律为重，君臣双双博得了好名声，不过这也毕竟反映了隋初尚存在较好的执法环境。在《隋书·赵绰传》的另一段记载中，我们还可以看到一场有关“法律之尊”和“天子之威”的争论：“时上禁行恶钱，有二人在市，以恶钱易好者，武侯执以闻，上令悉斩之。绰进谏曰：‘此人坐当杖，杀之非法。’上曰：‘不关卿事。’绰曰：‘陛下不以臣愚暗，置在法司，欲妄杀人，岂得不关臣事！’上曰：‘撼大木不动者，当退。’对曰：‘臣望感天心，何论动木！’上复曰：‘啜羹者，热则置之。天子之威，欲相挫耶？’绰拜而益前，诃之不肯退。上遂入。治书侍御史柳彧复上奏切谏，上乃止。”

臣以“感天心”来劝说帝王守法，君以啜羹“热则置之”来劝说臣下勿挫“天子之威”，双方都有所节制，其原因是隋初的君臣都有维护封建法制的共同愿望，双方的言行都表示出不愿冲破开皇法制这个度。我们可以从隋文帝和赵绰对另外两件事的态度来认识这一点。

隋文帝的第三子秦王杨俊，生活“奢侈，违犯制度，出钱求息，民吏苦之。上遣使按其事，与相连坐者百余人”。杨俊犹不改悔，于是隋文帝撤了他的官职。左武卫将军刘昇谏曰：“秦王非有他过，但费官物营廨舍而

① 《隋书·赵绰传》。
② 《隋书·赵绰传》。

已。臣谓可容。”文帝回答：“法不可违。”刘昇仍要进谏，文帝忿然作色，昇乃止。其后杨素复进谏曰：“秦王之过，不应至此，愿陛下详之。”文帝回答：“我是五儿之父，若如公意，何不别制天子儿律？以周公之为人，尚诛管、蔡，我诚不及周公远矣，安能亏法乎？”坚持要处罚杨俊。后来杨俊病死，文帝仍将“俊所为侈丽之物，悉命焚之。敕送终之具，务从俭约，以为后法也”。[①]

有一次，大理掌固来旷告发赵绰滥免徒囚，文帝派人去查验，发现并无此事，愤怒之下，文帝下令斩杀来旷。“绰因固争，以为旷不合死。帝乃拂衣入阁，绰又矫言，臣更不理旷，自有他事未及奏闻。帝命引入阁，绰再拜请曰：‘臣有死罪三。臣为大理少卿，不能制驭掌固，使旷触挂天刑，死罪一也。囚不合死，而臣不能死争，死罪二也。臣本无他事，而妄言求入，死罪三也。’帝解颜。会献皇后在坐，帝赐绰二金杯酒，饮讫，并以杯赐之。旷因免死，配徒广州。”[②]为了不坏法纪，即使对诬告自己的下属犹能依法力争，使其免于一死，赵绰称得上是隋初大臣中严格执法的典范。

当然，隋文帝也不是一直都能从善如流的，例如，尚书省尝奏犯罪人依法合流，而上处以大辟，柳庄上奏说：“臣闻张释之有言，法者天子所与天下共也。今法如是，更重之，是法不信于民心。方今海内无事，正是示信之时，伏愿陛下思释之之言，则天下幸甚。”但文帝却听不进柳庄的话，其原因，一方面是陈茂在从中作梗，据史书记载，与柳庄共事的陈茂“见上及朝臣多属意于庄，心每不平，常谓庄为轻己。帝与茂有旧，曲被引召，数陈庄短。经历数载，谮想颇行。”[③]而另一方面，则说明在局势稳定之后隋文帝对法制已有所轻忽。

隋文帝以臣代君夺取政权的经历和他的个人性格，决定了他很难将隋

① 《隋书·文四子传》。
② 《隋书·刑法志》。
③ 《隋书·柳庄传》。

初较好的法制局面保持长久。《隋书·高祖纪》说他“天性沉猜，素无学术，好为小数，不达大体……又不悦诗书，废除学校，唯妇言是用，废黜诸子。逮于暮年，持法尤峻，喜怒不常，过于杀戮。”《隋书·刑法志》也称，“高祖性猜忌，素不悦学，既任智而获大位，因以文法自矜，明察临下。”封建时代的所谓法制在本质上都是搞人治，君主专制的统治体制将国家的治乱安危系于帝王一身，一旦帝王本身有不守法制的因素，那已经建立的法制就岌岌可危了。

在开皇年间，隋文帝毁坏法制的行为主要有三种情况。其一，以单行法令修改有关的法律内容，任意加重刑罚。开皇十六年（596 年），“有司奏合川仓粟少七千石，命斛律孝卿鞫问其事，以为主典所窃。复令孝卿驰驿斩之，没其家为奴婢，鬻粟以填之。是后盗边粮者，一升已上皆死，家口没官。”[①]只因合川仓短缺了七千石粟，便下令“盗边粮者，一升已上皆死，家口没官”，其任意加重刑罚的举动，令人惊讶。但这种随意改法，以重刑来遏制犯罪的做法，结果往往是适得其反。由于“帝意每尚惨急”，造成“奸回不止，京市白日，公行掣盗，人间强盗，亦往往而有”，隋文帝想出来的“禁断之法”是：“诏有能纠告者，没贼家产业，以赏纠人。”不料“其后无赖之徒，候富人子弟出路者，而故遗物于其前，偶拾取则擒以送官，而取其赏。大抵被陷者甚众。”[②]后来，文帝又下令“盗一钱已上皆弃市。行旅皆晏起早宿，天下懔懔焉。此后又定制，行署取一钱已上，闻见不告言者，坐至死。自此四人共盗一榱桶，三人同窃一瓜，事发即时行决。”[③]隋文帝的这些做法，已经将其亲自奠定的开皇法制的基础一点一点地破坏掉了。

其实，隋文帝对法律的废立原来就缺乏正确的认识，开皇前期建立和

① 《隋书·刑法志》。
② 《隋书·刑法志》。
③ 《隋书·刑法志》。

废止五百家乡正的过程就可以说明这一点。起初，苏威建议“置五百家乡正，即令理民间辞讼”，李德林提出，“本废乡官判事，为其里闾亲戚，剖断不平，今令乡正专治五百家，恐为害更甚。且今时吏部，总选人物，天下不过数百县，于六七百万户内，诠简数百县令，犹不能称其才，乃欲于一乡之内，选一人能治五百家者，必恐难得。又即时要荒小县，有不至五百家者，复不可令两县共管一乡。”李德林的意见不能说没有道理，内外群官讨论的结果也“多从德林议”。苏威又提出要废郡，李德林说：“修令时，公何不论废郡为便。今令才出，其可改乎？”但高颎也站在苏威一边，指责李德林太固执，“由是高祖尽依威议”。开皇十年（590年），隋文帝派虞庆则等人出使巡省关东诸道，回来后他们奏报：“五百家乡正，专理辞讼，不便于民。党与爱憎，公行货贿。”于是文帝下令废之。李德林又说：“此事臣本以为不可。然置来始尔，复即停废，政令不一，朝成暮毁，深非帝王设法之义。臣望陛下若于律令辄欲改张，即以军法从事。不然者，纷纭未已。”隋文帝听后大怒：“尔欲将我作王莽邪？”[①] 五百家乡正的设置是否必要我们姑且不论，但文帝处理此事过于轻率随便却是无疑的，如此立制废制，是很难有完备稳定的法制的。

其二，随意废弃正常的司法程序和法定的行刑方法。例如，由于文帝担心官吏贪赃受贿，“往往潜令人赂遗令史府史，有受者必死，无所宽贷”[②]，用这种不正常的手段来查处犯罪所产生的弊端是可想而知的。又如，“御史监师，于元正日不劾武官衣剑之不齐者，或以白帝，帝谓之曰：‘尔为御史，何纵舍自由。’命杀之。谏议大夫毛思祖谏，又杀之。左领军府长史考校不平，将作寺丞以谏（课）麦䴬迟晚[③]，武库令以署庭荒芜，独孤师以

---

① 《隋书·李德林传》。

② 《隋书·高祖纪》。

③ 《资治通鉴》卷178此句中“谏”作“课”。中华书局1973年版“谏”字系误植。

受蕃客鹦鹉，帝察知，并亲临斩决。”[①] 这样，表面上是严肃法纪，整饬吏治，实际上是破坏了原有的司法制度。

其三，频繁实行廷杖，屡于殿庭杀人。《隋书·刑法志》记载，文帝“每于殿廷打人，一日之中，或至数四”。所用之“杖大如指，棰楚人三十者，比常杖数百，故多致死”，但文帝犹“怒问事挥楚不甚，即命斩之”。开皇十年，高颎、柳彧等人进谏，“以为朝堂非杀人之所，殿廷非决罚之地。帝不纳。”经大臣劝说，才“令殿内去杖”，不久后文帝发怒时要打人，“而殿内无杖，遂以马鞭笞杀人。自是殿内复置杖。未几怒甚，又于殿庭杀人，兵部侍郎冯基固谏，帝不从，竟于殿庭行决。”朝堂杀人，实为败坏法制之举，廷杖大臣，足以阻塞言路。

隋文帝统治的后期，法制的毁坏日趋严重，《开皇律》已形同虚设。开皇十七年（597 年），文帝下诏“又以所在官人，不相敬惮，多自宽纵，事难克举。诸有殿失，虽备科条，或据律乃轻，论情则重，不即决罪，无以惩肃。其诸司属官，[②] 若有愆犯，听于律外斟酌决杖。于是上下相驱，迭行棰楚，以残暴为干能，以守法为懦弱。”[③]《开皇律》虽在，但文帝已“听于律外斟酌决杖”，人人都“以守法为懦弱”，则法律的效力就所剩无几了。

“仁寿中，用法益峻，帝既喜怒不恒，不复依准科律。”[④] 文帝可以因为“番客馆”的“庭中有马屎”而下令棒杀主管官吏，当时杨素正受重用，慑于其淫威，“公卿股慄，不敢措言”，“大理寺丞杨远、刘子通等，性爱深文，每随牙奏狱，能承顺帝旨。”文帝亦委以重任，“每有诏狱，专使主之。候帝所不快，则案以重抵，无殊罪而死者，不可胜原。”杨远与杨素相互勾结，恣意陷害无辜，“其临终赴市者，莫不途中呼枉，仰天而哭。”[⑤] 隋文

---

① 《隋书·刑法志》。

② 此句《隋书·高祖纪》作“其诸司论属官”。

③ 《隋书·刑法志》。

④ 《隋书·刑法志》。

⑤ 《隋书·刑法志》。

帝开创的法制事业至此已走到了尽头。

二、隋炀帝统治时期的法制状况

隋炀帝即位以后，起初尚以文帝“禁网深刻”为由，着手制定刑罚轻于《开皇律》的《大业律》，而且一度也曾作出了维护和遵守法律的姿态。如有次炀帝到显仁宫，“敕宫外卫士不得辄离所守。有一主帅，私令卫士出外，帝付大理绳之。（源）师据律奏徒，帝令斩之，师奏曰：‘此人罪诚难恕，若陛下初便杀之，自可不关文墨。既付有司，义归恒典，脱宿卫近侍者更有此犯，将何以加之？’帝乃止”[①]，接受了源师的意见。然而没过多久，随着社会矛盾的加剧，隋炀帝就抛弃了原来已脆弱不堪的法制，以言代法，任情生杀，使隋朝的法制彻底陷于崩溃。

在《隋书 · 刑法志》记载炀帝大业年间法制状况的为数不多的文字中，留下了这样的记录：“后帝乃外征四夷，内穷嗜欲，兵革岁动，赋敛滋繁。有司皆临时迫胁，苟求济事，宪章遐弃，贿赂公行，穷人无告，聚为盗贼。帝乃更立严刑，敕天下窃盗已上，罪无轻重，不待闻奏，皆斩。百姓转相群聚，攻剽城邑，诛罚不能禁。帝以盗贼不息，乃益肆淫刑。九年，又诏为盗者籍没其家。自是群贼大起，郡县官人，又各专威福，生杀任情矣。及杨玄感反，帝诛之，罪及九族。其尤重者，行轘裂枭首之刑。或磔而射之，命公卿已下，脔啖其肉。”

隋末法制的崩溃，表现在两个方面。一是《大业律》颁布后既成具文，由于内外矛盾加剧，各地纷乱四起，统治者疲于应付，“王纲已紊，法令多失”[②]，即使有一些法令，也多系临时颁布的重刑法令，并无一定之规。如大业七年（611 年）十二月，由于“苦役者始为群盗”，炀帝“敕都尉、

① 《隋书 · 源师传》。

② 《隋书 · 郎茂传》。

鹰扬与郡县相知追捕，随获斩决之。”[①] 再如《隋书·刑法志》中记载的“敕天下窃盗以上，罪无轻重，不待闻奏，皆斩”“诏为盗者籍没其家”、恢复轘裂枭首之刑、对杨玄感实行株连九族等，皆属单行法令或临时性决定。兵部侍郎斛斯政与杨玄感通谋，事发亡奔高丽，被送还后，左翊卫大将军宇文述奏曰：“斛斯政之罪，天地所不容，人神所同忿。若同常刑，贼臣逆子何以惩肃，请变常法。”炀帝于是改变原先的做法，“将政出金光门，缚政于柱，公卿百僚并亲击射，脔割其肉，多有啖者。啖后烹煮，收其余骨，焚而扬之。”[②] 手段极其残忍。

二是在隋炀帝生杀任性的示范作用之下，大业年间已很难像开皇年间那样，能找出一批敢于维护法制的官吏。“大业之末，长史多赃污”[③]，其中一个典型人物是御史大夫裴蕴。史载裴蕴“善候伺人主微意，若欲罪者，则曲法顺情，锻成其罪。所欲宥者，则附从轻典，因而释之。是后大小之狱皆以付蕴，宪部大理莫敢与夺，必禀承进止，然后决断。”杨玄感反叛后，炀帝派裴蕴查究其同党，裴蕴以“峻法治之，所戮者数万人，皆籍没其家。帝大称善，赐奴婢十五口”。为迎合炀帝的需要，裴蕴又将一些大臣构陷成罪，如司隶大夫薛道衡被其进谗言后遭诛杀，苏威虽免于一死，然“父子及孙三世并除名”。为了“重己权势”，裴蕴还“令虞世基奏罢司隶刺史以下官属，增置御史百余人。于是引致奸黠，共为朋党，郡县有不附者，阴中之。于是军国多务，凡是兴师动众，京师留守，及与诸蕃互市，皆令御史监之。”[④] 御史权力之大，世所罕见，在法制遭破坏的情况之下，一些“明习世事”的先朝旧臣，只能“善自谋身，无謇谔之节。见帝忌刻，不敢措言，唯窃叹而已。”[⑤]

---

① 《隋书·炀帝纪》。

② 《隋书·斛斯政传》。

③ 《隋书·魏德深传》。

④ 《隋书·裴蕴传》。

⑤ 《隋书·郎茂传》。

魏征等人在分析隋炀帝统治时期的法制状况时，认为他“淫荒无度，法令滋章，教绝四维，刑参五虐，锄诛骨肉，屠剿忠良，受赏者莫见其功，为戮者不知其罪。……急令暴条以扰之，严刑峻法以临之，甲兵威武以董之，自是海内骚然，无聊生矣。”① 而在论及隋亡过程时，则指出：“迹其衰怠之源，稽其乱亡之兆，起自高祖，成于炀帝，所由来远矣，非一朝一夕。”② 隋末法制崩溃与隋亡的关系，是值得认真研究的。

第三节　隋朝法制的历史地位

隋朝统一的法制在法制发展史上有其独特的位置，并产生了重要的影响。这一影响一是由于隋朝的《开皇律》是中国古代法典发展沿革链条中不可缺少的一环；二是由于隋律充当了对外法律文化交流的角色之一；三是由于隋朝法制本身留给了后人许多值得研究和玩味的东西。

一、《开皇律》承上启下的作用

关于《开皇律》在中国法律发展史上的地位和影响，有两种不同的说法。一种观点认为，在中国封建法典之代表作《唐律》的形成过程中，《开皇律》所起的作用并不重要，二者的联系也不明显。如元朝柳赟作《唐律疏义序》云：“《故唐律》十二篇，非唐始有是律也。自魏文侯以李悝为师，造《法经》六篇，至汉萧何定加三篇，总谓《九章律》，而律之根荄已见。曹魏作新律十八篇，晋贾充增损汉魏为二十篇，北齐后周或并苞其类，或

① 《隋书·炀帝纪》“史臣曰”。
② 《隋书·高祖纪》“史臣曰”。

因革其名，所谓十二篇云者，裁正于唐。”[①] 清朝张廷玉编撰的《明史·刑法志》称：“历代之律，皆以汉九章为宗，至唐始集其成。”

另一种观点认为，唐律的修订是以《开皇律》为蓝本的，因此《开皇律》对《唐律》的影响及其在法律史上的地位都是不言而喻的。如《旧唐书·刑法志》云：“高祖……受禅，诏纳言刘文静与当朝通识之士，因开皇律而损益之……寻又敕尚书左仆射裴寂，尚书右仆射肖瑀……撰定律令，大略以开皇为准。于时诸事始定，边方尚梗，救时之弊，有所未暇，惟正五十三条格，入于新律，余无所改。”《唐六典注》亦云：“皇朝武德中，命裴寂、殷开山等定律令，其篇目一准开皇之旧，刑名之制，又亦略同。”《四库全书总目唐律疏议提要》则具体描述了唐《贞观律》《唐律疏议》与《开皇律》之间的关系：“隋文帝开皇三年，敕苏威、牛宏（应为弘）等更制新律，除死罪以下千余条，定留五百条，凡十二卷：一名例，二卫禁，三职制，四户婚，五厩库，六擅兴，七盗贼，八斗讼，九诈伪，十杂律，十一捕亡，十二断狱。史称其‘刑网简要，疏而不失’。唐太宗诏房玄龄等增损隋律，降大辟为流者七十二，流为徒者七十一，而大旨多仍其旧。高宗即位，又命长孙无忌等偕律学之士，撰为义疏行之，即是书也。”[②]

根据现有的资料分析，第二种观点显然更加符合史实。《唐六典注》和《旧唐书·刑法志》均认为唐武德年间所撰律令，“其篇目一准开皇之旧”，“撰定律令，大略以开皇为准”，这两本书分别成书于唐开元年间和后晋，其时间远在元朝和清朝之前，它们记载的内容，可信程度自然也要高于元人和清人的记载。《四库全书总目唐律疏议提要》则从几个方面谈到了隋、唐律之间的联系：一是《贞观律》是在“增损隋律”的基础上而成；二是法典的篇目名称及排列顺序，除唐律将“盗贼”改为“贼盗”外，其余二者均相同，具有直接的继受关系；三是《开皇律》和《贞观律》在修

---

① （元）柳赟：《唐律疏议序》。

② 《四库全书总目唐律疏议提要》

订时均对重刑罪条作了删减，其追求“刑网简要，疏而不失”的宗旨是一致的，修订后的《贞观律》与《开皇律》相比，亦“大旨多仍其旧”。应当说，这些分析都是符合实际情况的。

中国古代法律在魏晋南北朝时期经历了一次较大的改造和发展，这些改造和发展的成果在《开皇律》中得到了最为全面的吸收和完善。其中，十二篇的法典篇目、八议、官当、准五服以制罪等内容，分别由北齐或北齐以前的法律所规定，并在《北齐律》中确立下来，《开皇律》也同样明确规定了这些内容；“重罪十条”最先出现于《北齐律》，《开皇律》在此基础上加以改造，创制出“十恶之条”；魏晋南北朝时期，西晋、南梁、北魏、北齐、北周等朝法律中的刑罚种类均为五种，曹魏虽有七种刑罚，仍称五刑，但其刑罚的名称却各异，《开皇律》对其进行整理后，正式规范为死、流、徒、杖、笞五刑，且死刑分为斩、绞二等，流刑按里程远近不同分为三等，从徒刑到笞刑各分为五等，从笞刑到死刑每等又规定了赎铜的数量，由“笞十者铜一斤”一直到“二死皆赎铜百二十斤”[①]；在开皇年间，隋文帝还重申或确立了一些封建司法原则，如开皇十二年（592 年）八月甲戌，“制天下死罪，诸州不得便决，皆令大理覆治”，开皇十六年（596 年）秋八月丙戌，“制决死罪者，三奏而后行刑”[②]，可以说，中国封建社会鼎盛时期法典的基本内容至此均已完备。

隋灭亡以后，《开皇律》的主要内容亦为《唐律》全盘继受，正如王夫之所说：“隋无德而有政，故不能守天下而固可一天下。以立法而施及唐宋，盖隋亡而法不亡也。”[③] 陈寅恪先生也指出：“李唐传世将三百年，而杨隋享国为日至短，两朝之典章制度传授因袭几无不同，故可视为一体，并举合论，此不待烦言而解者。……夫隋唐两朝为吾国中古极盛之世，其文

① 《隋书 · 刑法志》。
② 《隋书 · 高祖纪》。
③ 《读通鉴论》卷 19《隋文帝》。

物制度流传广播，北逾大漠，南暨交趾，东至日本，西极中亚”，[①] 这种典章制度的传授因袭当然也包括法律制度在内。如果说,《唐律》对《开皇律》有所改变的话，那也只是量的改变（如将流刑一千里、一千五百里、二千里三等改为二千里、二千五百里、三千里三等）或顺序的变化（如将死、流、徒、杖、笞五刑的排列顺序改为笞、杖、徒、流、死的顺序），而并没有实质的改变。也就是说，中国古代成熟的封建法典所应当具备的主要特征和基本内容，在《开皇律》中都已具备。《开皇律》不如《唐律》之处，在于它的制定者未能进一步对法律条文作全面详尽和精确细致的解释，也没有像《唐律》那样，对中国封建后世的法典和东亚诸国的法律产生了直接而强烈的影响。

《开皇律》的“知名度”远逊于《唐律》是显见的。《开皇律》之所以近乎被历史的沙尘所湮没，主要有两个原因，一是隋的短命而亡，二是《开皇律》的失传。隋的短命而亡，使它创造的各项制度很难在历史上留下足够深的痕迹；而《开皇律》的失传，更使人们对它缺乏了解。紧接着隋之后出现的唐王朝灿烂而伟大的文明，被后世统治者奉为楷模的严谨而博深的唐代立法成果，如同日月齐辉，掩盖住了包括《开皇律》在内的隋朝典章制度文明所发散出的点点星光。这是强者生存的历史逻辑制造的必然结果。但作为历史研究者，我们不应忘记最先登上一个个人类文明制高点的先驱者。

二、隋律对周边国家的影响

由于中国法律发展历史悠久，且中国古代在相当长的时期内，政治、经济、文化曾处于较为发达的地位，故中国古代法律也为周围一些国家和地区所学习和效仿。杨鸿烈先生说：“中国法律自殷、周以迄宋、明，皆

① 陈寅恪:《隋唐制度渊源略论稿叙论》，第 1 页。

汉族一系相传，循序进展，中间虽有五胡、辽、金、元、清之侵入，但皆被同化，而于编纂法典，传播法律知识尤极努力，且影响诸国者，东至于渤海、朝鲜、日本、琉球，南至安南、缅甸，西至西域，北至契丹、蒙古[①]。”其言对民族关系的描写虽有不确切处，但也道出了中国法律曾影响周边国家这一基本事实。

在中国周边的国家中，受中国古代法律影响最大的当首推日本。“中日两国之关系，由来久矣！周凤瑞溪《善邻国宝记序》即有云：‘日本与震旦相通，盖始于垂仁天皇之代欤？（按在后汉光武时）其通书信则推古朝圣德太子自制隋国答书焉。’穗积陈重博士所著《日本新民法》亦云：‘日本法律属于中国法族者盖一千六百年矣。虽自大化改革以后经历极多巨大之变化，而日本法制之基础仍属于中国之道德哲学与崇拜祖宗之习惯及封建制度。’”[②]中国法律开始影响日本的时间，大致就在隋朝。因为当时日本正进入由奴隶制向封建制过渡的时期，为了吸收农业、手工业生产技术和先进的文化，日本正式建立了遣使制度。隋朝38年间，日本共四次派遣使团——遣隋使来中国，其时间分别为开皇二十年（日本推古天皇八年，600年）、大业三年（日本推古天皇十五年，607年）七月、大业四年（日本推古天皇十六年，608年）九月和大业十年（日本推古天皇二十二年，614年）六月。[③]

到了唐代，日本又前后向中国派出了十九次遣唐使（包括三次送唐客使、一次迎入唐使和两次任命而未成行的遣唐使），掀起了日本向中国学习的中日交流的高潮。毫无疑问，在中国各个朝代的法律中，唐律对日本的影响最大，但我们却不能否认这一法律交流是由隋朝发其端的。杨鸿烈先生在《中国法律在东亚诸国之影响》一书中称：“嗣后迄于隋代，文帝统

① 杨鸿烈:《中国法律在东亚诸国之影响》，台湾“商务印书馆”1971年版，第3页。
② 杨鸿烈:《中国法律在东亚诸国之影响》，台湾“商务印书馆”1971年版，第199页。
③《隋书·倭国传》。

一南北，日本圣德太子深慕中国之灿烂文化，遂有‘遣隋使’之举，隋炀帝亦遣使者来日，于是中、日交通因之大盛。盖不仅中国之经书、史籍、诸子、美术及佛教等乘时东渡，即中国法制亦于其时传入日本，历隋至唐，中国之制法事业突飞猛进，日本亦急起直追，颇呈《东洋法制史》上前此所无之奇观。”[①]

对上述观点，一些日本学者亦表示赞同，如富井政章所著的《法制史略》认为，“神武纪元一千二百六十四年（唐太宗贞观十四年，西历六百四年）厩户皇子取儒、佛二教之旨，斟酌隋朝之法制，定《宪章》十七条，此为成文法之滥觞。当时中国文化之发畅已显著，故日本上流之士竞研究大陆之学，而图国家制度之改良，既知儒、佛之教，复绍受隋、唐之法制，自是历世，渐改旧时之不文法，而编定公私诸法。”[②] 泷川所著之《日本法制史》云：“……大陆之中国经数百年之南北分裂至隋、唐始告统一，其强大之武力与高度之文化自然使满洲、朝鲜、日本等与其周围邻近之民族望风披靡。其时日本国民欲废除从古昔以来由氏族联合而成之国家之脆弱组织，期望形成如隋、唐之中央集权之巩固国家，实因外力之压迫及高度文化之输入与谋国际上之竞争乃出于时势需要之所迫，故大化革新实为必要，且此改革为社会之改革，继则编纂律、令、格、式。以举中央集权之实。……其改革之主要人物则为留学中国之高向玄理、僧旻等人，皆蒙隋、唐文化甚强烈之刺激之人物也。”[③] 这里提到的高向玄理、僧旻在大业四年（608年）作为留学生和学问僧，曾与“遣隋使”小野妹子同行，前者留学中国33年，后者留学中国25年[④]，仅此一点，即可知隋朝法律与日本法律之关系。

朝鲜与中国的关系渊源更久，两国法律间的交流也自西周初就已开

---

① 杨鸿烈：《中国法律在东亚诸国之影响》，台湾“商务印书馆”1971年版，第201页。

② 转引自杨鸿烈：《中国法律在东亚诸国之影响》，台湾“商务印书馆”1971年版，第202页。

③ 转引自杨鸿烈：《中国法律在东亚诸国之影响》，台湾“商务印书馆”1971年版，第203页。

④ 见姚嶂剑：《遣唐使》，陕西人民出版社1984年版，第13页注。

始[①]。自汉以后，朝鲜受中国法律的影响渐深，在唐、明两代法律全面进入朝鲜的同时，隋律也对朝鲜产生过相应的影响。而由于隋律与唐律之间的沿革关系，对其他国家的法律发生的间接影响，当然也是可以想见的。

三、隋朝法制的特点

隋朝法制除具有其他各朝法制都有的那些表征外，还有一些颇值得注意的特征，对这些特征的认识我们可以通过隋、秦两朝法制的比较来获得。

秦朝和隋朝分别是中国封建时代前期和中期的重要王朝，这两个王朝相隔 800 年，但在许多方面都表现出惊人的相似性。特别是在政治、法制的实践上，二者均大起大落，在奏出时代最强音后，又迅速打上一个休止符，然其余音缭绕，又回响不绝数百年。这种现象，反映出秦、隋法制所具有的共同特征，在法制史上无疑具有研究的价值。

请看这两个王朝的相似之处：

——这两个王朝都可说是昙花一现，短命而亡。秦王朝从公元前 221 年到公元前 206 年，存世仅 15 年。隋王朝从 581 年到 618 年，也只有 38 年，其中，作为一个统一王朝，自 589 年灭陈之后，存在的时间则不足 30 年。这在我国古代统一的大帝国中可说是极为少见的。

——如果除去即位两个月即降于刘邦的子婴、隋末短命的恭帝杨侑不计，这两个王朝都经历了二世帝王，且均亡于农民起义。

——在这两个朝代建立之前，中国均处于分裂之中。秦王朝结束了七雄争霸的局面，建立了我国第一个统一的多民族的中央集权制封建国家；隋朝则一统大江南北，又一次使一个分裂的封建国家走向统一。

——虽然这两个王朝都国祚短促，不寿而终，但在这两个王朝的废墟

① 见《汉书 · 地理志》。

上，却建立起了两个强盛繁荣的帝国：汉朝和唐朝。中国封建时代前期的鼎盛阶段“文景之治”出现在秦王朝灰飞烟灭20多年以后。而在隋王朝的瓦砾堆上，不过10年时间，竟出现了千百年来为中华民族引以为自豪的“贞观之治”黄金时期，中华民族是当时世界上最强大的民族之一，傲然屹立于世界东方，唐都长安成了世界上最繁华的政治、经济、文化中心，是古代闻名于世的开放城市。汉唐雄风不仅确立了中华民族的自信，锻造了中国古代文明的灵魂和筋骨，而且影响及于域外，为众多的国家所称羡和瞩目。

——尽管这两个王朝存世时间都不长，但其创立的政治法律制度生命力之强，影响之大却不能不让人叹服。秦始皇金戈铁马，气吞华夏，扫六合而成一统，随后又统一了文字，统一了度量衡，修建了驰道，在中央官制方面建立了三公九卿制度，地方上则实行统一的郡县制。公元前213年，又将奠基于李悝《法经》、经商鞅变法而趋于严密完备的原秦国法律推向全中国，从而首次统一了封建法制。《礼记·中庸》称：“今天下车同轨，书同文，行同伦。”按范文澜的解释，这是指“共同经济生活”；“经济的联系性”；“共同的语言”；“共同文化上的共同心理素质”①。实际上就是形成了中华民族统一的文明。汉承秦制，其基本制度与秦无大乖违，后代研史者也常秦汉并提，将其作为一个阶段。而隋文帝兵不血刃，和平夺取政权后，再次对中央官制作了改革，建立起了三省六部制，成为中国封建社会后半期中央政府的基本范式。由隋肇其端的科举制度一直沿用到20世纪初叶，历1300年而不衰，成了向封建朝廷源源不断地输送各级官吏，影响这一时期中国政治的一项重要制度。隋朝实行的均田制、租庸调制及州县两级制，对唐及唐以后的影响亦不言自明。经两度改定的《开皇律》一方面是继承前朝法律发展而来，同时又是唐律的样本，在篇数、篇名及条目内容

① 范文澜：《中国通史简编》修订本，人民出版社1965年版，第一编“绪言”。

上，隋唐律均极相似，连唐朝立法者亦自云：“唐因于隋，相承不改。”[①] 倘若《开皇律》能够传今，法制史的有关篇章是完全有可能改写的。此外，秦、隋帝王以其不凡气度和巨大魄力，竟仿佛有约在先，分别完成了修建古长城和开掘大运河的工程，使其成为镌刻在中华大地之上的罕可匹敌的宏伟巨作一直留传至今。

在我们注意到这两个王朝所具有的这些特殊之处时，又自然会产生两个问题：为什么这两个各领一时之风骚、创一代之伟业的强大王朝，却又都如同匆匆之过客，在历史的大舞台上急急忙忙地谢幕而去？为什么这两个短命的帝国，都能留下丰厚的遗产，既让其后继者称富一时，又使此后数百上千年的子嗣均享用不尽？

对前一个问题，前人曾做过分析。西汉思想家贾谊曾作《过秦论》，是最早对秦亡原因进行系统总结的人之一。他认为，秦末“一夫作难而七庙堕，身死人手，为天下笑者，何也？仁心不施，而攻守之势异也”。这种结果是秦朝两代帝王酿成的，不仅始皇“怀贪鄙之心，行自奋之智，不信功臣，不亲士民，废王道而立私爱，焚文书而酷刑法，先诈力而后仁义，以暴虐为天下始”，秦二世即位后也“繁刑严诛，吏治刻深；赏罚不当，赋敛无度。天下多事，吏不能纪；百姓困穷，而主不收恤。”[②] 这实际上是把导致秦朝速亡的原因都点到了。而后人多把秦亡的原因归之于严刑峻法，也有人认为，秦速亡的根本原因不是严刑峻法，而是苛政，是不堪忍受的赋税徭役，即以繁重的赋税徭役为主要内容的苛政，同时，用严刑峻法施行苛政更加速了秦朝灭亡的进程。

隋朝和秦朝得的是同一种病，国基初奠，便极力加强对人民的控制，尽管屡有减免赋税的措施，但从民间征收的税粮数量仍有很大增长。文帝末年，库藏可以供给国家五六十年的开支。仅长安的库藏，到唐太宗贞观

① 《唐律疏议 · 名例》。

② 《贾谊集》，上海人民出版社 1976 年版，第 3、5、6 页。

十一年（637 年）都还没有用完，这一数字相对于隋文帝在位的时间，是非常不相称的。隋炀帝更是历史上有名的暴君，他建东都，开运河，攻高丽，征调的人、马、车、船、粮秣、军资不计其数，使人民不堪忍受，成了农民大起义的导火线。在法制方面，《开皇律》虽尚宽平，但文帝到了开皇后期立法毁法，“用法益峻”，规定“盗一钱已上皆弃市”，“四人共盗一榱桶，三人同窃一瓜，事发即时行决”，执法之严酷处处可见。炀帝初即位时，虽云重定《大业律》，减轻刑罚，但不久即大施酷刑，再行籍没之法。杨玄感起兵后，更立“罪及九族”之法，再行“轘裂枭首之刑”，[①]统治极为残暴。唐人吴兢所著《贞观政要》，记录唐太宗君臣谈论以亡隋为鉴之事，共 45 处。其中谈到隋的暴政如大兴土木、穷兵黩武、残酷地剥削人民、惨毒地镇压人民，亦即关于阶级矛盾方面者，有 21 处；谈到统治阶级内部矛盾方面者，有 10 余处，而统治阶级内部的矛盾大多亦牵涉到阶级矛盾问题。

可见，秦、隋速亡的主要原因是统治者既没有处理好本阶级内部的关系，更没有处理好与被统治阶级的关系，自以为天下唯我独尊，便恣意孤行，不顾后果，“驱天下以从欲，罄万物以自奉，采域中之子女，求远方之奇异”，“徭役无时，干戈不戢”，此中教训，后来由李世民君臣总结了出来，就是“载舟覆舟，所宜深慎”。视人民软弱如水者终难免被水所淹没。

但光这样解释似乎还不能使人信服，因为暴虐无道的君主在中国古代绝非秦、隋两代才有，而短命的统一王朝如秦、隋，一面给后人留下制度文明一面又为后人留下速亡镜鉴者如秦、隋，则很少有其他朝代能并提。对此，我们不能不再作深层的思考。

从中国史的发展来看，秦、隋所处的地位无疑是相当重要的，可以说，它们都处在历史的转折关头，秦、隋帝王充当的都是开拓者的角色。

秦帝国担当的是确立封建制的重任。公元前 221 年，中国大地上出现

① 《隋书·刑法志》。

了空前统一的、中央集权的封建王朝，此时，才可能运用国家的权力，使封建的经济基础——封建土地所有制在全国最后确立。秦始皇三十一年（公元前216年），“使黔首自实田”，意味着秦朝政府承认自耕农土地的私有权，并给予保护，这是封建土地所有制在全国确立的法律制度上的反映。秦的统一，还消除了各诸侯国制度之间的差异。权力的高度集中，皇帝具有至高无上的权威，统揽一切大权，实行“家天下”下的封建官僚政治，即军、政、监察等相应设官分权，相互牵制，以便于皇帝在上独断，是统一的秦王朝的基本特征。在这过程中确立的各种重要原则一直影响着整个封建社会。思想文化的真正统一，也始于这一时期，它对中华民族强大凝聚力的形成有着重要意义。

隋王朝肩负的是发展封建制的使命。经过上千年发展的封建制度，经受了400年分裂的中国，都要求在新的统一王朝的号令下，将封建政治、经济、文化推向一个新的历史时期。

历史把机遇给了秦、隋统治者。秦始皇、隋文帝和隋炀帝都表现出了抓住机遇的强烈欲望，并在不同程度上显示了开拓者的胆魄和才能。但他们的通病是，过分迷信自己的权力，过分迷信刑罚的威慑力，没有处理好统治者和被统治者的关系，没有处理好更新上层建筑和保护生产力发展经济的关系，结果在创立起各项制度的同时，也摧残了生产力，破坏了发展经济的条件，激化了社会矛盾，在自己的脚下架起了焚毁自身的干草堆。

如果我们把秦、隋的制度建设看作一场新旧体制的转换，那么，它将引起一定的社会震荡是可以预料到的。问题是，作为统治者，应当尽力减轻这种由体制转换所带来的震荡而不是去加剧震荡，秦、隋统治者恰恰忽视了这一点，他们的所作所为，使社会承受不了这一震荡，于是，不得不自尝苦果。

可以用来证明秦、隋的速亡并非仅仅由苛政酷法而引起的另一个事实是，在秦末和隋末农民大起义的队伍中，都混杂着不少贵族、官僚和地主的武装集团，这一情况比其他时期都来得严重，它说明秦、隋帝王推行新体制的努力虽然符合历史的潮流，但他们的具体做法都没有赢得整个统治集团的支持，在统治理论上固然存在着某些欠缺，观念上的阻力也无疑是这两个朝代努力转变体制的消蚀剂。秦、隋的失败，使汉、唐之初的君臣格外清醒和迅速成熟起来，完成这一体制转换，确立巩固和发展封建制的历史使命就理所当然地分别由汉、唐统治者承担了起来。这也许就是秦、隋两个朝代在不同的历史时期扮演了相同角色的内在原因。

隋朝法制既是隋朝统治者的精心制作，又是其实行其他制度和推行各项政策的重要工具，它既为唐初法制建设提供了堪供描摹和再创作的蓝本，又是隋王朝走向灭亡终点的加速器。我们研究隋朝法制，不能不为这一事实感到震慄，也不能不感叹历史发展规律的无情。范文澜先生在评述秦、隋帝王的历史功绩时说：“秦始皇创秦制，为汉以后各朝所沿袭，隋文帝创隋制，为唐以后备朝所沿袭，秦、隋两朝都有巨大的贡献，不能因为历年短促，忽视它们在历史上的作用。”这一观点应当对我们有所启示。

第五章　唐朝社会及其立法思想

第一节　唐朝的建立及其社会概况

公元611年隋末农民大起义爆发。当时，我国封建社会这次规模浩大的农民起义，以疾风骤雨之势迅速扩展到全国，不但使强大的隋王朝顷刻覆灭，而且对后来的唐王朝产生深远的影响。

继隋而起的唐王朝，是由攫夺了农民起义胜利果实的关陇贵族官僚集团首领李渊父子创建的。李渊袭祖被封唐国公，原任隋朝军事重镇太原之留守。在隋末农民大起义中，他目睹隋王朝行将崩溃之势，便接受其子李世民之计，乘机起兵反隋，攻入长安。李渊父子一方面采取开仓济贫，废除隋末苛法，与民约法十二条等缓和阶级矛盾的措施，以笼络民心，从政治上瓦解农民起义军；另一方面又占据关中要地，充实地主武装，残酷地镇压农民起义军。公元618年，李渊废除隋恭帝，建立唐王朝，号称唐高祖，建都长安。唐王朝自李渊即位起，到哀帝李柷天祐四年（907年）倾覆，共历时近三百年，是我国封建社会一个影响巨大的朝代，出现过"贞观之治"和"开元盛世"的辉煌局面。

唐朝建立后，李世民封为秦王，统兵消灭各地割据势力，镇压窦建德、刘黑闼等农民起义军。到武德九年（626年）全国统一，李世民发动"玄武门之变"，杀其兄李建成，迫使唐高祖李渊让位。李世民登帝位后，号称唐太宗，于公元627年改元贞观，开始了唐初的政治修明，经济繁荣，文化发达的“贞观之治”时期。

以唐太宗李世民为代表的唐代新兴地主阶级的统治人物，包括李世民身边的辅弼大臣魏征、房玄龄、王珪、马周、戴胄等人，都是亲身经历隋王朝由盛到衰，溃于一旦的过程，他们目睹在反抗隋王朝暴政中人心向背所产生的巨大威力，因而在深为震惧之余，十分重视吸取隋亡的教训，在治国理民，立法施政方面，凡事都强调“动静必思隋氏”。唐太宗与其臣下谈论隋亡的教训，仅记载于《贞观政要》之中的就有近五十处。李世民曾深有感慨地说：“古来虽复时遭丧乱，未有如隋日者。”魏征遂应曰：“前代虽逢丧乱，皆有牧宰，割据不过数岁，即有所归。至于隋末，天下鼎沸，百姓涂炭，经十余年。”[①] 可见李世民君臣对隋亡教训感受之深。而他们从隋亡得出的教训是：“驱天下以从欲，罄万物而自奉，采域中之子女，求远方之奇异。宫苑是饰，台榭是崇，徭役无时，干戈不戢。外示严重，内多险忌，谗邪者必受其福，忠正者莫保其生。上下相蒙，君臣道隔，民不堪命，率土分崩，遂以四海之属，殒于匹夫之手。”[②] 显然，李世民已从隋亡的教训中，认识到关键是要以隋的暴政为戒。因此，他不但在教戒太子时反复多次以水比喻人民，以舟比喻君子，强调“水能载舟，也能覆舟。尔方为人主，可不畏惧！”[③] 而且对臣下一再强调“先存百姓”的重要性，指出如果统治者为了自己而损害百姓，那就像割下大腿上的肉去喂肚子一样，肚子饱了，人也死了，要大臣们“每日坐朝，欲出一言，即思此一言于百姓有益否，所以不敢多言”。[④] 正是由于李世民君臣以隋亡为教训，深怀忧惧，又面对唐朝建国之始，从隋亡中接受过来的是“百姓凋残，敝于兵革，田亩荒废，饥馑荐臻”的现实，这就迫使李世民君臣不得不以“安人宁国”

① 见《魏郑公谏录》卷3《对丧乱未有如隋日者》。

② 《贞观政要·君道》。

③ 《贞观政要·教戒太子诸王》。

④ 《贞观政要·慎言语》。

为总方针，一方面采取一系列与民休息、不夺农时、轻徭薄赋、少兴土木、慎动兵戈的让步与改革的政策，另一方面则擢用贤能，求谏纳谏，重视法制，整饬吏治，力戒奢靡，使朝野上下形成一种以隋亡为戒的勤谨为政，清廉自律的风气。

有唐一代，最重要的是从唐高祖李渊称帝到唐玄宗开元二十九年（618—741年）凡一百二十四年的前唐时期。在这时期出现了“贞观之治”和“开元之治”，从而奠定了唐朝兴盛的基础。而唐代重要的立法活动和法制上的成就，也主要在这一时期。

前唐时期，封建统治者在政治、经济制度上的改革，主要集中在均田制、三省制、科举制和府兵制等方面。封建经济的根本在于农业，隋末农业生产已受到严重破坏，“率土百姓，零落殆尽”，“黄河以北，则千里无烟，江淮之间，则鞠为茂草”[①]。唐初为使流亡的农民重新回到土地上来，发展生产，保证赋税、徭役和兵源，于武德七年（624年）颁布了均田令和赋役令，进一步推行均田制。按唐律规定，根据封建等级和爵、勋官的高下，给予大小不等的土地，并计口授予直接从事生产的农民以土地，以此作为维护唐政权的物质基础。尽管唐代实施均田制并不彻底，未能从根本上触动地主阶级土地私有制，但口分田与直接生产者相结合，使田亩不致荒芜，保证了农业生产；永业田和直接生产者相结合，使桑麻按时种植，提供了手工原料。这有利于促进农业和家庭手工业的结合，也为配套的租庸调制的实行奠定了基础。前唐还围绕贯彻均田制，发展农业，通过法律规定，明确鼓励垦荒，开发资源。对于在宽乡“务从垦辟，庶尽地利”，准许卖口分田。并以《水部式》对水利灌溉作了详细规定，保障和促进各地兴修水利。由于唐初统治者对直接与民生关系重大的农业采取了由乱到治的一系列措施，从贞观到天宝期间，人口激增，耕地面积扩大，单位产量上升。根据《通典》和《资治通鉴》的记载，唐高祖武德年间人口只有

① 《隋书·杨玄感传》。

二百多万户，到高宗永徽时增至三百八十余万户，到玄宗天宝年间激增至八百九十一万四千七百零九户，户口殷繁，人力充足。而这时全国耕地有一千四百三十万三千八百六十二顷，平均每户一顷六十余亩。据旧史著述，唐玄宗开元天宝之际，社会财富充实，人民生活优裕。如《元次山集》卷七问进士说："开元天宝之中，耕者益力，四海之内，高山绝壑，耒耜亦满。人家粮储，皆及数岁。太仓委积，陈腐不可较量。"出现了封建社会少见的"河清海晏，物殷俗阜"局面。[①] 这和隋末唐初战乱时期"州县萧条，户口鲜少"，"率土百姓，百不存一"显然大不相同。

在封建社会，农业是封建经济的基础，农业发展了，手工业、商业等都跟着发展。据史料记载，前唐已有庞大的手工业机构，政府分设了二部、少府监、将作监、织锦坊等专门机构加以掌管。在玄宗时，仅少府、将作两监，正规的工匠就有三万四千多人。[②] 唐前期为加强商业、集市的控制，还厘定了一整套法制，如规定万户以上的州设有市令，以"掌市廛交易，禁斥非违之事"[③] 当时商业以京城长安为中心，有公路通往各主要城市，长安城的行业达二百多个，沿江城市贸易十分发达。唐朝还以其高度发展的手工业生产和技术，促进对外贸易和经济文化交流。当时有七条主要道路通往四周各国，包括印度、越南、朝鲜等。故史称"弘舸巨舰，千舳万艘，交贸往还，昧旦永日"。[④] 唐还为此设立市舶使于广州，专管对外贸易。

唐朝为了大力强化专制主义中央集权，在沿袭隋制基础上，对实行三省六部制有了进一步的发展。三省制实质上是将以前封建王朝的丞相之权，分隶于相互制约的尚书、中书和门下三省而总于皇帝，以便于皇帝的控制。

---

① 据《通典·食货典·田制》记载。

② 《唐六典》卷7《尚书工部》。

③ 《唐六典》卷30《三府督护州县官吏》。

④ 《唐鉴》卷三。

由于宰相经常在中书或门下议事，唐特专设“政事堂”作为宰相联合办公的形式。唐太宗曾对其辅佐大臣黄门侍郎王珪说：“元置中书、门下本拟相防过误。人之意见每或不同，有所是非，本为公事。或有护己之短，忌闻其失，有是有非，衔以为怨。或有苟避私隙，相惜颜面，知非政事，遂即施行，难为一官之小事，顿为万人之大弊，此实亡国之政。”[①] 可见三省制设立的目的是相互监督，检讨政事，以利于皇帝的集权。唐为了加强对地方的控制，还改变以前的三级制为州县二级制，避免了地方豪强操纵州、郡政权。唐太宗时，还分全国为十个道（玄宗时改为十五道），实行监察，由皇帝派遣巡按使，考查各道州县官吏。巡按使品级虽然不高，但任务重，权力大，是皇帝设置在地方上的耳目。唐朝适应中央集权制发展的需要，对监察机关有明显加强。除对地方分道监察外，中央设置独立的监察机关御史台，以“掌邦国刑宪典章之政令，以肃正朝列”[②] 唐朝的监察机关是巩固封建专制统治的重要机构，被看作皇帝的“耳目之司”，唐睿宗就说过：“彰善瘅恶，激恶扬德，御史之职也。政之理乱，实由此焉”足见监察机关在皇帝心目中地位之重要。

唐代政治制度改革的另一个显著特点，就是求谏纳谏。特别是贞观时期，唐太宗君臣共商国是，臣下犯颜直谏，皇上虚怀纳谏，可说是蔚然成风。太宗周围的辅弼大臣魏征、房玄龄、杜如晦、王珪、戴胄等形成一个谏臣集团，贞观中许多重要计谋和决策都是太宗与这些谋臣商议决定的。唐太宗认为隋炀帝是“不闻己过，遂至灭亡”，深感“主欲知过，必借忠臣”因此他常告劝臣下，“人主必须忠良辅弼，乃得身安国宁……朕今志在君臣上下，各尽至公，共相切磋，以成治道”。[③] 唐代在中央设置了谏官组织，有左右散骑常侍、左右谏议大夫、左右补阙、左右拾遗等，分属中书门下

① 《贞观政要 · 政体》。
② 《唐六典》卷 13《御史台》。
③ 《贞观政要 · 求谏》。

两省。谏官既研讨国策、法令，为皇帝提供决策参政，还有权就他们认为不妥的重大问题直接向皇帝提出规谏。求谏纳谏这实际上是封建统治中君臣共谋的发展。封建社会，皇帝虽然至高无上，但毕竟不是全知万能，统治者从历代王朝兴衰的教训中体验到，倘若“妄赏以随喜，妄诛以快怒心”就会动摇国本，纲纪荡然，天下不可收拾。因此，设谏官以职掌向皇帝谏诤得失，其任务是“献可”与“替否”。“献可”，即对朝政献计献策，获得许可而施行，献错了也没有罪；“替否”，是对皇帝的旨意提出不同的看法，尤其对皇帝未经咨询而办的大事，认为不妥当的，应当起而谏止。类似这种献替之制，虽自两晋南北朝起即有，但唐代尤为突出。唐太宗与魏征之间君臣的纳谏进谏，就是传世之典型。魏征素以敢于犯颜直谏著称，他曾要求唐太宗使他当“良臣”，而不仅仅是“忠臣”，实际上是要“忠君”而不“愚君”。他先后陈谏二百多事，劝戒太宗励精图治，任贤纳谏，仁义行事，恪守法制，督责臣下。贞观十三年（639年），为劝戒太宗勤谨为政、严以律己，而上陈《十渐不克终疏》，在当时和后世都产生深刻的影响。像唐太宗这样把进谏纳谏提到“身安国宁”的高度，并与执法相结法，这是很有远见卓识的，也是贞观致治的重要原因之一。

在唐朝，一方面随着封建官僚政治的发展，择善任贤，擢用人才，已成为巩固封建政权的内在要求；另一方面随着均田制的实行，地主经济的发展，新兴的中小地主也日益强烈地要求参政以保护自己的经济利益和政治地位，因此，唐在隋朝始创科举制的基础上，进一步确立和发展科举选官的制度。据《通典·选举典》说：“九品及中正，开皇中方罢。”唐沿隋制，但唐朝科举考试内容较庞杂，在校生和在家自学的士人，分别经国子监和州县考试，及格者保送到吏部应试。科目包括秀才、明经、进士、明法、明真、明书等。唐朝制科，有贤良方正、博学宏辞、才堪经邦、文以经国等科，分科举人，故谓“科举制度”。由于唐朝许多重要官职都出身于进士科，因此，进士科最为当时人所重视，后来甚至把进士一科称为“科举制度”。魏晋南北朝时期，士族地主依靠“九品正中制”垄断高级官阶，使官阶与门第合一，造成政治的极端腐败，而科举制度的实行，则削弱了士族门阀在封建政权中的特殊地位，使得考选和任用官吏的权力，由中央政府直接掌握，唐太宗曾经私幸端门，见新进士缀行而出，喜曰：“天下英雄，入吾彀中矣。”[①] 同时，唐代的科举制度，吸收了一大批中小地主阶级的成员参加封建政权，扩大了封建统治的基础，也增加了封建政权的活力，并有利于推行在地主阶级内部实行“任人唯贤”的原则，客观上促进了相当一部分中小地主的进取性，所以史书高度评价科举制，说：“文皇帝拨乱反正，特盛科名，志在牢笼英彦。迩来林栖谷隐，栉比鳞差，美给华资，非第勿处，雄藩剧郡，非第勿居，斯乃名实相符，亨达自任。”[②] 特别是到了开元天宝时候，科举制的实行吸取了众多地主阶级中的各方人才，更有效地起了团结地主阶级内部的作用，唐朝学者沈既济说，当时“家给人足，户无苦窳，四夷来同，海内晏然。虽有宏献上略无所措，奇谋雄武无所奋，……故太平君子，唯门调个选，征文射策，以取禄位，此行已立身之美者也。文教其子，见教其事，无所易业，大者登台阁，小者任郡县，资身奉家，各得其足。是以五尺童子，耻不言文墨焉。是以进士为士林华选，四方观听，希其风采。每岁得第之人，不浃旬而周闻天下，故忠贤隽彦韫才毓行者，咸出于是。”[③] 可见，科举制度的实行，的确收到了缓和地主阶级内部矛盾，在政治上更广泛地团结各地中小地主的效果，从而进一步稳定和巩固了唐朝的封建专制主义中央集权制度，是唐朝在政治经济上取得显著成就的一个重要原因。但是由于科举制是在进一步强化封建中央集权的要求下出现和发展的，通过科举制被吸收进来取得政治地位和权利的中小地主，就逐渐形成一

---

① 《唐摭言》卷 1。

② 《唐摭言》卷 3。

③ 《通典·选举典三》。

个新的官僚集团，这些人必然与封建中央皇室一起来反对旧的阀门世族。加之科举出身的官僚又竭力排斥非科第出身的人，而旧世族则以门第风教经术自高，反对进士科。于是他们各树朋党，形成影响唐代颇久的朋党之争。陈寅恪先生曾一针见血地指出朋党之争最剧烈的牛李两党之争“其根本在两晋北朝以来山东士族与唐高宗武后之后由进士词科进用之新兴阶级，两者互不相容。”认为这是“新旧两统治阶级之斗争”[①]，后来，由科举出身的官僚，即所谓“衣冠仕人”，形成一个在政治上、经济上享有许多特权的“衣冠户”，他们广置庄田，奴役客户，利用特权，侵欺贫民，实际上又成为封建政权通过学校、科举制度培养出来的骑在人民头上的寄生虫、吸血鬼。

唐朝将建立庞大的官僚机构和建立庞大的军队，作为强化专制主义中央集权的两个重要支柱。依靠镇压隋末农民起义起家的唐代统治者，对“甲兵武备”特别重视。加之当时突厥连年进扰，京师戒严，乃恢复关中十二道军府。唐太宗曾经“每日引数百人于殿前教射，帝亲自临试”，“自是后，士卒皆为精锐。”[②]唐朝兵制是沿袭周、隋的府兵制。府兵制的特点是兵农合一，军士由各地军府管辖，编户属于州县，平日务农，用时训练，战时自备武器由中央任命的将领统率作战，军队的调动 ww 以中央发布的铜鱼兵符为凭，战争结束后，“兵散于府，将归于朝”，使得“士不失业，而将帅无握兵之重”[③]。这一制度直至开元时才改为招募制。

唐朝的兵府制实际上是建立在均田制的基础上的。把老百姓服兵役的义务和自备武器、装备、粮食结合起来。这种制度的实行，一方面减轻了国家的财政负担，保证了庞大的兵源需要；另一方面又加强了中央对军队

① 陈寅恪:《唐代政治史述论稿》中篇，上海古籍出版社 1997 年版，第 85 页。

② 《旧唐书・太宗纪上》。

③ 《新唐书・兵志》。

的控制，有效地防止地方专擅兵权的弊端。唐的府兵制在编制上有所扩充，规模也比较完备。在兵力部署上，进一步保证中央集权的需要。太宗时，全国设有六百三十四个府，拥兵六十余万。在中央政权所在的关中地区，就部署重兵二十多万，设二百六十多个府，兵力达全国兵力的三分之一，组成拱卫中央的十二个折冲军府，这种内重外轻的兵力部署，堪称“居重驭轻”，即所谓“举关中之众以临四方”。

到了唐高宗、武后以后，由于土地兼并日剧，均田制遭到破坏，建立在均田制基础上的府兵制也难以推行。加以府兵虽然可以免去部分租、调、徭役，但事实上负担不轻，随着兵役的频繁，征期渐无所限，府兵的逃亡遂无法禁止，终于为募兵制所代替。

由上述可见，从唐高祖至唐玄宗的前唐一百多年间，统治者在吸取隋朝亡国的教训和沿用隋朝成功经验的基础上，采取了一系列比较开明的政策和有力的改革措施，推动了封建社会经济的发展和繁荣，促进封建国家的巩固和统一，使中国封建社会出现历史上少有的黄金时期。史家称赞“贞观之治”，说当时社会是“官吏多自清谨。制驭王公妃主之家，大姓豪猾之伍，皆畏威屏迹，无敢侵欺细人。商旅野次，无复盗贼，囹圄皆空。马牛布野，外户不闭。又频致丰稔，米斗三四钱。行旅自京师至于岭表，自山东至于沧海，皆不赍粮，取给于路。……比皆古昔未有也。”[①] 对于玄宗时期的“开元盛世”，诗人杜甫也以诗赞道：“忆昔开元全盛日，小邑犹藏万家室。稻米流脂粟米白，公私仓廪俱丰实。”当然，唐玄宗是一个既精明又昏庸的统治者。他执政前期，励精图治，重用姚崇、宋璟、张说、张九龄等贤相，改革敝政，裁汰冗官，开创了“开元盛世”。但从开元之末起，即他执政之后期，随着他的日益骄奢淫逸，又重用奸佞之人李林甫、杨国忠为相，宠信宦官高力士等，政治便日趋腐败，直至公元 755 年（天宝十四年）终于爆发了“安史之乱”，使强盛的唐王朝走向

① 《贞观政要·论政体》。

败落。

玄宗之后，经历肃宗、代宗、德宗、顺宗、宪宗、穆宗、敬宗、文宗、武宗、宣宗、懿宗，共115年，这是唐王朝走向败落衰亡的中后期。唐自“安史之乱”，政治和经济形势急转直下，李唐王朝陷入分崩离析的局面。特别是唐中期，朝廷宦官专权，地方藩镇割据，败落之势愈演愈烈。虽然公元805年（顺宗永贞元年）发生了王叔文、刘禹锡、柳宗元等革新人物，曾在顺宗支持下，发动过“永贞革新”运动，企图夺回宦官的兵权，抑制藩镇割据势力，加强中央集权，但这次改革终因宦官联合士族旧势力进行反击而只进行了一百八十多天便告失败，改革运动的首领王叔文被杀，运动的骨干刘禹锡、柳宗元等被贬，政局随之更加恶化，政权进一步落入宦官手里。后来，由于均田制遭到破坏，占地漫无限制，造成“制度弛紊，疆理隳坏，恣人相吞，无复畔限，富者兼地数万亩，贫者无容足之居”[①]，并使租庸调法难以实行，“王赋所入无几”，德宗即位后，宰相杨炎建议推行两税法，规定不分主户、客户，不分定居或行商，均要交税，税额按资产和田亩确定，正式废除租庸调和杂税，统一于夏秋两季征收。两税法的颁行，对均平赋税负担、保证财赋收入有一定积极作用，但由于不能阻止土地兼并的趋势，而“钱重货轻”的趋势日甚，老百姓又陷入苛征暴敛的灾难之中。终于人民在严重的政治经济压迫之下，于公元874年（唐懿宗咸通十五年），爆发了黄巢领导的农民大起义。黄巢起义虽然在反动势力的联合进攻下失败了，但历时十年的起义，极大地震撼了唐朝统治的基础，公元906年（哀帝天祐三年）朱温篡唐，中国封建史上一个影响重大的唐王朝，就这样由盛而衰地败亡了。

① 《陆宣公集》卷22,《均节赋税恤百姓》。

第二节 唐朝统治者的立法思想

一、礼是唐律的灵魂，唐律是礼的法律表现

唐朝的统治者是以礼法结合作为立法的指导原则的。礼法结合既是唐律的本质特点，也是中国封建专制统治的基本经验在封建立法上的反映。建立在农业自然经济和家庭所有制基础上的中国封建社会，具有两个显著的特点：等级和宗法。在中国封建社会中，所有的人都按其所处社会经济地位被划分为不同的等级，阶级关系即体现于这种等级关系之中；而所有的人又都按照血缘关系的远近亲疏，被组织在家庭或宗族这种社会细胞之中。在漫长的历史发展过程中，封建社会的这种等级关系和宗法关系，不断被封建统治者加以总结和利用，形成一整套适应封建专制统治需要的行为规范和思想理论，这就是礼的实质所在。

礼把社会上的等级关系概括为上下贵贱，把宗法关系概括为尊卑长幼和亲疏，目的是要“别尊卑，异贵贱”[①]“序尊卑、贵贱、大小之位，而差外内、远近、新故之级”[②]从而做到“君臣、上下、父子、兄弟，非礼不定”[③]，随着统治经验的积累，礼的调整范围越来越大，以至成为政治、经济、军事、司法、教育、婚姻家庭等上层建筑各方面行为规则的总和。礼和法虽然形式不同，但作为统治者压迫人民的工具从一开始就是互为表里，紧密配合的。礼之所许必定为法所不禁，法之所禁则必定为礼所不容。直到汉代，儒家思想被崇奉为独尊地位，礼与法的关系进一步密切，特别是西汉

---

① 《淮南鸿烈解·齐俗训》。
② 《春秋繁露·奉本》。
③ 《礼记·曲礼》。

董仲舒首创以春秋经义决狱，以经代律，使儒家思想直接进入法律领域，从而奠定了礼法融合的基础。此后经过魏晋南北朝礼的进一步入律，形成了以礼法结合为核心的封建正统法律思想，对封建法制的发展起着指导作用，礼法结合的趋势就日益发展，唐律的“一准乎礼”，正是前代礼法结合思想自然演进的结果。

应该指出，唐朝尊奉儒家思想，在立法上特别重视礼法结合，是有其深刻的历史背景的。继隋而起的唐王朝没有采取隋朝非儒的做法，而是以儒学作为正宗思想的。唐高祖李渊即位之初，曾恢复设立国子学、太学、四门学等教育制度，广置生员。公元619年（武德二年）下诏，声明“兴化崇儒”下令在国子学里设立“先圣周公”“先师孔子”庙，四时致祭。唐太宗李世民称帝之前，即置秦府十八学士，“锐意经籍”。即位之后，尊孔子为“先圣”，颜渊为“先师”。据《贞观政要·崇儒学》所载，“太宗又数幸国学，令祭酒、司业、博士讲论，毕，各赐以束帛。四方儒生负书而至者，盖以千数。……于是国学之内，鼓箧升讲筵者，几至万人，儒学之兴，古昔未有也。”这里，一方面是接受隋亡的教训，认为礼法结合，“制礼以崇敬，立刑以明威”[①]能够收到“抚之以仁义，示之以威信”的“为国之道”的效果，[②]有利于贯彻唐初确立的“安人宁国”的治国总方针。另一方面儒学主张维护“三纲五常”等宗法伦理，注重人事，以入世代替出世，以积极代替消极，既讲教化，又重政刑，这对封建统治者来说，在维护和巩固其专制集权统治方面，比之佛、道更得心应手和具有成效。不仅如此，聚集在唐王朝李渊父子周围的辅佐大臣和得宠谋士，几乎都是崇奉儒术，研究儒学的儒家大师。他们参与朝政，有些人还负责草拟法律，在这样的氛围下，唐朝以儒家思想为核心的礼法结合作为立法的指导原则，就不足为奇了。所以，《唐律疏议》在首篇《名例律》中就明确提出“德

① 《旧唐书·刑法志》。
② 《贞观政要·择官》。

礼为政教之本，刑罚为政教之用，犹昏晓阳秋相须而成者也。”这就是说，德礼是行政教化的根本，刑罚是行政教化的表现；德礼和刑罚对行政教化都是不可缺少的，这犹如早晚相须而成一昼夜，春阳秋阴相须而一岁一样。可见唐律的立法者在制定法律时，就是要把法律的功效和礼义道德的作用“相须而成”，有机地结合起来。我们从疏议中也可以看到，完全是以儒家的经典《诗》《书》《易》《礼》《春秋》的基本思想来注释《唐律》，有不少条文，实际上是把礼义道德规范直接纳入法律，使儒家学说法典化。可以说，“唐律一准乎礼，而得古今之平”[①]实质上就是唐律一切依礼以为出入，礼与刑相辅相成，律学与经义相互发明，使礼法结合在唐律中达到十分完备的程度。

贵贱上下有等，可说是礼的基本精神，这也是唐律立法的基础。唐律是按照唐代的社会经济关系，把人们划分为不同的等级，并按不同的等级规定了不同的法律地位，赋予不同的权利和义务。这样唐律实际是给我们勾画出一个主体的多阶梯等级结构的唐代社会，上到至高无上的皇帝，下到贱民妇婢，不但界限分明，而且严法重典以稳定和巩固这些界限，防范任何超越界限的行为。唐律在维护封建等级方面，集中在“三纲”上。“三纲”即儒家所创导的“君为臣纲，父为子纲，夫为妻纲”。早在先秦时期，儒家为维护宗法等级就提出“五伦”的观念，即君臣、父子、兄弟、夫妇和朋友五种关系，认为只有以体现卑尊等级关系的礼来处理这五种关系，才能做好治国理民的工作，实现儒家所憧憬的“三代之治”。此后，韩非把君臣、父子、夫妇的关系归纳为“臣事君，子事父，妻事夫”的关系，认为“三者顺则天下治，三者逆则天下乱，此天下之常道也。”[②]西汉中期，倡导新儒学的董仲舒又进一步用阴阳学说加以附会阐发，提出一套带有神学色彩的“三纲”学说。董仲舒说：“君臣、父子、夫妇之义，皆取诸阴阳

① 《四库全书总目提要》。

② 《韩非子 · 忠孝》。

之道，君为阳，臣为阴；父为阳，子为阴；夫为阳，妻为阴。”[①]他认为阳尊阴卑，阳贵阴贱，君父夫居阳，即占主导地位。而属于阴的臣、子、妻则处于从属地位。并说“王道之三纲，可求于天”[②]。不但为“三纲”涂了一层“缘饰儒术”的油彩，而且加上“天意”的皇冠。

唐律维护“三纲”等级，中心是“君为臣纲”。维护专制君主的至尊地位和无上权威，是唐律压倒一切的任务、出发点和归宿。首先，在“特标篇首，以为明诫”的“十恶”大罪中，直接涉及皇帝的就有四条，即“十恶”首举的“谋反”“谋大逆”和“谋叛”等前三条，以及列第六条的“大不敬”。在这四条中，值得注意的是前三条并非有言论行为，仅仅是“谋”，就得依“十恶”科刑。所谓“谋”，“十恶”条疏议曰：

案《公羊传》云：“君亲无将，将而必诛。”谓将有逆心，而害于君父者，则必诛之。《左传》云：“天反时为灾，人反德为乱。”然王者居宸极之至尊，奉天之宝命，同二仪之覆载，作兆庶之父母。为子为臣，惟忠惟孝。乃敢包藏凶慝，将起逆心，规反天常，悖逆人理，故曰“谋反”。[③]

唐律编撰者在《贼盗律》中对谋反大逆之罪其所以虽无言论行为也要论罪科刑作了解释：“人君者，与天地合德，与日月齐明，上祗宝命，下临率土。而有狡竖凶徒，谋危社稷，始兴狂计，其事未行，将而必诛，即同真反。”这里“十恶”条疏议从《公羊传》和《左传》中找出了理论根据，将君主与天并提，论证了谋反罪的严重性，因而唐律对谋反大逆处罚最严，缘坐入死，刑及父母妻妾子女和兄弟姐妹，即所谓“谋反大逆，罪极株责，污其室宅，除恶务本”。一部唐律，只有五百条，其中涉及维护专制政权

① 《春秋繁露·基义》。
② 《春秋繁露·基义》。
③ 《唐律疏议·贼盗》。

及君主人身安全的即有 90 多条，占全部律文几近五分之一。而唐律规定处以死罪二百余条，事涉这方面的就有二十多条，甚至于连“口陈欲反之言，心无真实之计，而无状可寻者”亦要处以“流二千里”可见唐律维护皇帝至高无上地位不受任何侵犯的严密和严格。

礼重“君臣之义”，主张“正君臣之位”。唐律围绕“君为臣纲”，防范非分行为的规定是十分严密的。诸为不得非分踰制，臣下的衣食住行必须严守礼典政令；不得非分擅权，臣下处理政务应奏而不奏，不应奏而奏都会获罪受刑；不得非分失礼，臣下对皇帝必须有“肃敬之心”，即连触犯名讳，误犯宗庙讳者亦得处罚；不得抗拒皇帝使节，凡对皇帝使节不依人臣之礼，又有拒捍之言者，处绞刑。甚至在皇帝居所喧闹，随意接近皇帝宫人，都会受重刑。还有，唐律在处理君臣关系和其他关系的矛盾时，始终把君臣关系置于首位。按唐律规定，子孙不得告祖父母、父母，部曲、奴婢不得告主，否则处绞。但是当子孙、部曲、奴婢所告为谋反、逆、叛时，唐律就不但不追究反而例外予以保护。根据疏议的解释，犯谋反、大逆、谋叛等罪者，都是“不臣之人”“故许论告”[①]。也就是说，在这种情况下，不臣之罪已远远大过于不孝之罪了，这也说明唐律依礼为出入的着重处。

以庇护亲贵、品官犯罪，严格“良”“贱”界限，这是唐律捍卫封建等级的又一重要内容。列宁曾经说过：“在奴隶社会和封建社会中，阶级的差别也是用居民的等级划分而固定下来的，同时还为每个阶级确定了国家中的特殊法律地位。所以，奴隶社会和封建社会（以及农奴社会）的阶级同时也是一些特别的等级。”[②]而儒家则早就提出“正名”的理论，作为等级合理化的依据。“正名”是制礼的出发点和根据。“名以制义，义以出礼，

① 《唐律疏议·斗讼》“告祖父母父母”“部曲奴婢告主”条。

② 《列宁全集》第 6 卷，人民出版社 1986 年版，第 93 页注，《俄国社会民主党土地纲领》。

礼以体改，改以正名"[1]而"名位不同，礼亦异教"[2]，可见，正名之名，正的是等级之名，是"以今日冠冕为等级高下"[3]，礼既是这种等级之名的体现，在礼法结合的原则下，唐律就必然要将这种正等级之名提升为具体的法律条文了。所以，一部唐律，实际上就是封建社会一部维护权贵等级的特权法。它把每一个社会成员不同等级的法律地位固定下来，赋予各不相同的权利义务，让他们各就其位，各安其分，不得逾越，使"刑不上大夫，礼不下遮人"合法化、制度化。

唐律在庇护亲贵、品官犯罪，以及实行良贱异法方面，是在总结前朝经验的基础上，加以发展和完善，形成一套承前启后的体系。亲贵和品官是唐律优容的主要对象，当他们触犯国法时，唐律有议、请、减、赎、官当等规定，让他们可以根据自己的阶品，分别享有免受刑罚、免纳赋税、免服徭役以及世袭官爵、荫及亲属等特权。通过一整套互为呼应、周密协调的律文，亲贵和品官的犯罪，绝大部分都能大事化小，小事化无，直至完全逍遥法外。正如清人薛允升所说唐律："优礼臣下，可谓无微不至矣！"[4]

与对亲贵、品官百般优容成为鲜明对比的，是唐律对一般老百姓犯罪，则绝不假贷，而对名列"贱"籍的奴婢、部曲、官户、杂户的犯罪，更是从严惩处。唐律甚至明申："奴婢贱人，律比畜产"[5]"奴婢有价"[6]"奴婢视同资财，即合由主处分"[7]在良贱同罪的情况下，唐律同罪异罚是十分明显的。以杀伤罪为例，唐律规定："诸主殴部曲至死者，徒一年。故杀者，加

① 《左传·桓公二年》。
② 《左传·庄公十八年》。
③ 《新唐书·高俭传》。
④ （清）薛允升:《唐明律合篇》卷2。
⑤ 《唐律疏议·诈伪》。
⑥ 《唐律疏议·名例》。
⑦ 《唐律疏议·名例》。

一等。其有愆犯，决罚致死及过失杀者，各勿论。”[①] 而部曲、奴婢即使是过失杀主人，也要处绞刑。唐律从尊卑原则出发，还规定了在诉讼上良贱的明显差别：一方面是“诸部曲、奴婢告主，非谋反、逆、叛者皆绞”[②]，另一方面则是主人告发部曲、奴婢，即使是诬告，也“即同诬告子孙之例，其主不在坐限”[③]，是没有罪的。

尊卑长幼有别，这是礼在贵贱上下有别之外另一个等级原则。从“三纲”来看，如果说贵贱上下之别主要涉及“君为臣纲”，那么尊卑长幼之别就主要涉及“父为子纲”和“夫为妻纲”了。这实质上是维护以父权和夫权为中心的封建伦理关系。儒家认为“天下之本在国，国之本在家”，家与国是相通的，要把“齐家”提到治国平天下的高度，就必须从立法上反映这种尊卑长幼亲疏有别的伦理等级关系。所以，一部唐律，也是一幅以血缘关系为基础的多层次的宗法等级结构图。在这幅等级结构图中，本着“父者子之天”，“夫者妻之天”[④] 的精神，尊等的划分以父和夫为最尊，特别是中国封建社会自汉确立以孝治天下的方针以来，历代因之，“一准乎礼”的唐律在这方面更是反映得最全面、最具体，从诉讼、科刑到执刑，都体现以父权为中心的血属一体观，将“亲亲之义”直接引入法律，一切都遵循“孝”的原则，凡属违犯“善事父母”，违背“亲亲之义者”，均构成不孝之罪，诸如别籍异财、子孙违犯教令、嫁娶违律、匿丧等规定都是旨在确保“家事统于尊”和尊卑名分的礼义原则。

唐律根据“国之本在家”的精神，从亲属一体观出发，在诉讼方面设立了“亲属相容隐”的制度。凡同居亲属或非同居大功以上亲属，犯有谋反、逆、叛以外的一般性罪，可以相互包庇隐瞒，“皆勿论”。这种曲法以

① 《唐律疏议 · 斗讼》。
② 《唐律疏议 · 斗讼》。
③ 《孟子 · 离娄上》。
④ 《仪礼 · 丧服》。

循情的做法，按儒家的观点看，是“仁者人也，亲亲为大”[1]。所以孔子说：“父为子隐，子为父隐，直在其中矣。”[2]唐律这样容隐“小奸”，以求得作为封建社会细胞的家庭和宗族的敦睦和谐，进而换来整个社会的“长治久安”，实际上是蕴含着以“父为子纲”服务于“君为臣纲”，移孝子忠的真谛。

关于“父为子纲”“夫为妻纲”的规定和阐发，在唐律中所占的比例很大，仅在“十恶”大罪中，属于“齐家”违礼方面的占了一半，诸如恶逆、不孝、不睦、不义、内乱都是。有的则散见于《职制》《户婚》《贼盗》《斗讼》《诈伪》《杂律》诸篇的有关条文。

封建社会，皇帝是政权的代表，父亲是族权的代表，丈夫是夫权的代表，皇权、父权和夫权的统治客观上形成封建社会的宗法关系和等级关系，礼将这些关系规范化，律将这些关系法律化，不仅礼之所许，律亦不禁；礼之所禁，律亦不容，而且“尊卑贵贱，等数不同，刑名轻重，粲然有别”[3]礼与律这种内在的融洽关系，在唐律中处处可见，一方面礼的一些概念，诸如“斩衰”“期”“大功”“小功”“缌麻”“袒免”等在唐律中反复出现，被借用为律的专门用语；另一方面唐律中许多律条本身，就是直接或间接地源出于礼，比如《名例律》中的“八议”完全是照抄《周礼·秋官·小司寇》的“八辟”,《户婚律》中的“七出三不去”则是《大戴礼记·本命》中“七去三不去”的翻版,《名例律》关于“矜老小及疾”的规定也是从《周礼·秋官·司刺》中的“三赦”和《礼记·曲礼》中的“悼耄不刑”演化而来的。在唐律中以礼折狱的事例，也是不时可见。往往是律条无文时，可以据礼处断；律条有文时，可以用礼解释；律条与礼冲突难以附会时，可以弃律从礼。加之，唐代以科举取士，从中央到地方绝大多数官员，都出身于明经或进士两科，他们都读经通经，礼义

① 《礼记·中庸》。

② 《论语·正路》。

③ 《唐律疏议·贼盗》“发冢”条。

经书是他们知识结构的主要部分，因而礼就成为指导唐代各级官员思想的理论基础，他们在执法的过程中，自然会受礼之左右。综上所述可知，唐律修撰以礼为指导，唐律条文多源于礼，唐律的实施在很大程度上为礼所左右。所以说，礼是唐律的灵魂，唐律是礼的法律表现。唐律“一准乎礼”，实质就在于此。

二、唐朝统治者在“安人宁国”总方针下的立法思想

初唐时期，太宗君臣在总结隋亡之教训时，认为隋毁于一旦，其深刻的原因是：

“驱天下以从欲，罄万物以自奉，采域中之子女，求远方之奇异。宫苑是饰，台榭是崇，徭役无时，干戈不戢。……上下相蒙，君臣通隔，民不堪命，率土分崩，逆以四海之尊，殒于匹夫之手。”[①]

可见，在唐朝统治者看来，为君之道首当戒欲怀民，“先存百姓”。这实际上也反映了唐初统治集团面对隋亡的教训及当时“百姓凋残，敝于兵革，田亩荒废，饥馑荐臻”[②]的现实，总结了自汉以来的封建统治经验，采取杂治儒道两家思想于一炉的做法：一方面崇儒以行“仁政”，弘“教化”；另一方面讲道家之“清静”，施“无为”之术，从而确立了以“安人宁国”为治国的总方针。“安人宁国”和前述礼法结合既是一脉相承，又是相辅相成的。唐初李世民及其统治集团中的一批主要辅佐大臣如房玄龄、杜如晦、魏征、王珪、长孙无忌等人的法律观点和法律主张，都是围绕“安人宁国”和礼法结合而阐发的，形成贞观时期统治集团的法律思想体系，奠定了唐律“导之以德，齐之以礼”[③]的思想基础，对唐朝的立法和执法产生

① 《贞观政要·君道》。
② 《资治通鉴》卷193。
③ （元）柳赟:《唐律疏议序》。

了深远的影响。

（一）立法公平，务求宽简

唐太宗时期，颇强调立法公平的问题，他曾举诸葛亮为例，说“故知君人者，以天下为公，不私于物。昔诸葛孔明，小国之相，犹曰：‘吾心如称（秤），不能为人作轻重。’况我今理大国乎？”[①] 这里所谓的“公”，其实质是指地主阶级的整体利益，管子早就提出“圣君任法不任智，任公不任私”的法治思想，魏征发挥管子的思想，认为“圣人之于法也，公矣”，圣人要“王天下，理国家”就必须“天下为家，不能任于一物”，他还认为，如果是“公之于法”即使“过轻亦可”。但若“私之于法”“过轻则纵奸，过重则伤善”。[②] 在魏征看来，要立法公平，就必须反对以“私”乱法，即不能任凭统治者个人，特别是皇帝个人的意志和利益来对待立法和执法，否则“喜怒肆志，高下在心，是则舍准绳以正曲直，弃权衡而定轻重也。”[③] 尽管封建统治者的这种公平观是带有明显的阶级性的，在实践中也往往难以真正做到，但从当时来说，无疑是难能可贵的。

立法公平与务求宽简有密切的联系。法律要像秤那样公平，像准绳那样平直，才能做到“惟奉三尺之律，以绳四海之人”[④]，而公平与宽简被认为都是出自“仁恩”，两者是不可分开的。唐朝建立之初，高祖李渊所颁布的《武德律》就十分强调“务在宽简，取便于时”[⑤]。后来唐太宗在组织群臣讨论立法时，又采纳了魏征以宽仁慎刑作为立法原则的意见，“因为上言王政本于仁恩，所以爱民厚俗之意”[⑥]。贞观元年（627 年），唐太宗就

---

① 《贞观政要·公平》。
② 《贞观政要·公平》。
③ 《贞观政要·公平》。
④ 《全唐文·理狱听谏疏》。
⑤ 《旧唐书·刑法志》。
⑥ 《新唐书·刑法志》。

下达了“死者不可复生，用法务在宽简”[1]的指示，到了贞观十年（636 年），则进一步谈到立法宽简的重要性：

国家法令，惟须简约，不可一罪作数种条。格式既多，官人不能尽记，更生奸诈，若欲出罪即引轻条，若欲入罪即引重条。数变法者，实不益道理，宜令审细，毋使互文。[2]

所以，贞观年间修订法律时，“凡削繁去蠹，变重为轻者，不可胜纪”[3]。

（二）慎狱恤刑，反对严讯

隋末“百姓怨嗟，天下大溃”的重要原因就是隋朝统治者的“生杀任情”，这和秦的“尚法而亡”一样，都留给后来的统治者以深刻的教训。贞观十六年（642 年），唐太宗和大理卿孙伏伽的一次谈话，就深刻地表达了他对当时司法官吏“意在深刻”“利在杀人”的忧虑，他说，他深“恐主狱之司，利在杀人。危人自达，以钓声价，今之所忧，正在此耳！深宜禁止，务在宽平。”[4]从《贞观政要 · 刑法》中可以看到，李世民曾多次指出“人命至重，一死不可再生”，所以他比较注意恤刑慎杀。《贞观律》与隋律相比，五百条中死罪减少九十二条，改流罪为徒罪七十一条，并删去“兄弟连坐俱死”之法，史书上称贞观四年“断死刑二十九人，几致刑措”[5]，贞观时期还从死刑的判决到推勘、复核，都建立严格的程序，贞观元年，李世民首创封建法律史上的“九卿议刑”制，亲自规定“自

①《贞观政要 · 刑法》。
②《贞观政要 · 刑法》。
③《资治通鉴》卷 194。
④《贞观政要 · 刑法》。
⑤《旧唐书 · 太宗本纪下》。

今以后，大辟罪皆令中书门下四品已上及尚书九卿议之”[1]。后来，唐太宗对死刑的执行还规定执行前须行“三覆奏”“五覆奏”程序，且下诏“自今门下复理，有据法合死而情有可宥者，宜录状奏。”这对慎重使用死刑起了积极的作用。

儒家主张“罪疑惟轻，功疑惟重，与其杀不辜，宁失不经”[2]，因此特别强调“慎狱恤刑”“平清决狱”。唐初本着儒家这一精神，在断狱用刑上“以宽仁治天下，而于刑法尤慎”[3]，《贞观律》不但“比古死刑，殆除其半”[4]，贯彻了“变重为轻”的立法原则，还作出允许改过迁善的“自首”的具体规定，提出十方面不同情况的处理律文。为防止“故出”“故入”，强调必须以律断罪，凡断罪而未具引律、令、格、式正文者，要加以惩处。

“捶楚之下，何求而不得”这是对封建司法严讯逼供的反映。唐初为防止有司当局主观臆断，出入人罪，乃立法禁止严讯。贞观四年，唐太宗曾下诏令，规定对罪犯“不得鞭背”[5]。在《贞观政要》的《公平》中，记载了太宗君臣反对严讯的一系列言论，魏征在深刻揭露司法官吏“未讯罪人，则先为之意，及其讯之，则驱而致之意”以及“不探狱之所由，生为之分，而上求人主之微旨以为制”[6]等种种恶劣作风，并进而论述“凡理狱之情，必本所犯之事以为主，不严讯，不旁求，不贵多端，以见（现）聪明，故律正其举劾之法，参任其辞，所以求实也，非所以饰实也。”[7]唐律在禁止威迫取供方面，还作了专门的规定：“诸应讯囚者，必先以情，审察辞理，反复参验，犹未能决，事须讯者，立案同判，然后拷讯，违

① 《贞观政要·刑法》

② 《尚书·大禹谟》。

③ 《新唐书·刑法志》。

④ 《旧唐书·刑法志》。

⑤ 《旧唐书·太宗本纪》

⑥ 《贞观政要·公平》。

⑦ 《贞观政要·公平》。

者杖六十。”[①] 这些反对严讯的思想和法律规定，虽然无法从根本上改变封建法律野蛮、残酷的本质，但对刑讯逼供起了限制的作用，无疑是有进步意义的。

（三）明正赏罚，一断以律

赏罚二柄，历来是封建统治者统治天下、驾驭臣民的工具，所以历来的封建皇帝都十分重视赏罚的运用。从《贞观政要》中，我们可以看到太宗君臣在这方面的许多颇为中肯的言论，比较集中地反映太宗君臣明正赏罚的思想，这也是唐初封建统治者法律思想的一个重要部分。贞观初年，太宗和魏征在讨论“为官择人”时，明确指出：“国家大事，惟赏与罚。赏当其劳，无功者自退；罚当其罪，为恶者戒惧。则知赏罚不可轻行也。”[②] 贞观五年，太宗还就赏罚问题深有感触地对房玄龄等大臣说：“自古帝王多任情喜怒，喜则滥赏无功，怒则滥杀无罪。是以天下丧乱，莫不由此。朕今夙夜未尝不以此为心，恒欲公等尽情极谏。”[③] 以直言旁谏著名的魏征，在其谏诤中，涉及赏罚二柄的言论最多，也十分尖锐地批评以私情爱恶行赏罚的现象，指出：“所爱虽有罪，不及于刑，所恶虽无辜，不免于罚。此所谓爱之欲其生，恶之欲其死也。……赏不以劝善，罚不以惩恶，而望邪正不惑，其可得乎？若赏不遗疏远，罚不阿亲贵，以公平为规矩，以仁义为准绳，考事以正其实，则邪正莫隐，善恶自分。”[④]

明正赏罚，关键在于依法办事，这就必须做到画一用法，一断以律。魏征在这方面特别强调，贞观十一年（637 年），他在奏疏中说“夫刑赏之本，在乎劝善而惩恶，帝王所与，天下画一，不以亲疏贵贱而轻重者也。”

---

① 《唐律疏议 · 断狱律》。

② 《贞观政要 · 封建》。

③ 《贞观政要 · 求谏》。

④ 《贞观政要 · 择官》。

并继而尖锐指出："今之刑赏未必尽然，或屈伸在乎好恶，或轻重由乎喜怒。遇喜则矜其情于法中，逢怒则求其罪于事外，所好则钻皮出其毛羽，所恶则洗垢求其瘢痕，瘢痕可求，则刑斯滥矣，羽毛可出，则赏斯谬矣。刑滥则小人道长。赏谬则君子道消。小人之恶不惩，君子之善不劝，而望治安刑措，非所闻也。"[①] 魏征是目睹隋朝统治者任心弃法而导致亡国的过来人，他潜心观察，抓住执法的要害问题，所议都十分深刻。"动静必思隋氏"的李世民，显然是支持臣下这种"一断以律"的主张的。他不但自己以尊法相尚，而且也鼓励臣下以法相争，防止其赏罚之失误。当时广州都督党仁弘犯法当死，李世民"哀其老而有功"，免其一死，特为此下诏罪己，"请罪于天"，以示不当曲法，他自己检讨道："法者……不可以私而失信。今朕私党仁弘而欲赦之，是乱其法，上负于天，欲……治罪于天三日。"[②] 在法自君出的封建社会，作为位极至尊的皇帝尚且能够如此尊法，风流所及，对百官之守法执法，凡事"一断以律"自会起到良好的上风下草之作用，因此贞观时期，"官吏多自清谨"，这也是"贞观之治"的重要致治原因。

应该指出的是，唐初的明正赏罚，"一断以律"与当时注意法律的稳定性有密切的关系。贞观十一年（637 年），唐太宗对侍臣说："诏令格式，若不常定，则人心多惑，奸诈益生。"因此，他认为"不可轻出诏令，必须审定，以为永式"[③]。在这种思想指导下，唐代的确是立法审慎，一旦立了法就不轻易变动。《新唐书·刑法志》说："房玄龄等更定律、令、格、式，讫太宗世，用之无所变改"，甚至直到唐末，"而高祖、太宗之法，仅守而存"[④]。

① 《贞观政要·刑法》。
② 《资治通鉴》卷 196。
③ 《贞观政要·赦令》。
④ 《新唐书·刑法志》。

（四）整饬吏治，不阿权贵

整饬吏治，执法不阿权贵，这是唐初李世民君臣论法的一个重要议题。吏治在封建社会几乎是历代王朝都比较重视，这有其深刻的社会根源。唐初强调以法治吏，执法不避权贵，用以制止一些特权者的恣意横行，则是从总结隋亡的历史教训中提出的。贞观二年（628 年），太宗与臣下房玄龄等讨论执法问题时，就十分赞扬诸葛亮“尽忠益时者，虽雠（仇）必赏；犯法怠慢者，虽亲必罚”①。他要求执法官吏学习诸葛亮，做到“按举不法，震肃权豪”②，不畏权贵，公平执法。正是在唐太宗的提倡和号召下，唐初曾出现过一批诸如薛仁方、戴胄这样“弹治不避权贵”的司法官吏。贞观七年（633 年），太宗的八子蜀王恪的妃子之父杨誉，因仗势欺人，抢夺奴婢，触犯国法，被刑部官吏薛仁方不顾其为皇亲而加以拘留“勘问”，太宗也听从魏征之谏，不为“外戚之私”，未给杨以优免特权而苛责执法官吏。由于皇帝带头重视国法，强调严格执法，对唐初抑制一些权贵的恣意横行起到良好的效果，因此“贞观之初，志存公道，人有所犯，一一于法”③。当时甚至出现了“制驭王公妃子之家，大姓豪猾之伍，皆畏威屏迹，无敢侵欺细人”④的局面。

李世民治政着眼于地主阶级的整体利益，因而十分重视整饬吏治，严法惩贪。唐代自中央到地方，都设有监察机关，监督官吏守法，对受财枉法的官吏，“随其所犯，绳以重法”。唐律规定：“受财而枉法者，一尺杖一百，十五匹绞。”连皇叔江夏王李道宗也因“生赃下狱”，受到“免官，削封邑”的惩罚。

---

①《贞观政要 · 公平》。

②《贞观政要 · 贪鄙》。

③《贞观政要 · 公平》。

④《贞观政要 · 政体》。

第六章　唐朝的立法

第一节　唐朝前期和后期重大的立法活动

深谙封建政治的唐朝统治者，认识到法律是“禁暴惩奸，弘风阐化，安民立政，莫此为先”[①]的重要工具，因此，很重视法律的制定和修改工作。特别是高祖、太宗和高宗时期，立法工作都取得前所未有的成就。

唐高祖李渊鉴于“炀帝忌刻，法令尤峻，人不堪命，遂至于亡”[②]，于太原起兵反隋时，即发布了用以笼络人心的所谓“宽大”之令。大业十三年（617 年）攻占隋都长安之后，李渊又仿效汉高祖的约法三章，制定约法十二条，主要是杀人、劫盗、背军、叛逆者死，余皆蠲除隋朝的苛法。唐高祖受隋禅后，于武德元年（618 年）五月，命刘文静及当朝通识之士，以隋开皇律令为基础制定法律，即制定五十三条新格。五十三条新格颁行天下的时间，据《新唐书・刑法志》所记系武德二年，但《旧唐书》《唐会要》均作武德元年十一月，《通鉴》从后说。关于五十三条格的内容，据《新唐书・刑法志》说：“唯吏受赇、犯盗、诈冒府库物，赦不原。”可见唐朝统治者，从一开始就重贪赃之治。唐高祖制格五十三条，是唐朝立法的开端。

① 《唐大诏令集》卷 82。

② 《旧唐书・刑法志》。

唐朝的立法活动，前后期情况不同。唐自安史之乱后，社会关系发生深刻的变化，法制亦然。因此，唐朝前后期法制虽有内在的连续性，但唐后期之法制又非前期法制之旧。现根据《唐书》《通典》《会要》《册府元龟》等史籍所记，将唐前后期比较重大的立法活动分别列出。

唐前期重大的立法活动凡十六次：

1. 武德元年（618 年）六月至十一月，刘文静等奉勅撰《武德新格》五十三条，颁行。

2. 武德元年（618 年）十一月至武德七年（624 年）三月，裴寂等奉勅撰《武德律》十二卷、《武德令》三十卷、《武德式》十四卷，皆颁行。

3. 贞观元年（627 年）至贞观十一年（637 年）正月，房玄龄等奉勅撰《贞观律》十二卷、《贞观令》二十七卷、《贞观格》十八卷、《贞观式》三十三卷，皆颁行。

4. 永徽元年（650 年）至永徽二年（651 年）闰九月，长孙无忌等奉勅撰《永徽律》十二卷、《永徽令》三十卷、《永徽留本司格》十八卷、《永徽散颁天下格》七卷、《永徽式》十四卷，皆颁行。

5. 永徽三年（652 年）五月至永徽四年（653 年）七月，长孙无忌等奉勅撰《律疏》三十卷，颁行。

6. 龙朔二年（662 年）二月至麟德二年（665 年），源直心等奉勅重定格式，成《永徽留本司行格中本》十八卷、《永徽天下散行格中本》七卷等，奏上。

7. 仪凤二年（677 年）正月至三月，刘仁轨等奉勅删辑格式，成《永徽留本司格后本》十一卷等，奏上。

8. 垂拱元年（685 年）正月至三月，裴居道等奉勅删定《垂拱律》十二卷、《垂拱令》三十卷、《垂拱新格》二卷、《垂拱留司格》六卷、《垂拱式》二十卷，皆颁行。

9. 神龙元年（705 年）六月至神龙二年（706 年）正月，唐休璟等奉勅删定《神龙散颁格》七卷、《神龙式》二十卷，颁行。

10. 景龙元年（707 年）十月，张锡等奉勅删定格式，不果。

11. 景云元年（710 年）至太极元年（712 年）二月，岑曦等奉勅删定《太极格》十卷，奏上。

12. 开元三年（715 年）正月，卢怀慎等奉勅删定《开元格》十卷，颁行。

13. 开元七年（719 年）三月，宋璟等奉勅删定《开元律》十二卷、《开元令》三十卷、《开元后格》十卷、《开元式》二十卷，皆颁行。

14. 开元十九年（731 年），裴尧庭等奉勅删辑《格后长行勅》六卷，颁行。

15. 开元二十二年（734 年）至开元二十五年（737 年）九月，李林甫等奉勅刊定《开元律》十二卷、《开元律疏》三十卷、《开元令》三十卷、《开元新格》十卷、《开元式》二十卷、《格式律令事类》四十卷，皆颁行。

16. 天宝四年（745 年），萧炅等奉勅增损格式律令，颁行。

从上述情况可以看出，唐前期各朝都十分注重立法工作，立法活动是比较频繁的。唐朝的主要法律《武德律》《贞观律》《永徽律》《开元律》，以及《唐律疏议》，都是在这一时期修定的。唐朝通过不断地修定律、令、格、式，对法律进行调整，使之适应客观形势的变化和封建专制集权统治的需要，从而奠定了作为封建法律楷模的唐律的基础。

唐后期由于藩镇割据，宦官专擅，政治统一受到破坏，中央集权明显削弱，立法活动也明显减少。据史料所载，唐后期比较重大的立法活动只有七次：

1. 贞元元年（785 年）十月，尚书省进《贞元定格后勅》三十卷，留中不出。

2. 元和二年（807 年）七月至元和十年（815 年）十月，许孟容等奉勅删定《元和格勅》三十卷，奏上。

3. 元和十三年（818 年）八月，郑余庆等详定《元和格后勅》三十卷，奏进。

4. 太和七年（833 年）十二月，刑部进《太和后勅》五十卷，颁行。

5. 开成四年（839 年），狄兼謩等删定制勅，成《开成详定格》十卷，颁行。

6. 大中五年（851 年）四月，刘瑑等奉勅编纂《大中刑法总要格后勅》六十卷，奏行。

7. 大中七年（853 年）五月，张戣进《大中刑律统类》十二卷，颁行。

上述情况说明，唐后期不但没有修定过律，连令、式都未修定过。唯一的一次修格，主要是编撰格后勅和刑律类统。唐后期的立法活动，集中在编集制勅上。也就是将多年的制勅“分朋类比，删去前后矛盾及理例重错者，条流编次”[①]，称为格后勅。格后勅只是编集，而不能对制勅作内容上的修改。而刑律类统，是“以刑律分类为门，附以格勅”[②]，可以说，刑律类统就是按刑律分类编集在一起的格勅，因此格后勅和刑律类统就其实质来说，都是编勅。唐后期，勅的地位日显重要，不但跻身于正式法典之列，与律、令、格、式并行，而且它所拥有的法律效力和适用范围，常常超出律、令、格、式。当时，凡事必“先检详制勅”，只有制敕无文时，才依律、令、格、式。倘若制勅有文，律、令、格、式就往往变成具文了。唐朝编撰格后勅在宣宗大中时期，体例上有新的发展。宣宗大中五年（851 年），刑部侍郎刘瑑等奉勅修《大中刑法总要格后敕》六十卷，把贞观二年（628 年）六月至大中五年（851 年）间的二百十四年的杂敕都分类汇编在一起，计六百四十六门，二千一百六十五条。大中七年（853 年）五月，由左卫率府仓曹参军张戣把律文按性质分成门类，又把同性质的令、格、式附入相应门类之后，凡十二卷，一百二十一门，一千二百五十条，名曰《大中刑律统类》[③]，进呈皇帝批准，下诏刑部详定颁行。这是继开元二十五年（737 年）《格式律令事类》之后，把律令格式混合编在一起的，使其体例进一步完善。

唐朝立法由唐前期重视修定律、令、格、式，到唐后期的以编集格后

① 《唐会要·定格令》。
② 《新唐书·刑法志》。
③ 《旧唐书·宣宗本纪》作《大中刑法统类》。

敕和刑律类统为主，这种变化是由当时社会条件变动所决定的。唐社会自安史之乱后，政治经济情况已大变，均田制、租庸调制及府兵制实际上已名存实亡，中央集权的统治秩序在宦官专擅，藩镇割据之下也已破坏殆尽，从高祖以来所制定的律、令、格、式，在内容上已不适应社会现实发展变化的需要，而唐后期的统治者在战乱频繁，政局动荡的情况下，既没有力量也没有时间从事律、令、格、式的修定工作，因此，具有极大灵活性和针对性的制敕，便成为最合时宜的法律形式了。何况，当时唐代统治者还把原来的律、令、格、式视为“祖宗之制”，不可弃旧图新，这也正如为其制勅以解燃眉之急找到借口。

第二节　唐律的制定与修改

唐律是唐朝经济、政治、文化高度发展的产物。唐朝统治者很重视法律，特别是唐前期的高祖、太宗和高宗，一即位就亲自抓法律的制定和修改，为集封建法律之大成的唐律奠定了基础。从唐律的制定和修改过程来看，它是初成于武德，完善于贞观，而永徽时以《贞观律》为基础制定的《永徽律》及律疏，成为我国现存最古、最完整的一部代表性封建法典。

唐律从高祖武德七年（624 年）初成开始，到开元二十五年（737 年）修律为止，见之于历史文献的有六次修改。现将唐律的制定和历次修改情况分述如下。

一、武德修律

唐高祖李渊，在颁行《武德新格》五十三条后，接着又命尚书左仆射裴寂、右仆射肖瑀、大理寺卿崔善等人组成工作班子，根据唐初社会的实际情况，以隋朝的《开皇律》为准，制定《武德律》，于武德七年（624

年）颁行天下。《武德律》依《开皇律》计十二篇，五百条。据《唐六典》称，“其篇目一准开皇之旧，刑名之制又略同。”改动的是流刑三等，隋为一千里，一千五百里，二千里，唐各加千里，成了二千里、二千五百里，三千里。隋流刑，犯人在流放地还要劳动，分别为二年、二年半、三年，唐一律改为一年，即三流同役一年。还有，唐把新颁的格 53 条并入新律。《唐六典》说，《武德律》比《开皇律》“又除苛细 53 条”，大概是这样一加一除，《武德律》虽并入新颁的格 53 条，仍保持 500 条不变。《唐会要》《新唐书》《旧唐书 · 刑志》都强调《武德律》沿袭《开皇律》，除上述改动外“余无所改”，按旧刑志的说法，是由于“于时诸事始定，边方尚梗，救时之弊，有所未暇”，也就是说，当时局势还未安定下来，顾不上根本性的改革。

二、贞观修律

贞观修律是唐律最重要的一次修改。唐太宗是一位十分重视法律的皇帝，他认为《武德律》刑罚仍然过重，即位之后，便命长孙无忌、房玄龄等对《武德律》“更加厘改”，前后历经十年，至贞观十二年（638 年）定本为《贞观律》，仍为十二篇，500 条。据《旧唐书 · 太宗纪》云：“贞观十一年（637 年）正月庚子，颁新律令于天下。”

《贞观律》的改动是“比隋代旧律，减大辟者九十二条，减流入徒者七十一条。其当徒之法，唯夺一官，除名之人，仍同士伍。凡削烦去蠹，变重为轻者，不可胜纪。”①《唐六典》也说，《贞观律》“蠲正凡三百条，减开皇律大辟入流者九十三条，比古死刑，殆除其半。”这里显然减大辟九十三条与《旧唐书 · 刑法志》说的九十二条有一条之差，可能为传抄或刻写之误，但基本事实是说明贞观修律的确是减轻刑罚了。沈家本在《历代刑法考 · 律令四》的按语中说：“唐律从贞观所修为定本，贞观本于武德，

① 《旧唐书 · 刑法志》。

武德本于开皇，然武德已非全用开皇之制，贞观又重加删定……今唐律全书具在，自宋以后，修律莫不奉为圭臬，此盖承隋氏变革之后而集其成者也……细心推究，方知唐律之轻重得其中也。”

贞观修律历时十年，又集中了诸如房玄龄、长孙无忌这些富有立法经验的大臣，可见其认真和用心。比如，为减少死刑，最初拟将绞刑 50 条改为断趾（断右趾），但又感到肉刑废除已久，忽又恢复，难免遭人反对，乃将断趾改为加役流，即在三千里的上面加一个加役三年的流刑。又比如依照隋律，犯谋反大逆，兄弟尽管分居，也要缘坐俱死，可是同祖孙却可免死配流。唐太宗认为，兄弟分居后，荫不相及，而犯罪却要连坐俱死，比对祖孙的处罚还重，太不合理，于是限制这种缘坐，改为兄弟也免死，与祖孙同配役流。

三、永徽改律

唐高宗李治制定《永徽律》和《唐律疏议》，这是唐代立法的重要发展，对唐律的完备和律学的发展都有重要意义。

唐高宗统治时期，封建经济已进入全盛的时代，在法制建设上，由于唐太宗竭力实施“以法治国”方针，立法方面已取得丰富经验。高宗即位后，“遵贞观故事，务在恤刑”，命长孙无忌、李勣、于志宁等人，以《贞观律》为基础，制定《永徽律》。据《旧唐书·高宗纪》所载，于永徽二年闰九月辛未，将《永徽律》十二卷，连同《永徽令》三十卷、《永徽留本司格》十八卷、《永徽散颁天下格》七卷、《永徽式》十四卷，一起颁行天下。但新唐书和唐六典都未提到永徽修律之事，而只说增损格式，据沈家本的解释，“诸书不言”，可能是永徽律以贞观律为准“小有更变”。按《通典》的记载，高宗当时将留司格十八卷留在各司，“书于厅事之壁”，使官吏“俯仰观瞻，庶免遗忘”，以达到“禁违止邪”的目的。[①]

---

① 《通典·刑制下》。

据今传《永徽律》看，其篇章、条数皆与《贞观律》同。按敦煌、吐鲁番写本“名例律残卷”（特赫学：1916、3117、3155，藏苏联列宁格勒东方研究所）中有关“十恶”之名称及排列也与《永徽律》同。但《唐律疏议》关于“指斥乘舆”中疏文说：“旧律云‘言理切害’，今改为‘情理切害’。”这点有一字之改动。

高宗颁行《永徽律》后，因感于律学未有定疏，为了给律文作出法定的解释，以便每年举行的明法科举考试有标准可凭，因此于永徽三年（652年）下诏编撰律疏。当时参加编撰律疏的人，除原有参加修定《永徽律》中的长孙无忌、李勣、于志宁、柳奭、段宝玄、刘燕容、贾敏行七人外，又“广召解律人”褚遂良、唐临、韩瑗、来济等十二人参加。《律疏》是本着“网罗训诰，研核丘坟”[①]的精神对律文进行统一的解释，包括三个方面：一是阐明法理。律疏把封建统治在所提倡的一套封建伦理道德和礼法观念作为解释、阐明律意的依据，以此证明法律规定的正确与合理。比如引《公羊传》的“君亲无将，将而必诛”的说法，来论证法律重惩谋反罪的理由。二是解释词意。律疏对唐律中大量的专门术语作了统一的解释，使律文的含义清楚，便于准确地理解和掌握，这一点是颇有科学精神的，如“称日者以百刻”，“称年者以三百六十日”，“临统案验为监临”，“躬亲保典为主守”这些解释都很精当。三是补充律意。唐律虽然十分严密，但仍然难免有所挂漏，律疏通过补充，使之更周密、完整和可行。比如唐律禁止老百姓私铸钱，但若是为了装饰或珍藏，拿金银铸钱又该如何处理呢？这点律文本身未作交代，律疏补充说：“私铸金银等钱，不通时用者不坐”这样就明确了。

律疏经高宗批准，于永徽四年（653年）十月下诏颁行，附于律文之下，与律文具有同等效力。律与疏合称为“永徽律疏”，后世称之为“唐律疏议”。《旧唐书·刑法志》说：“自是断狱者，皆引疏分析之。”这部律疏的

---

① 《唐律疏议·进律疏表》。

问世，不但当时对唐朝以及其后五代在全国推行统一的封建法制起了巨大的作用，而传世至今，也是我们研究唐律最完整的一份宝贵的典籍资料。

永徽律疏的编写，虽然只花了一年多的时间，但这是以传统律学的丰富成果作基础的。史书记载，秦“顾学法令者，以吏为师”，可见秦代已经有掌握在官府之手的律学。云梦秦简中的《法律问答》，即对律文中之疑难问题加以官方解答的一种形式。汉代则法律名家辈出，父子相传，世守其业，如杜周、杜延年等人，注律者中包括郑玄、马融这些著名经学大师。晋代则出了张斐和杜预这样出名的律家。正是以传统的注疏律学作基础，所以《永徽律疏》能在那么短的时间内编成，并达到那么高的水平。《永徽律疏》后称为《唐律疏议》，始于元代。元代废除了唐宋法律，把唐宋法律当作历史文献，故于律前标出其朝代之名。文泰定刻本将律疏题为“故唐律疏议”。那么为什么将疏文叫“疏议”呢？律疏是集体编写的，书中见解均为集体商议定下来的，所以疏文每段都以“议曰”开头，由是定名为“疏议”。

四、垂拱改律

垂拱元年（685 年）正月——三月，裴居道等奉勅删定《垂拱律》十二卷，颁行。

对这次改律，史称：“武太后临朝，又令有司删定格式……其律唯改二十四条。”“又有不便者，大抵依旧”[①] 这里所谓不便者，大概是指武则天当皇帝后律令中犯讳的文字，当时都来不及改。

五、景云改律

景云是唐睿宗的年号。据旧唐书刑法志记载，睿宗景云初（710 年），

① 《通典·刑制下》。

敕户部尚书岑羲等人删定格、式、律、令，于太极元年（712 年）二月定《太极格》十卷，奏上。睿宗本纪也有太极元年颁新格式于天下的记载，但均未提及律令的修改。

六、开元七年（719 年）改律

开元时期大小立法活动有数次，开元三年（715 年）正月，卢怀慎等人曾奉敕删定《开元格》十卷，颁行。开元六年（718 年），唐玄宗又命吏部侍郎宋璟等九人删定律、令、格、式，删定《开元律》十二卷、《开元令》三十卷、《开元后格》十卷、《开元式》二十卷，颁行。但是据《旧唐书·刑法志》所载，这次实际上只是修了格，律、令、式则仍旧未加改动。

七、开元二十五年（737 年）修律

开元时期，继开元七年（719 年）删定《开元律》十二卷之后，还曾于开元十九年（731 年），由裴光庭等奉勅删辑《格后长行敕》六卷，颁行。而自开元二十二年（734 年）开始，至开元二十五年（737 年）完成，前后经过四年时间，则是开元时期对律、令、格、式最全面的一次修改。据史书记载，李林甫等人奉敕计审查旧律、令、格、式以及诏敕，共计达 7026 条，从中删掉 1324 条，修改了 2180 条，余则未变动。最后是删定《开元律》十二卷，《开元律疏》三十卷，《开元令》三十卷，《开元新格》七卷，《开元式》二十卷。此外，又撰《格式律令事类》四十卷。所谓《格式律令事类》，是把同类律令格式条文放在一起，分类编合，便于览省。这种新的体裁，后来演变为刑统。这次修改的律令格式，据旧唐书刑法志说是开元二十五年九月奏上的，而敦煌残卷的记载则是开元二十五年六月二十七日奏上，时间上略有出入。

据史料看，开元二十五年后，唐朝就没有再修律了。当然，作为唐朝

法律体系总称的唐律还是随客观形势的变化而在变化，但这种改变已不采取修律的形式，主要是采取编格的形式。有唐一代，律基本上是保持稳定，用格来随时调整，以适时宜。总之，唐朝自武德定律之后，最大一次修律就是贞观十一年（637年），唐律到了贞观可说已趋于稳定，以后都是小修小改，变动不大。因此清人沈家本曾说："唐律以贞观所修为定本"[①]，不无道理。

唐朝还有一件事很值得一提，就是开元时期编制《唐六典》。六典的编纂始于开元十年（722年），至开元二十六年（738年）修成。据《大唐新语》卷九记载《唐六典》编纂的经过时说："开元十年，元宗诏书院撰六典以进，时张说为丽正学士，以其事委徐坚，沈吟岁余，谓人曰：'坚承令已曾七度，修书有凭准，皆似不难，惟六典历年措思，未知所从。'说又令学士毋煚等检前史职官，以今式分入六司，以朝六典象周官之制，然用功艰难，绵历数载。其后张九龄委陆善经，李林甫委苑咸，至二十六年始奏上，百僚陈贺，迄今行之。"可见《唐六典》编撰之艰难过程。

六典的体例系按《周官》一书中的六官，分为治职、教职、礼职、政职、刑职、事职。共三十卷，卷一、三师三公尚书省；卷二、吏部；卷三、户部；卷四、礼部；卷五、兵部；卷六、刑部；卷七、二部；卷八、门下省；卷九、中书省；卷十、秘书省；卷十一、殿中省；卷十二、内官侍中省；卷十三、御史台；卷十四、太常寺；卷十五、光禄寺；卷十六、卫尉寺、宗正寺；卷十七、太仆寺；卷十八、大理寺、鸿胪寺；卷十九、司农寺；卷二十、太府寺；卷二十一、国子监；卷二十二、少府监军器监铸钱监等；卷二十三、将作监、都水监等；卷二十四、左右卫、左右骁卫、左右武卫、左右领军卫；卷二十五、左右金五卫、左右监门、左右千牛卫、左右羽林军；卷二十六、太子三师、三少、太子詹事府、左右春坊内房内官；卷二十七、太子家令事率更寺仆寺；卷二十八、太子左右卫诸率府；卷二十九、诸王府公主邑

① 《历代刑法考·律令四》，第928页。

司；卷三十、府、督护州。可见六典内容几乎涉及封建国家机关所职掌的各项工作，是相当齐全和完备的。

关于《唐六典》的性质，历来多数学者认为这是我国古代最早的一部行政法典。在这之前，历代王朝虽然也有行政性质的立法，但都没有汇集成书，没有编成一部综合性的行政法典。近年来，法史学界有些学者则提出一种新的见解，认为《唐六典》是以《周礼》为体例、以显示有唐一代制度盛况而编写的一部官修典籍。其内容限于国家机关组织编制；其所引入的在行的《令》、《式》及《礼》都不完备、不具体，而且排斥了《格》；其所引内容一旦成书，也就不随制度的变化而修改、增补；它也从未颁行，所以它不是"行政法典"，也不具有在行法律的性质。

第三节　唐朝的法律体系及其渊源

一、唐朝的法律体系

唐沿隋制，以律、令、格、式为基本的法律形式，这也是唐朝法律体系的基本构成。对于这一点，无论是新旧《唐书·刑法志》，还是《唐六典》都说得很清楚。《唐律疏议》中有一条："诸断罪，皆须具引律令格式正文。"这也表明唐代规定的正式法律是律、令、格、式。

据《新唐书·刑法志》："唐之刑书有四，曰：律、令、格、式。令者，尊卑贵贱之等数，国家之制度也；格者，百官有司之所常行之事也；式者，其所常守之法也。凡邦国之政，必从事于此三者。其有所违及人之为恶，而入于罪戾者，一断以律。"《唐六典》也说："凡律以正刑定罪，令以设范立制，格以禁违止邪，式以轨物程事。"由此可见，作为唐朝法律基本形式的律、令、格、式，是适应唐朝封建专制集权统治需要而形成的既有明确分工，又是紧密协调的法律体系。"律以正刑定罪"，按《太平御览》引杜预《律序》说，就是“律以正罪名”，相当于我们现在用以定罪判刑的刑法典。我们从唐律十二篇、五百条的内容看，都是关于刑法原则和各种犯罪科刑的法律规定。把法律称律，是自商鞅受《法经》以相秦，改法为律开始的。秦以前，管法律叫刑，如《禹刑》《汤刑》，战国时李悝制定法典叫《法经》，都不叫律。商鞅改法为律，不但是当时法律进一步由以刑统罪向以罪统刑的规范化发展，而且也强调了法律的权威性和“范天下之不一而归于一”的普遍适用性。

令是关于国家重大制度的规定，这种制度规定主要是等级名分的体现。令早在秦汉就有了，开始是作为律之补充。令作为封建制国家有效的制度管理规范，一直为历朝所采用。唐代之“令”，未见有完整保存下来的资料。宋朝的宋绶、宋敏求父子，曾集录唐高祖至哀宗各朝（618—906 年）所颁之诏令、删文、制敕及赦令，辑成《唐大诏令集》，共一百三十卷，分十三类，商务印书馆曾于 1959 年校勘出版。在国外，有日本的仁井田陞，曾从历史典籍中搜集唐令，编成《唐令拾遗》一书，于 1933 年由东方文化学院出版。如果从《唐律疏议》所引之“令”来看，只有二十种左右，包括官品令、词令、户令、封爵令、禄令、宫卫令、军防令、衣服令、卤簿令、仪制令、公式令、田令、赋役令、厩牧令、关市令、狱官令、丧葬令、杂令、营缮令、捕亡令等。《唐六典》卷六中所举之令有二十七种，但《唐律疏议》所引的封爵令和禄令，不在其中。

格作为“禁违正邪”之法律，始于北魏。三国两晋南北朝时期，封建法律形式逐渐趋向完备，于律、令之外，又有科、比、格、式。魏初曾以科作为主要法律形式，起补充和变通刑律的作用。到北魏时始以格代科，将律无正文者编为《别条权格》，与律并行。到了东魏制定《麟趾格》时，则将格升为独立的法典。不过，当时的格是刑事法规，与隋唐时将格作为“百官有司之所常行事”，目的在于“禁违止邪”不同。

格就其渊源来说，是皇帝因人、因事、因时之需而临时颁布的“制、敕”。因“制、敕”随时随事而发，内容难免庞杂，执行中往往前后矛盾，或失时效。所以唐朝规定，经过一定时间，须由省部加以增删、分类、组合、汇编成相对固定的、普遍适用的经制，谓之“永格”。格以适用范围分为“散颁格”及“留司格”两种。唐律对格在司法实践中的适用，有明确的规定。一是“制敕断罪，临时处分，不为永格者，不得引为后比”。否则“致罪有出入者，以故失论。”① 二是“犯罪来断决，逢格改者，格重，听依犯时；格轻，听从轻法”②，即采取从轻的原则。

在唐朝国家机关政务范围内的法律规范，都可以用格的形式来干涉，因为格的渊源是皇帝的敕令，法自君出，具有至高无上的权威。所以其性质，往往以其修改补充的法律性质为性质。涉及吏部的就是官吏管理法；涉及户部的，就是户籍法、身份法；涉及礼部的，就是礼制。至于《刑部格》则属于“正刑定罪”的法律。格有时就补充了刑律所没有的新内容。

式规定国家机关的办事细则和公文程式，故《新唐书·刑法志》说，“式者，其所常守之法也”。现存的式只有《开元水部式》残卷一百四十六行，藏于法国巴黎图书馆。唐律的疏文多次引用唐式，如《名例律》（总 17 条）疏文引有《刑部式》，《杂律》（总 407 条）疏文引有《兵部式》，《杂律》（总 449 条）疏文引有《礼部式》，《捕亡律》（总 464 条）疏文引有《户部式》等。

比起令来，式的内容不是规定重大典章制度，而是一些关于制度实施在时、人数、物量等的细则。正因为这样，所以唐朝历代对令的复原整理都大大超过式。从敦煌吐鲁番文书残卷及《唐律疏议》对式不多的引文中，可以看出式主要是正面制度的立法，不是定罪判刑的刑法条文。吏部作为官吏事务的管理机构，因而以吏部为名目的式文，都是官吏管理法律中的细则内容。如残存的贞观《吏部式》规定：

隋勋官、散官及镇将、副五品以上，并五等爵，在武德九年二月二日以前身亡者，子孙并不得用荫当，虽身在，其年十二月卅日以前不经参集，

① 《唐律疏议·断狱》。

② 《唐律疏议·名例》及《唐律疏议·断狱》。

并不送告身勘校奏定者，亦准此。[①]

唐代对隋朝官员也有品级待遇的优惠，有时会发生虚报隋朝官员品级的事情，所以用式来在勘查审核上进行规定。

综上可见，唐朝的律、令、格、式，作为唐朝的基本法律形式和法律体系的基本构成，它们的内容和作用是既有明确分工又相互协调配合。一切政务都按令、格、式的规范进行活动，凡违反令、格、式规范，及作恶并构成犯罪的，则“一断以律”。这种法律形式和法律体系，反映出唐朝立法技术上达到的高度。所以外国学者曾赞誉说：“律、令、格、式可以说是秦汉以来中国古代法律文化的精华。”[②]

二、唐律的篇章结构及其渊源

唐律有广义和狭义之分。广义的唐律指唐代法律的总称，包括律、令、格、式等。狭义唐律指唐代国家的刑法典，即唐朝法律体系律令格式中的律，也就是由《武德律》初创，《贞观律》完善，《永徽律疏》传世的唐代律典。我们下面要研究的正是这种狭义的唐律。

根据新、旧《唐书》,《唐六典》,《唐会要》所记，唐沿隋制，唐律有12篇,30卷,500条。但是现传本《唐律疏议》,虽然总目按12篇篇名排列，注明为30卷，500条，但按分目各卷条文检查，则是502条。这多出来的两条，一条是职制律中的“大祀不预申期”，另一条是斗讼律中的“殴兄姊弟妹”。既然多数史书都说唐律500条，何以会多出2条来，变成502条呢？学者的说法不一，主要的说法有二种，一种认为502条是由于分条不准确而

① 转引刘俊文:《敦煌吐鲁番唐代法制文书考释》，中华书局1989年版，第307—308页。

② ［日］冈野诚:《日本在唐律文献学上的研究》，载中国历史文献研究会编:《中国历史文献研究集刊》第四集，岳麓书社1983年版。

造成的，如“殴兄姊弟妹”与前面一条“殴缌麻兄姊”，这两条本为一条，不应分开为二。另一种认为多出来的两条是后来增加的。理由是唐 500 条，历史文献记载得非常清楚。史书的惯例，在谈到法律的条数时，都是举确数，连零头都说出来的。所以由 500 条变成 502 条，多出来的 2 条是“后增”的。

唐律本身并没有“篇”的用词，而是按照律文的作用和调整对象划分为十二个相对独立的部分，每一部分称为《 × × 律》，十二篇即为十二个《 × × 律》。唐律十二篇的排列为:《名例律》《卫禁律》《职制律》《户婚律》《厩库律》《擅兴律》《贼盗律》《斗讼律》《诈伪律》《杂律》《捕亡律》《断狱律》。“卷”是唐律编写上文字篇幅的划分单位，共为 30 卷，即《名例律》第 1—6 卷,《卫禁律》第 7—8 卷,《职制律》第 9—11 卷,《户婚律》第 12—14 卷,《厩库律》第 15 卷,《擅兴律》第 16 卷,《贼盗律》第 17—20 卷,《斗讼律》第 21—24 卷,《诈伪律》第 25 卷,《杂律》第 26—27 卷,《捕亡律》第 28 卷,《断狱律》第 29—30 卷。“条”是各篇（律）的条目，具体规定唐律的原则、制度、罪名、刑罚适用，等等。《唐律疏议》对条文没有按顺序编号，而是在每一条文之首，冠上一个“诸”字作为发语词。

唐律的篇目，从名称到排列顺序都是很有研究的。战国时期魏文侯李悝制定《法经》六篇，这是我国封建法律有篇目的开始。从那时起，历经一千多年，封建法律由繁而简，几经增删损益，移易变革，才成为唐律这样的篇章结构。以篇目之数来说，《法经》是六篇，秦律“繁如秋荼”，汉从《九章律》的九篇起，至最后为六十篇。《曹魏律》为十八篇。晋《泰始律》和北魏的《北魏律》均为二十篇，又有所回升。至《北齐律》“校正古今”才定为十二篇。隋《开皇律》依《北齐律》仍为十二篇。唐高祖定《武德律》一准《开皇律》，也是十二篇，此后贞观、永徽修律都没有改变。

篇目之名和排列顺序也是千年沿革，屡经变化。《法经》设盗、贼、囚、捕、杂、具六篇。这样设篇目，反映了李悝“王者之政莫急于盗贼”[1]

① 《晋书·刑法志》。

的立法指导思想，故而将盗、贼作为打击的锋芒所向，列于六篇之首，其后的囚、捕两篇主要也是围绕惩治盗、贼的。这一立法思想一直为后来封建立法所重视。而从篇目内容的划分来看，讲各种犯罪加重减轻等一般原则的具法，虽未置之首而列于最末，但从整体看，已初步体现了类似现代刑法的总则与分则的分设结构，为封建法典创立了模式。到了汉代，萧何制《九章律》，适应当时社会经济发展的情况，在法经六篇之后加上户、兴、厩三篇，这样，具律就由最后移到了中间。其后，魏改汉律，认为具律这种“罪条例”既不在始，又不在终，非篇章之义，乃把具律改为刑名，列于全律之首。这是我国封建刑法典体例上的又一进步。后来晋代虽然刑名析为刑名和法例两篇，但到《北齐律》制定时，又将刑名和法例合并为名例一篇，自此至隋唐皆沿用未改。《北齐律》“校正古今”所定的十二篇篇目，是隋唐律十二篇篇目的渊源基础。《北齐律》十二篇为：一曰《名例》，二曰《禁卫》，三曰《婚户》，四曰《擅兴》，五曰《违制》，六曰《诈伪》，七曰《斗讼》，八曰《贼盗》，九曰《捕断》，十曰《毁损》，十一曰《厩牧》，十二曰《杂》。对比之下，一依隋制的唐律十二篇篇目，与《北齐律》不同的是：将《卫禁》改为《禁卫》；将《违制》改为《职制》，并从第五篇提至第三篇；将《户婚》改为《婚户》，列《职制》之后为第四篇；将《厩牧》改为《厩库》从第十一篇升至第五篇；将《诈伪》从第六篇变为第九篇；将《贼盗》从第八篇变为第七篇，而《斗讼》则由第七篇移后为第八篇；将《捕断》篇析为《捕亡》和《断狱》两篇，分列第十一篇、第十二篇，而《毁损》篇则被删去。上述这些移易更改，都是对前朝经验认真总结的结果，所谓唐律集封建法之大成其意蕴就在于此。

唐律十二篇的内容，也是封建法律经过漫长改革发展，陈陈相因的历史而形成的。

（一）名例

名例之名乃“五刑之罪名”，例是“五刑之体例”。其内容涉及惩罚犯罪的刑罚名称与等级，以及刑罚适用的原则等。将《名例》列于律首，与下面十一篇分述各种犯罪的篇目相呼应，形成一个类似现代刑法总则、分则相结合的体例。如名例中关于“八议”“同居相为稳”等特权原则和伦理原则的规定，更是唐律礼法结合精神的重要体现，对其他各篇都有很强的制约作用。

名例篇包含三方面的内容：一是刑罚的种类，除笞、杖、徒、流、死五刑外，还有除名、免官、免所居官、官当、赎，等等。二是适用刑罚的通则，其中有许多项目与现代刑法基本上是相同的，如故意、过失、共同犯罪、主从、自首、累犯、类推比附，等等。有些项目则名异而实同，如“二罪俱发”，实为今之并合论罪。“老幼残疾”，实指今之刑事责任年龄。至于区分公罪与私罪、同居相隐等原则，则是现代刑法所没有的。三是法律名词的定义，特别是对一些关键性名词术语的解释，颇具科学性。如解释“谋”字，疏文说“称谋者，二人以上”，但又指出“谋状彰明，一人同二人之法”。唐律的“十恶”重罪比之北齐的“重罪十条”，所增最重要的就是“谋”字，“十恶”中的一、二、三罪都用“谋”，特别强调了对此等重罪的预谋的打击，所以“谋”的解释与律文的内容就呼应起来。

（二）卫禁

卫禁“卫”言警卫之法；“禁”，以关禁为名，是关于惩治出入皇帝宫殿、庙苑、关津、要塞等方面的违法犯罪的规定。西汉武帝时张汤制《越宫律》二十七篇，实质上即为卫禁律。西晋贾充等造《卫宫律》，至《北齐律》将关禁附之，更名《禁卫律》，唐因隋而叫《卫禁律》。卫禁包括宫廷保卫和关禁两方面。唐代强化中央集权制，宫廷警卫很严格，出入宫廷要有专用门籍，否则就构成阑入罪。唐代关卡也多，过关时要有通行证，谓之过所，没有过所而过关者即为私渡，在关门以外地方过关称越渡，冒名顶替叫冒渡，都是违禁，要受惩罚。当时包括在边境关口滞留，携带禁物出入，与化外人作生意，都属违禁之列。卫禁篇还有一个重要内容，即烽燧制，白天放烟为燧，晚上举火叫烽。指在边境发现非常情况必须以烽燧与内地联络报告，烽火一个接一个，相互通报转告，否则就要负法律责任。

卫禁之严固然是为了维护皇权统治的安全，但严法关卡，禁止自由贸易，限制商品流通，实际上也是闭关自守的封建经济政策的体现。

（三）职制

《秦简》已有《置吏律》，晋《泰始律》始名《违制律》，隋改为《职制律》，唐因之。

《唐律疏议》称职制是“言职司法制，备在此篇”唐朝中央集权制已趋完备，对官吏的使用、监督制度十分严密。《职制律》设有三卷，五十一条，其条数之多仅次于杂律、斗讼律、贼盗律和名例律，列第五位，可见其内容之广泛。概括起来，唐代对于官吏违反职守和法度的犯罪规定，包括下列几个方面：一是在官吏的设置及选任上，从“署置过限及不应置而置”，“贡举非其人”“应贡举不贡举”到“考试不实”，都列为违法犯罪。二是在官吏守职守纪上，从“私出界”“从驾稽违”“漏泄大事”“公事稽留”到“祭祀朝会失错违仪”，都列罪。三是在侍候皇帝上，从侍候皇帝汤药、饮食、出游，到对待皇帝制命，以至应对皇帝、尊敬皇帝等方面，都作了严格的规定，不得有任何差错，否则罪之。四是在对尊长尽孝上，唐律重礼法之结合，讲忠孝之并用，目的是移孝于忠，故在尊长尽孝方面，也视为官吏职守之重要内容。五是在监督驿传上，从“驿使稽程”“应遣驿不遣”到“增乘驿马”，“乘驿马赍私物”，都有规定。六是在惩治受贿贪污上，这是唐律吏治的重点，规定有“请求”“以财行求”“监守受财枉法”“受所监临贪物”“因使受送遗”“贷所监临财物”“役使所监临”“挟势乞索”以至“监临之官家人乞借”，等等犯罪。

（四）户婚

户指户口，婚指婚姻。是关于户籍、土地、赋税及婚姻家庭方面的违法犯罪。

《法经》六篇，本无户婚律。萧何制《九章律》才首创户律，北齐将婚姻与户合在一起为婚户律，至隋唐才定为《户婚律》。封建国家，历来重视户籍管理，将造籍列为庶政要务，因为籍“所以编户口，计租税耳，本防群小，不约贤路。”[①] 户是生产单位，为社会的细胞，而口是人口，为劳动力，这些都是封建国家征收地租、摊派徭役、募集兵源所必须掌握的资源。特别是唐实行均田制和租庸调法，这与户籍人口都直接有关。唐律关于婚姻方面的规定，是典型的遵行伦理纲常，贯彻父权、夫权和男尊女卑的宗法等级名分原则的。诸如同婚不婚，良贱不通婚，居丧不许嫁娶，妻妾不许擅离丈夫，等等，都有严格的法律规定。

（五）厩库

厩为马牛之所聚，库是兵甲财帛之所藏。也就是规定关于饲养使用公私牛马和仓库管理方面的违法犯罪。在封建社会，牛是重要的生产工具，马是重要的军用之物。而仓库乃贮藏粮食、军器、财帛之所，所以法律要规定严格的管理制度。早在《秦简》中就有《厩律》《仓律》之设，汉《九章律》也有《厩律》一篇。至西晋《泰始律》“以牧事合之”改名为《厩牧律》。到了隋《开皇律》，才“以库事附之”，成为《厩库律》，唐未改。唐代关于牲畜的饲养、训练、考课，以及仓库的管理，要求很严，规定也十分缜密。特别是由于唐代实行驿站制度，公家养有大量牲口，法律关于主管官吏对牲口如何饲养、放牧，一年要增加多少牲口，只许损耗多少，牲口如何使用，等等，都有具体规定，不按章办事就要治罪。在仓库管理上，严禁烟火，开闭有一定手续，库物出入须经检查，不许私自借用官物，亡失官物要赔偿。对于监守自盗，处罚尤为严格。

---

① 《唐文粹》卷89。

（六）擅兴

这是关于擅自发兵和征发军需，兴造工程方面的违法犯罪规定。《秦简》有《工律》《军爵律》，汉有《兴律》曹魏《新律》以“擅事”附之，始名《擅兴律》，《北齐律》改为《兴擅律》，隋《开皇律》仍为《擅兴律》。虽然随时沿革，文字上有所变动，但原其旨意，基本上是一样的。举凡擅自发兵，兴兵后供应短缺，征人冒名顶替，不参加操练，出征误期，临阵先退先逃，以及非法兴造，工作不如法，等等，都在《擅兴律》规定的违法犯罪之列。

（七）贼盗

自法经而秦汉，至于北魏，贼、盗均分立，到了北齐才合为《贼盗律》，后周为《劫盗律》。隋《开皇律》改为《贼盗律》，唐律因之。

这里所谓的“贼”与现代概念的贼不同。据《左传·文公十八年》云：“毁则为贼。”《昭公十八年》云：“杀人不忌为贼。”《周礼·秋官·朝士》也说：“杀人曰贼。”《晋书·刑法志》引张斐律表说：“无变斩击谓之贼。”“盗”，据《左传·僖公二十四年》说：“窃人之财，犹谓之盗”，《谷梁传·定公八年》说：“非其所取而取之，谓之盗。”《周礼·秋官·朝士》疏：“盗取人物。”唐律在《贼盗律》的四卷五十四条中，规定了贼盗方面的许多重大犯罪，如谋反、谋大逆、谋叛、谋杀期亲尊长，谋杀人，劫囚杀人，杀一家非死罪三人、支解人、强盗、窃盗、略人，等等。可见唐律所规定的贼盗之罪，还是承沿李悝“王者之政莫急于盗贼”的立法思想，把主要锋芒对着老百姓造反、起义的行为，以维护封建统治秩序和财产安全。

（八）斗讼

自秦汉至晋，在正律中均未设此篇，只是散见于各篇有涉及这方面的内容。如《秦简》中有“斗伤”“斗杀”以及“州告”“诬告”的内容，汉律也有“保辜”。至曹魏始称《系讯律》，北魏又从《系讯律》中分出《斗律》。

北齐以讼事附之，定名为《斗讼律》，隋唐律因之。

唐《斗讼律》的内容主要有两方面：一是打架斗殴；二是争讼。封建法律受伦理观念的影响，唐律“一准乎礼”，更一以伦理礼教定是非。因此在处理斗殴案件时，十分强调上下、尊卑、主奴的等级关系，根据不同身份，实行同罪异罚。如官殴民，民殴官，上官殴下官，下官殴上官，尊长殴卑幼，卑幼殴尊长，夫殴妻妾，妻妾殴夫，良殴贱，贱殴良，等等，都独立成条，不同处理，这就使得一个本来并不复杂的斗殴罪，变得十分复杂烦琐，使此篇的规定达四卷六十条，条数之多，仅次于《杂律》。不过唐律在处理斗殴罪时，已比较注意区别故意与过失、主犯与从犯，以及区别伤害的性质和程度，这是封建法律的进步。在规定有关争讼犯罪上，除为维护专制统治对诸如知谋反叛逆而不告，或知强盗杀人不告主司，监临知违法不举劾要办罪外，还贯彻“亲亲相为隐”的原则，规定了种种告亲犯罪。对诬告和妄告，也分设专条以惩处。

（九）诈伪

曹魏从汉《九章律》的《贼律》中分出“诈伪”内容，成为专篇，自此以后历代均有。诈是指“知而隐欺”，或为了妄求功赏，逃避罪戾而“有所规避”。伪指伪造、伪写、伪印之类。唐代为了维护封建专制集权的统治秩序，十分重视惩治侵害皇帝及国家机关信誉的犯罪，所以《诈伪律》通篇规定，是以打击政治性的诈伪为重点的。诸如伪造皇帝玺宝、伪造官方文书、伪造门符、诈假官及假与人官，等等，在惩治一般诈伪犯罪方面，有“诈欺官司财物”“妄认良人为部曲奴婢”“诈除去死免官户奴婢”“诈疾病及故伤残”，等等。此外，诉讼中证人不如实陈述，翻译不如实翻译，以致判罪有出入，都列入诈伪篇的犯罪规定。

（十）杂律

这里的“杂”，实是指其他各篇不能归入的种种犯罪行为，以之汇集成“拾遗补阙”之篇。早于战国李悝《法经》中就有《杂法》，列第五篇。以后“递相祖习”，历代相因不变。唐律的《杂律》，按疏议的解释：“拾遗补阙，错综成文，斑杂不同”，所以内容非常庞杂，其中包括维持交通秩序的规定、市场交易的规定、城市安全管理的规定、民间债务的规定、禁赌惩奸的规定，涉及的方面相当广泛。

从杂律的规定中，可以看出唐律是以刑事手段调整民事法律关系的，如“买奴婢马牛不立市券”“器用绢布行滥短狭而卖”，“校斛斗秤度不平”，“私作斛斗秤度”，“得宿藏物隐而不送”，“得遗物不送官”，“受寄物辄费用”等，都属于一般的民事关系，但都立罪设刑。还有，宗法原则在杂律的有关规定中也充分体现。如“奸非”罪，大部分是“和奸”，既与婚姻无关，也不列入强奸而归入于《贼盗》篇，因而列入《杂律》。唐律对于“和奸”按宗法等级原则加以区别处理，凡亲族相奸无论尊卑、长幼或平辈关系，处刑都比不体现因身份而加减刑罚的“及奸”要重。

唐律《杂律》中还设有“不得应为”罪。“不得应为”之条，在汉律中已有，这是以儒家思想为封建刑事立法指导原则产生的影响。本来，“一断以律”，法无明文就不为罪，但按儒家经典之义，往往有“理不可为者”，这就形成“不应得为而为之”之罪。《唐律疏议》解释说：“杂犯轻罪，触类弘多，金科玉条，包罗难尽。其有在律在令无有正条，若不轻重相明，无文可条比附。临时处断，量情为罪，庶补遗阙，故立此条。”这条规定弹性很大，“理不可为者”和“量情为罪”，实际上全在司法官吏的自由决断，容易导致因缘为奸。

（十一）捕亡

《法经》有《捕法》居第四，《秦简》对服役而逃亡规定了“逋事”罪。汉《九章律》为《捕律》，曹魏设“重士亡法罪及妻子”条。至北魏，定《捕亡律》，北齐名《捕断律》，至隋唐均名《捕亡律》。

捕指“捕系”，亡指逃亡。这是关于捉拿逃亡的罪犯和士兵、役丁逃亡的违法犯罪的规定。唐代捕人权属官府，但在一定条件下，亦允许“私捕系”，如被伤、被盗之家是可以捕捉对方以交官府的。在被人殴击达到折伤程度，被人盗或强奸时，还允许无关者追捕。在追捕罪人时，倘若力量不足，还可以要求过路行人协助，有能力而不协助者要受刑罚。唐朝统治者实际上还通过《捕亡律》的规定和实施，达到其对老百姓的控制。如规定一般老百姓不能擅自离开本籍，尤其不能因出走而逃避赋役。唐律对于浮浪外地不归以及官吏容许浮浪者在其辖区内滞留的，都要受刑罚。

（十二）断狱

《法经》有《囚法》，汉《九章律》有《囚律》，曹魏《新律》从汉《囚律》中分出《断狱律》。《泰始律》仍旧，北齐则与《捕律》合为《捕断律》。至隋唐又定为《断狱律》，列为全律之末篇。

“狱”有多种含义。一是指拘禁犯罪的场所，如监狱。二是指“相告以罪名”，即“争罪曰狱”，而审判定罪处刑，在法典中称为“断狱”。因此，《断狱律》是对于罪犯从捕获、审判，直至判决执行的全过程都予以监督。主要包括两方面：一方面是关于违反监狱管理制度的犯罪规定；另一方面是关于违反审判制度的犯罪规定。这方面包含有关拷讯的规定，唐律反对严讯，凡拷讯要“立案同判”，即先要作出一个拷讯决定，报送衙门长官批准，对于七品以上官和老幼废疾者不许拷讯，且规定拷囚不得过三度，总数不得过二百。这对防止逼供讯而造成冤错有一定作用。唐律对司法官吏故意出入人罪处置是很重的。

上述可以看出，唐律的历史渊源是十分深远的。早的可以追溯到《法经》，晚的也是魏晋已开其端，陈陈相因，沿革清晰，是对历代封建立法基本经验的总结。

第七章 唐朝的刑事法律

第一节 刑律中的刑法原则及对犯罪的确定

一、刑法原则

刑法的制定和实施必须有其指导思想，也必须遵循一定的原则来规定犯罪、刑罚等一系列刑法制度，这便是刑法的基本原则。刑法的基本原则是任何刑法都必不可少的内容，有的在刑法条文中明确规定，有的则作为精神核心贯穿在整部法典之中。

唐律关于刑法的基本原则没有具体而明确的规定，而是体现在《名例律》及其他律条之中。唐律以“德主刑辅，礼法并用”为其指导思想，这种思想体现在唐律条文中而形成了唐律的刑法原则，综合分析《名例律》和其他律条，我们认为唐律自始至终贯穿着四大刑法原则：等级特权原则、宗法原则、罪刑相当原则和罪刑法定原则。

（一）等级特权原则

等级森严是封建社会的显著特点之一。宝塔式的封建等级制度，是推“三纲”之义于人们的社会纽带，封建统治者以此来固定社会上每一成员的法律地位，别贵贱，分尊卑，使大家安分守己，服从于地主阶级的统治，如同恩格斯所说，在封建社会中，“身份等级制度，已成为国家组织中被确认的，在行政上正式起作用的要素了"[1]。因而，中国封建社会的法律是赤裸裸的特权法，它公开确定不同等级的不同的法律地位。唐代是中国封建社会的顶峰，在其法律中更集中体现了这一原则。

中国封建社会的等级特权制源于西周，经历朝的传承，在唐代使之完成了法律上的定型化。其表现在：一方面在法律上直接规定封建贵族所享有的法定特权；另一方面在法律上直接规定广大劳动人民有限的权利，甚至直接规定劳动人民无权利。

1. 唐律中规定封建贵族的法律地位

唐律中关于封建贵族官吏享有法定特权和法律外的特权集中规定在《名例律》的"八议"中。

（1）"八议"的源起和演变

"八议"源起于周代的"八辟"，即关于亲、故、贤、能、功、贵、勤、宾八种人的特殊处罚之法。《周礼 · 小司寇》中有"以八辟丽邦法，附刑罚"的记载。"八议"作为一项法律原则，于魏朝正式入律，并历代相承，魏朝以前的封建贵族的司法特权和儒家关于八辟的法律思想至此正式被确定为正式的刑法原则和法律制度。隋朝《开皇律》中规定得更加完备，唐承隋制，《名例律》对八议的适用对象、主要内容和执行程序都作了明确而严密的规定。

（2）唐律中八议的对象和范围

"八议"之制是从"重亲贤敦故旧，尊宾贵，尚功能"的目的出发，而设立的，因此，"犯法则在八议，轻重不在刑书也。"根据唐律《名例律》（总 7 条）的规定，八议的对象是以下八种人：

议亲。"亲"是指皇帝、太皇太后、皇太后、皇后的有关亲属。即议亲的对象是皇亲国戚。疏文说："义取内睦九族，外协万邦，布雨露之恩，笃亲亲之理，故曰'议亲'。"根据"注"文，议亲的具体范围是：第一，

① 《马克思恩格斯全集》第 19 卷，人民出版社 1963 年版，第 556 页。

皇帝的袒免以上亲。依《仪礼·丧服》，皇帝袒免以上亲有五，即皇帝的高祖兄弟、曾祖从父兄弟、祖再从兄弟、父三从兄弟、己身的四从兄弟。第二，太皇太后、皇太后的缌麻以上亲。太皇太后是皇帝的祖母，皇太后是皇帝的母亲。缌麻以上亲有曾祖兄弟、祖从父兄弟、父再从兄弟、己身的三从兄弟。也包括“荫”及者的缌麻以上亲。第三，皇后小功以上亲。有祖之兄弟、父之从兄弟、己身的再从兄弟，也包括“荫及者之小功以上亲。”此外，据“礼”还规定内外诸亲有服同者，皆准此。

议故。“故”是指皇帝的故旧，疏文说：“谓宿得侍见，特蒙接遇历久者。”即议故的对象与范围是长久相处或长期侍奉过皇帝的故旧。

议贤。“贤”是指有大德行者。疏文云：“贤人君子，言行可为法则者。”郑玄曰：“贤有德行者。”郑众曰：“古今时廉吏有罪先请是也。”因而，议贤的范围是所谓有封建德行的代表人物和“为人楷模”的贤人君子。

议能。“能”指有大才艺者。疏文云：“能整军旅，莅政事，盐梅帝道，师范人伦者。”所谓“盐梅”，语见《尚书·说命》，王元亮的《唐律释文》说：“和羹用盐梅，使其羹味好。取譬喻言贤人君子，佐辅帝王之道，使治道纯备，犹如羹味得盐梅也。”所谓“师范”，“师者有道，忠信，智能，才辨，教学于人，故名师。师者，尊称；范者，法也。言此师教导，使人模法之。”因此，议能的对象是有治国治军才能，帮助皇帝统治，起大作用及为人效法的那些人。

议功。“功”是指有大功勋者。疏文云：“能斩将搴旗，摧锋万里，或率众归化，宁济一时，匡救艰难，铭功太常者。”所谓“斩将”，据王元亮《唐律释文》：“如韩信斩龙且，是名斩将之功。”所谓“搴旗”，“搴，夺也。”“如韩信破赵，拔赵旗帜，而立汉赤帜，是名搴旗。”所谓“摧锋”，“摧，犹挫也。谓战敌阵，敌之钢锋利刃皆为我之摧挫也。”所谓“率众”，“谓共凶德恶众，背叛王教，已能率化，而使皆归顺，若唐时魏博之众叛，田兴能使奉上命也。”所谓“宁济一时”，“若时之不安，或饥荒水旱，或寇盗疫蝗，已能出智力周济一时之急，使长动不至死伤之谓也”。所谓“铭功太常”，据《周礼 · 夏官 · 司勋》云：“凡有功者，铭书于王之太常。”郑玄云：“铭之言名也。生则书于王旌，以识其人与其功也。”《正义》曰：“是王之旌旗，出日月，名之曰太常也。”即凡臣下能为国立大功，则书其事迹，铭其功德于太常旗上，以引驾也。也即议功的范围为上述在治国平天下中立有大功的人。

议贵。“贵”指职事官三品以上，散官二品以上及爵之一品者。疏文云：“依《公式令》：有执掌者为职事官，无执掌者为‘散官’。爵，为国公以上。”据《旧唐书 · 职官志一》：高祖武德七年（624 年）有“令”规定：职事官有在“京”、在“外”之分；散官有“文”“武”之别。因而，议贵的范围实为封建贵族和大官僚。

议勤。“勤”指有大勤劳者。疏文云：“大将吏恪居官次，夙夜在公，若远使绝域，经涉险难者。”郑玄曰：“憔悴以事国。”所谓“恪居官次”，语见《左传 · 襄公二十三年》。次，舍也。所谓“夙夜在公”，语见《诗经 · 召南 · 小星》。郑笺：“夙，早也。”所谓“远使绝域”，王元亮《唐律释文》云：“谓奉使四夷之国，经历艰险之事，若苏武之谓也。”故议勤之人即指为封建国家日夜操劳，公而忘私的人。

议宾。“宾”指承先代之后为国宾者。疏文说：“《礼》云：‘天子存二代之后，犹尊贤也。’昔武王克商，封夏后氏之后于杞，封殷氏之后于宋，若今周后介公，……并为国宾者。”郑玄曰：“宾谓所不臣者。”可见，议宾之人是前朝去位和“禅退”的国君及其后裔。

（3）八议特权的内容

唐律规定，在“八议”制度下，封建贵族可按其亲疏尊卑分别享有议、请、减、赎等一系列特权。

议权。《名例律》（总 8 条）规定：“诸八议者犯死罪，皆条所犯及应议之状，先奏请议，议定奏裁，流罪以下减一等。”即将是所犯罪行及应议理由奏明皇帝，皇帝再召令公卿都堂集议，议定后奏上，由皇帝从轻裁决，一般司法官吏无权过问。

请权。《名例律》（总 9 条）规定：“诸皇太子妃大功以上亲，应议者期以上亲及孙，若官爵五品以上，犯死罪者上请，流罪以下减一等。”由疏文可见，请权的适用对象与议权不同，它不是享有八议特权者本人，而是八议者之亲属以及官爵五品以上犯死罪者。应“请”之人犯流罪，减一等处理；犯死罪则同样不按一般司法程序，而是上请皇帝裁决。可见“请”的法律特权是“议”的法律特权的延伸。对应请之人，可以明确说明其犯罪的情况及按律应处之绞或斩刑，即“正其刑名”，此与“议罪”的“不敢正言绞斩”有明显的差别，说明请权比议权的等级更低。

减权。《名例律》（总 10 条）规定：“诸七品以上三官及官爵得请者之祖父母、父母、兄弟、姊妹、妻、子孙，犯流罪以下，各从减一等之例。”因此，享有减权的是两种人：一是七品以上官；二是五品以上官爵的家属，包括祖父母、父母、兄弟、姊妹、妻、子孙等。享有减权之人，犯流罪以下可以减一等处罚，死罪则不能减免。

赎权。《名例律》（总 11 条）规定：“诸应议、请、减及九品以上之官，若官品得减者之祖父母、父母、妻、子孙，犯流罪以下，听赎。”由此可见，赎权的适用范围有三：一是享有议、请、减特权的人；二是九品以上官吏；三是七品以上官吏的近亲。赎权的内容是指上述享有赎权之人犯流罪以下，可以用铜赎罪。赎权的规定，使得贵族官吏在刑法上的特权更为完备，凡是依法享有议、请、减的人及其家属，犯罪后经议、请、减的特权程序减免刑罚后，还可按赎律赎免余刑。

从上述的封建贵族所享有的特权看，“议”权是封建特权法中最基本的、最重要的特权，也是封建社会中贵族官吏在刑法上享有的最高特权，而其他的请、减、赎等种种特权都是由此而派生出来的，这一以“八议”为中心的特权原则贯彻于刑法规范的始终，渗透于刑事立法和司法实践之中。

2. 唐律中规定的普通百姓的法律地位

综观唐代法律的规定，把百姓分为两等，普通百姓称为“良人”。身份低于普通百姓的人称为“贱民”。而在贱民中又分为官贱和私贱二种。官贱隶属于官府，在诸司供役，分为官奴婢，官户、工户、乐户和太常音声人等档次；私贱则“身系于主”，分为私奴婢和部曲二种。就贱民来说，其身分还可分等级。其中地位最低的是官私奴婢，唐律规定他们“不同人例”，“律比畜产”。官贱中的官户、工乐户及私贱中的部曲，地位稍高，法律规定他们“不同资产”。而奴婢则处于最下层，被看作牛马一般，所谓“奴婢贱人，律比畜产”“奴婢既同资财，即该由主处分。”

唐律中，许多规定显示了封建贵族与普通百姓在法律地位上的巨大差别：

（1）在法律上属于良贱相犯之性质的，则其刑罚处置是良人轻而贱民重

《斗讼律》（总 320 条）规定，官户、部曲殴良人，比凡人加一等处刑，而奴婢殴良人，又比部曲殴良人再加重一等。良人殴伤别人的部曲，比凡人相殴，减一等，殴伤别人的奴婢的，又再减一等。如属于部曲与奴婢相殴的，照良人与部曲间有相犯比凡人各轻重一等的办法处罚。良人打死他人部曲的，处流三千里，打死他人奴婢的，徒三年。但是奴婢只要打良人折跌肢体或瞎一目，即处绞。

《杂律》（总 410 条）规定，凡人相奸，徒一年半；强奸；徒二年。部曲等奸良人，比凡人加重一等；奴婢奸良人，加重二等，强奸要处流刑。但是，良人奸别人的部曲的，比凡奸减轻二等，奸奴婢的，又减二等，共减三等，处杖九十。同时，凡人相奸，徒一年半，而奴婢不能视作人，故奴（男）奸婢（女），依律也只处杖九十，即不与凡人平列。

（2）主奴相犯，奴要重处，主人减轻，甚至不罚

《斗讼律》（总 323 条）规定，部曲奴婢错失打伤主人或骂主人就要处流刑。《贼盗律》（总 254 条）规定，奴婢部曲谋杀主“谋而未行”或谋杀未成，不分首从，一律处斩。《杂律》（总 414 条）规定，部曲、奴婢奸主人或奸主人之期亲，一律处绞；强奸，一律斩。但是，《斗讼律》（总 322 条）

规定，主人打死部曲，不论情节如何，都只处一年徒刑；故意杀死部曲的，也只加重一等，处徒一年半。部曲有过错，主人处罚至死的，“各勿论”。《斗讼律》（总 321 条）规定，主人不请示官府而擅杀的，只处杖一百，即使是奴婢无罪而杀，也只处徒一年。《杂律》（总 410 条）只规定奸别人（“他人”）的部曲、奴婢处罪，律文只指明“他人”，就是说奸自己家的部曲妻及客女都无罪，奸自己家的奴婢，不用说更是无罪的。

（3）主人无反、逆、叛罪，奴婢不得相告

在告诉制度上，唐律也充分体现等级统治的特点。奴婢对主人有“同居相隐”的义务，违则有罪。《名例律》（总 46 条）说：“部曲奴婢为主隐，皆勿论。”但这种“相隐”是单方面的，疏文说：“部曲、奴婢，主不为隐，听为主隐。”《斗讼律》（总 349 条）规定，主人犯反、逆、叛罪，“即是不臣”，才许奴婢相告。除此之外，不能控告主人，否则，要处“绞”刑。不但主人不能告，连主人的近亲属也不能告，告主人期亲、外祖父母，处流刑；告主人的大功以下亲，处徒一年。奴告主之后，在法律上的后果是，告发的奴婢有罪处刑，而被告之主人却以自首论处，注文说：“被告者同首法。”这在诉讼制度上使部曲、奴婢受尽迫害，但却无处伸冤。

（二）宗法原则

中国古代封建社会是建立在自然经济基础之上的，诚如马克思所指出：“每种生产形式都产生出它所特有的法权关系、统治形式等等。”[①] 自然经济的生产方式必然是以一家一户为基本单位的狭小的个体形式，矗立其上的统治形式也必然是家长制的。因而，以家族为本位的宗法思想始终笼罩着整个社会，指导着历代的立法活动。

家长制要求社会的基本细胞——家庭实行家长管理，赋予家长以统治权。家庭成员相互间的身份、地位观念，以及一系列行为准则，也都与这

---

① 《马克思恩格斯选集》第 2 卷，人民出版社 1972 年版，第 82 页。

种经济状态相适应。国家作为家庭的放大，同样也以封建宗法原则来建立。宗法制度在中国古代的作用和影响扩展和渗透到社会关系的各个领域。唐律也从巩固封建统治出发，全面地确立、维护和推行封建宗法制度，从而使封建宗法原则不仅成为唐律而且也是中华法系的一大特征。

唐律从头至尾贯彻着“依伦常而重其刑”的宗法原则。

1. 以服制区分亲族亲疏

唐朝在法律上依丧服礼的五服作为划分亲属的范围和等级的标准，确定了一幅以血缘关系为纽带的多层次的宗法等级图络。

丧服礼规定的服制为斩衰（三年）、齐衰（三年、杖期、不杖期、五月、三月）、大功（九月）、小功（五月）、缌麻（三月）五等。唐律中却规定父与母同，祖父母与父母同、曾祖父母与高祖父母同，因而唐律将所有的直系血亲都从齐衰中分出来称为“期”，只保留了旁系的“不杖期”。五服在唐代便变成了斩衰、期、大功、小功、缌麻五等。血缘关系越近，服丧越重，反之就越轻。五服中最重为“斩衰”，即守丧三年，并穿最粗的白麻布制的丧服，不缝下摆，这是子女为父母服的丧。其次为“期”，即守丧一年，穿稍粗的麻布制的丧服，缝下摆，是孙为祖父母、夫为妻服的丧。再次是“大功”，即穿粗熟布做的丧服，服丧九个月，这是为出嫁的姑姑、姐妹、堂兄弟等服的丧。又次是“小功”，即穿稍粗的熟布做的丧服，服丧五个月，这是为伯叔祖父母、堂叔祖父母、在室的祖姑、兄弟的妻子等服的丧。五服中最轻的是“缌麻”，即用稍细的熟布做丧服，丧服三个月，这是为曾伯叔祖父母、在室曾祖姑、出嫁的祖姑、堂姑、堂兄弟的妻子等服的丧。上述五服之外的同宗亲属，遇丧则服素服，脱露左臂，尺布缠头，称为“袒免”。

2. 以五服制刑惩罚亲属相犯

在唐律中，亲属相犯时如何定罪量刑，必须考察他与对方当事人的亲等关系来决定其应受的刑罚。五服制所代表的亲属系对量刑的影响表现为一种双向加减，即按亲属服制的亲疏而递增或递减。卑犯尊则加重处罚；

相反，尊犯卑则减轻处罚。《斗讼律》（总327条）规定：“若尊长殴卑幼折伤者，缌麻减凡人一等，小功、大功递减一等；死者，绞”。即殴杀从父弟妹及从父兄之子孙者，流三千里；若以刃及故杀者，绞。也就是说，如果以凡人相殴伤徒一年为基本幅度，那么殴打缌麻关系的卑幼折其一指则减一等，即杖一百，伤害小功的卑幼，杖九十，伤害大功的卑幼，杖八十。同样，凡人相殴致死者处绞刑，但殴死从父兄弟（大功），以及从父兄之子（小功）孙（缌麻）者则流三千里。若殴杀弟妹及兄弟之子、外孙者，徒三年。

在夫妻关系中，夫妻相犯，夫轻妻重；妻妾相犯，妻轻妾重；媵妾相犯，媵轻妾重。按照封建服制，女儿出嫁后，服制也随着发生变化。原来对父母、祖父母的斩衰三年，降为齐衰一年，对夫及公婆则进为斩衰三年，而夫对妻只服齐衰一年。在家庭地位上，夫为贵，妻次之，媵又次之，妾则最低。妻子虽然在名义上地位与丈夫平列，但实际上是长幼关系。《斗讼律》（总326条）规定，妻殴夫，“徒一年”（比凡殴加重了七等）；伤重者，“加凡斗伤三等。”夫殴妾，不致折杀，无罪；折杀以上，减妻二等，即比殴凡人减四等，丈夫若杀妾者，也减杀凡人二等。《斗讼律》（总326条）规定，如媵和妾犯夫者，比妻犯夫，各加重一等。所以，媵、妾对于妻，其地位，相当于妻子对丈夫。《斗讼律》（总325条）规定，“若妻殴伤杀妾，与夫殴伤杀妻同。”《斗讼律》（总326条）还规定，若妾犯妻者，也与妻犯夫同。如媵妾相犯，则媵轻妾重。唐代婚姻制度中，一般人可以有妾，五品以上的官还可以有媵，媵的地位低于妻而高于妾。《斗讼律》（总326条）规定，媵犯妻者，比妾犯妻减一等；而妾犯媵者，则比凡人相犯加重一等。此外，在“十恶”的体系中，夫、妻、妾相犯时所受的处罚就更不平等。如妻杀夫，为“恶逆”，而夫谋杀及卖妻，只为“不睦”，夫杀妾连“不睦”都不成立，不在十恶之内；而妻、妾只要殴夫、告夫就构成“不睦”而入“十恶”之内。

亲属间相盗，也从疏至亲递减处罚。唐律规定非同居亲属相盗，无论亲疏均要处罚，但处罚时，则相亲处罚轻，相疏处罚重。《贼盗律》（总287条）规定“盗缌麻，小功亲财物者”，比盗凡减轻一等处罚；盗大功的，减二等；盗期亲的，减三等。

3. 同居有罪相为容隐

唐代同居有罪相为容隐的原则源起于《论语 · 子路》中“父为子隐、子为父隐，直在其中矣”之说。所谓“父为子隐”，乃父慈也；所谓“子为父隐”，乃子孝也。儒家这一理论至汉代上升为“亲亲得相首匿”的法律原则，该原则中的“亲亲”的范围包括“大父母”（即祖父母）、父母、己身三代。所谓“首匿”，颜师左注云：“凡首匿首，言为谋首而藏匿罪人。”西汉所创的“亲亲得相首匿”的原则。是礼法合流的重要标志之一。此后，这一制度一直作为刑法原则而沿用，影响了整个封建社会中国的法律。

唐律承其前朝的法制，在《名例律》（总 46 条）规定了“同居相为隐”的原则，其在相隐的范围、相隐的内容和相隐的限制方面比汉以来至隋各朝的规定更系统、完备。

（1）相隐的范围

唐代相隐的范围由汉朝的三代扩大为“同居”。疏文云：“谓同财共居，不限籍（户籍）之同异，虽无服（指‘五服’以外）者，并是。”同居的范围据疏文应是大功以上亲。另外，外祖父母、外孙及孙之妇、夫之兄弟及兄弟妻，“服虽轻，论情重”，也在相隐的范围内。最后，部曲奴婢，也法定“为主隐”。

（2）相隐原则的保证措施

为实施“同居相为隐”的原则，唐律规定，应相隐的人举告或对簿公堂，依亲等关系论罪。《斗讼律》（总 345 条）规定：子孙“告祖父母、父母者，绞。”此外，《斗讼律》（总 346、349 条）对卑幼“告期亲以下缌麻以上尊长”及“部曲、奴婢告主”等，皆有定罪科刑的规定。

不遵守“同居相为隐”而告，告发人依规定处刑，被告者，即使确实有罪，也都以“自首”论处。《斗讼律》（总 347 条）之疏文说：“被告得相容隐者，俱同自首之法。”同时还规定，如属于父祖告子孙、外孙、子孙之妻妾或自己的妾的，无论告得实，还是诬告，都不处罚。

（3）对实施相隐的处置

第一，免刑。唐律规定，“同居”“大功以上亲”相隐及“部曲、奴婢为主隐”都免罪。相隐即使是“漏露其事及摘语消息”也不惩罚。

第二，减刑。唐律规定，小功以下亲属相隐，也可以“减凡人三等”。疏文说：“假有死罪相隐，据凡人唯减一等，小功、缌麻又减凡人三等，总减四等，犹徒二年。”即照犯人之罪减四等处罚。

（4）相隐的限制

唐律中并不是所有的犯罪都可以相容隐的，凡犯谋反、谋大逆、谋叛这些直接对抗于统治阶级的大罪的不得相隐。律文规定：“若犯谋叛以上者，不用此律。”疏文云：“谓谋反、谋大逆、谋叛此等三事，并不得相隐，故而不用相隐之律，各从本条科斩。”《斗讼律》（总345条）之疏文云：“谓谋反、大逆及谋叛以上，皆为不臣，故子孙告亦无罪。”

（三）罪刑相当原则

就现代刑法理论而言，罪刑相适应原则是刑法的重要的原则，也是刑法的基本原则。以此观照唐律，可以发现唐律同样也坚持刑罪相当的原则，因为，封建统治者同样也需要通过“刑罪相当”正确地打击犯罪和有效地预防犯罪，来维护其封建统治。唐初的统治者们十分重视这一原则，唐太宗李世民曾说：“法者，非朕一人之法，乃天下之法。”[①]“法者，人君所受于天，不可以私而失信。”[②]可见，唐初的统治者是十分重视刑罪相当这一原则的。

综观唐律可以发现，其始终是坚持刑罪相当这一原则的，主要表现在：

1. 唐律中的刑罚的轻重始终与行为危害性的大小相对应

（1）赃罪以赃数的多少来决定刑罚的轻重

唐律中把非法的经济侵害及非法的经济出入都称为“赃”，而对犯赃

① 《贞观政要·公平》。
② 《资治通鉴·唐纪十二》。

罪的人的处罚一律折成所值绢的匹数来定刑罚轻重。如《杂律》（总 389 条）规定坐赃致罪的刑罚是“一尺笞二十，一匹加一等；十匹徒一年，十匹加一等，罪止徒三年。”

（2）司法官吏出入人罪，以所出入的幅度，作为处罪的依据

《断狱律》（总 487 条）规定，故意入人全罪，即无罪判有罪；笞、杖判为徒、流；徒、流判为死罪，以全罪论处法官，一般轻重幅度出入不大的，以正枉之差距论处法官。故意“出罪”的，也照此办法论处。如属于过失出入人罪的，也比照故意犯罪减等论处法官，但比照的依据仍是以错判的差额为依据，即以危害的大小为依据；“断罪失于入者，各减三等；失于出者，各减五等。”此处所谓的“各减”，是指依错失之差距减。

（3）官吏走失囚犯，以所失囚犯的轻重为准处罚责任人

《捕亡律》（总 466 条）规定：“主守不觉失囚者，减囚罪二等。”如果囚犯是徒三年的，失职官吏处徒二年。如果是故意放脱罪犯的，一律不减，“以其（囚犯）罪罪之”，也即被放脱的人受什么样的刑罚处罚，放脱他的人也要受同样的刑罚处罚。与此相同，《捕亡律》（总 468 条）规定知情藏匿罪犯的人，其所受的刑罚是按照被藏匿罪犯的刑罚减一等处罚，即“减罪人罪一等”。《卫禁律》中也有类似的规定。

（4）诬告“反坐”的原则是“以其罪罪之”

《斗讼律》（总 342 条）规定：“诬告人者，各反坐。”疏文说：所谓反坐是“准诬罪轻重，反坐告人。”注文说：“准前人入罪法。”即诬告的罪重，反坐的罪也重；诬告的罪轻，反坐的罪也轻。譬如，诬告别人“通奸”的人自己也将受“奸”罪的处罚，处徒一年半；如诬告别人“强奸”的，自己将照“强奸”罪受到处罚，处二年徒刑。

2. 对损害结果相同的犯罪，以犯罪的主客观情节的性质不同，作轻重不同的处罚

（1）对“赃罪”，根据犯罪性质确定刑罚轻重

唐律把非法的经济侵犯和经济出入分为六种，《杂律》（总 389 条）之

疏文说："赃罪正名，其数有六。"即受财枉法、受财不枉法、受所监临财物、强盗、窃盗及坐赃六种性质不同的犯罪。在计额时虽然是以量值的大小作轻重处罚的依据，但折算的方法却严格地体现了犯罪性质的不同。《职制律》（总138条）规定，官员受财枉法，赃罪满一尺杖一百，一匹加一等，十五匹绞。官员受财不枉法，一丈杖九十，二匹加一等，三十匹加役流。唐律（总140条）规定，监临官受所监临内财物的，一尺笞四十，一匹加一等；八匹徒一年，八匹加一等；五十匹流二千里。《贼盗律》（总281条）规定，强盗赃一尺徒三年，二匹加一等，十匹处绞。《贼盗律》（总282条）规定，窃盗赃一尺杖六十，一匹加一等；五匹徒一年，五匹加一等，五十匹加役流。《杂律》（总389条）规定，不属"监临主司，周事受财"的"坐赃"罪，一尺笞二十，一匹加一等；十匹徒一年，十匹加一等，最高处徒三年。从这里就可以看出六赃罪处罚轻重次序依次是：强盗、受财枉法、受财不枉法、窃盗、受所监临财物、坐赃。这一顺序也正是犯罪性质由重至轻的顺序。

（2）杀人罪以不同的性质决定刑罚的轻重

唐律规定在致人伤死的犯罪中，"谋杀人"罪是最重的。《贼盗律》（总256条）规定："谋杀人"罪中，有谋即徒三年；已致伤的，即绞；已杀死人的，处斩。《斗讼律》（总306条）规定，事先无预谋，而又"非因斗争，无事而杀"的故杀人罪，已杀死的，处斩刑。原无杀人之心，因相斗殴而致人死命的（斗殴杀人），处绞刑。虽然因斗殴，但是斗时用刃器杀人的，要处斩刑，因其用刃杀人即有害人之心，所以同于"故杀人"之罪。但是属于两相情愿以强力相戏的"戏杀人"罪，《斗讼律》（总338条）规定，其刑罚是"减斗杀伤二等"，如戏杀人死，照斗殴杀人之绞刑减二等，处三年徒刑。以上犯罪，虽然都是致人以死，但因其性质不同，处罚也就不同。

综上所述，唐律中是始终贯彻刑罪相适应的原则的，不仅性质不同的罪贯彻这一原则，性质相同的犯罪也从犯罪的具体情节上区分犯罪的轻重，科以准确的刑罚。

（四）罪刑法定原则

罪刑法定是现代刑法的一项重要原则，以这一概念为基准来考察唐律，可以看到，唐律基本上也是贯彻“罪刑法定”这一原则的。但是，无可否认，作为维护封建特权统治的等级特权法。唐律毫无疑问，也规定了皇帝及封建官吏的司法特权，贯彻“罪刑无法定”的原则。

1. 唐律规定“断狱之法，须凭正文”

《断狱律》（总 484 条）规定，凡给人定罪判刑都要完整地引用法律、法令的正式条文：“诸断罪皆须引律、令、格、式正文，违者笞三十。”由是观之，唐律是要求断罪都要以法律为准绳的。

2. 唐律又规定了皇帝的“临时处分”权

唐律在规定“断狱之法，须凭正文”的同时，又规定皇帝“临时处分”进行断罪的合法性，而不问这种“临时处分”是否与刑律的规定相一致。《断狱律》（总 486 条）之疏文说：“事有时宜，故人主权断制敕，量情处分。”并且，法律只规定这种“权断”之权只有皇帝享有，其他人不得照搬。只有当权断的制敕经过编修公布，成为“永格”之后，其他法官在审判中才能引用。

3. 规定“不应得为而为之”罪，授予司法官吏司法特权

唐律除了赋予皇帝“临时处分”的特权之外，还赋予了官吏的司法特权。《杂律》（总 450 条）规定：“诸不应得为而为之者，笞四十，事理重者，杖八十。”所谓“不应得为”，注文说：“谓律、令无条，理不可为者。”至于什么是“理不可为”？法律再无规定，只是说：“临时处断，量情为罪，庶补遗阙，故立此条。”此条实质上是规定律令虽无规定，但只要认为应该定罪判刑的，都可以加以“不应得为而为之”的罪名，给予“笞四十”或是“杖八十”的刑罚处罚，从而赋予了司法官吏的司法特权。

4. 唐律准许对“律无正条”的犯罪类推

类推制度是唐律中的一项重要的刑法制度，通过此条的规定，使“一部律内，犯无罪名”的犯罪，仍可以处罚。但是，唐律中规定的类推，既可以推为有罪、罪重而加以处罚，也可以推为无罪、罪轻而予以释放或减轻刑罚。虽然，唐律规定：“其应出罪者，举重以明轻；其应入罪者，举轻以明重”，以推断的类差以限制类推的滥用，但一旦使用起来，二者之间到底可否类比，法律则无详细的规定。因而，司法实践中，类推制度在一定程度上也赋予了司法官吏的司法特权。

总之，唐律在基本上贯彻“罪刑法定”的同时，也赋予了皇帝和司法官吏的司法特权，“罪刑法定”这一原则在唐代是处于矛盾运动之中。

二、唐律对犯罪确定的原则

唐律作为中国封建法律的顶峰，在立法技术上日臻成熟，在确定犯罪时，已认识到主观心态、行为主体、客观方面以及侵害客体等特殊要件对犯罪构成的重要意义，并以此作为一些犯罪的罪与非罪的重要界限。

（一）唐律中主观心态对罪与非罪的确定

综观唐律，其关于犯罪主观方面的内容非常丰富，规定了故意与过失之间的区分标准，注重犯罪目的和动机在认定犯罪中的作用。唐律中关于“故意”和“过失”的区别是十分清晰的，但在表达形式上却是不拘一格，基本上是以场合为转移。故意，除了称为“故”，也称“知”，有时也说：“知情”，或称“谋”。过失除了称“过失”外，也常用“失”“误”“不觉”“不知”及“不知情”来表述。

唐律中大部分的犯罪无论故意还是过失都可以构成，只是过失比故意处罚轻。如《卫禁律》（总 74 条）规定：“诸与驾行，冲队者，徒一年。”律文又说：“误者，各减二等。”冲撞皇帝车驾队伍的犯罪，明显属故意犯罪；即使属非故意的误犯，也是犯罪。

1. 唐律中关于故意犯罪确定的特色

（1）唐律认为故意犯罪的要害是主观上有追求后果发生的故意

《名例律》中虽然没有故意概念的集中表述，但在区分“故杀”与“斗殴杀”时，却表述了对故意的界定。《斗讼律》（总 306 条）说：“诸斗殴杀人者，绞。以刃及故杀人者，斩。”疏文解释说：“斗殴者，原无杀心，因相斗殴而杀人者，绞。以刃及故杀者，谓斗而用刃，即有害心；及非因斗争，无事而杀，是名‘故杀’：各合斩罪。”这里疏文指出了这样三点内容：①“斗殴杀人”是原无杀心，即原无杀人故意；②“故杀”是不因斗争，也没有发生争斗而杀人，是一开始就有杀意；③斗殴用利器而杀人，依故杀论处，其根本原因就是明知利器可以杀人而使用就是其主观上“有害心”。

（2）唐律中有些犯罪以故意为条件，非故意不构成犯罪

如《职制律》（总 101 条）规定：“诸庙享，知有缌麻以上丧，遣充执事者，笞五十，陪从者，笞三十。主司不知，勿论。”律中“知”与“不知”的主观心理区分得非常清楚，前者是要处罚的犯罪，后者不为犯罪。《贼盗律》（总 263 条）规定：“诸以毒药药人及卖者，绞。”这里药人的人，卖的人都是指明知故犯。但注文紧接着说，在“虽毒药，可以疗病”的情况下，如果“买者将毒人，卖者不知情，不坐”。

（3）唐律也规定了间接故意犯罪的处罚

虽然在理论上，唐律中没有区分直接故意与间接故意，但却注意了犯罪的事例。《贼盗律》（总 263 条）规定：“脯肉有毒，曾经病人，有余者速焚之，违者杖九十。”下文接着说：“若故与人食并出卖，令人病者，徒一年，以故致死者绞。”发现肉有毒，人吃了已经中毒，在这种情况下，还故意给人去吃，由此而引起别人中毒或死亡，这种情况属典型的间接故意犯罪。

（4）唐律对某些实施行为时不知情，而事后知情又不申告的犯罪，也认为是故意犯罪

《捕亡律》（总 468 条）规定：“知情藏匿罪人”，“令得隐避者”，比被

隐藏的罪犯的罪减一等处罚。律文的注文对一种情况指出说："不知人有罪，容寄之后，知而匿者：皆坐如律。"即原来不知情，在收留之后，知道是罪犯仍继续藏匿罪犯的，都依藏匿罪处罚。

2. 唐律中对过失犯罪确定的特色

唐律中大部分犯罪都可以由过失而构成，只是其适用范围和处罚上与故意犯罪不同。

（1）过失犯罪的范围

《名例律》同样没有集中论述"过失"的情状，但《斗讼律》（总 339 条）注文集中作了说明：过失是"谓耳目所不及，思虑所不到；共举重物、力所不制；若乘高履危足跌及因击禽兽，以致杀伤之属，皆是。"从上述的情况看，唐律对于过失犯罪的范围规定得较为宽泛。从现代刑法的理论来看，注文所说的"共举重物，力所不致"，及"乘高履危足跌"的情况是属于意外事件，因为这些情况都是由于行为人不能抗拒所造成的危害，唐律此处将其误同于过失犯罪，是其在律学上的局限性的表现。

（2）唐律对过失犯罪的处罚原则是过失轻于故意

具体的处罚又分为两种情况：

一是唐律中对过失杀伤罪处以赎刑而不论实刑。《斗讼律》（总 339 条）规定："诸过失杀伤人者，各以其状，以赎论。"赎刑的金额，依杀伤的实际危害结果的情况而定。如已杀死的，按律处绞，而绞刑的赎额是铜一百二十斤。但是也有一些性质严重的过失犯罪要处实刑。《名例律》（总 11 条）规定了五种流刑不得用赎。如性质严重的过失杀伤祖父母、父母则不得用赎刑，其疏文说："谓耳目所不及，思虑所不到之类，而杀祖父母、父母者"不得赎。

二是过失犯罪通常是比照故意犯罪减等处罚，减的幅度大约是二至五等。《断狱律》（总 487 条）规定司法官吏过失"入人罪"比故意"入人罪"减轻三等；过失"出人罪"比故意"出人罪"减轻五等："断罪失于入者，各减三等；失于出者，各减五等。"《职制律》（总 92 条）关于贡举及考校课试不以实的故意犯罪，律文最后规定说：“失者，各减三等。”

3. 唐律中处罚个别性质严重的犯罪，不分故意过失一样处罚

唐律对于故意犯罪处罚重，对于过失犯罪处罚轻是一项通例。但是为防止少数重大的、事关紧要的犯罪的发生，其特别规定了一些犯罪不分故意过失，一律以故犯严惩。如《擅兴律》(总230条)规定：“诸乏军兴者，斩。故，失等。”疏文说：“兴军征讨，国之大事。调发征行，有所稽废者，名乏军兴。”犯此罪，故意与过失都等同地一律处斩。疏文解释说：“犯者合斩，故，失罪等，为其事大，虽失不减。”即使是过失而犯，也不减等。很显然，这样规定的目的是要通过立法上的威慑手段来对这种犯罪，预防在其未然。

（二）唐律中行为主体对罪与非罪的确定

犯罪主体是指达到了一定年龄，具有刑事责任能力，实施犯罪行为的自然人。行为主体是否具备犯罪主体所必须具备的条件，对于正确认定犯罪具有十分重要的意义。

唐律关于犯罪主体的概念没有集中的表述但实际上强调的重点方面很突出。

1. 唐律中关于一般犯罪主体的规定

唐律对于一般犯罪主体的规定是通过“三分制”划分刑事责任年龄来说明的：

（1）十五岁以上七十岁以下是完全刑事责任年龄，这些人犯罪处刑，不会因年龄而有减免。

（2）七岁以上十五岁以下、七十岁以上九十岁以下为相对刑事责任年龄，这些人犯罪处刑，法律有予以减免幅度的规定。

（3）七岁以下及九十岁以上是无刑事责任年龄，这些人本人的任何犯罪都不受刑事处罚。

唐律中确定老幼减轻或不负刑事责任者的指导思想主要是出于对老幼的怜悯、同情，同时也适当地考虑了老幼之人的智力水平。因而在减免刑

罚的年龄范围内，年龄越小及越老减免的幅度就越大。但在最重大的犯罪面前，唐律中实际上根本不存在不负刑事责任的年龄。

2. 唐律中关于特殊犯罪主体的规定

从刑法理论上来说，某些犯罪除了要求犯罪主体必须是达到法定责任年龄、具有责任能力的自然人以外，还要求具有一定身份作为该犯罪主体的特定条件。这种在法律上要求具有一定身份的犯罪主体被称为特殊犯罪主体。犯罪的特殊主体所进行的犯罪比一般主体有更大的危害性，因而对这类主体犯罪的防范和监督对社会法制的健全和完善具有特殊的影响。唐代统治阶级和立法者也深深懂得这个道理，十分注意运用刑罚手段来打击和惩罚特殊主体的犯罪行为，以严肃吏治、整顿官场来维护礼法及强化统治效能。

唐律中由特殊主体构成的特殊犯罪，主要有以下几种情况：

（1）因官吏在公务活动中的地位而形成的犯罪

唐律十二篇的结构中有些篇目就是以犯罪的特殊主体为其成篇原因的。如《职制律》中规定的犯罪基本是以国家官吏为主体的犯罪；《卫禁律》关于守卫宫廷的违法犯罪就是以宫廷警卫吏员、边境关卡守卫官员和驿站官吏为主体的；《捕亡律》大多是以缉捕人员为主体的犯罪；《断狱律》基本是以司法官吏为主体的犯罪。

如《职制律》（总135条）规定："即监临势要""为人嘱请者，杖一百"，即处在管辖监督地位及处在"势要"地位的官员，如果替人请求说情是犯罪，要杖一百。这种处罚比主司官吏已答应请求的处罚还重，一般的请求及允许请求的犯罪只处笞五十。这是由"监临势要"官员的地位决定的。至于"势要"，注文说："但是官人，不限阶品高下，唯据主司畏惧不敢乖违者。""势要"之官是指所处的地位而言，即使职位不高，只要处在那种地位就是。疏文说："势要者，虽官卑亦同。"

（2）由侵犯者与被侵犯者之间的特殊关系而形成

《职制律》（总121条）规定："诸府号，官称犯父祖名，而冒荣居之"

要“徒一年”。就是说如果官署机关的名称或者官职的名称同自己父祖的名字犯讳的，子孙就不能去这种官署任官及不得担任那种官职。疏文说：“府号者，假若父名‘卫’，不得于诸‘卫’任官；或祖名‘安’，不得任‘长安县’职之类。”这里不但由于自己作为官员的特殊身份，而且也由于官署、官职与父祖名字的特殊关系而构成。

《户婚律》（总 186 条）说：“诸监临之官，娶所监临女为妾者，杖一百；若为亲属娶者，亦如之。其在官非监临者，减一等，女家不坐。”唐律规定，犯此罪的官员必须是规定辖区内的官员，尤其是处于管辖监督地位的官员。

（3）特殊主体由被侵犯的对象的特殊性而形成

唐律中，普通百姓之间的“詈骂”不构成犯罪，但是，如果被骂的对象一旦在身份上同自己形成特殊关系，则詈骂便构成犯罪。《斗讼律》（总 312 条）规定“詈”“制使，本属府主、刺史、县令”的，比殴打这些人的刑罚（徒三年）减三等处罚（徒一年半）。《斗讼律》（总 329 条）规定：“诸詈祖父母、父母者，绞。”律（总 330 条）规定：“诸妻妾詈夫之祖父母、父母者，徒三年。”律（共 323 条）规定部曲、奴婢詈主人、处流刑。以上这些詈骂罪都是因被骂对象的相对的特殊地位形成了詈罪的特殊主体。又如《斗讼律》（总 326 条）规定媵妾骂丈夫及妻为犯罪，这也是由双方身份决定的特殊犯罪主体。

（三）唐律中客观方面对罪与非罪的确定

唐律中关于犯罪客观方面的要件的规定及内容，虽然没有像现代刑法理论那样进行分类，但也已具备了类似现代刑法的犯罪行为以及犯罪结果、犯罪时间、地点、方法等选择要件方面的规定，并以此作为给犯罪行为人定罪量刑的主要依据。

1. 唐律中关于犯罪行为的规定

犯罪行为是行为人承担刑事责任的客观基础，唐律中犯罪行为的规定的内容十分丰富，形式也分为作为和不作为的区分与认定，此外还将预备行为规定为犯罪而予以惩处。

（1）唐律规定严惩“作为”形式的犯罪，以防范和限制某些重要犯罪

唐律规定的“作为”犯罪大多属于法律规定不应“为”而“为”的犯罪。如《贼盗律》（总628条）规定：“诸造妖书及妖言者，绞。传用以惑众者，亦如之”；“即私有妖书，虽不行用，徒二年；言理无害者，杖六十。”在此罪中，不但“造”妖书及妖言以及“传用”妖书及妖言者都是有罪，即使是“私有妖书、虽不行用”也是犯罪，也要处徒二年。甚至有“言理无害”的妖书、妖言也是犯罪，要处杖六十。又如《擅兴律》（总243条）规定：“诸私有禁兵器者，徒一年半。”疏文说，因为“甲、弩、矛、矟、具装等，依令私家不合有”。这里，唐律不仅规定了作为的行为犯，同时也规定了被现代刑法学中称为“形式犯”的犯罪。

（2）唐律规定不作为犯罪以惩罚官吏不履行职责的犯罪

唐律中虽没有明确“不作为”的概念，但却有类似的规定，多用以规定官吏不遵守律令的犯罪行为，多以“应作而不为”，“应为而违限”等语言来表述。

《职制律》（总98条）规定：“诸大祀不预申期及不颁所司者，杖六十；以故废事者，徒二年。”疏文说，依《令》“二十日以前，所司预申祠部，祠部颁告诸司”。这里，有关官吏“不预申”的不作为行为成为犯罪的前提。

《断狱律》（总473条）规定：“诸囚应请给衣食医药而不请给，及应听家人入视而不听，应脱去枷、锁、杻而不脱去者，杖六十；以故致死者，徒一年。”疏文说，准《狱官令》：“囚去家悬远绝饷者，官给衣粮，家人至日，依数征纳。囚有疾病，主司陈牒，请给医药救疗。”准《令》：病重，听家人入视及去枷、锁、杻。这里，官吏的不作为犯罪是以按法律应该履行职责而不去履行。又如《贼盗律》（总262条）规定对于“造畜蛊毒及赦令”的犯罪，“若里正知而不纠者”，流三千里。

（3）唐律规定某些预备行为也为犯罪

唐律中规定某些重大犯罪的预备行为也属于犯罪以严惩，从而维护封建统治。如《贼盗律》(总248条)关于反逆罪的规定说："诸谋反及大逆者，皆斩。"在这里，"谋反"包括"谋反"及"反"两种情况，"大逆"是指实施终了的行为。疏文说："有狡竖凶徒，谋危社稷，始兴狂计，其事未行，将而必诛，即同真反。""大逆者，谓谋毁宗庙、山陵及宫阙。反则止据始谋，大逆者谓其行讫，故谋反及大逆者皆斩，父子年十六以上皆绞。"唐律又规定"谋大逆者，绞。"所以，在"反"及"大逆"中，预谋也都是犯罪行为。又如《贼盗律》(总256条)规定："谋杀人者，徒三年；已伤者，绞；已杀者，斩。"这里也是只要有杀人之谋即为犯罪，处徒三年。如果是实施了"杀"的犯罪行为，杀伤人的处绞；杀死人的处斩。因而清楚地说明了预谋这样的预备行为也是犯罪，只是比实行了行为的人处罚要轻。

2. 唐律中对犯罪结果的规定

刑法中的犯罪结果是指对刑法所保护的客体所造成的损害程度，属于犯罪构成的选择要件。唐律中同样以犯罪的结果来区分犯罪的既遂与未遂状态，同时也以损害结果的大小来决定量刑的幅度。但在作为确定某些犯罪的罪与非罪时更有其独有的特征。

（1）唐律中有些犯罪要求必须造成后果才构成犯罪

《职制律》(总116条)规定："诸上书若奏事而误，杖六十；口误减二等。"注文说："口误，不失事者，勿论。"即向皇帝奏事时口误也是犯罪，但口误必须以"失事"的后果为条件，如果没有产生"失事"后果的就不为犯罪。又如《诈伪律》(总387条)规定："证人不吐情实"及译员翻译不实的诈伪罪，律文明确规定要以"致罪有出入者"为条件，也即证人和译员的诈伪要当事人有罪及刑罚有轻重错失的才为犯罪，否则不构成犯罪。

（2）唐律中的犯罪并不要求一定要造成后果

唐律规定的犯罪绝大部分并不要求造成严重的后果才构成犯罪。在其规定中，既有作为性的犯罪，又有不作为的犯罪。对于前者，《贼盗律》（总281条）规定强盗罪“不得财，徒二年。”这里的“不得财”就是说明抢劫的行为，并不一定要抢到财物才构成犯罪。《职制律》（总135条）规定类似现在走后门的“请求”犯罪，如果是处于监临势要地位的官员“但嘱即坐”，而不必问其被嘱咐的官员是否应其请求而产生屈法处断的结果。对于后者，如《贼盗律》（总263条）规定的有毒的肉类要“速焚”。否则要“杖九十。”这里并不要求一定要发生人食而中毒的结果。

3. 唐律中对其他选择要件的规定

犯罪的时间、地点和方法是犯罪客观方面的选择要件，只是在刑法有特别规定时，才能成为某些犯罪的必要条件。唐律十分重视犯罪的时间、地点和方法在犯罪构成中的地位和作用，并且规定得十分详细。

（1）犯罪时间成为犯罪的构成要件

唐律中规定犯罪时间成为犯罪的构成要件的内容非常丰富。如：①在特定的时间内发生的行为为犯罪，《职制律》（总98条）规定了参加大祀的官员必须根据斋戒的要求行事。“散斋”之日，官员不得与妻妾同室，“致斋”期官员“二宿宿本司，一宿宿祀所。”若违反这些制度，“即入散斋，不宿正寝者，一宿笞五十；致斋，不宿本司者，一宿杖九十；一宿各加一等。”②发生在特定的时间外的行为构成犯罪，《杂律》（总430条）规定的“非时烧田野”罪，即“不依令文节制而非时烧田野者。”

（2）犯罪地点成为犯罪的构成要件

唐律中犯罪地点作为构成犯罪要件或作为无罪的要件通常都由法律明确规定：①特定地点的行为构成犯罪。如《卫禁律》（总73条）规定：“宿卫人，于御在所误拔刀子者，绞。”这里御在所成为犯罪的构成要件。②一种行为在另一地点条件下不构成犯罪。如《杂律》（总394条）规定的埋设机关及布置陷阱的犯罪，律文说：“诸施机枪、作坑阱者，杖一百”；但“其深山、迥泽及有猛兽犯暴之处，而施作者，听。”可见，犯罪地点在犯罪构成中的特殊性。

（3）犯罪方法和手段成为犯罪的构成要件

唐律中有些罪名的设定，本身就是以犯罪的方法和手段来确定的。如《贼盗律》(总264条）规定的“咒诅杀人罪”。律文说：“造厌魅及造符书咒诅，欲以杀人者，各以谋杀论减二等。”这里“造厌魅”及“造符书”均是行为的方法。又如《斗讼律》(总338条）的“戏杀伤人”罪中的“戏”，注文说“谓以力共戏”，即双方以强力（包括以利器）共戏的方式行为构成此罪，其处罚是比照斗杀伤减二等。

（四）唐律中被侵犯客体对罪与非罪的确定

从现代刑法学的理论来看，犯罪客体是犯罪行为所侵犯的为刑法所保护的社会关系。唐代虽没有系统的刑法学理论，也没有关于犯罪客体的名词和概念，但唐律实际上仍然是以犯罪所侵犯的社会关系的种类来确定犯罪的类别，并以此作为确定行为人罪与非罪的重要准则的。

1. 唐律对犯罪的一般客体的规定

作为封建法律的典型，唐律首要保护的社会关系是封建宗法等级制度和纲常伦理制度，因而在其《名例律》中首先提出了唐律打击的重点和其重点保护的社会关系，集中表现在唐律所规定的“十恶”之中，十恶为：“一曰谋反，二曰谋大逆，三曰谋叛，四曰恶逆，五曰不道，六曰大不敬，七曰不孝，八曰不睦，九曰不义，十曰内乱。”唐律将这十种严重危害国家政权和社会秩序、破坏封建国家赖以存在的伦理纲常关系的犯罪单独列出，并确定重惩原则，鲜明地表明了唐律所保护的社会关系的重点。

唐律在确立了根本保护的社会关系的基础上，通过除《名例律》外的十一篇的划分，将其所保护的具体的社会关系以类划分，从而构成了唐律所保护的社会关系的体系：《卫禁律》是规定关于以宫廷警卫、关隘及边境边防秩序为侵犯客体的犯罪；《职制律》是以国家机关的正常运转秩序为侵犯客体的犯罪；《户婚律》是以户籍、田亩、赋役管理及婚姻家庭秩序为侵犯客体的犯罪；《厩库律》是以畜牧饲养、国家仓库管理秩序为侵犯客体的犯罪；《擅兴律》是以军事征调、攻防及工程兴造的管理秩序为侵犯客体的犯罪；《贼盗律》是以国家政权、人的生命及公私财产所有制为侵犯客体的犯罪；《斗讼律》是以人身安全及告诉制度为侵犯客体的违法犯罪；《诈伪律》是主要以国家对文印、身份及验证管理秩序为侵犯客体的犯罪；《杂律》是以社会公共秩序和公共安全为侵犯客体的违法犯罪；《捕亡律》是以对罪犯、奴婢、应征兵丁的管理秩序为侵犯客体的违法犯罪；《断狱律》是以国家审判及狱禁制度为侵犯客体的犯罪。

唐律十二篇的划分，虽不能说是犯罪客体的科学的划分，但对违法犯罪在各个领域内的分类是十分清楚的。因而，唐律中关于犯罪一般客体的认识和划分是十分明确的，也体现了唐代立法技术的先进性。

2. 唐律对犯罪复杂客体的规定

从唐律的立法情况来看，唐律也有复杂客体的观念，并且，如果一项犯罪侵犯的客体是复杂客体，也是依被侵犯的主要客体来确定犯罪质及处罚的。

《贼盗律》（总 256 条）规定了一般人（唐代称凡人）之间的谋杀罪："诸谋杀人者，徒三年；已伤者，绞；已杀者，斩。"《贼盗律》（总 254 条）又规定了部曲、奴婢谋杀主的犯罪："诸部曲、奴婢谋杀主者，皆斩。谋杀主之期亲及外祖父母者，绞；已伤者，皆斩。"在这里，前条凡人之间的谋杀罪侵犯的客体是他人的生命安全；而后条犯罪侵犯的客体是复杂客体，它不仅侵犯他人的生命安全，而且还侵犯主奴间的等级统治关系。在唐代的立法者看来，等级名分比凡人的生命安全重要，因而该犯罪依其侵犯的主要客体——等级名分关系来处罚，即在前条"徒三年"的基础上再加重五等，处斩。

对等级名分关系的保护，唐律在对殴杀罪的规定及处罚上表现得更为明显。《斗讼律》（总 302 条）规定："诸斗殴人者，笞四十。伤及以他物殴人者，杖六十。"而律（总 320 条）规定："诸部曲殴伤良人者，加凡人一等；奴婢，又加一等。""其良人殴伤他人部曲者，减凡人一等；奴婢又减一等。"

前条凡人之间殴伤罪的犯罪客体是他人的身体健康，而后条侵害的犯罪客体则是复杂客体，它既侵犯他人的身体健康，又侵犯良贱间的等级关系。因此，后条规定的犯罪的处罚原则是：贱犯良加等，良犯贱减等。加等是因为法律所固定保护的等级统治关系被侵犯，减等是因为由固定的等级统治关系而给予的特权和优惠，侵犯等级之礼的加重刑罚，唐律中对此强调得非常严格。由此可见，在唐律中所有的相互间的犯罪（相奸、相杀、相殴、相告等）都被明确地划分为凡人相犯及主奴、良贱、尊卑、上下相犯二类不同的罪名，并给予不同的处罚。这充分表明唐代的立法者在犯罪复杂客体方面有了明确的分类观念。

（五）类推和比附

类推是对法律上没有明文规定的犯罪行为，可以按照法律上最相类似的条款与成例定罪量刑的制度。比附是指在遇有需要定罪判刑的犯罪而又缺乏刑法根据时，或者比照刑法的有关规定，或者依附于刑法的有关规定，援引这些规定作为定罪判刑的依据，唐律作为中国古代封建社会的典型法典，其比附和类推制度已比较完备，其从比附和类推的必要性、适用原则和适用方法都有较为明确而具体的规定。

1. 唐律中的类推制度的主要内容

唐律中规定类推的律文是《名例律》（总 50 条）：“诸断罪而无正条，其应出罪者，则举重以明轻；其应入罪者，则举轻以明重。”以此规定，可以看出唐律中的类推是在“断罪而无正条”的情况下适用。疏文说“无正条”是指“一部律内，犯无罪名。”因而唐律实行类推的目的是对法无明文规定的行为作出处置，而不使犯罪行为逃脱刑律的制裁。

唐代在确定类推原则时，不是一般地强调要保证“相类”，而是规定了检查类推判处在情节上比照的反差，其内容是：“其出罪，举重以明轻”。即对处理的案件作“出罪”判决，要求以更重的罪例来比，即以律文及成例中规定的更重的情节都未入罪，来证明把情节轻的行为作出罪处理（指判无罪或判为轻罪）是正确的。“其入罪，举轻以明重”，即对处理的案件如作“入罪”判处，要求以更轻的罪例相比，即以律文或成例中规定的更轻的情节都已入罪，来证明把情节重的作为入罪处置是正确的。

2. 唐律中类推的种类

（1）性质相同而情节不同事例间的类推

属于这种情况的类推，是待判的事与同作比较的罪例在性质上相同，但在情节上轻重不同。如《名例律》（总18条）规定，监临主守在辖区内“略人”，除要受刑罚外，还要受附加的撤去一切官职爵位的“除名”的处罚。疏文指出，这“略人”中被略之“人”无论为良人或为奴婢，犯罪者都要处“除名”。这里疏文又提出略部曲是否要受除名之罚的问题，对此，疏文以类推答复说，既然不分良贱，故“略良人及奴婢并合除名”。因为，“举略奴婢是轻，计赃入除名之法，略部曲是重，明知亦合除名。”既然罪轻的略奴婢都要除各，罪重的略部曲（部曲身份高于奴婢）当然要处除名之罚。

（2）情节、性质不同，而损害程度相近的事例间的类推

《诈伪律》（总385条）规定了欺诈致人死伤罪。但疏文提出骗人过朽坏的木桥，致人落水严重受溺，这种“不伤不死，律无条文”的情况“合得何罪”？疏文答复说应用“举轻以明重”的原则作“入罪论处”，即依《斗讼律》（总302条）“斗殴人者，笞四十”的律文类推。其理由是，这种情况“虽不伤、死，犹同‘殴人不伤’论”。骗人与殴人在性质上不同，但在造成的后果及所处的刑罚上，有相似之处，因而也可作类推。

（3）直接类推

直接类推是指待处置的事例与用作比照依据的法律上已有规定的事例之间，可以直接比照，不需要第三要件就可以得出结论的类推。如《名例律》（总50条）疏文中所举，一是主人把“夜无故入人家者”打得折断肢体的待推断事例，二是《贼盗律》（总269条）明文规定的主人把“夜无故入人家者登时杀死，勿论”的事例，类推时只要把这两个事例相较，就

可以得出前一事例的“出罪”的结论。

（4）间接类推

间接类推是指待处置的事例与用作比照根据的法律上已有规定的事例之间，还需要有第三个要件来结合，才能得出结论的类推。如《斗讼律》（总347条）规定，父祖“诬告”子孙、外孙、子孙之妇妾及己之妾者，各勿论。但是对于这种亲属关系下的“告得实”怎样处置，却无明文规定，疏文只说“亦不坐”。但是，如果只有告子孙得实的待推断事例与诬告子孙无罪的法例，不能推出结论。于是，首先依《名例律》（总46条）“同居相为隐”的律文，明确父祖与子孙间除谋反、大逆罪外，都可相隐；同时，唐律（总346条）已规定亲属间的诬告罪比“告得实”罪重，所以既然已规定情节重的诬告也“各勿论”，根据“举重以明轻”的原则，情节轻的“告得实”理当“亦勿坐”。

由是观之，类推制度是唐律中的一项内容具体明确、程式完备而又行之有效的重要制度。

3. 唐律中的比附制度

在唐律中，比附一般是作为有罪的类比，是依据刑律中已有的类似的犯罪条文处罚。唐律在《贼盗律》（总277条）的疏文规定了比附制度设立的原因及目的。“五刑之属，条有三千，犯状既多，故通比附。”唐律260条疏文又说：“金科虽无节制，亦须比附论刑。”即有些犯罪，律条虽无明确规定，但还是必须用比附的办法来论处刑罚，其目的是“岂为在律无条，遂使独为侥幸？”可见，在唐代统治者和立法者来看，在事情复杂，但罪名之文于律有限，律条不能网罗一切，故有比附之必要，而且比附是为硬性的律条补足一定的弹性而设。

4. 唐律中比附的种类

（1）犯罪性质的比附

《贼盗律》（总271条）规定了偷盗皇帝印玺的“盗御宝”罪处绞的情况，但未规定盗皇太子妃宝（印玺）的处置。于是疏文也引用比附来规定其处置的内容：第一，“其盗皇太子宝，准《例》合（比盗皇帝之宝印）减一等，流三千里。”因为《名例律》（总 51 条）规定，在公文规格上，皇太子的《令》比皇帝的《制》《敕》“减一等”。故而偷太子印宝也比偷皇帝印宝减一等处罚。第二，“盗皇太子妃宝，亦流三千里。”比附的根据是：《名例律》（总 51 条）中规定，凡法律称“御”的场合，“太皇太后、皇太后、皇后并同。”既然皇后同于皇帝，所以皇太子妃也应同于皇太子，也即疏文所说：“后宝既与御宝不殊，妃宝明与太子无别。”

（2）刑罚轻重的比附

犯罪性质的比附，自然包含了处罚的比附，但是，在性质相同而刑罚有差别的情况下，唐律也规定可以通过比附表明刑罚的加重或减轻。如《斗讼律》（总 320 条）规定了部曲、奴婢殴良人犯罪之处罚，即部曲殴良人加重一等，奴婢又比部曲殴加重一等。但是，关于部曲与奴婢相互殴伤杀却未有明确的规定。对此，疏文只是以比附规定：“依部曲与良人相殴伤杀法。”因为已知：部曲殴良人加重一等，奴婢殴良人又比部曲再加重一等。因而可知，部曲与良人差一等，奴婢与部曲也差一等。又如《贼盗律》（总 260 条）规定：“祖父母及夫为人所杀”不告私和处流二千里。但是，主人被杀后部曲、奴婢不告私和之罪则无明文规定，疏文指示其比附的办法是“得罪并同子孙”，即这种罪也同样处流二千里。因为在唐代的诉讼关系上，奴贱对主人的关系，也相当于孙同父祖的关系，故而亦处流二千里。

总之，唐代比附制度的设立补足了正条之律的不足，使所有的犯罪都不能逃脱刑罚的制裁。

第二节　刑罚制度

刑罚是由司法审判机关以国家的名义依法剥夺犯罪分子某种权益的一种强制方法。刑罚和犯罪有着密切的联系，有犯罪必有刑罚，犯罪与刑罚是刑法的两个最基本的内容。因此，作为统治阶级以国家名义规定在刑法中的一种重要的法律手段，刑罚的种类和具体运用构成了完整的刑罚制度。

刑罚制度是由统治阶级的物质生活条件所决定的，其具体内容则以统治阶级所面临的政治形势和阶级关系为制定依据。因此，不同类型的社会，其刑罚制度有着根本的区别。即使同一类型的社会，同一阶级制定的同样性质的刑法，其刑罚制度也不尽相同。例如，汉代法律虽承秦制，但刑罚制度与秦朝就有区别。当然，刑罚制度的演变与发展又具有自身的内在规律，唐朝刑律中的刑罚制度就是在继承和发展前代刑罚制度的基础上建立的，不仅始终是有唐一代的基本刑事制度，而且以其宽平和适中成为中国封建刑律的代表。

一、刑种与等级

（一）法定刑

1. 主刑

唐代的主刑是规定于唐律中的“五刑”制度。从历史上看，中国古代的五刑制度经历了奴隶制和封建制两个发展阶段。奴隶制五刑，形成于夏，发展于商，确立于西周。关于奴隶制五刑，虽然说法众多，但一般认为是墨、劓、剕、宫、大辟。《汉书 · 刑法志》云：“昔周之法，五刑墨罪五百，劓罪五百，宫罪五百，刖罪五百，杀罪五百。”《唐律疏议 · 名例》亦言《周礼》“司刑掌五刑，其属二千五百。穆王度时制法，五刑之属三千。”

奴隶制五刑作为主要刑种一直持续到汉朝文帝初年。西汉文景二帝“除肉刑”，实行刑制改革，基本上废除了“伤肢体，刻肌肤”的墨、劓、刖、宫刑，并适应战国以来出现的以徒刑及罚金、赎金取代奴隶制五刑的时代潮流，确立了笞刑、徒刑和死刑的法定刑刑种，为封建制五刑的创立，迈出了决定性的一步。魏晋南北朝，增加了鞭刑和杖刑，尤其是正式将流刑作为法定刑使用，并区分等级。如北周的流刑，以五百里为等差，从二千五百里到四千五百里分五等，附加鞭笞。隋朝统一，“取适于时”的《开皇律》在损益历代刑制的基础上，正式确立了死、流、徒、杖、笞的封建制五刑，是中国古代刑罚制度的一次重大变革。

唐代五刑承袭隋制而又有发展，并且在性质和运用上有其显著特点。根据《唐律疏议·名例》之规定，唐代五刑由轻而重依次为：

（1）笞刑。笞刑即通过笞打进行羞辱，它是对犯轻微罪行者适用的刑罚之一。唐代笞杖用荆条制成。拷打的部位原先规定是背、臀、腿三个部位，但贞观初年，唐太宗从针灸人体穴位模型上看到人的重要脏腑都在胸背之间，于是下令不得拷打背部。[①] 从此以后笞刑只以臀部和腿部分受。笞刑拷打数目是从十到五十。

（2）杖刑。杖刑相当于早先的鞭刑，与笞刑同为身体刑，仍属于“薄刑”范畴。但杖刑比笞刑稍重，其所以重，一是杖刑所用之杖虽然长短同笞杖一样，但比笞杖粗，大头二分七厘，小头一分七厘；二是笞刑只打臀部和腿部，而杖刑除打臀部与腿外，必须包括背部分摊受刑；三是杖刑拷打数目从六十起到一百为止；四是笞刑犯人候审不监禁，而杖刑犯人候审要监禁。《断狱律》（总469条）规定：“杖罪以上始合禁推。”

（3）徒刑。徒刑是以罚奴役的方法加以羞辱，其内容是限制人身自由，强制服苦役。《断狱律》（总469条）规定，徒刑犯人行动自由要受限制，如果“徒罪不禁”或应戴枷锁而不戴，主管官吏要受罚。同律（总500条）规定，对徒刑犯人要“令役身”，即使有病请假，也要在病愈后补服，若“徒应役而不役，及徒囚病愈不计日令陪役者”，带领服役的官吏要受罚。徒刑服役年限分为一年、一年半、二年、三年半、三年五等。

（4）流刑。流刑是强制犯人从原住地终身远迁异地，并附加服一定期限苦役的一种刑罚。流刑与徒刑一样，为自由刑，但它重于徒刑而轻于死

① 《新唐书·刑法志》《唐会要·君上慎恤》。

刑，是死刑的宽宥形式。唐代流刑根据其刑罚内容的轻重又分为二种：

普通流刑。其内容一是从流放三千里始，以五百里为等差，到三千里为止共三等。二是三等流刑都服苦役一年。《名例律》（总 24 条）规定："三流俱役一年。"

加役流。即流三千里，服苦役三年。这是唐太宗创制的一种特殊流刑。

唐代流刑与隋流刑差异较大。隋制流刑分为一千里、一千五百里、二千里三等，分别服苦役二年、二年半和三年。此外，隋制流刑还要据流放里数加杖一百、一百三十和一百六十。[①] 而唐代流刑虽也分为三等，但流放里数起码为二千里，除加役流外，均服苦役一年，并且一般不加杖刑。唐代流刑犯人去发配地，妻妾要跟随，并不得以流放为理由休弃妻妾，父亲、祖父、儿子和孙子是否去流放地可以自愿。流刑犯人及随行家口在犯人服劳役期满或会赦免役后就在流放地入户安置，只有在下列两种情形下，流配人及家眷可迁返原籍：一是遇有对流配的赦令；二是流配人死亡后，家口即使已在当地入籍，三年内愿意返回原籍的，允许返回。

（5）死刑。在唐律中，死刑是最严厉的刑罚。作为剥夺生命刑，唐律死刑分绞、斩二等。唐律为维护统治秩序，在死刑适用上有如下特点：

第一，唐律中的死刑虽然基本适用于罪大恶极的犯罪，但死刑的适用范围较广。据统计，唐律共 502 条，挂有死刑的计 113 条，其中绞刑 99 条，斩刑 60 条，约占总数的五分之一强。[②] 从篇目来看，《贼盗律》《斗讼律》《卫禁律》规定的死罪较多。《贼盗律》共 54 条，死刑条目达 30 条；《斗讼律》共 60 条，有死罪 30 条；《卫禁律》33 条，涉及死罪 12 条。而《户婚律》共 46 条，无一死罪。就犯罪性质来看，侵犯皇帝罪、其他政治性犯罪、卑幼犯尊长、奴犯主及贱犯良的犯罪处死刑较多，而一般刑事犯罪处死刑的明显减少。这反映了唐律打击的重点。

① 《隋书 · 刑法志》。

② 《历代刑法考 · 唐死罪总类》，第 1253—1267 页。

第二，死刑的判处有特定的程序。首先，死刑判决要经批准。《断狱律》（总 485 条）疏议云："大理寺及诸州断流以上"，"皆连写案状申省，大理寺及京兆、河南府即封案送。若驾行幸，即准诸州例，案复理尽申奏。"《唐六典·刑部·刑部郎中》云："凡决死刑，皆于中书、门下详复。"注文说："旧制，皆于刑部详复，然后奏决。开元二十五年敕以为庶狱既简，且无死刑，自今已后，有犯死刑，除十恶死罪、造伪头首、劫杀、故杀、谋杀外，宜令中书、门下与法官等详所犯轻重，具状闻奏。"由此可见，唐代对死刑案件，有些归尚书省刑部详复，有些还要由中书、门下会同法官详复。详复后，都要奏请皇帝批准。其次，死刑执行前仍要向皇帝再次覆奏。《断狱律》（总 497 条）疏议云："奏画已讫，应行刑者，皆三覆奏讫，然始下决。"如果"不待覆奏报下而决者，流二千里。"

第三，唐律为标榜恤刑和维护特权，规定下列几种人不适用死刑，即有死罪而不加死刑：

因年龄及病情而不适用者。《名例律》（总 30 条）规定，八十岁以上不满九十岁、七岁以上不满十岁及重残人除犯反、逆、杀人的死罪上请外，犯其他死罪都不处罚。九十岁以上、七岁以下的人，免除包括死刑在内的一切刑罚。

特定时间内对某些人不执行死刑。一是孕妇直至产后百日内不执行死刑。《断狱律》（总 494 条）规定："妇人犯死罪，怀孕当决者，听产后一百日乃行刑。"违反规定者徒二年。二是非犯"十恶"的死罪犯，如父祖老疾，家中期亲内又无丁壮之人，可以上请暂不执行死刑。《名例律》（总 26 条）规定，有这种情况可以"申刑部具状上请，听敕处分"。若皇帝批准，可以居家侍亲。直到家中有期亲进入丁年或父祖去世，再请示皇帝处置。

因特权而原则上不受死刑。唐律规定对享有"八议"及"上请"特权者，最后由皇帝御裁是否减免死刑。当然，刑律对这些人也不排除适用死刑。

唐律五刑不仅有种类（或称级别）之别，而且分等次。五刑由轻到重，相互衔接，共有五级二十等。具体言之，每一种单独的刑罚，是为一

“级”，如笞、杖、徒、流、死共有五级。每一种刑罚中又划分量刑的档次则为“等”。其中，笞刑五等，即笞一十到笞五十；杖刑五等，即杖六十到杖一百；徒刑五等，即徒一年到徒三年；流刑三等，即流二千里至流三千里，各居作一年；死刑二等，即绞、斩。不仅如此，低一级刑罚的最高限与高一级刑罚的最低限，如笞五十与杖六十，杖一百与徒一年，徒三年与流二千里，流三千里与绞，也是等的关系。因此，五刑通计五级二十等。这就为刑罚的加、减提供了明确的标准。

所谓“加”，《名例律》（总 56 条）规定：“诸称‘加’者，就重次。”即按五刑五级二十等的轻重，依次加刑，如有人犯杖一百，加一等应处徒一年；或应徒一年，加一等则为徒一年半。但是，唐律对刑罚加等有一定限制：①加等时犯罪情节必须达到法定的数量指标，即“数满乃坐”。例如，《贼盗律》（总 282 条）规定：“窃盗五匹徒一年，五匹加一等。”那么，即使盗九匹九尺九寸，也只能徒一年，而不能加至徒一年半。②加等一般“不得加至于死”，最高加至流三千里。如《捕亡律》（总 460 条）规定，守卫将吏值勤时离走，一日杖一百，二日加一等。则如无特别规定，即使离走的日子再多，也不能加至死刑，而以流三千里为限。只有当法条明确规定可加至死刑才能加至死刑，并且如果已加重至绞刑的，就不再加至斩刑。如《斗讼律》（总 305 条）规定：“殴人折二肢，流三千里。”同律（总 320 条）规定：“部曲殴伤良人者，加凡人一等。加者，加入于死。”注文云：“加入绞者，不加至斩。”现有部曲殴良人折二肢，加凡人一等则不受流三千里限制，仍可加至绞刑。如果是故意殴折，按规定又应加一等，但既已加入绞刑，就不再加至斩刑。

所谓“减”，《名例律》（总 56 条）规定：“称‘减’者，就轻次。”即按五级二十等依次减刑。如应徒二年的减一等就是徒一年半，应杖六十的减二等就是笞四十。但是，法律特别规定：“惟二死，三流，各同为一减。”也就是说，死刑的两个等差、流刑的三个等差，在减刑时分别都作为一等来计算。例如，假如共犯之首犯依法应斩，从犯减一等，则减至流三千里。

同样，如犯流三千里应减一等，则直接减为徒三年。由此可见，流刑三等，死刑二等，加重时要一等一等地加，而减等时则分别作为一等对待，体现了唐律恤刑从轻的精神。

唐律刑罚分为五级二十等，是中国古代刑罚形式主义和机械主义的突出表现。然而，这种严格规则的等级划分，不仅使得刑罚规定具体、明确，而且使司法实践中刑罚的适用简明、准确，可操作性强，有利于防止法官擅权弄法。

2. 附加刑

唐律刑罚除五刑外，还规定有附加刑，其使用也有自身特点。唐律中的附加刑有：

（1）撤销官职。撤销官职包括除名、免官、免所居官，并且官员只有在犯了法律明确规定的某些犯罪，才在处五刑的同时附加这些刑罚。

除名，是指将官职和爵位一起撤销的处罚。《名例律》（总 18 条）规定，只有在犯十恶大罪，故意杀人，反逆缘坐，监守官在辖区内犯奸、盗、略人罪，受财枉法罪及犯其他死罪的，才受此附加处罚。

免官，是指撤销官员的职事官职、散官官职、卫官官职及勋官官职而仅保留爵位的处罚。《名例律》（总 19 条）规定，当官员犯有奸罪、盗罪、略人罪、受财枉法罪、犯流徒罪后逃亡及于父祖囚禁期间作乐或婚娶的，处这种附加刑。

免所居官，是指撤销职事官、散官、卫官官职或撤销勋官官职的附加处罚。《名例律》（总 20 条）规定，当官员犯有府号官职犯父祖名讳，父祖年老病残委亲任官，父母丧期内生子、娶妻，父母在世兄弟别籍异财，冒哀求仕，奸所辖区内贱民等罪行时，附处免所居官。

应当指出的是，唐代对官员犯罪附加撤销官职并不是指官员在撤销官职的基础上受五刑处罚。因为官员犯规定撤销官职罪以外的罪，可以受刑而不免官。同时，即使被免除官职，官员资格仍在，过一定期限可按规定降级重新做官。因此，撤销官职对官员继续担任官职尤其是保留官员身份没有直接的影响。

（2）没官。没官是指犯罪人的财产充公归官或由官府处分，相当于没收财产。但没官作为附加刑，在适用上有两个特点：一是没官仅适用于谋反大逆罪及“彼此俱罪之赃”及“犯禁之物”。《贼盗律》（总 248 条）规定：“谋反及大逆者”除受主刑外，“资产、田宅并没官。”《名例律》（总 32 条）规定，“彼此俱罪之赃”如行贿与受贿、“犯禁之物”如私有禁兵器，其财产也要没为官有。二是没官不仅适用于正犯，而且适用于部分同居缘坐之人。《贼盗律》（总 248 条）规定，犯谋反大逆者，同居父子年十六以上缘坐，“十五以下及母女、妻妾、祖孙、兄弟姊妹若部曲”没官，其财产当然也没官。但是受缘坐之人并不都没收财产，如非同居的伯叔父、兄弟之子虽缘坐，其资财、田宅不在没限。

（二）法外刑及其使用[①]

唐律所规定的刑罚制度构成了唐代刑制的主体，终唐之世基本不改。但是，由于政治、经济和社会形势的变化，唐统治者也曾使用一些法外刑。如武则天时，周兴、来俊臣等酷吏为“陷良善”，置原本规定的刑罚体系而不顾，特制“大枷凡有十号”。[②]唐玄宗因安禄山之乱，规定刑罚以“六等定罪，首大辟，次赐自尽，次重杖一百，次三等流贬。”[③]尤其是安史之乱后，随着政治和经济形势急转直下，社会关系的各个方面都发生了深刻的变化，因此，使用各种法外刑来代替法定的五刑，成为中唐以后刑罚制度发展的一个明显趋势。主要表现在：

1. 恢复使用早已废除的酷刑

腰斩、枭首、车裂和族诛等酷刑，早在隋律即已废除，唐律更且不

---

① 本处写作参考了刘俊文：《论唐后期法制的变化》，载《北京大学学报》1986 年第 2 期。

② 《旧唐书 · 刑法志》。

③ （明）李清：《三垣笔记 · 补遗》引夏允彝《降贼大义》。

载。但中唐以后此类酷刑皆复而用之，这在处理有关统治阶级内部斗争的案件上表现得尤为突出。如安史之乱，朝臣陈希烈等数百人叛降，后肃宗收复长安，乃以其中三十六人为罪，分六等处之，最重者竟用“腰斩”之刑。[①] 又如梁崇义拒诏不朝，德宗命李希烈往讨，竟“族诛”其家。[②] 甘露之变，宦官仇士良诬李训、郑注等谋反，将宰相王涯、贾悚等“腰斩”“族诛”，复行“枭首”之刑。[③] 到唐末，“车裂”之刑又复见于史载，《资治通鉴》卷二六五天祐二年（905 年）条云：“癸丑，守司空兼门下侍郎、同平章事柳璨贬登州刺史，太常卿张廷范贬莱州司户。甲寅，斩璨于上东门外，车裂张廷范于都市。”可见刑罚趋于酷滥之势。

如果说上述酷刑的复用还“非可以寻常论之”，那么，“鞭背”酷刑的复用在中唐以后就是经常、大量存在的事实了。如前所述，早在贞观四年（630 年），唐太宗因人之五脏皆在胸背之间，即已下诏“决罪人勿得鞭背”，并著于格令。但《唐会要》卷四十“君上慎恤”载太和八年（834 年）四月敕云：“其天下州府，应犯轻罪人，除罪状巨蠹，法所难原者，其他过误罪僁及寻常公事违犯，并宜准贞观四年十一月十七日制处分，不得鞭背。”可见，中唐以后，至少是太和中，鞭背刑已普遍恢复使用，并成为决罪人的主刑。此敕之后，鞭背酷刑更取得了合法地位。

2. 滥用决杖

法外决杖，早在唐前期即已存在，永徽、开元之时屡有明诏予以限制。[④] 但决杖使用之广之滥，并成为定制，却是在中唐以后。中唐以后的决杖，花样繁多，概括起来有四种：

（1）附加杖。唐后期徒、流罪一般都要先决后配，决杖实际上成了附

---

① 《新唐书·刑法志》。

② 《新唐书·藩镇传》。

③ 《资治通鉴》卷 245“太和九年”条。

④ 详见《唐会要·君上慎恤》。

加刑。而且杖数无常，或为六十，或高达百，均由敕文决定。如《册府元龟》载乾元元年（758 年）四月诏，别籍异财者“先决六十，配隶碛西”；太和三年中书门下奏，私以铅锡恶钱交易十贯以下者“决六十，徒三年”；《旧唐书·刑法志》载元和六年（811 年）九月敕，富平县人梁悦复仇杀人，“宜决一百，配流循州”；《唐会要》卷三九载太和六年（832 年）五月敕，兴平县人上官兴自首免父之囚，“宜决八十，配流灵州”等。这种附加杖，不仅造成一罪二刑，而且杖的结果，“虽非死罪，大半殒毙”。

（2）易死杖。《宋刑统》卷一“五刑”门载唐建中三年（782 年）八月二十七日敕云“其十恶中恶逆以上四等罪，请准律用刑。其余应合处绞、斩刑，自今以后，并决重杖一顿处死，以代极法。”可见，唐后期正式宣布废除了除谋反、谋大逆、谋叛、恶逆四等死罪外大部分死罪的斩、绞刑，而代之以重杖一顿处死，使决杖成为易死之刑。所谓“重杖一顿”，就是不必计数，打死为止。这种易死杖，名为“以代极法”，似乎是“宽典”，实际上是极其残酷的肉刑。

（3）敕杖。唐后期以制敕为主要的法律形式，而制敕处分概不依五刑，皆以决杖为罚。要处死的，则云“决杀”“集众决杀”或“决痛杖一顿处死”；不要处死的，起初云“与一顿杖”“重杖一顿”或“痛杖一顿”，后因为“一顿”的提法不严密，代宗宝应元年（762 年）诏曰：“制敕与一顿杖者，其数止四十；至到与一顿及重杖一顿、痛杖一顿者，皆止六十，并不至死。”[①] 因此，敕杖乃是法外之刑，其使用完全取决于统治者的喜怒，带有极大的随意性。

（4）折杖。唐律和狱官令规定，笞刑、杖刑皆以杖责，并且用杖及杖打部位有明确区分。但中唐以后，有司往往不遵律令、恣意执刑，或专杖背，或专杖臀，以至宣宗时不得不定诸杖相互折抵之制：“法司断罪，每脊杖一下，折法杖十下；臀杖一下，折笞杖五下。则吏无逾制，法守常

① 《文献通考》卷 166“刑考”。

规。”[1] 这种折杖之制，对法司的肆意胡为虽作了一定限制，但却从法律上废除了狱官令关于“决杖者背、腿、臀分受，决笞者腿、臀分受”的规定，代之以决杖专杖脊，决笞专杖臀，从而强化了笞、杖作为身体刑的残酷性。

上述附加杖、易死杖和折杖的使用，改变了五刑的性质，使之成为酷刑；而敕杖的使用，更使五刑成为虚设。因此，决杖之滥用，清楚地表明了中唐以后以酷刑代五刑的趋势。

3. 改用军法戮人

唐末，随着农民起义的兴起，阶级矛盾更加尖锐，唐王朝的统治危机更加严重，于是刑罚更加酷滥，乃至天下州县竟以军法刑人。《唐会要》卷四十“君上慎恤”载光化元年（898 年）八月二十七日敕曰：“近日用刑，皆隳旧例，多黩斧锧，鲜行鞭笞。今后应天下州县科断罪人，切须明于格律，不得以军法戮人。”但实际上并无多大效果。

中唐以后酷刑代替五刑的趋势说明，刑罚作为维护统治的工具，总要“与时消息”。唐律所规定的一整套刑罚制度绝不是一成不变的。

二、赎刑与经济处罚

（一）赎刑

赎刑，是中国古代犯罪者以财物或其他形式来代替、抵销其应处刑罚的制度。《尚书·吕刑》云：“甫侯训夏赎刑作吕刑。”说明早在夏朝就有赎刑，其后为历代刑法所沿用。赎刑的方法主要是以金、绢、铜等财物来抵销相应的主刑。如《尚书》曰：“金作赎刑。”隋代定制“以铜代绢”，为唐律沿用。唐制五刑二十等，均明文规定有赎铜之数。唐玄宗天宝六

① 《唐会要》卷 41“杂录”载大中七年（853 年）四月六日敕。

年（747年）四月八日敕：“其赎铜如情愿纳钱，每斤一百二十文。”[①] 可知此后可以纳钱代替赎铜。

唐代赎刑的轻重幅度，由主刑的等级决定。《名例律》（总1—5条）在规定五刑二十等的同时相应地注明了各等主刑的赎铜数目，即笞刑五等赎铜一斤至五斤；杖刑五等赎铜六斤至十斤；徒刑五等赎铜二十斤至六十斤；流刑三等赎铜八十斤到一百斤；死刑二等各赎铜各一百二十斤。总之，赎铜多少反映了主刑的轻重，对主刑来说是依赖关系。赎刑在性质上属于主刑的替代刑，换言之，是主刑执行上的一种变相优待。

依唐律规定，赎刑主要适用于以下情形：

（1）因有官爵而享受特权者，有些犯罪可用赎刑。《名例律》（总11条）规定，有“议、请、减”特权资格的官员、九品以上官员及有“减”权官员的“祖父母、父母、妻子、孙”这三种人如犯流刑以下之罪，可“听赎”。

（2）因年龄或身体条件而无负完全刑事责任能力者，有些犯罪用赎刑。《名例律》（总30条）规定，“年七十以上，十五以下及废疾”者犯普通流刑及流刑以下罪，“八十以上，十岁以下及笃疾”者犯“盗及伤人”罪，都可以“收赎”。

（3）因犯罪主观方面原因而以赎刑替代主刑。如《斗讼律》（总339条）规定：“过失杀伤人者，各依其状，以赎论。”

（4）疑罪用赎刑。所谓疑罪，是指不能确证有罪的案件。《断狱律》（总502条）规定：“诸疑罪，各依所犯，以赎论。”

赎刑既然是对五刑实施的变相宽大，所以有罪赎铜绝不是随便使用的，即不是有了一定数量的铜，就可以去犯一定等级的罪而用铜去抵罪。故《名例律》（总11条）疏议曰：“有所赎者，有不听赎者。”其“不听赎”的情况有：

（1）凡犯十恶，反逆缘坐，杀人，监守内奸、盗、略人，受财枉法等罪，

① 《唐会要》卷40“定赃估”条。

不用赎刑。《名例律》(总9条)疏议云：上述犯罪“死罪不合上请，流罪以下不合减罪。”既然不能请、减，当然也不能赎。

(2)五流不得减赎。所谓五流，是指加役流、反逆缘坐流、子孙过失杀祖父母父母流、不孝流和会赦犹流五种流刑。《名例律》(总11条)规定，上述五流“各不得减赎，除名、配流如法。”

(3)子孙过失杀伤期亲尊长及外祖父母、夫、夫之祖父母、父母应处徒刑的，故意殴人至废疾应处流刑的，男人犯盗罪应处徒刑的以及妇人犯奸罪的，也不用赎刑。[①]

(二)刑事处罚中的经济财产处罚

如果说赎刑是犯罪者以一定的财产或金钱抵销其应处的刑罚，那么，唐律在依法给予犯罪分子刑事处分的同时，还有判处经济处罚及赔偿的法律规定。表现在：

1. 对盗罪除处主刑外，还责令加倍征赃。唐律对盗罪(包括强盗和窃盗)处刑的主要标准是得财多少，如《贼盗律》(总282条)规定，窃盗不得财“笞五十”；如得财，依赃值处罚：“一尺徒三年，二匹加一等；十匹及伤人者，绞。”因此，《名例律》(总33条)规定：“以赃入罪，正赃见在者，还官、主。”注文特别规定，盗罪在退赃时，要加倍：“盗者，倍备。”疏议解释说，因为“盗者以其贪财既重，故令倍备，谓盗一尺，征二尺之类。”对盗罪的加倍征赃，其所加部分，归被盗一方所有。《名例律》(总32条)之疏议曰：倍赃“依法并应还主。”可见，征赃之加倍部分，其性质属非刑罚之财产处罚。

2. 不因侵犯财产构成犯罪，除受刑罚外，还判令赔偿因犯罪而造成的经济损失。如《杂律》规定之“于城内街巷及人众中无故走车马”罪(总

---

① 参见《唐律疏议·名例》(总11条)。

392 条)、“向城及官私宅若道径射”罪(总 393 条)、“施机枪,作坑阱”罪(总 394 条),律文首先规定了这些行为及杀伤人所受的刑罚,注文进一步规定:“杀伤畜产者,偿所减价。”所谓“减价”,是指牲畜伤亡后跌减之差价。赔偿这种差价,就称为“偿所减价”。又如《杂律》(总 443 条)规定,毁人墓地的碑碣及石兽,毁人家庙中的神位,都要处徒刑;毁人“用功修道之物”则“计庸,坐赃论。”同时,上述犯罪都要“各令修立”,这也是经济赔偿,即使因过失而毁损的,刑罚可免,但经济损失一定要赔:“误损毁者,但令修立,不坐。”

3. 毁坏或丢失官私器物以赔偿为原则,如果不能赔偿,则处刑罚。《杂律》(总 445 条)规定,不论是过失毁弃不在仓库而有人负责看护的东西,还是故意弃毁仓库里的东西,都要“备偿”“征偿如法”。但“其非可偿者,坐而不备”,即如属谶书、门钥、符印等就不赔偿,只处刑。

三、刑罚的变易与缓刑

(一)执行刑刑种的变易

唐代刑罚在实际适用过程中,除运用替代刑来避免实处刑罚外,还运用变易刑来变相执行本刑。所谓变易刑,是指依法律规定对某些犯罪的特定主体以五刑中的其他刑种去调换基本刑甚至附加刑。变易刑的适用也是唐律刑罚制度的一大特点。

1. 有特定条件、特定身份或有特殊专长的人,该服之流刑、徒刑,变易其他刑种:

第一,家中唯一的成年男子犯徒罪的,改为加杖。《名例律》(总 27 条)规定:“诸犯徒应役而家无兼丁者,徒一年加杖一百二十,不居作;一等加二十。若徒年限内无兼丁者,总计应役日及应加杖数,准折决放。”

第二,贱民犯流刑、徒刑,变易为加杖,而不服役。因为这些人本身就处于半奴役或全奴役的地位。《名例律》（总 47 条）规定，官户、部曲、官私奴婢“若犯流、徒者，加杖，免居作。”疏议说：“犯徒者，准无兼丁例加杖，……准犯三流，亦止杖二百。决讫，付官、主，不居作。”

第三，工、乐、杂户、太常音声人犯流刑也变易为加杖后在当地服役。《名例律》（总 28 条）规定，这些人“犯流者，二千里决杖一百，一等加三十，留住，俱役三年。”此外，他们犯徒罪也“准无兼丁例加杖。”

第四，女犯处流刑，也于加杖后在当地服役。《名例律》（总 28 条）规定：“其妇人犯流者亦留住，流二千里决杖六十，一等加二十，俱役三年。”

第五，学天文的专业人员犯有流刑，也以加杖执行。《名例律》（总 28 条）疏议云：“习天文业者，谓在太史局天文观生及天文生。”这些人“犯流罪，并不远配，各加杖二百。”上述工、乐、杂户人如也是习天文的，犯流刑，仍只加杖二百。

2. 贱民犯罪应征赃及赎金，如无财产也可变易为折铜加杖处罚。

《名例律》（总 47 条）规定，官户、部曲、官私奴婢有犯“应征正赃及赎无财者，准铜二斤各加杖十，决讫，付官主。”即无钱征赃及赎，以值换算为铜，每二斤铜折杖打十下，但最多杖二百。

3. 诬告反坐及错判反坐时，也常变易刑罚。

第一，假如告官吏在监临区内盗一匹绢，若官吏之罪属实，其刑罚是杖八十并附加除名；如属诬告，诬告人反坐时既要反坐杖八十，还要反坐除名。此除名反坐就以徒三年相比。这就是《名例律》（总 23 条）所说的“诸除名者比徒三年；免官者，比徒二年；免所居官者，比徒一年”的实际含义。

第二，审判官吏错判受审官吏“除名”之罪，反坐时也把除名折合三年徒刑计算。

第三，诬告及错判道士、女冠应还俗之罪，反坐时，依徒一年计算；诬告及错判道士、女冠应处“苦使”刑罚的，反坐时，以苦使十天比笞十计算。《名例律》（总 23 条）之注文云：“谓以轻罪诬人及出入之类，故制此比”，就指这种情况。

（二）缓刑

唐代刑律中也存在犯罪在一定时期内暂缓执行刑罚的制度。不过，唐律中的缓刑主要不是考虑犯罪情节及本人表现，而是依对尊亲尽孝的需要来制定的。据《名例律》（总 26 条）之规定，所谓缓刑是指对死刑和流刑罪犯因“侍亲”而缓期执行。

1. 缓刑适用的条件

第一，缓刑适用于非“十恶”的死罪及“非会赦犹流”的流罪。所谓“会赦犹流”的流罪，指因犯不道、不睦、谋反、大逆等会赦犹流的流刑。除此之外，其他死罪、流罪及“十恶”流刑都可以适用缓刑。

第二，上述死刑、流刑犯人必须出现“祖父母、父母老疾应侍，家无期亲成丁”的情况。所谓“老疾”，疏文解释说：指“祖父母、父母、通曾、高祖以来，年八十以上及笃疾，据令应侍。”“笃疾”指较重的残疾及痴呆等疾病。所谓“无期亲成丁”，指叔、伯、姑、侄、兄弟中没有年龄“二十一以上，五十九以下”的人。

第三，缓刑必须经过特别批准程序。这一程序分为“上请”及“省司判听”二种。“上请”适用于死罪缓刑，其程序是先申报刑部，再书面呈状请示皇帝，由皇帝下令批准。即疏文所说：“皆申刑部，具状上请，听敕处分。”

“省司判听”适用于流罪缓刑，其程序只要由刑部批准，不必奏告皇帝。即疏文所说：“省司判听，不须上请。”有时即使流刑犯人已发配到流放地，在苦役期内，产生须权留养亲的情况，经批准也可中止服刑，待尊亲死亡满一年后再服役。律文云：“即至配所应侍，合居作者，亦听亲终期年，然后居作。”

2. 缓刑的内容

死刑缓刑经皇帝批准后在家侍亲，谓“敕许充侍”，并且在缓刑期间免除课税。疏议曰：“断死之徒，例无输课，虽得留侍，课不合征，免课沾恩，理用为允。”

流刑缓刑经刑部批准后暂留家侍亲，称“权留养亲”。但同死刑缓刑相比，只能免除徭役，而课调租赋依旧征收。律云：“课调依旧”。疏议说：“侍丁，依令免役，唯输调及租。”

3. 缓刑的终止

由于唐律缓刑主要服从侍亲尽孝，缓刑的期限依尊亲及家庭成丁情况而定，因而属于不定期缓刑。缓刑因下列两种情况而终止：

（1）亲终或家有期亲进丁。所谓“亲终”，指缓刑犯所侍奉的尊亲亡故一年；所谓“进丁”，指期亲内原来年幼的人长大成丁。出现上述情况之一者，终止缓刑，执行刑罚。不过，死刑缓刑终止要重新“上请”一次，疏议说：“若敕许充侍，家有期亲进丁及亲终，更奏。”而流刑缓刑结束服刑，不必上请，律文云：“若家有进丁及亲终期年者，则从流。”

（2）赦免。这是缓刑终止不再执行处罚的情况。但在享受赦免上，死罪“上请”及流罪“权留养亲”又不一样。死刑上请缓刑的犯人从缓刑开始，即有资格适用新颁布的赦令免罪。疏议曰：“死罪上请，敕许特留，经敕之后，理无杀法，况律无不免之制，即是会赦合原。”而流刑缓刑的犯人在缓刑期间不得适用赦令免罪。律云：“不在赦例。”疏议解释说：“权留养亲，动经多载，虽遇恩赦，不在赦限。”只有在亲终或有进丁之后，终止缓刑开始等待上路流配或已经上路流配时，才能适用新颁赦令免刑。注云：“仍准同季流人未上道，限内会赦者，从赦原。”

值得指出的是，从课税的征收及赦令的适用来看，唐代死刑缓刑比流刑缓刑更为宽大。对此，唐律的制定者也觉得要作特别解释，其唯一理由是因为批准之人不同：上请由皇帝敕裁，是受特殊的恩惠，而权留养亲是司法当局依常例批准的。因此两者不应比较：“（流刑）合住者，须依常例；敕裁者，已沐殊恩。岂将恩许之人，比同曹判之色？以此甄异，非为重轻。”因批准之人不同，犯人的待遇也不一样，封建特权真是无以复加。

四、缘坐、连坐与官当

唐律因受封建初期重刑主义的影响及贯彻宗法原则，在对犯罪分子实施刑罚时，除处罚罪犯本人外，在许多犯罪中，还实行亲属缘坐及对有特定法律关系的人进行连坐，以强化刑罚的威慑力。与此同时，从等级特权原则出发，唐律又允许国家官员在犯罪后可以用官职来抵当所应处之刑罚，即官当。因此，缘坐、连坐和官当既是唐代刑罚制度的一个特点，也是中国封建刑律的一大特色。

（一）缘坐

缘坐，是指因同犯罪人有血缘亲属关系及家庭生活关系而受到的刑罚株连。在唐律中，缘坐制度主要同“十恶”大罪相联系。

1. 对反、逆罪实行缘坐。《贼盗律》（总 248 条）规定，犯谋反及大逆者，主犯本人皆斩，父亲和十六岁以上的儿子均处绞刑；十五岁以下的儿子及母女、妻妾（包括儿子的妻妾）、祖孙、兄弟、姊妹，均没官为奴，只有年满八十岁或重疾残的男性，年满六十岁或疾残的女性能幸免缘坐；叔伯和侄子不论是否同籍，都流三千里。律文规定，即使是“词理不能动众，威力不足率人”的“谋反”罪，除本人处斩外，父子、母女、妻妾都要流三千里。

2. 对叛罪实行缘坐。《贼盗律》（总 251 条）规定，谋叛“已上道”者，本人处斩，妻、子流二千里；如果带领百人以上叛乱的，父母、妻、子流三千里。

3. 对不道罪实行缘坐。所谓“不道”，是指残酷的杀人罪。《贼盗律》（总 259 条）规定，杀死同一家三个非贱民又无死罪的人，或者杀人后又肢解尸体的，本人处斩，妻、子流二千里。同律（总 262 条）规定，“造畜蛊毒及教令者”，本人处绞，同居之家口虽不知情，也要流三千里。犯这种罪即使遇赦，本人及同居家口仍要流三千里。

4. 此外，处流刑者及杀人移乡之人，家眷要同行。此实为缘坐。《名例律》（总 24 条）规定，凡处流刑应发配的人，妻妾从之。即丈夫流放，妻妾必须随夫同放，而且依《令》：一旦犯流断定，丈夫不得弃放妻妾，即使妻妾有七出之条，也不准休弃，因为“若犯流听放，即假伪者多，依令不放，于理为允。”唐朝实行“移乡”制度，即在本乡杀人之杀人犯服刑完毕，由于要使之避开仇家，故强令其避去千里之外。同条律文规定，移乡人之妻妾也要随夫移乡，并不得因移乡而弃放妻妾，只有待流、移的丈夫死去后三年内，妻妾愿返回家乡的，方准返乡。但随造畜蛊毒犯同放的家口，即使主犯死亡，也不得返乡。

（二）连坐

连坐，是指对处于同一法律关系中的数人，一人犯罪，其他人连带处罚。唐代刑律中的连坐主要使用于对同职犯公罪的处罚，作为特例，某些特殊犯罪的处罚也实行连坐。

1. 同官署公事失错之连坐。这种连坐适用于同一机关内共理公务的行政官吏之间。《名例律》（总 40 条）规定，同一官署内共理公务的各级官吏之间，在处理公务时有过失犯罪，在整个过程中无论哪一个处置环节的官吏有罪过，其他各环节的官吏都要连坐受罚。只是在具体处刑时，“各以所由为首”，即对错失负主要责任者为首犯，其他为从犯。具体制度是：

首先，唐律把整个机关公务运行中的有关官吏划分为四个责任等级，长官（机关首长）为一等，通判官（副首长及中层机构负责官员）为一等，判官（主办官员）为一等，主典（检录登记官吏）为一等。其次，如最下一等的主典在检请中有错失，就以其为首，判官为一从，通判官为二从，长官为三从。如果判官为首，则通判官为一从，长官为二从，主典为三从。但如通判官以上改批处置有失的，只连坐改批以上官员，其他不处罚。最后，对首犯据公事过失的规定以全罪处刑，各级从犯依次减一等处罚。

2. 上下级不同官署间公职犯罪之连坐。唐律对官僚机构经常性的政务，凡有错失各级都负有连带责任，在刑罚幅度上，基层官吏比州、县官重，州县官连带负相应的罪责。如《户婚律》(总151条)规定，对户籍登记有脱户、漏口及增减年龄及其他情况的，基层官吏里正要受到“一口笞四十，三口加一等；过杖一百，十口加一等，罪止徒三年”的处罚。同律(总152条)规定，县官对此的罪责是“县内十口笞三十，三十口加一等；过杖一百，五十口加一等”；州官的罪责是：“随所管县多少，通计为罪。”注文云：“通计，谓管二县者，二十口笞三十；管三县者，三十口笞三十之类。”“若(州的)脱漏增减并在一县者，得以诸县通之。若止管一县者，减县罪一等。”同时，有此罪时，县与州官署内部仍以前述四等之法“节级连坐”。

唐律对这种经常性政务上的职务犯罪，基本都用这种办法追究罪责。《户婚律》(总152条)之注文云：“余条通计准此。”疏议解释：“谓一部律内，州管县、监管牧，折冲府管校尉，应通计者，得罪亦准此。”

3. 奸夫因奸谋害亲夫，奸妇不论知情与否均应连坐。奸夫杀亲夫，奸妇是否有罪，按理应据奸妇是否参与犯罪构成共犯而论。但唐律却把奸妇无条件地置于连坐的地位处罚。《贼盗律》(总253条)注文云：“犯奸而奸人杀其夫，所奸妻妾虽不知情，与同罪。”疏文解释说：“妻妾与人奸通，而奸人杀其夫”，无论是“谋而已杀、故杀、斗杀”，犯奸的妻妾，“虽不知情，与杀者同罪，谓所奸妻妾亦合绞。”可见，这是一种非常特殊的连坐制度，它混淆了刑法上的因果关系与普通事理的区别，殊不足取。

(三)官当

官当是南北朝以来形成的一项重要的官吏特权制度，此制度到唐代发展得更加完备系统。在唐律中，官当是指以撤停官员的官职来抵销其徒、流刑的刑罚制度。它避免了官员因犯罪而被实处徒、流刑，反映了官员的法律特权。

1. 官职抵当的徒刑年数。官当的内容主要是以官职抵当徒刑，故又称

“以官当徒”。《名例律》（总 17 条）规定：“诸犯私罪，以官当徒者，五品以上，一官当徒二年；九品以上，一官当徒一年。”疏文解释说：“九品以上官卑，故一官当徒一年。五品以上官贵，故一官当徒二年。”如果官吏犯公罪，则“各加一年当”，即如因执行公务而过失犯罪，可以增加一年当，即“五品以上，一官当徒三年；九品以上，一官当徒二年。”

2. 流刑也实行官当。同条律文规定：“以官当流者，三流同比徒四年。”即三等流刑均折合为徒四年来以官职抵当。疏议云：“品官犯流不合真配，即须当赎，所以比徒四年。”

3. 官吏可以现有的几项官职“当”，甚至以历任的官职“当”。同条律文规定：“其有二官（谓职事官、散官、卫官同为一官，勋官为一官），先以高者当（若去官未叙，亦准此），次以勋官当。行、守者，各以本品当，仍各解见任。其流内官而任流外职，犯罪以流内官当及赎徒年者，各解流外任。”即如有职事官、散官、卫官之一及勋官的，先以职事等三官中之最高者当之，然后以勋官当。疏文举例：“假有六品职事官，兼带勋官柱国以上，犯私罪流，例减一等，合徒三年。以六品职事当徒一年，次以柱国当徒二年之类。”所谓行、守，《贞观令》规定：“以职事高于散位者为守，职事卑于散位者为行。”假有从五品，下行正六品，犯徒二年半私罪，例减一等犹徒二年，以本阶从五品当徒二年，仍解六品见任。其有六品散官，守五品职事犯前罪，也用本品当徒一年，余徒收赎，解五品职事。不仅如此，同条律文还规定：“若有余罪及更犯者，听以历任之官当。”注云：“历任，谓降所不至者。”疏议解释说：“谓二官当罪之外，仍有余徒；或当罪虽尽而更犯法，未经科者，听以历任降所不至告身，以次当之。”也就是说，由于官吏的历任官“降所不至”，因而他们除可以现任职当罪外，还可用历任官职依次当之。可见，为了使现任官避开实处徒、流刑，刑律规定得多么细致周到！

4. 官当注意事项。一是凡律文规定要附加除免之刑的，主刑如果为笞杖刑，则笞杖刑可依法以铜赎罪，但不能以官职来抵当除免官职的附加刑。

《名例律》(总22条)规定:“其犯除免者,罪虽轻,从例除免。”二是犯官主刑为徒、流,律文又附加除免官职之刑的,在实际处罚时仍可以官当的办法来具体抵折主刑。《名例律》(总22条)规定:“其犯除免者,……罪若重,仍以当赎法。”三是死刑和有些流刑不能当。犯有死刑的官员,除依法议、请外,就不能以官当或再结合其他办法去逃避实刑。流刑中的“五流”也不得适用前述“三流同比徒四年”的规定。

五、刑罚轻重的政策调整

(一)老幼残疾减免刑罚

老幼残疾减免刑罚是指唐律对特殊的犯罪主体,即“老幼残疾有犯”,根据其年龄、身体情况以及所犯罪行的轻重,依法给予刑罚减、免、收赎、上请、免居作、不加刑等特殊处理。

1. 老幼残疾减免刑罚之意义。唐律对老幼残疾犯罪从轻处理的原则,渊源于《周礼》。《名例律》(总30条)在规定这一原则的同时,疏议反复引用《周礼》予以说明。如疏文云:“《周礼》‘三赦’之法:一曰幼弱,二曰老耄,三曰蠢愚。今十岁合于幼弱,八十是为老耄,笃疾戆愚之类,并合三赦之法。”又云:“依《周礼》:‘年七十以上及未龀者,并不为奴。’今律:年七十以上、七十九以下,十五以下、十一以上及废疾,为矜老小及疾,故流罪以下收赎。”“《礼》云:‘九十曰耄,七岁曰悼;悼与耄虽有死罪不加刑’。爱幼养老之义也。”由此可见,唐律对老幼残疾犯罪的规定是以礼为依据的。实际上,名为“爱幼养老”,实考虑到老幼残疾犯罪不足以对封建统治构成多大威胁,故据其犯罪情节,予以“节级优异”。从刑法理论上说,这一规定具有确认刑事责任能力的意义。说明在唐代,只有年龄超过十五岁不满七十岁,且无残疾者,才负完全的刑事责任。

2. 老幼残疾之概念及其认定。据《名例律》(总30条)之规定,所谓“老”，是指年龄在七十岁（含本数）以上的人，其中又分七十以上、七十九以下，八十以上、八十九以下，九十以上三个档次。所谓“幼”，是指年龄在十五岁（含本数）以下的人，其中又分十五以下、十一以上，十岁以下、八岁以上，七岁以下三个档次。所谓残疾，又分废疾和笃疾两种。依唐《户令》，废疾是指“痴哑、侏儒、腰脊折、一肢废，如此之类。”笃疾是指“恶疾、癫狂、两肢废、两目盲，如此之类。”①

由于犯罪与案发，审判与执行的时间差异，当事人在此期间是否老幼残疾可能有变化，《名例律》（总 31 条）进一步规定了老幼残疾在审判实践中的认定原则。主要有下述四种情况：

（1）犯罪时未老疾，案发时老疾，依老疾论。疏文举例说，假有六十九岁以下犯罪，年七十案发，或无疾时犯罪，废疾后事发，仍依“收赎”法。七十九岁以下犯反逆、杀人应死，八十岁案发，或废疾时犯罪，笃疾时事发，仍得“上请”。八十九犯死罪，九十岁案发，并入“勿论”。

（2）案发时未老疾，断决前老疾，依老疾论。例如，案发时六十九岁，至年七十始断，不可仍遣役身。又如，有年七十九犯加役流事发，至八十岁始断，“止得依老免罪，不可仍配徒流。”若废疾之人，在案发时已患，至断时成疾，得同疾法，若案发时无疾，断决时有“加疾”，经“推有故作，须依犯时；实患者，听依疾例”。

（3）罪犯在徒刑执行期内老疾，依老疾论。例如，假有年六十九以下配徒役，或二年、三年，然役限未满而年已入七十；又有配役时无疾，在役限内成废疾，依法收赎。收赎时，赎铜数应按已役日数扣除。

（4）犯罪时幼小，案发时长大，依幼小论。例如，假有七岁犯死罪，八岁时案发，则死罪不论；十岁杀人，十一岁案发，仍得上请；十五岁时偷盗，十六岁案发，仍以赎论。

3. 老幼残疾刑罚之减免办法。唐律针对老幼残疾的不同档次，结合其

① 参见［日］仁井田陞：《唐令拾遗》，栗劲等编译，长春出版社 1989 年版，第 136 页。

犯罪行为的性质和轻重，分别规定了不同的减免办法。

（1）年七十以上、十五以下及废疾者犯一般流罪以下收赎。但加役流、反逆缘坐流、会赦犹流者，不能收赎。不过考虑到“矜其老小，不堪役身”，仍“至配所，免居作”。

（2）年八十以上、十岁以下及笃疾犯反、逆、杀人应死者，上请。疏议解释说，《周礼》虽有三赦之法，但“有不可赦者，年虽老小，情状难原，故反、逆及杀人，准律应合死者，曹司不断，依上请之式，奏听敕裁。”

（3）年八十以上、十岁以下及笃疾犯盗及伤人者，收赎。疏议云：“盗者，虽是老小及笃疾，并为意在贪财。伤人者，老小疾人未离忿恨，此等二事，既侵损于人，故不许全免，令其收赎。”

（4）年八十以上、十岁以下及笃疾犯他罪者，皆勿论。即不论所犯为死罪、流罪以下，皆可免刑。

（5）年九十以上、七岁以下，虽有死罪不加刑。即免予刑罚处罚。但七岁以下“缘坐应配没者，不用此律。”疏议解释：“谓父祖反、逆，罪状已成，子孙七岁以下仍合配没，故云不用此律。”所以《贼盗律》（总 248 条）仅规定：“男夫年八十及笃疾，妇人年六十及废疾者，并免。”

（二）自首原罪

自首是唐律中相当详尽与完备的法律制度之一。唐律确定自首制度的目的，主要是鼓励犯罪分子改过自新，《名例律》（总 37 条）之疏议曰：“过而不改，斯成过矣。今能改过，来首其罪，皆合得原。”在唐律中，涉及自首的条文有多条，其基本条文是《名例律》（总 37 条）之规定，其余条文内容均由它演绎而来。

1. 自首的概念和成立条件。依唐律规定，自首是指犯罪分子在犯罪未被发现的情况下，自己或派人向法定的官府如实交代自己的罪行并归案受审的行为。其成立条件有：

第一，自首必须在罪案未发的情况下进行，如果已发不能成立自首。

《名例律》（总 37 条）之疏议云：“犯罪已发，虽首不原。”所谓“未发”，是指犯罪未被发觉。具体有两种情况：一是官方未发现犯罪并进行追究。如果官方“案问欲举”，即已发现犯罪并进行追究，是为“已发”。二是未有人去官府“言告”。若有人向官府指控告发犯罪则属“已发”，《名例律》（总 37 条）疏议清楚地解释说：“若有文牒言告，官司判令三审，牒虽未入曹局，即是其事已彰，虽欲自新，不得成首。”其界限是官府受理告发，即使状子尚未正式送达官府有关部门，也属已发。

当然，特殊情况下对已发之罪也以自首论处。这适用于非常赦所不原的共犯案发逃亡的情况。《名例律》（总 38 条）规定：“诸犯罪共亡，轻罪能捕重罪首，及轻重等，获半以上首者，皆除其罪。”注文云：“重者应死，杀而首者”，仍以自首论。

第二，自首必须向法定的官府进行。唐律规定接受自首的官府是犯罪所在地的非军事衙门。《斗讼律》（总 353 条）规定：“诸犯罪欲自陈首者，皆经所在官司申牒，军府之官不得辄受。其谋叛以上及盗者，听受，即送随近官司。”疏议解释：“但非军府，此外曹局，并是‘所在官司’。”

此外，下列情况视为向官府自首：①犯逃亡罪及叛罪的罪犯，虽不去官府自首，但能返回原地的，以自首减二等论处。《名例律》（总 37 条）规定：“即亡叛者虽不自首，能还归本所者，亦同。”疏议云：“谓不经官司首陈，……归初逃叛之所，亦同自首之法，减罪二等坐之。若本所移改，还归移改之所，亦同。”②犯盗罪及诈骗罪的罪犯向财产主人归还财物的，视同到官府自首。《名例律》（总 39 条）规定：“诸盗、诈取人财物而于财主首露者，与经官司自首同。”

第三，自首必须如实、彻底地交代罪行才能免罪，否则，不实、不彻底部分仍要追究刑事责任。《名例律》（总 37 条）规定：“即自首不实及不尽者，以不实不尽之罪罪之。”疏议解释说，所谓“不实”如强盗得赃，自首交代是窃盗赃，虽自首但仍以强盗不得赃罪处罚之类；“不尽”如枉法取财十五匹，交代十四匹，余一匹之类。

第四，自首必须愿意接受惩罚。愿意接受惩罚应以罪犯的实际行动表明，否则不成立自首。《名例律》（总 37 条）规定：“其闻首告，被追不赴者，不得原罪。”疏议云：“犯罪之人，闻有代首，为首及得相容隐者告言，于法虽复合原，追身不赴，不得免罪。”在这种情况下，代为出首及告发的亲属如有缘坐，可仍以自首免罪处理：“首告之人及余应缘坐者，仍依首法。”

应当指出的是，唐律自首既可以是罪犯自己向官府出首，也可以派人代为自首。《名例律》（总 37 条）规定：“遣人代首，……听如罪人身自首法。”甚至同罪犯有相隐关系的亲属出首或捕告的，罪犯仍以自首免罪，同条律文规定：“若于法得相容隐者为首及相告言者，各听如罪人身自首法。”注文进一步规定：“缘坐之罪及谋叛以上本服期，虽捕告，俱同自首例。”当然，如果亲属告发的不是反、逆、叛罪，罪犯依自首免罪，其亲属反而构成犯罪。此外，《名例律》（总 41 条）规定：公事失错应连坐者，“一人自觉举，余人皆原之。”也就是说，在公事失错的连坐犯中，不自首的人，可以因觉举者的觉举而以自首免罪。这一点，同现代刑法差异甚大。

2. 自首的处理

唐律中的自首主要有一般犯罪未发而自首、官吏犯公坐自首和犯罪共逃亡自首三种情况。对其处理，刑律规定一概“皆原其罪”，即免予刑罚处罚。不仅如此，自首原罪同样适用于一人犯有数罪。《名例律》（总 37 条）规定：“其轻罪虽发，因首重罪者，免其重罪；即因问所劾之事而别言余罪者，亦如之。”也就是说，当一人犯有数罪时，如果轻罪已发重罪未发而自首重罪的，则重罪以自首论免；如果在审问已发现罪行时，又自首了其他未发现之罪的，则未发现之罪也以自首免罪。

但是，由于“来首其罪”的罪犯的主观动机和客观原因不同，会出现不完全自首的情况。唐律规定对此不得免刑而只能减刑。主要有：

（1）罪犯作“不实不尽”的自首后，若仍要处死刑的，则听减一等处置。《名例律》（总 37 条）疏议解释说：“为其自有悔心，罪状因首而发，故至死听减一等。”

（2）罪犯知人欲告及亡叛而自首，可减二等处罚。同条律文规定：“其知人欲告及亡叛而自首者，减罪二等坐之。”疏议云：“犯罪之徒，知人欲告及案问欲举而自首阵，及逃亡之人，并叛已上道，此类事发归首者，各得减罪二等坐之。”

（3）亡叛者虽不自首，能还归本所者减二等。同条疏议解释说，虽不经官司首陈，能遂归初逃叛亡所，“亦同自首之法，减罪二等坐之。”

3. 不适用自首的犯罪

《名例律》（总37条）规定：“其于人损伤、于物不可备偿……若越度关及奸，并私习天文者，并不在自首之例。”据此，下列犯罪不适用自首：

（1）伤害罪不适用自首，不得减免刑罚。但若伤害是因他罪引起而自首，“得免所因之罪。”例如，因盗而伤人自首，盗罪可免，伤害罪不免。

（2）关于“不可备偿之物”的犯罪，不适用自首免罪的规定。疏议解释说，所谓不可备偿之物是指宝印、符节、制书、官文书、甲弩、旌旗、幡帜、禁兵器及禁书之类私家不应有的东西。但是，如果“本物见在首者，听从免法。”

（3）私度、越度关罪，自首不原。《名例律》（总43条）疏文云，私度、越度虽自首，“皆以正犯科之”。

（4）奸良人罪，不适用自首免罪。注文云：“奸谓犯良人。”但若奸贱民，仍能成立自首。

（5）私习天文罪不能自首原罪。古代天文星象之事被认为涉及社稷祸福及帝王气数，学习此等技艺，完全由朝廷严加控制，私自学习，即构成大罪。《职制律》（总110条）规定，私习天文者要处“徒二年”。故本条规定此罪不得以自首免。

此外，虽然公事失错自觉举可以原罪，但如果“断罪失错，已行决者，不用此律。”即错判已经执行的，即使自首，也不得免罪，仍以过失入人罪论处。

（三）“公罪”与“私罪”

唐律将官吏犯罪依其性质明确区分为“公罪”和“私罪”两类。因此，公罪与私罪的划分，并不是适用于一切犯罪主体的普遍原则，而只是适用于特殊犯罪主体——官吏。唐律区别公罪与私罪的目的，一方面出于维护和加强封建吏治的考虑，明确官吏犯罪打击的重点，同时通过对官吏在公务活动中的过失犯罪的从轻处罚，保护官吏的利益，提高其执行职务的积极性和主动性，以加强国家机关的统治效能。

1.“公罪”与“私罪”的概念。据《名例律》（总17条）之解释，所谓公罪“谓缘公事致罪而无私、曲者。”而私罪指“不缘公事，私自犯者；虽缘公事，意涉阿曲，亦同”。注文云：“私罪，谓私自犯及对制诈不以实、受请枉法之类。”可见，公罪之构成有两个条件：一是因公事；二是无私、曲，缺一不可。而构成私罪只需一个条件，即有私、曲，不论因公与否。具体言之，私罪又有两种：其一是同公事无关的违法犯罪，如强奸、盗窃等；其二是利用职权，贪赃枉法或诈取私利的，虽与公事有关，也以私罪论处。因此，公罪一般都是过失犯罪，而私罪则多为故意犯罪。

2.“公罪”与“私罪”的处置。唐律对官吏犯公罪者处罚从轻，犯私罪者处罚从重。如以官当徒时，私罪则五品以上官当徒二年，九品以上官当徒一年；如系公罪，则各加一年当。

应当指出的是，唐律并无专条规定公罪与私罪及其处刑原则，因而刑律条文在规定官吏犯罪的情节及处罚时，一般都不指明哪个是公罪，哪个是私罪，而是由司法官吏根据上述有关解释去领会运用。有的职务犯罪条文，本就要求根据官吏主观上的故意或过失来区分私罪与公罪。如《断狱律》（总491条）规定：“诸缘坐应没官而放之，及非应没官而没之者，各以流罪故、失论。”缘坐没官在刑罚轻重上相当于流三千里，官吏错判此刑，则依故意或过失论以私罪和公罪。疏议云：“若故，同故出入三千里流；若失，同失出入三千里流。”前者属私罪，后者属公罪。

在具体刑罚幅度上，公罪往往比照私罪减2—3等处刑。如《杂律》（总437条）规定，弃毁符、节、印及门钥的刑罚是“准盗论”，而“亡失及误毁者，各减二等”。又如《厩库律》（总210条）规定有人从库藏出，防卫主司不搜检，因此发生盗窃而“不觉”的，“减盗罪二等”；巡夜时有盗“不觉”的，“减三等”。

（四）首犯、从犯与胁从

唐律对二人以上的共同故意犯罪也区分首犯，从犯与胁从来分别规定不同的刑罚处罚。

1. 首犯全罪。首犯是指在共同犯罪中“造意”之人。《名例律》（总42条）规定：“诸共犯罪者，以造意为首。”所谓造意，《晋书·刑法志》引张斐《律表》云：“倡首先言谓之造意。”即合谋时最先提出犯罪主张或犯罪计划的人。但是，共同犯罪中的造意人并非在任何情况下都是首犯：

（1）家人共犯，以尊长为首。同条律文规定：“若家人共犯，止坐尊长。”注文进一步规定：“于法不坐者，归罪于其次尊长。尊长，谓男夫。”这里虽然规定家人共犯不是共犯，但实以尊长为首。

（2）与监临主守共犯，以监主为首。同条律文规定：“共监临主守为犯，虽造意，仍以监主为首，凡人以常从论。”

（3）在殴伤罪中，共犯以下手重者为首。《斗讼律》（总308条）规定：“诸同谋共殴伤人者，各以下手重者为重罪，元谋减一等，从者又减一等；若元谋下手重者，余各减二等。”这里，量刑的主要依据是各自实施的殴伤行为所造成的实际损害，实以下手重者为首，而造意者并不一定为首。不过，如果共殴不知谁先谁后，也不知谁轻谁重，则以谋首及最先斗殴者为首：“若乱殴伤，不知先后轻重者，以谋首及初斗者为重罪，余各减二等。”

（4）窃盗共犯的造意者，如果既不实施盗行，又不参与分赃，则为从犯。《贼盗律》（总297条）规定，共盗“造意及从，行而不受分，即受分而不行，各依本首从法。若造意者不行，又不受分，即以行人专进止者为首，造意者为从。”但如果造意者具有实施行为和参与分赃之一的，仍为首犯。

唐律对首犯的处罚是首犯全罪，即首犯对全部犯罪行为负责，直接依照具体犯罪规定的法定刑量刑处置。如《捕亡律》（总 465 条）规定：“诸被囚禁，拒捍官司而走者，流二千里；伤人者，加役流；杀人者，斩，从者绞。”即首犯分别依情况处流二千里、加役流、斩之刑。

2. 从犯减等。从犯是指附和造意者实施犯罪的人，又称“随从者”。《名例律》（总 42 条）云：“诸共犯罪者，以造意者为首，随从者减一等。”在谋叛罪中从犯被称为“协同者”。《贼盗律》（总 251 条）规定：“诸谋叛者，绞。已上道者皆斩。”注文曰：“谓协同谋计乃坐，被驱率者非。”疏议解释：“协者和也，谓本情和同，共作谋计，此等各以谋叛之法。”在谋杀人罪中从犯又根据其在犯罪中所起的实际作用，分为“加功”与“不加功”两种。《贼盗律》（总 256 条）规定：“诸谋杀人，……已杀者，斩。从而加功者，绞；不加功者，流三千里。”“加功”是指在实施犯罪时起促进作用。

根据《名例律》（总 42 条）之规定，对从犯的处刑原则是比首犯减轻一等。但是，如果具体条文特别规定不分首从者，处重刑。《名例律》（总 43 条）规定：“若本条言‘皆’者，罪无首从；不言‘皆’者，依首从法。”并进一步规定：“强盗及奸，略人为奴婢，犯阑入，若逃亡及私度，越度关栈垣篱者，亦无首从。”如《贼盗律》（总 248 条）规定：“诸谋反及大逆者，皆斩。”即指谋反、大逆罪，不分首犯、从犯一律处斩。又如同律（总 256 条）规定：“诸谋杀人者，徒三年。”这里未用“皆”字，则依首从法，从犯减首犯一等处刑。从唐律规定来看，不分首从的犯罪大多是一些性质严重的犯罪以及一些区分首从会造成鼓励从犯的情况。

3. 胁从免罪。唐律一般对罪犯只区分首从，而无“胁从”之名。但在具体犯罪条文中事实上涉及胁从犯之规定。具体称谓有两种：一是“被逼”。《户婚律》（总 195 条）“嫁娶违律”罪规定：“其男女被逼，若男年十八以下及在室之女，亦主婚独坐。”疏议解释云：“主婚以威若力，男女理不自由，虽是长男及寡女，亦不合得罪。”二是“被驱率者”。《贼盗律》（总251条）谋叛罪之注文云：“被驱率者非。”疏文解释说，被驱率者“元本不共同情，临时而被驱率者，不坐”。也属于胁从犯。

对胁从犯的处置是免罪，即不构成犯罪。《户婚律》（总195条）规定嫁娶违律“独坐主婚”，被逼者“不合得罪”。《贼盗律》（总251条）也规定谋叛罪中被驱率者“不坐”。不仅如此，唐律还将胁从免罪作为一般原则推广运用。《贼盗律》（总251条）之注文云：“余条被驱率者，准此。”疏议解释其具体含义说：“余条谓谋反，谋大逆，或亡命山泽，不听追唤，既肆凶悖，堪擅杀人，并劫囚之类，被驱率之人，不合得罪。”正因为胁从免罪，所以唐律有关共犯的律文，仅规定首犯及从犯的处罚，而不再具体规定胁从犯的处罚。

（五）累犯加重

1. 累犯的概念和构成条件。唐律中的累犯有其特殊的含义。据《贼盗律》（总299条）之规定，所谓累犯是指于赦免后经审判确定累计三次犯徒刑或累计三次犯流刑的盗犯。其构成条件是：

第一，必须是犯有盗罪。所谓盗罪，疏议明确指出包括强盗和窃盗。因此，不是盗罪不能成立累犯。这是唐律累犯对犯罪性质的要求。

第二，必须前后三次被判徒刑或三次被判流刑。在处刑要求上，累犯必须是相同刑种的三次累计，而不是不同刑种的三次累计。如果罪犯一次犯徒、两次犯流或两次犯徒、一次犯流，均不构成累犯。但是，如果是死刑遇上降罪，降至徒刑或流刑的，则可算作徒刑或流刑计算三犯。疏议解释：“死罪会降，止免极刑；流徒之科，本法仍在。然其所犯本坐，重于正犯徒流，准律而论，总当三犯之例。”

第三，必须是经审判确定后没有被赦免过的徒刑或流刑。这是累犯在时间上的要求。律文云：“盗经断后，仍更行盗，前后三犯”。注文曰：“三盗止数赦后为坐”，疏文解释：“不论赦前犯状为数。”据此，如果未经审判确定的徒、流刑或者虽经审判确定但已被赦免的徒、流刑，不得计入累犯之数。此外，疏文补充：“其未断经降、虑者，不入三犯之限。”也就是说，未经审判而减轻、奏免的徒、流刑，也不计入三犯。因此，累犯在计算方法上，是以刑罚经审判确定后计次，并于赦免后起算，以同刑种不间断地累计三次。

2. 累犯加重办法。由于累犯是危险性较大的犯罪，故唐律采取加重处罚的原则。疏议解释说：“行盗之人，实为巨蠹，屡犯明宪，罔有悛心。前后三入刑科，便是怙终其事，峻之以法，用惩其罪。”

累犯的具体加重方法，律文明确规定：“前后三犯徒者，流二千里；三犯流者，绞。”可见，加重方法是刑罚升级论处。即徒刑累犯升级为流二千里；流刑累犯升级为绞刑。

3. 累犯的适用范围。应当指出，唐律中的累犯制度仅适用于盗罪，而不作为一项普遍原则，适用于一切犯罪。而且即使是盗罪，累犯制度也只适用于凡人之间的强盗和窃盗，而不适用于亲属间的盗罪。律文规定：“其于亲属相盗者，不用此律。”亲属的范围，疏议引《职制律》规定是“缌麻以上及大功以上婚姻之家。”因为亲属相盗在唐律中是轻于一般盗罪的犯罪，而累犯属于加重处罚的情况，所以不适用。疏议说：亲属相盗“自依亲属本条，不用此三犯之律。”所谓“亲属本条”是指《贼盗律》（总287条）“盗缌麻小功亲财物”及同律（总288条）“卑幼将人盗己家财”等律条。换言之，亲属相盗应以刑律专门的条文来处理。

因此，唐律累犯制度仅适用于亲属以外的盗罪，故又称盗罪累犯。但是，由于盗罪是刑律中最基本的罪名，也是社会上常见而多发的犯罪，所以，盗罪累犯制度在唐律中的地位和意义，不容忽视。

（六）数罪并罚

唐律中的数罪并罚是指审判时一人犯有数罪，或者前一项犯罪已发案或已决配，又发现漏罪或又犯新罪的，对犯罪分子如何合并处刑的制度。根据《名例律》（总 45 条）和同律（总 29 条）之规定，这一制度主要包括以下内容：

1. 在数罪俱发的情况下，按重罪吸收轻罪论处。《名例律》（总 45 条）规定：“诸二罪以上俱发，以重者论。”疏议举例说，如一官员俱发三罪：一是盗绢五匹，合徒一年；二是私有禁兵器矟一张，合徒一年半；三是过失折人二肢，赎流三千里。比较起来三罪中第二罪徒一年半最重（流刑虽重，但赎流就轻于徒），所以只从私有禁兵器罪，断徒一年半。

如果同时发现的数罪轻重相同，则选择其中一罪处罚。律文云：“等者，从一。”例如有人犯盗五匹，合徒一年；又斗殴折伤人，也合徒一年，此时只须从一而断，判徒一年。

2. 在前罪已判决又发现余罪的情况下，仍按重罪论处。同条律文规定：“若一罪先发，已经论决，余罪后发，其轻若等，勿论；重者更论之，通计前罪，以充后数。”也就是说，如果前罪和后罪轻重相等，则后罪不论；如后罪重，则重新改以重罪处断，但轻罪已执行之刑罚在重罪刑罚中扣除。例如，甲折乙一齿，已处徒一年，又发现甲殴丙折二指以上，应处徒一年半，则甲最后应判徒一年半，实际只要再加役半年。

3. 在犯罪已发及已配又犯新罪的情况下，以限制加重法并罚论处。《名例律》（总 29 条）规定：“诸犯罪已发及已配而更为罪者，各重其事。”疏文解释：“各重其后犯之事而累科之。”但实际上，此种累科并不是把各罪刑罚简单相加来加重，而是实行限制加重。具体表现为：

（1）流罪已发已配又犯流罪的，在原判流刑基础上再按流刑的替代刑加刑。即不是加重为二次流刑，而是一次流刑加一次流刑的替代刑。流刑替代刑的内容一是加杖，二是增加苦役年限。律文云：“重犯流者，依留住法决杖，于配所役三年。若已至配所而更犯者，亦准此。”具体方法是：“流二千里，决杖一百；流二千五百里，决杖一百三十；流三千里，决杖一百六十；仍各于配所役三年。”如已判流二千里刑者，又犯流二千里罪的，加重后的刑罚为流二千里，决杖一百，在发配地服苦役四年。

（2）流罪已判或已配后又犯徒罪的，则在原流刑苦役一年的基础上再加其徒刑年限，但总数不得超过四年；反之，徒罪已判或已配后又犯流罪的，则在原徒刑的基础上再加流刑的替代刑，但苦役总数不得超过四年。这就是律文“即累流、徒应役者，不得过四年”的真实含义。

（3）徒罪已判或已配后又犯徒罪的，则在前判徒刑的基础上再加后罪徒刑的替代刑——加杖。律文云：“若更犯流、徒罪者，准加杖例。”徒刑的加杖法，《名例律》（总 27 条）规定：“徒一年，加杖一百二十，不居作；一等加二十。”换言之，重新犯徒罪，不是累计二次徒刑的年限，而是在前罪徒刑基础上加杖。

（4）笞杖罪已发或已判后又犯笞杖罪的，累数拷打，但总数不得过二百。律文规定：“其杖罪以下，亦各依数决之，累决笞、杖者，不得过二百。”疏文举例说，有人初犯杖一百，中间又犯杖九十，后又犯笞五十，前后虽有二百四十，但决之不得过二百。

应当特别指出的是，唐律还将数罪并罚的限制加重原则应用于赃罪的赃值计算。具体有下述三种情形：

（1）对赃罪中的一罪频犯，累计赃数折半论处。《名例律》（总 45 条）规定：“即以赃致罪，频犯者并累科。”频犯即屡犯，累科指将发现的赃数相加后折半科刑。疏文举例说：“假有受所监临，一月之中，三处受绢一十八匹，或三人共出一十八匹，同时送者，各倍为九匹而断。”注云：“倍，谓二尺为一尺。”以现代刑法观之，这是对赃罪之连续犯执行数罪并罚。

（2）对赃罪中的数罪频犯，则以重罪的赃数并入轻罪的赃数中，折半以轻罪论处。律文云：“若罪法不等者，即以重赃并满轻赃，各倍论。”疏文举例说：假如有一县令受财枉法六匹，合徒三年；不枉法十四匹，亦合徒三年；又监临外窃盗二十九匹，亦徒三年；强盗二匹，亦合徒三年，受所监临四十九匹，亦合徒三年。其中以受所监临罪最轻，所以，“累于受所监临，总一百匹，仍倍为五十匹，合流二千里。”但监临主守受财同事共与或一事频受及于监所频盗者，“累而不倍”，即不能折半论处。

（3）犯一事而有二罪，如果二罪刑罚相同，则累计赃值以总数论处；如果二罪刑罚不一样，则以重罪赃数并入轻罪赃数计总数论处。但是，若二罪累并后如不加重刑罚的，只以一项重罪论处。律文云：“其一事分为二罪，罪法若等，则累论；罪法不等者，则以重法并满轻法。累并不加重者，止从重。”可见，这实际上是对赃罪之牵连犯实行数罪并罚。

第三节　刑律中的主要罪名及作用

如前所述，唐律作为一部刑法典，其十二篇在事实上构成总则与分则的关系，即《名例律》相当于现代刑法之总则，《卫禁律》以下十一篇为唐律之分则。从条文内容来看，唐律共 502 条，除《名例律》57 条之外，其余各篇 445 条都是关于各种犯罪行为及其处罚的规定，它们涉及唐代政治、经济、文化和社会生活的各个方面。这里，我们按唐律分则各种罪名在维护和调整社会关系中所起的基本作用，把唐代刑律中的主要罪名概括为如下几个方面。

一、维护帝制统治为核心的封建政权

唐代实行中央集权的君主专制制度，其政权的核心就是皇帝制度。因此，作为刑法，唐律通过严惩一系列与此有关的犯罪行为，来维护皇权和以帝制统治为核心的封建政权。

（一）维护皇帝的最高统治权

1. 为了保证皇帝对国家政务的最高决定权，唐律规定有“应奏而不

奏，不应奏而奏”罪和弃毁制书罪。《职制律》（总117条）规定：“诸事应奏而不奏，不应奏而奏者，各杖八十。”所谓应奏而不奏，疏议云：“谓依律、令及式，事应合奏而不奏。”不应奏而奏是指“格、令、式无合奏之文及事理不须奏闻者”而奏。注文进一步说：“虽奏上，不待报而行，亦同。”即同于不奏不申之罪。可见，“应奏而不奏”是妨碍皇帝正常行使权力，“不应奏而奏”是妨碍皇帝集中精力处理重要政务，故唐律规定要各杖八十。

制书是皇帝的书面诏谕和命令性文件。对此，任何人不得将之遗弃或毁损，也不得篡改其内容。《杂律》（总438条）规定：“诸弃毁制书及官文书者，准盗论；亡失及误毁者，各减二等。”注文补充：“若欲动事者，从诈增减法。”因此，对于遗弃或毁损制书的行为，将按《贼盗律》（总273条）盗制书罪处徒二年；即使遗失或误毁制书的，各减二等处罚，即徒一年。如果企图变更增减制书内容的，则按《诈伪律》（总367条）诈为制书及增减罪，处绞刑。

2. 为维护皇帝的最高军事指挥权，惩治擅发兵罪和擅自调发军需物资罪。唐《军防令》云：“差兵十人以上，并须铜鱼、敕书勘同，始合差发。若急需兵处，准程不得奏闻者，听便差发，即须言上。”[①] 这是为了确保皇帝对军队的调动权，否则就是擅发兵，由刑律处罚。《擅兴律》（总244条）规定：“诸擅发兵，十人以上徒一年，百人徒一年半，百人加一等，千人绞。”疏议补充说：“擅发兵九人以下，律、令无文，当不应为从重。”即按《杂律》（总450条）“不应得为而为”罪从重处罚杖八十。不仅如此，擅自给拨兵丁者也构成犯罪：“随所给人数，减擅发一等”处刑。

皇帝不仅严格控制军队的调动权，而且批准征发军用物资的权力亦在皇帝。擅自调发军需，也构成犯罪。《擅兴律》（总225条）规定：“诸应调发杂物，供给军事者，皆先言上待报。违者，徒一年；给予者，减一等。”

① 《唐令拾遗》，第284页。

3. 为保证皇帝在司法上的最高权威，唐律惩处相应的犯罪行为。首先，制敕断罪是皇权至上在司法领域的体现，且这种断罪具有超越法律的效力。但是，制敕断罪若未上升为法律，任何人不得引用，否则构成犯罪。《断狱律》（总 486 条）规定："诸制敕断罪，临时处分，不为永格者，不得引为后比。若辄引，致罪有出入者，以故失论。"即按同律（总 487 条）"官司出入人罪"罪处刑。

其次，唐代实行死刑执行的覆奏制度，即"死罪囚，谓奏画已讫应行刑者，皆三覆奏讫，然始下决。"也就是说，死刑执行必须经过皇帝最后批准。如果违反这一制度，则依《断狱律》（总 497 条）的规定处流二千里。

最后，唐律严处破坏赦令执行的行为。《断狱律》（总 487、488、489 条）规定，若有人事先知道即将大赦而故意犯罪，"不得以赦原"。如果官吏徇私舞弊，"闻知有恩赦而故论决"犯人，以故意出入人罪论处；若"赦书定罪名，合从轻者，又不得引律比附入重，违者各以故、失论。"因为这些行为破坏了赦令的严肃性。

（二）维护皇帝的人身安全

对于帝制统治而言，皇帝的人身安全具有特别重要的意义。为保护皇帝的人身安全，唐律在《卫禁律》和《职制律》中规定了许多罪名来惩治威胁皇帝人身安全的犯罪，主要有：

1. 阑入罪。皇家宗庙、陵墓及宫殿乃是禁地，进出都要登记名籍发放凭证才能通行，否则就是"阑入"。对于阑入罪，《卫禁律》（总 58、59 条）区分不同情况加以处置：阑入庙门、墓区、宫门及宫城门的，徒二年；持杖阑入宫门的，徒三年；如果阑入殿门的，徒二年半，持杖者流二千里；阑入上阁内，处绞刑；侍卫阑入，徒二年半，持杖入者流二千里，带刀兵入者处死；阑入至御在所的，处斩刑。如果阑入御膳所者，流三千里；入禁苑者，徒一年。此外，如果冒名而入或夜出入宫殿，"以阑入论"。可见，刑律对皇帝人身安全的保护十分细致，越是接近皇帝所在和重要场所，其刑罚就越严厉。

2. 越垣罪。越垣是不经门而翻墙而入。翻越宫、殿垣墙而入，对皇帝人身安全的危害性比阑入更大。故唐律对越垣罪的处刑比阑入罪明显加重，一律视越入地区而定。《卫禁律》（总 60 条）规定："越殿垣者，绞；宫垣，流三千里。"如果是越皇城垣，因皇城范围比宫殿大，所以"减宫垣一等"；若越京城垣，危险性又减少，故"又减一等"。

3. 值勤违制罪。宫中警卫将士，负有保卫皇帝安全的责任，他们值勤均有一定的制度，必须遵守，否则构成犯罪。《卫禁律》（总 62 条）规定，如果非警卫人员冒名代值，入宫内流三千里，殿内绞；若已下值警卫冒名代值，以阑入论。同律（总 64 条）规定，如果不遵守宿值时间，宿卫长"当下值而辄入"，减阑入五等论处；其他人员则减阑入七等论处。同律（总 71 条）规定，夜晚必须奉敕、勘符并诣阙覆奏，方能开宫殿门。否则，不承敕而擅开者处绞刑；勘符不合而开者流二千里；不勘符而开者，徒三年。此外，警卫持武器也不得违制，《卫禁律》（总 76 条）规定："诸宿卫者，兵仗不得远身，违者杖六十。"同时，皇帝在时不得误拔刀子，若误拔，则处绞刑，而且当时在场的人连坐流三千里。

4. 向宫殿内射箭及投瓦石罪。《卫禁律》（总 73 条）规定，向宫殿内射箭，射到宫垣的，徒二年；射入宫垣及射到殿垣的，徒二年半；射入殿垣的，徒三年；射入上阁内，处绞刑；射入御在所的，斩。如果是投掷瓦石，分别按上述情况减一等处罚。

5. 冲车驾行列罪。皇帝出巡皆有队仗，任何人不得阻拦、冲撞。如有犯者，《卫禁律》（总 74 条）根据冲撞对象及主观心态，规定"冲队者，徒一年；冲三卫仗者，徒二年。误者，各减二等"。以维护皇帝出巡安全。

（三）维护皇帝的尊严

唐律对皇帝尊严的维护，集中体现于"大不敬"罪的规定及处罚上。所谓"大不敬"就是侵犯皇帝尊严及权威的行为。在唐律中，"大不敬"

罪是一类犯罪的总称，其内容概见于《名例律》“十恶”条，具体处罚则分别规定在《贼盗律》《职制律》和《诈伪律》内。“大不敬”的具体行为及处罚包括：

1. 盗大祀神御之物。“大祀神御之物”即祭天地、神州、宗庙的祭器及祭物，不容随便窃取。《贼盗律》（总 270 条）规定：“诸盗大祀神御之物，流二千五百里。”不仅如此，对大祀神御之物的弃毁行为也以盗论而入大不敬罪，《杂律》（总 435 条）说：“诸弃毁大祀神御之物，……以盗论；亡失及误毁者，准盗论减二等。”

2. 盗乘舆服御物。皇帝及三后所使用的物品称为“乘舆服御物”。如偷盗，则依《贼盗律》（总 271 条）规定，处流二千五百里。

3. 盗皇帝及三后御宝。御宝是皇帝身份和权力的证明，是传国之宝。唐代皇帝有八宝并经常使用。同时，太皇太后、皇太后、皇后也有御宝，均不得偷窃。否则，《贼盗律》（总 271 条）规定处绞刑。

4. 伪造皇帝及三后御宝。《诈伪律》（总 362 条）规定：“诸伪造皇帝八宝者，斩；太皇太后、皇太后、皇后、皇太子宝者，绞；皇太子妃宝，流三千里。”比盗宝罪明显加重。

5. 合和御药有误。《职制律》（总 102 条）规定：“诸合和御药，误不如本方及封题误者，医绞；料理简择不精者，徒一年。未进御者，各减一等；监当官司，各减医一等。”可见，不仅要求极严，而且一旦有误，御医及有关官员都要受罚。

6. 造御膳误犯食禁。皇帝日常饮食的制作，“皆依《食经》”，并不得违犯各种禁忌。否则，据《职制律》（总 103、107 条）之规定，如果食物合煮及搭配有错，主食官合绞；若食物中混有污秽之物，徒二年；若“简择不精”及“进御不时”，分别减二等处罚。御膳用前主食官必须品尝，否则杖一百。如果误携杂药至御膳所，则监当官司及主食之官均处绞刑。

7. 造御用舟船，误不牢固。这包括两种情况：一是造御用舟船不甚牢固，可以败坏；二是对舟船不维护修整及需要的船篙、棹之类有所缺少。《职制律》（总 104 条）规定，前者，工匠处绞；后者徒二年，且都“以当时所由人为首。”对主管部门的负责人分别减一等处刑。

8. 指责皇帝及对抗皇帝的命使。《职制律》（总 122 条）云：“诸指斥乘舆，情理切害者，斩。”疏议说：“谓言议乘舆（皇帝），原情及理，俱有切害者。”这是典型的攻击皇帝的言论犯罪。对皇帝派出的制使，必须“依人臣之礼”，不得拒捍。如果对制使不承制命，又出拒捍之言的，处绞刑。

此外，为维护皇帝尊严，唐律还规定有“犯宗庙名讳”罪、毁大祀祭台罪、大祀违制罪及大祀斋戒违制罪等，此不赘述。

（四）镇压人民的反抗和各种篡权行为

唐律中关于侵犯帝制统治的罪名，尤其重视对以直接推翻国家政权为目的的犯罪的镇压。其锋芒所指不外两个方面：一是指向被统治阶级的造反行为，二是指向统治集团内部的篡权、背叛行为。这些罪名主要有：

1. 谋反。谋反是十恶中的第一大罪，是以推翻一姓帝制统治为直接目的的犯罪。唐律谋反罪的构成特点是：第一，只要有预谋就构成犯罪，不要求有对客体的实际侵害行为。即“但谋即罪”。《贼盗律》（总 248 条）之疏文云：“狡竖凶徒，谋危社稷，始兴狂计，其事未行，将而必诛，即同真反。”只要有谋反的表现，即使是一个人，也构成预谋。《名例律》（总 6 条）说：“称谋者，二人以上，若事已彰明，虽一人同二人之法。”第二，已行即罪，不必有害。《贼盗律》同条规定：“虽谋反，词理不能动众，威力不足率人者，亦皆斩。”这样论处，是为了防止以言论蛊惑人心，导致反叛。第三，出言即罪。《贼盗律》（总 250 条）云：“诸口陈欲反之言，心无真实之计，而无状可寻者”，也以谋反论。

由此可见，刑律的根本用意是把谋反罪消灭于萌芽状态，它要求臣民对推翻现存统治，想也不要想，说也不能说。

2. 谋大逆。这是十恶中的第二大罪。《名例律》（总 6 条）注云：“谓谋毁宗庙、山陵及宫阙。”可见，谋大逆是预谋毁坏皇帝宗庙、陵墓和宫阙的犯罪行为，目的是要动摇臣民对皇帝世袭统治神圣不可侵犯的信念，从而危及帝制统治。

唐律中的谋大逆罪分为预谋和实施两种情况。首先，已经实施了毁坏行为的是“大逆”。《贼盗律》（总 248 条）疏议云：“大逆者为其行讫。”其次，“大逆”的预谋犯称为“谋大逆”。同条疏议说：“上文大逆，即据逆事已行，此为谋而未行。”都属于“十恶不赦”的大罪。

3. 谋叛。它是十恶中的第三大罪。《名例律》（总 6 条）注云：“谓背国从伪。”疏议解释说，谋叛是指“谋背本朝，将投蕃国，或欲翻城从伪，或欲以地外奔”。据《贼盗律》（总 251 条）之规定，“叛”分为“谋而未行”和“已上道者”两种情况。

4. “亡命山泽，不从追唤”。逃亡是被剥削者普遍采用的一种反抗形式，往往成为农民起义的前奏。故唐律将这种行为等同于谋叛，严加镇压。《贼盗律》（总 251 条）规定：“亡命山泽，不从追唤者，以谋叛论，其抗拒将吏者，以已上道论。”

5. 造袄书袄言罪。“造袄书袄言”是指“构成怪力之书，诈为鬼神之语。”唐代为防止臣民利用宗教迷信煽动人们造反，《贼盗律》（总 268 条）规定：“造袄书袄言者，绞。”如果传看甚至藏而不用也要处刑。

唐律对上述反抗行为和篡权行为，处刑极重。一方面是罪犯本人重处，基本上都是死刑。另一方面是亲属缘坐，如反逆罪，“父子年十六以上皆绞；伯叔父、兄弟之子，皆流三千里，不限籍之异同；十五岁以下及母女、妻妾、祖孙、兄弟、姊妹若部曲、资财、田宅并没官。”

此外，刑律还惩处知反、逆、叛罪不告及承告而不速办的行为。《斗讼律》（总 340 条）规定，凡知道有人谋反及大逆的，必须随时密告附近官府，否则处绞；若知道谋大逆、谋叛不告，流二千里；知袄言不告者，减本罪五等处刑。同时，有关官府如接到报告，必须立即掩捕，经过半日不掩捕的，主管官员就与不告者同罪。

二、维护宗法等级之礼

自从儒家学说被汉代统治者奉为正统思想以来，以“亲亲、尊尊”为核心的儒家之礼逐渐渗透到社会生活的各个方面，包括法律领域。礼的实质是实行封建的宗法等级统治，作为“一准乎礼”的唐律，用刑罚手段维护封建宗法等级之礼，惩罚各种违反宗法等级制度的犯罪行为，就成为唐律的一项基本任务。

（一）维护社会的等级界限

1. 惩治各种混淆良贱等级身份的犯罪行为。良人和贱民是唐代社会两个重要的等级，良人是指广大的平民，而贱民则包括部曲奴婢、官户和工乐户、杂户和太常音声人等。他们在法律上处于不同的地位，其身份不容错乱。

第一，唐律为维持良贱等级身份的世代相承，严禁良人收养贱民为子孙。《户婚律》（总 159 条）规定：“诸养杂户男为子孙者，徒一年半；养女，杖一百。官户，各加一等。与者，亦如之。若养部曲及奴为子孙者，杖一百，各还正之。”

第二，如果以良人为奴婢抵债、误认良人为奴婢或部曲的，也构成犯罪。《杂律》（总 400 条）云：“诸妄以良人为奴婢用质债者，各减自相卖罪三等。”同律（总 401 条）又云：“诸错认良人为奴婢者，徒二年；为部曲者，减一等。”

第三，惩治欺诈混乱良贱身份的行为。《诈伪律》（总 376 条）规定，主人诈说将奴婢赐予别人、取消其名籍、诈称其死亡、虚报年龄至六十岁免役、调换官私奴婢的，要徒二年。奴婢及官户生子隐匿不报、主司不登记入籍，徒一年。同律（总 380 条）还规定：“诸诈自复除，若诈死及诈去工、乐、杂户名者，徒二年。”以防止逃避赋役。

2. 为维护统治阶级内部的等级礼仪制度，刑律处罚臣下衣食住行逾制行为。《杂律》（总 403 条）规定：“诸营造舍宅、车服、器物及坟茔、石兽之类，于令有违者，杖一百。虽会赦，皆令改去之。”疏议补充说，对于违令营造之物，可卖应卖，不可卖应改弃之，“若赦后百日，不改及不卖者，还杖一百。”

唐代尊卑贵贱之等级制度均由令来规定，唐律则以刑罚来维护。为防止令有规定而律无罪名的情况出现，刑律专设有“违令罪”。《杂律》（总449条）云：“诸违令者，笞五十；别式，减一等。”疏议解释说：“令有禁制，谓《仪制令》：‘行路，贱避贵，去避来’之类，此是令有禁制，律无罪名，违者，得笞五十。”由此，凡是违反各种等级界限的行为，都可以依律处刑。

（二）维护宗法等级制度

1. 卑幼不得告发尊长。唐律对卑幼告发尊长，除告谋反、谋大逆和谋叛罪外，均规定为犯罪，以维护宗法等级秩序。《斗讼律》（总345条）规定：“诸告祖父母、父母者，绞。”同律（总346条）进一步说：“诸告期亲尊长外祖父母、夫、夫之祖父母，虽得实，徒二年；告大功尊长，各减一等；小功、缌麻，减二等。”相反，尊长告卑幼，无论是实告、诬告，处刑均比卑幼告尊长为轻，而且亲等愈近刑罚愈轻。《斗讼律》（总347条）规定：“诸告缌麻、小功卑幼，虽得实，杖八十；大功以上，递减一等。诬告重者，期亲，减所诬罪二等；大功，减一等；小功以下，以凡人论。即诬告子孙、外孙、子孙之妇妾及己之妾者，各勿论。”

2. 控告亲属相杀贯彻亲疏有别原则。《贼盗律》（总260条）规定：“其有五服内亲自相杀者，疏杀亲，合告；亲杀疏，不合告；亲疏等者，卑幼杀尊长得告，尊长杀卑幼不得告。……其不告者，亦无罪。”

3. 子女在父母犯罪囚禁期间不得嫁娶。刑律依据封建孝亲之礼，对这种行为分别按不同情况予以处罚。首先，子女失礼违法嫁娶处刑轻重，同父母犯罪所处刑罚轻重成正比。《户婚律》（总180条）规定：“诸祖父母、父母被囚禁而嫁娶者，死罪，徒一年半；流罪，减一等；徒罪，杖一百。”疏议云：“祖父母父母既被囚禁，固身囹圄，子孙嫁娶，名教不容。”其次，子孙所处刑罚的轻重也依嫁娶的等级性质为转移。同律之疏文云：“若娶妾及嫁为妾者，即准上文减三等。”显然其目的是维护宗法等级之伦序。

值得注意的是，唐律还规定有“不应得为而为”之罪，用以惩罚其他违反宗法等级制的行为。《杂律》（总450条）规定：“诸不应得为而为之者，笞四十；事理重者，杖八十。”注云：“谓律、令无条，理不可为者。”可见，何谓“不应得为”，完全以礼教之理为衡量罪与非罪的标准。因而，唐律对宗法等级之礼的维护多么周到与完备！

（三）刑罚的适用严守宗法等级之礼

唐律对不同等级之间的犯罪行为，完全根据侵犯者与被侵犯者的等级身份来规定刑罚轻重，即实行同罪异罚，以维护和恪守宗法等级之礼。具体表现在：

1. 下犯上加重，上犯下减轻。如《斗讼律》（总315条）规定：“诸皇家祖免亲而殴之者，徒一年；伤者；徒二年；伤重者，加凡斗二等。缌麻以上，各递加一等。死者，斩。”而凡人相斗，同律（总302条）规定的刑罚是：“斗殴人者，笞四十；伤及以他物殴人者，杖六十。”可见刑罚之重。

又如庶人及流外官殴打三品以上权贵者处刑加重。《斗讼律》（总316条）规定：“诸流外官以下，殴议贵者，徒二年；伤者，徒三年；折伤者，流二千里。殴伤五品以上，减二等；若减罪轻及殴伤九品以上，各加凡斗伤二等。”同理，官吏上下级之间、官吏和部民之间相殴杀，其处刑也是上轻下重，官轻民重（《斗讼律》总317、312条）。

2. 良贱相犯，良轻贱重。就斗杀伤罪而言，《斗讼律》（总320条）规定：“诸部曲殴伤良人者，加凡人一等；奴婢，又加一等。若奴婢殴良人折肢及瞎其一目者，绞；死者，各斩。”相反，“其良人殴伤杀他人部曲者，减凡人一等；奴婢又减一等。若故杀部曲者，绞；奴婢流三千里。”

从奸非罪来看，也是如此。《杂律》（总410条）规定，凡人相奸，徒一年半，而“部曲、杂户、官户奸良人者，各加一等。”身份越贱处刑越重，奴婢奸良人，加凡奸二等，强奸又加二等。同律（总 414 条）规定：“诸奴奸良人者，徒二年半；强者，流；折伤者，绞。”若是良人奸他人部曲及杂户、官户妻女，仅杖一百。奸官私奴婢则又减一等，杖九十。疏议解释说，如果良人奸自己部曲妻女，则不是犯罪，不予处罚。

3. 主奴相犯，主轻奴重。如果良贱之间又有主奴关系的，其刑罚较良贱相犯更轻或更重。《贼盗律》（总 254 条）及《斗讼律》（总 323 条）规定，部曲、奴婢谋杀主人，皆斩；过失杀死主人，处绞刑；骂詈或过失伤主人，均处流刑。相反，由于“奴婢贱人，律比畜产”，全由主人处分。《斗讼律》（总 322 条）云：“诸主殴部曲至死者，徒一年。故杀者，加一等。其有愆犯，决罚致死及过失杀者，各勿论。”从唐律其他条文来看，刑律所禁止的只是主人擅杀奴婢。同律（总 321 条）规定，主人擅杀有罪奴婢的，杖一百；无罪而擅杀，徒一年。

主奴相犯刑罚不同还表现在奸非罪上。如前所述，主人奸自己家中部曲妻及客女无罪。而部曲奴婢若奸主人妻女，则罪大恶极，无论是通奸还是强奸，一律处死。《杂律》（总 414 条）规定：“其部曲及奴奸主及主之期亲，若期亲之妻者，绞；妇女减一等；强者，斩。”

4. 尊卑相犯，尊轻卑重。《斗讼律》（总 329 条）规定，子孙诅詈祖父母父母，为“不孝”罪，处绞。若殴告夫及大功以上尊长、小功尊属，构成“不睦”罪，处流刑。若殴及谋杀祖父母父母、杀伯叔父母、姑、兄姊、外祖父母、夫及夫之父母，则属十恶之“恶逆”罪，处斩刑。相反，如果尊犯卑，《斗讼律》（总 303 条）规定，只有殴致折伤以上才构成犯罪，并且亲等越近，其处刑越轻。“若子孙违反教令，而祖父母父母殴杀者，徒一年半；以刃杀者，徒二年；故杀者，各加一等；过失杀者，各勿论。”可见，在殴杀、斗杀和谋杀场合，与卑幼的关系越近，尊长的惩罚权也就越大。这正是唐律“一准乎礼”的生动体现，反映了唐律对家族宗法伦理的极端维护。

（四）维护贵族官僚的法律特权

封建法律是公开的特权法，表现在唐律中，刑律不仅确定了“议”“请”“减”“赎”“当”“免”等贵族官僚犯罪减免刑罚的特权制度，而且还通过惩治司法审判中侵犯上述特权的犯罪行为，来保证其特权的实现。

1. 惩处拷讯贵族官僚的犯罪行为。《断狱律》（总474条）规定：“诸应议、请、减者，……并不合拷讯，……违者以故失论。”也就是说，凡是应议、请、减者，在犯罪后的审理中都不得拷打。如果拷打致罪有出入的，按照“故失出入人罪”条处罚。疏文补充说，如定罪无出入而枉拷的，“依前人不合拷捶法；以斗杀伤论，至死者加役流。”

2. 要求贵族官僚犯罪必须以众证定罪，否则以故失论。同条律文云：“诸应议、请、减者，……皆据众证定罪，违者以故失论。”所谓“众证定罪”，疏议解释，对官僚贵族犯罪，必须有三人以上证实且不能有否定证据。只要证人不满三人，或者证人虽满三人，但有人证实，有人证虚，就为证据不足。即使三人证实，如另有三人证虚，则为疑罪，应处赎刑。如果司法官不依此办理，构成“故失出入人罪”。这一规定，使得贵族官僚可以轻易逃脱罪责。

3. 处罚违法不让贵族官僚在家自尽。唐令规定，五品以上官，除非犯有恶逆以上罪，即使犯罪应死，也不行刑，而允许在家自尽。如果不按这一规定执行，则依《断狱律》（总499条）之规定，处徒一年；过失者，减二等。

三、维护以父权、夫权为基础的家庭婚姻制度

（一）维护封建家庭的父权统治

中国古代家国一体。所谓“天下之本在国，国之本在家。”[①] 而“家无二

① 《孟子·离娄上》。

主”，家庭又以辈分最尊的男性为家长，因此，父家长制家庭是封建国家的统治基础。唐律则以刑罚手段来维护封建家庭的父权统治。

首先，设“不孝”罪于十恶来惩处不善事父母的犯罪行为。“不孝”罪属十恶中的第七罪，处刑甚重，且为“常赦所不原”。依《名例律》（总6条）及其他各律之规定，不孝罪的具体行为和处刑如下：

（1）咒骂、控告祖父母、父母。在家庭中，祖父母父母至尊，当面诅骂尊长，违反了人伦之道。故《斗讼律》（总329条）规定：“诸詈祖父母父母者，绞。”而控告祖父母父母，一方面违反了“父为子天，有隐无犯，如有违失，理须谏诤，起敬起孝，无令陷罪”的伦常要义，同时也违反了“同居相为隐”的法律规定，因此同律（总345条）规定处绞刑。

（2）祖父母父母在，别籍异财。所谓“别籍异财”，是指另立户籍，财产不同或籍别财产或户同财异。若祖父母父母在，子孙未经同意而另立门户，分割家庭共有财产，导致尊长供养有阙，《户婚律》（总155条）规定要不分首从，徒三年。

（3）供养有缺。即对父祖的生活必需品有能力供给而故意不供给。对此，《斗讼律》（总348条）规定子孙要徒二年，但须亲告乃坐。

（4）居父母丧，身自嫁娶、作乐、释服从吉。《户婚律》（总179条）云：“居父母及夫丧而嫁娶，徒三年；各离之。”《职制律》（总120条）规定：“丧制未终，释服从吉，若忘哀作乐，徒三年。”

（5）匿不举哀。这是听到父母或丈夫死亡的噩耗隐瞒不哀丧的行为。《职制律》（总120条）规定：“诸闻父母若夫之丧匿不举哀者，流二千里。”

（6）诈称祖父母、父母死。《诈伪律》（总383条）规定，若子孙诈称其祖父母、父母死，各徒三年；诈称伯叔父母、姑、兄姊死者，徒一年。

其次，以违犯教令罪强制子女服从家长意志。在封建家庭中，父家长对子孙具有绝对的训戒权。《斗讼律》（总348条）规定：“诸子孙违犯教令者，徒二年。”注云：“谓可从而违。”疏议解释：“祖父母父母有所教令，于事合宜，即须奉以周旋，子孙不得违犯。”当然，此罪须尊长亲告乃坐。

此外，若子孙违犯教令，父家长将其殴杀，仍构成犯罪，但处刑从轻。同律（总 329 条）云：“若子孙违犯教令，而祖父母父母殴杀者，徒一年半；以刃杀者徒二年；故杀者，各加一等。过失杀者，各勿论。”

最后，确保父家长对家庭财产的处分权。对此，唐律除规定了“子孙别籍异财”罪外，还设有“同居卑幼私辄用财”罪。《户婚律》（总 162 条）规定，如果同居卑幼私下擅自使用家庭财产的，十匹笞十，十匹加一等，罪止杖一百。若卑幼不经家长同意，擅自以家庭财产抵押或出卖的，罪亦如之。

应当指出的是，唐律在保证父家长对家庭的全面统治的同时，也规定了家长对国家所承担的责任。“家人共犯，止坐尊长”是《名例律》（总 42 条）所确立的一项刑罚原则，具体表现在刑律规定的脱户及增减年状罪和迟纳赋税罪中。《户婚律》（总 150 条）规定：“诸脱户者，家长徒三年；无课役者，减二等；女户，又减三等。脱口及增减年状，以免课役者，一口徒一年，二口加一等，罪止徒三年。”同律（总 174 条）则追究家长逾期不如数交纳赋税的罪责，规定户主课税逾期不充者，笞四十。

（二）维护以夫权为核心的婚姻制度

封建婚姻制度强调“夫为妻纲”，刑律则规定有妨害婚姻罪，以维护夫权统治。

1. 惩治违反家长主婚权的犯罪。唐代子女结婚必须遵照“父母之命”，《户婚律》（总 188 条）规定，卑幼在外，尊长后为定婚，如卑幼不知自娶妻并已结婚的，婚如法；如果尚未成婚，必须听从尊长的意志结婚，否则处杖一百。寡妇再嫁也由尊长决定。同律（总 184 条）规定：“诸夫丧服除欲守志，非女之祖父母、父母而强嫁之者，徒一年；期亲嫁者，减二等。”

2. 惩处女方“辄悔婚”罪。《户婚律》（总 175 条）规定：“诸许嫁女，已报婚书及有私约而辄悔者，杖六十，若更许他人者，杖一百；已成者，徒一年半。后娶者知情，减一等。”但刑律只是单方面禁止女方悔婚，注云：

“若男家自悔者，不坐。”可见其对男方（夫权）的维护。

3. 严格维护一夫一妻制，惩治妻妾乱位。唐代法律规定丈夫虽可多妾，但只能有一妻，如若违反，则构成“有妻更娶妻”罪。依《户婚律》（总177条）规定，犯此罪者，徒一年；女家减一等。若是欺诈而娶，徒一年半，女家不坐，各离之。为保证一夫一妻制的实现，刑律还惩治妻妾乱位行为。同律（总178条）规定：“诸以妻为妾，以婢为妻者，徒二年；以妾及客女为妻，以婢为妾者，徒一年半。各还正之。”

4. 禁止违律为婚。违律为婚是指根本不能订婚与结婚而仍为婚姻的犯罪。其表现是多种多样的，有良贱通婚、同宗共姓为婚、亲属结婚、监临官违律为婚、妄冒为婚、娶逃亡妇女等，《户婚律》以多个条文分别规定了当事人的刑事责任，并且认定婚姻无效，各离之或正之。如该律（总185条）规定：“诸娶逃亡妇女为妻妾，知情者与同罪，至死者减一等，离之。即无夫，会恩免罪者，不离。”也就是说，明知妇女因罪逃亡而娶为妻妾，则以逃亡妇女所犯之罪处罚男方，只有死刑才减一等。

5. 惩治嫁娶违律。这是针对婚姻“嫁娶”过程中违法犯罪的罪名。同违律为婚不同，嫁娶违律在唐律中主要包括居父母及夫丧嫁娶罪和祖父母、父母被囚禁而嫁娶罪两项罪名。唐律不仅分别追究当事人的刑事责任，而且《户婚律》（总195条）还进一步规定：“诸嫁娶违律，祖父母、父母主婚者，独坐主婚。若期亲尊长主婚者，主婚为首，男女为从。余亲主婚者，事由主婚，主婚为首，男女为从；事由男女，男女为首，主婚为从。其男女被逼，若男年十八以下及在室之女，亦主婚独坐。未成者，各减已成五等。媒人，各减首罪二等。”

6. 实行夫妻同罪而异罚。《斗讼律》（总325、326条）规定，妻子殴打丈夫，徒一年；若殴成重伤，加凡斗伤三等；殴死者，处斩刑。相反，丈夫殴伤妻子，要减凡人二等处刑，并且“皆须妻妾告，乃坐。”

当然，唐律在维护夫妻不平等的婚姻制度的同时，也在一定程度上保障妇女的利益。如丈夫虽可随意以“七出”休妻，但《户婚律》（总189条）

规定："诸妻无七出及义绝之状而出之者，徒一年半；虽犯七出，有三不去而出之者，杖一百。"

四、维护封建经济基础

唐代经济是以农业为主的自然经济，社会生产主要就是农业生产，工商业处于附属地位，国家也实行重农抑商的经济政策。因此，封建的土地制度以及在此基础上的赋税制度、封建工商业等就构成了封建经济的骨架，唐律正是通过对它们的调整来维护封建经济基础的。

（一）对均田和赋役制度的维护

刑律惩处有关犯罪行为以保证均田和赋役制度的实施（有关内容详见本书"唐朝的经济法律"部分，此处从略）。

（二）监督封建生产的进行

1. 追究官吏辖区内田地荒芜及课督种植不如法的刑事责任。《户婚律》（总 170 条）规定："诸部内田畴荒芜者，以十分论，一分笞三十，一分加一等，罪止徒一年。户主犯者，亦记所荒芜五分论，一分笞三十，一分加一等。"同律（总 171 条）规定，如果里正应课田农而不课，应课植桑枣而不课植，每失一事笞四十，三事加一等。县失十事笞三十，二十事加一等；州随所管县多少，通计为罪。

2. 督促官吏保护堤防及维修水利。《杂律》（总 424 条）规定："诸不修堤防及修而失时者，主司杖七十。"同律（总 425 条）规定，对盗决堤防者处杖一百，若故决堤防者，徒一年。

3. 督促官吏了解灾情及报告灾情。《户婚律》（总 169 条）规定："诸部内有旱涝雹霜虫蝗为害之处，主司应言而不言及妄言者，杖七十。复检不以实者，与同罪。若致枉有所征免，坐赃论。"

4. 保护畜产，禁止擅自杀伤。《厩库律》(总203条)规定："诸故杀官私马牛者，徒一年半。若伤者，计减价，准盗论，各偿所减价；价不减者，笞三十。"如果被重伤的牛马五日内死亡的，仍按照杀牛马罪处刑。即使牛马的主人自己随便杀，也要论刑："主自杀马牛者，徒一年。"

5. 追究丁夫服役及役使丁夫违制的罪责。《擅兴律》(总246条)规定，如有人被差充丁夫、杂匠，而稽留不赴，一日笞三十，三日加一等，罪止杖一百；将领主司加一等。同样，官吏在役使丁匠时违法，也构成犯罪，同律(总245、247条)规定，如丁夫在役，日满不放，一日笞四十，一日加一等，罪止杖一百。如果丁夫、杂匠在役而监当官司私使的，计庸准盗论。

6. 监督劳务功效质量，追究违法罪责。《擅兴律》(总244条)规定："诸役功力，有所采取而不任用者，计所欠庸，坐赃论减一等。若有所造作及有所毁坏，备虑不谨而误杀人者，徒一年半。工匠、主司各以所由为罪。"为保证工程质量，对劳务工作不按规定的，也予以处罚。同律(总242条)规定："诸工作有不如法者，笞四十；不任用及应更作者，并计所不任赃、庸，坐赃论减一等。其供奉作者，加二等。工匠各以所由为罪。监当官司，各减三等。"疏文云："工作，谓在官司造作，辄违样式，有不如法者，笞四十。不任用，谓造作不任时用，及应更作者，并计所不任赃、庸，累倍坐赃论减一等，十匹杖一百，十匹加一等，罪止徒二年半。"

(三)监督商业秩序

1. 惩治买卖大宗商品不立契约的行为。《杂律》(总422条)规定："诸买奴婢、马牛、驼、骡、驴，已过价，不立市券，过三日笞三十；卖者减一等。"不仅如此，市场主司不及时检验契约的，也要处刑："一日笞三十，一日加一等，罪止杖一百。"以保护买卖双方的利益，维护市场的稳定。

2. 禁止市场垄断和投机。《杂律》(总421条)规定，当买卖双方未能达成协议时，如果一方强迫对方买或卖的，杖八十。若商贩们串通一气，哄抬卖价或压低买价以及当他人买卖时，从旁高下其价制造惑乱的，也杖八十。“已得赃重者，计利准盗论。”

3. 追究市场管理官吏评物价不平的罪责。《杂律》（总419条）规定：“诸市司评物价不平者，计所贵贱，坐赃论。入己者，准盗论。其为罪人评赃不实，致罪有出入者，以出入人罪论。”可见，官吏必须本着公平合理的原则评定市场物价。

4. 监督商品质量。《杂律》（总418条）规定：“诸造器用之物及绢布之属，有行滥、短狭而卖者，各杖六十。”注云：“不守谓之行，不真谓之滥。”也就是说，生产的商品不论公用私用，有不牢、不真或短斤少两而卖的，各处杖六十。如果因商品质量低劣而“得利赃重者，计利准盗论。贩卖者，亦如之。市及州县官司知情，各与同罪；不觉者减二等。”因此，凡生产、销售假冒伪劣商品的，都要追究刑事责任；行政官吏不用说知情故纵，就是过误失察也要受处罚。

5. 监督市场计量管理。在唐代，市场交易的度量衡必须依法校准。《杂律》（总417条）规定：“诸校斛斗秤度不平，杖七十。监校者不觉，减一等；知情与同罪。”同律（总420条）又规定：“诸私作斛斗秤度不平，而在市执用者，笞五十；因有所增减，计所增减，准盗论。”

五、维护封建吏治

（一）监督官员的选用和考课

官吏的选任和考核是封建吏治首要的核心内容，对此，唐代的行政法律有着明确的规定。而唐律则以刑罚手段来惩治这方面的犯罪行为。

1. 惩治贡举非其人及应举而不举。所谓“贡举非其人”，是指“德行乖僻，不如举状者”，也即名不符实；而“应贡举而不举”是指“才堪利用，蔽而不举”。对这种犯罪行为，《职制律》（总92条）规定：“一人徒一年，二人加一等，罪止徒三年。”疏议进一步说，被贡举者若名不符实，即使考试及第，也构成此罪；反之，如果德行无亏，仅策试不及第，减名不符实者二等处罚。以维护贡举人才德行为重，才能为辅的原则。

2. 惩治署置过限及不应置而置。唐代行政机关及人员皆有编制，不能随意增设机构，增加员额。违者，构成犯罪。《职制律》（总 91 条）规定：“诸官有员数，而署置过限及不应置而置，一人杖一百，三人加一等，十人徒二年。”所谓“署置过限及不应置而置”，是指格、令无员，妄相署置。这是针对六品以下及流外杂任官而言。如果擅设应由皇帝任命的“奏授官”，按《诈伪律》（总 370 条）“诈假”罪论处；如不应置官而故意超编奏授的，则按《诈伪律》（总 368 条）“上书诈不实”罪论处。不仅如此，若前任犯有此罪，而后任“知而听者”，减罪一等处罚；若有人自己“规求”而得超编任职的，以从犯论处，杖九十，但被征召而补任者不论。

3. 惩治考课不实。《职制律》（总 92 条）之疏议云，内外文武官僚在年终评论功过，称“考校”。对贡举之人的艺业技能依令课试分等，称“课试”。在考课中，官司考试不以实及选官乖于举状而导致不称职的，减“贡举非其人罪”一等处罚。如果被考校官员的“负殿”应附而不附或不应附而附，造成考级有升降的，仍属“考课不实”罪。

（二）监督官吏忠于职守

首先，唐律通过惩治官吏的擅权行为来督促其履行职责。这方面的罪名主要有：

1. 制书、官文书擅自改定。唐代法律规定，若制书有误，必须覆奏后改正施行；官文书有误，必须请示当司长官改正。否则构成擅自改定罪。《职制律》（总 114 条）规定，前者杖八十，后者笞四十。如果执行者知道制书、官文书有误不奏请改正，依错施行的，同样构成本罪。如果对制书、官文书擅自修饰文字的，各加二等处刑；若因修饰文字而造成意思改变的，以“诈增减法”论，即据《诈伪律》（总 367、369 条）重处。

2. 擅自代署、代判公文。唐制，官文书皆有本案，如果本案内容明确，唯须依行，不得代署代判，否则构成“事直代判署”罪；如果本案亡失而代署判，构成“亡失案而代判署”罪。《职制律》（总 118 条）规定：“诸公文有本案，事直而代官司署者，杖八十；代判者，徒一年。亡失案而代者，各加一等。”

3. 受制出使擅自干预他事。唐制，官员奉皇帝的制敕出使的，公事完毕必须返回复命。若不返回复命而干预他事的，构成“制使辄干他事”罪。《职制律》（总 119 条）规定：“诸受制出使，不返制命，辄干他事者，徒一年半；以故有所废阙者，徒三年。余使妄干他事者，杖九十，以故有所废阙者，徒一年。越司侵职者，杖七十。”其中，“余使”是指非制使者；“废阙”指耽误所奉使命及影响被干涉的他事；“越司侵职”指超越职权侵犯他人职掌。疏议补充说，奉三后及皇太子令出使不返命而干预他事的，减制使罪一等处罚。

其次，唐律还惩治官吏的失职行为以提高行政效率。其罪名有：

1. 奉制施行而违及失错。各级官员奉制后，对制书内容故意不遵行而违反或在施行中失错的，构成“奉制施行而违”及“失错制书”罪。《职制律》（总 112 条）规定：“诸被制书，有所施行而违者，徒二年。失错者，杖一百。”

2. 受制忘误及写制书有误。各级官员受制承旨办事，必须牢记、正确办理，抄录制书要绝对无误，否则构成受制忘误及写制书有误罪；如果转受忘误，构成“转受忘误”罪。《职制律》（总 113 条）规定：“诸受制忘误及写制书有误者，事若未失，笞五十；已失，杖七十。转受者，减一等。”

3. 上书奏事有误。上书是指呈送皇帝的书面文书；奏事是指向皇帝面陈。《职制律》（总 116 条）规定，如果上书奏事有误，杖六十；若向皇帝面陈而有口误，减二等，即笞四十。如果上书奏事不仅有误而且于事有害的，各加三等。此外，如果向尚书省上书有误的，笞四十；其他官文书有误的，笞三十。

4. 制书及官文书稽缓、稽程。在唐代，制书、官文书的执行与抄写均有一定的时间与日程要求，不得稽缓、稽程。否则，构成“稽缓制书”及“官文书稽程”罪。《职制律》（总 111 条）规定：“诸稽缓制书者，一日笞五十，一日加一等，十日徒一年。其官文书稽程者，一日笞十，三日加一等，罪止杖八十。”其目的是保证制书和官文书的及时下达与执行。

5. 公事稽留。《职制律》（总 132 条）云：“诸公事应行而稽留，及事有期会而违者，一日笞三十，三日加一等；过杖一百，十日加一等，罪止徒一年半。”所谓“公事应行而稽留”，指一般送达性公事的延误，如文书、官物、囚徒及畜产之类的送达延误。“事有期会”是指集合办事，指定日期报到，如朝集使及计账使之类。如有延误或违反，则构成本罪。如果公事有期限，但主司下达乖期的，也依本律处刑。若稽程由于错误而不依题署或题署错误造成的，各减二等处罚。

（三）监督官吏为政清廉

对官吏廉洁奉公，唐律主要是从惩治贪污贿赂犯罪的角度来达到的。其具体罪名有：

1. 监临主司受赃。唐律依据犯罪主体不同，把赃罪分为监临主司之赃和非监临主司之赃。其中，监临主司受赃又分为受财枉法赃和受财不枉法赃，均构成犯罪。《职制律》（总 138 条）规定：“诸监临主司受财而枉法者，一尺杖一百，一匹加一等，十五匹绞。不枉法者，一尺杖九十，二匹加一等，三十匹加役流。”可见，监临主司受财枉法罪的处刑比受财不枉法罪要重。

2. 请求及许请求罪。官吏为政，必须秉公无私，不能凭私人关系请求国家官员曲法办事。《职制律》（总 135 条）规定：“诸有所请求者，笞五十；主司许者，与同罪。已施行，各杖一百。”如果监临势要为他人请托办事，杖一百；所枉重者，罪与主司同，至死者减一等。如果官吏受人财而为请求，《职制律》（总 136 条）规定：“诸受人财而为请求者，坐赃论加三等；监临势要，准枉法论。与财者，坐赃论减三等。若官人以所受之财，分求余官，元受者并赃论，余各依已分法。”也就是说，最先受贿的官员以全部赃数论处，其他各官以所得赃数论处。

3. 官吏事后受贿。官吏受贿有事先接受的，也有事后受贿的。《职制律》（总 139 条）规定：“诸有事先不许财，事过之后而受财者，事若枉，准枉法论；事不枉者，以受所监临财物论。”即事后受财以后果论罪处刑。

4. 官吏出使受财。官吏因公出使，不得接受或乞取所使之处的财物，否则构成“官人出使受财罪”。《职制律》（总 141 条）规定：“诸官人因使，于使所受送遗及乞取者，与监临同；经过处取者，减一等。即强乞取者，各与监临罪同。”

5. 监临官不因公事受财及受供馈。各级官员除不能因事受财外，也不能不因公事而收受下属的财物及猪羊等馈赠，否则构成“受所监临财物”罪及“监临受供馈”罪。《职制律》（总 144 条）规定，监临官不因公事而受所监临财物的，“一尺笞四十，一匹加一等，八匹徒一年，八匹加一等，五十匹流二千里。与者减五等，罪止杖一百。”同律（总 144 条）又云，监临之官受所监临猪羊供馈，坐赃论。如是强取，则依强取监临财物法，计赃，准枉法论。

6. 官员向部属借贷及卖买得利。《职制律》（总 142 条）规定：“诸贷所监临财物者，坐赃论；若百日不还，以受所监临财物论。强者，各加二等。若卖买有剩利者，计利，以乞取监临财物论。强市者，笞五十；有剩利者，计利，准枉法论。”可见，唐律虽无“官商”之说，但仍禁止官员经商或借贷获利。

7. 征收监临财物送人。唐律禁止监临官征敛所监临财物赠送他人，否则构成犯罪。《职制律》（总 145 条）规定：“诸率敛所监临财物馈遗人者，虽不入己，以受所监临财物论。”疏议补充，若自入者，以乞取监临财物论，其物还主。

由上可见，唐律对惩治官吏贪污贿赂犯罪的规定相当完善，确有值得借鉴之处。

六、维护社会公共秩序

（一）严惩危害人身安全的犯罪

1. 杀人罪。杀人是指非法剥夺他人生命的行为。唐律将杀人分为故杀、谋杀、斗杀、戏杀及过失杀等，分别定罪处刑。

故杀，指没有预谋的故意杀人。《名例律》（总18条）疏议云："故杀人，谓不因斗竞而故杀者。"对故杀罪的处罚，《斗讼律》（总306条）规定："故杀人者，斩。虽因斗，而用兵刃杀者，与故杀同。"此外，虽因斗，但绝时而杀者，也属故杀。所谓"绝时"，指忿竞之后，各已分散，声不相接，去而又来杀者。

谋杀，是指有预谋的故意杀人。《贼盗律》（总256条）规定："诸谋杀人者，徒三年；已伤者，绞；已杀者，斩。"注云："雇人杀者，亦同。"

斗杀，是指当事人双方原无故意，因相互斗殴造成一方死亡的行为。《斗讼律》（总306、336条）规定，凡斗殴杀人者，绞。若他人以兵刃逼己，用兵刃拒而杀人者，仍属斗杀。如果因斗殴而误杀旁人，以斗杀论；至死者，减一等。

戏杀，指双方当事人"以力共戏"而造成一方死亡的行为。《斗讼律》（总338条）规定，戏杀人者，减斗杀二等处刑。如果共同嬉戏，但以"金刃，或乘高处险，或临危履薄，或入水中"，因而杀人的，只减斗杀一等处刑。

过失杀，指因过失剥夺他人生命的行为。《斗讼律》（总339条）规定，过失杀人者，"各依其状，以赎论。"

2. 伤害罪。伤害是非法损害他人身体健康的行为。唐律中的伤害罪，大多为斗殴所致。对普通斗殴，《斗讼律》（总302条）规定："诸斗殴人者，笞四十；伤及以他物殴人者，杖六十；伤及拔发方寸以上，杖八十。若血从耳目出及内损吐血者，各加二等。"如是两相殴伤，同律（总310条）规定："各随轻重，两论如律；后下手理直者，减二等。"如果官僚地主以威势使人殴击，同律（总 309 条）云：“致死伤者，虽不下手，犹以威力为重罪，下手者减一等。”对于共同伤害，同律（总 308 条）规定，若同谋共殴伤人，以下手重者为重罪，元谋减一等，从者又减一等。若元谋下手重者，余各减二等。如果非同谋共殴伤人，各依其所殴伤论处。若分不清是谁所伤，则以后下手者为重罪。如果群相乱殴，不知先后轻重者，以谋首及初斗者为重罪，其余各减二等。

应指出的是，唐律为确认伤害行为与结果之间的因果关系，特规定有保辜制度。《斗讼律》（总 307 条）规定：“诸保辜者，手足殴伤人限十日，以他物殴伤人者二十日，以刃及汤火伤人者三十日，折跌肢体及破骨者五十日。限内死者，各依杀人论；其在限外及虽在限内，以他故死者，各依本殴伤法。”

3. 诬告罪。诬告是故意捏造事实，向官府作虚假告发而陷害他人的行为。对诬告罪，刑律以“反坐”为原则处罚。《斗讼律》（总 342 条）规定：“诸诬告人者，各反坐。即纠弹之官，挟私弹事不实者，亦如之。”如果告二罪以上，重罪实轻罪不实，除其罪；若重罪虚假，轻罪属实，则反坐所剩。同律（总 341 条）规定，诬告谋反及大逆者，斩；从者，绞；若事情来不及细查，主观上又非诬告的，上请。同律（总 350 条）规定，诬告本属府主、刺史、县令的，加所诬罪二等处刑。同律（总 356 条）又云，如果受雇诬告人罪的，与自诬告罪同，赃重者坐赃论加二等；雇者为从犯，减一等处罚。总之，唐律为维护统治秩序，严惩诬告行为。

（二）惩罚侵犯财产的犯罪

唐律对侵犯财产罪的惩处集中体现在“盗罪”规定中。《贼盗律》（总 300 条）规定：“诸盗，公取、窃取皆为盗。”据此，唐律中的“盗”，是指以公开或秘密的方式非法取得他人财物的行为，具体划分为强盗与窃盗。从量刑来看，强盗罪重于窃盗罪。《贼盗律》（总 281 条）规定：“诸强盗，不得财徒二年；一尺徒三年，二匹加一等，十匹及伤人者绞，杀人者斩。

其持仗者，虽不得财，流三千里；五匹绞；伤人者斩。”而同律（总 282 条）规定：“诸窃盗，不得财笞五十；一尺杖六十，一匹加一等；五匹徒一年，五匹加一等，五十匹加役流。”

此外，刑律对监临主守盗规定了更为严厉的惩罚措施。《贼盗律》（总 283 条）规定：“诸监临主守自盗及盗所监临财物者，加凡盗二等，三十匹绞。”所谓“监临主守自盗”即盗所主管的财物；而“盗所监临”是指监临主守官盗所部内人财物，可见，唐律中的监临主守盗并不完全等同于现代刑法之贪污罪。

（三）惩治扰乱公共秩序的犯罪

1. 放火罪。此罪在唐律中称“故烧官府、私宅及财物”罪。《杂律》（总 432 条）规定，故意放火烧毁官府廨宇及私家舍宅，不论舍宇大小及财物多少，徒三年；若损失满五匹，流二千里；十匹，绞。杀伤人者，以故杀伤论。

2. 失火罪。失火是指因过失引起火灾的行为。据《杂律》（总 428、430、431 条）规定，在皇家山陵内失火者，徒二年；延烧林木者，流二千里；杀伤人者，减斗杀伤一等。如果于家内失火及非时烧田野者，笞五十；烧人舍宅及财物者，杖八十；损失重者，坐赃论减三等；杀伤人者，减斗杀伤二等。如果于行路燃火不灭，而致延烧者，各减前项规定一等处刑。如果在官府、公廨、仓库内失火者，徒二年；在宫内、庙社内失火者，加二等；损失重者，坐赃论；杀伤人者，减斗杀伤一等；延烧庙及宫阙者，绞；社，减一等。

3. 在市及人众中惊扰。这是指在集市内及聚众之处诳言有猛兽之类，惊动扰乱正常秩序的行为。对此，《杂律》（总 423 条）规定，如果造成秩序混乱的，杖八十；因此而杀伤人者，减故杀伤一等；因此而失财物者，坐赃论。如果系误惊杀伤人者，依过失杀伤人收赎论处。

4. 在城内街巷及人众中无故走车马。这里指无紧急事情任意在街巷道上及人众中奔驰车马，危害正常交通秩序及人身安全的行为。对此，《杂律》（总 392 条）规定，笞五十，因此杀伤人的，减斗杀伤一等，但因公私急事而走且未杀伤人者，不坐；杀伤人者，以过失收赎论。如因牲口惊骇，不能禁止而杀伤人者，减过失二等。

5. 私有、私造及盗禁兵器。依《擅兴律》（总 243 条）及《贼盗律》（总 275 条）之规定，私有禁兵器的，徒一年半；弩一张，加二等；甲一领及弩三张，流二千里；甲三领及弩五张，绞。如果私造禁兵器的，各加一等；造未成者，减二等。盗禁兵器的，徒二年；盗甲、弩者，流二千里；若盗罪较轻，则依私有论处。

（四）惩治妨害管理秩序的犯罪

1. 诈伪罪。诈伪是欺诈和伪造的行为。在唐律中，依诈伪的对象和情节分别定罪处刑。如《诈伪律》（总 367 条）规定："诸诈伪制书及增减者，绞；未施行者，减一等。"同律（总 363 条）规定："诸伪写官文书印者，流二千里。余印，徒一年。"如果伪造宫殿门符、发兵符及传符的，则依同律（总 364 条）规定处绞刑；伪造使节及皇城、京城门符者，流二千里。又如，对欺骗而谋得官职的行为，《诈伪律》（总 370 条）规定，处流二千里。此外，还有诈正嫡承袭爵位、诈为官及称官所遣而捕人、诈疾病及故自伤残、医生违方诈治病、诈乘驿马、证人及译人作伪及诈为瑞应等罪名，刑律均规定了相应的处罚。总之，诈伪罪在唐律中是一类犯罪的总称。

2. 越垣罪。越垣是指故意翻越城墙等防御物，不由门出入的行为。《卫禁律》（总 81 条）规定，越州、镇、戍城及武库垣者，徒一年；越县城，杖九十；越官府廨垣及坊市垣篱，杖七十。注文说，从水沟、渠洞内出入者，与越罪同。如果越而未过的，各减一等处罚。

3. 非法度关罪。非法度关是指非法度过国家在水陆要冲设置的关津的行为。唐律将其分为私度、越度和冒度三类，并据情节轻重，分别处罚。依《卫禁律》（总 82、83 条）之规定，没有凭证或携带禁物非法出入关津的，构成私度，处徒一年；故意“关不由门，津不由济”而度者，为越度，加一等处刑。冒度是指冒名得凭证而度关津的行为，则冒名者和被冒名者各徒一年，但被冒者不知情，不坐。

4. 博戏罪。博戏即非法以财物赌博的行为。对此，《杂律》（总 402 条）规定：“诸博戏赌财物者，各杖一百；赃重者，各依已分，准盗论。”

5. 犯夜罪。犯夜是指宵禁以后无故外出活动的行为，它违反了社会治安管理制度。《杂律》（总 406 条）规定：“诸犯夜者，笞二十；有故者，不坐。”

6. 奸非罪。奸非是指男女非礼违法的性行为。唐律奸非罪主要分和奸（通奸）和强奸两种，对其处罚，原则上不分首从，不在自首之例。具体又依主体分为良人奸、良贱奸、亲属奸、主奴奸、监守内奸、居父母或夫丧奸、道冠奸等不同罪名，并以良人奸刑罚为标准，加重或减轻处罚。如良人相奸，《杂律》（总 410 条）规定，和奸各徒一年半，强奸加一等，妇女无罪。在此基础上，如部曲、杂户、官户和奸良人，各加一等；良人奸官私婢者，杖九十。强奸者，又各加一等。又如《杂律》（总 416 条）规定，监临主守于监守内奸良人，加良人奸一等；奸有夫之妇，徒二年半。如果居父母及夫丧犯奸，奸监临内道士、女官、僧民者，又各加一等，即加良人奸罪二等处刑。

第八章　唐朝的行政法律

行政法律规范是指由国家制定与认可的有关国家行政管理的行为规则。中国古代自有国家以来，就产生了行政法律规范，自秦中央集权制建立，行政法律作为维护皇权、提高封建行政机构效率及控制与监督各级行政权运行的主要手段，受到空前的重视而迅速发展完善。唐朝的行政法律规范是在继承秦以来历代行政法规特别是隋朝行政法规基础上建立的，形成了中国封建社会前期最为完善的行政法律规范。

第一节　唐朝行政法律的渊源

行政法律渊源，即行政法律规范的表现形式。大抵西晋以前，行政法律渊源呈现为分散式的特征，即以分散的法规来表现行政法律规范，特别是由于律、令不分，带有行政与刑事法规混同的显著特色。自西晋界分律、令概念，“律以正罪名，令以存事制”，行政与刑事法规分离，令成为行政法规之代称及主要渊源。晋时贾充等撰《晋令》40 篇，共 2306 条，98643 字；南朝宋、齐、梁令基本沿袭晋令，北朝崔浩、游雅等作《北魏令》，赵肃、拓跋迪作《北周令》，赵郡王叡等撰《北齐令》50 卷；隋朝又有《开皇令》《大业令》各 30 卷[①]。西晋以来令的法典化，使古代行政法律渊源由分散式

① 参见《晋书·刑法志》，《唐六典》卷 6。

转化为集中式（即法典式），但仍以分散法规作为其补充渊源。西魏颁《大统式》，成为隋唐“式”之源头，进一步将行政细则、公文程式等从“令”中分离出来。唐朝沿隋，以“令”为行政法典，以“式”为行政细则规范，以“格”为随时补充之行政法律渊源。

一、行政法律渊源

（一）令

汉魏时的令是对皇帝诏命进行分类汇编的单行法规，且刑事与行政法规混同，如汉代的箠令、狱令、廷尉挈令、金布令、秩禄令、品令、祠令、祀令、任子令等，曹魏时的州郡令、尚书官令、军中令等。自西晋“令以存事制”，“令”成为行政法典之专称，在行政法律渊源中地位最为重要。唐朝的“令”概念更为明确，《唐六典》卷六称：“令以设范立制。”《新唐书·刑法志》云：“令者，尊卑贵贱之等数，国家之制度也。”明确阐明了唐“令”的行政法典的性质。

唐朝的“令”首撰于武德七年（624 年）。据《旧唐书·刑法志》，尚书左仆射裴寂等删定律令，于武德七年（624 年）五月上奏朝廷下诏颁行。可见唐初的律、令是同时撰定的。唐太宗贞观十一年（637 年）又颁行房玄龄等在《武德令》基础上刊定的《贞观令》30 卷。唐高宗麟德年间（664—665 年）、仪凤年间（676—679 年）又两次分别由源直心、刘仁轨刊定“令”并颁行。此后，武则天垂拱（685—688 年）初裴居道、唐中宗神龙（705—707 年）初苏瓌、唐睿宗太极（712 年）时岑义、唐玄宗开元（713—741 年）初姚崇及开元四年（716 年）宋璟都先后刊定过“令”[①]。所谓“刊定”，主要是指对地名、官名等已变化的名称进行修正，实质内容方面一般无大的

① 参见《唐六典》卷 6。

更改。

据《唐六典》卷六“刑部司郎中、员外郎”条，唐《贞观令》(一说为开元令)为30卷，1546条(《旧唐书·刑法志》称1590条)。30卷篇目为:(1)官品(上);(2)官品(下);(3)三师、三公，台、省职员;(4)寺、监职员;(5)卫府职员;(6)东宫、王府职员;(7)州、县、镇、戍、狱、渎、关、津职员;(8)内外命妇职员;(9)祠;(10)户;(11)选举;(12)考课;(13)宫卫;(14)军防;(15)衣服;(16)仪制;(17)卤簿(上);(18)卤簿(下);(19)公式(上);(20)公式(下);(21)田;(22)赋役;(23)仓库;(24)厩牧;(25)关市;(26)医疾;(27)狱官;(28)营缮;(29)丧葬;(30)杂令。唐“令”均已佚，但从《唐律疏议》等资料中仍保存散见之唐令的个别条文。

从《唐律疏议》看，引用唐“令”约百条，列表如下：

唐令卷目	唐令篇名	唐律疏议中引用之条目
1—2	官品令	15(即第15条，下同)
3—8	职员令	91
9	祠令	99、435
10	户令	55、159、160、162、182、249、330
11	选举令	21、370
13	宫卫令	406
14	军防令	21、228、239、407
15	衣服令	403
16	仪制令	125、403、449
17—18	卤簿令	359
19—20	公式令	51、114、125、127、226、274、362、364、446
21	田令	171
22	赋役令	161、173
24	厩牧令	128、196、197、198、391、408

续表

唐令卷目	唐令篇名	唐律疏议中引用之条目
25	关市令	87、417
27	狱官令	469、473、476、477、482、485、493、496、499
28	营缮令	240、403
29	丧葬令	403、407、443
30	杂令	207、409、417
（不明）	封爵令	371
（不明）	捕亡令	451、456
（不明）	（不明）	15、21、33、34、35、36、64、84、86、92、94、96、98、102、118、120、131、172、173、189、196、202、222、224、226、273、292、293、345、361、380、420

关于本表的几点说明：

第一，本表收入《唐律疏议》引用之“令”95条，可能还有疏漏，仅作参考。

第二，唐令中官品、职员、卤簿、公式等令均由多卷构成，《疏议》引用中未注明卷目。如第15条：“依《官品令》：萨宝府萨宝、祆正等，皆视流内品。”未注上、下卷，则表中“卷目”上、下卷均列入。又如第91条：“疏议曰：官有员数，谓内外百司杂任以上，在令各有员数。”显然指《职员令》各卷而言，故卷目注明3—8卷。

第三，《封爵令》《捕亡令》，不在《贞观令》30卷卷目以内，故“卷目”栏注“不明”。另《疏议》中引用之30余条“令”未注明篇名，仅称“依令”或“令曰”，故“卷目”栏与“篇名”栏均注“不明”。

第四，从本表看，《疏议》对唐“令”之引用十分全面，30卷27篇中仅“考课”（第12卷）、“仓库”（第23卷）、“医疾”（第26卷）三篇内容未曾引用，其余24篇均有程度不同之引用，尤以《公式令》《狱官令》《户令》诸篇引用较多。

除《唐律疏议》中所保存之唐令外，较有价值者，有英国伦敦大英图书馆保存之敦煌文书中的“唐永徽东宫诸府职员令残卷”（属第6卷内容），以及现藏法国巴黎国立图书馆之敦煌文书“唐开元公式令残卷”（属第19、20卷内容）[①]。日本仁井田陞《唐令拾遗》也为研究唐令之重要资料。

现存唐“令”的内容，确实都是关乎“尊卑贵贱之等数，国家之制度”，是封建等级制社会的等级原则之体现。尊卑贵贱的等级原则本是“礼”的核心所在，封建社会礼、法分流以后，“令”遂成为“礼”的法律表现形式，使“礼”的等级原则得以具体化与法律化。从而，依“礼”制律也转化为依“令”制律。从《疏议》看，直接引用儒家经典《礼》（即《仪礼》）、《周礼》《春秋》者尚有近20处[②]，但其内容多为名词释解，且涉及的多为行政法规以外之问题。如第30条：“依《周礼》：年七十以上及未龀者，并不为奴。……《周礼》三赦之法：一曰幼弱，二曰老耄，三曰蠢愚。……《礼》云：九十曰耄，七岁曰悼，悼与耄虽有死罪不加刑。”涉及的是老幼废疾行为能力减刑问题。而《疏议》引用《令》者上百条，均为有关行政等级制度的法规，以作为《唐律》律文制定之依据。

（二）式

《唐六典》卷六称：“式以轨物程事。”轨物程事，一般解释为国家机关办事程序、细则及公文格式。《新唐书·刑法志》云：“式者，（百官有司）其所常守之法也。”是各机关衙门办事的准则。“式”是对“令”的补充，是“令”的细则化。

唐朝有高宗时撰定的《永徽式》14卷，其后有陆续删定的武则天时《垂拱式》、中宗时《神龙式》、玄宗时《开元式》各20卷，删定者与删定《令》

① 参见刘俊文：《敦煌吐鲁番唐代法制文书考释》，中华书局1989年版，第180—220页。

② 参见《唐律疏议》第30、89、101、105、120、163、175、229、277、315、333、334、364等诸条。

者同。唐《式》篇目据《唐六典》卷六，以尚书省列曹（即六部二十四司，每司为一篇，共24篇）、秘书省、太常寺、司农寺、光禄寺、太仆寺、太府寺、少府寺、监门宿卫（即中央武官衙署）、计账（即有关户口、钱粮、赋役的统计报表）为篇目，共33篇，20卷。

今存唐《式》有《唐律疏议》所引十余条，包括《户部式》（即度支部户部司，见第464条）、《礼部式》（即礼部礼部司，见第449条）、《主客式》（即礼部主客司，见第88条）、《兵部式》（即兵部兵部司，见第407条）、《职方式》（即兵部职方司，见第90条）、《驾部式》（即兵部驾部司，见第127条）、《库部式》（即兵部库部司，见第243条）、《太仆式》（即太仆寺，见第202条）、《监门式》（即监门宿卫，见第71、75、81、227诸条）诸篇内容，涉及唐《式》33篇中之9篇。如《疏议》第71条："其开门出钥迟者，依《监门式》：'宫城门及皇城门，四更二点出钥开门。京城门，四更一点出钥开门。'违式出钥迟者，殿门杖九十，宫门及宫城门杖八十，皇城门杖七十，京城门杖六十。"又如第202条："依《太仆式》：'在牧马，二岁即令调习。每一尉配调习马人十人，分为五番上下，每年三月一日上，四月三十日下。'故官马乘用不调习者，一匹笞二十，五匹加一等（原注：即是四十一匹），罪止杖一百。"以上可见，违式也是依律处罚的依据之一。也可见式一般与等级制原则无关，是各级政府机构的职能细则，这是式与令的主要区别之一。

刘俊文的《敦煌吐鲁番唐代法制文书考释》收录四件唐式残卷断片，一件为《贞观吏部式》（即吏部吏部司）断片，两件为《仪凤（高宗年号）度支式》（即度支部度支司）残卷与断片，最后一件为《开元水部式》（即工部水部司）残卷，也具有参考价值。

（三）格

《唐六典》卷六称："格，以禁违正邪。"《新唐书·刑法志》云："格者，百官有司之所常行之事也。"从前者判断，格接近刑事法规；从后者判断，格则接近行政法规。在唐代法律形式中，格的性质是最不易判断的。《唐六典》卷六认为唐“格”是由汉“故事”、梁“科”、北魏“格”等演变而来的：“汉建武（东汉光武帝年号）有律、令、故事上、中、下三篇，皆刑法制度也。晋贾充等撰律、令，兼删定当时制诏之条为《故事》三十卷，与律、令、并行。梁易《故事》为《梁科》三十卷，蔡法度所删定。陈依梁。后魏以格代科，于麟趾殿删定，名为《麟趾格》。北齐因魏立格，撰《权格》，与律、令并行。皇朝《贞观格》十八卷，……”可见汉代的“故事”与律、令同属刑事法规的性质，晋则确定了“故事”是将皇帝制诏删定而成的形式特点，南朝沿晋而改称“科”，北朝则以“格”代“科”，并为隋唐沿袭。

唐“格”继承两晋南北朝之故事、科、格，其特点有二：

第一，从编制形式上言，唐“格”是删定汇编皇帝敕命而成。唐“格”之体例，一般每条格文前有一“敕”字，格文后则标明制敕之年月日。如现藏伦敦大英图书馆之敦煌《开元户部格》残卷（编号 S.1344）第 2—3 行：“敕：诸色应食实封家，封户一定已后，不得辄有移改。景龙二年（708 年）九月廿日。”唐朝对于敕命与格的法律效力有严格的区分，《唐律疏议 · 断狱》：“诸制勅断罪，临时处分，不为永格者，不得引为后比。”也就是说，敕命只对颁布时所针对的特定对象具有法律效力，属于临时处分性质，以后遇类似情况不得引用该敕命进行比附，只有将敕命经删定汇编入“格”后，才具有永久的法律效力。正因为如此，故有唐一代编“格”之举极为频繁。“格”编定后，又根据适用对象之不同分为《散颁格》与《留司格》，前者是全国官署通用的法规，后者则是尚书省下六部二十四司分别仅适用于该司机关的法规。唐永徽二年（651 年）定制：“分格为两部，曹司常务者为留司格，天下所共者为散颁格。散颁格下州县，留司格本司行用。”[①]从实例看，凡同时适用于几个司的，虽未颁行于天下州县，也可称为散颁格，如现藏巴黎国立图书馆的《神龙散颁刑部格》残卷（编号 P.3078），标

① 《唐会要》卷 3“定格令”，另见《旧唐书 · 刑法志》。

明适用于刑部司、都部（也称都官）司、比部司、司门司，即刑部下辖的四个司。

第二，从内容性质上言，唐“格”具有行政法规与刑事法规并存兼容的性质，在数量上则以行政法规为主。据《唐六典》卷六，唐格“盖编录当时制、敕，永为法则，以为故事”。《全唐文》《唐大诏令集》均保留了大量唐时的制、勅。一般说来，“制”用于立王、封爵、命相、改元、郊祀、恤刑等国家重事，如“秦王等兼中书令制”“封晋王制”“元稹平章事制”“天宝改元制”“南郊推恩制”“令钱货兼用制”“恤刑制”“录囚制”等；“敕”则用于授官、征讨、诛罚、禁令、税课、户口等临时诏命，如“授苏乂右补阙勅”“讨康待宾等敕”“诛左感意勅”“禁骊山樵采勅”“慎选法官勅”“禁重征租庸敕”“令诸州年终申报户口实数勅”等。唐格是以删定汇编制、勅而成。据《唐六典》，唐格有24篇，“以尚书省诸曹为之目”，即以六部二十四司为目，每一司为一篇，与各司有关之制、勅入于该篇。制虽重要，但与二十四司相关并可“永为法则者”却不多，故现存唐格中罕见唐制的内容，入于“格”而“永为法则者”基本上为勅。由于勅的内容本是行政与刑事相杂，因此唐格也就具有了行政法规与刑事法规并存兼容的性质。大致上，刑部四司格以刑事法规为主，其余五部二十司格则以行政法为主。如上述《神龙散颁刑部格》载：“流外行署、州县杂任，于监主犯赃一匹以上，先决杖六十；满五匹以上，先决一百。并配入军，如当州无府，配侧近州。”又：“盗计赃满一疋以上，及诙诱官私奴婢，并恐喝取财，勘当知实，先决杖一百，仍依法与罪。”① 可见是对刑法的补充。而其他吏、户、礼、兵、工五部二十司之格主要为编集禁令之勅，如上述《开元户部格》载：“勅：如闻诸州百姓结构朋党，作排山社，宜令州县严加禁断。景龙元年十月廿日。”② 又《白氏六帖事类集》卷24引唐《金部格》（属户部四司之一）：

① 刘俊文：《敦煌吐鲁番唐代法制文书考释》，中华书局1989年版，第247、249页。

② 刘俊文：《敦煌吐鲁番唐代法制文书考释》，中华书局1989年版，第278页。

"敕：松、当、悉、维、翼等州熟羌，每年十月已后，即来彭州互市易时，差上佐一人，于蚕崖关（地名）外，依市法致市场交易，勿令百姓与往还。"显然属于行政法规的性质。

"格"是唐代法律形式中编定最为频繁者。据《唐六典》卷六，有太宗时《贞观格》18卷，房玄龄等删定；高宗时《永徽留司格》18卷，《永徽散颁格》7卷，长孙无忌等删定，《永徽留司格后本》11卷（仪凤二年上），刘仁轨等删定；武则天时《垂拱留司格》6卷，《垂拱散颁格》2卷，裴居道等删定；睿宗时《太极格》10卷，岑义等删定；玄宗时《开元前格》10卷（开元三年上），姚崇等删定。另据《旧唐书·刑法志》，开元七年宋璟等删定《开元后格》，开元十九年裴光庭等又删撰《格后长行勅》6卷，开元二十二年李林甫等又删定《开元新格》10卷；宪宗时元和十三年（818年）郑余庆等详定《格后勅》30卷；文宗时太和七年（833年）刑部详定《格后勅》50卷；宣宗大中五年（851年）刘瑑等删定《格后勅》60卷，内容"起贞观二年六月二十日至大中五年四月十三日，凡二百二十四年杂勅，都计六百四十六门，一千一百六十五条"。

现存唐格资料散见于《宋刑统》卷二六（刑部格、户部格）、《通典》之《食货典》与《刑典》《白氏六帖事类集》卷二四、敦煌文书（见《敦煌吐鲁番唐代法制文书考释》）、日本《令集解》等。

二、《唐六典》问题

《唐六典》30卷，始纂于开元十年（722年），成书于开元二十六年（738年），历张说、萧嵩、张九龄、李林甫四相，题唐玄宗御撰、李林甫等奉敕注，实为毋煚（音吴景）、余钦、韦述、陆善经、苑咸等人所执笔。所谓"六典"，是最初按玄宗手诏，仿《周礼》而定治典、教典、礼典、政典、刑典、事典之体例，"令以类相从，撰录以进"，但修撰官"未知所从"。实际上《唐六典》最后编定并非依《周礼》体例，而是以职官分卷，以当时施行之令、式条文按其职掌所关，分别归类而已。陈寅恪先生指出："唐代官制近因齐隋，远祖汉魏，与周礼之制不相同，难强为傅会也。……后来修书学士不得已乃取唐代令式分入六司，勉强迁就，然犹用功历年，始得毕事。今观六典一书并未能将唐代职官之全体分而为六，以象周礼之制，仅取令式条文按其职掌所关，分别性质，约略归类而已。……但以奉诏修书，不能不敷衍塞责，即使为童牛角马、不今不古之书，亦有所不能顾，真计出无聊者也。"[①] 可见《唐六典》有"六典"之名，而无"六典"之实。

《唐六典》30 卷篇目为：卷 1，三师，三公、尚书省；卷 2，吏部；卷 3，户部；卷 4，礼部；卷 5，兵部；卷 6，刑部；卷 7，工部；卷 8，门下省；卷 9，中书省；卷 10，秘书省；卷 11，殿中省；卷 12，内侍省；卷 13，御史台；卷 14，太常寺；卷 15，光禄寺；卷 16，卫尉寺、宗正寺；卷 17，太仆寺；卷 18，大理寺、鸿胪寺；卷 19，司农寺；卷 20，太府寺；卷 21，国子监；卷 22，少府监、军器监、铸钱监等；卷 23，将作监、都水监等；卷 24，左右卫、左右骁卫、左右武卫、左右领军卫；卷 25，左右金吾卫、左右监门卫、左右千牛卫、左右羽林军；卷 26，太子三师、三少、太子詹事府、左右春坊、内坊内官；卷 27，太子家令寺、率更寺、仆寺；卷 28，太子左右诸率府；卷 29，诸王府、公主邑司；卷 30，三府、督护、州县官吏。基本按照三省六部、内三省、一台、九寺五监、武职官、东宫王府官、地方官的顺序排列。《唐六典》内容分正文与注文两部分：正文列各官职及属官，叙其品秩、职掌、编制；注文附其沿革，自周、秦以迄隋、唐，历代演变皆扼要叙明。其内容包括唐代中央行政、财政、军事、司法、监察、教育、礼宾、农林、水利等和地方行政的管理体制，以及官吏的选拔、任用、权责、考课、活动方式方法等各个方面[②]。

关于《唐六典》的性质，学者有截然不同之两说：一为"行政法典"说。

① 陈寅恪：《隋唐制度渊源略论稿・职官》，第 109 页。
② 详见汪潜：《唐代司法制度——唐六典选注》"前言"，法律出版社 1985 年版。

如日本学者织万田《清国行政法》一书认为："唐作《六典》，载施政之准则，具法典之体裁，为后代之模范。"杨鸿烈《中国法律发达史》也认为："《唐六典》这书是中国现存的最古行政法典。"王超先生《中国古代的行政法典——〈唐六典〉》一文，[①]全面系统地论证了这一观点，是"行政法典"说的总结之作。二为"官修典籍"说。陈寅恪先生曾指出："开元时所修六典乃排比当时施行令式以合古书体裁，本为粉饰太平制礼作乐之一端，故其书在唐代行政上遂成为一种便于征引之类书。"[②]所谓类书，是指采辑群书而以类分之书，如《太平御览》《艺文类聚》《佩文韻府》之类。可见陈寅恪先生认为《唐六典》是采辑唐开元以前之施行的令、式，而以职官分类，编集而成的一部便于查寻行政法规的工具书。陈寅恪先生是学术界公认的学识渊博、考证严谨、片言折狱之史学大家，他的意见值得引起法制史学界的充分重视。钱大群先生在《〈唐六典〉性质论》[③]《再论唐代法律体系与〈唐六典〉的性质》[④]两篇论文中发展了陈寅恪先生的观点，并以严谨的考证与充分的论证系统阐述了《唐六典》的性质，认为"《唐六典》是以《周礼》为体例，以国家机关与职官为纲目，以抄摘在行《令》《式》中有关国家机关组织编制的内容为基本内容，以显示有唐一代制度盛况为目的的一部官修典籍"。钱文的主要论点是：第一，从内容看，《唐六典》中收入的许多令、式，只是在行令、式主要内容的提示、摘选或概括；《唐六典》所收令式极不完备，许多重要的在行法规并未收入；《唐六典》以机关及职官为纲目来引入令、式，那些无法列入某一司的令、式往往付之阙如；《唐六典》对"格"的内容无所问津，使"行政法典"说难以自圆。第二，从唐朝法律的特点看，《唐六典》是一部没有法律效力，因而在成书之后根本不作必要的修订、增补，行文上亦不便被贯彻执行的典籍。第三，

① 载《中国社会科学》1984 年第 1 期。

② 陈寅恪：《隋唐制度渊源略论稿 · 职官》，第 91 页。

③ 见《中国社会科学》1989 年第 6 期。

④ 见钱大群：《唐律与唐代法律体系研究》，南京大学出版社 1996 年版，第 128—157 页。

从颁行情况看，两唐书上没有关于《唐六典》颁行的片言只字，唐代史料也明确提到《唐六典》未曾颁行。

三、唐礼问题

唐朝的“礼”是不是法律规范？钱大群先生认为：“从唐朝整个法制的确立和实施来说，‘礼’也是国家重要的法律规范之一。”“唐代许多‘礼’的内容具有法规的性质。”并进一步指出，唐《开元礼》的内容“实际包括祭祀法规、仪仗法规、巡狩法规、册封法规、朝令法规、加冕法规、外事法规、出征与检阅法规、宗教法规、丧葬法规及谥法等一系列重要的行政法规。实施这些法规涉及宫室、朝廷、各级官府，涉及皇帝、后妃、大臣、兵将及平民。违反了礼许多情况下要追究刑事责任，《唐律》中因违礼而设的罪名不胜枚举。”①

据《旧唐书·礼仪志》与《新唐书·礼乐志》：唐武德年间完全沿用隋礼，太宗贞观初年，诏房玄龄、魏征等在隋礼基础上撰定《贞观礼》共138篇，分为100卷，包括吉礼、宾礼、军礼、嘉礼、凶礼五大部分。高宗显庆时诏长孙无忌等增为130卷，是为《显庆礼》。玄宗开元时，诏集贤院折中贞观、显庆二礼，撰述新礼，萧嵩奏起居舍人王仲丘撰定150卷，是为《开元礼》。“由是，唐之五礼之文始备，而后世用之，虽时小有损益，不能过也。”今存有《通典》卷106至卷140所录《开元礼纂类》。

《新唐书·礼乐志》云：“由三代而上，治出于一，而礼乐达于天下；由三代而下，治出于二，而礼乐为虚名。……然用之郊庙朝廷，自缙绅大夫从事其间者皆莫能晓习，而天下之人至于老死未尝见也。”这大致已说明了礼（包括唐礼）的实施情况。陈寅恪先生也指出：“旧籍于礼仪特重，记述甚繁，由今日观之，其制度大抵仅为纸上之空文，或其影响所届，止

① 钱大群:《唐律与唐代法律体系研究》，南京大学出版社1996年版，第131页。

限于少数特殊阶级。”[①]

大致在秦汉时期，礼法仍存在合流倾向，如《傍章》《朝律》均属于法律的范畴。自西晋律令分界、礼法分流，应归入刑事法规及行政法规之“礼”分别入于律令格式，其中“令”成为“礼”之主要法律载体。余下者大多为礼仪琐节，并无法律强制力。表面上看唐代贞观、显庆、开元三部礼典从100卷增到150卷，煌煌大典，实际上只是朝廷现行各项仪式典礼之记录而已，仪式发生变化，礼典也随之发生变化。不是礼典规定朝廷礼仪，而是朝廷礼仪构成了礼典。唐礼的作用，主要在于对今世与后世朝廷礼仪起到提示与参考之作用。因此可以说,《开元礼》不是唐代的行政法规，而是唐代朝廷礼仪之记录，就性质上言，与《唐六典》有异曲同工之处。

四、唐代行政文书概述

唐代的行政文书大致可以分为三大类：

第一类是“上逮下”文书，即上级机关对下级机关之行政指示文书。这类文书又可分为三部分：1. 天子用文书。这部分文书粗分有册、制、勅三种，细分则有册书、制书、慰劳制书、发勅、勅旨、论事勅书、勅牒七种。《新唐书·百官志》云：“王言之制有七：一曰册书，立皇后、皇太子，封诸王，临轩册命则用之；二曰制书，大赏罚、赦宥、虑囚、大除授则用之；三曰慰劳制书，褒勉、赞劳则用之；四曰发勅，废置州县、增减官吏、发兵、除免官爵、授六品以上官则用之；五曰勅旨，百官奏请施行则用之；六曰论事勅书，戒约臣下则用之；七曰勅牒，随事承制、不易于旧则用之。皆宣署申覆，然后行焉。”2. 太子、亲王、公主用文书。这部分文书包括令、教两种，“令”为皇太子所用文书，“教”为亲王、公主所用文书。3. 省、州、县对下属机关所用文书。凡尚书省下于州、州下于县、县下于乡之文书，

① 陈寅恪:《隋唐制度渊源略论稿·礼仪》，第6页。

统称“符”。

第二类是“下达上”文书，即下级机关向上级机关汇报呈送之行政文件。这类文书可分为表、状、笺、啟、辞、牒六种。

第三类是“诸司相质”文书，即六部二十四司之间日常的公文来往。这类文书可分为关、刺、移三种。

第二节　唐朝行政组织

中国古代中央与地方的行政组织自秦迄唐，随着皇权的加强，呈现出渐趋集权的演化态势。例如，在中央，宰相行政权由独任制变为合议制，宫廷中朝向行政外朝转化；在地方，监察区划转变为行政区划，行政级次增多，地方行政被中央行政侵蚀等。但这一演变并非呈直线上升趋势，而是有起有伏的螺旋形上升，如秦汉是中央集权的加强期，而魏晋南北朝则是削弱期。至唐代，则唐前期为加强期，而唐后期为削弱期。

一、中央行政组织

唐代中央行政组织沿隋三省制之旧，进一步发展完善，其主要变化有三：第一，建立了中书出令、门下封驳、尚书执行的封建中央三权分立制；第二，设置政事堂（中书门下）作为中央行政决策中心；第三，理顺了中央政务机关与事务机关的关系。唐代中央行政组织设置的合理性，是唐代前期形成封建鼎盛局面的重要原因之一。

（一）中央行政决策中心——三省机构、政事堂制度与政务流程

在中国封建社会，皇权与相权的斗争贯彻始终，导致中央行政决策机构的一系列演变。秦及汉初，宰相具有独立决策的行政权，对皇权形成较

大的制约。汉武帝以后，皇帝借助频繁更替宰相以削弱相权。东汉之时，中央行政决策权已由宰相而转移到皇帝近臣中朝官之尚书台手中。魏晋以后，门下省又渐侵尚书省之职权，“综理万机”，门下省侍中常被时人呼为“宰相”。整个东汉魏晋南北朝时期，可以说中央行政决策权交替为中朝官系统之尚书省、门下省、中书省所把持，三省也随着权力相继增长而演变为外廷中央政府。

隋朝正式设立三省制度，唐前期进一步发展完善，形成了“中书出令，门下封驳，尚书受而行之”的三省制原则，相权由三省分掌，分工明确而相互制约。三省行政组织的结构分别叙述如下：

尚书省：置左、右仆射各一人，为尚书省长官，掌全国政务、统理六官。唐初本置尚书令一人为最高长官，但因太宗李世民曾任此职，故阙而不置，因此左、右仆射为实际上的长官。尚书省办公处称尚书都省，置左、右丞各一人，左丞负责吏、户、礼三部，右丞负责兵、刑、工三部，左、右丞办公机构下各辖郎中一人、员外郎一人、都事六人、主事六人。尚书都省之下，分设吏、户、礼、兵、刑、工六部，部下设司，每部四司，共二十四司。六部各置尚书一人、侍郎一人为正、副长官，司置郎中、员外郎各一人为正、副长官。六部二十四司职掌下文另述。

门下省：置侍中二人，“掌出纳帝命，相礼仪，凡国家之务与中书令参总，而专判省事”，是门下省的正职长官。门下侍郎二人，为副职长官。给事中四人，是门下省具体掌管封驳的主要官员。起居郎二人、典仪二人、符宝郎四人、城门郎四人，分管门下省其余各项杂务。另外左散骑常侍二人、左谏议大夫四人、左补阙六人、左拾遗六人等朝廷言谏官，以及弘文馆学士也归属门下省。门下省中，给事中的机构最为庞大，约有工作人员（属吏）120人[1]。

中书省：置中书令二人，“掌佐天子执大政，而总判省事”，是中书省

① 属吏人数据《旧唐书·职官志》统计，下文同。

的正职长官。中书侍郎二人，为副职长官。中书舍人六人，“凡诏旨制勅、玺书册命，皆起草进画”，是掌管起草勅命的主要官员。起居舍人二人，是对勅命起草过程及内容进行记录备案的官员。通事舍人十六人，是掌管中书省其他事务的官员。另有右散骑常侍二人、右谏议大夫四人、右补阙六人、右拾遗六人等朝廷言谏官及集贤殿学士也归属中书省。中书省中，中书舍人的机构最为庞大，约有工作人员（属吏）230人。

陈仲安先生指出：经过隋及唐前期的全面总结，尚书、门下、中书三省的分工情况及组织构造，比过去明显要整齐划一。唐前期的三省制已具备三省首长制、三省并重制和三省分权制三个要素，这也正是三省制完成的重要标志。所谓三省首长制，是指仆射、侍中、中书令分别为三省长官，又共同为当然宰相。所谓三省并重制，是指三省地位平等，权力平衡，没有偏重。所谓三省分权制，是指将出令、封驳、执行三权分别固定于中书、门下、尚书三省。这三个要素起到互相牵制、避免专断的作用，显示我国古代宰相制度的发展到了一个新的水平[①]。

三省长官既各自主管一省之事，相互牵制，又在中央行政决策上共同合作，形成了宰相合议制度，宰相合议的办公处所称为“政事堂”。政事堂建于唐初武德年间，最早设在门下省，唐李华《中书政事堂记》云：“自武德以来，常在门下省议事，谓之政事堂。”[②]唐太宗时，又以非三省长官者至政事堂与三省长官共议朝政，三省的中央行政决策权又被进一步分割。《新唐书·百官志》：“自太宗时，杜淹以吏部尚书参议朝政，魏征以秘书监参预朝政，其后或曰‘参议得失’、‘参知政事’之类，皆宰相职也。”贞观八年（634年）以后，凡参加政事堂会议者不论是三省长官还是其他官，一律带“中书门下平章事”或“同中书门下三品”的称号，逐渐成为宰相的专称，即使三省长官，如不带此专称，也不能算真宰相。这样一来，中

① 陈仲安、王素：《汉唐职官制度研究》，中华书局1993年版，第89页。

② 《全唐文》卷316。

央行政决策权已非三省长官所能垄断，皇权对于相权的控制进一步加强。

唐高宗弘道元年（683 年），下诏将政事堂从门下省迁至中书省，此后中书令成为事实上的宰相。政事堂办公地点的迁移，反映了宰相之间的争权斗争。唐玄宗开元年间，中书令张说奏改政事堂为“中书门下”，同时在其下设吏房、枢机房、兵房、户房和刑礼房五房。这样“中书门下”五房就实际上取代了尚书都省的地位，六部二十四司直接听命于“中书门下”五房，尚书仆射与都省失去指挥权，加之三省长官已非当然的宰相，三省并立分权制被“中书门下”的一统体制所取代。这一变化，对宋代中央行政体制影响极大。

唐代中央行政决策虽由政事堂（中书门下）作出，但不得直接发往尚书省执行，而必须经由中书制诏、门下封驳、皇帝画敕的政务流程，才为合法。在这一过程中具体负责的是中书省的舍人与门下省的给事中。

中书省起草诏书的文字工作由中书舍人负责，中书舍人定员 6 人，属吏约 230 人，是中书省内的核心机构。由于其工作之重要性，《通典 · 职官三》称唐之中书舍人“权势倾动天下”。诏书起草后由负责起草的中书舍人署印，然后送呈皇帝。重要的诏书则须经中书令审核后再送呈皇帝，中书令的主要职责是审核所起草的诏令与以往已发布的诏令是否有相互抵触、矛盾之处。中书省起草的诏书送呈皇帝，称为“进画”，皇帝如同意，即在诏书上画一“勅”字。但皇帝画勅的诏书仍不能直接下达尚书省执行，而须再交由门下省审核即封驳。

但中书省中书舍人起草诏书之权不断受到学士的威胁。唐太宗时的弘文学士、高宗时的“北门学士”常被皇帝临时委以起草密诏之职。唐玄宗时建学士院，置翰林学士，《唐会要》卷五七翰林院条云：“至（开元）二十六年，始以翰林供奉改称学士，由是别建学士院，俾掌内制。……（肃宗）至德已后，军国务殷，其人直者，并以文辞，共掌诏勅。”唐代皇帝制书分内、外二制，内制以白麻，用于机要；外制以黄麻，用于一般事务。唐初内外二制均归中书舍人起草。玄宗开元后，翰林学士掌管最重要的内制白麻，而中书舍人则掌管较轻的外制黄麻。肃宗时成为固定制度，翰林学士与中书舍人分掌内外制，“中书出令”的权力大为削弱。

门下省的封驳权由给事中掌管，给事中定员 4 人，属吏约 120 人，是门下省内的核心机构。给事中的封驳审核实际上就是一种可行性研究，对诏勅的可行性进行多方面论证。如果给事中审核后无异议，则付署并加盖政事堂印（或“中书门下之印”），直接发往尚书省执行；如发现诏勅有个别不便之处，给事中涂改修正后发还中书省重新起草，谓之“涂归”；如发现诏勅有原则性错误，给事中可以行使封驳权（封还驳正），拒绝签署，发回中书省。

唐代给事中的封驳权具有相当的独立性。贞观三年（629 年），魏征拜给事中，由于在征兵年龄上坚持依法办事，不同意降低年龄标准，“勅三四出，征执奏以为不可”。唐太宗怒，再出勅，“征又不从，不肯署勅”。太宗无奈，只得召魏征商量，最后听从了魏征的意见[①]。可见封驳系统在唐政府的政务流程中对行政决策起到了很好的监督作用，及时发现并阻止了某些行政决策错误向行政执行流程的蔓延，功不可没。

但给事中封驳权的过度运用也易造成弊端，即导致中书、门下争论不休、文书壅塞。唐制，门下省每季都要奏报驳正的内容。为了显示政绩，自然是封驳涂归越多政绩越大。于是双方日日文书往来，争议不决，大大影响了行政决策效率。唐太宗时“以中书出治令，门下掌封驳，日有争论，纷纭不决，故使两省先于政事堂议定，然后奏闻”[②]。这样中书省起草诏勅后，中书、门下两省官员直接在门下省政事堂商议决定，误失之处可以当场纠正，争议不决的问题也可面对面解决，省略了文书往返的程序与时间。两省议定后再奏呈皇帝，皇帝画勅后即可直接发往尚书省执行，也免除了皇帝先画勅后一再被给事中驳回的尴尬与麻烦。政事堂议定诏勅制度即保

① 见《贞观政要》卷 2。

② 《文献通考·职官考四》。

证了封驳系统的监督作用，又缩短了行政决策流程，提高了中央行政决策的效率。

（二）中央行政管理中枢——尚书都省及六部二十四司

唐代中央行政管理的中枢机构是尚书都省。都省置左右仆射、左右丞，左右司郎中、员外郎、都事、主事等官员共 32 人，已如上述。另外还有属吏即工作人员令史、书令史、亭长、掌固等约 150 人。[①]

尚书都省所掌管的行政事务主要有：第一，将凡发到尚书省的诏勑都印上正式发出的日期，并规定贯彻执行的期限，然后转发具体事务部门。第二，各州向中央汇报的计奏文书一律先送达尚书都省，都省将其节录汇总后统一向政事堂或皇帝汇报。第三，凡尚书各司拟定的下发各州的具体行政文件必须经都省审查后统一下发，各司不得擅自下发。说明了都省对于二十四司的控制。第四，凡下发上报的行政文书及其执行情况每年一次总汇于都省，各司于每年四月一日将上一年情况汇总到都省，都省都事于六月一日与各司令史进行核对，然后整理归档，作为考核官吏的依据。

尚书都省下辖吏、户、礼、兵、刑、工六部，每部四司，共二十四司，其行政组织与职掌如下：

吏部。置尚书一人，侍郎二人，为吏部正副长官。吏部"掌天下官吏选授、勋封、考课之政令"，相当于今之组织部职能。吏部下统四司：（1）吏部司。置郎中二人、员外郎二人，为该司正副长官，掌官吏铨选之事，另置属吏令史、书令史、亭长、掌固等约 110 人。吏部司兼吏部机关所在，故属吏人数较多。（2）司封司。置郎中、员外郎各一人，为正副长官，掌封爵之事。并置主事二人，属吏有令史、书令史、掌固等约 17 人。（3）司勋司。置郎中一人，员外郎二人，为正副长官，掌官吏授勋官之事。并置主事四人，属吏有令史、书令史、掌固等约 97 人。（4）考功司。置郎中、

① 据《旧唐书·职官志二》，以下同。

员外郎各一人，为正副长官，掌内外文武官吏考课（考核）之事。并置主事三人，属吏有令史、书令史、掌固等约 42 人。以上吏部共置品官 23 人，属吏 266 人。

户部。户部机关置尚书一人、侍郎二人，“掌天下田、户、均输（租赋）钱谷之政令”，相当于今之财政部职能。户部下统四司：（1）户部司。置郎中二人、员外郎二人，主事四人，属吏有令史、书令史、亭长、掌固等约 65 人。户部司“掌分理户口、井田之事”，兼户部机关之所在。（2）度支司。置郎中一人，员外郎一人，主事二人，属吏有令史、书令史、计史、掌固等约 54 人。度支司“掌天下租赋，物产丰约之宜，水陆道涂之利，岁计所出而支调之”，是国家财政的调度机构。（3）金部司。置郎中一人，员外郎一人，主事三人，属吏有令史、书令史、计史、掌固等约 34 人。金部司掌判全国库藏钱、帛出纳之事，确定天下度量衡之标准。（4）仓部司。置郎中一人，员外郎一人，主事三人，属吏有令史、书令史、计史、掌固等约 34 人。仓部司掌判国家仓库受纳租税、支付官吏禄廪之事。以上户部共置品官 25 人，属吏 187 人。

礼部。礼部机关置尚书一人，侍郎一人，“掌天下礼仪、祭享、贡举之政令”，相当于今之外交部与教育部的职能。礼部下统四司：（1）礼部司。置郎中一人，员外郎一人，主事二人，属吏有令史、书令史、亭长、掌固等约 30 人。礼部司职掌“贰尚书、侍郎，举其仪制而辩其名数”。兼礼部机关之所在。（2）祠部司。置郎中一人，员外郎一人，主事二人，属吏有令史、书令史、亭长、掌固等 30 人。祠部司“掌祠祀享祭、天文漏刻、国忌庙讳、卜筮医药、僧尼之事”。（3）膳部司。置郎中一人，员外郎一人，主事二人，属吏有令史、书令史、掌固等 17 人。膳部司“掌邦之祭器、牲豆、酒膳，辨其品数，及藏冰食料之事”。（4）主客司。置郎中一人，员外郎一人，主事二人，属吏有令史、书令史、掌固等 17 人。主客司掌“诸蕃朝聘之事”。以上礼部共置品官 18 人，属吏 94 人。礼部各司无专掌科举之司，大概科举之事由尚书、侍郎亲自执掌。

兵部。兵部机关置尚书一人、侍郎二人，“掌天下武官选授及地图与甲仗之政令”，相当于今之国防部。兵部下统四司：（1）兵部司。置郎中二人，员外郎二人，主事四人，属吏有令史、书令史、亭长、掌固等 110 人。兵部司“掌判帐及天下武官之阶品、卫府之名数”，兼兵部机关之所在。（2）职方司。置郎中一人，员外郎一人，主事二人，属吏有令史、书令史、掌固等 17 人。职方司“掌天下之地图及城隍（即城壕）镇戍烽堠之数，辩其邦国都鄙之远迩，及四夷之归化”，即掌管与国防有关之地理情况。（3）驾部司。置郎中一人，员外郎一人，主事三人，属吏有令史、书令史、掌固等 17 人。驾部司“掌邦国舆辇车乘、传驿、厩牧官私马牛杂畜簿籍，辩其出入，司其名数”。（4）库部司。置郎中一人，员外郎一人，主事二人，属吏有令史、书令史、掌固等 26 人。库部司“掌邦国军州戎器仪仗”。以上兵部共置品官 24 人，属吏 170 人。

刑部。刑部机关置尚书一人、侍郎一人为正副长官，“掌天下刑法及徒隶、勾覆、关禁之政令”，相当于今之司法部。刑部下统四司：（1）刑部司。置郎中二人，员外郎二人，主事四人，属吏有令史、书令史、亭长、掌固等 73 人。刑部司“掌贰尚书、侍郎，举其典宪而辩其轻重”，兼为刑部机关所在。（2）都官司。置郎中一人，员外郎一人，主事二人，属吏有令史、书令史、掌固等 25 人。都官司“掌俘隶簿录，给衣粮、医药，而理其诉免”。（3）比部司。置郎中一人，员外郎一人，主事二人，属吏有令史、书令史、计史、掌固等 46 人。比部司“掌勾诸司百寮俸料、公廨、赃赎、调敛、徒役、课程，逋悬数物，周知内外之经费而总勾之”，即负责勾检全国性的财务行政。（4）司门司。置郎中一人，员外郎一人，主事二人，属吏有令史、书令史、掌固等 23 人。司门司“掌天下诸门及关出入往来之籍，赋而审其政”，是全国制定出入境政策的机构。以上刑部共置品官 22 人，属吏 167 人。

工部。工部机关置尚书一人、侍郎一人为正副长官，“掌天下百工、屯田、山泽之政令”，是制定国家基本建设规划的机构。工部下统四司：（1）工部司。置郎中一人，员外郎一人，主事二人，属吏有令史、书令史、亭长、掌固等47人。工部司“掌经营兴造之众务”，主要负责城池修浚等土木工程。工部司也是工部机关之所在。（2）屯田司。置郎中一人，员外郎一人，主事二人，属吏有令史、书令史、计史、掌固等24人。屯田司“掌天下屯田之政令”，掌管各地的军队屯田以及官吏职分田和官府公廨田。（3）虞部司。置郎中一人，员外郎一人，主事二人，属吏有令史、书令史、掌固等17人。虞部司“掌京城街巷种植、山泽苑囿草木，薪炭供顿，田猎之事”，负责制定保护山林自然之政策，以及京城百官与蕃客时鲜菜蔬及薪炭的供给。（4）水部司。置郎中一人，员外郎一人，主事二人，属吏有令史、书令史、掌固等17人。水部司“掌天下川渎陂池之政令”，即有关水利、桥梁工程之事。以上工部共置品官18人，属吏105人。

作为唐朝中央行政管理中枢的尚书省，其机构编制是三省中最为庞大的，据《旧唐书·职官志》的记载，总括统计，尚书都省及六部二十四司置尚书仆射以下品官162人，属吏（一般工作人员）1139人，共计1300人。

（三）中央行政事务机关——九寺五监

尚书都省及其统辖的六部二十四司是唐朝中央行政管理中枢，在其之下，又有九寺五监（统称卿监）等中央行政事务机关。换言之，尚书各司是政务机关，九寺五监是事务机关，前者对后者进行政策指导、对口指挥，这是中国古代中央行政组织发展史上的一大进步。

九寺包括：

太常寺。置卿一人，少卿二人，“掌邦国礼乐、郊庙、社稷之事”。具体事务由八署分理，即郊社署、太庙署、诸陵（皇陵）署、太乐署、鼓吹署、太医署、太卜署（掌卜筮之法）、廪牺署（掌祭祀用牲）。每署成员众多，以太乐署为例，置令一人，丞一人，府三人，史六人，乐正八人，均为品官，另有属吏典事、掌固16人，以及舞郎140人。

光禄寺。置卿一人，少卿二人，“掌邦国酒醴膳羞之事”，即宴会及祭祀时的宰杀、烹调之事。具体事务由太官署、珍羞署、良醞署、掌醢署四署分理。其中太官署掌供膳食之事，机构最为庞大，置令、丞、府、史、监膳等品官 28 人，属吏主膳、掌固 19 人，供膳杂务 2400 人。

卫尉寺。置卿一人，少卿二人，“掌邦国器械文物之事”。具体事务由武库、武器署、守宫署三署分理。

宗正寺。置卿一人，少卿二人，“掌（皇族）九族六亲之属籍，以别昭穆之序”。具体事务由崇玄署处理。

太仆寺。置卿一人，少卿二人，“掌邦国厩牧车舆之政令”。具体事务由乘黄署（掌天子车辂）、典厩署（牛马杂畜之饲养）、典牧署（造酥酪脯腊）、车府署（王公以下车辂）四署分理，又有上牧、中牧、下牧机构管马匹放牧。

大理寺。置卿一人，少卿二人，“掌邦国折狱详刑之事”。下不分署，详见司法制度章。

鸿胪寺。置卿一人，少卿二人，“掌宾客及凶仪之事”。具体事务由典客署、司仪署（掌三品官以上之丧葬仪式）二署分理。

司农寺。置卿一人，少卿二人，“掌邦国仓储委积之事”。具体事务由上林署（朝廷果蔬供应）、太仓署（国库粮食储藏）、钩盾署（朝廷燃料供应）、导官署（朝廷米麦供应并择分等级）四署分理。

太府寺。置卿一人，少卿二人，“掌邦国财货”，即市场管理等。具体事务由京师东市署、京师西市署、东都东市署、东都西市署、平准署（卖多余官物及抄没财产）、左藏署、右藏署（国宝收藏）、常平署（救灾）八署分理。

五监包括：

国子监。置祭酒一人，司业二人，“掌邦国儒学训导之政令”，是唐时的国立大学，其下细分为国子学、太学、四门学、律学、书学、算学、五经等专业，每一专业都有专人教授（博士），学生人数少则 30 人，多则 500 人。

少府监。置监一人，少监二人，“掌供百工伎巧之事”，负责朝廷日用器物之制作。下统中尚署、左尚署、右尚署、织染署、掌冶署等五署，分工制作事务。后又有甲坊署、弩坊署，地方上之诸冶、诸铸钱、诸互市、北都军器等也归属少府监指挥。

将作监。置大匠一人，少匠二人，“掌供邦国修建土木工匠之政令”，负责两都（长安、洛阳）朝廷官府的土木工程建设。下统左校署、右校署、中校署、甄官署四署以及百工、就谷、库谷、斜谷、太阴、伊阳等木石材料采伐地的监所。

都水监。置使者二人，“掌川泽津梁之政令”，负责舟船运漕及朝廷水产之供应。下统舟楫署、河渠署两署及各地主要渡口之事务。

军器监。置监一人，少监一人，“掌缮造甲弩之属”，负责武器的监督制作及武库的出纳管理等事宜。

唐朝中央行政组织设置的一大进步就是理顺了尚书各司与卿监的关系。隋朝沿袭北齐之制，“官职重设，庶务繁滞。加六尚书似周之六卿，又更别立寺监，则户部与太府分地官司徒之职，礼部与太常分春官宗伯职事，刑部与大理分秋官司寇职事，工部与将作分冬官司空职事。自余百司之任，多类于斯”。[①] 这一职掌重复的问题至唐朝才基本解决。

唐朝中央行政组织基本继承了隋朝，但职掌重复的问题得到明显的改善。严耕望先生指出，到了唐朝，尚书省各司才成为政务机关，对各卿监实行政策指导；各卿监成为事务机关，受尚书省各司指导，执行各种具体事务[②]。如尚书省礼部主客司，对口指导九寺之鸿胪寺，主客司之职掌“诸蕃朝聘之事”，而蕃国“朝贡之仪，享宴之数，高下之等，往来之命皆载于鸿胪之职焉”[③]。又如尚书省兵部的驾部司，对口指导九寺之太仆

① 《通典·职官七》。

② 严耕望:《论唐代尚书省之职权与地位》，载《历史语言研究所集刊》第二十四本。

③ 《旧唐书·职官志二》。

寺。《旧唐书·职官志》二称，驾部司之职掌“邦国舆辇车乘、传驿、厩牧官私马牛杂畜簿籍，辩其出入，司其名数。凡三十里一驿，天下驿凡一千六百三十九，而监牧六十有五，皆分使统之。若畜养之宜，孳生之数，皆载于太仆之职。”也就是说，驾部司总掌车乘、牛马的统计簿册，规定各级官府使用车马之数量，是全国官用车马的总调度处；太仆寺各署及诸监牧则具体负责车辆的管理、维修以及牛马的放牧、繁殖、训练等，定期向驾部司报告车马的增减数量，并按驾部司的规定向各级官府及全国驿站供应车马。再如尚书省工部的工部司，对口指导少府监、将作监。工部司负责土木工程、城池修浚的总调度，长安、洛阳两都有营缮之事，则交由少府、将作二监具体执行，等等。

汉代的三公九卿制，经过魏晋南北朝的过渡演变，至唐代才形成尚书省诸司专掌政务、九寺五监专掌事务的较为规范的中央行政组织的局面，即“六部九卿制”。至明清仍基本维持这一局面。[①]

（四）中央宫内事务机关——内三省

自汉武帝以来，中央行政组织始有中朝与外朝之分。中朝也称内朝，是皇帝身边的御用机构，主要为皇帝及皇室服务，官卑职微，中书、门下、尚书原均为内朝官。两汉魏晋南北朝时期，内朝由御用机构逐步发展为政府重要部门，内朝官也由亲近小臣演变为政府大臣，这是中国古代以君主为核心的专制政体合乎逻辑的发展结果。唐朝以尚书、门下、中书三省为中央最高行政组织，是为外朝；内朝则由秘书省、殿中省、内侍省三省组成，是为内三省。唐以后中央行政组织虽屡有更改，但由皇帝身边御用机构发展为政府重要部门的倾向基本被遏制，中外朝结构趋向稳定。

唐朝中央宫内事务机关的行政组织大致如下：

秘书省。置监一人，少监二人，“掌邦国经籍图书之事”。秘书省下统著

① 参见陈仲安、王素：《汉唐职官制度研究》，中华书局1993年版，第一章第五节。

作局与太史局二局(《新唐书》无太史局)。秘书省实际上相当于国家图书馆。

殿中省。置监一人，少监二人，“掌天子服御”，即负责皇帝之起居诸事。殿中省下统六局：尚食局、尚药局、尚衣局、尚舍局（管理殿廷张设、汤沐、灯烛、洒扫之事）、尚乘局（管理御用马匹）、尚辇局（管理御用车轿）。

内侍省。置内侍二人，内常侍六人，“掌在内侍奉出入、宫掖宣传（宣召传命）之事”。内侍省下统五局：掖廷局（管理宫人教育、女工杂作等）、宫闱局（侍奉宫闱出入、管理各门钥匙）、奚官局（管理宫人之医药、死亡、祭祀等事）、内仆局（管理中宫车乘、出入导引）、内府局（管理宫中所藏绢帛、金银器皿等）。

以上内三省中，秘书省管理皇室的图书文籍，殿中省管理皇帝的生活起居，侍中省管理后宫事务，分工明确，职掌清楚，也从一个侧面反映了唐人在封建中央行政组织系统的结构设置上的成熟性。

二、地方行政组织

唐朝地方行政组织的结构与演变与西汉时期有着极为相似之处。第一，唐中叶以前的地方政区与西汉相似，均为二级制。西汉为郡、县二级制,《汉书》载为103郡,1500余县[①]。唐中叶以前为州、县二级制,300余州,1500余县。第二，唐中叶以后监察区演变为高一级地方行政区，与东汉相似。西汉武帝时为加强对郡县的监督，将全国分为13个州，置十三部刺史分别巡察所属郡县，但州只有监察职能，没有行政职能。西汉末及东汉时期，州刺史权力渐增，且有固定治所与幕僚组织，州渐由监察区演变为地方行政区，于是地

① 汉代县级行政区包括县、邑、国、道。皇太后、皇后、公主封食之地称“邑”；列侯封食之地称“侯国”（侯国与王国不同，王国为诸侯王封食之地，相当于郡级）；少数民族之地区称“道”。据《汉书》记载，西汉时有县、邑1314，侯国241，道32，共计县级行政区1587。

方行政区划由郡、县二级制向州、郡、县三级制过渡。唐初因州的数目过多不便于中央控制，太宗时新置监察区——道，设十道按察使以监察所属 300 余州、1500 余县的官吏。中唐以后，按察使（后改为观察处置使）渐侵地方行政权，实际成为州以上的一级地方行政机构。加之节度使例兼处置使，由此道之行政权为节度使所掌握，终于酿成藩镇割据、尾大不掉的局面。

（一）州（郡）级行政组织

自东汉以来，县以上行政组织发生了较大变化。魏晋南北朝虽沿东汉为三级制行政区划，但州、郡数目迅速膨胀，至南北朝时，州由东汉时 13 增至近 300，郡由汉时 103 增至 700 余，呈现出州、郡合流的趋势。如东魏时每州所领郡数，多者 12，少者仅 1 郡。州、郡数目之多，以至于“百室之邑，便立州名；三户之民，空张郡目”[①]。如刘宋时宁州建都郡仅有 107 户，益州沈黎郡仅有 65 户[②]。隋朝改地方行政为州、县二级制，至炀帝时全国共有 190 郡，已经接近汉时的郡数。

唐承隋制也为二级行政区。武德元年（618 年）改郡为州，置刺史。玄宗天宝元年（742 年）又改州为郡，肃宗至德二年（757 年）复改郡为州，此后州、郡二名通用。唐代州的数目，据《旧唐书 · 地理志》，贞观十三年（639 年）定簿，凡州 358。玄宗开元元年（713 年）改长安等 22 县所在的雍州为京兆府，洛阳等 9 县所在的洛州为河南府。天宝元年（742 年）又改京兆府为西京，改河南府为东京。另外，蒲州曾改为河中府（又称中都），并州曾改为太原府（又称北都），梁州曾改为兴元府，益州曾改为成都府等。据开元二十八年（740 年）户部计账统计，唐初以来的 358 州至此已缩减为 228 州府。

除府以外，州按人口分为上、中、下。户满 4 万以上为上州，户满 2

① 《北齐书 · 文宣帝纪》。

② 《宋书 · 州郡志》。

万以上为中州，2 万户以下为下州。

唐朝府州级行政编制为：

京兆、河南、太原等府置牧一人，少尹二人。属官有司录参军二人，录事四人，功曹参军事、仓曹参军事、户曹参军事、兵曹参军事、法曹参军事、士曹参军事各二人，府史参军事六人，府牧以下共品官 27 人。另有属吏执刀、典狱、问事、白直等 62 人。

上州。置刺史一人，别驾一人。属官有长史一人，司马一人，录事参军事一人，录事三人，司功参军事、司仓参军事、司户参军事、司兵参军事、司法参军事、司士参军事各一人，参军事四人。刺史以下共品官 18 人。另有属吏典狱、问事、白直、市令、丞、佐、史、帅、仓督等 56 人。

中州。品官大致与上州同，不同处在于：一是官吏品级较上州略低，如上州刺史为从三品，中州刺史为正四品上；二是品官人数比上州略少，录事从三人降为一人，参军事从四人减为三人，共品官 15 人。另有属吏执刀、典狱、问事、白直、市令、丞、佐、史、帅、仓督等 53 人。

下州。置刺史一人，别驾一人。属官有司马一人，录事参军事一人，录事一人，司仓参军事、司户参军事、司法参军事各一人，参军事一人。刺史以下品官共 9 人。

陈仲安先生认为，唐朝州级僚佐之职与中央三省六部颇为相仿。长史、司马相当门下、中书二省。录事参军掌州事勾稽，纠弹非违，相当尚书省之都堂；下置录事二人，相当左、右丞；功、仓、户、兵、法、士六曹相当于尚书省之六部，只是其中司功相当于吏、礼二部，而司户、司仓则可合为户部职掌。①

（二）县级行政组织

唐朝县之类别分京县、畿县、望县、紧县、上县、中县、中下县、下

① 陈仲安、王素：《汉唐职官制度研究》，中华书局 1993 年版，第 217 页。

县八等。与汉代单纯以户数分等不同，唐朝县等分类则依据地望与户数的双重标准：首先是地望标准，即该县所处之地理位置。凡属首都长安、东都洛阳、北都太原（唐皇室发迹地）三府所辖县称为京县（也称赤县）或畿县；凡属战略要地、军事要冲三县称为望县、紧县。其次是户数标准。除以上京、畿、望、紧四等外，其余各县以户数多少为等级。六千户以上为上县，二千户以上为中县，一千户以上为中下县（唐代中下县有时无），不满千户为下县。据唐开元二十八年（740 年）统计，共有京县 6，畿县 82，望县 78，紧县 111，上县 446，中县 296，下县 554，总计 1573 县，与西汉时 1587 县几乎相等。此后至清，县级数目始终变更不大，少则如元代为 1127，多则如清光绪年为 1546。

唐朝县级行政编制为（望县、紧县编制缺）：

京县。置令一人，丞二人。属官有主簿二人，尉六人，录事二人。县令以下品官共 13 人。属吏有司功、司仓、司户、司兵、司法、司士六司之佐、史，以及典狱、问事、白直等 118 人。

畿县。置令一人，丞一人。属官有主簿一人，尉二人。县令以下品官共 5 人。属吏有录事，司功、司仓、司户、司法四司之佐、史，以及典狱、问事、白直、市令等 81 人。

上县。置令一人，丞一人。属官有主簿一人，尉二人。县令以下品官共 5 人。属吏有录事，司户、司法二司之佐、史，以及仓督、典狱、问事、白直、市令等 59 人。

中县。置令一人，丞一人。属官有主簿一人，尉一人。县令以下品官共 4 人。属吏有录事，司户、司法二司之佐、史，以及仓督、典狱、问事、白直等 43 人。

中下县。置令一人，丞一人。属官有主簿一人，尉一人。县令以下品官共 4 人。属吏有录事，司户、司法二司之佐、史，以及典狱、问事、白直、市令等 35 人。

下县。置令一人，丞一人。属官有主簿一人，尉一人。县令以下品官共4人。属吏有录事，司户、司法二司之佐、史，以及典狱、问事、白直、市令等37人。

唐朝县以下的乡里组织为：“百户为里，五里为乡。两京及州县之郭内分为坊，郊外为村。里及坊、村皆有正，以司督察。四家为邻，五邻为保，保有长，以相禁约。”[①]

（三）道与节度使

唐朝的道原为监察区划，类似西汉的州部。太宗时分天下为十道，道之监察使名称从太宗至玄宗先后称为观风俗大使、巡察使、按察使、采访处置使等，监察使时有兼理州务、干预地方行政的现象。“安史之乱”后，唐中央对地方的控制大为削弱，肃宗乾元元年（758年）改采访处置使为观察处置使，观察处置使兼掌行政，其所领之道实际上已成为州以上的一级地方行政区划，唐地方行政由此形成道、州、县三级制。

道的行政长官为观察处置使、节度使。节度使本为武职，为边境方镇长官，由都督、总管演变而来，高宗、武后时称为节度使，权职日重，例兼所在之道的采访处置使，职权开始由军事向道内各州行政渗透。安史乱后节度使制度由边境扩大到内地，肃宗后道演变为州县之上的行政区划与机构，由于节度使兼观察处置使，节度使成为道的行政长官，因而道一级行政习惯上也称为方镇或藩镇。

唐后期道的数量时有变化，据宪宗元和二年（807年）《元和国计簿》统计，时天下方镇四十八，州、府二百九十五，平均一道统辖六州（府）。道之属官有节度副使、行军司马、判官、掌书记、推官、支使等。道即方镇之属官一般均由长官自辟，与汉之州县同，而其人数无严格控制。节度使甚至可以罢免管区内国家任免之州县官，而以自辟的幕僚代替，称知州、知县。

① 《旧唐书·职官志二》。

唐朝道的演变的教训在于：既要给予监察区以有效的、独立的监察权，又要防止监察区蚕食地方行政权，最终异化为最高一级行政区。而且在监察区演化为行政区后，由于其上更无直接监督机构，极易导致地方割据势力的膨胀，最终对中央政权构成严重威胁。

综本节所论，可以说君权与相权的斗争，中央集权与地方分权的矛盾，是唐代也是中国古代封建行政组织发展变化的主要原因。

第三节　唐朝的官吏管理

由于中国古代中央集权制度的较早成熟，早在两千多年前，选拔、任用、控制官吏已成为封建皇权政治的首要任务之一，从而产生了有关行政官吏管理方面的系统而完备的人事法规。唐朝则是其中最值得重视的朝代之一。

一、官吏之选拔

（一）科举取士

“为政之道，重在得人。”中国古代历代统治者在用人制度上都进行过探索与试验，大致经历过四个阶段：奴隶制分封制下的“世卿世禄”的贵族世袭制；春秋战国时期各诸侯国为争夺人才而采取的“片言而致卿相”的君主直接拔举制；两汉魏晋南北朝时期以举荐为主、考试为辅的察举制；唐以后自荐报名、考试为主的科举制。从中可以得见古代用人制度的进步。

隋唐时期，特别是唐朝严格意义上的以考试为主的科举制度的确立，是中国历史上官吏选拔制度的一次大革命。科举制度的最重要特点在于：

第一，读书人不论其出身、地位、财产如何，均可自行报名参加考试，“投牒自应”，不必再由官吏举荐；第二，考试定期举行，不必等候皇帝下达诏令；第三，严格考试，录取与否完全决定于考场文章的优劣。而隋朝选官制度并不具备以上三个特点，因此科举制度的产生应确定在唐而不是隋[①]。正是由于科举制度的产生，世袭贵族作为一个阶层从此不复存在，封建专制皇权的基础深入社会的中下层，从而得到空前的强化。

唐朝科举考生的来源主要有二：一为生徒，即官办学校的学生，包括京城国子监及地方州（府）学、县学的学生，多为官宦子弟，毕业后即可应试；二为乡贡，即各地自学或私塾学成的士子，经本县、本州预试合格后，再“进贡”去京师参加尚书省的礼部会试，也称“省试”。唐朝每年“岁贡”考生达二三千人，而进士科录取仅为百分之一。

唐朝科举科目有明经、进士、明算、明法、明字、一史、三史、道举、童子、开元礼等，但士人所重唯进士、明经二科，特别是进士科，唐人谓之“登龙门”。有唐一代考中进士者，据《唐登科记总目》统计，约在6700人[②]。科举考试之形式，明经科有帖经、墨义、策问，进士科则有诗赋、帖经、策问。策问是考官就当前“时务”提问，考生书面作答，这是沿用汉以来之传统，对培养考生解决实际问题的能力有一定作用。

唐朝科举除每年定期考试的上述科目外，还有皇帝临时下诏考试的“制科”，与之相对的定期科目则称为“常科”。制科是为选拔特殊人才而设，其科目也由皇帝临时而定，多达百余，如“贤良方正能直言极谏”科、“才识兼茂明于体用”科、“博通故典达于教化”科，等等。制科考试形式以策论为主。

唐朝掌管科举考试的机构是礼部，由礼部侍郎主持。为防止主考官作弊，规定侍郎的亲戚朋友不得在礼部考试，而须到吏部考功司另出卷考试，

① 金诤：《科举制度与中国文化》，上海人民出版社1990年版，第48页。
② 引自《文献通考》卷29。

称为“别头试”。

唐朝科举考试通过后并不能马上做官，而必须再通过吏部的铨试。前者只是取得了做官的资格，后者才能正式委派官职。吏部铨试的标准有四：“一曰身，体貌丰伟；二曰言，言辞辩正；三曰书，楷法遒美；四曰判，文理优长。”[①] 前两项“身”“言”标准，并不严格。只要身高在正常人标准内，并不一定要“丰伟”；说话只要不口吃，不语无伦次，也并不非要滔滔雄辩。吏部铨试，着重于“书”“判”。所谓“书”指书法，并不专试，而是寓于“判”中。所谓“判”指判词，即主考官设定两条案例，应试者写出判决词，以测试其从政能力。但实际上案例情节简单，判词也大抵在三四百字以内，判词之优劣全在典故之引用、文章之华采，因而仍是进士出身者占有优势。唐初为保证考试公正，在吏部铨试时采用“糊名”的办法，即将试卷上的考生姓名、籍贯等封贴起来，但因遭权门反对，武则天时废罢。

吏部铨试后之合格者即作为吏部的候补官吏，官职之正式委派尚要等官吏缺额。候补多而缺额少时，再要参加吏部的“博学宏词”“书判拔萃”考试，每次取数人而授官。柳宗元、白居易都是通过这种途径而得官的，而“唐宋八大家”之一的韩愈，却在通过进士试、吏部铨试后，屡次栽倒在吏部“宏词”试前，以至中进士后十年仍为布衣。

（二）荫袭入仕

应该指出，唐朝的科举考试（包括“常科”与“制科”）并非跻入官吏阶层的唯一途径，可以与科举相提并论的选拔官吏的另一途径就是“荫袭”制。

所谓“荫袭”制，是指官吏子弟可以凭借父亲或祖父的官品勋封而得官。很显然，荫袭制是官吏选拔领域的特权制度，其存在是由等级制社会的特征所决定的。唐朝官吏子孙荫袭官职的高低，是由该官吏的散官品位

① 《新唐书·选举志》。

所决定的。如开元四年（716年）十二月敕规定："诸用荫出身者：一品子，正七品上；二品子，正七品下；正三品子，从七品上；从三品子，从七品下；正四品子，正八品上；从四品子，正八品下；正五品子，从八品上；从五品及国子，从八品下。三品以上荫曾孙，五品以上荫孙，孙降子一等，曾孙降孙一等。赠官降正官荫一等。"[①] 从开元敕文中可以看到，只有五品以上散官之子孙才能荫袭七、八品官。唐朝品官中，大抵分"职事官"与"散官"两大类，"职事官"凭才能升降，"散官"则凭年资劳考而晋升，也就是说做官年头越长，散官品阶就越高。凡有职事官者皆带散官品阶，但有散官者不一定都有职事官。子孙荫袭只凭散官品阶，只有五品以上散官才可荫袭子孙，因此五品以上称为有荫散官，六品以下则称为无荫散官。有荫散官之子称为"高品子"，无荫散官之子则称为"品子"。

唐朝高品官之子荫袭的也是散官，如二品散官之子荫袭的是正七品下的散官，而不是职事官。由散官到职事官，还必须经过服役的艰苦磨炼。唐朝有关行政法规规定，高品子21岁以上，必须到军队卫所服役，每年考核一次，两年以后考核合格可以取得入选职事官的资格，再通过兵部校试，可以送吏部进授职事官。服役时间最长为六年，如果六年期满尚未通过兵部校试，只能取消入选职事官的资格，即终身为散官了。服役期间无故不到者，一年纳资一千五百文；三年无故不到者，夺回散官告身（即官吏资格证书）。服役路远者，可以纳资代服役[②]。高品子年20以下、15以上可入太庙为斋郎读书，相当于服役性质，每年考核，六年满后凡两经粗通者，可以通过考试授与职事官[③]。条件最为优厚的是皇亲国戚及散官一品和职事官三品之子可进入门下省之弘文馆及东宫的崇文馆这样的贵族学院读书，以代替服役，但最终仍要通过经、史、时务策的考试，合格者方可授

① 引自《唐会要·用荫》。

② 参见《唐六典·尚书兵部》"兵部郎中"条。

③ 参见《文献通考·选举十》。

与职事官。

散官六品以下之子（品子）虽无荫袭，但也可通过类似途径入仕。《新唐书·选举志》称，凡品子十八岁以上可以一面服役，一面每年“纳课”1500钱（称为“品子课钱”），十三年后再考试，考试成绩分四等：一等由吏部委任职事官，二等由兵部委任武职官，三等、四等分别再纳资（即纳课）二或三年再进行考试，通过后可授与散官。

二、官吏之任用

（一）任用方式

官吏的任用制度，历代各有不同的方式，以解决官吏品级与实际职事间之平衡。封建社会历代官制系统主体大致都可分为官和秩两部分，官以任职事，秩以别等级、领俸禄。汉代以俸禄数直接为秩，如二千石，六百石等，称禄秩；曹魏行九品制，北魏每品又分正、从二阶，形成九品十八阶之秩，称品秩。大抵唐以前官、秩统一，官升秩升，官降秩降，一目了然。如果让某官临时代理某个职事，又不想让其冠服、朝班位序、俸禄等频繁更动，就要在这临时职务上加上“守”“平”“假”“领”“平”“视”“录”等名称。

唐朝官吏的任用方式较汉魏六朝复杂。官吏一身兼有职事官与散官：散官有品级，相当于“秩”；职事官也有品级，如尚书左右仆射为从二品，侍中、中书令为正三品，这个与官衔对应的品级是用于领取俸禄的。也就是说，唐代的俸禄是与职事官相联系，而不与散官相联系，这就把原属于“秩”的领取俸禄功能转移到“官”身上了。而散官品级则用于决定朝班位序和冠服。职事官由君主量才任使，散官则按资而叙，所以散官也称为“阶官”。清人钱大昕说：“唐时臣僚章服，不论职事官之崇卑，唯论散官之品秩。虽宰相之尊，而散官未及三品，犹以赐紫系衔，……

非赐不得衣紫。”[①] 比方说中书令是当然宰相，正三品，但其散官按年资而叙尚未到三品，就不得服紫衣，朝班位序也要排在那些虽非宰相但散官已达三品以上的老官僚之后，除非皇帝下诏特赐才能服紫衣，但在官职系衔上也要注明是“赐紫”，以说明散官品阶未到服紫之位。

因为班位、章服与职事相分离，就有行、守、兼之制，以表明散官与职事官之关系。《旧唐书·职官一》云：“凡九品已上职事皆带散位，谓之本品。职事则随才录用，或从闲入剧，或去高就卑，迁徙出入，参差不定。散位则一切以门荫结品，然后劳考进叙。《武德令》：职事解散官，欠一阶不至为‘兼’，职事卑者不解散官。《贞观令》：以职事高者为‘守’，职事卑者为‘行’，仍各带散位，其欠一阶依旧为‘兼’，与当阶者皆解散官。永徽已来，欠一阶者或为‘兼’，或带散官，或为‘守’，参而用之，其两职事者亦为‘兼’，颇相错乱。咸亨二年，始一切为‘守’。”这里我们可以看到唐初以来官吏职衔称谓的变化，基本反映了职事官与散官关系在职衔称谓上就高不就低的原则。据《武德令》，凡职事官高于散官则职衔上只提职事官品级而不提散官品级，凡散官高于职事官则仍在职衔上带散官品级，凡职事官仅高散官一阶则职衔中称“兼”，如职事官正三品，散官低一阶为从三品，则称“散官某品兼某职事官”。贞观时进一步规范，据《贞观令》，职事官高于散官两阶以上称“守”，职事官低于散官称“行”，仍都要标明散官品阶，否则就不知二者相差多少阶；职事官高于散官一阶仍沿武德称“兼”；以及职事官与散官品阶同，由于一看便知，在职衔中就不必带散官了。高宗永徽以后，职衔称谓上职事官与散官的关系比较混乱。直至高宗咸亨二年（671 年），不论职事官与散官孰高孰低，一律称为“守”，二者均在职衔中标明，即“散官某品守某职事官”，二者关系一目了然。如只有散官而无职事官者，则只称“散官某品”。

唐代任官方式的实用价值在于：第一，职事官与散官分离，有利于官

① （清）钱大昕：《十驾斋养新录》卷 10“升朝官、京官”条。

僚队伍的稳定。职事官升而班位章服依旧，升官者不至于趾高气扬；职事官降而班位章服依旧，降官者不至于心理上过分失落。第二，领取俸禄之职能由“秩”转移到“官”，有利于调动有才能者的积极性。由于职事官升迁而俸禄随之增长，使升官者立刻感觉到经济上之实惠，有利于调动其积极性。第三，散官与俸禄相脱离，使散官成为安抚世家大族的有效工具。国家可以将大量散官慷慨地授与品子与高品子，以及那些有资历却无才能之人，而丝毫不必担心国库空虚的威胁。后来宋代冗官冗费局面的形成在很大程度上是因为背离了唐代的任官方式。

（二）任用限制

中国封建历代对官吏任用的限制主要包括亲属、籍贯、身份、资历等方面。

唐朝在亲属限制方面规定大功亲以上不得在同一官府任职，这是沿袭东汉以来之制度。所谓大功亲以上，包括父子、祖孙、叔侄、兄弟、堂兄弟等。清人赵翼说：“《唐书》：贾敦颐为瀛州刺史，弟敦实为饶阳令。旧制，大功之嫌不连官。朝廷以其治行相高，故不徙以示宠。此以其治行特破成例，则亲族回避之例自严也。杨于陵为户部侍郎，其子嗣复迁礼部员外郎，以父子同省，乞换他官。诏同司亲大功以上，非联判勾检官长皆勿避，官同职异，虽父子兄弟无嫌。此又于应回避之中稍示区别，职事不相统摄者，不必避也。韦抗为御史兼按察京畿，弟拯方为万年令，兄弟领本部，时以为荣。此虽职相统摄，然或以按察系暂时差遣，非久任者故尔。”[①] 赵翼所举为唐时不避亲族之特例，从反面映衬了唐时亲族回避之规定：第一，亲属之间不能任直接的上下属官职。饶阳县在瀛州辖区，故兄弟不得连官，敦颐和敦实之连官是朝廷“以其治行特破成例”。临时的上下级关系不在避嫌之列，如韦抗与韦拯方。第二，亲属不得在同部门任官，但同省不避。

① （清）赵翼：《陔余丛考》卷27“亲族回避”条。

杨于陵在户部，其子杨嗣复在礼部，虽同为尚书省，但不必避讳。又如唐人刘肃《大唐新语》卷一云："苏颋，神龙中给事中，并修弘文馆学士，转中书舍人。时父瓌为宰相，父子同掌枢密，时人荣之。"查《旧唐书·苏瓌传》，苏瓌时为尚书右仆射同中书门下三品，苏颋历任给事中，中书舍人，则在门下省、中书省，故虽"同掌枢密"，不须避嫌。

唐朝在籍贯限制方面规定官吏任官回避本籍，也是沿袭东汉以来制度。赵翼《陔余丛考》卷二十七引唐人封演《封氏闻见记》："（吏部）侍郎唐皎掌选（吏部试），问选人稳便，对曰：'家在蜀。'乃注吴。有言亲在江南，即注陇右。"赵翼注："（唐）选法原有回避本籍之例。"因此将四川人派到江苏做官，将江南人派到甘肃做官。但朝廷特命却可以破例，如唐高祖时命稷州人丘和为稷州刺史，命洛州人张士贵为洛州刺史，命上邽人姜謩为秦州（上邽县属秦州）刺史；武则天时命常州义兴（今宜兴）人薛登为常州刺史；唐玄宗时命韶州人张九龄之弟九皋、九章为岭南刺史（韶州属岭南道），命会稽人贺僧子为会稽郡司马，以侍养已退休的其父贺知章，等等。

另外，身份限制方面，唐朝规定凡盗窃之家不得为官；赃罪革职官吏本人永不叙用，子孙也不能入仕；经营工商者不得为官，《旧唐书·职官二》："凡官人身及同居大功以上亲自执工商，家专其业。……皆不得入仕。"资历限制方面，规定监察御史必须从担任过州县长官的官吏中选拔。此外对疾病及不良生活习惯也有限制，如《旧唐书·职官二》："及风疾、使酒，皆不得入仕。"风疾，即疯病；使即放任，使酒即酗酒。有疯病及酗酒者均不得担任官职。

三、官吏之考核

考核，唐时也称考课、考绩，是对官吏政绩实行考核，以达到任贤使能，提高国家行政效能之目的的制度。

唐朝对官吏考核极为重视，大考时，皇帝亲任最高主考官，特派德高望重的宰相二名充任内、外官考使，御史大夫或其他高级官员为监考使，主管官吏考核的机关则是吏部考功司。唐制，四品以下官由吏部负责考核，三品以上官则自陈政绩，呈报宰相并报请皇帝亲自考核。

唐朝考核制度，规定每年一小考，四年一大考。上文为大考阵容。《旧唐书 · 职官二》记载四品以下官每年一小考的程序为："凡应考之官，家具录当年功过行能，本司及本州长官对众读，议其优劣，定为九等。考第各于所由司准额校定，然后送省（尚书省）。内外文武官量远近以程之有差，附朝集使送簿至省。每年别勅定京官位望高者二人，其一人校京官考，一人校外官考。又定给事中、中书舍人各一人，其一人监京官考，一人监外官考。（吏部考功司）郎中判（京）官考，员外判外官考，其检覆同者皆以功过上使。京官则集应考之人对读注定，外官对朝集使注定。"凡四品以下应考核之官，自己记录本年的工作实绩，然后京官由本司郎中、外官由本州刺史当众宣读，评判工作优劣，初步评为九等。再由本部门"准额校定"，即按上级规定的各等名额确定九等政绩的比例，然后由朝集使统一送到尚书省吏部考功司。中央考核总机构由六人组成：校考二人，京官位望高者兼任；监考二人，给事中、中书舍人兼任；判考二人，吏部考功司郎中、员外郎任。每三人一组确定京官或外官的考核等级，三人意见相同，京官则集中应考之人宣读注册，外官则集中各州朝集使宣读注册。

唐朝考核官吏的标准分为"四善"与"二十七最"。"四善"是国家对各级官吏提出的四条共同要求："一曰德义有闻，二曰清慎明著，三曰公平可称，四曰恪勤匪懈。"即德、廉、公、勤，四条都要有具体的政绩。"二十七最"则是根据各部门职掌之不同，分别提出的二十七条具体要求。据《旧唐书 · 职官二》："其一曰献可替否，拾遗补阙，为近侍之最。其二曰铨衡人物，擢尽才良，为选司之最。其三曰扬清激浊，褒贬必当，为考校之最。其四曰礼制仪式，动合经典，为礼官之最。其五曰音律克谐，不失节奏，为乐官之最。其六曰决断不滞，与夺合理，为判事之最。其七曰都统有方，警守无失，为宿卫之最。其八曰兵士调习，戎装充备，为督领之最。其九曰推鞫得情，处断平允，为法官之最。其十曰雠校精审，明为刊定，为校正之最。其十一曰承旨敷奏，吐纳明敏，为宣纳之最。其十二曰训导有方，生徒充业，为学官之最。其十三曰赏罚严明，攻战必胜，为将帅之最。其十四曰礼义兴行，肃清所部，为政教之最。其十五曰详录典正，辞理兼举，为文吏之最。其十六曰访察精审，弹举必当，为纠正之最。其十七曰明于勘覆，稽失无隐，为勾检之最。其十八曰职事修理，供承强济，为监掌之最。其十九曰功课皆充，丁匠无怨，为役使之最。其二十曰耕耨以时，收获成课，为屯官之最。其二十一曰谨于盖藏，明于出纳，为仓库之最。其二十二曰推步盈虚，究理精密，为历官之最。其二十三曰占候医卜，效验居多，为方术之最。其二十四曰讥察有方，行旅无壅，为关津之最。其二十五曰市廛不扰，奸滥不作，为市司之最。其二十六曰牧养肥硕，蕃息孳多，为牧官之最。其二十七曰边境肃清，城隍修理，为镇防之最。”“二十七最”中，包括了近侍、选司、考校、礼官、乐官、判事、宿卫、督领、法官、校正、宣纳、学官、将帅、政教、文吏、纠正、勾检、监掌、役使、屯官、仓库、历官、方术、关津、市司、牧官、镇防等文武官吏职守的各个方面。

唐朝考核官吏，主要从“四善”与“二十七最”两个方面考察：“四善”中，四者皆善为最优，其次为三善、二善、一善，无善为最差；“二十七最”中，一最为优，无最为差。可见考核官吏的主要标准为“四善”。经过考核，根据“善”“最”之多少，分为上上至下下九等：一最四善为上上，一最三善或无最四善为上中，一最二善或无最三善为上下；一最一善或无罪二善为中上，一最无善或无罪一善为中中，善最皆无但职事粗理为中下；爱憎任情、处断乖理为下上，背公向私、职务废阙为下中，居官谄诈、贪浊有状为下下。

考核等级的评定是以官吏的政务实绩为基础的。每年尚书省各司都要将各自统计的官吏政绩材料汇总于考功司，如州刺史、县令的殊功异行，灾蝗、祥瑞、户口、赋役的增减，盗贼的多少等。凡监临之官，以能抚养、役使者为有功。如发生户口逃亡、差役减少的情况，以上一年的统计数字为基数，逃亡或减少十分之一为一殿，即削掉一善或一最。也就是说，如果户口逃亡或差役减少达十分之五者，就善最皆无，至多只能评中下等。

官吏考核的等级与散官品阶及俸禄直接挂钩，甚至与职事官有关。（1）在俸禄奖罚方面，九等考核中，以中中为分水岭。凡中中者不奖不罚，“守本禄”。中上以上每进一等加禄一季，也就是说上下加禄二季，上中加禄三季，上上则可加禄一年，即可得到双倍的年俸。中下以下每退一等，夺禄一季，也就是说下上夺禄二季，下中夺禄三季，下下则夺禄一年，本年俸禄分文全无。（2）在散官品阶的晋升上，每年根据考核等级决定是否晋升。凡一次中上考可进一阶[1]，一次上下考可进二阶，中中考则要积四次方可进一阶。如有中下考以下，则需今后有中上考以上抵消后方能进阶，一次中上考可抵消一次中下考，一次上下考可抵消两次中下考，凡上中考、上上考，即使以前有中下以下考，也不必抵消即可进阶。凡有下下考者，一次即解除职事官。

为了奖励臣下言谏，规定凡制敕有不当，能执奏指出并被采纳者，也可提高其考核等级。[2]

四、官吏之责任

官吏之责任包括行政责任、刑事责任与民事责任。官吏玩忽职守未触犯刑律者，予以行政制裁。官吏利用职权进行犯罪或玩忽职守触犯刑律者，则须追究其刑事责任，并同时给予行政制裁。官吏在执行职务时由于自身过失和不法行为，使国家财产蒙受损失，则在追究其行政责任与刑事责任

① 唐代品阶为九品三十阶，一至三品每品分正、从两阶，四至九品每品分正上、正下、从上、从下四阶。

② 以上参见《新唐书·百官志》。

的同时，也须追究其民事赔偿责任。

唐朝行政制裁方式主要有：

1. 罚俸。也称夺禄，即剥夺官吏一月至一年的俸禄以示惩戒，是最轻的行政制裁方式，一般用于单独科处。如上文所述官吏考核等级在中下、下上、下中、下下者，分别罚俸一季、二季、三季以至一年。

2. 解任。即罢黜职事官，保留散官、勋官、爵位等。《新唐书·百官志》："有下下考者，解任。"

3. 免所居官。即罢黜官吏之职事官与散官，保留勋官与爵位。《唐律疏议·名例》第20条："免所居官。谓免所居之一官，若兼带勋官者，免其职事。"

据《唐律》第18、20、23条的规定，官吏犯下列罪在刑事制裁同时给予行政上"免所居官"的处罚：(1)"诸府号、官称犯父祖名，而冒荣居之"。府号，指所任官署名称，如父、祖父名"中书"，子孙即不得在中书省任官；官称，指所任官职名称，如父、祖父名"卿"，子孙即不得任大理寺卿、太常卿等九卿之职。犯者免所居官。(2)"祖父母、父母老疾无侍，委亲之官"。即祖父母、父母年老或有病，身边无大功以上亲侍奉，不得抛下祖父母、父母赴官上任。犯者免所居官。(3)"在父母丧，生子及娶妾，兄弟别籍异财，冒哀求仕"。即在为父母守丧期间（27个月），不得生育子女，不得婚娶，兄弟不得分家析产，不得参加科举考试与吏部铨选。犯者免所居官。(4)"奸监临内杂户、官户、部曲妻及婢者"。唐时杂户、官户、部曲、婢女均为贱民身份，官吏奸淫其主管范围内之贱民之妻及婢女，即免所居官。(5)"于所监守内犯奸、盗、略人若受财而枉法者……狱成会赦者"。官吏在主管范围内奸淫良人、盗窃、劫持或受贿枉法，本应行政上处以"除名"之制裁，但遇逢大赦，可减轻为"免所居官"。

4. 免官。即罢黜官吏之职事官、散官与勋官，保留爵位。《唐律疏议·名例》第19条："免官。谓二官并免，爵及降所不至者，听留。"所谓二官，职事官、散官为一官，勋官为一官。

据上引同条，官吏犯下列罪在刑事制裁同时行政上给予“免官”的处罚：（1）“诸犯奸、盗、略人及受财不枉法（原注：并谓断徒以上）”。即官吏在非主管范围内所犯奸淫、盗窃、劫持以及受贿等应判徒刑以上之罪行。（2）“若犯流、徒，狱成逃走”。即官吏犯罪应判流刑或徒刑，在被关押期间逃走。（3）“祖父母、父母犯死罪被囚禁，而作乐及婚娶者”。即官吏有祖父母或父母因犯死罪而被关押期间，不得作乐，不得婚娶，犯者免官。

5. 除名。即罢黜官吏之职事官、散官、勋官、爵位等一切名号职衔，为行政制裁之最重者。《唐律疏议 · 名例》第 21 条：“诸除名者，官爵悉除，课役从本色。”所谓“课役从本色”，即不再享受官吏免除赋税徭役的待遇，而回到任官前之课役状态。

据《唐律》第 18 条，官吏犯下列罪在刑事制裁同时给予行政上“除名”的处罚：（1）“诸犯十恶、故杀人、反逆缘坐（原注：本应缘坐，老疾免者，亦同），狱成者，虽会赦犹除名”。即官吏凡犯十恶罪、故意杀人罪或因期亲内男性有犯谋反、谋大逆而己身应缘坐者，虽然遇逢大赦，也应除名。（2）“即监临主守，于所监守内犯奸、盗、略人若受财而枉法者，亦除名（原注：奸，谓犯良人。盗及枉法，谓赃一匹者）”。即官吏在主管范围内犯奸淫良人、盗窃、劫持的罪行及受贿枉法者，也要除名，如遇逢大赦，则改为免所居官，不必除名。（3）“其杂犯死罪，即在禁身死，若免死别配及背死逃亡者，并除名（原注：皆谓本犯合死而狱成者）”。即除以上两项外其他死罪，即使在监押期间死亡，或免死罪而改成配流，以及背负死罪而逃亡者，一律除名。

上述免所居官、免官、除名的行政处罚，因与刑事处罚并处，因此被处罚之官吏也可享受类似“官当”之特权，即抵消一定程度的刑罚。《唐律疏议 · 名例》第 23 条：“诸除名者，比徒三年；免官者，比徒二年；免所居官者，比徒一年。流外官不用此律。”除名、免官、免所居官可分别抵消三年、二年、一年之徒刑，流刑折抵四年徒刑计算，但死刑不得折抵与抵消。此项特权仅适用于一至九品的流内官，而不适用于九品以外的相当于吏的身份的流外官。

凡处以免所居官、免官、除名的官吏，过若干年后均可重新叙官起用，但叙官起用的年限与起点有所不同。据《唐律疏议·名例》第21条，免所居官者一年后降原品一等叙用，免官者三年以后降原品二等叙用（唐朝文官散官共九品三十等，武官散官共九品三十二等），除名者六年后依出身法（即最初的官阶）叙用。如果所犯罪本在免所居官以下而从重处以免官者，依免所居官例叙用；如果所犯罪本在免官以下而从重处以除名者，依免官例叙用。

第四节 唐朝行政监察与勾检制度

唐朝是中国封建社会的鼎盛时期，也是中国封建社会开始走向全面文官政治的重要时期。在这一时期，与文官政治相适应的，就是行政监察制度的完备化、系统化。从广义上言，包括封驳、御史、言谏三大系统，以及地方的“道”一级行政监察区划。在各行政机构内部，还有专门监督本机构以及下属机构行政效能的勾检系统。

一、行政监察制度

唐朝行政监察制度大致沿袭隋旧，但分工更为细密，职能更为完备。形成了蔚为壮观的三大行政监察系统，即对行政决策流程实行监督的封驳系统，对行政执行流程实行监督的御史系统，以及担任行政决策反馈与修正作用的言谏系统。

（一）封驳系统——对行政决策流程的监督

这一工作主要由门下省的给事中担任，详见第二节唐朝行政组织第一点“中央行政组织”中的“中央行政决策中心——三省机构、政事堂制度与政务流程”。

给事中对诏勅的封驳有相当的独立性，往往连皇帝也无可奈何，最后只能依给事中的意见办。如上文中所引魏征对唐太宗改变征兵年龄勅书的封驳，即为一例。这种独立性到唐代后期依然保持。如唐德宗时奸相卢杞被贬为新州司马，不久德宗又打算迁其为饶州刺史。当时正是给事中袁高宿直（值班），应起草诏制，但袁高认为不当重新起用卢杞，“遂执以谒宰相卢翰、刘从一”。卢、刘二宰相不敢违德宗之旨，另命中书舍人草制。草制成，“给事中袁高坚执不下”，不肯付署，德宗无奈，“乃改授澧州别驾”（州刺史下设别驾、司马）[①]。唐宪宗时，李藩迁给事中，凡制勅有不当之处，就在黄麻勅书上直接写批语。有官吏告诉他，皇帝的勅书上是不能乱批的，应该将批语写在白纸上，再将白纸别在勅书上。李藩答道：别以白纸是普通公文，给事中有批勅之权，不批在勅书上，怎么能称“批勅”呢？当时的宰相裴垍将此事告诉宪宗，认为李藩有宰相气魄。不久宪宗果然拜李藩为门下侍郎同平章事[②]。这些都说明唐时给事中的封驳权是具有相当独立性的。

（二）御史系统——对行政执行流程的监督

尚书省接到诏勅之后，行政执行流程即开始运转。对行政执行流程实行监督的，就是御史台。唐朝御史台机构远较前代完备，标志着对行政执行流程监督的系统化。

唐御史台置御史大夫一人，总掌台事。治书侍御史（永徽元年改称御史中丞）二人，监督尚书省对内外官的考核，是御史台的副长官。御史台下设三个分属机构即三院：

① 《旧唐书·卢杞传》。
② 《旧唐书·李藩传》。

（1）台院。置侍御史六人，“掌纠举百僚，推鞫狱讼”，即纠举百官的违法过失，审理皇帝交付的案件（诏狱）。凡百官违法，侍御史该纠举而不纠举者，处以罚款，最高罚款额为四万钱。有新上任的侍御史不懂制度，结果一日被罚超过万钱[①]。

（2）殿院。置殿中侍御史九人，其职掌主要有三：一是纠察朝廷礼仪，如百官在殿廷上之朝班、位序有错乱者则纠举之，皇帝巡幸、郊祀时主管部门所带礼仪物品有亏缺者也纠举之。二是巡察京城内外，发现各部门有不法之事则纠举之。三是监察国库（太仓、左藏）的出纳情况。

（3）察院。置监察御史十五人，“掌分察百僚、巡按州县、纠视刑狱、整肃朝仪”。其职掌具体而言：一是监察尚书省六部二十四司，纠其过失，由监察御史三人分察吏礼、兵工、户刑六部。凡尚书省诸司召开七品以上官会议，均须事先报御史台，派监察御史一人前往列席会议，如会议报告有违法之处或与讨论意见不相符合，而主持会议者随意签署上报，监察御史就应纠举弹奏。二是巡按州县，监察地方行政。唐太宗贞观元年（627年），分天下为关内、河南、河东、河北、山南、陇右、淮南、江南、剑南、岭南十道。后分派监察御史为十道巡按，以六条标准监察地方行政（据《新唐书·百官志》，六条标准为：其一察官人善恶；其二察户口流散，籍账隐没，赋役不均；其三察农桑不勤，仓库减耗；其四察妖滑盗贼，不事生业，为私蠹害；其五察德行孝悌，茂才异等，藏器晦迹，应时用者；其六察黠吏豪宗，兼并纵暴，贫弱冤苦不能自申者）。其后“道”的设置时有变化，有十三道、十七道、十五道之不同；地方监察官吏的名称，也有观风俗大使、巡察使、按察使、采访处置使、观察处置使之分；担任地方监察官吏的成分，也往往由皇帝临时委派，不尽为监察御史。开元、天宝以来，往往由节度使兼任采访使、观察使，并兼掌行政，“道”由监察区划演变为州之上的新一级地方行政区划，御史台也由此渐失对地方行政的监察权。

① 《唐六典·御史台》“待御史”条注。

三是监督太府寺、司农寺的出纳情况。

御史台大夫、中丞及三院御史各有所掌，有比较明确的界限。《大唐新语》卷二记："宋璟，则天朝以频论得失，内不能容，而惮其公正，乃敕璟往扬州推按。奏曰：'臣以不才，叨居宪府，按州县乃监察御史事耳，今非意差臣，不识其所由，请不奉制。'无何，复令按幽州都督屈突仲翔。璟复奏曰：'御史中丞，非军国大事不当出使。且仲翔所犯赃污耳，今高品有侍御史，卑品有监察御史，今敕臣，恐非陛下之意，当有危臣，请不奉制。'月余，优诏令副李峤使蜀。峤喜，召璟曰：'叨奉渥恩，与公同谢。'璟曰：'恩制示礼数，不以礼遣璟，璟不当行，谨不谢。'乃上言曰：'臣以宪司，位居独坐。今陇蜀无变，不测圣意令臣副峤，何也？恐乖朝庭故事，请不奉制。'"武则天三次想把御史中丞宋璟调离京师，三次都被宋璟以职掌不符的正当理由推辞。第一次要宋璟巡按扬州，宋璟认为巡按州县是监察御史的事，不应由御史中丞去管。第二次要宋璟去幽州调查审理都督屈突仲翔的贪污受贿案，宋璟认为审理官吏赃污案件有侍御史，监察州县官吏有监察御史，派谁都可以，但御史中丞非军国大事不应出使地方。第三次要宋璟随李峤作为特使出使蜀地，宋璟认为有特别的事变才须派遣特使，现在陇蜀之地并无特殊事变，而无事派遣特使是违背朝廷制度的。这里我们可以看到唐御史台各级官吏的监察范围是有明确分工的。

唐代御史官卑位尊，三院御史官品皆在七品上下（侍御史从六品下，殿中侍御史从七品下，监察御史正八品下），但权限极大。《文献通考·职官考》云："御史为风霜之任。弹纠不法，百僚震恐。官之雄峻，莫之比焉。"

唐代御史在行使监察职能时被授予两大特权：一是独立奏事权。凡百官违法御史皆可独立纠弹，即使御史台长官事先也无权询问奏弹内容，所谓"台官无长官"。《大唐新语》卷四记李承嘉为御史大夫时，曾对诸御史下令："公等奏事，须先禀报我知道，不得妄自奏弹。"但御史们无一人禀报，李承嘉声色俱厉地又重申了一遍。这时监察御史萧至忠慢慢走上前说："御史是君主的耳目，俱握雄权，岂有奏事先禀报御史大夫的？御史台无此先例。假如弹劾你，也要事先请示你吗？”李承嘉无言以对。二是风闻弹事权。唐时御史台虽不受理诉讼，但有告官吏违法者可持辞状立于御史台门外，御史有权到门外收采辞状，认为应弹奏之事则略去检举人的姓名，于上朝时奏劾。风闻弹事其实并不是过去某些学者所认为的无根据的胡乱弹劾，而是保护检举人的一种措施。一旦立案，当然首先要从检举人处取得证据的。

另外唐代御史在将行弹奏之前，可以通知监管殿廷大门的官员禁止相关人员入内，这也是保护弹事御史的一种措施。御史台监察官员的这一系列特权与措施，对行政官员违法起到了相当大的震慑作用。

御史弹劾行政官员有不当之处或失职行为，则由尚书仆射、尚书左右丞纠劾。《旧唐书・职官二》载尚书仆射及左右丞之职云：“御史有纠劾不当，兼得弹之。”

（三）言谏系统——行政决策反馈与修正

行政决策反馈的目的是修正行政决策在执行过程中所暴露出来的失误，因此行政决策反馈也属于行政监督系统。唐初继承历代言谏系统而进一步完备化，设立专职言谏官以保证下情上达，言路通畅，对行政决策及时作出反馈与修正。唐代专职言谏官主要有：

谏议大夫，武德四年（621 年）设，置员四人，属门下省，十日一上封事，直论政事得失。门下省在唐代本是下情上达之专门机构，各级行政部门对行政决策执行情况之反馈信息都通过门下省上达，据《旧唐书・职官二》记：“凡下之通上，其制有六：一曰奏抄，二曰奏弹，三曰露布，四曰议，五曰表，六曰状，（门下省）皆审署申覆而施行焉。”武则天时为进一步开通言路，了解下情，置青、红、白、黑四铜匦于朝堂，“以受四方之书”[①]。其中红匦就专用于接受“能正谏论时政之得失”的投书。四匦由

① 《新唐书・百官志》。

谏议大夫具体负责。唐代谏议大夫还有两项特殊权利：一是预闻政事权。唐太宗时王珪为谏议大夫，常有谏论使太宗称善，于是“诏令自是宰相入内平章国计，必使谏官随入，预闻政事”①。二是独立论事权。规定谏议大夫论事不须令宰相先知。唐太宗很懂得谏官之得人事关重大，关系到行政决策能否及时得到修正，所以必选刚正不阿、敢于直谏之人，如魏征、王珪这些贞观名臣都曾任职谏议大夫。

补阙、拾遗，武则天时设，各置员二人，左补阙、左拾遗属门下省，右补阙、右拾遗属中书省。补阙、拾遗“掌供奉讽谏，扈从乘舆，凡发令举事有不便于时，不合于道，大则廷议，小则上封”②。从其官称上也可看出，主要是补谏议大夫论事之不足，加强行政决策反馈的信息处理。安史之乱时，杜甫拜右拾遗，不久宰相房琯因帅师兵败罢相，杜甫“上疏言琯有才，不宜罢免。肃宗怒，贬琯为刺史，出甫为华州司功参军”③。杜甫因进谏被出，表面上看来，右拾遗为从八品上，司功参军为正八品下，品阶上反而升了一阶。但唐代重朝官而轻外官，外官转朝官，明降而实升；朝官转外官，明升而实降。唐宪宗元和三年（808 年）五月，白居易拜左拾遗，上疏言事，论及朝廷设置“拾遗”官职之用意：“臣谨按《六典》：‘左右拾遗掌供奉讽谏，凡发令举事有不便于时，不合于道者，小则上封，大则廷诤。’其选甚重，其秩甚卑，所以然者，抑有由也。大凡人之情，位高则惜其位，身贵则爱其身。惜位则偷合而不言，爱身则苟容而不谏，此必然之理也。故拾遗之置，所以卑其秩者，使位未足惜，身未足爱也；所以重其选者，使下不忍负心，上不忍负恩也。夫位不足惜、恩不忍负，然后能有阙必规，有违必谏，朝廷得失无不察，天下利病无不言。此国朝置拾遗

① 《贞观政要》卷 2“求谏”。
② 《旧唐书 · 职官志二》。
③ 《旧唐书 · 杜甫传》。

之本意也。”[①] 指出“拾遗”一职选重秩卑，才能不惜位、不负恩，有阙必谏。

另外，散骑常侍也是言谏官，置员四人，左、右散骑常侍分属门下省与中书省，贞观元年设，“掌侍奉规讽，备顾问应对。”[②] 散骑常侍位极显贵，唐中期时与侍中、中书令号称“八貂”，但时置时撤，时为散官时为职事官，实际上是用于安置那些年高望重之人的闲散职务，其言谏作用远不如谏议大夫。

综观唐代行政监察系统，大致在以下几个方面是值得借鉴的：

第一，监察机构的布局较为合理，监察范围涉及官僚机构的各方面权力。从政务流程看，自行政决策、行政执行到决策反馈均配备有专职监察官；从监察对象看，自中央机构官员到地方官吏，甚至皇帝本人，其权力均在不同程度上受到监督牵制。没有监督的权力必然导向专制，最终走上自亡之道，这个道理，唐人也是懂得的。

第二，监察官都具有一定的独立权，他官包括顶头上司都不得干预。从给事中的封驳付署权，到御史的独立奏事、风闻弹事权，以及言谏官的独立论事权，都可以看到这是一个贯彻行政监察系统的原则。这一原则既保证了行政监察的有效性，也增强了监察官的责任感。

第三，监察官官微权尊，也是唐代行政监察系统的一大特点。行政监察系统中人数最多的御史系统，以及言谏官中之补阙、拾遗，官品多在七、八品上下，只相当于一个下县的县令。即使谏议大夫、给事中，官品也只有四、五品，还不如一个州刺史。但监察官的权力之大，已如上述。官卑则任官者年轻、少顾虑；选重则监察官必从优秀人才中选出，一任御史，如登龙门；权尊则便于行事，使任何一个位极人臣者都不敢小视监察系统的存在。

① 《旧唐书·白居易传》。

② 《旧唐书·职官志二》。

二、勾检制度

如果说行政监察制度是外在的监督系统，那么勾检制度则是各行政机构内在的监督机制。最早系统研究唐代勾检制度的著述，是王永兴先生的《唐勾检制研究》（上海古籍出版社 1991 年 5 月版）。本节以王说为基础，加之笔者的理解，对唐代勾检制度作一大略的归纳。

唐代勾检制度在几乎所有的内外上下官府中普遍存在，在整个行政管理系统和监察系统的各级官府都设置勾官。何谓"勾检"（或称"检勾"）？《唐律疏议·名例》："检勾之官，同下从之罪。疏议曰：检者，谓发辰检稽失，诸司录事之类。勾者，署名勾讫，录事参军之类。"勾检官的职能有三：一为勾检稽失，这是勾检官的主要职能。稽即稽程，也就是拖延时日，没有在国家文书规定的时间内将某项行政事务处理完毕。失即公事过错，也就是处理行政事务不当，违反了制度规定。勾检稽失即勾检官监督检查行政机关办事的效率与质量。二为受事发辰。《唐六典》卷一"尚书都省左右司郎中员外郎"条："凡内外百司所受之事，皆印其发日为之程限。"发出文件的部门，勾检官印上发出的日期；收到文件的部门，勾检官印上收到的日期。有了始发始收的日期，才能计算程限，才能检查行政办事是否稽程。三为省署抄目。即各官府之勾检官登记抄录收入与发出的文书的目录，审查后签署，付有关部门执行。该文书规定的行政事务执行完毕，再由勾检用红笔在文书上端勾讫，并记录完成的年月日，然后存档。在敦煌文书和吐鲁番文书上发现的数以千计的朱书字、句和各种朱色标记，便是勾检官实行勾检制的实际记录。

以下是唐代各行政机构中的勾检官名称及其职掌：

尚书省：左右丞、左右司郎中、员外郎、都事均为勾检官，既是尚书都省也是六部的勾检官，故六部不再设勾检官。

秘书省：主事一人，"掌印并勾检稽失"[1]。

---

① 《唐六典》卷 10。

殿中省：丞二人，“掌判监事，兼勾检稽失，省署抄目”。主事二人，“掌印及知受事发辰”[1]。

内侍省：主事二人，“掌付事、勾稽、省抄”[2]。

宫官：司记二人，典记二人，掌记二人。司记“掌宫内文簿入出，录为抄目，审付行焉。牒状无违，然后加印。典记、掌记佐之”[3]。

御史台：主簿一人，“掌印及受事发辰，勾检稽失”[4]。

九寺五监：主簿一至二人，“掌印，勾检稽失，省署抄目”。录事一或二人，或不设，“掌受事发辰”。

十六卫六军：录事参军（以下只记勾检官名称，不记编制与职掌）。

左右神策军：判官与勾覆官。

诸折冲府：兵曹参军。

东宫太子詹事府：主簿、录事。

太子家令寺、太子率更寺、太子仆寺：主簿。

东宫太子十率府：录事参军。

太子左右卫率府、左右司御率府、左右清道率府下的亲卫、勋卫、翊卫三府：兵曹参军。

亲王府：录事参军事、录事。

亲王国：国丞。

京兆、河南、太原三府：司录参军。

都护府、都督府、州：录事参军。

县：主簿、录事。

上镇：录事、仓曹参军。

---

① 《唐六典》卷11。

② 《唐六典》卷12。

③ 《新唐书·百官志》“宫官”条。

④ 《唐六典》卷13。

中、下镇：录事。

上关、中关：丞、录事。

以上可见，唐代全部内外上下官府中，除门下省、中书省、太子左春坊、太子右春坊外，均设勾检官，而且勾检职能基本相同。门下、中书不设勾检官，大概与其是中央决策机构有关，而太子左、右春坊则有如东宫的门下省、中书省。

唐代的尚书都省，是全国行政管理勾检部门的中央领导机构。事实上，尚书都省的官吏从左右仆射、左右丞、左右司郎中员外郎，到都事、主事、令史、书令史，都有勾检职能。勾检是尚书都省的主要职能之一，只是左右仆射与左右丞所勾检的不是一般行政管理事务，而是纠劾监察系统的官员即御史，纠劾御史是高一级的勾检行为。

尚书都省勾检全国各级行政管理机构的官文书，同时也勾检与文书有关的各级官吏。具体勾检内容主要有二：一是内外诸司应出文书皆须送尚书都省勾检，凡“稽”“失”的负责官吏要受到行政处分乃至刑事处罚。二是全国内外诸司已处理完毕的官文书（档案）必须送纳尚书都省覆校。规定京师各机构每年四月一日送纳，由尚书都省的都事与各机构的令史对校；地方各州府每年十月二十五日送纳，由尚书都省的都事与各州府送档案来的朝集使对校。

财务勾检是勾检系统中一个极为重要的方面。尚书省户部的度支司掌握国家的全部经费以及总收入与总支出，而比部司则负责对国家财政计划的实际执行情况进行勾检，可以说比部司是财务勾检系统中的中央领导机构。比部司作为财务勾检中央领导机构的职能体现在：勾检中央一级全国性的财务行政；制定全国性的财务勾检制度；下令（“符”）各地进行各方面财务行政的勾检。

在财务勾检中，比部司勾检诸州府是一年一次，州府年终勾账申报比部司最迟不得过第二年三月；州府勾检县级财务大约是每半年一次。

第九章　唐朝的经济法律

第一节　唐朝的土地法律

唐朝在土地法律方面的实践提供了这样一条历史经验：优良的制度是一个社会兴盛发展的基本保障；但无视社会的变迁而固守原有的哪怕是优良的制度也许比没有制度更危险。

一、唐朝的疆域与经济社会形势

土地面积的大小是由王朝的疆域直接决定的。在中国历史上，唐是继汉以后又一个疆域辽阔的大帝国，并较汉之版图略有扩大。按西汉全盛时的疆域为郡国 130，县邑 1314，总计地东西 9302 里，南北 13368 里。[①] 唐朝的疆域东西大致相当，南北则大为超过。

唐初不仅有如此广阔的疆土，而且，经过隋末农民战争和唐王室的有意排挤，东汉以来占据社会经济、政治统治地位的豪门世族受到了沉重的打击，支撑他们的部曲庄园经济彻底瓦解，大片的沃土重新掌握在新王朝手中，关内、河南、河北、淮南几道的情况更是如此。同时，战争也造成了人口的巨大伤亡，据正史统计，贞观年间户数不足三百万，若按每户五

① 《汉书·地理志》。

口计算，人口也不超过二千万，成丁的劳动力自然要比这个数字少得多。这样，唐初形成了土地广大而人口稀少且豪强势力薄弱的经济社会形势。这一方面为唐帝国对土地重新进行调整和安排（推行均田制）提供了良好的时机，同时也为农业经济的发展提供了可能。但要使这种可能变为现实，唐帝国还有许多工作要做。

二、重农与土地开发

农业虽然是古代中国的基础，但它经常受到商业的冲击和动摇，明智的统治者总是不忘将农业列为施政中最优先考虑的事项，在这方面，初唐帝国可称典范。从有关的史料和法律规定来看，唐初重农的核心是放在劝农、省徭和增丁上，以期将有限的劳力投之于农业生产，从而减少对农业生产力的浪费和耗损。

据《通典》记载，隋炀帝大业二年（606 年），全国户数是 890.7536 万，口数是 4601.9956 万，可是到贞观初年，全国的登记户数不满 300 万，[①] 比大业二年减少了 500 多万户。虽然我们可以肯定这个数字并不是准确无误的，但人口和户数的大规模减少应是没有疑问的。因此，在这种情况下，劳动力显得尤其珍贵，如何将有限的劳力用之于农业，自然成了唐初治国的关键。武德七年（624 年），高祖定律令，规定："诸每岁一造计账，里正责所部手实，具注家口年纪。" [②] 具注家口年纪既是为了确定户税，也是为了明确丁数，也就是查清包括劳动力在内的全国人口数。在唐初，依律规定，成丁者才是真正的劳动力，土地的分配以丁为单位，即《唐会要》卷八三《租税》："凡天下丁男，给田一顷。" 其余的人依丁递减，可见力农者在当时的地位和价值。贞观年间，太宗对农事更加重视，他曾特别强调：

① 《通典 · 历代盛衰户口》。

② 《唐令拾遗 · 户令第九 · 二十一》。

“凡事者皆须务农，国以人为本，人以食为天，凡营衣食，以不失农时为本。”[①] 因此，贞观十六年（642 年）下令：“不夺其时，使比屋之人，恣其耕稼，此则富矣。”[②] 鼓励人们专志农事。永徽、开元年间，劝农的律令不断颁行；历武德、贞观、永徽、开元几朝而总成的均田律令，既贯彻了劝农政策，又促进了农业的发展。

大概可以这样说，在古代的中国，除了弃农经商和战争以外，徭役可谓是耗损农业劳动力最重要的方式之一。唐廷大臣王珪曾对太宗说：“昔秦皇、汉武，外则穷极兵戈，内则崇侈宫室，人力既竭，祸难遂兴，彼岂不欲安人乎？失所以安人之道也。亡隋之辙，殷鉴不远，陛下亲承其弊，知所以易之，然在初则易，终之实难。”太宗回答道：“公言是也，夫安人宁国，惟在于君，君无为则人乐，君多欲则人苦，朕所以抑情损欲，克己自励耳。”[③] 贞观四年（630 年）太宗下令征发劳力修洛阳宫，给事中张玄素上书谏止说：“方今承百王之末，属凋弊之余，必欲节之以制礼，……兴废数多，岂疲之所望？”[④] 如果劳役过度，必然财力凋尽，国归于乱，太宗听取了他的意见，停止了这次征发，并褒奖张玄素，赐绢 200 匹。为了将省徭制度化、法律化，唐武德、开元期间颁布了严格的律令，规定在正常情况下，每丁每年平均服徭役为 20 天，最多不超过 50 天，超过法定期限者按每日折算免租或调，违法者依律令惩处。比较历史上的王朝甚至近代中国的徭役制度，这算是轻徭了。

在劝农和省徭之外，增丁即增加劳动力的数量也是唐初重农的措施之一。扩大包括劳动力在内的人口基数，鼓励婚姻确是一个有效的途径。唐初政府所定的法定婚龄从男 20、女 15 以上到男 15、女 13 以上逐渐变小，

---

① 《贞观政要·务农》。

② 《贞观政要·务农》。

③ 《贞观政要·务农》。

④ 《贞观政要·纳谏》。

并以婚姻成立的多少作为考核地方官吏的一项标准。[1] 这与现今的做法真是迥然不同，但在特定的历史环境下都有其合理性。

在增加劳动力方面，吸纳外来户要比鼓励婚姻见效快。唐令规定："诸没落外藩得还，及化外人归朝者，所在州镇，给衣食，具状送省奏闻。化外人于宽乡附贯安置，落藩人归贯，无归贯，任于亲近附贯。"[2] 这条法令收到显著效果，"大唐贞观户不满三百万。三年，户部奏：中国人因塞外来归及突厥前后降附为州县，获男女一百二十万口。"[3]

唐通过采用上述以及其他一些措施，户数和口数都获得了突飞猛进的提高，现根据史料，将其户口数的增长情况列表如下：

唐前期户数口数增长表

时间	户数	口数	资料
贞观年间	不满 3,000,000		《通典 · 历代盛衰户口》
永徽三年（652 年）	3,800,000		《通典 · 历代盛衰户口》
神龙元年（705 年）	6,156,565		《唐会要 · 户口数》
开元十四年（726 年）	7,069,565	41,419,712	《旧唐书 · 地理志》
开元二十八年（740 年）	8,412,871	48,143,609	《新唐书 · 地理志》
天宝元年（742 年）	8,525,763	48,909,800	《旧唐书 · 地理志》
天宝十三年（754 年）	9,619,254	52,880,488	《旧唐书 · 地理志》

从表中可以看到，一百年间，唐朝的户数增加了将近 500 多万，人口增加到 5000 多万。在医疗条件极其简单，战争、灾害频发的古代社会，这个成就是相当了不起的。增加的人口中绝大多数是农业生产的主力军，这支主力军为唐朝经济的繁荣提供了可靠的人力资源，而这个资源与律令的支持和保障是分不开的。

① 《唐会要 · 嫁娶》。

② 《唐令拾遗 · 户令第九 · 十九》。

③ 《通典 · 历代盛衰户口》。

唐朝的疆域虽然辽阔，但耕地还是受到了限制，因此，开垦荒地、扩大耕地面积也是发展农业生产所必需的。唐帝国有关荒地开垦的法律措施主要有两项：一是迁移；二是屯田和营田。《唐令拾遗》记："诸居狭乡者，听其从宽。"①《唐六典》卷三"户部郎中员外郎"条也有类似的规定。唐律一般禁止出卖永业口分田，但"狭乡乐迁就宽乡者，准令：并许卖之"②。这是一种自愿式的迁移，称作乐迁。"开元十六年（728 年）十月敕：诸州客户，有情愿属缘边州府者，至彼给良沃田安置，仍给永年优复。"令文中说给良沃田，实际上缘边州府只有荒地待垦，而无或者说少良田沃地可分。

屯田和营田是由官府组织力量直接对荒闲无主之地加以垦耕。它以开辟荒地为主，只要某处有荒地，官方就可以开垦。屯田和营田的规模越大，意味着荒田荒地的利用率越高。唐朝为了加强对屯、营田的管理，特设屯田官以掌其事。③

唐代屯、营田主要在边区或外防未开发之地进行，并取得了很大的成绩，有关的史籍记载很多，这里略择几例④以资说明："太宗贞观初，张俭为朔州刺史，广营屯田，岁致数十万斛，边粮益饶，及遭丧，俭劝百姓相赡，遂免饥馁，州境独安。""中宗时，王晙为桂州都督，桂州旧有屯兵，常运衡、永等州粮馈之。晙始改筑罗郭，奏罢屯兵，又堰江水，开屯田数千顷，百姓赖之。"唐代通过律令，鼓励开垦，收效显著。元结的《元次山文集》卷七《问进士第三》记录："开元天宝之中，耕者益力，四海之内，高山绝壑，耒耜亦满。"这在一定程度上缓和了耕地有限的矛盾。

① 《唐令拾遗·户令第九·十八》。

② 《唐律疏议·户婚》。

③ 《通典·田制》。

④ 以下二例均见《册府元龟》卷 503。

三、土地占有与均田制的基本内容

唐代的土地占有，从形式上来看，仍为国有与私有两大部分。所有山林川泽、道路桥梁、原隰丘陵、硗埆斥卤等荒野不毛的无主之地，自然只能由代表国家的政府占有；前朝的皇室、勋戚、权贵、豪门等私有土地，在国破家亡、改朝换代之后，被新的王朝所没收，这部分土地也变成了国有土地；其他因犯罪被籍没家产，或因战乱饥荒而逃亡他乡，其所遗留下来的田地也为政府没收，统并入国有地产之内。此外，由政府自行开垦的屯田和营田也是国有土地的一个组成部分。国有土地以外的耕地基本为私人占有，这部分土地因田主居住在其间，所以唐人称之为庄、庄田、庄园或庄子等。从一般的史籍来看，均田制废除以前，唐代的国有土地在总耕地内占有相当的比重，而私田的数量比较有限。[①] 国有土地的分配和使用主要是借助均田律令而化作永业田、口分田、职分田、勋田、公廨田以及赐田等。构成一个完整的均田制度。有关均田制的内容大致如下。

1. 均田的时间及机关（负责人）

《唐令拾遗 · 田令第二十二 · 二二》有令："诸应收授之田，每年起十月一日，里正预校勘簿，历十一月，县令总集应退应受之人，对共给授，十二月内毕。"[②] 依唐令的规定来看，均田的时间为每年的十月至十二月，均田的机关（负责人）为里正、县令。

2. 均田的对象及数量

《通典 · 田制》有如下规定："凡天下之田，五尺为步，二百有四十步为亩。凡给田之制有差，丁男中男以一顷（中男年十八已上者，也依丁男

① 也有不同看法，傅筑夫先生认为："（唐代）在全国的已耕土地之中，私田士地占绝大比重，官田只占其中很小一部分……"（见《中国封建社会经济史》第4卷，人民出版社1986年版，第201页）。

② 《唐六典 · 户部郎中员外郎》及《唐律疏议 · 户婚》皆有同类记载。

给），老男笃疾废疾以四十亩，寡妻妾以三十亩，若为户者则减丁之半。凡田分为二等：一曰永业，一曰口分。丁之田二分永业，八为口分。凡道士给三十亩，女冠二十亩，僧尼亦如之。凡官户受田，减百姓口分之半。凡天下百姓，给园宅地者，良口三人已下给一亩，三口加一亩；贱口五人给一亩，五口加一亩，其口分、永业不与焉。若京城及州县郭下园宅不在此限。”其他王公、贵族、官僚及工商业者给田皆有制，最高的亲王一百顷，职事官正一品六十顷，最低的男爵及职事官从五品五顷，九品官一顷五十亩，工商者宽乡减半，狭乡不给。[①] 说明均田的主要对象是普通百姓和官僚贵族，并以丁男为基本单位，其他杂色人等授田均有等差。均田数量以百亩为常量，最高者为百顷，最低的如工商业者狭乡可以不给。

3. 均田的顺序及调剂

唐令的规定是：“凡州县界内所部受田，悉足者为宽乡，不足者为狭乡，……凡授田，先课役后不课役，先贫后富，先无后少。”[②] “诸田乡有余，以给比乡；县有余，以给比县，州有余，以给比州。……狭乡田不足者，听于宽乡遥受。”[③] 以上关于土地分配的均田律令给我们这样几点印象：（1）分配土地的制度比较严格完备；（2）分配土地以丁男为基本单位，妇女（寡妻妾为户者除外）不参加土地的分配；（3）官僚贵族受田数额颇大。前后两点比较容易理解，制度严格完备是唐代的一个基本特色，官僚贵族受田优待是特权所致。令人疑惑的是为什么要以丁男为基本单位？为什么妇女（寡妻妾为户者除外）不参加分配？这样的规定有什么意义？下面我们试作一些分析。

《通典·食货·丁（中）》记：“大唐武德七年（624 年）定令：男女始

---

① 有关均田对象及数量的法律规定可参见《唐律疏议·户婚》《唐六典·户部郎中员外郎》《旧唐书·食货志》中的相关部分。

② 《唐六典·户部郎中员外郎》。

③ 《唐令拾遗·田令第二十三·一三（甲）、一三（乙）》。

生为黄，四岁为小，十六岁为中，二十一岁为丁，六十为老。”后来，神龙元年（705 年）和广德元年（763 年），成丁年龄分别提高到 22 岁和 25 岁。不管是 21 岁、22 岁或 25 岁，有一点很清楚，丁龄是指 20 岁以上 60 岁以下的男子。在任何社会中这个年龄段的男子都是标准的劳动力。而且，在唐朝，男子的婚龄都低于成丁年龄。因此，可以说，作为劳动力的丁男，不是一个人，一般都代表一个家庭。这样的家庭形式，在我国唐朝以及整个封建社会一直都是普遍的。唐令规定以丁男为均田的基本单位，实际上就是以劳动力、以男耕女织的个体小农家庭为中心。这样，凡按时结婚成家的妇女等于分到了土地，而不结婚的女子（寡妻妾为户者，也是结过婚的）则分不到土地。由此可以透见：立法的意向显然是在鼓励婚姻，促成男耕女织的个体小农家庭的建立。这种家庭模式的建立，有几个明显的好处：（1）符合圣人之法和古制传统。何休《公羊解诂》云：“圣人制井田之法而口分之。一夫一妇田百亩，以养父母妻子。五口为一家，公田十亩，即所谓什一而税也，庐舍二亩半，凡为亩一顷十二亩半。”五口之家的个体小农家庭自战国以来成了传统的家庭模式。（2）增加了户口，繁殖了人口，增收了赋税，也使劳动力的来源更为扩大。（3）稳定了社会，便于治理。孟子曾答滕文公问治国说：“民事不可缓也。……民之为道也，有恒产者有恒心，无恒产者无恒心，……是故贤君必恭俭礼下，取于民有制。”① 这些明显的益处恐怕是立法者所考虑和追求的。然而，任何一种生产方式或者说劳动形式最终还是由生产力的发展水平来决定的，男耕女织的个体小农家庭在中国历史的深处潜藏着更加巨大的经济意义。

春秋以前，我国农业生产的工具非常落后，主要是用树木和石制的，施肥的知识也很有限，个体生产无法进行，必须采取“千耦其耘”式的协作方式，与此相应的便是井田制。春秋战国时期，铁制农具开始出现，最早的铁铧犁是在木底上套上 V 字形的铁口，故又叫作铁口犁。当时还出现

① 《孟子 · 滕文公上》。

了铁口锄、铁镰刀等。这样，从工具的使用角度说，进行个体劳动有了可能，原先共耕共耘的劳动形式也随之解体。但当时的铁口犁还不能深耕，而且有的重达十四五斤，牵引这种犁需要有双牛，个体的小农家庭负担不起，只有富裕大户才拥有如此农具和畜力。因此，一般的个体小农家庭还必须依靠富裕户，最后，逐渐演变为东汉及魏晋南北朝时期的庄园经济，个体自耕农遂转变为豪强氏族的部曲，丧失了人身自由，并受到超经济的剥削。发展到隋唐时期，生产经验和冶铁技术有了进步，过去的铁铧犁被逐渐改造成重约三市斤并具有犁壁的铁犁。这种犁辕不论曲直，较前都减短很多，没有了“回转相妨”的缺点，耕作速度大大加快。而且，这种犁经过改进，比较省力，可用单牛牵引，也可由人力牵引。铁耙、铁锹、铁铲、铁锄、铁镰、水车等主要农具也都有了改进。[①] 生产力水平在此基础上获得了极大的提高，精耕细作和农业生产的独立性也同步增长，男耕女织的小农家庭成为当时主要的经济单位和劳动形式。这种形式下的农民成了国家的正式编民，摆脱了庄园主的超经济剥削和人身束缚，劳动的自主性和积极性大为提高。对他们来说，只要有土地就能实现他们的理想；对国家来说，只要给他们土地，农业就会发展，税收就会增加，社会就会稳定，国力也会增强。唐帝国以丁男为基本单位的均田律令恰恰实现了这一点。这不仅是因为它符合了当时生产力发展的水平，使劳动力和土地的结合比较合理，而且为了实现这点，帝国还采用了比较有效的手段，将均田制置于法律的支持和保障之下。

四、均田制的法律保障与实施（程度与效果）

均田制的实施需要诸方面条件的配合，例如，社会环境的安定，中央集权的强大，行政机构的完善有效等。这些条件在唐前期基本上是具备的。

① 韩国磐:《隋唐五代史论集》，生活·读书·新知三联书店1979年版，第88—100页。

这里就不再细说。在此将着重说明唐代法律对均田制的实施起了怎样的保障作用。

1. 收授田地的法律保障

唐令对全国每年收授田地的时间、机关（负责人）、顺序、对象、数量及调剂方法均有明确规定，为了保证这些规定的实施，《唐律疏议 · 户婚》“里正授田课农桑违法”条规定：“诸里正，依令：‘授人田，课农桑。’若应受而不授，应还而不收，应课而不课，如此事类违法者，失一事笞四十；（一事，谓失一事于一人。若于一人失数事及一事失之于数人，皆累为坐）三事，加一等。县失十事，笞三十；二十事，加一等。州随所管县多少，通计为罪。（州、县各以长官为首，佐职为从）各罪止徒一年，故者各加二等。”本条疏议注释曰：“各罪止徒一年，谓州县长官及里正，各罪止徒一年。故犯者各加二等，即是一事杖六十；县十事笞五十；州二县者，二十事笞五十，计加也准此通计为罪，各罪止徒二年。”唐律还规定：“诸应受复除而不给，不应受而给者，徒二年。”本条疏议曰：“依令：‘人居狭乡，乐迁就宽乡，去本居千里外复三年，五百里外复二年，二百里外复一年’之类，应给复除而所司不给，不应受而所司妄给，徒二年。”[①] 律文中的复除是免除赋税的意思。由上可见，唐廷是用严厉的制裁手段来保障土地的收授得以实现的。

2. 禁止买卖口分田的法律保障

唐令规定，每丁男受田一顷（一百亩），其中二十亩为永业，八十亩为口分。永业田可以传承，口分田在主人死后必须交还政府。因此，均田制下口分田一般不准买卖。《唐律疏议 · 户婚》“卖口分田”条律云：“诸卖口分田者，一亩笞十，二十亩加一等，罪止杖一百；地还本主，财没不追，即应合卖者，不用此律。”唐律有限制地禁止口分田的买卖，意在使国家不失应收回的土地，确保每年有地可授。

---

① 《唐律疏议 · 户婚》“应复除不给复除”。

3. 禁止占田过限、盗耕、妄认、盗卖，在官侵夺田地的法律保障

唐律有如下一些规定，其一是禁占田过限："诸占田过限者，一亩笞十，十亩加一等，过杖六十，二十亩加一等，罪止徒一年。（疏议曰：王者制法，农田百亩，其官人永业准品，及老、小、寡妻受田各有等级，非宽闲之乡不得限外占田。若占田过限者，一亩笞十，十亩加一等，过杖六十，二十亩加一等，一顷五十一亩罪止一年）……"[①] 其二是禁盗耕公私田。《唐律疏议·户婚》"盗耕种公私田"条律云："诸盗耕种公私田者，一亩以下笞三十，五亩加一等；过杖一百，十亩加一等，罪上徒一年半。荒田，减一等。强者各加一等。苗子归官、主。"据此，若盗耕种三十五亩有余，杖一百；五十亩有余，徒一年半。并且，其地上所生长的苗子和草，仍归原主。"若盗耕人墓田，杖一百；伤坟者，徒一年。即盗葬他人田者，笞五十；墓田，加一等。仍令移葬。"[②] 其三是禁妄认、盗贸卖公私田。《唐律疏议·户婚》"妄认盗卖公私田"条律云："诸妄认公私田，若盗贸卖者，一亩以下笞五十，五亩加一等；过杖一百，十亩加一等，罪止徒二年。"其四是禁在官侵夺公私田。《唐律疏议·户婚》"在官侵夺公私田"条律云："诸在官侵夺公私田者，一亩以下杖六十，三亩加一等；过杖一百，五亩加一等，罪止徒二年半。园圃，加一等。"本条疏议注释曰：凡是居官挟势，侵夺百姓私田者，一亩以下杖六十，三亩加一等，十二亩有余，杖一百。三十二亩有余，罪止徒二年半。若侵夺百姓种蔬菜、水果的院地，罪加一等。若侵夺地及园圃，罪名不等，也准并满之法。并且，在官时侵夺、贸易等，去官后事发，科罪并准初犯之时。上述四禁意在保护天下均田不受侵犯。

唐律为均田制的施行提供了如此充分的保障，其效果如何呢？换句话说，在法律的支持和保护下，均田制实施的程度和结果是否理想呢？我们不妨先认识一下史料，再做一些分析。

① 《唐律疏议·户婚》"占田过限"。

② 《唐律疏议·户婚》"盗耕人墓田"。

例一：《全唐文》张浍《对给地过数判》。案由："甲给地过数，科所由，曰：更给之田。"判词："凡制农田，是分地职，家给百亩，夫当一廛。矧伊所由，慎乃厥事，善相邱陵坂险，能均地邑人居。使一易之田，加之以二，再易之地，增之以三。盖居瘠土者劳，则宅沃土者逸，将更耕以获利，与不易而方齐。故俗阜时康，以广数圻之外；家给人足，宁嗟十亩之间，旷土既无，代田是匹。谷科之罪，其善有词。"① 这份判词说明了，当时一夫（一丁男）受田百亩，易田加倍，三易之田再加倍，这和唐令的规定一致。

例二：贞观十八年（644 年）太宗迁狭乡民于宽乡事。"幸灵口，村落偪侧。问其受田，丁三十亩。……诏雍州录尤少田者，并给复，移之于宽乡。"②

例三：高宗"初，永徽中，禁买卖世业、口分田。"③ 此和唐律规定一致。

例四：唐臣贾敦颐"永徽五年（654 年）累迁洛州刺史。时豪富之室，皆籍外占田。敦颐都括获三千余顷，以给贫乏。"④ 敦颐敢括获如此多的田地，必是依律令而行的。

例五：玄宗开元七年（719 年）和开元二十五年（737 年）又先后两次颁布均田令，实行均田，并在天宝十一年（752 年）十一月乙丑下诏："应缘括简共公给授田等，并委郡县长官及本判官录事，相知勾当，并特给复业并无籍贯浮逃人，仍据丁口，量地限恶，均平给授，便与偏附，仍放当载租庸，如给未尽，则立簿帐，且官收租佃，不得辄给官人亲识工商豪兼并之家。如有妄请，先决一顿，然后准法科罪。"⑤

以上是有关传世文献的记载，我们再来看看从敦煌、吐鲁番发掘的均

---

① 《全唐文》卷 408 张浍《给地过数判》。
② 《册府元龟 · 惠民》。
③ 《新唐书 · 食货志》。
④ 《旧唐书 · 贾敦颐传》。
⑤ 《册府元龟 · 田制》。

田文书的情况。根据韩国磐先生的研究，[1]敦煌户籍残卷中所录授田情况可列表如下：

<table>
<tr><th rowspan="2">年代</th><th rowspan="2">户主姓名</th><th rowspan="2">应受田亩数</th><th colspan="5">已受田亩数</th><th rowspan="2">未受田亩数</th></tr>
<tr><th>总数</th><th>口分</th><th>永业</th><th>园宅</th><th>勋买田</th></tr>
<tr><td rowspan="2">大足元年（701 年）</td><td>邯寿寿</td><td>131</td><td>44</td><td>23</td><td>20</td><td>1</td><td></td><td>87</td></tr>
<tr><td>张玄均</td><td>231</td><td>75</td><td>35</td><td>40</td><td></td><td></td><td>156</td></tr>
<tr><td>开元二年（714 年）</td><td>阙名</td><td>101</td><td>36</td><td>16</td><td>20</td><td></td><td></td><td>65</td></tr>
<tr><td rowspan="2">开元四年（716 年）</td><td>杨法子</td><td>131</td><td>15</td><td></td><td>14</td><td>1</td><td></td><td>116</td></tr>
<tr><td>母王</td><td>51</td><td>26</td><td>6</td><td>20</td><td></td><td></td><td>25</td></tr>
<tr><td rowspan="2">开元十年（722 年）</td><td>赵玄义</td><td>52</td><td>11</td><td></td><td>11</td><td></td><td></td><td>41</td></tr>
<tr><td>曹仁备</td><td>3182</td><td>63</td><td>22</td><td>40</td><td></td><td></td><td>3119</td></tr>
<tr><td>天宝三年（744 年）</td><td>张奴奴</td><td>82</td><td>22</td><td></td><td>20</td><td>2</td><td></td><td>60</td></tr>
<tr><td rowspan="2">天宝六年（747 年）</td><td>曹思礼</td><td>364</td><td>62</td><td>1</td><td>60</td><td>1</td><td></td><td>302</td></tr>
<tr><td>程什柱</td><td>155</td><td>64</td><td>15</td><td>40</td><td></td><td>9（勋田）</td><td>91</td></tr>
<tr><td rowspan="2">大历四年（769 年）</td><td>索思礼</td><td>6135</td><td>243</td><td>167</td><td>40</td><td>3</td><td>19（勋田）
14（买田）</td><td>5910</td></tr>
<tr><td>唐元钦</td><td>151</td><td>90</td><td>50</td><td>40</td><td></td><td></td><td>61</td></tr>
</table>

（本表有节略）

依据表录，我们至少可以得出以下两点认识：（1）沙州敦煌郡是实施了均田制的，每户受田分永业、口分、园宅、勋田、买田几项，基本上符合均田令的规定。（2）据新旧《唐书·地理志》记，沙州敦煌郡仅有4265户，16250口，分属两县。户口如此少，应属宽乡，户籍残卷中受田也是按宽乡计算的，但各户受田普遍不足，主要是指口分田，而永业则基本受足。[2]

① 参见韩国磐：《北朝隋唐的均田制度》，上海人民出版社1984年版，第209—211页。

② ［日］西嶋定生：《中国经济史研究》，冯佐哲等合译，农业出版社1984年版，第410页。

沙州敦煌郡情况如此，西州又怎样呢？日本大谷探险队在新疆吐鲁番地区挖掘了数千张文书碎片，其中有关土地制度的约有三百种，文书藏在日本京都龙谷大学图书馆，后经西嶋定生、仁井田陞等人的整理、研究，为我们认识唐朝西州尤其是高昌、柳中县的均田状况，提供了最可靠的原始资料。文书资料比较繁复，这里不便具录（可参见西嶋定生著、冯佐哲等译的《中国经济史研究》第四章，仁井田陞著的《唐宋法律文书的研究》第十五章第六节，1937 年日文版）。

吐鲁番出土的土地文书、主要有五种形式：（1）给田文书；（2）退田文书；（3）欠田文书；（4）按户主分类的田籍文书；（5）佃户文书及少量屯田和征税文书。西嶋定生在研究了这些文书后，认为高昌县在“开元末依然实行了土地的收授，这一事实已不能怀疑，换句话说，均田法确实被实施了。”[①] 但由于高昌县是狭乡，受田也普遍不足，因此，“永业田也成为收授的对象。”[②]

以上文献和文物都表明，无论是在内地的雍、洛等州，还是在边远的敦煌、高昌等地，均田制肯定是实施了的。但不管是宽乡（敦煌）抑或是狭乡（雍州、高昌）受田都普遍不足，说明均田制实施的程度是不彻底的。

虽然均田制实施的程度不彻底，但它已为唐朝经济的繁荣奠定了基础。因为封建经济是一种农业经济，农业的发展是其他经济（诸如工商、贸易、货币、消费等）存在和繁荣的基础，而农业经济的核心条件是劳动力、土地以及劳动力与土地的合理结合。唐帝国在其前期比较成功地运用律、令这两种有效的法律武器，保护和扩大了劳动力，调整和重新分配了土地（以丁男为均田的基本单位），使劳动力与土地的结合比较合理，而且在律令的保障下，又使这种结合得以一定程度的实现，其结果便是出现了由萧条

① ［日］西嶋定生：《中国经济史研究》，冯佐哲等合译，农业出版社 1984 年版，第 410 页。
② ［日］西嶋定生：《中国经济史研究》，冯佐哲等合译，农业出版社 1984 年版，第 428 页。

到繁荣的经济发展。[1]

唐朝农业生产经过贞观、永徽、武周时代的连续发展，到开元、天宝时达到了顶峰。是时海内丰炽，物价便宜，人丁兴旺，户数从唐初的不足三百万猛增到天宝十三年（754年）的九百多万，形成了所谓“稻米流脂粟米白，公私仓廪俱丰实”[2]的繁荣景象。农业的发展为手工业、商业开辟了广阔的原料来源和产品销售市场，进而促进了封建手工业、商业的发达。当时的长安、洛阳、扬州、杭州、泉州、广州、益州（今成都）等都成了繁华的商业都市，这在古代世界特别是中古经济史上是极为少见的。

概括以上论述，笔者以为，以均田律令为中心的大唐律令，保护和增加了劳动力，使土地得到了较合理的利用，同时，保证了劳动力与土地合理结合的实现，从而，为当时农业发展所必需的基本条件：劳动力、土地以及劳动力与土地的合理结合提供了保障；加之得到水利建设和其他社会条件的配合，最终促成了唐前期封建经济的繁荣。因此，我们可以说，大唐律令为唐朝封建经济的繁荣提供了最基本的法律保障。

五、经济的衰退与均田制（律、令）的废止

天宝十四年（755年），安史之乱的战火冲地而起，旋即燃遍整个华

① 封建农业经济的繁荣除劳动力、土地以及劳动力与土地的合理结合这三个核心条件外，还有一些必要的附带条件，其中比较关键的是水利与社会环境。唐朝从高祖到玄宗的一百多年间，修筑的河渠、陂塘、堤堰等都被重新加以疏通；同州境内自龙门开渠引黄河水，可灌溉六千余顷地；黄河河套地修建了规模巨大的唐徕渠，渠长二百一十里，灌田六七千顷。其他的灌溉工具也有改进和创新。可以说，唐前期在水利设施的建设方面适应和促进了农业的发展，而且，唐前期一百余年间，社会比较稳定，农业生产在发展中积累，在积累的基础上又得到巨大的发展。于是，唐朝逐渐改变了初期那种“率土荒俭”的情况，形成四海晏清，人丁兴旺，繁华无比的盛唐气象，封建经济达到了高度的繁荣。

② 杜甫：《忆昔》。

北平原，蔓延到江淮，并久久不息，使一个繁华世界迅即变成了“荒草千里”“城邑为墟”的人间地狱。从此，唐王朝由强转弱，封建经济由繁荣转为衰退，下列记载可见一斑。乾元三年（760 年）时，元结对肃宗说：“自经逆乱（按：指安史之乱），州县残破，唐、邓两州，实为尤甚。荒草千里，是其疆畎；万室空虚，是其井邑；乱骨相枕，是其百姓；孤老寡弱，是其遗人。”[①] 永泰元年（765 年），“岁饥，米斗千钱，诸谷皆贵。”[②] 宝历三年（827 年）“文宗即位，李同捷叛。……于时痍荒之余，骸骨蔽野，墟里生荆棘。”[③] 据《唐会要》卷八四《户口数》记载，安史之乱后的将近一百年间，唐代的户口数发生了下表所示的重大变化，详见下表：

时间	户口数
天宝十三载（754 年）	9,069,154
乾元三年（760 年）	1,931,145
广德二年（764 年）	2,933,125
建中元年（780 年）	3,805,076
元和（806—820 年）	2,473,963
长庆（821—824 年）	3,944,959
宝历（825—826 年）	3,978,982

唐自僖宗即位（873 年）以后，日益衰落，唐王朝开始进入死亡过程，王朝之命不绝如缕，天灾人祸日益并烈，满目疮痍、萧条荒凉的衰落景象随处可见。造成这种景象的根源是什么呢？

从社会现象来观察，似乎安史之乱是导致经济衰退的根本原因。其实，安史之乱仅仅是促成经济大衰退的导火索或者说直接原因之一，而导致经济衰退的根源，则是封建经济本身的不治之症：土地兼并。无数的历史事

① 《元次山集》卷 10《清省官状》。
② 《旧唐书 · 代宗纪》。
③ 《新唐书 · 殷侑传》。

实表明，土地兼并必然产生两个直接的后果：一是大量的土地掌握在少数地主、官僚豪强手中；二是大量的农民失去土地，不得不背井离乡，成为流民、客户，最终被迫诉诸暴力。这样，少数不事稼穑者拥有大量土地而大量劳动者却无地可耕，其结果是，人不能尽其力，地不能尽其利。人力和地利得不到正常的发挥，经济的衰落成为必然。因为，封建经济繁荣所必需的基本条件是：劳动力、土地以及劳动力与土地合理结合的实现。而土地兼并造成了人力和地利的大量浪费，尤其是它将劳动力和土地分离开来，使劳动力和土地的合理结合成为不可能，以致根本上破坏了封建的生产力，最后必然导致封建经济的衰退。唐朝经济的大衰退，从根本上说，正是出于这个原因，并非安史之乱。安史之乱爆发以前，这个不治之症早已存在，并已发展到无可救药的地步。有关唐朝前期土地兼并以及由此引起人口流移的记载不绝史书，这里略择几例：唐初，“建成、元吉……复与诸公主及六宫亲戚骄恣纵横，并兼田宅，侵夺犬马。”[①]“初，永徽中（650—655 年），禁买卖世业口分田。其后，豪富兼并，贫者失业。”[②]“开元中（713—741 年）豪弱相并，宇文融修旧法，收羡田，以招徕浮户而分业之。”[③]唐天宝十一年（752 年）十一月丑诏曰：“……如闻王公百官及富豪之家，比置庄田，恣行吞并，莫惧章程，借荒者皆有熟田，因之侵夺；置牧者唯指山谷，不限多少，爰及口分永业，违法买卖，或改籍书，或云典贴，致令百姓无处安置，乃别停客户，使其佃食，既夺居人之业，实生浮惰之端，远近皆然，因循也久。”[④]

上述记载可以说明这样几点：（1）唐朝的土地兼并从唐初就开始，愈演愈烈，到天宝年间已达到“恣行吞并，莫惧章程”的程度；（2）兼并者

---

① 《旧唐书·隐太子建成传》。

② 《新唐书·食货志》。

③ 《文献通考·田赋考》。

④ 《册府元龟·田制》。

主要是王公，百官及富豪之家；（3）兼并的主要方式是强占、侵夺及违法买卖；（4）兼并的结果是“贫者失业”“人多失业、流离道路”，“致令百姓无处安置。”隋唐史专家汪篯先生曾对这种情况作过统计：“唐天宝时实有耕地面积约在八百万顷至八百五十万顷（依唐亩积计）之间，在唐政府掌握的约六百二十余万顷的田亩中，已经包括有大量地主阶级占有的土地，这约在一百八十万顷至二百三十万顷之间的隐匿田亩，绝大多数都是地主阶级以巧取豪夺的手段从农民手中占去的土地。如果上面的估计不谬，那么，据此还可以推出，当时的逃户约在三四百万之间。”[①] 据此，我们还可以进一步推算出，唐天宝年间，也就是唐朝封建经济最繁荣的时期，天下总户数为八九百万，[②] 而失去土地的逃户却有三四百万，几乎占了总户数的一半，而这一半基本上都是贫苦的农民。可以想见，一个封建王朝一旦浪费了天下近一半的劳力，它的经济将要受到多大的打击，衰退势将成为难以避免的事。

土地兼并从根本上导致了唐代封建经济的衰退这已得到说明，问题是根据《唐律疏议 · 户婚》的规定，口分田一般是禁止买卖的，凡盗耕、盗卖、妄认、在官侵夺公私田等兼并行为都要受到法律的制裁，那为什么在法律严禁下，买卖兼并的行为不仅得不到抑制，反而愈演愈烈无法控制呢？笔者以为，这是由律令自身的局限性所造成的。

这里所说的律令的自身局限性，是指均田律令对禁止土地买卖，只是作了一般的限制而缺乏彻底性。于是，买卖一行，兼并随即而至。大唐律令对土地买卖作了如下规定：“诸庶人有身死、家贫无以供葬者，听卖永业田，即流移者也如之，乐迁就宽乡者，并听卖口分（卖充住宅、邸店、碾硙者，虽非乐迁，亦听依宽制，其卖者不得更换）。凡卖买皆须经所部本

① 汪篯：《汪篯隋唐史论稿》，中国社会科学出版社 1981 年版，第 67 页。

② 《唐会要 · 户口数》记：“天宝元年，计户八百五十三万五千七百六十三。十三载，计户九百六万九千一百五十四。”

司申牒，年终彼升除附，若无文牒辄卖买，财没不追，地还本主。”[①] 唐律规定：“诸卖口分田者，一亩笞十，二十亩加一等，罪止杖一百，地还本主，财没不追。即应合卖者，不用此律。”[②] 条文似乎很严厉，但却留了个漏洞：“即应合卖者，不用此律。”疏议解释说：“即应合卖者，谓永业田家贫卖供葬，及口分田卖充宅及碾硙、邸店之类，狭乡乐迁就宽者，准令并许卖之。其赐田欲卖者，也不在禁限。其五品以上若勋官，永业田也并听卖，故云‘不用此律’。”

上述律令无疑对无所顾忌的自由买卖和任意兼并有一定的限制，但更根本的还是立法者故意网开一面，为买卖兼并开了后门。后门一开，就势不可挡。因为，在封建社会土地是最大的不动产，是财富的主要存在和表现形态。对于土地所有者，它又是一种最直接的生息获利手段，多获一份土地，就多获一份财富，故此，土地成了人们群相追逐的对象。官僚、地主、豪强大族甚至小农本身，都想尽办法，来钻法律的后门。尤其是律令不仅允许国家授与的口分永业田可以买卖，而且连赐田和勋官的永业田也可以自由买卖。这样一来，使原来不能进行买卖的大量公田，也可以口分、永业、赐田的形式，在私人间辗转买卖了，到头来一切的法律限制只能是空文一张。正如水心叶氏所言：“要知田制所以坏，乃是唐世使民得自卖其田始，前世虽不立法，其田不在官也不在民，唐也虽有公田之名，而有私田之实。其后，兵革既起，征敛烦重，遂杂取于民，远近异法，内外异制，民得自有其田而公卖之，天下纷纷，遂相兼并，故不得不变为两税，要知其弊，实出于此。”[③]

可见，律令对禁止土地买卖的不彻底性，为兼并开了后门，并随时光的推移、社会的变化、货币经济的影响，兼并遂日益疯狂，最后，不仅否

① 《通典·田制》。

② 《唐律疏议·户婚》“卖口分田”。

③ 《文献通考·田赋考》。

定了自己，而且直接导致了唐代封建经济的大衰退。问题到这里似乎一切都很清楚了，但实际上可以往深处追问：既然导致唐朝封建经济衰退的根本原因是土地兼并，而土地兼并得不到抑制的直接原因又是律令的自身局限性，那么，产生律令自身局限性的原因又是什么呢？

历史唯物主义有一著名原理："以往的全部历史，除原始状态外，都是阶级斗争的历史；这些相互斗争的社会阶级在任何时候都是生产关系和交换关系的产物。一句话，都是自己时代的经济关系的产物，因而每一时代的社会经济结构形成现实基础，每一个历史时期由法律设施和政治设施以及宗教的、哲学的和其他的观点来所构成的全部上层建筑，归根到底都是应由这个基础来说明的。"① 在封建社会，经济结构的主要形式是私有制，准确说是土地私有制，它由国家法律的形式加以确定，从而上升为私人土地所有权。私人"土地所有权的前提是，一些人垄断一定量的土地，把它作为排斥其他一切人的，只服从自己个人意志的领域。"② 这就是说，土地所有者对其土地拥有占有、使用，收益和处分的权利，他可以自由买卖、任意处置而不受他人干涉。从这个意义上说，凡是封建社会，土地的自由买卖是必然的，法律体现和反映这一要求也是必然的。这是由于它们都是封建社会经济结构的必然伴生物，是由土地私有制的发展规律所决定的。唐朝的土地所有制从根本上说，是一种私有制度。均田中的永业田、赐田以及私人占有的庄田和小农的自有田都是纯粹的私有土地；均田中的口分田、营田、屯田以及职分田、公廨田属于半私有性质的土地，分得口分田的农民、获得职分田的官僚以及营田、屯田、租种公廨田者，对其土地只有占有、使用权，而不拥有最终的处分权，处分权掌握在国家手里，而国家只不过是以皇帝为中心的统治者的代名词，公共权力私有化可谓是中国古代政治的特点，所以，国有土地本质上终究还是一种私有。不过作为国

---

① 《马克思恩格斯全集》第 19 卷，人民出版社 1963 年版，第 225—226 页。

② ［德］马克思：《资本论》第 3 卷，人民出版社 1975 年版，第 695 页。

家形式的私有和作为个人形式的私有还是有很大区别的，前者不纯粹的私有即半私有，体现为国家利益；后者是纯粹的私有，体现为个人利益。国家利益和个人利益在很大程度上是对立的。国家利益要求禁止土地买卖，以确保最高统治集团的富有、社会的安全和王朝的延续；而个人利益则希望土地买卖兼并不受任何限制，以满足个人的欲望。因此，为了调和国家利益与个人利益的矛盾，唐朝立法者在他们制定的律令中，一方面允许土地买卖，另一方面又加以一定的限制，最后便形成了不彻底禁止土地买卖的律令，这就是律令自身局限性的根源。

律令的自身局限性不仅是唐代土地私有制所决定的，而且随着土地私有制的不断深化，律令本身也日趋松弛，社会历史条件的变化则加速了它的最终废止。事物的发展有它自己的规律，私有制作为一种重大的所有制形式和其他事物一样，一旦产生，它就沿着自己固有的规律发展下去。私有制发展的规律是不断深化、不断纯粹化，最后直到否定自己，由公有制取而代之，这才完成它自己的历史使命。土地私有制的发展规律也是如此。春秋以前，我国实行的是“田里不鬻”的“井田”制度，所谓“普天之下，莫非王土。”这实际上还是一种部落形式的公有制，即使有少量的私有土地存在，也不足以改变整个土地制度的性质。我国真正合法的土地私有制是从商鞅“废井田，开阡陌”开始的，马端临对此评论说：“盖自秦开阡陌之后，田即为庶人所擅，然亦惟富者贵者可得之。”[①]从此，土地买卖逐渐盛行起来。土地买卖必然引起土地兼并。土地的买卖和兼并是土地私有制不断深化的必然途径。但买卖和兼并又往往引起社会矛盾的激化，造成社会的大振荡，每一次大振荡后建立的新王朝鉴于历史的教训，为了确保王朝的稳固，必然要用国家强制的手段来进行新的土地分配，调整土地关系，限制土地的自由买卖和兼并、以免重蹈覆辙。这样一来，法律成了国家政治权力干预经济，控制土地私有制不断深化的主要工具。但是，私有制的

① 《文献通考·田赋考》。

发展规律是阻挡不住的，它在和法律的较量中，最终必然是胜利者，这就是经济规律的力量，这就是汉代的限田制、王莽的王田制、西晋的占田制、北魏的均田制一个个统统先后失败的根源所在。大唐均田律令最终也没能逃脱这个结局，不过是它经历了一个较长的较量过程而已。

安史之乱（756—763年）后，唐朝的社会、政治、经济、军事等都发生了巨大的变化，其中对废止均田律令最有影响的主要有以下两个方面：

（1）中央集权的衰弱。安史之乱以前唐朝还是一个统一的中央集权国家，均田律令在强大的中央权力支撑下，基本上还能得到实施。开元后，中央权力渐衰，律令也开始松弛。安史之乱后，藩镇四起，中央权力一落千丈，致使律令失去了政治权力的支持，其中均田律令是无论如何也贯彻不下去了。

（2）户口的混乱，赋役的乱征。唐初，天下编户齐民，均田、赋役都有户籍可依。渐后，土地兼并发展起来，失去土地的农民被迫流离他乡，户籍也开始混乱。可是国家仍依原来的户籍征税，户主不在的，由其邻户承担，于是，逃亡益众。这样恶性循环，到天宝年间，逃亡户几乎占全国总户数的一半，按户籍均田、征收赋役的方法，实际上已无法进行。安史之乱后，战争中死亡、逃亡、躲藏的人户更多，这种情况便是马端临所说的："租庸调法以人丁为本。开元后久不为版籍，法度废弊，丁口转死，田亩换易，贫富升降，昔非向时，而户部岁以空文上之。……天宝中，王鉷为户口使，务聚敛，以其籍存而丁不在，是隐课不出，乃按旧籍，除当免者，积三十年责其租庸，人苦无告，法遂大弊。至德后，天下兵起，人口凋耗，版图空虚，赋敛之司，莫相统摄，纪纲大坏，王赋所入无几，科敛凡数百名，废者不削，重者不去，吏因其苛，蚕食于人。富人多丁者以宦学释老得免，贫人无所入则丁存，故课免于上，而赋增于下，是以天下残瘁，荡为浮人，乡居土著者百不四五。炎疾其弊，乃请为两税法，以一其制。"[①] 有关两税法的具体情况详见下一部分（两税法的渊源、内容及施行），

① 《文献通考·田赋考》。

它的颁行意味着均田律令以及依附于均田律令而存在的租庸调法的最终废止，也宣告了唐代百余年国家干预土地私有化的最后失败。

均田律令的废除，产生了一系列的反应和作用，其中对封建经济发展最具影响的有这样两点：其一，均田律令的废止是历史的必然，也是一种进步。已如前述，土地私有制只有不断深化，不断地纯粹化，才能日益接近否定自己，更高级的土地公有制才能从它的否定中获得确立，因此，从整个封建社会经济史的发展来看，土地私有制每深化一点都是一种进步。大唐均田律令的废止是土地私有制不断深化的必然结果，而它的废止又为土地私有制的继续发展减少了障碍。所以，可以说，大唐均田律令的废止既是历史的必然，又是历史的进步。均田律令废止后，租佃制迅速发展起来，国家也出租土地，成为国家地主。与均田制相比较，虽然租佃制并没有减轻对农民的剥削，甚至可能加重，但租佃制是一种建立在契约基础上的土地法律制度，它解除了均田制加给农民的国家控制，使人身获得了更大的自由，这表明封建社会的超经济压迫减轻了，农民可以依其自己的意愿租种土地、栽培谷物，而不像均田制下的农民必须依律令的规定去耕种。这样，农民的劳动积极性比以前得到了更大的提高，这就是律令废止后，土地私有制继续发展的结果。土地所有制的发展特别是租佃契约关系的确认又带来了土地私有权的发展，而且为宋以后尤其是明清资本主义萌芽经济的发展提供了条件。

其二，从唐后期封建经济发展来看，均田律令的废止、两税法的施行既救治了时弊，又解放了一定的生产力。马端临在《文献通考》卷三《田赋考》中评论说："中叶以后，法制隳弛，田亩之在人者，不能禁其卖易，官授田之法尽废，则向之所谓输庸调者，多无田之人矣。乃欲按籍而征之，令其与豪富兼并者，一例出赋，可乎？又况遭安史之乱，丁口流离转徙，版籍徒有空文，岂堪按以为额？！盖当大乱之后，人口死徙虚耗，岂复承平之旧，其不可转移失陷者，独田亩耳！然则视大历十四年垦田之数以定两税之法，虽非经国远图，乃救弊之良法也。"

同时，在均田律令下，客户是非法的，而两税法规定："户无主客，以见居为簿”，[1] 表明承认了客户的合法性，这样，他们的生产积极性也随之提高。此外，均田律令施行时，唐代存在着大量的“部曲”。“部曲”为私家所有，律属“贱民”，是地位介于奴婢和良民之间的一种带有农奴身份的私家劳动者。均田律令废止后，租佃制度得到发展，他们的身份性隶属关系逐渐得到解除，由私家的贱民转化为佃主的佃户而编入国家户籍，不再是地主的私属。这实际上也是一次人身自由和社会生产力的解放。

当然，正像一枚硬币总有其两面，均田制这种国家通过法律控制土地（财富）、人口和社会关系的政治经济治理模式一旦瓦解，以私有和流转（自由买卖）为特征的租佃制经济在消除均田制弊端的同时，也带来和引发了某些在均田制下没有或者说受到控制的并非良好的社会现象，以致引起了历史和社会结构的变化。

第二节　唐朝的赋税法律

唐帝国的赋税法律在“安史之乱”前后有很大变化，此前主要施行租庸调法，此后改为两税法。作为制度，这两种赋税法还是比较适时、适中、明确而又严格的。但问题的关键是，事实上不仅存在着名目繁多的杂税徭役与两税法并行而施，而且所有的赋役法律并不能保证在推行中得到忠实的贯彻。这既给赋役的承担者带来了麻烦和负担，也是对“轻徭薄赋”这一帝国初期统治者所期望的法律精神的破坏。

一、租庸调法的基本内容及其法律保障

租庸调法是建立在均田制基础之上的一种赋役法律制度，在均田律令推行前，唐代的赋役制度比较宽简，史载：“高祖发迹太原，因晋阳宫留守

① 《旧唐书·食货志》。

库物，以供军用。既平京城，先封府库，赏赐给用，皆有节制，征敛赋役，务在宽简，未及踰年，遂成帝业。”[①]武德七年（624年）始定均田律令，赋役之法同时颁行。《唐会要·租税》《册府元龟·赋税》《唐六典·户部郎中员外郎》以及《唐律疏议·户婚》《通典·赋税》等史籍，对租庸调法都有与以下内容大致相似的记载：“武德七年，始定律令。……赋役之法：每丁岁入租粟二石。调则随乡土所产，绫、绢、絁各二丈，布加五分之一。输绫、绢、絁者，兼调绵三两；输布者，麻三斤。凡丁，岁役二旬。若不役，则收其庸，每日三尺。有事而加役者，旬有五日免其调，三旬则租调俱免。通正役，并不过五十日。若岭南诸州则税米，上户一石二斗，次户八斗，下户六斗。若夷獠之户，皆从半输。蕃胡内附者，上户丁税钱十文，次户五文，下户免之。附经二年者，上户丁输羊二口，次户一口，下户三户共一口。凡水旱虫霜为灾，十分损四已上免租，损六已上免调，损七已上课役俱免。”[②]这段令文包含了这样几个要点：首先，唐代在两税法施行前的法定赋役一般为租庸调三项，租是田租或者说土地税，庸是法定劳役，调是按人口征收的地方物产，也即户口税，此三者所谓：“有田则有租，有家则有调，有身则有庸。”此外，令文还规定了每位丁男在正常情况下每年应承担的租庸调的义务，并对租庸调相互之间的折算作了规定。这是在帝国控制的大部分地区施行的正赋正役。至于边远地区如岭南或特殊的辖民如夷獠、蕃胡内附者等，帝国对他们实行一种与租庸调法不完全相同的税法，主要是根据其具体情况课收税米、税钱或羊之类的实物。这是令文的第二个要点。令文中最后一个要点的内容是关于灾害后赋役的减免规定。这颇类似于现代民法中因不可抗力而导致的免责条款。就上述令文本身而言，其规定是十分简明的。如果依每位丁男受田的法定数量一百亩计算，也算不得苛刻，甚至可以说是比较合理的。然而，问题出在普通百姓的受田是

① 《旧唐书·食货志》。
② 《旧唐书·食货志》。

普遍不足的，有的甚至不及规定应受的一半或三分之一（详见前述）。如此一来，仍然承担原定（依每丁百亩受田而定）的赋役就变得很不合理了。

租庸调与均田制一样，完全依人丁为本，所以人口登记和管理就显得十分重要，《唐律疏议 · 户婚》开篇的四条律文即有关此事的规定："诸脱户者，家长徒三年；无课役者，减二等；女户，又减三等。（谓一户俱不附贯。若不由家长，罪其所由。即见在役任者，虽脱户及计口多者，各从漏口法）脱口及增减年状，（谓疾、老、中、小之类）以免课役者，一口徒一年，二口加一等，罪止徒三年。其增减非免课役及漏无课役口者，四口为一口，罪止徒一年半；即不满四口，杖六十。（部曲、奴婢也同）"[①]"诸里正不觉脱漏增减者，一口笞四十，三口加一等；过杖一百，十口加一等，罪止徒三年。（不觉脱户者，听从漏口法。州县脱户也准此）若知情者，各同家长法。"[②]"诸州县不觉脱漏增减者，县内十口笞三十，三十口加一等；过杖一百，五十口加一等。州随所管县多少，通计为罪。（通计，谓管二县者，二十口笞三十；管三县者，三十口笞三十之类。计加也准此。若脱漏增减并在一县者，得以诸县通计。若止管一县者，减县罪一等。余条通计准此）各罪止徒三年，知情者各同里正法。（不觉脱漏增减，无文薄者，官长为首；有文薄者，主典为首。佐职以下，节级连坐）"[③]"诸里正及官司，妄脱漏增减以出入课役者，一口徒一年，二口加一等。赃重，入己者以枉法论，至死者加役流；入官者坐赃论。"[④]

这四条律文不仅文字简练，而且含义明确，这是唐律的优秀之处。从这些规定中，我们可以得出这样几点认识：（1）在户口登记和管理过程中有四种违法犯罪行为，即脱、漏、增、减，具体为脱漏户口和增减年状。

① 《唐律疏议 · 户婚》"脱漏户口增减年状"。
② 《唐律疏议 · 户婚》"里正不觉脱漏增减"。
③ 《唐律疏议 · 户婚》"州县不觉脱漏增减"。
④ 《唐律疏议 · 户婚》"里正官司妄脱漏增减"。

（2）脱漏增减之所以是触犯刑（唐）律的行为，是因为它们直接影响到兵役法的推行，也即租庸调（律文中称之为“课役”）制度的贯彻，最终涉及王朝存续的物质基础——国家财政收入能否得到保证的问题。（3）脱漏增减分为故意和过失两种，前者谓之“妄”，后者谓之“不觉”，处罚的原则是故意重于过失；此外，被脱漏增减者是属于课户（承担国家赋役的家庭）还是不课户、男户还是女户，也分别情况予以不同的处理。（4）脱漏增减是较严重的犯罪，这不仅表现为处罚重，而且还实行连坐。在古代中国，触犯伦理的性犯罪是重罪，但唐律规定，凡人（具有良民身份的普通人）通奸各徒一年半，强奸无夫之妇的徒二年，强奸有夫之妇的徒二年半，[①]而脱漏增减重者可徒三年。连坐是法家重刑思想的体现，秦汉以后一般施之于政治性的犯罪，唐律对脱漏增减实行连坐，从家长连坐到里正，从里正连坐到州县官长，从州县官长连坐到主典、佐职等同署的其他职官。由此可见，脱漏增减的严重性。

户口的登记核查只是租庸调法执行过程中的一个前提条件，要完成赋税的征收、劳役的落实，其间还有许多工作要做，唐律比较成功地（至少在规定上）将各个环节都纳入了严密的督察系统。现分项简述如下。

（1）禁止应受复除而不给。复除是中国古代法律中的一个专门术语，指因符合某种法定条件而免除赋役的意思。《唐律疏议·户婚》“应受复除而不给”条律文规定：“诸应受复除而不给，不应受而给者，徒二年。其小徭役者，笞五十。”

（2）严禁差科赋役违法。《唐律疏议·户婚》“差科赋役违法”条律文规定：“诸差科赋役违法及不均平，杖六十。若非法而擅赋敛，及以法赋敛而擅加益，赃重入官者，计所擅坐赃论；入私者以枉法论，至死者加役流。”

这条律文中的“坐赃论”一词很是关键，有必要作一解释。用现代汉

① 《唐律疏议·杂律》“凡奸”律文；也可参见张中秋：《中国封建社会奸罪述论》，载《南京大学学报》1987年第3期。

语表述，坐赃论即按赃罪（赃的价值）论处。唐代初期货币经济不发达，实物作为货币在市场上流通，其中“绢”是实物货币中最标准的法定货币，它的单位是尺和匹。因此，唐律中有关经济的犯罪即所谓的赃罪，在定罪量刑时都以绢的价值来计算，谓之“以赃论”或“坐赃论”。《唐律疏议 · 杂律》对赃罪的处罚作了专门规定：“诸坐赃致罪者，一尺笞二十，一匹加一等；十匹徒一年，十匹加一等，罪止徒三年。（谓非监临主司，而因事受财者）与者，减五等。”可以此推算，例如，官吏在差科赋役时，擅自加敛而入官，总计赃为六匹一尺，即重于杖六十，从“坐赃”科之，应处杖刑八十。

在“坐赃论”之外，上引律文中还有两处需稍做说明，一是“枉法与不枉法”，二是“倍论”。枉法是指官人接受他人的贿赂而违法曲判，不枉法是指虽以财行求，官人不为曲判。《唐律疏议》规定：“诸有事以财行求，得枉法者，坐赃论；不枉法者，减二等。即同事共与者，首则并赃论，从则各依己分法。”疏议对“即同事共与者”解释曰：“谓数人同犯一事，敛财与共，无谋敛者，并赃为首，仍倍论；其从而出财者，各依己分为从。”[①]对犯有枉法与不枉法的官吏，唐律的处罚是：“诸监临主司受财而枉法者，一尺杖一百，一匹加一等，十五匹绞；不枉法者，一尺杖九十，二匹加一等，三十匹加役流。无禄者，各减一等；枉法者二十匹绞，不枉法者四十匹加役流。”[②]“倍论”即减半论处。唐律中经常有“累并倍论”一词，意为合并计算再减半论处。[③]

（3）输课税物不得违期。依据唐《赋役令》规定，国家征收赋税是有期限的，违期在唐律中被视为一种触犯刑律的行为。《唐律疏议 · 户婚》“输课税物违期”条律文曰：“诸部内输课税之物，违期不充者，以十分论，一分笞四十，一分加一等。（州县皆以长官为首，佐职以下节级连坐）户主不

① 《唐律疏议 · 职制》“有事以财行求”。
② 《唐律疏议 · 职制》“监主受财枉法”。
③ 《唐律疏议 · 名例》“二罪从重”条注。曰：“累，谓止累见发之赃；倍，谓二尺为一尺。”

充者，笞四十。”

（4）应输课税不得回避作匿。《唐律疏议 · 厩库》“应输课税作回避诈匿”条律文规定：“诸应输课税及入官之物，而回避诈匿不输，或巧伪湿恶者，计所缺，准盗论。主司知情，与同罪；不知情，减四等。”唐律中盗罪有多种，最重要的是强盗与窃盗，依据唐律的特点，上述律文中的“准盗论”之“盗”应是指窃盗而非强盗。[①]“诸窃盗，不得财笞五十；一尺杖六十，一匹加一等；五匹徒一年，五匹加一等，五十匹加役流。”[②]律文中的“一尺杖六十”是指得财的，得财在一尺以上按律的规定类推。因此，凡应输课税，即租、调、地税之类，及应入官之物，有回避诈匿，假作逗留，遂致废阙及巧伪湿恶，欺妄官司的，总计所阙入官物数，依据窃盗罪论处，并依法赔填。假如有犯此条，经折算价值总计为五匹的，准盗论，应徒一年，并赔补价值五匹的税物。

在税物的缴纳过程中，很容易出现各种法律所不允的行为，所以，唐在上述律文规定之外，又于开元八年（720 年）正月特颁敕令：“顷者以庸调无凭，好恶须准，故遣作样以颁诸州，令其好不得过精，恶不得过滥，任土作贡，防源斯在。而诸州送物，作巧生端，苛欲副于斤两，遂则加其丈尺，至有五丈为匹者，理甚不然。阔一尺八寸，长四丈，（按唐令：布、帛皆阔一尺八寸，长四丈为匹）同文共轨，其事久行，立样之时，亦载此数。若求两而加尺，甚暮四而朝三。宜令有司简阅，有踰于比年常例，丈尺过多，奏闻。”[③]

（5）严禁丁夫差遣不平。丁谓正役，夫谓杂徭。这两者是封建国家最基本的徭役。依唐令规定，每位丁男每年应为国家服役 20 天，这是正役，

① 唐律中的盗罪有强盗、窃盗、监守自盗等，其中强盗与监守自盗的构成要件很明确，也很特定。因此，在盗罪以外的律文中若出现“准盗论”或“以盗论”，一般指按窃盗论处。

② 《唐律疏议 · 贼盗》“窃盗”。

③ 《新唐书 · 食货志》。

不服者可以财物代替。正役之外还有杂徭，这没有明确的限制。但无论是正役还是杂徭，应按规定派遣，若有违令而不平者，则依律论处："诸应差丁夫，而差遣不平及欠剩者，一人笞四十，五人加一等，罪止徒一年。即丁夫在役，日满不放者，一日笞四十，一日加一等，罪止杖一百。（各坐其所由）"[①] 透过律文的内容，我们可以作这样的推论，立法者试图将公平的原则贯彻到具体的丁夫差遣中，所以才有根据贫富强弱、丁多丁少以及要月闲月摊派徭役，才有对在役者期满放归的时间限制。这样做不仅有利于番役的正常进行，更重要的是与一个农业社会中最基本的价值要求——均平——相一致，哪怕这种一致是文字上的。

（6）丁夫杂匠不得稽留。《唐律疏议 · 擅兴》"丁夫杂匠稽留"条律文规定："诸被差充丁夫、杂匠，而稽留不走者，一日笞三十，三日加一等，罪止杖一百；将领主司加一等。防人稽留者，各加三等。即由将领者，将领独坐。"

唐虽然处于中古时代，但时间观念很强，这与唐诗给我们的印象不太吻合。法律虽不及诗歌那样优美，但它肯定比诗歌以至比一切文学形式更能代表和体现历史与社会的真实。唐律对时间的确定和期限的限制有多条律文，如对"日""年"的限定是："诸称'日'者，以百刻。……称'年'者，以三百六十日。"[②] 又如"诸公事应行而稽留，及事有期会而违者，一日笞三十，三日加一等，过杖一百，十日加一等，罪止徒一年半。……"[③] 对公事期限规定如此严格，每日不是按十二时辰而是依百刻计算，凡有公事延误，如丁夫杂匠稽留一日，则处笞刑。这种时间观念的严格化，即在现今社会也并非易事。

（7）私使丁夫杂匠有罚。丁夫杂匠依令应为公服役，任何化公为私

① 《唐律疏议 · 擅兴》"丁夫差遣不平"。

② 《唐律疏议 · 名例》"称日年及众课"。

③ 《唐律疏议 · 职制》"公事应行稽留"。

或公私不分而私使差役的行为，都是律所不允的。《唐律疏议·擅兴》“私使丁夫杂匠”条律文曰：“诸丁夫、杂匠在役，而监当官司私使及主司于职掌之所，私使兵防者，各计庸准盗论；即私使兵防出城、镇者，加一等。”

唐律对服役者的劳动价值和其他什物价格的评估计算谓之“平功”或“计庸”，即如“计赃”和“平赃”是对赃物价值的估算一样，都以实物货币“绢”为标准，并以此为定罪量刑的尺度。《唐律疏议》规定：“诸平赃者，皆据犯所当时物价及上绢估。平功、庸者，计一人一日为绢三尺，牛马驼骡驴车也同；其船及碾硙、邸店之类，也依犯时赁直。”[①] 据此律文，我们可以对私使丁夫杂匠的计庸及处罚进行推算。例如，一监当官司在其处所私自使用役限内的丁夫杂匠 4 人 5 天，计庸应为 3（尺绢）× 4（人）× 5（天）共 60（尺绢）；唐制每丈 10 尺，每匹 4 丈，60 尺绢应是 1.5 匹或者一匹另二丈；按照窃盗罪的律文论处（窃而得财者一尺杖六十，一匹加一等，五匹徒一年，五匹加一等，五十匹加役流。[②] 也即一匹一尺杖七十，每满一匹再加一等，不满一匹者不计，满五匹正好徒一年），一匹二丈，依律应杖七十。

（8）严禁丁夫杂匠逃亡避役。《唐律疏议·捕亡》“丁夫杂匠亡”条律文载：“诸丁夫、杂匠在役及工、乐、杂户亡者，（太常音声人也同）一日笞三十，十日加一等，罪止徒三年。主司不觉亡者，一人笞二十，五人加一等，罪止杖一百；故纵者，各与同罪。即人有课役，全户亡者，也如之；若有军名而亡者，加一等。其人无课役及非全户亡者，减二等；即女户亡者，又减三等。其里正及监临主司故纵户口亡者，各与同罪；不知情者，不坐。”

律文的说明极为精练，只是涉及一些当时的或法律上的专有词语，必

① 《唐律疏议·名例》“平赃及平功庸”。

② 《唐律疏议·贼盗》“窃盗”。

再作一点注释。例如，本条律文中的工、乐、杂户及太常音声人，在现代户籍制度中是寻找不到的，可谓是中国古代社会特有的一种身份法。依据唐律，普通百姓可分为良民与贱民两类，良民于所在州县附贯（登记户籍），获得独立的人格，享有完全的权利；贱民一般不在州县附贯，而是散属官府各个部门（诸司）或隶属私人，他（她）们在法律上没有独立的人格，其身份接近奴婢（可以说是准奴婢），法律只以他（她）们所从事的职业名之，即工为各种工匠，乐为舞乐之人、杂为因犯罪而没官者的后代、太常音声为在太常寺从事音乐的人，他（她）们与官户、部曲等均属贱民之列。[①] 唐律将在役逃亡的丁夫、杂匠与工、乐、杂户及太常音声人并举，一是为了抑制、重罚逃亡的丁夫、杂匠；二是为了加强对工、乐、杂户及太常音人的管制，因为他（她）们是国家或私人的终身服役者，其逃亡行为在性质上与在役的丁夫、杂匠逃亡并无不同。

叙述到此，笔者有必要再作两点补充说明，以免误会。其一是上述所列的八项规定只能说是唐律为确保租庸调法的贯彻而提供的法律保障中最基本的方面，并不是有关这方面的全部内容；其二是根据唐代的律令，有相当部分的人因符合某种特定的法定条件而免去课役，[②] 不受上述规定的限制。

二、两税法的渊源、内容及施行

随着均田律令的松弛和瓦解，租庸调法愈益难以施行，到唐大历十四年（779 年）五月，代宗身死，李适继位，是为唐德宗。他在继任之初，

① 《唐律疏议 · 名例》“工乐杂户及妇人犯流决杖”及《唐律疏议 · 户婚》“养杂户等为子孙”均有说明。

② 依唐律令，这部分人主要有“任官应免课者”“新附籍的人口”“没落外藩还者”以及皇亲贵戚和品官者。

虽然没有碰到紧迫的危机，但对国家不可靠的财政基础以及中央对全国财政的脆弱控制却是有充分认识的。因此，上任不满三月，他便任命杨炎为宰相，实施财政改革。这一措施的结果便是著名的两税法的颁行。

两税法是唐后期以及唐朝覆亡之后五代时期的赋税制度，一直被视为中国经济史和法律史上的大事之一，长期受到学者们的关注和研究。根据史籍和后人的研究，一般可以这样说，两税法基本上是以颁行前几十年的实践和政令为基础发展而成的，并不是一项十足的创新。这便是两税法的渊源问题。

两税法正式颁行前的肃宗和代宗时期，由于战争和土地兼并的关系，租庸调变成了单纯的人丁税，中央国库的收入大为减少，雪上加霜的是不少藩镇如河北、山东、荆襄、剑南等地的赋税已不上交朝廷，中央所需的巨大费用只好在它当时所能控制的关中、河南及江淮以南一带加重征敛，结果导致了这些地区人民的激烈反抗。于是，到代宗时，除重新修订户税条例和减少税收外，还在京师地区和江淮以南一些地方先后出现了不少新的税收方法，最突出的是将原先按丁征税改为依田亩和户口征税，并将税收时间安排在夏、秋两季，这就直接接近后来的“两税法”了。诚如专家所论，代宗时，在关中和江淮地区实施的某些带有区域性和局部性的新税法，形式虽然多种多样，但在性质上都与以丁计课的租庸调法不同，而与唐初，尤其是玄宗时期以来的户税、地税的征课精神相一致。纳税的负担面扩大了，土地的有无和资产的多少成为纳税与否及纳税多少的标准，一切有产的人原则上都不能逃税或免税。各地不同的新税法都在实行中取得了一定的成效，这成为两税法制定的重要渊源。[①]

杨炎初任宰相，很明白自己的职责就是要改革税制。为此，他依据当时各地行之有效的实践和历史经验，提出了一套方案。史载：“德宗时，杨炎为相，遂作两税法。夏输无过六月，秋输无过十一月，置两税使以总之。

---

① 参见张泽咸：《唐五代赋役史草》，中华书局 1986 年版，第 111—117 页。

凡百役之费，先度其数，而赋於人，量出制入。户无主客，以见居为簿；人无丁、中，以贫富为差。不居处而行商者，在所州县税三十之一，度所取与居者均，使无侥利。其租庸杂徭悉省，而丁额不废，其田亩之税，以大历十四年垦田之数为定，而均收之。遣黜陟使，按诸道丁产等级，免鳏寡茕独不济者。敢加敛，以枉法论。”[①] 据上述引文记载，杨炎的方案可作以下几个方面来解说。

其一，“两税法”之名。两税法中的两税是指哪两税，历来有不同的说法，有以收税时间为根据的夏税、秋税说；也有以税收类别为理由的地税、户税说。笔者以为，夏税和秋税作为两税的泛称，一般说来并不为错，但从新（两税法）旧（租庸调）税法的实质看，地税和户税可能比夏税和秋税更加贴切。因为旧税制是以人丁为本，新税法恰是针对当时以人丁为本这一弊端而制定的，目的是将不合理不现实的人丁为本改为比较现实合理的以田亩（地税）和资产（户税）为本。至于夏秋两季纳税可以说是农业经济的一种自然选择，不含有革除旧税制弊端的含义。

其二，税收时间。规定“夏输无过六月，秋输无过十一月。”确定这个时间不是没有道理的，因为两税主要是农业税，六月和十一月正好是我国大部分地区农作物的收获时期。所以说，选择夏（六月）秋（十一月）两季收税确实是农业经济的一种自然要求。

其三，税收原则。这是一项很大的变革。唐以前历代及两税法施行前的唐代，赋税原则一般都是“量入为出”，[②] 即根据收入来确定国家的财政支出。这种做法比较固定、稳妥，当然也有些保守，于国家的重大建设并不十分有利。两税法改行“凡百役之费，先度其数而赋于人，量出制入”，也即根据对下一年度财政开支总额的预算而确定来年税收的总量和分配办

① 《文献通考 · 田赋考》；此外，《旧唐书 · 杨炎传》《旧唐书 · 食货志》等均有记载。

② 《旧唐书 · 食货志》：“先王之制，度地以居人，均其沃瘠，差其贡献，盖敛之必以道也。量入而为出，节用而爱人，度财省费，盖用之必有度也。”

法。这种“量出制入”的方法多少会有一些因时制宜、因事制宜、限制滥税的意图，但这个意图太脆弱、太没有保障了，以致很容易被用来作为滥征暴税的合法借口。

其四，税收对象与依据。两税法的税收对象是“户无主客，以见居为薄”，即不论主户、客户、定居者或行商者一律都要纳税。租庸调制时代，包括皇亲国戚、官僚贵族、顺子孝孙、内附蕃夷、放良部曲等在内的相当部分人可以免除课役；此外，租庸调是依户籍征收的，凡在外逃亡他乡的客住户因不在当地注贯而逃避了课役，这类客住户以及性质类似的浮户、不定居者、隐户等数量相当庞大，约有三百余万；[①] 还有，商人原先只被征收商税，而今新税法将他们也纳入了两税的范围。如此一来，两税法的税收对象比原来是大大扩大了。

两税法实行“人无丁中，以贫富为差”，即不再以丁（数）为税收的依据，而以资产（贫富）为准。这是两税法相对租庸调制的一项实质性改革。即如前述，租庸调制以人丁为本，起初推行没有问题，但开元以后，情况起了变化，所谓：“租庸调法，以人丁为本。自开元以后，天下户籍久不更造，丁口转死，田亩卖易，贫富升降不实。其后国家侈费无节，而大盗起，兵兴，财用益屈，而租庸调法弊坏。”[②] 可见，继续推行租庸调法于国于民都是一种灾难性的错误，而两税法不分主客、不分丁中，将税直接落实到实际的资产上，资产多者多纳税，少者少纳税，无资产者不税纳，这就显得比较可行和合理。不过要真正实行起来，评定资产等级这项工作不仅不可缺少，而且十分重要。所以，在杨炎的方案中有：“谴黜陟使，按诸道丁产等级，免鳏寡茕独不济者。敢加敛，枉法论。”

其五，承认土地私有，废止均田制。两税法规定：“其田亩之税，以大历十四年（公元 779 年）垦田之数为定”。这简短的一行文字等于在事实

① 《新唐书·食货志》。
② 《新唐书·食货志》。

上宣布了自北朝以来施行了几百年的均田制的正式废止。因为按照两税法，大历十四年的现耕田亩数是两税税收（田亩税）的依据，而现耕的田亩数不仅是指这一年全国的田亩总数，同时也是指每州、每县特别是每户这一年现耕的田亩数，这就等于承认了在土地兼并后形成的实际土地占有状况。这种状况依均田律令的本意来看，是非法的。此外，每户的现耕田亩数既已确定为该户应交两税（田亩税）税额的依据，而这个税额一经确定，就必须在三年之内（规定资产每三年评定一次）[①]按此交纳；这就意味着约定税额时的田亩之数在法律上被固定下来了，这即是说各户现耕田亩数和应纳税额都成了一个定数在三年之内被固定下来，因而，无须也不可能再进行均田制下每年一次的土地收授，均田律令也就等于废止了。

两税法的颁行在当时有着很重要的现实意义，诚如《通典》所称誉的乃是“适时之令典，拯弊之良图。”《新唐书 · 食货志》在概括两税法施行后的效益时写道：“议者以租、庸、调，高祖、太宗之法也，不可轻改。而德宗方信用炎（按：炎指杨炎），不疑也。旧户三百八十万五千，使者按比得主户三百八十万，客户三十万。天下之民，不土断（按：土断指政府为增加税收而对户口的普查、登记）而地著，不更版籍而得其虚实。岁敛钱二千五十余万缗，米四百万斛，以供外；钱九百五十余万缗，米千六百万斛，以供京师。”

两税法的推行及时解决了国家的财政危机，这对立法者来说是一个很令人满意的结果，但在当时绝大多数的普通百姓和后人看来，两税法“人无丁中，以贫富为差”的规定更值得称道。因为这体现了公平。道理很简单，税源于财产，没有财产便无税可言，国家如果无视财产的多少、贫富的不均而强行征收同样的税额，这无异于以天下之名的法律来公然摊派和维护人间的不平。这样的法律肯定是这个社会中占绝大多数的普通百姓所

① 唐德宗贞元四年（788 年）敕称：“天下两税，更审定等第，仍加三年一定，以为永式。”（《册府元龟 · 赋税》《唐会要 · 定户等第》）。

不愿接受的，也是于道德于人心所不能容忍的。所以，两税法在施行中虽然出现了不少问题和弊端，但直至中国封建社会晚期，以资产为本的税收原则仍未动摇。由此可见，两税法在中国赋役法律史上所具有的革命性贡献。尽管它的制定是迫于形势的一种无奈选择，但它确实产生了立法者最初不曾料想到的历史影响，后人所谓“两税之法，人无丁中，以贫富为差，尤为的当”[①]的评价确是至论。

两税法简化了税收手续，税收时间与农业经济的自然性相一致，以及对生产力的解放（均田制的废止）等，都可以被认为是有积极意义的。如果在它的实际施行中不产生那些与法律规定及其精神相违背的问题与弊害，它的积极面将会更大。可是问题和弊害都产生了，有的还很严重。资产评等是其中之一。唐初以来一直存在的九等户制，[②]此制与租庸调的征免有着密切的关系，到两税法施行时，户等制度不仅继续必要，而且变得更加重要，因为两税的征收完全是依纳税者的资产多少来决定的，所谓“人无丁中，以贫富为差”，因此资产评等工作的好坏直接影响到国家和个人的切身利益，也关系到公平或不公平所引发的社会舆论和评价。是故，唐帝国在颁行两税法之初，即指派黜陟使、观察史、刺史、转运使等到当时中央所能控制的地区进行资产评等，并且作出规定要求三年更审一次。[③]然而，这项工作出现了两个问题：一是评等过程中难以做到准确和执行人员故意枉法曲定；二是三年一次未能长期坚持下去。陆贽在论两税法的六

① 《文献通考·田赋考》。

② 唐初九等户制是：“凡天下户，量其资产，定为九等。每三年，县司注定，州司覆之。百户为里，五里为乡。四家为邻，五家为保。在邑居者为坊，在田野者为村，村坊邻里，递相督察。……大历四年（769年）正月十八日，敕有司：‘定天下百姓及王公已下每年税钱，分为九等。上上户四千文，上中户三千五百文，上下户三千文；中上户二千五百文，中中户二千文，中下户一千五百文；下上户一千文，下中户七百文，下下户五百文。其见官，一品准上上户，九品准下下户，余品并准依此户等税。’……”（《旧唐书·食货志》）

③ 《册府元龟·赋税》;《册府元龟·赦宥》;《全唐文》卷六十三。

个弊害中写道："两税以资产为宗，不以丁身为本，资产少者税轻，多者税重。不知有藏于襟怀囊箧，物贵而人莫窥者；有场圃、囷仓，直轻而众以为富者；有流通蕃息之货，数寡而日收其赢者；有庐舍器用，价高而终岁利寡者。计估算缗，失平长伪，挟轻费转徙者脱徭税，敦本业者困敛求。此诱之为奸，驱之避役也。"[①] 问题的严重还不仅于此，比这个更糟糕的是，评等工作本身未能很好地坚持下去，特别是到了唐后期，三年一定户等的制度成了具文。旧史赞誉唐宪宗为中兴之主，但宪宗在位的十几年内，户等制度并没有及时加以审定。元和十四年（819年）诏："比来州县多不定户，贫富变易，遂成不均，前后制敕，频有处分，如闻长吏不尽遵行。宜委观察使与刺史、县令商量，三年一定，必使均平。其京兆府亦宜准此。"[②]制书承认已经多年没有定户，于是下决心要复行制度，但各地仍未能认真贯彻，因此，又重申旧规。当时藩镇叛乱已稍加平定，中央的控制力也大为加强，整顿宿弊有可能会取得一定的成果，可惜的是诏书颁布半年后，宪宗身死，更审户等的工作在史书上没有留下任何可供检验的成绩记录。如此一来，户等审定工作的废弃再也不能保证两税法的公平施行了。

两税法的施行还引致一个很大的弊害，即折纳问题。两税法以钱定税，但交纳时折成实物，由于物价不稳定，折算也变得很不稳定，出入很大，况且物既有精细、粗滥之分，州县长官又复有权肆意处置，弊端因此丛生。史书记载："自初定两税，货重钱轻，乃计钱而输绫绢。既而物价愈下，所纳愈多，绢匹为钱三千二百，其后一匹为钱一千六百，输一者过二，虽赋不增旧，而民愈困矣。"[③]在两税法施行的一百二十年内，朝臣们为折纳长期争论不休，但在当时的社会条件下，这个问题始终没

① 《新唐书·食货志》。
② 《册府元龟》卷89。
③ 《新唐书·食货志》。

有很好地予以解决。

两税法还有其他一些弊害，诸如赋税的地区不平、法外加税等，[①] 也都是普通百姓所讨厌的。但即使如此，两税法的施行无论在拯救时弊还是在历史的影响上，功大于过这一点是没有异议的。

租庸调法和两税法分别是唐前后期最基本、最主要的赋役法律，有关的内容和问题即如上述。此外，唐代还存在着不少名目繁多的赋税徭役，比较显著而成制度的有土贡与进奉、地税和户税（租庸调制时期）、资课与勾剥、杂徭和色役。其中每一项又都相当庞杂，如色役一项即有工匠、门夫、白直、执衣、烽丁、驿丁、守桥丁、水手、渡子、牵夫、防阁、随身、土力等十余种。有关这些赋役的法律规定本书不再赘述，有意者可直接查阅《唐律疏议》《唐令拾遗》及《册府元龟》《唐会要》中有关赋役类的内容，也可以参考《中国封建社会经济史》（第四卷）和《唐五代赋役史草》的相关部分，尤其是《唐五代赋役史草》有比较系统的梳理与说明。

第三节 唐朝的工商法律

唐代的手工业和商业在时间和空间的充分保障下较以往历朝有了很大的发展。手工业的规模愈趋扩大而技艺则愈益精细，只是在属性上还是承袭传统，分为官营与私营两类。商业方面不论是国内各地区的商贸往来，还是对外的国际通商贸易，都远迈前代，形成由古代型商业向近代型商业转变的趋势。所有这些发展以及发展中暴露出来的问题都与帝国的制度特别是与法律有着密切的关系。

① 参见张泽咸：《唐五代赋役史草》，中华书局1986年版，第115—183页。

一、有关手工业的法律

在古代中国，手工业的范围是十分广泛的，就唐代而言，它至少可以包括纺织、建筑、矿冶、铸造、陶瓷、制盐、制革、酿酒、造船、制纸、制糖、漆器、兵器、交通工具等。在这里，笔者准备着重说明有关手工业的一般规定，某些在经济法律史上比较重要的具体行业诸如盐、铁、酒、茶等，将留待专卖部分说明。

从官营手工业的制度出发，唐仍然是历久相沿的传统体制，没有脱离《周礼》设官分职的范围，但是官制则更完整，职掌更分明、门类更繁多了。唐代的官手工业大致可以分为三类：一是日用手工业品的制造；二是有关军用品的制造；三是关于土木营建工程和建筑材料的加工生产。日用手工业品的制造隶属少府监。[1]少府监因是天子的私府，所以供奉之职相当完备。在唐代官工机构中，它的规模最大，辖属部门最多，其所掌管的手工业种类从宗庙祭器到服饰玩好等各种必需品、便利品和奢侈品几乎无所不包。唐代第二大类的官手工业，即有关军用品制造的军器监也曾隶属过少府监，后才分出单独置监。[2]在少府监和军器监之外，另一个掌管土木营建工程和建筑材料加工的庞大机构是将作监。[3]

少府监、军器监以及将作监均是帝国的中央官工机构，帝国的地方治府也有一定规模的官营手工业部门，如州县的地方作院。中唐以后，作院的规模进一步扩大，以适应藩镇的需求。作院的生产物也是品种繁多，但最主要的有这样三类：一是军器制造，这是地方作院的中心任务；二是具有地方特色的特种丝织品的制作；三是在地方分工的前提下，颇具地方特色或有特殊技艺的杂手工业。

---

① 详见《唐六典·少府监》。

② 详见《通典·军器监》。

③ 详见《新唐书·百官志》。

唐代官工机构除上述中央和地方的设置外，还有主要设于宫廷为皇室私人服务的其他杂手工业，它们不隶属帝国正式的官工机构，直接由内庭管理，并从全国各地选调能工巧匠，专门为皇室制作精美绝伦的服饰玩好等物。例如，唐廷有一官锦坊，坊里的工匠不属少府监管辖，但生产品同样供皇家私人使用。史记："宫中供贵妃院织锦刺绣之工凡七百人，其雕刻熔造又数百人。"①贵妃因得宠爱而致专为她织锦刺绣、雕刻熔造的工匠上千。这不得不使人感叹：无限的欲望和不受限制的权力一旦结合起来，结果是多么令人不可思议！

庞大的官工机构造成庞大的官工匠队伍。据传，在唐初，因官作的种类还不很多，各种官工匠的数量尚还有限，如武后垂拱初的尚方监，"有短蕃匠五千二十九人，绫绵坊巧儿三百六十五人，内作使绫匠八十三人，掖庭绫匠百五十八，内作巧儿四十二人，配京都诸司诸使杂匠百二十五人。"②不久，官工种类不断增多，又于官制正式编制之外，在内庭设置了许多作坊，官工队伍随之扩大。仅就正式编制而言，少府监系统有匠一万九千八百余人，将作监系统有一万五千人，其他诸作，人数也相当可观。③

唐代庞大的官工队伍来源有三：一是征调；二是奴隶；三是和雇。官工匠中的绝大多数是从民间征调来服役的。唐令："诸丁岁役二十日，有闰之年加二日。若不役者收庸，每日绝、绢各三尺，布三尺七寸五分。须留役者，满十五日免调，三十日租调俱免（从日少者，见役日折免），通正役并不得过五十日。遣部曲代役者，听之。"依唐代户令，唐代的丁龄一般在二十至六十之间。可以推测，这个年龄段的丁数应占总人口的1/4到1/6。即使按1/4计算，数量也是颇为可观的。还有一些能工巧匠，他们注

① 《旧唐书·玄宗杨贵妃传》。

② 《新唐书·百官志》。

③ 参见《唐六典·工部》。

册匠户，只应官差，每年按官府规定的时间，轮番到少府、将作监所属各部门中无偿服役。若官方一时工作不多，用不了过多工匠时，应役人可以纳资代役。但有特殊技术应供奉内庭的工匠，则不能纳资代役。这一类工匠世代相传，一有缺少，即以子弟递补。一入工匠户籍，就永远不准改业。[①]

服役的工匠因工作时间不同而分为长功、中功、短功，“凡计功者，夏三月与秋七月为长功，冬三月与春正月为短功，春之二月、三月，秋之八月、九月为中功，其役功则依户部式。”[②]到官府服役的工匠来自帝国各地，所谓“散出诸州”是也。为了管理上的需要，官方把应服役的工匠组织起来，以州县为团，又以五人为伍组成小组，称为火，五火置长一人，负率领和管理之责。[③]他们必须按法定日期到所隶属官府报到，稽留延误者依律惩处。

唐代官工业中的第二支主力是奴隶，严格来说奴隶主要是指男奴女婢，但从事奴隶性质劳动具有准奴婢身份的官工匠，在唐代还包括官户、乐户、刑徒等。官府在处置官奴婢时，首选有技能的，将他（她）们优先安排到各官工机构中从事手工劳作。有关官工奴婢及准奴婢的情况，《唐六典》及《新唐书》均有比较详备的记载。这里略择一二，以供参考。A.“官户奴婢有技能者，配诸司，妇人入掖庭，以类相偶。”[④]B.“年六十及废疾，虽赦令不该，并免为番户，七十则免为良人，任所居乐处而编附之。凡初配没有技艺者，从其能而配诸司，妇人工巧者入于掖庭，其余无能，咸隶司农。”[⑤]C.“官户皆在本司分番，每年十月都官按比，男年十三已上，在外州者十五已上，容貌端正送太乐，十六已上送鼓吹及少府教习，有工能

① 详见《唐六典·工部》。
② 《唐六典·工部》。
③ 《新唐书·百官志》。
④ 《新唐书·百官志》。
⑤ 《唐六典·刑部》。

官奴婢也准此。业成准官例分番，其父兄先有技艺堪传习者，不在简例。”[①] D. “凡配官曹，长输其作，番户杂户则为分番。番户一年三番，杂户二年五番，番皆一月。十六已上当番，请纳资者也听之，其官奴婢长役无番也。”[②] E. “其应徒皆配居作：在京送将作监，妇人送少府监缝作；外州者供当处官役及修理城隍仓库及公廨杂使。犯流应住居作者也准此。妇人也留当州缝作及配舂。诸流徒罪居作者，皆著钳，若无钳者着盘枷，病及有保者听脱，不得着巾。”[③]

上引 A、B 两条资料是有关官户奴婢及废疾和年岁七十而免为良人的配属问题，男有技能者分配到相应的官工机构，女有技能者隶属掖庭。“掖庭局，掌宫人簿帐、女工。凡宫人名籍司其除附，公桑养蚕，会其课业，供奉物皆取焉。妇人以罪配没，工缝巧者隶之，无技能者隶司农。”[④] 男女无技能者只能从事与农事有关的活计。C、D 两条资料着重说明官户、番户、杂户在官分配服役的年限和轮番为官服役的时间，但家有特技传习的，不按一般规定配置；官奴婢终身服役，没有轮番制度。E 条资料是有关犯罪者（刑徒）的规定，配属大致如官奴婢，只是地方上的刑徒可于当地服役，刑徒服役作工时须戴加刑具。上述几则资料透露出这样两条信息：一是唐代官工中的官奴婢和准奴婢身份的官工匠在数量上恐怕是不会小的；二是官工中使用的奴婢和准奴婢大都是有特长技能的。技能既使他（她）们身陷官工，又为他（她）提供了同类中非技能者所不能享有的优待。

唐代官工匠来源的另一途径是和雇，意即官府按当时社会上的一般工资水平雇用工匠。既谓和雇乃取自雇者与受雇者双方两相情愿之意。唐代

① 《唐六典·刑部》。
② 《唐六典·刑部》。
③ 《唐六典·刑部》。
④ 《新唐书·百官志》。

凡有官工匠不敷应用时，便出钱雇工。涉及和雇的文献资料不在少数，既有惩罚在和雇中贪赃枉法之官吏的，也有大臣进谏建议减少和雇以免浪费劳务的，例如："贞观十三年（639年），魏征恐太宗不能克终俭约，近岁颇好奢纵，上书谏曰：'……顷年以来，疲于徭役，关中之人，劳弊尤甚，杂匠之徒，下日悉留和雇，正兵之辈，上番多别驱使，和市之物，不绝于乡闾，递送之夫，相继于道路，既有所弊，易为惊扰。'"[①] 和雇一般都是临时性的，因为少府和将作诸司所属工匠，都有固定名额，很少需要雇工，大量需要雇工的是朝廷的额外营造和修缮，所以，和雇大多从事与土木有关的工程。《旧唐书 · 高宗纪》："［永徽五年（654年）］冬十一月癸酉，筑京师罗郭，和雇京兆百姓四万一千人，板筑三十日而罢。"又"［天宝］十二载（753年）十月，城兴庆宫，役京师及三辅人凡一万三千，并以时估酬钱。"[②] 由此看来，和雇匠虽是临时的官工，但数量很大，在当时的官工匠队伍中占有相当的分量。

包括官工匠在内的唐代手工业者的法律地位，《唐六典 · 户部》有一规定："凡习学文武者为士，肆力耕桑者为农，巧作贸易者为工，屠沽兴贩者为商。工商之家，不得预予士。"这是一项传统性的规定，唐代以前，"工商不得预予士"在中国至少已有上千年的历史，唐人只是把这个传统进行了简单继承。同时，这也是一项很原则性的规定，只是说明工商之家在法律上不能等同于士农之人，具体起来，士农工商以及同一类中的不同人等之间仍有不少差别。就手工业者而言，官工匠与私营匠则不能完全等同，即使他（她）们从事的行业相同，身份也不一样，私营手工业者除了不能预予士，即律属市籍，不为良民，但仍比官工匠要有更多的自由。官工匠中征调来的与奴婢及和雇来的又有差异，征调服役的大多是帝国的编户齐民，出自自耕农，因此他们除在服役期间受管制外，一般都享有国家所给

① 《贞观政要 · 慎终》。

② 《册府元龟》卷14。

予的良民法律待遇，可以从军习武，可以为学进官，可以改行工商，可以与贵族和同色人等（良民）之间相互通婚。而官工匠中奴婢的法律地位就很低了，类于牲畜财产，所谓“奴婢贱人，律比畜产”。这是天下通规的《唐律疏议》在首篇《名例律》中规定的，不可动摇。至于官户、乐户、刑徒等准奴婢官工在法律上的地位要比奴婢略高一些，但也很有限。和雇匠中绝大多数是从事农业的普通百姓，他们的身份在法律上属于良民，所以雇用他们要付工钱，而且要公平合理。如《全唐文》卷五八《讨王承宗制》载：“方当春候，务切农桑，……应缘军务所须，并不得干扰百姓，如要车牛夫役工匠之类，并宜和雇，优给价钱。”不付工钱或克扣工价者，要受到律法的制裁。当然，有一点是可以推想的，不论是和雇匠还是征调来服役的官工匠，一旦他们为官府服务，实际上的待遇绝不会优于法律上的规定。

官工机构的活动以及工官和官工匠的工作受法律的严格管制，这是唐代手工业立法中最突出的一点。在这方面，我们有最直接、最原始的律文资料可资利用，下面依次作一些介绍和说明。

（1）工程必须依律申报。《唐律疏议·擅兴》“兴造不言上待报”条律文云：“诸有所兴造，应言上而不言上，应待报而不待报，各计庸，坐赃论减一等。即料请财物及人功多少违实者，笞五十；若事已损费，各并计所违赃庸重者，坐赃论减一等。［本料不实，料者坐；请者不实，请者坐］”这条律文和疏议的大意是说，所有的国家工程项目必须事先申报批准后才能进行。否则，将依据计划可能浪费或实际上已经浪费的人力物力，折算价值后按照赃罪论处，最重的徒二年；即使是国家批准的工程事项，若估算或申请费用（人功与财物）者有不实之处，分别按照已费或未费、故意或过失、估算不实或申请不实而据律给予不同的处罚。

（2）非法兴造有罪。《唐律疏议·擅兴》“非法兴造”条律文规定：“诸非法兴造及杂徭役，十庸以上，坐赃论。［谓为公事役使而非令所听者］”要很好地理解这条简短的律文，可以举一例说明。唐律规定：“诸坐赃致罪者，一尺笞二十，一匹加一等，十匹徒一年，十匹加一等，罪止徒二年。”[①]假有工官某非法兴造或非时使唤工匠折合功庸为二十匹（绢），因是为公事而作，所以减半为十匹，按唐律十匹徒一年，即工官某应服一年的徒刑。

（3）采取功力必须任用。《唐律疏议 · 擅兴》“功力采取不任用”条律文云：“诸役功力，有所采取而不任用者，计所欠庸，坐赃论减一等。若有所造作及有所毁坏，备虑不谨，而误杀人者，徒一年半；工匠、主司各以所由为罪。”这条律文共有两层含义：官方使用功力（人功、物力）如果取而不用，则总计其所费或所欠折算功值，减半按赃罪减一等论处。若有官工役使功力，征调而全不任用致浪费功值十匹（绢）者，减赃罪（徒一年）一等为杖一百；若使用了部分而仍致浪费十匹二尺（绢）者，减半为五匹一尺（绢），依赃罪（笞七十）减一等为笞六十。这是第一层含义。第二层含义是国家的工程因考虑不周出现质量问题而致人死亡时，对此应负责任的（工匠或主司）处徒刑一年半。

（4）工作必须符合法定要求。《唐律疏议 · 擅兴》“工作不如法”条律文曰：“诸工作有不如法者，笞四十；不任用及应更作者，并计所不任赃、庸，坐赃论减一等。其供奉作者，加二等。工匠各以所由为罪。监当官司，各减三等。”这是一条有关官工匠工作质量的关键律文，可以分这样几点来理解：①所有在官工机构服役的官工匠，每一造作官方都提供法定样式，违者笞四十。②若所造的物品不合时用而需重新制作的，则分别计算所费的财物价值和人力价值，然后合并累计减半按赃罪减一等处罚，若实际所费二十匹，减半为十匹，再减赃罪十匹（徒一年）一等为杖一百；此罪最高处罚为徒二年半。③若所制物品是为了奉供皇上使用的（如衣服、饮食之类），要加二等处罚，即工作违法者杖六十（加笞四十的二等），不合时用而更作所费十匹者徒一年半（加徒一年一等，加杖一百二等）；此罪最高处罚为流二千里。④若制作违法而又不须重做的，合计所费财物的实际价值论罪。

① 《唐律疏议 · 杂律》“坐赃致罪”。

⑤工匠以他（她）所犯的错误依律论处，具体负责的工官或其他长官减工匠三等处罚；如果工匠违法笞四十，监当官司则笞十；若所作不合时用而要重做的，监当官司减赃罪四等处罚；此罪最高处罚为徒一年；若所作是供奉皇上使用的，监当官司加二等处罚，但最高处罚为徒二年。

联系秦帝国有关手工业的法律规定，我们从唐代的手工业立法尤其是上述几条律文中可以获得这样一个印象：唐律仍是继承了秦律严格化和数字化的特点，但总体上不及秦律那么苛严，这大概是儒家思想中的人道和宽恕原则在法律中的一种体现。

二、有关商业的法律

中国的商业发展到唐代出现了一些新的变化，原始的商业性质逐渐消失，近代商业形态初露端倪，以往那种“日中为市”的偶然性交换开始演变为店肆林立、货贿山积的常设市场，这样的市场不只是京城才有，地方也存在，只是规模大小不同。中唐以后，随着均田律令的崩溃和可以具有商业性质的租佃经济的确立，特别是由于中央权威（包括法律）的衰落而导致的财政地方化，使商业在地方的发展得到了新的市场、基础和力量。到 9 世纪，以地区市场体系为基础的各级新的经济定居地开始在各级行政中心附近出现，从而使城市发展的过程呈现出崭新的面貌。随之而来的是，传统的官办市场体系渐趋瓦解，认为商人一定是坏人和他们的职业玷污了他们的道德的传统的敌视态度开始不像以前那样坚定不移了，甚至禁止商人之子担任公职和在京师学堂就读的严格规定也略有放松。由于摆脱了初唐施加的严厉的制度约束，商界也开始缓慢地发展。这一过程到宋代一直没有中止，以至到宋代后期，一个富裕、自觉并对自己的鲜明特征和特殊文化有着强烈意识的市民阶层开始出现。同时，以前富商和士大夫之间不可逾越的社会障碍也开始崩溃。商人可以当官，官员也可以投资商业，社会的世俗化越趋加强，但腐败却成为官场的一个痼症。政府解决这个问题的唯一对策仍是老调重弹：用传统的礼法来对待新型的经济。最后经济受到了阻碍，礼法却变得僵化而日益脱离（或者说背离）历史发展的自然要求。

商业和贸易的空前发展、商人的日益富裕和经济的全面提高，事实上还是导致了官方对经济所持态度的根本转变。虽然在表面上，至少在公开颁布的法令上，强调以农为本和以农民为国家财政收入为主要来源的理论这样一种传统态度依然未变，但从这时起，不管历代政府对这一古典正统思想的信念作何表白，以后通过对国家垄断事业的管理，对有利可图的手工业的直接干预，以及对贸易税的日益依赖和对城市居民征税的法律，统统将始终与商业发生密切的联系。从中唐开始的国家专卖制度的强化与扩大就是这种联系的最初表现。这从一个侧面说明了公元八、九世纪是中国社会的一个巨大转折时期，标志着一个标准的古典时代的结束。

唐代社会经济生活的变迁，为我们今天认识和研究它有关商业的法律提供了一个很有价值的角度和课题，这不仅是由于它具有新旧社会的变化性，还在于它有助于我们对历史认识的深刻性。但在事实上，我们难以做到这一点，一个很重要的原因是，唐代商业经济的变化并没有在法律上得到相应的反映。政治和法律的严重滞后是中国历史的一个最大特点。颁布于唐初的《唐律疏议》，除其中的均田制和租庸调制在事实上被两税法所取代（两税法并没有明确宣布废止《唐律疏议》中有关均田和租庸调的法律规定，只是用暗示的语言表示了事实上的不再使用，但作为法典的《唐律疏议》的有效性在表面上并没有受到任何质疑和破坏），它的所有规定包括适用于当时商业的律文在公开和表面场合一直使用到唐亡。尽管中唐以后临时性的特殊法律形式“敕”经常代替《唐律疏议》处理事务，但正式的规划齐整得像《唐律疏议》规定那样的商业法律制度并未形成，所以，我们很难直接从法律中看到商业的变化，尤其是它的丰富性和复杂性，更难为法律所表现。这在客观上给研究者增添了一个很难逾越的障碍，加之笔者对中唐以后法律变化的研究较为薄弱，因此笔下的内容主要是唐前期以《唐律疏议》为准的商业法律图景，中唐以后的商业法律情形除在专卖部分予以一定的说明外，其他丰富复杂的关系和变化只能暂付阙如。

唐初对商人的态度和政策法令很是严厉，这是传统的要求，并不能完全责怪初唐政府，而且，至少在表面上，这种做法维持到了唐末以至于宋元时代。明清时期变本加厉，对商人不只是表面上的苛刻，而是实质上的鄙视和压榨，以致到中国封建社会晚期，商品经济仍停留在战国时期即已形成的资本主义萌芽状态。[①] 有关唐初商人的身份和地位，《唐六典》卷三“户部郎中员外郎”条有一则规定很值得引在这里：“辨天下之四人，使各专其业。凡习学文武者为士，肆力耕桑者为农，巧作贸易者为工，屠沽兴贩者为商。[工商皆谓家专其业，以求利者，其织纴组紃之类非也] 工商之家，不得预于士；食禄之人，不得夺下人之利。”在这则规定中，商人的概念是很确定的，专指以经商求利为其生活家业的人，一般男耕女织家庭中的纺织手工之类不在此列。凡属商人只能行其本行，诸如屠宰、沽酒、贩运、买卖之类，是否可以转为手工或农业，规定中并没有明确规定，但不得为官却是毫不含糊的。开元七年（719 年）和开元二十五年（737 年），朝廷颁布新令，更加具体地重申了这一点：“诸官人，身及同居大功已上亲，自执工商，家专其业，不得仕。其旧经职任，自解黜，必有事用者，三年之后听用。”[②]

《唐律疏议·诈伪》“诈假官假与人官条”律文疏议曰：“依《选举令》：‘官人身及同居大功以上亲，自执工商，家专其业者，不得仕。其旧经职任，因此解黜，后能修改，必有事业者，三年以后听仕。其三年外仍不修改者，

---

① 有关中国资本主义萌芽的一般讨论都集中在明清时期。其实，这并不是很有道理的。作为资本主义萌芽的商品和货币经济的最初形式，在中国战国时期即已出现。就像文明一样，资本主义萌芽在古代世界是一个很普遍的现象，但从萌芽成长为资本主义的参天大树，只有西方是成功的。这不是世界历史的通例而是一个特例。其中的因素很多，但文明的性质是一个关键。（参见［德］马克斯·韦伯：《世界经济通史》；傅筑夫：《中国封建社会经济史》第一卷；［美］张光直：《美术、祭祀与神话》诸书中的相关部分）。

② 《唐令拾遗·选举令第十一·十七》。

追毁告身，即依庶人例。’……及未满三年，隐状选得官者，……合徒一年。其三年外仍不修改，若方便不输告身，依旧为官者，也同‘不应为官’之坐。……”[①] 将选举令和《唐律疏议》对它的解释两相对照，我们可以发现，后者对前者的内容作了充分完整的引证，同时，还提供了有力的法律保护，规定凡意欲为官者，倘若自己或共同生活在一起的大功[②] 以上亲属有专事商业的，那么，仕途对他来说是此路不通；若曾经任官而因此解职的，必须弃商从事他业期满三年，才可以重返官场，期限不到而隐瞒实情入选得官的，处徒刑一年，若期满三年而不改业者，则要取消为官的资格，并以“不应为官”之罪徒二年。[③] “商人不得入仕”可谓是古来有之，因大功以上亲属有经商而不得为官，这在法律上首见于唐。也许此前有而此后湮没不闻，也许是笔者的陋闻寡见。但无论是哪一种情形，这条规定对身处官本位社会的商人来说，的确是够严厉的。我们现在无法体会当时的商人和他们的亲属直面这条律文时的真实心态，复杂、有苦难言以致羞愤可能还是有普遍性的。常常有这样的事情，当人们面对一个不能以钱来衡量其价值的东西的时候，钱就变得没有价值了。商人钱再多，也抵销不了这条律文给他们带来的心灵伤痛。

唐代还继承了以服色来区别人等的礼法制度。公元 674 年即唐高宗上元元年，朝廷颁发了一道衣服令，规定普通百姓（庶人）可以穿黄色的衣服，“自非庶人，不听服黄。”胡三省在《通鉴》中解释说：“自非庶人，谓工商杂户。”[④] 这样，商人与手工业者及杂户之类服穿古代中国人崇拜的黄色衣服的权利被剥夺了。这就像古代罪人穿赭衣（赤红色的囚衣）一样，

---

① 《唐律疏议 · 诈伪》“诈假官假与人官”。

② 大功：五服中的第三等亲属，服期为九个月。属大功的亲属有堂兄弟、未嫁的堂姐妹，已嫁的姑、姐妹，已嫁者同自己的伯叔父及兄弟等的亲属关系，丈夫的祖父母、伯叔父母。

③ “……其于法不应为官［谓有罪谴，未合仕之类］，而诈求得官者，徒二年。……”（《唐律疏议 · 诈伪》“诈假官假与人官”）。

④ 《资治通鉴》卷 202。

服装的颜色既是人等身份的标志，也是对穿服者心灵和人格的羞辱。

也许唐代的土地法令更能反映出商人在国家经济生活中的真实身份与地位。唐前期的均田律规定："诸以工商为业者，永业、口分田各减半给之。在狭乡者并不给。"[1]这条法令至少可以做两方面的理解：一是表明在国家意志中，工商业者与庶人的不等。所以在衣食之本的土地分配上，工商业者于宽乡减半，狭乡不给，优先考虑农人。二是在经济领域，商人与手工业者获得了比在政治和礼仪等级方面稍微宽容的待遇，所以在土地不紧张的情况下，仍可以减半给之，以资其食。前者可谓是传统的"重农抑商"思想在唐律上的反映，后者则是政治（礼仪等级也是政治地位和身份的延伸与表现）重于经济这一中国传统法律精神的体现。由此看来，政治上歧视、劣待，经济上相对宽容，大致可以概括商人在唐前期国家法律上的身份与地位实况。中唐以后，情况发生了相反的变化，商人的政治性待遇（包括社会的观念和国家的事实态度）有了提高，但经济上却受到了更多的压榨。不过，在总体上商人的身份和地位出现了好转而不是继续恶化。

商人的活动舞台是古代称作"市"的市场，这就决定了对商人的管制离不开对市场的管理。唐代市场的内部虽然起了一些变化，如从定时一聚的交易地演变为略具近代型的常设市场，但由于城坊制度未变，作为其中一部分的"市"的变化也是比较有限的，对"市"的设置和管理仍保留了许多古代型的经验和残余。除了地处偏僻的乡村草市以外，所有的大小市场，不论是两京的还是各州府县治的，均由官方设立和废止，所有的正式市场实际上都是官市，由朝廷设官管理："显庆二年（657 年）十二月十九日，洛州置北市，隶太府寺"[2]，"长安元年（701 年）十一月二十八日，废京中市。天宝八载（749 年）十月五日，西京威远营置南市，华清宫置北市。"[3]受西周以来的礼法影响，市场均设在城内的固定地点，所谓："前朝

---

① 《通典·田制》。

② 《唐会要·关市》。

③ 《唐会要·关市》。

后市，左祖右社”。这样的安排有特定的文化和经济意义。从文化上讲，将市置于阴气重的城北或城西北，体现了当时的人们对市及商人的态度和心理意识。因为在古代中国的哲学中，北和西都是阴和辅的地方，东和南则是阳和主的代表。阳主阴辅既是中国传统的自然哲学观，也是当时的社会政治法律思想，延伸到城坊建置和商业安排上，市的地点就只能固定在这样一个地点，便于对市场及商人的控制和商人在心理上对自我的约束，从而有利于城市经济生活的安排和国家的税收。

为了限制商业的自由发展和商人的自由活动，唐对市场的交易时间作了严格的限定，基本上保持着日中为市的古制。这是由于市是城中坊制的一部分，凡坊皆有墙、门，定时开关，所以市也随之开关。坊市闭门之后和开门之前，有行人谓之犯夜，唐律有专门的规定：“诸犯夜者，笞二十；有故者，不坐。[闭门鼓后、开门鼓前行者，皆谓犯夜。故，谓公事急速及吉、凶、疾病之类] ……”①

市具体的开启交易时间也由法令统一划定：“凡市，以日中击鼓三百声而众以会，日入前七刻，击钲三百声而众以散。”②“凡市，日中击鼓三百以会众，日入前七刻，击钲三百而散，有果毅巡迣。”③除前引文中所说的有“公事急速乃吉、凶、疾病之类”外，坊市夜间开门，只有在皇帝特许之下才行，但一年中也只有三日。这起源于神龙间京师于正月望日举行灯会，于是决定每年的正月十四、十五、十六（后改为十七、十八、十九）三日，特弛夜禁，许人夜游。④

① 《唐律疏议 · 杂律》“犯夜”。

② 《唐六典 · 太府寺 · 京都诸市令》。

③ 《新唐书 · 百官志》。

④ “神龙之际，京城正月望日，盛饰灯影之会，金吾驰禁，特许夜行。贵游亲属及下隶工贾，无不夜游。……”（《大唐新语》卷 8）“天宝三载（公元 744 年）十一月癸丑，每岁依旧取正月十四日、十五日、十六日开坊市门燃灯，永以为常式”。（《旧唐书 · 玄宗纪》）“……自今已后，每至正月，改取十七、十八、十九日夜，开坊市门，仍永为常式。”（《全唐文》卷 32《令正月夜开坊市门诏》）

商人在市场上的活动是交易，度量衡器是交易中必不可少的工具，商人出于本业要想牟利总是在度量衡器上做手脚，而自以百姓利益为代表的官方在这个问题上也总是不轻易放过他们，情节重的刁商奸徒还要绳之以律，以维持公平和市场秩序。唐律中有这样两条珍贵的律文，下面略作介绍说明。

（1）度量衡器须校对。《唐律疏议·杂律》“校斛斗秤度不平”条律文曰：“诸校斛斗秤不平，杖七十。监校者不觉，减一等；知情，与同罪。”本条疏议曰：“‘校斛斗秤度’，依《关市令》：‘每年八月，诣太府寺平校，不在京者，诣所在州县平校，并印署，然后听用。’其校法，《杂令》：‘量，以北方秬黍中者，容一千二百为龠，十龠为合，十合为升，十升为斗，三斗为大斗一斗，十斗为斛。秤权衡，以秬黍中者，百黍之重为铢，二十四铢为两，三两为大两一两，十六两为斤。度，以秬黍为中者，一黍之广为分，十分为寸，十寸为尺，一尺二寸为大尺一尺，十尺为丈。’有校勘不平者，杖七十。监校官司不觉，减校者罪一等，合杖六十；知情，与同罪。”依据疏议，可以简列为下表。

唐律规定度量衡器标准及校正责任表

<table>
<tr><th>名称</th><th>标准物</th><th colspan="6">单位换算</th><th>校正责任</th></tr>
<tr><td>量</td><td>北方秬黍中者</td><td>容一千二百黍为一龠</td><td>十龠为合</td><td>十合为升</td><td>十升为斗</td><td>三斗为一大斗</td><td>十斗为斛</td><td rowspan="3">校勘不平者，杖七十；
监校官不觉，杖六十；
知情，杖七十。</td></tr>
<tr><td>衡</td><td>同上</td><td>百黍之重为一铢</td><td>二十四铢为两</td><td>三两为一大两</td><td>十六两为斤</td><td></td><td></td></tr>
<tr><td>度</td><td>同上</td><td>一黍之广为一分</td><td>十分为寸</td><td>十寸为尺</td><td>一尺二寸为一大尺</td><td>十尺为丈</td><td></td></tr>
</table>

（2）禁止使用私作的度量衡器。《唐律疏议·杂律》“私作斛斗秤度不平”条律文载：“诸私作斛斗秤度不平，而在市执用者，笞五十；固有增减者，计所增减，准盗论。……其在市用斛斗秤度虽平，而不经官司印者，

笞四十。”这条律文与上条律文的内容是相联系的。依上条律文，所有的度量衡器均要符合官方的标准，要经过官方的校正、加印后才能上市使用。如果未经过这一程序，该怎么办？这便是本条律文的内容。它规定，未经官方准许和确定的程序，私自制作度量衡器致有差错而又上市使用的，不问实际使用与否，仅此行为先笞五十；若已使用而有增减差错的，按窃盗罪论处：一尺杖六十，一匹加一等，五匹徒一年，增减差错至五十匹者，加役流（流三千里加服苦役）。[1] 即使度量衡器符合法定标准而上市使用，但因未经官方的法定程序校勘、印署，也要笞四十。联想到现今中国的自由市场上，挨宰的顾客经常为短斤缺两与小商小贩们争得面红耳赤，有的甚至拳脚相加、头破血流的情景，我们不得不承认，唐律的价值并非与时俱进。

把好度量衡器关可以极大地减少纠纷，这是毫无疑问的。但若以为仅此就可以确保市场秩序，未免也太天真了。官方很清楚，奸诈的商人不好对付，如果再加上监管者玩忽职守或贪赃枉法，情况就会更糟。因此，要想方设法做防不胜防的工作，将商人的奸诈和官吏的违法渎职限制到所能限制的最低限度。这大概也是下列几条律文的旨意所在。

（1）器物制作和贩卖不得有诈。《唐律疏议 · 杂议》“器用绢布行滥短狭而卖”条律文规定：“诸造器用之物及绢布之属，有行滥、短狭而卖者，各杖六十；[不牢谓之行，不真谓之滥。即造横刀及箭镞用柔铁者，也为滥]得利赃重者，计利，准盗论。贩卖者，也如之。市及州、县官司知情，各与同罪；不觉者，减二等。”这是一条与手工制作有牵连的律文，引在这里，是因为它的重心是放在制作而卖上。若制作器物纯粹是为了自用，即使有“行滥、短狭”的问题，依律文的精神，也不构成犯罪。相反，若是供公私他用，则行滥和短狭者各杖六十；得利超过成本者，按窃盗罪论处；贩卖求利者与之同罪；监管者（市、州、县）按知情和不觉合并减半论处。用现代语言来说，对待伪劣产品的检查，唐律的设置，可谓是层层把关、

① 《唐律疏议 · 贼盗》“窃盗”。

责任到人，以罚代奖。

（2）评估物价要公平。《唐律疏议·杂律》“市司评物价不平”条律文载：“诸市司评物价不平者，计所贵贱，坐赃论，入己者，以盗论……”这是一条很关键的律文，因为物价是整个市场管理的基础与核心，物价的不合理波动不仅会直接影响到消费者的利益，还会引发其他社会问题。为了防止出现这种情况，唐令规定，市令有职责要求商人每十天向市场管理机构呈报一次物价变动情况，把每一种货物按其品质定出上、中、下三种不同的价格，并将十天内物价涨落的情况登记呈报，最后由市令及主管官吏加以评定。[①] 如何对市令及主管官吏的这项工作加以监督，构成了上述律文的任务。所以，疏议曰：“谓公私市易，若官司遣评物价，或贵或贱，令价不平，计所加减之价，坐赃论。‘入已者’，谓因评物价，令有贵贱，而得财物入已者，以盗论。并依真盗除、免、倍赃之法。……”很清楚，如果市令及主管官吏在物价评定中不公平，就要依律论处。可以推想，出现不平，不外乎有两种可能：一是失职，这是过失造成的，唐律对这种行为，按照因估价贵贱不平而引致的损失值，坐赃论；二是枉法，这是故意引起的，目的是通过与商人勾结或坑害商人以得私利，对这种行为，唐律以实际窃盗罪计赃，再按除名、免官、倍赃的法律规定处罚。

（3）卖买自由、交易合法。《唐律疏议·杂律》“卖买不和而较固”条律文曰：“诸卖买不和，而较固取者；［较，谓专略其利。固，谓障固其市］及更出开闭、共限一价；［谓卖物以贱为贵，买物以贵为贱］若参市，［谓人有所卖买，在傍高下其价，以相惑乱］而规自入者：杖八十。已得赃重者，计利，准盗论。”通过这条律文，我们可以看到唐代市场交易过程中有关物价的三种有趣现象：一为较固；二为更出开闭、共限一价；三为参市。较固有点类似于现今市场上的市霸，他们不遵守或者说蔑视卖买自由的规则，

---

① 《唐令拾遗·关市令第二十六、七、八》。

为了私利，利用非法手段（最常见的是以暴力相威胁），强迫卖者将货物出售给他们，而不准别人染指得利。更出开闭、共限一价，是针对奸商的。这类商人私下串通，以贵为贱或以贱为贵，限定物价，坑害生产者和消费者。参市是商人用钱雇用他人，趁顾客购物时，故意以购物者的身份在旁边抬高或降低价格，以利奸商和自己。唐律对这三种行为分别各杖八十，赃重（即得赃三匹一尺以上）超过杖八十者，按窃盗罪论处，赃物且须退还原主。唐律处罚的这三种行为，在现代市场上仍可一一对应。这不免使人感叹，人性并不像历史那样成为过去，利益对人性的诱惑和损伤仍是一如既往，而人类对此似乎也是求无良策，至少面对较固、共限一价和参市，我们的法律并没有多少进步。

（4）卖买奴婢、牛马，须立市券。唐令有一条规定："凡卖买奴婢、牛马，用本部本司公验以立券。"[①] 不立券又当如何？《唐律疏议 · 杂律》"卖买奴婢牛马不立市券"曰："诸买奴婢、马牛驼骡驴，已过价，不立市券，过三日笞三十；卖者，减一等。立券之后，有旧病者三日内听悔，无病欺市者如法，违者笞四十。即卖买已讫，而市司不时过券者，一日笞三十，一日加一等，罪止杖一百。"从律令的规定来判断，奴婢马牛之类的买卖之所以要立市券，大概有这样几个方面的考虑：其一是当时实行均田制，土地一般不允许自由买卖，因此进入交易领域的奴婢马牛之类自然成为最重要、最有价值的买卖物；与此相联系的第二个考虑可能是，既然是重要物，交易就必须谨慎，立有市券，日后有反复或纠纷，也好依此为据，免得口说无凭；其三是官方准立市券，可以借此收税；其四可能还有预防拐卖良民为奴的意图。《全唐文》卷九二《改元天复赦》一文可以为证："旧格买卖奴婢，皆须两市署出公券，仍经本县专吏引验正身，谓之过贱，及问父母见在处分，明立文券，并关牒太府寺。兵戈以来，条法废坏，良家血属，流落他门，既远家乡，或遭典卖，州府曾不寻勘，豪滑得恣欺凌。

① ［日］仁井田陞：《唐令拾遗 · 关市令第二十六 · 十一》。

自此准京兆府并依律处分，两市立正印，委所司追纳，毁弃改给朱记行用，其传典卖奴婢，如勘向本非贱人，见有骨肉，证验不虚，其卖主并牙人[①]等，节级科决，其被压抑之人，便还于本家。委御史台切加察定，其天下州府如有此色，亦仰本道观察防刺史各行条制，务绝沉冤。”

（5）严惩扰乱市场。《唐律疏议·杂律》“在市及人群中故相惊动”条律文载：“诸在市及人群中，故相惊动，令扰乱者，杖八十；以故杀伤人者，减故杀伤一等；因失财物者，坐赃论。其误惊杀伤人者，从过失法。”在有关市场管理的诸项规定中，这条律文的处罚是最重的；凡故意扰乱市场、惊动众人的，杖八十；因此之故而杀伤人的，减故杀伤人一等处罚，即致死的流三千里，折伤一肢的徒三年；误惊的，从“过失”法，用铜赎罪；无杀伤人而有财物损失的，合计所损财物的价值减半按赃罪论处。这般严厉，不是没有原因的，扰乱市场和惊动众人既能破坏社会治安，又能致人非命，还能造成大量财物损失，而这三者恰是中国古代法律保护的重心，唐律自然也不能例外。

上述各项法律都是初唐时期制定的，中唐以后，这些规定名义上仍在施行，但实际的效力已大不如前。原因不仅仅是时过境迁，最根本的还是官方首先破坏自定的法律，扰乱了市场。有关这方面的记载不少，最突出的莫过于“借商”和“宫市”。“借商”在中国商业法律史上算是很独特有趣的，《新唐书·食货志》载：“税法既行，民力未及宽，而朱滔、王武俊、田悦合纵而叛，用益不给，而借商之令出。初，太常博士韦都宾、陈京请借富商钱，德宗以问度支杜佑，以为军费裁支数月，幸得商钱五百万缗，可支半岁。乃以户部侍郎赵赞判度支，代佑行借钱令，约罢兵乃偿之。京兆少尹韦桢、长安丞薛苹，搜督甚峻，民有不胜其冤自经者，家若被盗。然总京师豪人田宅、奴婢之估，裁得八十万缗。又取僦柜纳质钱及粟麦粜

---

① 牙人是一种经济人，为买卖双方说合，成交后，由双方给予若干佣钱，以为报酬。唐代牙人很多，有所谓“牙行”的组织。

于市者，四取其一，长安为罢市，市民相率遮邀宰相哭诉，卢杞疾驰而过。韦桢惧，乃请钱不及百缗，粟麦不及五十斛者免，而所获裁二百万缗。”要豁然理解前述引文的含义，有几个词须得解释一下。“税法”，是指“两税法”；“裁”，即才；“判”，乃兼任之意；“自经”，谓缢死；“僦柜纳质”，指经营抵押放款和典当的高利贷者；“粜”，为出售粮食；“遮邀”，即阻拦。现在我们可以在理解的基础上提出几点讨论：其一是“借商令”的名实问题。依史料判断，借只是名，刮才是实，“借商之令”可以说是地地道道的“刮商之令”。其二是“借商令”的源起。唐德宗是在推行两税法而民力未及增长又面临藩镇兵变、中央财政尤其是军费开支陷入困境的情况下，采纳大臣的建议，颁行借商令的。其三是借商对商人的打击与破坏问题。因刮商过严，导致很多商人以至百姓家破人亡，市场处于混乱和恐慌之中。其四是罢市、遮邀问题。罢工、罢市，这在近代社会并不鲜见，但在中古时期的中国，居然在皇帝居住的京城也发生了商人罢市和阻拦宰相车马行道的事件。对于这件事，初见不免意外，但细想，也不尽然。我们可以作这样的设想：商人的法律地位虽然低贱，但依他们的职业和本性来说，钱比命重要，与其没钱苦命，不如抗争求财。所以，罢市，遮邀也不是不能偶一为之的，毕竟古今人性相通，何况理在商人之手，长安城里又那么多商人，即使出事，最后还是法不责众。这是中国的法律传统，精明的商人不会不知道可以利用这一点。

比“借商”更长期破坏和困扰市场的是“宫市”，这是唐代“宦官之祸”在商业上的延伸。《新唐书·食货志》有一段记录，值得引在这里：“是时，宫中取物于市，以中官为宫中使。两市置‘白望’[①]数十百人，以盐估敝衣、绢帛，尺寸分裂酬其直。又索进奉门户及脚价钱，有带物入市而空归者。每中官出，沽浆卖饼之家皆撤肆塞门。谏官御史数上疏谏，不听，人不堪其弊。户部侍郎苏弁言：‘京师游手数千万家，无生业者仰宫市以

① “白望者，言使人于市中左右望，白取其物，不还本价也。”（《资治通鉴·唐纪五十一》）

活，奈何罢？’帝悦，以为然。京兆尹韦凑奏曰：‘小人因宫市为奸，真伪难辨，宜下府县供送。’帝许之。中官言百姓赖宫市以养者也，凑反得罪。”宫市也是发生在唐德宗建中年间的京师，原因和背景大致与借商相同，所不同的是宦官的参与。依记载来看，宦官们（中官、中人、中使，均指宦官）打着宫廷购买和需要的旗号，到市场上白拿白取商人的货物，即使付钱，也是随便撒裂宫中破旧衣服、绢帛之类作价，并强迫货物的主人自己将货送到宫中，不送者另收运送费，害得商贾们一见宫使便纷纷撤货关门，整个市场为之萧条。结果正确的意见不仅不被采纳，反遭宦官之害得罪。这既是皇帝昏庸无能和宦官专权所致，更多的则是中国古代政治体制和法律精神弊端的暴露。到唐德宗贞元年间后期，宫市为害更加严重，宦官口称朝命，招摇入市，“苍头女奴，轻车名马，惴惴衢巷，得免捕为幸。……市之经商，皆匿名深居”，[①] 摆摊设位的，大都是老弱苦货，最后恶化到官逼民反。《资治通鉴》中记有一则事例：“尝有农夫以驴负柴，宦者称宫市取之，与绢数尺，又就索门户，仍邀驴送柴至内。农夫啼泣，以所得绢与之；不肯受，曰：‘须得尔驴’。农夫曰：‘我有父母妻子，待此然后食。今以柴与汝，不取值而归，汝尚不肯，我有死而已。’遂殴宦者。”[②]

宫市到唐德宗的后继者顺宗接位时（贞元二十一年，同年改为顺宗永贞元年，即公元 805 年）才被罢去，但市场的情形并未好转，仅征税卖爵、藩镇割据两事就使得市场再也不可能在全国范围内得到有序的运行和统一的管理。这些都与帝国的政权和法律有关系。唐律着意维护的市场秩序最后却败在统治者的自乱其法上，这恐怕是初唐的立法者始料未及的，对后世也是一个教训。

唐代对商人和商业的征税很是分散，租庸调制时代，国家按户等收税，

① 《唐会要·关市》。

② 转引自王雷鸣编：《历代食货志注释》，第一册，农业出版社 1984 年版，第 330 页注［4］。

商人一般都被列入高等户，税额自然重，所谓："凡天下户，量其资产，定为九等。"[①]"乡成于县，县成于州，州成于户部。又有计账，具来岁课役以报度支。国有所须，先奏而敛。凡税敛之数，书于县门、村坊、与众知之。"[②]这既施于士农，也适用于工商。九等户中各等户的税额是多少，唐大历四年（769年）正月十八日有一敕文："定天下百姓及王公以下每年税钱，分为九等：上上户四千文，上中户三千五百文，上下户三千文，中上户二千五百文，中中户二千文，中下户一千五百文，下上户一千文，下中户七百文，下下户五百文。……其百姓有邸店行铺及炉冶，应准式合加本户二等税者，依此税数勘责征纳。"[③]租庸调制为两税法取代后，原来的户等税取消，"行商者，在郡县税三十之一。"[④]这是唐中后期最基本的商税之一。在前述户等税和此"三十税一"之外，商税的第二个大项是职业专税，如茶税、盐税、酒税、矿冶税等；此等专税以外，行商贩贾通关过桥的关津税也是很重要的一项。有关这两项商税的资料很丰富，律令也有明确的规定，但由于专业税与专卖关系更密切，关津税与对外贸易特别是与边贸相关，因此，这两项税的情况将在后面的专题中说明。与本专题密切相关的是市场税，这可谓是唐代另一项基本的商税，可惜有关这方面的资料十分缺乏。日本最著名的中国法制史学者仁井田陞的闻世名作《唐令拾遗》，几乎收罗了现存史料中有关唐令的所有内容，其中涉及市场税的也只有这么一条："其商贾，准《令》，所在收税。"[⑤]《令》的具体内容，不得而知。笔者也仔细检阅了《唐律疏议》，结果仍未见详细规定。

唐代前期是贵族型的中古社会，中后期开始向世俗社会转变，因此，金钱的魔力在唐代经历了一个受压制到逐渐自由放纵的过程，一个很有象

① 《旧唐书·食货志》。
② 《新唐书·食货志》。
③ 《旧唐书·食货志》。
④ 《旧唐书·食货志》；另见前面两税法部分。
⑤ 《唐令拾遗·关市令第二十六·十四》。

征意义的是：商人的地位得到了自然的提高，抑商的法律虽依然存在（这是政治法律滞后于经济的正常表现），但权威和效力均不能与初唐相提并论，经商的热情弥漫到乡村田野："客行野田间，比屋皆闭门。借问屋中人，尽去作商贾。官家不税商，税农服作苦。居人尽东西，道路侵垅亩。采玉上山岭，采宝入水府。"① 这是姚合的一首诗作，弃农从商的情形反映的形象生动。人们之所以如此，还是金钱在发挥作用。于是乎，不独农夫，官僚也卷入了商海，甚至有人不怕冒军用之名行商："唐定州何明远，大富，主官中三驿，每于驿边起店停商，专以袭胡为业，资财巨万，家有绫机五百张。"② "先是诸道节度观察使，以广陵为南北之冲，百货所集，多以军储货贩，列置邸肆，为托军用，实私其利焉。"③ 官商的情形已发展到很严重的地步，所以，国家一再下达禁令，但仍是有禁不止："［开元二十九年（741 年）春正月丁丑］禁九品已下清资官置客舍、邸店、车坊。"④ "［大历十四年（779 年）六月己亥］禁百官置邸货鬻。"⑤

由于官僚对金钱有着强烈的贪欲，权力对商业的渗透渐趋纵深。与此同时，商人和商业对权力的腐蚀更是变本加厉，贪赃枉法的经济犯罪远远超出了一个正常社会所能容忍的限度，发展到宋代，酿成了导致中国社会震荡不息以致走向分裂的农民暴动。宋元以后，统治者以亡国为戒，用重刑治贪官，收效只是一时而不能长世，其根源其实并不在于法律的轻与重，而是包括法律在内的整个权力体制问题。所以，朱元璋面对贪赃如潮，只能感叹：奈何他朝杀而暮犯！这个问题至今仍需我们作出回答。

① 《姚少监诗集》卷 6《庄居野行》。

② 《太平广记》卷 243《何明远》。

③ 《册府元龟》卷 160。

④ 《旧唐书・玄宗纪》。

⑤ 《新唐书・德宗纪》。

第四节　唐朝的专卖法律

传统中国的政治道德对做一位理想的或者说合格的帝王提出了很多条件，关心天下百姓的衣食乃是他为民作父的天职，正统的国家财政收入应是统一的农业税，过分地依赖商业和商税是国家危机的一种象征，也是他的失职。所以，在奉行正统的初唐统治时期，政府不遗余力地从事的最大一项工作是，努力将政权牢固地建立在他们以为最理想的均田制之上，而对商业采取了一种相对轻视的放松态度。这决定了商业税在国家税收和商人在国家法律中只能是微乎其微，以农为本的租庸调制和农民成为国家的基础，这种情形一直维持到安史之乱爆发前。安史之乱后，政府不能再从帝国的大部分地区直接征税，也不能像以前那样依靠劳役，于是被迫另谋出路，开始通过国家专卖税来筹措收入。先是对盐、铁实行专卖管制，随后扩及茶叶、酒，甚而利用对粮食价格的控制来稳定市场开辟财源。这意味着，从中唐开始，统治者放弃了传统的原则，即认为一个稳定的国家的岁入应该是向农民开征的统一税。中唐的这种转折，在以后的许多世纪中一直是中国行政政策和经济法律的基本特征之一。

一、盐铁专卖的法律规定

隋文帝开皇三年（583 年），“通盐池、盐井，与百姓共之。”[①] 自此经唐初至唐玄宗开元年间，在一百三四十年内，官民都可以采盐，很少有征收盐税的记载。开元十年（722 年），朝廷大臣集议，认识到“盐铁之利，甚益国用。”于是：“[上]遂令将作大匠姜师度、户部侍郎强循俱摄御史中丞，

---

① 《隋书 · 食货志》。

与诸道按察使检责海内盐铁之课。”①

当时的税收可能不多，所以有关的记载很简略。唐代对盐业实行专卖管制，一般公认为始于肃宗乾元元年（758 年）的第五琦初变盐法。《旧唐书·食货志》的记载是：“乾元元年，[第五琦]加度支郎中，寻兼中丞，兼盐铁使。于是始大盐法，就山海井灶，收榷其盐，立监院官吏。其旧业户洎浮人欲以盐为业者，免其杂役，隶盐铁使。常户自租庸外无横赋，人不益税而国用以饶。明年，琦以户部侍郎同平章事，诏兵部侍郎吕湮代之。”从相关史料来看，第五琦初变盐法有两个因素起了直接的作用，一是当时的现实条件和颜真卿等在河北地区的榷盐实验；二是对桑弘羊历史经验的借鉴。唐人殷亮所撰的《颜鲁公行状》记略，安史叛乱之后，在河北主政的颜真卿找李华商量国事，“定以钱收景城郡（现沧州）盐，沿河置场，令诸郡略定一价，节级相输，而军用遂赡。”第五琦当时就任北海录事参军，随青州刺史贺兰进明征讨于河北，“睹其事，遂窃其法，乃奏肃宗于凤翔，至今用之不绝。”②可见，安史之乱导致国家军用不足是榷盐的真正原因，第五琦的行为应该说直接来源于颜真卿实验的启发。上述引文中的“遂窃其法”一词包含了这个意思，只是对他的功利性予以了强烈的贬抑。事实上，第五琦并不是简单模仿颜真卿的做法，而是借鉴了桑弘羊的经验，实行民产、官收、官运、官销的完全专卖，设立监院官吏，专职此事，以盐为业者隶属盐铁使管制。结果是“人不益税而国用以饶”。

但完全专卖也有它的弊端，且不说官吏容易贪赃，盐工的积极性得不到提高，就国家在人力物力上的投入而言，代价也颇巨大，最后盐的成本上升而效益下降。于是到上元元年（760 年），刘晏被任命为盐铁使，但不久又被解职，元载继任盐铁使和租庸使，情况遂愈趋恶化，所以到宝应元年（762 年），刘晏再度出任盐铁使兼转运使，整顿盐法，成绩斐然。史

① 《旧唐书·食货志》。
② 《全唐文》卷 514。

载:“自兵起，流庸未复，税赋不足供费，盐铁使刘晏以为因民所急而税之，则国用足。于是上盐法轻重之宜，以盐吏多则州县扰，出盐乡因旧监置吏，亭户粜商人，纵其所之。江、岭去盐远者，有常平盐，每商人不至，则减价以粜民，官收厚利而人不知贵。晏……遣吏晓导，倍于劝农。吴、越、扬、楚盐廪至数千，积盐二万余石。有涟水、湖州、越州、杭州四场，嘉兴、海陵、盐城、新亭、临平、兰亭、永嘉、大昌、侯官、富都十监，岁得钱百余万缗，以当百余州之赋。自淮北置巡院十三，曰扬州、陈许、汴州、庐寿、白沙、淮西、角桥、浙西、宋州、泗州、岭南、兖郓、郑滑，捕私盐者，奸盗为之衰息。然诸道加榷盐钱，商人舟所过有税。晏奏罢州县税率，禁堰埭邀以利者。晏之始至也，盐利岁才四十万缗，至大历末，六百余万缗，天下之赋，盐利居半，宫闱服御、军饷、百官禄奉皆仰给焉。”刘晏是唐代最卓越的理财家之一，他在主管盐铁事务的同时，还兼任了户部侍郎、京兆尹、判度支、转运、铸钱等使，财经大权集于一身，而官民皆能得利，这在中国历史上是十分罕见的。除其本身的优良素质和外部条件外，制度和方法得当并努力使之法律化恐怕还是很重要的一个因素。就其上述所记的盐政来看，有几点仍不失有重申之必要。

首先要提到的是，作为一名朝廷大臣，能急国家之所急，这仅仅是他的本职，关键的是他是否有切实可行的良策。刘晏的良策是打破完全官营的体制，改“民产、官收、官运、官销”为“民制、官收、商运、商销”的通商法，将国家对盐业的全面控制收缩到生产上，而将私商经济的活力引入盐的运销中，借此除去官商的腐败和低效。具体的做法即如引文所述，在全国主要产盐区设四场、十监，负责招募制盐的亭户进行生产，并且加于技术上的指导和政策上的鼓励，所产之盐统由国家收购，其余的州县不再设立盐官，裁撤原先主管营销的庞杂机构及人员。仅这一项改革，每年盐税就增至钱一百万缗，相当于百州的赋税总入，而改革之前每年才四十万缗。可想而知，这对财政危机的政府有着何等重要的意义！

刘晏的措施不仅限于此，因为破坏盐政的还有走私、地方官吏的滥设关卡、横征暴敛和盐商的垄断。于是他便动用国家的权力和法律，在走私最为猖獗的淮北设立十三巡院，专事缉私；规定盐商在通过各道的江河关卡时交纳通过税后，可以在全国自由通行，严禁地方州县官吏再染指此事。此外，国家在各地设置储存官盐的“常平盐仓”，对交通不便、盐商不至的地区，由官方调运常平仓盐至当地发售；一旦盐商哄抬盐价，即抛出常平仓贮盐，平抑盐价，而当商人竞相降价，官方即乘机收购储于常平仓，以调节盐价。这样既可控制盐价，保证盐税，又可节制商人，减缓社会矛盾。

刘晏的盐法收效巨大，到大历末（公元 8 世纪 70 年代后期）国家的盐业收入上升到每年六百万缗，占国家财政总收入的一半，宫廷开支、军事费用、百官俸禄都由盐税承担，成就不可谓不大。不幸的是，封建官僚政治并不注重个人的能力和功绩，党同伐异与嫉贤妒能，再加上个人恩怨和阴谋诡计，使得中国传统政治表面上有法而实质上无序。刘晏因与杨炎有间，杨炎为相，竭力排斥刘晏，[①] 盐法从此紊乱。

盐法紊乱的一个显著标志是盐价暴涨。唐代在榷盐前，盐价是 10 钱 1 斗，第五琦实行专卖时猛提高到 110 钱 1 斗，到刘晏死后，盐价飞涨到 370 钱 1 斗。官方之所以如此，盖因刘晏的后继者急功近利，企图通过提高盐价这种既省事又简单的方法来扩大盐业收入超过刘晏，显示自己的能耐。结果却是饮鸩止渴。从经济学的角度说，官盐的价格已严重背离了其价值，所以一进入流通领域，它就变得没有竞争力，因为私盐的价格更便宜，以致官盐成了行政权力在经济领域中因无视规律而无限扩张和干预的牺牲品。对这种结局，官方虽不能容忍，但却没有人能够从刘晏的盐法中汲取经验：尽量用经济手段解决经济问题，哪怕在行政权力范围内，也不

① 刘晏（718—780 年）与杨炎（727—781 年）属同时代人。刘任吏部尚书时，杨为侍郎，两人有矛盾。建中元年，刘以事被诬陷，贬官忠州（现四川达县），史称杨以诬证刘罪属实，致刘于死。杨为宰相，行“两税法”，次年也被贬，被迫自杀。

能过分违背经济的自然法则；而是不脱传统的思路，用行政权力继续干预，只是变换一下角度，从价格移到缉私。这种头痛治头、脚痛治脚的办法，结果仍是私盐不绝，而民有淡食者。所谓："亭户冒法，私鬻不绝，巡捕之卒，遍于州县。盐估益贵，商人乘时射利，远乡贫民困高估，至有淡食者。巡吏既多，官冗伤财，当时病之，其后军费日增，盐价寖贵，有以谷数斗易盐一升。私籴犯法，未尝少息。"[①] 病根不除，病痛不止。官盐价格居高不下，私盐就不可能得到禁止；私盐不绝，官方刑罚愈重，最后形成恶性循环。史载："贞元中，盗鬻两池盐一石者死，至元和中，减死流天德五城，镈奏论死如初，一斗以上杖背，没其车驴，能捕斗盐者赏千钱；节度观察使以判官、州以司录录事参军察私盐，漏一石以上罚课科，鬻两池盐者，坊市居邸主人、市侩皆论坐；盗刮碱土一斗，比盐一升。州县因保相察，比于贞元加酷矣。"[②] 官府到后来无奈，以致有人提议回到第五琦完全专卖上，但此法早已不行。因此，盐的专卖犹如晚唐朝廷本身一直处于混乱和孱弱之中。

唐帝国在对盐实行专卖的同时，对铁矿之类的矿冶业采取放任的态度，只有铜、铅、锡三种完全由政府收购，供铸钱之用，其他各种金属则不加限制，听百姓私采私销。所谓："凡州界内有出铜铁处，官未采者，听百姓私采，煮铸得铜及白镴官为市取，如欲折充课役，亦听之。其四边无问公私，不得置铁冶及采铜。自余川山薮泽之利，公私共之。"[③] 政府对于矿冶业的放任态度也曾受到个别大臣的非议，以为山川之利乃国家之利，应由官取。但唐前期诸帝对此持坚定的正统观念，认为这不是正道，而是与下争利。唐初权万纪即因建议置宣、饶银冶，被太宗贬斥："［贞观中，为持书御史］即奏言：宣、饶部中可凿山冶银，岁取数百万。帝让曰：'天子所

① 《新唐书·食货志》。
② 《新唐书·食货志》。
③ 《唐六典·州官》注。

乏，嘉谋善政有益于下者。公不推贤进善，乃以利规我，欲方我汉桓、灵邪？’斥使还第。”① 这种传统的政策由于有深厚的哲学背景，成为中国传统政治文化中的一个突出方面，具有很强的韧力。开元十五年（727 年），初税尹阳五重山锡、银，但对其他矿产连税也免收，即使在安史之乱后，财政支绌、国步维坚之初，统治者在心理上也难以摆脱与下争利的自责。“德宗以大历十四年（779 年）五月即位，七月庚午，诏：‘邕州所奏金坑，诚为润国，语人于利，非朕素怀。方以不贪为宝，惟德系物，岂尚兹难得之货，生其可欲之心邪。其金坑任人开采，官不得占’。”②

随着财政的日益危机，德宗在韩滉的建议下被迫无奈放弃传统的民营矿冶政策，实行矿冶官营，但推行起来困难重重。此因大乱之后，唐廷权威急速下降，中央的控制力难及许多地区，政令时常有不出都门的现象，而矿山分布在帝国各地，政方政权往往私占，朝廷的一纸敕令难以改变既成的事实。这从下面的奏疏中可以看出：“［太和］五年（831 年）六月，盐铁使王涯奏：‘当使应管诸州府坑冶，伏准建中元年九月七日敕，山泽之利，令归于官，坑冶所出，并委盐使勾当者。今兖郓、淄青、曹濮等三道，并齐州界已收管开冶，及访闻本道私自占采坑冶等。臣伏以为山川产物，泉货济时，苟有利宜，不忘经度。兖海等道，铜铁甚多，或开采未成，州府私占，物无自效，须俟变兴，国有常征，宜归董属。前件坑冶，昨使简量，审见滋饶，已令开发，其三道观察使相承收采，将备军须，久以为利，法贵均劳。坑冶州府，人难并役，其应采炼人户，伏请准元敕免杂差遣，冀其便安。伏乞天恩，允臣所请，臣即于当使差清强官与兖海等道勘会，已开者便令交领，未开者别具条疏。’从之。”③ 可见，将矿冶收归国有官营，实际上主要是指铜矿，目的是铸钱，其他各矿名为官有，而采炼仍为

① 《新唐书·权万纪传》。
② 《册府元龟》卷 106。
③ 《册府元龟》卷 494。

民营，政府不过是据以征税或统购统销成品而已。唐代对铁及其他矿冶业的政策法令和管理收益，《新唐书 · 食货志》有一简练的概述："凡银、铜、铁、锡之冶一百六十八，陕、宣、润、饶、衢、信五州，银冶五十八，铜冶九十六，铁山五、锡山二，铅山四。汾州矾山七。麟德二年（665 年），废陕州铜冶四十八。开元十五年（727 年），初税伊阳五重山银、锡。德宗时，户部侍郎韩洄建议，山泽之利，宜归王者，自是皆隶盐铁使。元和初（806 年），天下银冶废者四十，岁采银万二千两，铜二十六万六千斤，铁二百七万斤，锡五万斤，铅无常数。开成元年（836 年），复以山泽之利归州县，刺史选吏主之。其后诸州牟利以自殖，举天下不过七万余缗，不能当一县之茶税。及宣宗增河湟戍兵衣绢五十二万余匹，盐铁转运使裴休清复归盐铁使以供国用，增银冶二、铁山七十一，废铜冶二十七，铅山一。天下岁率银二万五千两、铜六十五万五千斤、铅十一万四千斤、锡万七千斤、铁五十三万二千斤。"

二、茶与酒的税收及专卖

中国人以茶为饮料的历史很悠久，最迟起源于西汉时期，但到魏晋时，饮茶的习惯仍只流行于江南，这与地理、气候和饮食风俗有很大的关系。饮茶习俗越过江淮向华北地区传布这一重大进展发生在唐代，开元天宝年间，饮茶之风已遍及全国。陆羽著《茶经》对茶的产销、焙制、煮品、饮具等都做了详细介绍，成为中国最早最著名的一部茶叶专书。

由于茶如盐一样成了大众生活的日常必须消费品，茶叶遂成为营利颇大的新兴行业。茶的生产、制作、运销都迅速发展起来，具有了早期资本主义专业化的生产色彩，[①] 这促使官方对茶叶的最初放任态度有了改变，安史之乱所引起的国家财政危机最终促成了唐代税茶的开始。史载："[贞元]

① 傅筑夫:《中国封建社会经济史》第四卷，人民出版社 1986 年版，第 262—268 页。

九年（793年），张滂奏立税茶法，郡国有茶山及商贾以茶为利者，委院司分置诸场，茶之有税，自滂始也。”[①]“伏以去秋水灾，诏令减税，今之国用，须有供备。伏请出茶州县及茶山外商人要路，委所由定三等时估，每十税一，价钱充所放两税，其明年已后所得，税外收贮，若诸州遇水旱，赋税不办，以此代之。”[②]

由此可见，凡是出茶州县及茶山外商人要路，一律设置税场，分三等作估，征收十一税。由此经顺宗以至宪宗时期，一直依此规制税茶。据法令规定来看，什一税是一种较适中的税率，但问题是在实际推行中，滥设关卡，反复征收，这对商人是一种灾难，对国家的法令也是一种破坏。商人既无法改变法令又不能对抗地方官吏，于是只能以走私来逃税，国家明令有禁，但效果并不理想：“……伏以兴贩私茶，群党颇众，场铺人吏皆与通连，旧法虽严，终难行使，须别置法，以革奸徒，轻重既有等差，节级易为遵守。今既特许陈首，所在招收，敕令已行，皇恩普给，宜从变法，使各自新，若又抵违，须重科断。自今后应轻行贩私茶，无得杖伴侣者，从十斤至百斤，决脊杖十五，其茶并随身物俱没，纳给纠告及捕捉所由，其囚牒送本州县置历收管，使别营生。再犯不问多少，准法处分，三百斤以上即是恣行凶狡，不惧败亡，诱扇愚人，悉皆屏绝，并准法处分，其所没纳，也如上例。从之。”[③]

在严禁走私的同时，茶税的税率又有了提高，唐穆宗即位时（821年），国库空虚，禁中又建百丈高楼，费用巨大，盐铁使王播图宠以自幸，乃增天下茶税，改什一税为每百钱增五十，幅度之大为唐代茶税史上前所未有。面对增税，商人自有其法应付，他们将增税的部分转嫁到消费者身上，到头来国家所征之税的实际承担者还是茶商以外的饮茶者。然则，

① 《册府元龟》卷483。

② 《全唐文》卷602《请税茶奏》。

③ 《册府元龟》卷494。

茶税再重，自由的私茶营业还是可以见缝插针地发展，对茶叶的致命打击并不是茶税而是来自国家的禁榷制度。唐代对茶实行专卖的禁榷制度始于唐文宗太和九年（835年）王涯任盐铁使时期：“［太和九年十月乙亥］王涯献榷茶之利，乃以涯为榷茶使，茶之有榷税，自涯始也。”① “其后王涯判二使，置榷茶使，徙民茶树于官场，焚其旧积者，天下大怨。”② 王涯的榷茶将专卖推至极端，规定天下所有茶的种植、采摘、焙制、运销等，完全由国家垄断，不准私人染指，由官方自设茶园；私人茶树必须移植官园之中，其余皆使焚毁。此举极不合情理，故遭致业茶者的普遍反对，及王涯因事被诛，人皆詈骂，投以瓦砾，可见其专卖致人以恨有何等之深。③

王涯的继任者令狐楚上任之初就奏请停行他前任的榷茶之制，改为“纳榷之时，须节级加价。”其理由为“商人转卖，必较稍贵，即是钱出万国，利归有司，既不害茶商，又不扰茶户。”④ 比较王涯的专卖，令狐楚的纳榷加价给茶商和茶户松了绑，而国家茶业收入并不减少，这也是将私营经济的活力引入茶业的一个直接效果，但由于缺乏对私营经济破坏力的规范，如对个别茶商的垄断和无限加价，官方没有有效的制约办法，则势必危害其他茶商和茶户以及消费者的利益。事实上，令狐楚的新茶法确引致了这样一种结果，所以到了文宗后期李石为相时，又转而恢复德宗贞元时的税茶旧制。其后至唐亡五代，税茶制度一直推行，专卖再无恢复，但茶税愈趋加重。正如宋人潜说友所说：“茶税起于唐。利日益滋，法日益详，县官因以佐大农、宽舆赋，遂为经常之制。国朝初，循唐旧。”⑤ 说明唐代的税茶制度比专卖制度对后世更有直接影响。

禁酒是中国的一个传统，但禁而不止以至税酒榷酒也是中国的一个传

① 《旧唐书·文宗纪》。
② 《新唐书·食货志》。
③ 《旧唐书·王涯传》。
④ 《旧唐书·令狐楚传》。
⑤ 《咸淳临安志》卷8。

统。唐初曾有酒禁，但至代宗以前，确实没有征收酒税的记录。[①]广德二年（764年），朝廷在军费开支不足的压力下下令开征酒税：“天下州各量定酤酒户，随月纳税，除此之外，不问官私，一切禁断。”[②]这是唐代征收酒税的最早记载，规定天下酿酒、卖酒人户，每月按户征税，未经登记纳税的其他人户及官方一律不得酿酒出卖。当时的酒税多少，未见记录。到大历六年（771年），明令天下酒坊按规模大小分为三等，逐月税钱。施行九年后，朝廷下令罢征酒税。这是唐前期的一段税酒简史。

建中三年（782年），政府在军费无着的情况下再次拨打酒的算盘。《旧唐书·食货志》记：“建中三年，初榷酒，天下悉令官酿。斛收直三千，米虽贱，不得减二千。委州县综领。醨薄私酿，罪有差，以京师王者都，而特免其权。”很清楚，唐代对酒实行专卖是建中三年，也即在安史之乱后的最初艰难时期，意图无非是补财政、助军用。不过，这次榷酒推行的是完全专卖，由官方开设酒坊、酒店，每斛收钱二千至三千不等；具体事宜由地方州县管理，官酒酒味淡薄或私人酿酒均为法令不容，各罪有差；唯一的例外是，京师因为帝王所居之地而免去专卖管制。但四年后（786年），京师和附近地区也禁止私酿，只是京师以外的其他地区允许私人开酒店出售官酒，每斗纳榷钱一百五十文，酒坊主人免去徭役。这是唐代后期最初的榷酒情况。

唐在贞元二年（786年）榷酒的同时，政令有了一些变化，除外地可以出售官酒外，淮南、忠武、宣武、河东诸地不再榷酒，而是对制酒的重要原料酒曲或者说酒母进行专卖。到元和六年（811年），下令京师地区罢除官营酒坊，将榷酒钱摊入两税一并征收，变榷酒钱为杂税。随后，各地纷相仿效。到晚唐时期，酒或曲的专卖及处罚情况，《旧唐书·食货志》有一记载：“会昌六年（846年）九月敕：扬州等八道州府，置榷曲，并置

① 张泽咸:《唐五代赋役史草》，中华书局1986年版，第207—208页。

② 《通典·食货十一》。

官店沽酒，代百姓纳榷酒钱，并充资助军用，各有榷许限，扬州、陈许、汴州、襄州、河东五处榷曲，浙西、浙东、鄂岳三处置官沽酒。如闻禁止私酤，过于严酷，一人违犯，连累数家，闾里之间，不免咨怨。宜从今以后，如有人私沽酒及置私曲者，但许罪止一身，并所由容纵，任据罪处分。井乡之内，如不知情，并不得追扰。其所犯之人，任用重典，兼不得没入家产。”

唐代酒税的收入，很少有具体记载。唐德宗贞元十四年（798年）正月，“诏诸道州府应贞元八年至十一年两税及榷酒钱，在百姓腹内者，总五百六十万七千贯，并除放。”[①] 其中酒税占多少，不得而知。《新唐书 · 食货志》记文宗太和时，全国的榷酒钱为一百五十六万缗。在盛行虚、实估算的唐后期，其所记是否完全属实，难以肯定。但可以推知，榷酒钱的总数目不应相差过大。

三、政府对粮食经济的干预

从严格意义上来说，唐代社仓、义仓和常平仓的设立均有各自特别的目的，或为赈灾或为平准或为财源之一途，但它们在精神上都一致体现了政府对粮食经济干预的企图。虽然这种干预在性质和程度上还不能与专卖相提并论，但确与盐铁茶酒的禁榷制度有相通之处，最为明显的是政府利用其行政权力和法律手段通过对大众日常生活品的干预而意图达到政治对经济的有效控制和对经济利益本身的取用。是故将社仓、义仓和常平仓置于本专题中来认识，离题并不太远。

依记载[②] 来判断，社仓可能是唐朝对粮食经济干预的最初措施，它建于唐开国之初的武德元年，这一年是有唐历史的最早纪年。正如诏书中所

① 《旧唐书 · 德宗纪》。
② 详见《旧唐书 · 食货志》。

说，置社仓是为了“均天下之货”[①]，目的仍是平准，即通过平抑粮价而控制物价与市场，具体的做法与管仲的理论相合，所谓国家设立储粮的社仓，荒年粮价上涨时平价抛出，丰年粮价下跌时平价收进。这一出一进关键在平（价）上，做到这一点，既可以打击投机、抑制兼并，又可以公私兼济、稳定社会。仅此表面而言，看不出政府的牟利，但倘若政府不置社仓，听任物价飞涨或下跌而不加控制，则上涨的利益不归政府（归于商人）而下跌的损失虽直接是农人间接仍是国家，因为政府最终不可能无视陷入困境的农民，救助费是必不可少的。所以，诏书所说的“公私俱济”，实含有这一层意思。

社仓令施行的时间较短，四年后即被废止，唐太宗继任的第二年（贞观二年，628 年），政府又颁布了新的义仓令。义仓在性质上与社仓有所区别，是取之于民、贮之于民、用之于民的救灾赈荒机构，官办色彩较淡，但仍由政府法令规范。史称太宗对戴胄上言建义仓回答道：“……‘[义仓]既为百姓预作储贮，官为举掌，以备凶年，非朕所须，横生赋敛。利人之事，深是可嘉。宜下所司，议立条制。’户部尚书韩仲良奏：‘王公以下垦田，亩纳二升。其粟麦粳稻之属，各依土地。贮之州县，以备凶年。’可之。自是天下州县，始置义仓，每有饥馑，则开仓赈给。以至高宗、则天，数十年间，义仓不许杂用。其后公私窘迫，渐贷义仓支用。自中宗神龙之后，天下义仓费用向尽。”[②] 义仓贮粮用于赈荒，这一目的在初始的几十年内实现的还是比较理想，所谓“数十年间，义仓不许杂用。”但则天朝以后，这一目的受到了破坏，不许杂用的历史始告结束。两税法推行后，义仓的粮食成了国家赋税正式收入的一部分，有时被支于常平仓，用于控制物价，转具商业性质。这时的义仓已无“义”可言，成了兼具常平的仓贮，并为政府干预粮食经济的又一措施。

① 《旧唐书·食货志》。
② 《旧唐书·食货志》。

唐代对粮食经济的干预和调节还有一项根本性的措施，即常平仓的设置。唐开元二年（714 年）敕：“天下诸州，今年稍熟，谷价全贱，或虑伤农。常平之法，行之自古，宜令诸州加时价三两钱籴，不得抑敛。仍交相付领，勿许悬欠。蚕麦时熟，谷米必贵，即令减价出粜。豆谷等堪贮者，熟也准此。以时出入，务在利人。其常平所须钱物，宜令所司支料奏闻。”[①] 常平仓的设置由来已久，目的是怕丰年谷贱伤农或荒年谷贵害民。由此出发，政府可以运用手中的储粮控制粮食市场，打击投资商人，稳定社会秩序。这是从经济中获取的政治效益。此外，还有一点，敕文未敢提及，而实践中往往具有普遍性，即政府通过常平仓平准物价而直接获取的经济利益。这是平籴和轻重理论的创始者计然与管仲最初就虑及到的。春秋战国以来，历朝历代的实践者无不怀有此意。唐代常平仓的设置，最初政治目的较重，安史之乱后，经济利益成为主要的动机。例如，常平仓在唐高宗永徽二年（651 年）最初设立时是与义仓有关联的，所谓：“义仓据地收税，实是劳烦。宜令率户出粟，上上户五石，余各有差。”[②] 即使到开元十六年（728 年），政治方面的考虑依然是第一的。[③]

安史之乱后，国用尤其是军用日紧，于是户部侍郎赵赞上书建议扩大常平仓储物范围，权其轻重，以利国家，唐德宗赞同。“［赵］赞于是条奏诸道津要都会之所，皆置吏，阅商人财货。计钱每贯税二十，天下所出竹、木、茶、漆，皆十一税之，以充常平本。时国用稍广，常赋不足，所税也随时而尽，终不能为常平本。”[④] 这种状况延及五代也未有根本改观。

① 《旧唐书 · 食货志》。
② 《旧唐书 · 食货志》。
③ 《旧唐书 · 食货志》。
④ 《旧唐书 · 食货志》。

第五节　唐朝对外贸易的法律调整

在古代世界，交通是帝国的生命线。自秦始皇以来，中国历代有作为的君主都努力经营以京师为中心的交通网络，帝国的政治控制、国防战略和经济文化之交流莫不赖此而存。到唐代时，四通八达的交通路线使中国成为整个东亚乃至世界的中心，文化经济贸易盛极一时，贡使商贾交织于途，其最著名的有七条路线。此七道有两条海路五条陆路，海道向东到高丽，再转日本；向南到东南亚诸地，再转至东非沿岸和印度洋沿边地区。陆路五条分别从东、北、西北、西、西南方向，通于周边诸少数民族和西域诸国，并可继续西行和南行转达印度和西方。如此发达的交通，为唐代对外贸易的开展提供了前所未有的先决条件。

唐帝国对陆上和海上两方面的贸易都极为重视，尤留意于与周边诸少数民族的互市，通过这种边境贸易，可以获得内地缺乏的马匹。马是极为重要的军用物资，游牧民族的横行即赖于马。中国长期以来，由于农业的畸形发展，一直倾全力于粮食种植，畜牧业被排斥在若有若无的地位，马匹特别是优良品种的马匹甚为缺少，因此，历代王朝都注意发展同周边少数民族的互市，以丝绸、茶叶等中国特产换取马匹。这种贸易实质上含有国防军事性，所以，唐代负责与周边少数民族进行贸易的专职机构——互市监，主要的职责便是马的交易。[①]

当然，作为全面管理边贸的互市监并不专职于马贸一项，事实上，马以外还有其他的牲畜和物品，诸如驴、牛、羊等，只是马的重要性最大，故而制度细加规定。然而，将贸易纳入制度，予以法律调整与管理，在唐代，并不限于马或少数紧缺物资，而是涉及整个的边贸体制及其运作，可

---

① 详见《唐六典·诸互市监》。

以说，在边境贸易的法律化方面，唐是远迈前朝的。

边境贸易与国内贸易有一定的区别，首先度关贸易者需先申请获得过所（过关的通行证），所谓："诸度关者，先经本部本司请过所。在京则省给之，在外则州给之。虽非所部，有来文者，所在给之。"[①]这条令文主要针对官府的职官过关，但对出关贸易的商人也适用。违令者要受到唐律的处罚："诸私度关者，徒一年。越度者，加一等；［不由门为越］已至越所而未度者，减五等。……"[②]

边境贸易的另一个特别之处是，交易物有限制，但它所限制的只能是国内商人的货物，至于对方，因在律法上不受唐廷管辖，故难规定。《唐律疏议·卫禁》"赍禁物私度关"条律云："诸赍禁物私度关者，坐赃论；赃轻者，从私造、私有法。若私家之物，禁约不合度关而私度者，减三等。"本条疏议曰："禁物者，谓禁兵器及诸禁物，并私家不应有者，私将度关，各计赃数，以'坐赃'科罪：十匹徒一年，十匹加一等，罪止徒三年。准赃轻者，从私造、私有法。《擅兴律》：'私有甲一领，弩三张，流二千里。稍一张，徒一年半。私造者，各加一等'"。假令私将矟度关，从私有法，流三千里，即不计赃而断。依《关市令》："锦、绫、罗、縠、紬、绵、绢、丝、布、牦牛尾、真珠、金、银、铁，并不是私家应有。若将度西边、北边诸关，计赃减坐赃罪三等。其私家不应有，虽未度关，也没官。私家应有之物，禁约不合度关，已下过所，关司捉获者，其物没官；若已度关及越度被人纠获，三分其物，二分赏捉人，一分入官。"

这条律文及其疏议的规定有其特殊的背景。隋唐时期，中国的西边和西北边崛起了几个强大的游牧部族，唐前期尽管国力空前强盛，但同时面对几个极具攻击力和掠夺性的强悍部族，国防安全不得不严肃对待，像吐蕃、突厥、吐谷浑、回纥、党项诸族，因是游牧经济，故而十分羡

① 《唐令拾遗·关市令第二十六·一甲》。
② 《唐律疏议·卫禁》"私度关者"。

慕和需求唐王朝的丝绸用品和具有珍藏及军事意义的贵金属物品。唐通过对这些物品的限制，一则可以遏制他们的经济实力和战斗力，二则可以维持并强化他们对帝国的依赖，确保帝国的远大利益。因此，携带禁兵器、禁物和私家不应有及私家应有而禁约不合度关之物私自出西边、西北诸关者，处罚均在徒、流以上，这在“得古今之平”的唐律中应是刑用重典了。

在唐律中，非法出入国境有两种情况，一种是上述律文中的“私度”，凡未获官方许可而企图度关者，均为私度。另一种称之为“越度”，从《疏议》的解释来看，凡不经官府所设关卡的大道而绕道出境者，谓之越度。越度者携带禁物与外蕃相互交易的行为，唐律也有专门的规定，甚至涉及婚姻、普通言语交通等。《唐律疏议·卫禁》“越度缘边关塞”条律文规定：“诸越度缘边关塞者，徒二年。共化外人私相交易，若取与者，一尺徒二年半，三匹加一等，十五匹加役流；私与禁兵器者，绞；其为婚姻者，流二千里。未入、未成者，各减三等。即因使私有交易者，准盗论。”与前条律文相比，这条律文及其疏议有几处值得特别说明：一是越度所禁的边关从西北和北边扩及到了边缘关塞，东西南北各个方位的边关均受此律文约束；二是禁止越度的人从主要为国内的商人扩及到华、夷双方的各种人；三是禁止越度的内容从单纯的货物扩及到了婚姻、言语交流、拜访；四是处罚加重。这说明越度贸易是一种比私度贸易更为严重的违律行为，原因大概在于纯粹以商贸为意图的私度的危害性尚不及越度。这也反映出古代中国边关贸易的一个基本特点：贸易的重要性并不在于它本身的经济性质，而在于它为王朝政治和军事目的所提供的服务。

在陆上边关贸易之外，唐代还积极开展海上的对外贸易。由于古代对外贸易大都采取以货易货的方式，所以海上的交易称为“市舶”，即海上互市船舶（船上之货物）的意思。中国自唐代设立市舶使管理海外贸易后，海外贸易通称为“市舶”。海上贸易至迟在汉代即已出现，当时的番禺（今广州附近）成了海商货物的集散地。但这种零散贸易还没有发展为国家法律正式调整的对象。从唐代起，海上贸易逐渐发展成为经常性的大宗买卖，从社会秩序和商贸利益两方面考虑，唐王朝不得不应势顺时地设置“市舶使”一官，用以专门管理这种贸易及所引起的相关问题。

一般认为，唐代的市舶使一官设于开元二年（714 年），[①] 不过，唐代将市舶纳入国家的管理范围，在此之前即已实行。顾炎武在《天下郡国利病书》卷一二〇中写道：“贞观十七年（643 年），诏三路市舶：番商贩到龙脑、沉香、丁香、白蔻四色，并抽解一分。”有人据此提出，唐市舶使设于唐初贞观年间。[②] 但由于顾氏之说未注明所本的出处，所以，是否唐初即设市舶使还不能肯定。但开元之前，官方对海外贸易已有管理（如地方官兼管）恐怕是不成问题的。

当时来唐贸易的番商主要是从东、南两条海道来的，交易较繁的国家和地区有日本、新罗、南海诸岛国、印度、斯里兰卡、大食（阿拉伯）、波斯等，其中最主要的还是经南海来的蕃商，史载：“南海舶，外国船也。每岁至安南、广州。狮子国舶最大，梯而上下数丈，皆积宝货，至则本道奏报，郡邑为之喧闹。有蕃长为主领，市舶使籍其名物，纳舶脚，禁珍异。”[③] 这则史料向我们透露了有关市舶的许多信息。由之可知，经南海航行而来的海外商人，大都是一年一度，所谓“每岁至”，这与当时的造船与航海技术，特别是海洋季风有着密切关系。南海及西亚各国来华贸易的商人当时被称为“蕃商”，含有轻蔑之意，这是中华文化中心论或者说优越论的

① 《旧唐书 · 玄宗纪》载：“［开元二年十二月乙丑］时右威中郎将周庆立为安南市舶使，与波斯僧广造奇器，将以进内。监选使、殿中侍御史柳泽上书谏，上嘉纳之。”日本学者经过考证，也将设使之年定为开元二年。（参见［日］桑原骘藏：《蒲寿庚考》，中华书局 1954 年版，第 8 页）

② 傅筑夫：《中国封建社会经济史》第四卷，人民出版社 1986 年版，第 452 页。

③ （唐）李肇：《唐国史补》卷下。

体现。[1]这些蕃商首先到达安南（现越南地区，当时为唐代管辖）和广州，然后再由此分散于岭南之交州、江南之扬州、福建之泉州，有时还扩散到福州、明州、温州、苏州之松江等，这些地方由于蕃商的到来，都成了兴盛不一的重要通商口岸。蕃商的到来是一件大事，所以不能轻易上岸，随便交易，每至各道，必须奏报，这些事宜由蕃长为领。蕃长是主管各该国商人到港后一切行为的首领，其作用类于今日之领事。唐代市舶使通过蕃长对蕃商的货物逐一检查登记，所谓“籍其名物”，然后依据法令抽税或禁止没收律不所允的异物。

唐朝法定的市舶税有三种：一是“舶脚”，是为船舶入口税；二是抽分，即市舶使征收的货物税，因上供朝廷，故又称“进奉”；三是“收市”，即蕃货上岸后与中国商人贸易时所收的市税。舶脚和收市的具体税率不详，抽分的税率，依据前引顾炎武所记，应为 1/10，这个税率在唐以后很长时期内仍被采用。据唐时来广州游历的阿拉伯人苏莱曼所著的《东游记》记述，各种货物的收税达 3/10，几乎占据货物价值的 1/3，所记不知是否属实。唐代所禁的蕃商异物，查不得见，宋代曾对八种蕃货实行禁榷，可资参考。这八种货物是象牙、犀角、宾铁、鼍皮、珊瑚、瑇瑁、玛瑙、乳香。这些宝货只能由官府专卖，仅供朝廷享用。

正像国内对农民征收赋税一样，苛政并不完全出于制度本身，往往在于制度的执行者。蕃商到达的城市尤其是广州的官吏自古以来以贪墨著称，到广州任官被认为是难得的肥缺，是故举家欢庆，亲朋祝贺，如获金穴。古时官场上流行的：“广州刺史但经城门一过，便得三千万”，语虽夸张，不无深意。唐代在广州设市舶使，既为管理，更为括财，以宦官为使，其义显明。加上地方官吏的参与，害得蕃商为之嗟怨，蕃货贸易大受损伤。

① 在古代汉语和法律中，蕃与夷相通而与华或化相对，意指没有受到中华礼教文化沐浴而开化的人，通指外国人。唐律将他们称为化外人，有专门的法律规定。（见《唐律疏议·名例》“化外人相犯”条）

为此唐廷不得不重加节制："南海蕃舶本以慕化而来，固在接以恩仁，使其感悦，如闻比年长吏多务征求，嗟怨之声，达于殊俗。况朕方宝勤俭，岂爱遐琛，深虑远人未安，率税犹重，思有矜恤，以示绥怀。其岭南、福建及扬州蕃客，宜委节度观察使常加存问，除舶脚收市进奉外，任其来往流通，自为交易，不得重加税率。"①

但令文并没有起到相应的作用，不仅在晚唐的文宗时期，即使在中唐也是如此。究其根源，还是财货在起作用，何况面对的不是一般的小钱薄利，而是难以想象的巨利。《旧唐书·王锷传》："［德宗朝］迁广州刺史、御史大夫、岭南节度使。广人与夷人杂处，地征薄而丛求于川市。锷能计居人之业而榷其利，所得与两税相埒。锷以两税钱上供，时进及供奉外，余皆自入。西南大海中诸国船至，则尽没其利，由是锷家财富于公藏。日发十余艇，重以犀、象、珠、贝，称商货而出诸境，周以岁时，循环不绝，凡八年。京师权门多富锷之财。"如此不合律法和道德的贪赃最后受到制裁的毕竟是少数，绝大部分通过钱权交易、贿赂官宦而享用一世，真正受损失的只能是国家的财政收入和蕃商的利益，但这两者都无法改变中国官场的腐败和黑暗。

尽管有官吏的贪赃，但市舶的利益仍是巨大的，韩愈在《送郑尚书序》中曾写道："岭之南，其洲七十，……其海外杂国若耽浮罗、流求、毛人、夷、亶之洲、林邑、扶南、真腊、于陀利之属，东南际天地以万数，或时候风潮，朝贡蛮胡贾人，舶交海中。若岭南帅得其人，则一边尽治。……外国之货日至，珠、香、象犀、玳、瑁、奇物，溢于中国，不可胜用。"② 中唐以后，市舶之利几与两税相埒，在帝国的财政上已占有极为重要的地位。因此，从利益出发（这与边关贸易有很大的区别），唐王朝对蕃商实行鼓励性的优惠政策，如他们可以在中国通商口岸和内地城镇自由定居、自由营业，

① 《唐大诏令集》卷10《太和八年疾愈德音》。

② 《韩愈全集》卷21。

不受任何歧视或限制，并为了便于管理和适应他们的需要，在城市内划出特殊的居留区——蕃坊。[①]蕃坊内可以“列肆而市”，所以构成了一个热闹的商业区，[②]其管辖在很大程度上由蕃长依其本国律法和习俗施行，享有很特殊的法律地位。这种地位是从唐初的《唐律疏议·名例》“化外人相犯”条推演而来的，该律文及疏议曰：“诸化外人，同类自相犯者，各依本俗法；异类相犯者，以法律论。[‘化外人’，谓蕃夷之国，别立君长者，各有风俗，制法不同。其有同类自相犯者，须问本国之制，依其俗法断之。异类相犯者，若高丽之于百济相犯之类，皆以国家法律，论定刑名]。”

唐是一个比较开放的社会，京师长安的胡人曾多达数万之众，因此，国家法律对此必须有明确的规定，以为处理各类人（不同国家的外国人、同一国家的外国人、外国人与中国人）之间冲突的司法依据。后人很容易将此规定与近代的治外法权相混淆，其实这两者之间有本质的区别。唐律的规定既尊重了他国的风俗、制法，又坚持了本国的主权，所以，纯属同一国家的外国人之间的纠纷由蕃长依其本国习俗法律断之，不同国家的外国人之间以及外国人与中国人之间发生的纠纷，一律以唐律论处；而治外法权则是以丧失国家司法主权为特征的。唐律的这条规定为宋代所继承，朱彧记道：“蕃人有罪，诣广州鞠实，送蕃坊行遣。”[③]

除在居留和行商方面给予优待外，蕃商的财产也受到保护，即使蕃商死后，其亲属仍可来华理财，说明他们的遗产也在保护之列。有一则故事记载：“李约尝江行，与一商胡舟楫相次，商胡病，因邀与约相见，以二女

① 关于“蕃坊”的情况，唐代文献中缺乏记录，只能由宋人的记载推知。宋人朱彧在《萍州可谈》卷二中记有：“广州蕃坊，海外诸国人聚居，置长一人，管勾蕃坊公事，专切招邀蕃商入贡，用蕃官为之，巾袍履笏如华人。”这种情况不可能从宋代开始，因为唐时的市舶已很发达，故宋时外国商人犹称中国为唐，居留中国为“住唐”。（转引自傅筑夫:《中国封建社会经济史》第四卷，人民出版社 1986 年版，第 453 页）。

② 《全唐文》卷 515《进岭南王馆市舶使院图表》有详载。

③ 《萍州可谈》卷 2。

托之，皆异色也。又遗一大珠，约悉唯唯。及商胡死，财宝数万，约皆籍送官，而以二女求配。始殓商胡时，自以夜光含之，人莫知之也，后死胡亲属来理资财，约请官司发掘验之，夜光在焉，其密行有如此者。”[①] 宋代继承并大大发展了唐代的传统，创制了我国历史上第一部专门管理海外贸易的《市舶条例》，其有关来华蕃商的人身和财产保护尤为详细明确，[②] 这在世界古代法律史上诚为少见。

第六节 唐朝的货币法律

唐朝的货币法律是历史惯性与时代发展交替结合的一种体现，一方面它承受了东汉以来的实物货币制度，另一方面随着工商经济的发展，金属货币的地位不断上扬，使之成为中国历史上法定实物货币与金属货币并用并逐渐趋向以金属货币为本位的过渡时期。

一、法定货币的形式及其演变

唐代的法定货币有实物和金属两类，实物货币包括布、帛、谷、粟，金属货币有铜钱与银币。在名义上，实物货币通行于有唐一代，但它的实际地位却不断下降，迫使政府不得不做出种种努力来维持它的法定地位，然而经济规则的巨大力量终使政府的努力收益甚微。

布、帛、谷、粟虽然都是法定货币，有同等的货币资格，但事实上只有布、帛真正进入了流通领域，而谷、粟只能就地作小量的物物交换，名

---

① 转引自傅筑夫:《中国封建社会经济史》第四卷，人民出版社 1986 年版，第 460 页。

② 张中秋、陈景良合撰的《宋代吸引外商的法律措施叙论》(《法学研究》1993 年第 3 期) 一文中有所论述。

为货币，实际上则是一般的使用价值，[①] 是故用粮食购买物品的记载极少。唐代的布是麻织品，为普通人的衣着材料，用途最广，需求量最大，以之作为价值尺度和交换媒介，有着很自然的经济基础。帛是丝织品的总称，包括绢、帛、绫、罗、绵、䌷、缎等，但实践中用作货币的一般是丝织较疏的绢和较密的缣。布帛作为法定货币，有多种职能，[②] 特别是法律上的计值（评估赃物价值、劳动价值、财物价值等）均以绢帛为准。《唐律疏议·名例》“平赃及平功庸”条规定：“诸平赃者，皆据犯处当时物价及上绢估。平功、庸者，计一人一日为绢三尺，牛马驼骡驴车亦同。……”

布帛流通的同时，金属货币在摆脱几百年的压制后重新大放异彩，唐代金属货币中，首先得到恢复的是铜钱。《旧唐书·食货志》载：“高祖即位，仍用隋之五铢钱。武德四年（621 年）七月，废五铢钱，行开元通宝钱，径八分，重二铢四累，积十文重一两，一千文重六斤四两。”

开元通宝在中国货币史上占有极重要的地位，它的出现使中国货币的重量称呼最终消失，并简化了重量折算，从先时的 24 铢一两改为 10 钱（文）一两，对衡制产生了重大影响。它是有唐一代诸种铜钱中最主要的一种，其形制规模为以后王朝所仿行，流传一千多年。由于盗铸的猖獗，开元通宝到高宗时期开始混乱，于是废开元通宝，改铸乾封泉宝，但又由于新钱行后，商贾不通，米帛踊贵，复行开元通宝钱。[③] 安史之乱后，国库空虚，肃宗采纳第五琦的建议，新铸当十大钱，名曰乾元通宝，与开元通宝并行，[④]

① 例如，官员的俸禄是用粮食给付的。唐令：“诸百官每年禄，正一品七百石，从一品六百石，正二品五百石，从二品四百六十石，正三品四百石，从三品三百六十石，正四品三百石，从四品二百六十石，正五品二百石，从五品一百六十石，正六品一百石，从六品九十石，正七品八十石，从七品七十石，正八品六十七石，从八品六十二石，正九品五十七石，从九品五十二石，外官降一等。”（《唐令拾遗·禄令第十三·一》）

② 傅筑夫：《中国封建社会经济史》第四卷，人民出版社 1986 年版，第 498—503 页。

③ 《旧唐书·食货志》。

④ 《旧唐书·食货志》。

试图通过新钱刺激通货膨胀，贬低钱质，弥补国家财政。这次铸钱与高宗改铸乾封泉宝一样，因违反价值规律，导致市场混乱，最终不得不废止，恢复开元通宝的固有地位，直至唐亡。

唐代货币形式的另一个重大变化是银币的出现。银自唐代中叶成为货币后，发展非常迅猛，到晚唐五代时期，银已成为事实上的本位货币，相比之下，其他货币反而显得次要了。这不仅对衰弱的实物货币是一个沉重的打击，对原先以铜为本位的金属货币也是一次革命。虽然银在唐代只是事实上而不是法律上的本位币，但它在市场上的实际运行确实构成了中国货币法律史上的又一次重大进步。

二、铸币权的行使与货币流通的法律管理

货币经济中关乎利害和治乱关系最大的问题是铸币权，古人称之为“衡”。“衡者，使物一高一下，不得有常。故兴之在君，夺之在君，贫之在君，富之在君。是以人戴君如日月，亲君如父母，用此术也，是为人主之权。”[①]可见，铸币权不仅仅是一个单纯的经济问题，还是君主从守财物到御人事、平天下的政治统治术。因此，行用此术是人主的专权，非有人主之旨意而铸币就是犯罪，即盗铸是也。唐自建国之初直至开元天宝之际，社会经济能够保持持续稳定的发展，与货币制度特别是铸币权的统一和金融状况的平稳密切相关。唐高祖在武德四年（621 年）废五铢钱行开元通宝时即规定：“敢有盗铸者，身死，家口籍没。”[②]有关铸钱之事，唐初沿袭以往的制度，在中央设铸钱监，置十炉，隶属少府监，地方诸州的铸钱监也归属少府。后因铸钱业以设于产铜诸州为便，以致地方所设炉数远远超过了京师，于是撤去了少府铸钱监，地方诸州铸钱监由所在州府督

① 《旧唐书·食货志》。

② 《唐会要·泉货》。

率，由各州刺史判之。这样，唐代的铸钱业与以往有所不同，铸币权虽在中央，但铸钱业渐成为一种地方工业。有关这一情形，《唐六典》卷二二《诸铸钱监》有述："诸铸钱监，监各一人。自汉至隋，虽时或轻重，皆用五铢。皇朝五德中，悉除五铢，更铸开元通宝钱，乾封初，又铸乾封泉宝。寻废。……钱官汉氏初属少府，后属水衡，后汉属司农，魏晋已下或属少府，或属司农。皇朝少府置十炉，诸州也皆属焉，及少府罢铸钱，诸州遂别。今绛州三十炉，扬、润、鄂、蔚各十炉，益、邓、郴各五炉，洋州三炉，定州一炉。诸铸钱监以所在州府都督，刺史判之。"开元天宝时期，铸币开始混乱，迫使政府对地方的铸钱更为重视，不断委派大臣充任诸道铸钱使，督察此事。[①]天宝以后，唐代政治趋于地方化，中央财政受到很大的削弱，在这样的背景下，长期受盗铸困扰的铸币权也面临着各种威胁，但终于唐亡，铸币权在法律上始终还是为中央所控制。

钱币如流水，所以称之为宝泉。所铸的货币最终要进入流通，才能发挥它固有的作用，而当它一进入流通，问题也随之而来。唐代在法律上始终实行的是双本位制，实物货币与金属货币并行，这给原本复杂的货币市场又增加了新的麻烦和矛盾，"钱重物轻"即有唐一代货币流通中长期困扰政府的一个突出问题。

虽然在制度上实物币和金属币一样，都是无限的法偿币，可以不受限制地流通、兑换，但由于实物币与金属币相比，自有易污损破裂、携带不便的缺点，致使人们对两者采取了不同的态度。一般来说，人们喜用金属币。这样，钱（币）重物（币）轻的问题就出现了。如何解决这一问题，成了唐廷议政中的一个经常性话题，实际采取的措施不一而足。首先应该提到的是，运用法律手段直接干涉市场交易，规定所有买卖均须钱帛兼用，并且交易价值达到一定数量的必须专用布帛，违者治罪，借此以提高实物币在市场流通中的地位。下例两则记载略可说明。"［开元］二十年（732

① 详见《唐会要》卷59。

年）九月二十九日敕：绫罗绢布杂货等交易，皆合通用，如闻市肆必须见钱，深非通理，与钱货兼用，违者准法罪之。”① “[贞元]二十年（804 年），命市井交易以绫、罗、绢、布、杂货与钱兼用。”②

唐廷采行的另一项措施是，确保布帛质量以稳定其货币价值。实物币之所以受到人们的轻视，还在于它自身的价值容易受到作伪的损害。自布帛谷粟作为货币始，“竞湿谷以要利，作薄绢以为市”的掺假作伪现象也随之而起。鉴于以往的经验教训，唐一开始便在法律中明确规定了各种度量衡的规制和作为货币的布帛的标准。《唐律疏议 · 杂律》“器用绢布行滥短狭”条疏议曰：“……‘短狭’，谓绢匹不充四十尺，布端不满五十尺，幅阔不充一尺八寸之属而卖，各杖六十。……计赃重于杖六十者，‘准盗论’。……”不过，尽管有此禁令，作伪现象仍是禁而不止。为了确保双本位币制的畅通，唐廷不得不在律之外重新多次颁发敕令，严禁织造次弱绢帛：“[元和]九年（814 年）八月诏：太府奏，福州、泉州、寿州所纳物粗恶短狭。布帛有幅制度所存，近日劝课不精，窳滥方甚，遂使女工都弃，国用空虚，若无所惩，何以知惧，刺史宜各罚一月课料，录事参军本县令各罚一季课料，本曹官罚一季课料，仍书下考。”③ “[会昌六年（846 年）七月二日敕] 诸道所出次弱绫绢纱等，宜令禁断，若旧织得行使，仍委所在官中收纳，如辄更有织造得使，买卖同罪。……”④

除上述措施外，政府还用高价收购布帛，以提高布帛与铜钱的比价。同时，两税、榷酒、盐利等都以布帛充税，以减少铜钱的用途，使其需求量下降，比价下跌，达到平衡两者轻重关系的目的。但终因这些措施仍难克服实物货币的自身缺陷，而客观经济规律所决定了的两种货币的不同地

---

① 《全唐文》卷 25《令钱货兼用制》。

② 《新唐书 · 食货志》。

③ 《册府元龟》卷 504。

④ 《册府元龟》卷 504。

位，也绝不是几条行政性的法令所能改变的。因此，终唐三百年，钱重物轻的问题始终没有得到很好的解决。

唐代的货币流通还因盗铸而产生了伪恶钱问题。恶币的面市扰乱了市场，发生了劣币驱逐良币的现象，这种情况从唐初即已出现："显庆五年（660年）九月敕：以恶钱转多，令所在官私为市，取以五恶钱酬一好钱。百姓以恶钱价贱，私自藏之，以候官禁之弛。高宗又令以好钱一文买恶钱两文，弊仍不息。至乾封元年（666年）封岳之后，又造新钱。……既而私铸更多，钱复滥恶。……当时虽有约敕，而奸滥不息。"① 事实上，由于盗铸不息，所以整个唐代前期，恶钱一直存在。安史之乱后，情形更糟，自两京至各道州府，恶钱充斥如故，官府的禁令显成具文。②

在货币市场上，比恶钱更为有害的还有伪钱。恶钱虽恶（薄小质劣），但毕竟是铜钱，伪钱则根本无铜，只是以铅、锡制成，或干脆为泥钱。这种情况在唐前期尚不严重，到唐后期就变得不能容忍，政府的禁令也是愈趋严峻："太和三年（829年）六月，中书门下奏：准元和四年闰三月敕，应有铅锡钱，并合纳官，如有人到得一钱，赏百钱者。当时敕条，贵在峻切，今详其实，必不可行。……臣等商量，自今以后，有用铅锡钱交易者，一贯以下，以州府常行杖决脊二十，十贯以下，决六十、徒三年，过十贯以上，所在集众决杀，其受铅锡钱交易者，也准此处分。……可之。"③ 与犯罪作斗争，严刑峻法自有它的功效，但从来不是最好的办法，盖因它可以治标而不能治本。唐代伪钱禁而不治的历史实践也印证了这一点。

随着商品经济的发展和人口的增加，社会对货币的需求量有了提高，

---

① 《旧唐书·食货志》。

② 为禁恶钱，官府多次颁发禁令，《旧唐书·食货志》《新唐书·食货志》《唐会要·泉货》等史籍中均有记录，但效果很不理想。

③ 《唐会要·泉货》。

由于在唐代市场上，实物货币普遍不受欢迎，致使对货币需求的压力集中到了铜钱上。但历史上中国原本是一个缺铜的国家，加上勘探开采技术的限制，使得铜钱的生产供不应求，出现了长期的钱荒，由此又引发了一些新的经济法律问题。

首先，官方对铜钱的流通实行管制，禁止铜钱出境，尤其是严禁铜钱过岭，以防因铜钱的大量外流而加重钱荒。《新唐书 · 食货志》有："贞元初（785 年），骆谷、散关禁行人以一钱出者。"又"［德宗朝］代王纬为浙西观察诸道盐铁使，时天下钱少货轻，州县禁钱不出境，商贾不通"。[①]到元和年间仍"禁钱不过岭"。[②]岭指岭南，岭南原是落后地区，魏晋时期因大量中原地区汉人的迁入而得到开发，到隋唐时，中国的经济重心已从华北移至江南，岭南地区因市舶业的发展，货币流通量激增，外国商人通过输入奇珍异宝而带走了大量的中国铜币。铜币的大量外流又加重了钱荒。唐廷严禁铜钱过岭即是因此而设的。

禁止铜钱过岭仍是解决不了钱荒，政府出于无奈，开始限制私人过量积存铜钱。最初是劝导，但劝导无效，遂起用刑律，违者，决痛杖一顿处死。[③]此外，政府还试图通过开采铜矿、限制用铜铸器等措施来增加铜钱的供应，缓解钱荒的压力。[④]但铜钱的供需矛盾仍然没有得到解决，于是民间从实践中发展出一种应付钱荒的方法，谓之除陌或除陌钱，即在每千钱中扣除若干文，仍按千钱行用。起初，官方认为这有违国家的钱法，所以严加禁止："贞元九年（793 年）三月敕：陌内欠钱，法当禁断，虑因捉搦，

① 《新唐书 · 刘晏传附李若初传》。

② 《旧唐书 · 宪宗纪》。

③ 详见《旧唐书 · 食货志》。

④ 《旧唐书 · 食货志》曰："大历四年（769 年）正月，关内道铸钱等使、户部侍郎第五琦上言，请于绛州汾阳、铜原两监，增置五炉铸钱。许之。……贞元九年（793 年）正月，张滂奏：'诸州府公私诸色铸造铜器杂物等。伏以国家钱少，损失多门。……伏请准从前敕文，除铸镜外，一切禁断。'……"

或亦生奸，使人易从，切于不扰。自今已后，有因交关用欠陌钱者，宜但令本行头及居停主人牙人等，检察送官，如有容隐，兼许卖物领钱人纠告，其行头主人牙人，重加科罪，府县所由只承人等，并不须干扰。若非因买卖，自将钱于街衢行者，一切勿问。”①

由于官方始终解决不了铜钱短缺的问题，所以民间的除陌自有存在的必要和基础，到穆宗时，政府被迫面对现实，承认除陌为合法。这样，除陌成了中国经济法律史上一项很独特的制度。《全唐文》卷六五《定钱陌敕》：“［长庆元年（821年）九月敕］泉货之义，所贵流通，如闻比来用钱，所在除陌不一，与其禁人之必犯，未若从俗之所宜，交易往来，务令可守。其内外公私给用钱，从今以后，宜每贯一例除垫八十，以九百二十文成贯，不得更有加除，及陌内见少。”

唐政府为克服钱荒而采取的各种措施，都是从节流的角度出发的，虽然多少能起一定的作用，但在根本上却无助于问题的解决。此乃在商品经济积极发展和人口及钱欲不断增长的情况下，这些措施都显得过分消极了。

在唐代货币流通中，还有一个值得提出的法律问题，即便换。便换是唐代商人为解决货币远程流通的困难而创设的一种汇兑办法，当时也称之为“飞钱”。《新唐书·食货志》曰：“时商贾至京师，委钱诸道进奏院及诸军诸使富家，以轻装趋四方，合券乃取之，号飞钱。”这是由于诸道进奏院、诸军、诸使经常要把从各州府征收来的赋税、盐钱和各种收入折合成现钱，解送京师，而京师的商贾则需要把大批现钱运往外地去贩运商货，为了避免这种交错而又有风险的运输，商人把现钱交给上述驻京的各机关，由它们发给文券（类似于现在的汇票），然后携带文券“轻装趋四方”，需要现钱时到当地衙门支取。官方起初对此不予认同，以为此举可能会促进蓄钱，不利流通，于是下诏禁止，但很快又发觉有利可图，便下令将此事务收归

① 《全唐文》卷54《禁欠陌钱敕》。

官营，分别由户部、度支、盐铁三司专理。由于便换过程中有人乘机利用商人的积钱谋取私利，由此导致了政府一度下令禁止，[①] 但不久又解禁。为了加强对便换的管理，特别是对有些地方官府借故不给商人兑付，唐廷多次颁发敕令，以维护政府的信誉和商人的利益。《唐会要》卷五九略云："[咸通八年（867 年）] 十月丙寅，兵部侍郎判度支崔彦昭奏：'当司应收管江淮诸道州府今年已前两税榷酒及支米价并二十文除陌诸色属省钱，准旧例逐年商人投状便换。自南蛮用兵以来，置供军使当司在诸州府场院钱，犹有商人便换，赍省司便换文牒，至本州府请领，皆被诸州府称，准供军使指挥占留，以此商人疑惑，乃致当司支用不充。乞下诸道州府场监院，依限送纳及还给商人，不得托称占留。'从之。"便换是货币经济发展到一定程度而形成的一种信用制度，由于得到了法律的保证，它对加速货币的安全流通和促进经济的发展起到了积极的推动作用。唐代中叶以后的商业发达自含有便换制度的一份贡献，五代以后中国历史上出现的各种信用制度与唐代的便换也存有一定的渊源关系。

三、盗铸及其法律处理

在中国经济法律史上，盗铸是一个反复出现的老问题，它的历史与铜钱本身一样悠久，铜钱一产生，盗铸便随之而来，官方也立即作出强烈的反应，予以严厉的法律制裁。唐高祖在敕令铸造唐王朝最早的法币开元通宝时念念不忘："敢有盗铸者，身死，家口配没。"[②] 其处分之严几近"十恶"大罪，但盗铸还是为之不息。于是，统治者充分运用手中的立法权，将处理盗铸的规定从临时性的敕令上升到"正刑定罪"的"天下通规"。《唐律疏议 · 杂律》"私铸钱"条律文云："诸私铸钱者，流三千里；作具已备，

① 《旧唐书 · 食货志》载元和六年（811 年）二月制："茶商等公私便换见钱，并须禁断。"
② 《旧唐书 · 食货志》。

未铸者，徒二年；作具未备者，杖一百。若磨错成钱，令薄小，取铜以求利者，徒一年。”本条疏议曰：“私铸钱者，合流三千里。其‘作具已备’，谓铸钱作具，并已周备，而未铸者，徒二年。若‘作具未备’，谓有所欠少，未堪铸钱者，杖一百。若私铸金银等钱，不通用时，不坐。时用之钱，厚薄大小，并依官样。辄有磨错成钱，令至薄小，而取其铜，以求利润者，徒一年。”这条律文及疏议有几点值得注意：（1）它将盗铸称为私铸，是因为唐代铸币权掌握在国家手中，私人铸钱律不允许，所以，私铸即盗铸。但若在一个放铸的社会，私铸是一种合法行为，并不构成犯罪，更不能与盗铸等同。由此可知，盗铸一定是私铸，但私铸并不一定是盗铸。（2）它将盗铸的预备犯算作正犯来处理，只是量刑上有所区别，这反映了对盗铸的打击已采用了“诛心”即制裁“犯意”的儒家法律思想。（3）不是铸造当时通用的货币，哪怕是金银币，也不为罪，说明此律文保护的客体是当时的货币流通（关系）。（4）为防止变换手法的盗铸（如磨错官方铜钱而取利），官府立有钱样。由这几点，我们可以看到立法者对盗铸用着深入的认识和高度的概括能力。所以，这条律文虽然简短，但很周全，体现出对历史经验的继承和发展。

唐代的盗铸在武德、贞观年间即初唐的早期虽未曾息止，但也未成严重之势，这与当时政治法律享有很高的权威和商品经济的简单化密切相关，到高宗时，情况有了变化：“高宗尝临轩谓侍臣曰：‘钱之为用，行之已久，公私要便，莫甚于斯。比为州县不存检校，私铸过多。如闻荆、潭、宣、衡，犯法尤甚，遂有将船栰宿于江中，所部官人，不能觉察。自今严加禁断，所在追纳恶钱，一二年间使尽。’当时虽有约敕，而奸滥不息。”[①]

盗铸到高宗时猖獗有很多原因，制度的行久必弛、商业的发展、人口的增长、货币流通量上涨等皆与之有关。除此而外，还有货币法律本身的

① 《旧唐书·食货志》。

变化，也即高宗不顾长期稳定的货币现实，突然废除开元通宝钱，改铸乾封泉宝钱，企图通过改铸新钱，降低货币的含金量，刺激已开始的通货膨胀，以新钱一文当旧钱十文，结果新钱一出，立刻造成了市场混乱，人见有大利可图，盗铸随之风起。① 在历史上，企图借废旧钱改新钱而达到某种财政目的的做法，往往适得其反，由此而引起的一连串社会问题甚至有可能埋葬那些借改革而投机的政客，至于盗铸实则是势不可避。因为政府行为的本身（如降低含金量、改变币价、废除旧钱等）在事实上已经违背了原有的货币法律，严格说也是一种盗铸行为，只是获利者由私人变成了政府，是故统治者往往为了眼前的一点实利或为摆脱财政的暂时危机而置货币经济规律本身于不顾，自作主张，擅改钱法。唐肃宗在安史之乱后，为使空虚的国库充实起来，再次开铸新钱（乾元重宝钱和重轮乾元钱）：“于是新钱（按：指重轮乾元钱）与乾元、开元通宝钱三品并行。寻而谷价腾贵，米斗至七千，饿死者相枕于道，乃抬旧开元钱，以一当十，减乾元钱以一当三。缘人厌钱价不足，人间抬加价为虚钱。长安城中，竞为盗铸，寺观钟及铜像，多坏为钱；奸人豪族，犯禁者不绝。京兆尹郑叔清擒捕之，少不容纵，数月间榜死者八百余人，人益无聊矣。”②

肃宗想借国家权力强制推行不合理的新旧货币比价，以期从中获利，结果引发了更加严重的盗铸和社会治安问题，直至唐亡，这个问题始终没有解决。这是由于盗铸是一个极其复杂的问题，它既与钱法紊乱有关，也与钱法以外的其他问题相关联，其中货币经济和人性应是较为重要的两项，前者是盗铸的价值（利益）所在，后者则是盗铸不息的内在动力。倘若没有“货币万能”的观念意识，没有趋利的人性，即使钱法紊乱甚至无有钱

① 《新唐书·食货志》载：“乾封元年（666 年），改铸乾封泉宝钱，径寸重二铢六分，以一当旧钱之十，逾年而旧钱多废。明年，以商贾不通，米帛踊贵，复行开元通宝钱，天下皆铸之。然私钱犯法日蕃，有以舟筏铸江中者，诏所在纳恶钱，而奸亦不息。”

② 《旧唐书·食货志》。

法，盗铸能否发展成为一个严重的禁而不治的问题，恐怕还要打个问号。不过，真正的问号应该是人们对盗铸是否有了正确深刻的认识和行之有效的处理办法。从中国的历史实践来看，这个问题并没有得到令人满意的答案。这在很大程度上与传统中国将经济和法律最终作为政治和道德的牺牲品至为相关。

第十章　唐朝的民事法律

唐朝的民事法律在中国法制史上也具有重要的地位。唐代正处在中国古代社会经济的转型期，自汉末以来社会自然经济占主导地位的现象在唐代中期发生了重大变化，社会商品货币经济又走向高涨。唐朝有限的民事方面的立法对此也有所反映，为后世民事法律的发展开创了方向。但唐朝的民事法律不成体系，要进行概括介绍比较困难，本章姑且采用古罗马法的体系，将唐朝的民事法律按照人法、物法、债法这三个方面进行概括。其中人法的婚姻家庭继承部分因有专章介绍，本章不再赘言；所有权部分的有些内容则纳入经济法章节，读者可以参照阅读。就时间跨度而言，由于材料及编排上的限制，本章所涉及的内容在有些情况下还要延伸至唐以前的隋代及唐以后的五代。

第一节　唐朝的民事行为规范

唐代的法律中包含着不少民事方面的内容，然而由于传统的法律轻视民事立法，因此民事方面的法律没有能够像刑事法律那样形成完整而严密的体系。民事法律内容散见于唐代的律令格式之中，尤其是在唐代的令典中包含着大量民事方面的法律条文，可惜的是唐令久已散失，在现存的唐令条文里只能找到为数不多的民事方面的法律规定。唐代社会经济有着很大的发展，到唐代的中后期，唐初制定的律令实际上已有相当多的内容与社会的实际经济生活不符，唐朝政府对此的反应并不是很敏锐，立法依然偏重于解决迫在眉睫的政治问题，但也曾发布过不少民事方面的格敕诏令，这些格敕诏令对于五代乃至宋朝的民事立法都有着直接的影响，然而由于官方及民间的史学家一直都将注意力集中在政治军事等重大问题之上，以至于今天能够在史料中找到的这类格敕诏令实在还不足以提供当时民事立法的全貌。唐代民间有关民事方面的一些习惯与惯例，大多已难以重现，只能从若干出土文书中得窥一斑。自20世纪初发现敦煌文书及吐鲁番文书以来，对于唐代民间文书的研究已成为一门专门的学问，可惜很多宝贵的文献都流散于国外。近年来通过种种方法，这些文书逐渐能够被国内的研究者看到。尤其是新中国成立以来在新疆等地的考古发掘工作取得了重大的成就，特别是对吐鲁番文书的进一步发掘研究大大补充了进行这方面研究的资料。现在这些出土文书收编于《敦煌资料》《吐鲁番出土文书》等书。本章即主要依据这些材料，尽可能地描述唐代的民事法律及民事惯例。

一、正式律令中所包含的民事规范

《唐律疏议》中有不少民事方面的立法内容，建立了一些主要的民事方面的法律规范。这些规范主要集中于《名例》《户婚》《厩库》《诈伪》《杂律》等篇目。由于这些规范都以刑罚惩罚违法者，从现代眼光来看，具有刑法的性质，但在中国古代民事、刑事之分并不清晰，在当时依然起到了指导民间民事行为的作用，也是官府裁判的最重要的依据。

唐代的令典中，如《户》《田》《厩牧》《关市》《杂令》等篇目，包含有较多的民事法律规范。这些规范从正面规定了民间民事活动所应该遵守的规则程序，有着重要意义。在当时民间的民事活动中可能起到了重要的规范作用。但可惜唐令散失较多，现存的唐令中民事规范不多，留有很多空白。

二、格、敕、诏中的民事内容

唐中叶后社会经济发生巨大变化，唐朝廷颁布的各种诏敕及其整编成的“格”、格后敕中理应有大量这方面的内容，在当时应有很大的影响。但其散乱程度比之原有律令更甚。另外唐代大赦频繁，尤其是唐中后期及五代时大赦更滥，在赦文中朝廷往往会对一些民事方面的问题作出一定的规范，至少会涉及民间的一些民事行为的效力问题，也可视为一项单独的法规。现存的这类诏敕或赦文被保存在《唐大诏令集》《唐会要》《文苑英华》等书籍中。但更多的则早已散失，无法搜寻。

三、民间的习惯与惯例

在古代任何时期，民间的民事行为都主要依靠民间习惯调整。尤其是中国古代统治者将法律的作用局限于维护其政治统治方面，民事立法稀少，民间的民事行为更是要依靠习惯调整。在敦煌、吐鲁番出土的唐代文书中有大量的当时的契约、账目等材料，反映了当时民间的民事习惯。尤其是其中有不少契约之类文书的“样文”，显然民间已自行对民事行为的习惯进行了记录和总结，对于民事习惯的统一和规范具有很大的意义。但也必须注意的是唐朝有限的民事方面的法令与这些民间习惯并不完全吻合，有一些民间习惯从严格意义上而言是违法的，甚至专门是排斥政府法令效力的（如唐代出现的民间契约排斥政府恩赦令效力的担保条款，详见后文）。

唐代民事行为习惯在很大程度上规范着民事行为的形式，而唐代的法律对此的规定极为稀少。从出土的唐代文书中可以看到，当时凡是买卖、借贷、租赁、雇佣等重要的民事行为都必须成立书面契约，而且其他的民事行为如婚约、继承等也都要作成文书。文书的格式约定俗成，虽无官府的统一法律制度，但其格式相当划一，一般都由时间年月、双方当事人、具体内容、风险责任、落款签署等几部分构成。古代的文书在书写时需要注意双方当事人的身份，在文书中居于主动地位的一方受到尊敬，往往只写姓氏不写名字，往往也不在文书上署名。

习惯上各种民事行为的参加者除当事人双方外，还要有见证人、中介人、保人、媒人，甚至是地方基层官员参加。就法律而言，凡买卖田产、房屋、奴婢、大牲畜等必须有保人副署契约，凡婚约必须有媒人副署。《唐律疏议·名例》疏称："嫁娶有媒，买卖有保。"媒人与保人要对所副署的文件承担连带的责任。

唐代民间交易中中介商的作用极其突出，这种中介商被称为"牙人""牙郎""牙侩"。据《类说》卷五六引宋刘攽《贡父诗话》："刘道原（恕）云：今人谓驵侩为牙，本谓之互郎，主互市事也。唐人书互作㸦，以㸦似牙，因转为牙。"如唐代著名的叛将安禄山原为"互市牙郎"（《旧唐书·安禄山传》）。汉代中介商就称之为"侩"，从事牲畜交易的中介商称"驵侩"，《史记·货殖列传》："节驵侩……亦比千乘之家。"注："侩者，合会二家交易者也。"《后汉书·逢萌传》注："侩，谓平会两家买卖之价。"唐代民间习惯上牙人对于契约的履行也有担保义务，《新唐书·张又新传》："尝买婢迁约，为牙侩搜索陵突。"可见一方当事人违约时，牙人有义务向违约方追索。唐中后期的法令对于牙人的这种担保作用加以强化，如建中四年（783年）推行"除陌法"（向商人征收的交易税），就规定要由市牙登记市中交易数额以供计算税额；元和四年（809年）禁止商人使用"除陌钱"（不足一千文亦作为一贯进行流通），规定牙人负有检举义务[①]。《宋刑统·户婚律》引唐长庆二年（822年）敕，禁止以他人产业"质举官钱"的欺诈行为，如有违反，"即散征牙、保代纳官钱"。牙人逐渐带有了更多的官方色彩，以至于到了五代宋时，就出现了由官府指定的"官牙"包揽民间交易中介活动的现象。

① 以上均见《旧唐书·食货志》。

在绝大多数人不认识字的古代，文书大多是由别人代写的，而且即使是双方都认识字，为表示公正，一般来说也要请他人书写文书。代写的文书只要有双方当事人的亲自签署，效力与亲自书写的相同。代为书写文书的人称之为“代书人”或“倩书人”，也要在文书上副署，习惯上也具有证明文书真实的义务。

唐代民间文书大多用纸张书写，其文书签署的方法也有多种。一种是由双方当事人“署名为信”，除在文书后部签名外，更常见的是由双方当事人在文书提到自己名字的地方署名[①]，而绝大多数都是不识字的普通百姓签署文书则广泛采用“画指”的方式。所谓画指，就是由当事人在文书后部自己的名字下面亲手画上自己一节手指的长度，并点出指尖、指节的位置。或者仅仅画出指尖、指节的位置[②]。这些文书上一般都有“画指为信”或“获指为信”之类的惯语。从吐鲁番、敦煌出土的隋唐及宋初的古代文书来看，当时官方文书如牒辞、诉状、供词等也都普遍采用画指的方式签署。此外自唐代起，士大夫之间流行草书连笔署名，号为“花押”。盛唐时名士韦陟在书信上署名如云彩，号为“五朵云”，被视为风流，在文书上以花押署名的风气由此大为流行。但在唐代这一风气还局限于士大夫之间，下层民间文书还很少有以此种方式署名的，到了五代时期，这种签署方式就扩展到了民间[③]。另外唐代民间还有以捺指印方式签署文书的，敦煌出土的一件唐末五代时期的“孙清便粟券”，券末

① 唐长孺主编，国家文物局古文献研究室、新疆维吾尔自治区博物馆、武汉大学历史系合编:《吐鲁番出土文书》，文物出版社1981—1991年版，第一册，第189页“义熙五年（410年）道人弘度举锦契”，第191页“延昌廿二年（583年）康长受举麦契”。

② 参见［日］仁井田陞:《中国法制史研究·土地法·取引法》第三部“附载·画指文书”。

③ 参见（清）赵翼《陔余丛考》卷三十三“花押”。敦煌出土的唐末五代宋初文书中已有很多件是以花押方式签署的，参见［日］仁井田陞:《中国法制史研究·土地法·取引法》第三部第十章第五节。

当事人及保人都在自己名字后面捺有拇指印[①]。阿拉伯旅行家苏莱曼在其《中国印度见闻录》中提道："在商业交易和债务上，中国人都讲公道"，在契约或者文书的后部"把中指和食指合拢在署名处按上手印"[②]。但在出土文书中这种捺指印的文书实在是太少了，恐怕苏莱曼是将画指错当捺指印了。然而唐代有关人身的文书，如离婚书、休书、买卖奴婢的契约等，习惯上都要由当事人盖上掌印。

四、儒家的礼教

唐代律令被后人称之为"一准乎礼"，礼教的精神渗透律令整体，律令本身也被视为是施行教化的工具之一。同时礼教也直接在大量的法律空缺之处发挥规范性作用。尤其是在婚姻家庭等民事行为方面，儒家的礼教也具有重要的意义，有很多具体的民事规范直接来自儒家的学说。经过汉魏晋南北朝以来长期自上而下的灌输熏陶，儒教的思想已广泛在民间流传，成为民间在进行民事活动时的规范来源之一。尤其是在士族阶层，在官僚贵族阶层，这种礼教的作用更大。由于隋唐时确立了科举选官的制度，社会下层人士有可能通过科举制度爬升到官僚队伍之中，而要通过科举考试，就必须接受儒家的礼教学说。这样一来，儒家的礼教对于社会下层的示范作用就更为明显，学习和贯彻儒家的礼教更具有实际意义。

唐朝统治者对儒教经典进行了大规模的整理汇编工作，统一各家注释解说；又着力编撰礼书、礼典，编成《十三经注疏》《大唐开元礼》等大部头的经书、礼书。这种政府的政策导向自然也对民间的民事活动有很大的影响。统一的礼制，统一的学说，更加强了儒家学说及礼教的说服力，

① 参见［日］仁井田陞：《中国法制史研究·土地法·取引法》第三部第十章第五节所引。

② 穆根来等译：《中国印度见闻录》，中华书局1983年版，第58页。

使得礼教在民间更有可能得到普及，影响或指导民间的民事行为。

第二节　关于人的法律

一、人的身份

唐代是一个典型的身份社会，人的社会身份具有重要的意义。在法律上人被分为官与民两大阶层，而民又可分为良民、贱民两大类。

（一）官僚贵族

和历代一样，在唐朝，官被认定为民的统治者，是代表皇帝统治“牧民”的高人一等的特权阶层。在隋唐时期确立了科举选官的制度，从理论上而言，官的身份不是世袭的，可以通过科举考试取得。但据近代学者对唐代的官僚阶层所作的定量分析，表明在唐代官僚阶层的主体是士族（史书上或称“大姓”“大族”，或是三代为五品以上大官的家族），除了在安史之乱时期，在唐代的任何一个时期，这种士族出身的官僚都要占整个官僚队伍的60%以上，平均为67%；而没有任何家族背景的官僚则至多不过30%，平均才21%而已[①]。可见在唐代官僚阶层依然是一个自我封闭的特权集团。除了参政方面的优先权之外，官僚阶层还可以按照品级占有土地，役使属下的百姓。按照唐《衣服令》《仪制令》《丧葬令》等法令，他们在衣、食（至少是在食具上）、住、行，生、婚、丧、葬等方面都依照各自的官爵而有不同的规格待遇，处处与平民不同。即使是犯罪，也享有各种减免刑罚的特权。

① 参见毛汉光:《中国中古社会史略论稿》，载台湾历史语言研究所集刊47册，1976年。

（二）凡人

在被统治一方，平民在法律上一般被称之为“凡人”。实际上凡人即平民，因唐代避唐太宗李世民之讳，故将民改称人。凡人在法律上与贱民对称，也称为“良人”“良色”。一般俗称为百姓、白丁。凡人的主体是农民，在均田制下，理论上农民都可以从政府获得一小块土地，成为自耕农。其人身依附于国家，没有自由迁移的权利，被束缚于土地，对朝廷承担缴纳租、庸、调，及被点为府兵时的兵役义务。还要为地方政府提供杂徭、为封主贵族提供色役。但凡人对于个人没有人身依附关系，有自己的财产及家庭，凡人中的有些人有可能通过科举制度或积军功进入官僚统治阶层。

凡人中的商人阶层在法律上受到一定的歧视。唐初曾立法规定商人不得骑马、不得坐轿，出葬时不得排列仪仗，尤其是规定“工商之家不得预于士”（《唐六典·尚书户部》），剥夺商人的参政权利。但同时也允许商人和农民同样受田，实际上默认商人占有土地的权利。武则天以商人之女而封后称帝，这些贱商的法令大多成为具文。

（三）贱民

唐朝法律所认定的贱民又可分为两个等级，地位稍高的是隶属于官府的官户、杂户等名目的贱民，以及隶属于私人的部曲、客女等名目的贱民；处在底层地位最低贱的，则是官私奴婢。

1. 官户与部曲

官户、杂户、番户、工户、乐户、太常音声人等名目的系官贱民大多来自罪犯及其家属、后代，他们没有凡人的户籍，隶属于某些特定的官府服役。早在南北朝时就已有这些名目，如《魏书·刑罚志》：“诸强盗杀人者，妻子、同籍，配为乐户，其不杀人，及赃不满五匹……妻子亦为乐户。”《隋书·刑法志》引北周《大律》：“盗贼及谋反大逆、降、叛、恶逆罪当流者，皆甄一房配为杂户。”《唐律疏议·杂律》疏：“杂户者，谓前代以来，配隶诸司职掌，课役不同百姓。依令：‘老免、进丁、受田，依百姓例’，各于本司上下。官户者，亦谓前代以来，配隶相生，或有今朝配没，州县无贯，唯属本司。”又《唐律疏议 · 名例》疏：“官户隶属司农，州县元无户贯。”又“杂户者，散属诸司上下。”《唐律释文》：“杂户者，谓先代配隶，在诸司课役者。……官户者，亦为先代配役及配隶相生者。此等之人，州县无贯，唯属本司。”《唐六典 · 刑部 · 都官郎中》：“都官郎中、员外郎掌配没隶，簿录俘囚。……凡公私良贱必周知之。凡反逆相坐，没其家属为官奴婢（反逆家男女及奴婢没官，皆谓之官奴婢。男年十四以下者，配司农；十五以上者，以其年长，命远京邑，配岭南为城奴）。一免为番户，再免为杂户，三免为良人，皆因赦宥所及则免之（凡免皆因恩言之得降一等、二等，或直入良人。诸律、令、格、式有言官户者，是番户之总号，非谓别有一色。）……（官户皆在本司分番，每年十月，都官按比：男年十三已上、在外州者十五已上，容貌端正，送太乐；十六已上，送鼓吹及少府教习）……凡配官曹，长输其作；番户、杂户，则分为番（番户一年三番，杂户二年五番，番皆一月。十六已上当番，请纳资者，亦听之。其官奴婢长役无番也）。”综合上述材料，可以得知，唐代的官户等系官贱民由重罪罪犯的家属子孙而来，因其在不同的官府服役和服役的方式而有不同的名目，其中官户一般隶属于朝廷司农寺，工户隶属于朝廷少府，乐户隶属于太常寺，太常音声人原亦隶属于太常寺，后转隶于州县官府，番户与杂户隶属于各地州县官府，但应轮番上朝廷服役，番户每年三个月，杂户每二年五个月，但也可以纳资顶番。

部曲据沈家本《部曲考》一文的考证，早在汉代就已出现部曲的说法，但当时是指军队的编制。《后汉书 · 百官志》言：“将军……其领军皆有部曲，大将军营五部，部校尉一人……部下有曲，曲有军候一人，比六百石；曲下有屯，屯长一人，比两百石。”则原来部、曲各有所指。东汉时合为一词，引申为指将军指挥下的部队。东汉末年军阀割据，豪强自立军队，或征集乡里或招募勇士，部曲转指私人军队。历经三国两晋南北朝的变化，士族豪强拥有私人军队的风气并无变化，只是部曲长久跟随主人，不登录于国家正式户籍，其子孙后代逐渐沦落为主人的依附人口，失去平民身份。北周武帝建德六年（577 年）诏书宣布放免原北齐及南梁江陵地区因战乱而被掳掠为奴者，但诏书特意规定："若旧主人犹须共居，听留为部曲及客女。"[①] 可见有很多奴婢都因此转为部曲及客女。隋代北周、唐代隋，这一将部曲视为奴婢之上、平民之下贱民阶层的法律原则也就得以沿袭至唐律之中[②]。《名例律》疏："部曲，谓私家所有。"《斗讼律》疏："部曲、奴婢，是为家仆。"《贼盗律》疏："部曲不同资财。"《户婚律》疏："客女，谓部曲之女，或有于他处转得，或放婢为之。"《唐律释文》："自幼无归，投身衣饭，其主以奴畜之，及其长成，因娶妻。此等之人，随主属贯，又别无户籍，若此之类，名为部曲。婢经放为良、并出妻者，名为客女。"可见部曲、客女等私贱的性质确实略高于奴婢。

按唐律规定，在刑事法律关系上，官户及部曲殴良人，罪加凡人一等，而良人殴官户部曲则可减罪一等；主人故杀部曲者绞，部曲谋杀主人则皆斩；但主人殴部曲至死不过徒一年；部曲殴奴婢可减罪一等，奴婢殴部曲则要罪加一等。主人犯重罪，部曲要被缘坐，而部曲犯重罪，非但主人无须缘坐，就是部曲的家属也可不缘坐，因为部曲的家属也是属于主人的。杂户、太常音声人犯反逆要缘坐家属，官户及工乐户则无须缘坐。在民事法律关系上，按《户婚律》的规定，官户、杂户等必须"当色为婚"，只有太常音声人可以"婚同百姓"，部曲可以娶良人为妻，但其妻子失去良人的身份成为"部曲妻"，在法律视同部曲。和官户一样，部曲的身份也是世袭的，据唐《户令》的逸文，"诸部曲所生子孙，相承为部曲"。部曲虽没有被法律"视同资财"，但主人也可以将其"转易"，《户令》逸文："转

---

① 《周书·武帝纪》。

② 《历代刑法考·刑法分考十五》，第 420—421 页。

易部曲事人，听量酬衣食之直。”[①] 实际与奴婢相近。

2. 奴婢

奴婢属于官府所有的称为官奴婢，属于私人所有的称为私奴婢。官奴婢的来源大多为因反逆重罪而被缘坐的罪犯家属、子孙后代，私奴婢则来自买卖、家生。唐律将奴婢视为官府或其主人的财产，如《名例律》疏：“其奴婢同于资财”“奴婢贱人，律比畜产”；《户婚律》疏：“奴婢既同资财”；《贼盗律》疏：“奴婢同资财”“奴婢比之资财，诸条多不同良人”；《贼盗律》注：“余条不别言奴婢者，与畜产、财物同。”《贼盗律》规定：“诸略奴婢者，以强盗论；和诱者，以窃盗论。……若得逃亡奴婢，不送官而卖者，以和诱论；藏隐者，减一等坐之。即私从奴婢买子孙及乞取者，准盗论；乞卖者，与同罪（虽以为良，亦同）。”《宋刑统》关于奴婢的定义依然沿袭唐律的规定，而据《刑统赋解》卷下：“称人不及于奴婢；解曰：奴婢贱隶，难同人比，《贼盗律》云：惟于以盗之际杀伤及为支证称人，其余俱同财物论之。歌曰：奴婢贱隶，难同人比，因夜杀伤，或为对证，除此二者，权为人类，其余论之，俱同财例。增注：除于被盗之家称人，诸条之中，皆不称人。”

然而唐律也承认奴婢具有一定的人格。比如，奴婢可以作为财产的主体，《名例律》：“其部曲、奴婢应征赃赎者，皆征部曲及奴婢，不合征主。”《宋刑统·厩库律》引唐《厩牧令》：“官畜在牧而亡失者，给访限百日。不获，准失处当时估价征纳，牧子及长，各知其半。若户奴无财者，准铜依加杖例。”《斗讼律》规定部曲奴婢“相侵财物者，各依凡人相侵盗之法”。《宋刑统·户婚律》引唐《户令》允许奴婢以财产自赎，“自赎免贱，本主不留为部曲者，任其所乐”。这些都说明奴婢与部曲一样可以拥有自己的财产。奴婢可以成为负担债务的主体，可以以其财产偿还所欠他人的债务。如《太平广记》卷四三六记载唐代故事，“建安县令韦有柔，家奴执辔，

---

① 上引两条唐令逸文见《唐令拾遗》，第 171 页。后条亦见于《唐律疏议·名例》疏。

年二十余，病死。有柔门客善持咒者，忽梦其奴云：我不幸而死，尚欠郎君四十五千，地下所由，令更作畜生以偿债”。

奴婢可以有自己的家庭，只要是“当色”为婚，并经由其主人主婚，其家庭一般而言还算是正常的，只是其子女视为主人财产的孳息，身份仍为奴婢。至于奴婢及部曲的奸生子女，其身份的确定则比较复杂。《宋刑统·杂律》引唐《户令》：“诸良人相奸，所生男女随父。若奸杂户、官户、他人部曲妻、客女及官私婢；并同类相奸，所生男女并随母。即杂户、官户、部曲奸良人者，所生男女，各听为良。其部曲及奴奸主缌麻以上亲妻者，若奴奸良人者，各合没官。”可见唐代法律规定凡人的奸生子是按“从父原则”确定归属；而官户、杂户、部曲与良人之间的奸生子，基本上是按照“从母原则”来确定身份。但奴奸良人或部曲、奴奸主人缌麻以上亲妻，则被视为严重犯罪，其奸生子女要被没为官奴婢。另外在不知情的情况下的处理又有所不同，按《宋刑统·杂律》所引的唐《户令》：“诸奴婢诈称良人而与良人及部曲及客女为夫妻者，所生男女并从良；及部曲、客女知情者，从贱。即部曲、客女诈称良人而与良人为夫妻者，所生男女亦从良，知情者从部曲、客女。皆离之。其良人及部曲、客女被诈为夫妻所生男女，经一载以上不理者，后虽称不知情，各同知情法。奴婢等逃亡在别部，诈称良人者，从上法。”其总的原则是知情者从贱，不知情者从良。正如《唐律疏议·户婚》所归纳：“（奴婢部曲与良人相奸）其所生男女，依《户令》，不知情者从良，知情者从贱。”

奴婢的家庭同样要遵循孝悌的原则。《唐六典·刑部·都官郎中》称：“官户、奴婢，元日、冬至、寒食放三日假，产后及父母丧、婚放一月，闻亲丧放七日。”又“男女既成，各从其类而配偶之”。又“若给赐，许其妻子相随”。唐律规定奴婢、部曲亲属之间的侵犯行为，按照凡人处理。

奴婢及部曲都具有起诉的权利，对于主人的“三谋”之罪可以起诉，对于其他奴婢、部曲也可以起诉，对于其他平民的侵犯也有权起诉。

奴婢的身份也有可能得到改变。官奴婢可以通过朝廷的大赦而放免。

私奴婢也可以因主人意思表示而放免。《唐律疏议·户婚》疏引唐《户令》："放奴婢为良及部曲、客女者，并听之。皆由家长给手书，长子以下连署，仍经本属申牒除附。"这种放免奴婢的"手书"在敦煌出土文书有实例。出土的"放良书样文"可视为当时放免奴婢手书的标准样本。其内容如下：

奴某甲、婢某甲，男女几人。吾闻从良放人，福山峭峻；压良为贱，地狱深怨。奴某等身为贱隶，久服勤劳，旦起肃恭，夜无安处。吾亦长兴叹息，克念在心，飧告先灵，放从良族。枯鳞见海，必遂腾波；卧柳逢春，超然再起。任从所适，更不该论。后辈子孙，亦无阑怯。官有政法，人从私断。若违此书，任呈官府。

年　月　日

郎父　儿　弟　子孙

亲保　亲见

村邻　长老　官人　官人[①]

奴婢（包括部曲）也可以"自赎免贱"。放免的奴婢即成为平民百姓，登记于官府户籍，可以在三年之内免除赋役。据《通典·食货六·赋税下》："诸部曲、奴婢放附户贯，复三年。"自赎免贱者仍要经主人的意思表示不必留为部曲后才可以"任其所乐"。

奴婢一般而言是没有自己的姓氏的，只是跟随主人的姓氏。放免后的奴婢仍应由主人赐以主人的姓氏。唐人张鷟的笔记《朝野佥载》卷三记载，隋时京兆韦衮有奴桃符，服役勤谨，韦衮因此将其放免。桃符宰了家中的黄牛献给韦衮，并请求韦衮赐以姓氏。韦衮即赐以韦姓。桃符磕头曰："不敢与郎君同姓"，但韦衮依然坚持。这在当时是普遍的习俗，据宋人范

① 中国科学院历史研究所资料室编：《敦煌资料》第一辑，中华书局1961年版，第449页，S4374。

镇《东斋记事》一书的说法，唐宋时有律条规定如此，称宋太祖曾问大理寺卿雷德骧："律：奴从良赐主姓如何？或以为文误否？"雷德骧回答："不然，盖虑后世或通婚姻故也。"但从现存的唐宋律令中尚未发现这样的规定，或是当时曾有过这样的格敕也未可知。

二、人的行为能力

关于人的民事行为能力在中国古代并没有专门的法律概念，但有相近的概念，这就是"成丁"。古代法律所认定的成丁表示男子可以独立承担政府的赋役，即也变相默认了成丁的人有了独立的处理自己财产的能力。但成丁年龄毕竟是为了政府的赋役制度而设定的，有时并不与近代民法的民事行为年龄完全相当，有必要从其他的法律规定来推定，当时社会及法律观念上承认一个人有足够的能力来处理自己财产问题的年龄。

《宋刑统·户婚律》引唐《户令》："诸男女三岁以下为黄，十五以下为小，二十以下为中，其男年二十一为丁，六十为老。"但同时唐代的《田令》又都规定，男子在十八岁以上就可以受田。《旧唐书·食货志》："武德七年始定律令：……丁男中男给一顷。"《唐六典·户部·户部郎中》引唐开元七年令："诸给田之制有差，丁男、中男以一顷（中男十八以上者，亦依丁男给）。"《通典·食货二·田制下》："大唐开元二十五年令：……丁男给永业田二十亩，口分田八十亩。其中男十八以上，亦依丁男给。"《白氏六帖·事类集》卷二十三引唐《授田令》："其中男十八以上，亦依丁男给。"满十八岁可受田而不必承担赋役，这是唐朝的"德政"，北齐、隋代的法令都规定男子十八岁以上为成丁，受田并承担赋役，而唐朝在武德七年令中改成丁年龄为二十一岁，受田年龄则仍为十八岁，这就是表示德政，是其"轻徭薄赋"以"与民休息"政策的体现，但成年的年龄则仍认定为十八岁。《唐律疏议·户婚律》"违律为婚"条："其男女被逼（违律为婚），若男年十八以下及在室之女，亦主婚独坐。"可见其也将十八岁作为成年的标志，十八岁以下的人被认定为没有独立意志、没有行为能力，违律为婚的罪名由主婚人承担，而十八岁以上者就要对自己的行为负责。

关于妇女的民事行为能力则比较复杂，按儒家“三从四德”的说教，似乎妇女一辈子都处在监护之下，是限制行为能力人。比如，上文所引“违律为婚”条内，显然在室女也被认定为没有行为能力者。但实际上妇女仍在不少场合具有完全的行为能力。上引唐《户令》也称妇女“无夫者为寡妻妾”，而按《田令》，寡妻妾可以受田。如《旧唐书 · 食货志》《唐会要 · 租税》等史籍所引唐武德七年令，《唐六典 · 户部 · 户部郎中》引开元七年令，都规定寡妻妾可受田三十亩。“若为户者，加二十亩”，即寡妻妾为户主者，可以受丁男所受田额之半。《通典 · 食货六 · 赋税下》引开元二十五年令进一步明确：“黄、小、中、丁男女，及老男、笃疾、废疾、寡妻妾当户者，各给永业田二十亩、口分田二十亩。”由此可见，唐朝一般而言是将已嫁女视为完全行为能力人。

第三节　关于物的法律

关于财产的种类、区分等问题，中国古代法律并没有发展出一整套完整的抽象概念，不过从近代法学的眼光来分析，确实也可以将唐代的法律中的一些规定归纳出有关民法上的物的观念及原则。

一、物的分类

（一）自然之物与财产之物

唐律中已有“山野之物”的概念。《唐律疏议 · 贼盗》：“诸山野之物，已加功力刈伐积聚而辄取者，各以盗论。”律疏解释：“山野之物：谓草、木、药、石之类。有人已加功力，或刈伐、或积聚，而辄取者，各以盗论，谓各准积聚之处时价计赃，依盗法科罪。”由此可见，唐律已认定只要经过人力加工，就已成为私人财产，是成为财产之物，必须受到法律保护。而未加人力的山野之物为自然之物，不算是私人财产。

唐律仍按照传统的法律原则，认定山林矿产都应归属于朝廷，但朝廷也并不因此就加以圈禁，其原则是“与众共之”，允许私人利用，也允许将其自然产品即上述的草、木、药、石之类“自然之物”加“功力”后据为已有。但山林矿产本身私人不得占有，《唐律疏议·杂律》规定：“诸占固山野陂湖之利者，杖六十。”律疏解释：“山泽陂湖，物产所植，所有利润，与众共之。其有占固者，杖六十。已施功取者，不追。”任何人不得圈禁占固、加功力作为自己的财产。但是又规定已经被人占取的也不追究，可见立法者对于有权势者的纵容。另外，《唐六典·三府督护州县官吏·士曹司士参军》载：“通山泽之利以赡贫人（原注：凡州县内有出铜铁处，官未采者，听百姓私采。若铸得铜及白镴，官为市取；如欲折充课役，亦听之。其四边，无问公私，不得置铁冶及采铜。自余山川薮泽之利，公私共之。……凡知山泽有异宝、异木及金、玉、铜、铁、彩色杂物处，堪供国用者，奏请）。”（此条被仁井田陞认定为唐《杂令》）可见山林矿产仍为自然之物，人民可以通过施加功力得为财产之物，但强调的是利用之权而不得垄断。

（二）要式之物与略式之物

唐律以“资财”作为财产的总称，泛指庄宅、田产、奴婢、畜产等的动产或不动产。但对于动产和不动产已有一定的区别。比如，《唐律疏议·户婚》律疏解释“盗耕公私田”罪名的处罚要轻于窃盗罪名时，指出：“田地不可移徙，所以不同真盗。”《名例律》律疏对“盗”行为的构成要件概括为：“阑圈之属，须绝离常处；器物之属，须移徙其地。”因此《户婚律》疏称：“地既不离常处，理与财物有殊。”可见在法律上已经认定了动产与不动产的区别。

对于田地、房屋等的不动产的交易，以及牛马等大牲畜、奴婢的交易，唐代律令规定有较为详尽的程序要求，并要求有书面契约。大致可说是将其当作了要式物。对于其他的财产交易没有这样严密的规定，可说是将其作为略式之物。

唐律还规定了一些私人不得拥有的“犯禁之物”。这主要是一些被认为会影响朝廷统治的东西。唐律允许百姓拥有一般的弓箭、刀矛、盾牌，但严禁私人拥有具装（全副盔甲）、长矛、矟（即槊，长一丈八尺以上的长矛，适合于骑兵在马上使用）、旌旗、幡帜等“禁兵器”。另外还规定私人不得拥有“禁书”，如天文书、图谶书、兵书、七曜历、太一雷公式等。官府的宝符、宝印等自然也不准私人拥有。

二、所有权

唐代依然还没有“所有权”这一法律用词，但与之相当的概念是具备的，一般总称之为“有”，表示对于某物具有完整的、排他的权利。

（一）宿藏物

唐朝律令将埋藏物称之为“宿藏物”，唐《杂令》规定：凡在自己及国有土地内发现的宿藏物均归发现人所有，但如果发现的是古器钟鼎之类形制特别的宿藏物，就应该送官府，“送官酬值”，由官府出价收购。凡在他人土地发现的宿藏物，“合与地主中分”，发现人和土地所有人各得二分之一[①]。《唐律疏议·杂律》“得宿藏物隐而不送”条规定，“诸于他人地内得宿藏物隐而不送者，计合还主之分，坐赃论减三等”。律疏又规定如果在自己及国有土地发现“古器形制异而不送官者，罪亦如之”，最高刑为徒一年半。律疏后又有“问答”，对于出租土地房屋中发现的宿藏物也有具体的规定：“问曰：官田宅，私家借得，令人佃食；或私田宅，有人借得，

① 《宋刑统》卷27《杂律》“得宿藏物”门所引唐《杂令》。

亦令人佃作，人于中得宿藏；各合若为分财？答曰：藏在地中，非可预见。其借得官田宅者，以见（现）住、见（现）佃人为主，若作人及耕犁人得者，合与佃住之主中分；其私田宅，各有本主，借者不施功力，而作人得者，合与本主中分，借得之人，既非本主，又不施功，不合得分。”即凡出租的国有土地房屋，发现人应与现承租人“中分”；而如果是出租的私人土地房屋，则由原业主（所有权人、出租人）和发现人“中分”。这个法律规定显然并不公平，实际上其立法所考虑的是维护有权大批承租国有土地的官僚贵族的利益。

（二）遗失物（阑遗物）

自汉代以来，儒家的礼教一直强调“教化大行”“民风淳厚”的显著标志之一就是“路不拾遗”。唐朝律令全面反映了这种道德及舆论的导向，对于拾得遗失物的拾得人不给予取得报酬的任何可能性。

唐代将遗失物称为阑遗物，《唐律疏议·杂律》“得阑遗物不送官”条规定：拾得遗失物必须在五日之内送交官府，否则在官物的情况下就构成“亡失官物罪”，在私物的情况下就构成“坐赃罪”。《宋刑统·杂律》引唐《捕亡令》：“诸得阑遗物，皆送随近县、在市者送市司，其金吾各在两京巡察，得者送金吾卫。所得之物，皆悬于门外，有主识认者，检验记、责保还之。虽未有案记，但证据灼然可验者，亦准此。其经三十日，无主识认者，收掌，仍录物色目，榜村坊门。经一周年无人认者，没官录帐，申省听处分。没人之后，物犹见在，主来识认、证据分明者，还之。”规定遗失物送官府后公告三十日，无人识认，由官府保存，依然将遗失物的清单公告，一年后无人认领，即没官。拾得人对于拾得的遗失物毫无任何权利可言。另外《宋刑统·杂律》引唐《厩牧令》对于阑遗的牲畜的处理也与之基本相同：“诸官私阑遗马、驼、骡、牛、驴、羊等，直有官印、更无私记者，送官牧。若无官印及虽有官印复有私记者，经一年无主识认，即印入官，勿破本印。并送随近牧，别群牧放。若有失杂畜者，令赴牧识认，检实印作‘还’字付主。其州镇等所得阑遗畜，亦仰当界内访主。若经二季无主识认者，并当处出卖。先卖充传驿，得价入官。后有主识认，堪当知实，还其价。”

从上述的法律原则来看，当时立法所着重保护的是遗失人的利益。遗失人几乎有无限的对于遗失物的追索权，相反对于拾得人而言，法律则没有规定任何取得报酬的可能。

（三）漂流物

唐朝对于漂流物方面的法律规定完全不同于上述关于遗失物的法律原则。《宋刑统 · 杂律》引唐《杂令》：“诸公私竹木为暴水漂失，有能接得者，并积于岸上，明立标榜，于随近官司申牒。有主识认者，江河，五分赏二分；余水，五分赏一分。限三十日，无主认者，入所得人。”接得漂流物虽仍须报官公告，但即使失主前来认领，接得人仍可获得一部分物品作为报偿，而且在公告三十日以后如无人认领，接得人就可以获得全部的漂流物的所有权。唐朝的立法者可能是考虑到拾得遗失物只是“举手之劳”，所以无须设定酬劳，而捞取漂流物要冒很大的风险和付出艰辛的劳动，所以可以得到报酬及所捞取的漂流物。

（四）添附物

唐代法律提及的添附物仍只是河流新淤涨的土地。按照唐代法律将一切无主土地认定为公田进行均田授受的原则，河流新淤涨的土地原则上应该是归于国有的，但同时唐朝的立法者也考虑到了土地实际上大多是私田或由私人占有的。所以法律所要解决的主要问题是调和这两者之间的矛盾。《宋刑统 · 户婚律》引唐《田令》：“诸田为水侵射，不依旧流，新出之地，先给被侵之家。若别县界，新出依收授法。其两岸异管，从正流为断。若合隔越受田者，不取此令。”私人占有的土地如被水冲塌，可以优先获得同一县境同一水域新淤涨土地，得到补偿。如果新淤涨的土地在别的县境内，则被收归国有，按照均田法进行授受。但是如果被冲之家具有“隔越受田”的特权，则仍可以从其他县境的新淤涨土地得到补偿。所谓可隔越受田者，按《通典·食货二·田制二》引唐开元二十五年令，“所给五品以上永业田，皆不得狭乡受，任于宽乡隔越射无主荒地充”。可见这条规定是为了维护官僚阶层的利益。

（五）孳息物

唐律对于孳息物的规定，仅局限于犯罪赃物的孳息处分。《唐律疏议·名例》“以赃入罪”条：“正赃见（现）在者，还官、主。”律注：“转易得他物及生产蕃息，皆为见（现）在。”律疏再加解释：“转易得他物者，谓本赃是驴、回易得马之类；生产蕃息者，谓婢生子、马生驹之类。”凡知情得赃者必须归还原主。问答则有举例说明：“问曰：假有盗得他人财物，即将兴易及出举，别有息利，得同蕃息以否？其赃本是人、畜，展转经历数家，或有知情及不知者，如此蕃息，若为处分？答曰：律注云生产蕃息，本据应产之类而有蕃息。若是兴生出举而得利润，皆用后人之功，本无财主之力，既非孳生之物，不同蕃息之限，所得利物，合入后人。其有展转而得，知情者，蕃息物并还前主。不知情者，亦入后人。”可见唐律以自然孳息物（蕃息物）为主要立法对象，要求与原物一起处分；而对于财产经过交易所得的利润则视为后人“功力”产物，与原物脱离关系，其所有权归于后人。问答又有：“又问：有人知是赃婢，故买自幸，因而生子，合入何人？答曰：知是赃婢，本来不合交关，违法故买，意在奸伪。赃婢所产，不合从良，止是生产蕃息，依律随母还主。”

第四节　关于债的法律

唐代有关债权、债务关系方面的法律内容较多，但和中国古代的其他朝代相仿，其法律主要局限于有限的如买卖、借贷等几种契约。关于侵权行为及其他的契约的民事法律规定较为稀少。

一、契约之债

（一）契约的形式及其成立要件

唐代民间重要交易都要做成书面契约。法律对于书面契约的形式并不讲究。民间习惯上，书面契约进一步摆脱了古代竹木券契的影响，一般的契约不再采用双方当事人各持一份的复本方式，买卖、借贷等契约都普遍采用了仅由权利人收执的单本契约形式，仅有关人身的，或抵押等契约才仍然采用复本契约形式。如果采用复本契约，在契约上都会特意注明。如吐鲁番出土的唐龙朔三年（663 年）西州高昌县张海隆夏田契，契中特意注明“契有两本，各捉一本”。契纸的背面有用笔画出的几道横线记号，是为一式二份的契约各自对折后对缝画上“合同”记号，便于将来确认为原件。阿拉伯旅行家苏莱曼在其《中国印度见闻录》中也记载，中国人在立借据时，“两张票据叠在一起，在连接处再写上几个字”，然后各持一份。但敦煌、吐鲁番朝廷的唐代借贷契约文书中大多没有这种合同记号，也没有明记“契有两本”，当为单本契约。

关于成立契约的实质要件，唐代的法律及民间惯例都强调双方必须“和同”，即双方达成合意。《唐律疏议 · 杂律》律疏解释买卖行为“两不和同”即为犯罪，《宋刑统 · 杂律》引唐《杂令》：“诸出举两情和同。”在敦煌、吐鲁番出土的唐代契约文书中，也往往有“二主和同立契”“两和立契”“先和后券”“两共对面平章（平章一词在北朝隋唐时代语言中意为‘商量处理’，如《颜氏家训 · 风操》‘近在议曹，共平章百官秩禄’）”之类的惯语。

唐代契约的主要内容一如今天，有标的、价金、期限等项目，较为突出的是各类担保条款。最常见的担保条款为悔约担保，仍沿袭北朝以来的惯例，各类契约之后一般都有“券成之后，各不得反悔，悔者一罚二入不悔者”的惯语。所谓“一罚二”原来可能是指反悔者应返还两倍的标的价金，但到唐代这已完全只是一种惯用的套语，并无实际意义。往往契约文字本身已约定了具体的悔约罚的性质、数量，却依然写上“悔者一罚二入不悔者”。如吐鲁番出土的高昌十四年（637 年）康保谦买园券，先已写明“若先悔者，罚银钱壹百文入不悔（者）”，而最后照旧写上：“各不得反悔，悔者一罚二。”[①]

在买卖等契约中常见的还有占有担保，即出卖方向买受方担保标的物确实属于自己所有，如有人提出所有权异议时，即由出卖方负责解决。这种担保文句习惯上写作“呵盗认名，仰本主了”。“呵”亦写作“诃”，又往往讹为“寒盗”。呵字原义为大声斥责，呵盗即宣称为盗窃、盗卖之意；名为秦汉以来惯用语，表示所有权之意，如“名田宅”[②]，认名即认领、要求收回之意。如吐鲁番出土的杜某买驼契，就有“寒盗认名”的文句。但随着“名有”一词逐渐退出民间的日常用语，唐末契约有关占有担保的文句常改为“或有别人识认者，一仰原主承当”[③]。

这一时期最具特色的契约担保条款当属唐及五代时新出现的恩赦担保条款。即双方约定如果在契约订立后朝廷发布有关的大赦令，契约继续有效，不受朝廷大赦令文内容的影响。此类担保文句最早见于吐鲁番出土的唐乾封元年（666 年）郑海石举银钱契，其中提到“公私债负停征，此物不在停限”[④]。敦煌出土的契约文书中有不少带有这类条款。如天复四年（904 年，唐朝于 903 年被朱温所废，但敦煌地区依然以唐朝最后的年号“天复”记年）租田契有：“有恩赦行下，亦不在论说之限。”天复九年（909 年）

---

① 《吐鲁番出土文书》第四册，第 37 页。

② 《史记・商君列传》。

③ 前者可见《吐鲁番出土文书》第七册，第 389 页等，后者可见《敦煌资料》第一册，第 311、312 页等。

④ 《吐鲁番出土文书》第六册，第 417 页。

安力子卖地契也有："或有恩赦流行，亦不在埋论之限。"后周显德四年（957 年）卖地契有："中间或有恩赦流行，亦不在论理之限。"酉年便豆契有："或有恩赦，不在免限"等。从目前可见的出土文书来看，借贷、买卖、出典、租赁等契约中都可发现此类担保条款，而以土地、房屋买卖契约中为最多[①]。出现这种担保条款的原因可能是因为古代朝廷为了渲染所谓"德政"，有时会下达诏令宣布禁止征收公私债负。现存最早的这种诏令为北魏孝庄帝永安二年（529 年）诏："诸有公私债负，一钱以上、巨万以还，悉皆禁断，不得征责。"[②] 唐末五代时期政治混乱，中央朝廷往往朝不保夕，为邀买人心，以求苟延残喘，朝廷常常滥下恩赦令，不仅赦免罪行，有时还宣布不再受理有关民间财产纠纷，甚至宣布免除一切公私债务。尤其五代时期这类恩赦相当频繁，据日本史学家加藤繁的统计，仅在 920—942 年的 22 年间就曾有 8 次这类恩赦令[③]。这些恩赦令可能会造成民间契约关系的不稳定，因此债权人为了保护自己的利益，防止债务人在朝廷恩赦令下达后不再清偿债务，就要求债务人在契约中作出保证，即使有恩赦令发布依然履行债务。民间出卖土地房屋总是出于身负重债而迫不得已，当恩赦令取消债务或使得债权人无法通过诉讼实现债权，出卖的一方就有可能因此而反诉买方乘人之危。所以买方（实际上往往就是债权人）就迫使卖方作出保证，来保证自己实现权益。这样一来，立契的习惯就增加了恩赦担保的内容，并逐渐成为立契的惯语，无论哪种契约都习惯写上这样的担保条款。

（二）买卖契约

买卖契约是中国古代最重要的民事契约，对于买卖契约的法律规定也

---

① 参见［日］仁井田陞：《中国法制史研究·取引法》第三部第十章第七节。

② 《魏书·孝庄本纪》。

③ 参见［日］加藤繁：《中国经济史考证》第 3 卷《中国史中公私债务的免除》。

是最多的。唐代律令将买卖行为按照动产、不动产分别加以规范。

1. 动产的买卖

中国古代在一个很长的历史时期里，官府都对市场进行严格的控制。古代的市场是封闭式的，必须由官府加以设置和加以严格的管理。现存史料中，这种封闭式的市制最为典型的就是唐朝的制度。据《唐会要》卷八十六所引唐《关市令》规定："诸非州县之所，不得置市。其市，当以午时击鼓二百下，而众大会；日入前七刻，击钲三百下，散。"必须是在州县官府所在地才能设市，供人民进行交易买卖。市是一个围有高墙的封闭式的大院落，平时关闭，只是在正午时分，由官府击鼓为号，宣布开市，买卖人等才可入内交易。市内各种不同的商品分肆排列，建标立候，表明商品名称、价格。各肆有肆长管理。到日落前 7 刻（约合下午 4—5 时）由官府鸣钲为号，宣布闭市，所有人员都必须离开。市的管理机构为市司，市司的职责是每月按旬公布各类物价标准，分为上、中、下三等，称"旬估"；市司还要维持市场的秩序，检查市内商品的质量；每年八月至当地州县官府校正市内使用的度量衡具，私人的度量衡具要经市司加盖官印才能够在市内使用。

对于买卖契约的形式，据《唐律疏议·杂律》律疏引唐《关市令》，凡买卖奴婢及买卖马、牛、驼、骡、驴之类大牲畜，必须在买卖行为后的三天内在市司的监督下订立"市券"。所谓市券就是盖有市司官印的契约。按照《杂律》不立市券者算是犯罪，卖方笞二十、买方笞三十。在此三天之内，如发现所买卖的奴婢及牲畜有"旧病"者，买方可以悔约。卖方如不愿意接受，也要处以笞四十的刑罚。在吐鲁番出土的唐代买卖契约文书中也可以看到，当时民间也确实有这样的习惯，如"唐咸亨四年（673 年）西州前庭府杜某买驼契"：

咸亨四年十二月十二日，西州前庭队正杜……交用练拾肆匹，于康国兴生胡康乌破延边买取黄敦驼壹头，年十岁。其驼及练，即交想（相）付了。

若驼有人寒盗㓐佲（认名）者，一仰本主及保人酬当。杜悉不知。三日不食水草，得还本主。待保未集，且立私契，保人集，别（立）市契。两和立契，获指……验。

驼主　康乌破延（画指）
买驼人　杜
保人都护人　敦（签名）
保人同乡人　康莫匡（画指）
知见人　张轨端[①]

《唐律疏议 · 杂律》对动产买卖行为的规定相当具体，如买卖的标的必须质量合格，合乎标准："诸造器用之物及绢布之属，有行滥、短狭而卖者，各杖六十；得利计赃重者，计利准窃盗论。贩卖者，亦如之。"律疏解释："行滥，谓器用之物不牢、不真；短狭，谓绢匹不充四十尺，布端不满五十尺，幅阔不充一尺八寸之属而卖。"并规定"行滥之物没官，短狭之物还主。"质量不合格的商品要由官府没收，不符合标准的商品要退还原主。此外还要求所有的商品都必须标明生产者的姓名，一些较为特殊的商品还要求按照官府设定的标准生产。《唐六典 · 两京诸市署》提到："其造弓矢、长刀，官为立样，仍题工人姓名，然后听鬻之。诸器物亦如之。"

《唐律疏议 · 杂律》严格禁止欺行霸市，"诸买卖不和，而较固取者，及更出开闭、共限一价""若参市……而规自入者，杖八十"。律疏解释"较固"是指"强执其市，不许外人买""更出开闭、共限一价"，是指"贩鬻之徒，共为奸计，自卖物者以贱为贵，买人物者以贵为贱……共限一价，望使前人迷谬，以将入己"。

① 《吐鲁番出土文书》第七册，第389页，又同书第410页，龙朔元年（661年）高昌县左憧憙买奴券，也有"叁日得悔"字句。同书第六册第180页，《唐赵荫子博牛契》（残件）也有"不食水草，任还"及"保集日别立市劵（券）"的字句。

对于奴婢的买卖唐朝又有特别的规定。为防止卖良为贱，唐朝法律曾规定凡奴婢买卖必须经过县级官员加以盘问，验明正身，以市司的公券立券。唐末天复元年（900 年）改元赦文引："旧格，买卖奴婢，皆须两市署出公券，仍经本县长吏，引检正身，谓之过贱，及问父母见（现）在处分，明立文券，并牒太府寺。"[①] 有关这些程序的文书，可见敦煌出土的"唐敦煌郡行客王修智为卖胡奴牒请市券"（此件时代考证为约唐中期）：

……客王修智牒称，今将胡奴多宝，载拾叁……惠温，得大生绢贰拾壹匹，请给买人市券者。依……安神庆等款保前人奴是贱不虚。又胡奴多宝甘心……

……修智其价领足者。行客王修智出卖胡奴多宝与……绢贰拾壹匹，勘责状同，据保给券，仍请郡印。……罪。

绢主

（郡印）　奴主　行客　王修智　载陆拾壹

胡奴　多宝　载壹拾叁

保……百姓　安神庆　载伍拾玖

保人　行客　张思禄　载肆拾捌

保人　敦煌郡百姓　左怀节　载伍拾柒

保人　健儿　王奉祥　载叁拾陆

保人　健儿　高千丈　载叁拾叁

市令　李昂　给券　（后缺）[②]

这件申请市券的牒文虽为残件，但毕竟可以发现当时买卖奴婢的程序是相当严格的，要由出卖人提出申请，由当地的知情人提出保证，再经当

① 《唐大诏令集》卷 5《帝王改元》下。

② 转引自孔庆明等编著：《中国民法史》，吉林人民出版社 1996 年版，第 278 页。

地官员查证后在市券上加盖郡印，才能成立。另外奴婢“视同牛马”，所以也和买卖牲畜的契约类似，也有瑕疵悔约的期限。如吐鲁番出土“唐龙朔元年（661 年）左憧憙买奴契残件”：

龙朔元年五月卅日高昌县崇化乡人、前庭府卫士左憧憙，交用水练陆疋、钱五文，柳中县五道乡浦昌府卫士张庆住边，买奴壹人，字申德，年拾伍……不……奴及练，到日交相付。……叁日得悔。……者，壹仰……为信。（后缺）①

此件虽为残件，但足以说明当时奴婢买卖契约和牲畜买卖契约一样往往约定有三天的悔约期。

从唐代民间的买卖契约文书来看，当时的买卖行为已相当复杂，既有先交付买卖标的、后交付买价的赊买，又有先交付买价、后交付标的的预买。前者较为典型的如敦煌出土的“唐大中五年（851 年）僧光镜买钏契”：

大中五年二月十二日，当寺僧光镜，缘阙车小头钏交停事，遂于僧神□边买钏一枚，断作价直布壹佰尺。其布限十月已后于䞋司恒纳。如过十月已后至十二月勾填，更加贰拾尺。立契后，不许休悔，如先悔，罚布壹匹入不悔人。恐后无凭，答项印为验。

负䞋布人　僧光镜（画押并盖私印）

见人　僧龙心（画押）

见人　僧智旼（画押并盖私印）

见人　僧智恒达（画押）②

① 见《吐鲁番出土文书》第六册，第 410 页。

② 《敦煌资料》第一辑，第 285 页。

这件契约实质是买卖，但在二月立契，价金则约定于十月交付，所以是古代很流行的赊买契约。按秦汉以来的传统，赊买如交付价金逾期，就要罚息，此件契约约定的罚息为20%，尚不算多。因买主未当场交付价金，所以落款处写作“负䙰布人”而不是买主，由买方提出种种保证。

先交付价金、后交付标的的预买契约，较为典型的如吐鲁番出土的“唐总章元年（668年）左憧憙买草契”：

总章元年六月三日，崇化乡人左憧憙交用银钱肆拾，顺义乡张潘塠边取草玖拾束。如到高昌之日不得草玖（疑漏一拾字）束者，还银钱陆拾文。如身东西不到高昌者，仰收后者别还。若草好恶之中，任为左意。如身东西不在者，一仰妻儿及保人知当。两和立契，获指为信。如草……高昌……。

钱主　左

取草人　张潘塠（画指）

保人　竹阿阇利（画指）

保人　樊曾□（画指）

同伴人　和广护[1]

这件契约中，买方先交付了全部价金，而卖方则以后要在指定地点交付标的。所以是一件预买契约。这样的交易行为在当时应当是很常见的，所以契约本身并不复杂，也没有比一般买卖契约更复杂的担保内容。

2. 不动产的买卖

对于土地买卖唐代法律设立了严格的程序，而房屋、邸店、碾磴等不动产则可参照土地买卖的规定进行交易。

唐朝法律规定，土地买卖必须符合法律的规定。这些法律规定主要有这样几个方面：

①《吐鲁番出土文书》第六册，第424页。

所买卖的土地必须受到均田制的限制。唐朝的《田令》规定只有贵族、官僚所得赐田及五品以上官员所得的永业田才可以自由买卖。百姓所得的永业田只能在有限的几种情况下才可以出卖：或者是因为家中贫困无法安葬父母，或者是因为欲迁往宽乡，放弃所受的永业田。口分田原则上禁止出卖。《唐律疏议 · 户婚》特设“卖口分田”条：“诸卖口分田者，一亩笞十，二十亩加一等，罪止杖一百。地还本主，财没不追。”不过法律也允许在某些情况下有条件的出卖。其允许出卖的情况有：如家贫为供丧葬，在出卖永业田后依然不够费用；卖田充住宅、碾磑、邸店；自愿从狭乡迁往宽乡等。对于买田者的限制是不得超过其本人原应受田数额，《通典 · 食货二 · 田制下》：“诸买地者，不得过本制。虽居狭乡，亦听依宽制。其卖田者不得更请。”卖地者失去再向官府请求受田的权利。

土地买卖的合法性自然还要包括不得盗卖他人土地，《唐律疏议 · 户婚》“妄认公私田”条：“诸妄认公私田，若盗贸卖者，一亩以下笞五十，五亩加一等，过杖一百，十亩加一等，罪止徒二年。”除处以刑罚外，该条律疏又引《田令》，规定盗卖与私行买卖田地一样，“财没不追，苗子及买地之财并入地主”。

唐朝法律对于土地买卖的程序也有严格的规定。首先，百姓如果要出卖土地，必须向官府申请文牒，请求批准。《唐律疏议 · 户婚》“妄认公私田”律疏引唐《田令》：“田无文牒辄卖买者，财没不追，苗子及买地之财并入地主。”《通典 · 食货二 · 田制下》引开元二十五年《田令》再度强调这一制度：“凡卖买（田地）皆须经所部官司申牒，年终彼此除附。若无文牒辄卖买，财没不追，地还本主。”在吐鲁番、敦煌出土的唐代文书中，还没有找到这类申请文牒的文书，但吐鲁番出土的一件唐总章元年（668年）西州高昌县左憧憙申请公验文书或许可提供一定的参考作用：

总章元年七月　日　高昌县左憧憙辞：张渠蒲桃（葡萄）一所，旧主赵徊。

县司：憧憙先租佃上（件）桃（当指上述葡萄园），今……恐屯桃人并比邻不妥。谨以辞陈。……公验，谨辞。[1]

在这件文书中，似乎是先租后买者左憧憙提出申请，其申请是向县司提出的。这种公验或许就是唐代律令中提到的文牒之一种。

其次，土地买卖必须先经家长同意，经征求亲邻意见。《宋刑统·户婚律》引唐《杂令》："诸家长在（在，谓三百里内非隔阂者）而子、孙、弟、侄等不得辄以奴婢、六畜、田宅及余财物私自质举，及卖田宅。……若不相本问，违而辄与及买者，物即还主，钱没不追。"另外，习惯上亲属及地邻也有土地的先买权，而且在进行土地买卖时必须约会亲属地邻参加作为见证。所谓"卖田问邻，成券会邻，古法也"[2]。北魏的均田令就已确认了亲属有权优先取得远流、户绝者的土地："诸远流配谪、无子孙及户绝者，墟宅桑榆，尽为公田，以供授受，授受之次，给其所亲，未受之间，亦借其所亲。"[3]唐代依然如此，唐天宝十四载（755年）制："天下诸郡逃户，有田宅产业妄被人破除，并缘欠负租庸，先已亲邻买卖，及其归复，无所依投。"唐长庆元年（821年）敕则正式承认亲属有权占有逃亡及户绝者的土地："应诸道管内百姓，或因水旱兵荒，流离死绝，见在桑产，如无近亲承佃，委本道观察使于官健中取无庄田有人丁者，据多少给付，便与公验。"[4]后周广顺二年（952年）敕正式规定土地买卖必须在先征求亲邻意见后才可以出卖他人，建立了土地买卖"先问亲邻"的制度："如有典、卖庄宅，准例房亲、邻人合得承当，若是亲邻不要、及著价不及，方得别处商量，和合交易。"[5]从该敕所提到的"准例"来看，在这之前，应该已经有

---

① 见《吐鲁番出土文书》第六册，第257页。

② 见《折狱龟鉴》卷6《核奸》所引。

③ 《魏书·食货志》。

④ 《唐会要·逃户》。

⑤ 《册府元龟》卷613《刑法部·定律令五》。

了这样的制度。如五代后唐时，石敬塘为河东节度使，属下九门（今河北石家庄市北）“有人鬻地，与异居兄议价不定，乃移于他人。他人须兄立券，兄固抑之。因诉于令，令以兄弟俱不义，送府”。石敬塘判曰：“人之不义，由牧长新至、教化所未能及，吾甚愧焉。若以至理言之，兄利良田，弟求善价，顺之则是，沮之则非，其兄不义之甚也，宜重笞焉。市田以高价者取之。”[①] 弟欲卖地，兄以自己具有的先买权百般阻挠，可见当时早已有先问亲邻的制度。

再次，自唐朝“两税法”改革后，官府法律强调土地所负担的税赋必须随买卖行为而转移，唐宣宗大中四年（850 年）制：“青苗两税，本系田土；地既属人，税合随去。从前敕令累有申明，豪富之家尚不恭守，皆是承其急切，私勒契书。自今已后，敕州县切加觉察，如有此色，须议痛惩。”[②] 可见在此制之前已有了这方面的制度。后世称之为“过割”，应由土地承受人申报转移土地所负担的赋税。大中六年（852 年）发布上述敕令的唐宣宗赐其小舅子郑光两处庄宅，特下敕免去庄宅的两税及科差色役，但遭到中书门下的反对，中书门下奏称：“据地出税，天下皆同；随户杂徭，久已成例”，不得免除赋税。唐宣宗只得收回成命[③]。在当时民间的土地买卖契约中也已有约定赋税转移的条款，最为典型的如敦煌出土的“天复九年（909 年）安力子卖地契”：

（前缺）……和渠地壹段两畦共五亩，东至唐荣德，西至道、氾温子，南至唐荣德及道，北至子渠兼及道。又地壹段两畦共贰亩，东至吴通通、西至安力子、南至子渠及道、北至吴通通。已上计地肆畦共柒亩。天复玖年己巳岁十月七日，洪润乡百姓安力子及男檭榧等，为缘阙少用度，遂将

---

① 《旧五代史·晋书·高祖本纪》。

② 《唐会要·租税》。

③ 《唐会要·租税》。

本户……分地出卖与同乡百姓令狐进通，断作价直生绢一匹，长肆丈。其地及价，当日交相分付讫，一无玄欠。自卖已后，其地永任进通男子孙息……侄世世为主记。中间或有回换户状之次，任进通抽入户内。地内所著差税河作，随地祇当。中间若亲姻兄弟及别人争论上件地者，一仰口承人男簉榧兄弟祇当，不干买人之事。或有恩赦流行，亦不在理论之限。两共对面平章，准法不许休悔，如先悔者罚上耕牛一头，充入不悔人。恐人无信，故立私契，用为后验。

地主　安力子　（后缺）[①]

最后，唐末五代时又出现了土地买卖契书必须经过官府加盖官印，并缴纳税契钱的程序。先是在唐建中四年（783 年）唐朝廷曾开征“除陌钱”：“天下公私给与贸易，率一贯旧算二十，益加算五十。给与物或两换者，约钱为率算之。”但当年就因朱泚兵变而被迫取消[②]。大约在唐末或五代初年，开始规定民间土地房屋买卖契约要经官府加盖官印，并收取税钱。后唐天成四年（929 年），“京城人买卖庄宅，官中印契，每贯抽税契钱二十文”[③]。后周广顺二年（952 年）又规定：“印税之时，于税务内纳契物，方得与印。”[④] 这在以后就发展为契税制度。

除了上述的法定程序以外，在唐代，民间的习惯也对土地及房屋之类的不动产买卖有规范作用。尤其在土地契约的形式及契约条款内容方面几乎完全是靠民间习惯调节的。唐玄宗天宝五载（746 年）曾下诏规定：“自令已后，应造籍帐及公私诸文书，所言田地四至者，改为路。”[⑤] 但实际上民间土地房屋买卖依旧写四至。

---

① 见《敦煌资料》第一辑，第 309 页。

② 《旧唐书·食货志》。

③ 《册府元龟》卷 504《邦计部·关市》。

④ 《册府元龟》卷 613《刑法部·定律令五》。

⑤ 《唐会要·籍帐》。

唐代民间土地房屋买卖契约的格式虽不完全统一，但基本上大同小异。唐代土地房屋买卖契约大多如上件，一般都详细写明四至，习惯上还会写明“四在之内，长不与、短不还”，有时还会写明土地或房屋中未发现的财物之类的东西也随买卖而转移，如“舍内上至青天、下奎黄泉，舍中伏藏役使，即日尽随舍行”[①]。树木往往附着于土地，在进行土地房屋买卖时一般随之转移，唐代民间有“树当随宅”的谚语，即契约如未特意指明则树木不另计价，合并于房屋价格之内。唐人笔记《人谱类记》卷下记载，唐初直臣王义方为侍御史，在长安买宅居住，“数日，忽对宾友指庭中桐树一双曰：法（疑为此字之误）无酬直。宾友言：树当随宅，别无酬例。义方曰：我只买宅耳，树何所载？召宅主付之钱四千”。土地房屋的地役权如通行权也往往会记载于契约，唐代的土地房屋买卖契约中往往有“车行水道依旧通”之类的惯语[②]。较为典型的房屋买卖契约文书如敦煌出土的“唐乾宁四年（897 年）张义全卖宅舍契”：

永宁坊巷东壁上舍内东房子壹……并屋木，东西一丈三尺五寸基，南北贰丈贰尺五寸并基。（东至张加闰，西至张义全，南至汜文君，北至吴支）又房门外院落地并檐……柱，东西四尺，南北一丈一尺叁寸；又门道地南北贰尺，东西参丈陆尺五寸。其大门道三家共合出入。从乾宁四年丁巳岁正月二十九日，平康乡百姓张义全，为阙少粮用，遂将上件祖父舍兼屋木出卖与洪润乡百姓令狐信通兄弟，都断作价直伍拾硕，内斛斗干货各半。其上件舍价立契，当日交相分付讫，一无悬欠。其舍一买已后，中间若有亲姻兄弟兼及别人称为主已（记）者，一仰旧舍主张义全及男粉子、支子祇当还替，不干买舍人之事。或有恩赦敕书行下，亦不在论理之限。一定

① 上引惯语可见于《吐鲁番出土文书》第三册，第 71、363 页；第四册，第 37 页；第五册，第 53 页等。后者可见《吐鲁番出土文书》第四册，第 145 页。

② 上引惯语可见于《吐鲁番出土文书》第三册，第 71、363 页；第四册，第 37、145 页；第五册，第 53 页等。也可见于《敦煌资料》第一辑，第 312 页。

已后，两不休悔，如有先悔者，罚麦叁拾驮，充入不悔人。恐人无信，两共对面平章，故勒此契，各愿自押署，用后凭验。

（后缺）[①]

唐代法律要求“买卖有保”，土地房屋买卖也不例外。但值得注意的是，在土地房屋买卖契约上副署的保人往往是出卖人的亲属，如敦煌出土的唐大中六年（852年）张月光易地契，副署的保人为张月光的子、弟、侄，“保人男坚坚　保人男手坚　保人弟张日兴　保人男儒奴　侄力力”[②]。上件张义全卖宅舍契中，卖方也列上儿子的名字作为追夺担保的担保人之一。亲属为保人的习惯可能是为了向买受方保证买卖的标的不会被追夺。

（三）借贷契约

借贷契约也是唐朝律令高度重视的契约种类。就狭义上的债而言，仅指借贷之债。中国古代的俗语称“杀人偿命，欠债还钱”，欠债行为的严重性竟与杀人并提，足可见借贷契约在古代民事行为中的地位。然而就唐朝的立法者而言，对于借贷债务的立法并不强调一般性的保护债权。根据儒家中庸之道，单独强调保护某项权益有可能激化社会矛盾，影响统治效率。因此唐朝律令在很大程度上对于债权的保护是有区别的、有分寸的，注意到债务人一方的情况。

唐代律令及民间惯例对于借贷之债区分为几种情况。单纯的“负债”或“欠负”一般来说是指使用借贷或不计利息的借贷；“出举”或“举债”“举取”是指计息的消费借贷；“便取”“贷取”一般而言也是指不计息的消费借贷；“收质”“质取”“典质”等则是指债务人在借贷契约成立的同时向债权人提供有质押品；“质举”“指质”是指债务人在借贷契约成立的

① 见《敦煌资料》第一辑，第288页。

② 见《敦煌资料》第一辑，第286页。

同时指定自己的某项财产为抵押，而前者有强调提供抵押物的同时还要计息的意义。至少在唐末以前，通常情况下，民间的契约一般不会混用这些不同种类借贷关系的称呼，但到了唐末五代时期，各种借贷的区别逐渐混同，这些称呼的特定意义渐渐消失。本节主要介绍一般的借贷，即欠负、负债、出举、便取、贷取等借贷契约之债的制度或习惯。质举的性质在近代民法中被归于质权，指质的性质则在近代民法中被归于抵押权，这两项在下节另外单独介绍。

唐代的法律对于这些不同的借贷之债有着不同的规定，在民间的习惯上，对于不同的借贷债务关系也有不同的订立、履行契约的方式。在法律上和习惯上，这些借贷方面的法律或习惯可以分为不计息之债或计息借贷之债两大类。

1. 不计息之债

唐朝的法律中有关借贷之债方面的内容几乎都是集中于不计息之债方面的。

《唐律疏议 · 杂律》专设"负债违契不偿"的罪名，债务额"一匹以上、违二十日，笞二十；二十日加一等，罪止杖六十。三十匹加二等，百匹，又加三等。各令备（赔）偿"。但必须注意此处的"负债"是指无息的借贷，并不是所有的借贷债务都构成这一罪名。律疏所谓："负债者，谓非出举之物，依令合理者。"理即官府受理之意，按照唐令的规定，并不是所有的债权都受法律的保护，只有"负债"而非"出举"，即只有不计息的债权才可以受到法律的保护，可以向官府起诉，请求官府以刑罚处罚违契不偿的债务人，并强制执行实现债权。另外律疏又进一步解释"负债"的概念还包括"或欠负公私财物，乃违约乖期不偿者"。可见所谓的欠负即指使用借贷而违约不偿的行为，可以比照负债不还的法律规定处理。律疏解释所用的刑罚限度为："三十匹加二等，谓负三十匹物，违二十日笞四十；百日不偿，合杖八十；百匹又加三等，谓负百匹之物，违契满二十日，杖七十；百日不偿，合徒一年。"

对于这类不计息之债的担保方式，唐律令规定了下列的顺序：首先，“牵掣”债务人家资；其次，“家资尽者，役身折酬”；最后，“如负债者逃，保人代还”。

《唐律疏议·杂律》“负债强牵财物”条：“诸负债不告官司，而强牵财物过本契者，坐赃论。”律疏解释：“谓公私债负违契不偿，应牵掣者，皆告官司听断。若不告官司而强牵财物，若奴婢、畜产过本契者，坐赃论。”可见法律允许债权人起诉违约不偿的债务人，在报告官府后就可以扣押债务人的财产抵充原债务。由于所谓负债就是不计息的债务，所以牵掣的财产不得超过债务原本，不发生利息的问题，超过原本进行牵掣，就构成坐赃之罪。就牵掣两个字的原义而言，当与律疏所列举的那样单指马牛、奴婢之类的动产。但实际上民间的契约中所约定的牵掣对象往往包括债务人的田产，甚至说明是口分田园（详见后文）。

“役身折酬”，即指债务人以劳役抵偿债务。《宋刑统·杂律》引唐《杂令》：“家资尽者，役身折酬”，说明在牵掣债务人的财产后依然不能抵偿债务的情况下才可以以劳役抵偿债务，“役身折酬”是在无法正常清偿债务时第二顺序的补救方式。按此条唐《杂令》的规定：“役身折酬，役通取户内男口。”确立只能以男子劳役抵偿债务的原则，这可能是为了防止以妇女儿童出卖抵债的流弊。劳役抵偿债务的计算方法，唐《杂令》没有任何规定，或者也是按照一日当绢三尺的官府“折庸”的方法。

“保人代还”的前提是“负债者逃”，债务人本人逃亡，债务的清偿义务就转移至在契约上署名的保人承担。值得注意的是，当时在借贷契约上署名的保人往往就是债务人的亲属。如吐鲁番出土的唐麟德二年（665 年）张海欢贷银钱契，副署契约的保人就有“海欢妻郭如莲”，并又有“海欢母替男酬练”的字样。而且几乎所有的唐代借贷契约中都有“若身东西不在，一仰妻儿及收后者偿”的惯语，“身东西不在”是逃亡或死亡的隐语，“收后者”指为死亡者办理后事者，意即继承人，可见在民间习惯上早已确立了“父债子还”的惯例。[①]

除法律所规定的这三种债务担保方式外，从出土的唐代文书来看，当时民间还普遍以违限罚息的担保方式。原本不计息的债务，如果债务人不能按时清偿债务，就要开始计算利息。

从出土的唐代契约文书来看，当时民间往往是结合使用上述这些债务担保方式的，但一般没有“役身折酬”的约定，可说是民间惯例上已经确立了以债务人的财产而不是人身为债务担保的原则。较为典型的如吐鲁番出土的“唐麟德二年（665年）赵丑胡贷练契”：

麟德二年八月十五日，西域道征人赵丑胡，于同行人左憧憙边贷取帛练叁匹。其练回还到西州拾日内，还练使了，到过其月不还，月别依乡法酬生利。延引不还听拽家财杂物平为本练直。若身东西不在，一仰妻儿还偿本练。其练到安西得赐物只还练两匹；若不得赐，始还练叁匹。两和立契，获指为验。

钱主　左

贷练人　赵丑胡（画指）

保人　白秃子（画指）

知见人　张轨端（画指）

知见人　竹秃子（画指）

又如，同年的“张海欢贷银钱契”：

麟德二年十一月廿四日，前庭府卫士张海欢于左憧憙边贷取银钱肆拾捌文，限至西州十日内还本钱使了。如违限不偿钱，月别拾钱后生利钱壹文入左。若延引注托不还钱，任左牵掣张家资、杂物、口分田桃（或为萄

① 可见于《吐鲁番出土文书》第六册，第414、430页；第七册，第453、526页等。

蓟之误），用充钱直取。若张身东西没洛者，一仰妻儿及收后保人替偿。两和立契，画指为信。

同日，白怀洛贷取银钱贰拾肆文，还日，别部依上券同。

钱主　左

贷钱人　张海欢（画指）

贷钱人　白怀洛（画指）

保人　张欢相（画指）

保人　张欢德（画指）

海欢母替男酬练，若不上，依月生利。

大女　李台明（画指）

保人　海欢妻　郭如莲（画指）

保人　阴海欢（画指）[①]

直到唐末五代时，民间的无息消费借贷契约依然和上述的契约大致相同，如敦煌出土的“酉年曹茂晟便豆种契”：

酉年三月一日，下部落百姓曹茂晟，为无种子，遂于僧海清处便豆壹硕捌斗。其豆自限至秋八月卅日已前送纳。如违不纳，其豆请陪（倍），一任掣夺家资杂物，用充豆直。如身东西，一仰保人代还。中间或有恩赦，不在免限。恐人无信，故立此帖两共平章，书指为记。

豆主

便豆人　曹茂晟（画指）

保人　男　沙弥法　年十八（画指）

见人

① 《吐鲁番出土文书》第六册，第412、414页。

见人　僧　慈灯[1]

这件契约中“其豆请陪（倍）”是当时无息消费借贷契约文书中常见的条款，有时还明言所倍的具体数额，如另一件“某年僧神寂便麦契”：

……年三月六日，僧神寂为负债，今于当寺佛帐所内……麦两硕陆斗（并汉斗）。其麦限至秋八月内送纳……寺足。如违，其麦请陪（倍）伍硕贰斗。仍任将契……领六（疑为令律之误），牵掣房资什物，用充麦直。有剩……论限。如身东西，一仰保人等代还。恐人无信……此契，画指为记。

便麦　僧神寂　年廿（印章二）
保　僧净心　年卅
见人　惠云
见人　道远[2]

2. 计息之债

唐律令确立了法律不保护计息债权的原则，唐《杂令》：“诸公私以财物出举者，任依私契，官不为理。”“诸以粟麦出举、还为粟麦者，任依私契，官不为理。”[3] 出举即计息的债务，这类债权只凭私人契约确定，其强制力只能依靠权利人的自力，官府并不受理债权人提起的要求实现债权的诉讼。又《唐律疏议 · 杂律》“负债违契不偿”条律疏：“负债者，谓非出举之物，依令合理者；或欠负公私财物，乃违约乖期不偿者。”可见官府所受理的只是不计息债务的诉讼，保护的是不计息的债务，所追究的违契不偿的责任

① 《敦煌资料》第一辑，第 357 页。
② 《敦煌资料》第一辑，第 391 页。
③ 《宋刑统》卷 26《杂律 · 受寄财物辄费用门》引唐《杂令》。

也只限于不计息的债务。《唐律疏议·杂律》“负债违契不偿”条所规定的，即仅适用于使用借贷及不计息借贷违契不偿的情况。而唐《杂令》又规定私人借贷债务“任依私契，官不为理”，但“若违法积利、契外掣夺及非出息之债者，官为理”。另一条《杂令》令文又规定：“诸出举两情和同，私契取利过正条者，任人纠告，本及利物并入纠人。”[①] 可见计息的债务违契不偿官府不会追究其责任，相反如果债权人有违法行为就会被追究罪责。

根据这一原则，唐律令主要从利率及利息总额两个方面对借贷利息进行限制。唐《杂令》规定出举债务的利息“每月取利不得过六分，积日虽多，不得过一倍。……又不得回利为本”；出举粟麦粮食的债务“仍以一年为断，不得因旧本更令生利，又不得回利为本”。限制利率为月利6%（合年利72%），利息累计总额不得超过原本，不得计算复利，粟麦计息债务只能在年内结算。在唐中后期的敕格中，进一步降低了限制利率，据《宋刑统·杂律·受寄财物辄费用门》所载，唐文宗开成二年（837年）敕规定私人出举“不得五分以上生利”，则月利限制在5%以下；又有不知何年的唐户部格敕规定，“天下私举质，宜四分收利，官本五分收利”，则提供财产质押私人计息债务的限制月利为4%。违反利率限制法律行为的处罚也逐步加重，上述开成二年敕规定：“其利止于一倍，不得虚立倍契、及计会未足，抑令翻契，回利为本。如有违越，一任取钱人经府县陈论，追勘得实，其放钱人请决脊杖二十，枷项令众一月日。”

但是必须注意的是，唐代法律上述的限制债务利息的内容并不适用于官府所放贷的官债。唐初朝廷允许京师各府司置“公廨本钱”，挑选商人为“捉钱令史”，经营放贷公廨本钱，为官府赚取利息，“人捉五十贯以下、四十贯以上……每月纳息四千，一年凡输五万”。[②] 法律对此有特别规定，上引《杂令》在累计利息不得过一倍的规定之后，又规定“若官物及公廨，

① 《宋刑统》卷26《杂律·受寄财物辄费用门》引唐《杂令》。

② 《唐会要·内外官料钱上》。

本利停讫，每计过五十日不送尽者，余本生利如初。不得更过一倍”。可见官债计息可至 300%。这种官营高利贷经营机构一直至唐后期依然存在，如唐武宗会昌元年（841 年）下敕各州县仍置公廨本钱经营，“量其大小、各置本钱，逐月四分收利”。[1]

从唐代史料分析，唐代官府对于计息官债的保护不遗余力。《文苑英华·赦》卷四四二载唐宪宗元和十四年（819 年）赦文：“公廨及诸色本利钱，其主、保逃亡者，并正举纳利，十倍已上，摊征保人，纳利五倍已上，及展转摊保者，本利并宜放免。”当债务人纳利已达原本的十倍以上，保人代纳利息已达原本的五倍，官府竟然还在追征原本。如果没有这一赦令，不知要追征到何年何月。又如，该书卷四四一载唐文宗太和八年（834 年）德音：“在京诸司、诸使食利钱，其元（原）举人已纳利计数五倍已上，本利皆放。其有人户逃、死，摊征保人，其保人纳利过两倍已上者，其本利亦并放免。”

除了保护官营高利贷之外，在很多情况下，官府对于民间私人的计息债权也并不是完全不予受理。吐鲁番出土的唐咸亨五年（674 年）王文欢诉酒泉城人张尾仁违契不偿辞牒残件，其中提到王文欢与张尾仁于上一年立契，出举银钱贰拾文，“准乡法和立私契”“拾文后……钱贰文”，说明是计息的债务。一年后，张尾仁依然未清偿债务，债权人只得向官府起诉。但可惜的是这件辞牒较为残破，无法得知这件案件是如何处理的。[2] 另外唐朝朝廷也曾多次下赦敕，放免私人之间的债务，从其中提到的情况来看，当时官府往往根据债权人的要求，替债权人追征计息债务。如《唐会要》卷八八载唐敬宗宝历元年（825 年）敕：“应京城内有私债十年已上、曾出利过本两倍，本主及原保人死亡、并无家产者，宜令台府勿为征理。”按照唐《杂令》官府对于私人计息债务纠纷不应插手，但实际上还有替债务

① 《唐会要》卷 99。

② 《吐鲁番出土文书》第六册，第 525—527 页。

人征理的。另据《唐大诏令集·政事·恩宥六》所载唐懿宗咸通八年（867年）德音："举、便、欠负，未涉重条，如闻州县禁人，或缘私债及锢身监禁，遂无计营生。须有条流，俾其存济。自今日已前，应百姓举欠人债，如无物产抵当，及身无职任请俸，所在州县及诸军司须宽与期限，切不得禁锢校料，令其失业。又辄不得许利上生利及回利作本，重重征收。如有违越，勘会奏闻。"可见无论是举取、便取、欠负的债务，官府有时会按债权人的请求进行追征，甚至还会关押债务人，还曾允许债权人利上生利、回利为本。

对于计息债务的担保方式，按照"任依私契，官不为理"的原则，唐律不允许官府替私人追征债务，也不同意经债权人的起诉牵掣债务人的家产。债权人原则上只能依靠自力救济，实现债权。其方式虽不经官府的帮助，但依然有"牵掣财物""役身折酬""保人代偿"，以及民间通行的"违限罚息"等。

唐朝法律所规定的限制利率似乎并没有在民间得到遵守。从吐鲁番、敦煌出土的大量借贷契约文书来看，出举契中约定的利息都要高过法律的限制利率。如吐鲁番出土的"唐麟德二年（665年）卜老师举钱契"：

麟德二年正月廿八日，宁昌乡人卜老师，于高参军家人未丰边举取钱拾文，月别生利钱壹文。若未丰须钱之日，本利俱还。若身东西不在，一仰家妻儿收后上钱，听拽家财，平为钱直。两和立契，获指为信。

钱主　高未丰
举人　卜老师（画指）
保人　翟子隆（画指）
知见人　翟贞信（画指）
保人　男　石德（画指）

这件举取钱契中的月利为十分之一，远远高于唐律令所限制的利率，但这种违法的利率却似乎是当时民间通行的利息标准，有的甚至还要高。

如吐鲁番出土的“唐乾封元年（666 年）郑海石举银钱契”：

乾封元年四月廿六日，崇化乡郑海石，于左憧憙边举取银钱拾文，月别生利钱壹文半。到左须钱之日，索即须还。若郑延引不还左钱，任左牵掣郑家资杂物、口分田园，用充钱子本直。取所掣之物，壹不生庸，公私债负停征，此物不在停限。若身东西不在，一仰妻儿及收后保人替偿。官有政法，人从私契。两和立契，画指为信。

钱主　左

举钱　郑海石（画指）

保人　宁大乡　张海欢（画指）

保人　崇化乡　张欢相（画指）

知见人　张欢德（画指）[①]

这件举契约定的利息高达月利 15%，而且所约定的债务担保方式一应俱全，这也可以说明当时的出举债权要靠私人自力救济实现，契约的约定往往都比较详细。其债务的担保方式也有采用罚息方式的。如敦煌出土的“唐建中七年（786 年）苏门悌举钱契”：

建中七年七月廿……苏门悌，为切要钱用，令……举钱壹拾伍仟文。其钱主……限八月内壹拾陆仟文。如违限不付，每月头分生利。过月如上不付，即任掣夺家资，用充本利直。如东西不在，一仰同取保人代还。官有政法，人从誓契。两共平章，画指为记。

钱主　（画指）

举钱人　苏门悌年卅九

保人　安索年卅[②]

① 前一例见《吐鲁番出土文书》第七册，第 526 页；后一例见同书第六册，第 417 页。
② 《敦煌资料》第一辑，第 460 页。

这件契约成立于七月，预定的归还期为八月，仅这一个月的利息就为一千文，即月利为6.7%。但同时又约定了如违限不偿，即要“头分生利”。按照当时民间的习惯，“头分生利”即为10%，如敦煌出土的“唐建中三年健儿马令庒举钱契”中，本钱一千文“每月头分生利百文”[①]。这一利息因是罚息，明显高于原定利息。

还有一些借贷契约的利息很低，而罚息却高达原本的一倍，如吐鲁番出土的“唐景龙二年（708年）宋悉感举钱契”：

景龙贰年四月十七日，交河县安乐城人宋悉感，于高昌县人成义感边铜钱叁百贰拾文。至其年八月卅日内，陆拾肆文作緤花贰拾斤；陆拾肆文至九月卅日内，作乌麻高昌平斗中玖斗；钱壹佰玖拾陆文作粟壹拾斛捌斗。其物至九月卅日内不得，壹罚贰入成。如身东西不在，一仰……

（后缺）[②]

这件契约约定的全部利息额仅为四文（由于是以实物折算归还，其折算率很可能是有利于债权人的，将利息隐蔽于实物与铜钱的折算之中），但违限不偿的罚息则为原本的一倍，这或许是当时民间立契的惯语，并不是真实的罚息额。

（四）租赁契约

《唐律疏议·名例》律疏对于赁的解释是：“赁，谓碾磑、邸店、舟船之类，统计赁价为坐。”即赁是指租赁这些财物的行为。唐代的租赁契约的形式及内容都呈现多样化，大致上可分为耕地租赁——中国古代一般称之为租佃；土地以外的不动产如房屋及法律上视为与土地房屋同样性质的

① 同上书第465页。

② 《吐鲁番出土文书》第七册，第504页。

碾磑、邸店、舟船、车辆的租赁，以及被视为土地附着物的树木的租赁；被称为“雇”或“庸”的是对于马牛之类畜力的租赁；另外还有一种以租赁为名的“贴赁”（详见下文）。

1. 耕地租赁——租佃

佃字，在古代的原意是“耕作”，《史记 · 苏秦列传》：“民虽不佃作而足于枣粟矣！”《汉书 · 韩安国传》注：“佃，治田也。”在史书记载上，租佃契约关系中的承租人一般称之为“佃人”“佃客”“客户”等。唐中期均田制瓦解，大批农民因土地被地主豪强兼并，被迫逃亡，唐玄宗天宝十一载（752 年）诏书承认：“致令百姓无处安置，乃别停客户，使其佃作。”① 逃亡农民在所到的地区成为无户籍的“客户”，在承租了地主豪强的土地后佃作求食，因此号为“佃客”，或因地主豪强的庄田而称之为“庄客”，简称为“客”。《太平广记》卷一六五提到唐玄宗时，有富翁王叟，“庄宅尤广，客二百余户”。《东轩笔录》载唐代李诚的庄园有“佃户百家”。而根据出土的唐代契约文书来看，租佃契约的名称有的称“租”，有的称“夏”，有的称“佃”。现存的唐朝法律对此的规定并不多，仅唐令的佚文中有一条涉及租佃的问题，这条唐令据日本学者仁井田陞的考证，应为唐开元七年（719 年）的《田令》：“令其借而不耕，经二年者，任有力者借之。即不自加功分与人者，其地即回借见佃之人。若佃人虽经熟讫，三年之外不能种耕，依式追收改也。”② 可见在立法上，租佃行为又或称之为“借”。其立法的出发点似乎是强调对于土地的利用，允许私人承租国有荒地，也允许转租于人，但要求在三年内必须加以耕种。

从出土的租佃契约文书来看，较为典型的契约如吐鲁番出土的“唐贞观十七年（643 年）赵怀满夏田契”：

---

① 《册府元龟》卷 495。

② 见《唐令拾遗》第 571 页《田令》，其引据日本《令集解 · 田令》。

贞观十七年正月三日，赵怀满从张欢……步，张菌富贰亩，田壹亩与夏价小麦贰斛……依高昌斛斗中取，使干净好，若不好，听向风常取。赀……仰耕田人了。若风破水旱，随大匕例。……到六……上麦使毕。若过六月不……壹月壹斛上生壹兜（斗）。若前却不上，听拽家财……麦直。若身东西无。仰收后者上。三人……

（中缺）

田主 张欢仁（画指）

田主 张菌富（画指）

耕田人 赵怀满（画指）

倩书 范延守（画指）[1]

这件契约残破程度较大，另一件“唐贞观二十二年（648 年）索善奴佃田契”亦较典型：

贞观廿二年十月卅日，索善奴……夏孔进渠常田肆亩，要径（经）……年。别田壹亩与夏价大麦五斛，与……到五月内偿麦使毕；到十月内偿……毕。若不毕，壹月麦秋壹斛上生麦秋壹……。若延引不偿，得拽家资，平为麦直。若身□西无者，一仰妻儿及收后者偿了。取麦秋之日，依高昌旧故，平袁（圆）斛中取。使净好，若不好，听向风常取。田中租课，仰田主；若有渠破水谪，仰佃……指为信。

田主 赵

佃田人 索善奴（画指）

知见人 冯怀勗（画指）

知见人 刘海愿（画指）[2]

① 《吐鲁番出土文书》第四册，第 142 页。

② 《吐鲁番出土文书》第五册，第 18 页。

结合这两件契约，就可以比较清楚地了解唐代租佃契约的基本内容及基本的条款。地主即出租人一方在契约中明显占据主动地位，而承租人处于较为不利的地位。佃种人要向地主保证按时交租，“若延引不偿，得拽家资，平为麦值”。佃种人的家属负有连带担保责任，“若身东西无，一仰妻儿及收后者偿”。佃种人要保证地租的质量，“使净好，若不净好，听向风扬取（由地主自行扬谷）”。佃种人还要负责耕地的水利设施，“租（指官府的税收）输百役，仰田主了；渠破水讁，仰耕田人了”。这些都是唐代的租佃契约中常见的惯语[①]。而从其他的一些租佃契约文书来看，地租的形式也较多，既有实物分成地租，也有实物定租及货币地租。至于这些租佃契约中的“风破水旱，随大匕例”或“风虫贼破，随大匕例”条款的性质[②]则还难以判断。

有的租佃契约与上述的唐《田令》所规定转租国有荒地的内容相符，如吐鲁番出土的“唐垂拱三年（687年）杨大智佃田契”：

垂拱三年九月六日，宁戎乡杨大智交□小麦肆斛，于前里正史玄政边租取逃走卫士和隆子、新兴，张寺潢口分田贰亩半。其租价用充隆子兄弟二人庸緤直。如到种田之时，不得田佃者，所取租价麦，壹罚贰入杨。有人恡护者，仰史玄（政）应当。两和立契，画指为记。

租田人　杨

田主　史玄政（画指）

知见人　侯典仓（画指）[③]

这件契约中，主动的一方明显是承租人杨大智，违约罚归于承租人，

① 可见《吐鲁番出土文书》第二册，第326页；第三册，第177页；第四册，第142页；第五册，第18、20、240页等。

② 除上述的契约文书外，可见于《吐鲁番出土文书》第三册，第177页；第五册，第81页等。

③ 《吐鲁番出土文书》第七册，第406页。

有意外事件发生应该由出租人“了”，尤其是末尾是由地主画指，而承租人竟然只写姓而不名，显然不同于一般的租佃契约中地主居于主动地位的情况。地租被用以上缴逃亡的原受田人应负担的代役费。

2. 房屋及其他不动产的租赁

唐代民间租赁活动相当活跃，其租赁的对象也较复杂。最常见的是房屋租赁契约，其较为典型的如吐鲁番出土的约为隋唐之际时期的“尼高参等赁舍契”：

卯岁五月十二日，女……尼高参二人，从索寺主……赁，二人各赁舍壹坚（间）……赁价钱贰文，高参…赁价钱叁文。二人要径（经）壹年。……不得病死，若有病死者，罚钱……与钱壹文。……二主和同立券，券成之后，各不得返悔……要行二主，各自署名为信。

（后缺）[1]

这件契约中的“不得病死”条款当属迷信方面的禁忌。吐鲁番出土的约为唐高宗后期的“杜定欢赁舍契”就没有此项条款：

……元年六月廿日，高昌县崇化乡人杜定欢，从证圣寺三纲僧练伯边，赁取里舍中、上、下房伍口……有门壹具。其舍中并得……钱叁拾文……钱拾五文□到二年二月卅日与钱拾伍文。其舍……年用坐。立契已后，不得悔，若……钱肆拾文入不悔人。两私……画指为验。

舍主　僧

赁舍人　杜定欢

知见人　索宝悦[2]

① 《吐鲁番出土文书》第三册，第 199 页。

② 《吐鲁番出土文书》第六册，第 587 页。

习惯上树木附着于土地，栽树在古代往往是确认私有权的象征，如古金文的“封”字就是堆土植树明确土地疆界的象形[①]。先秦时“五亩之宅，树之以桑”[②]，在宅地栽桑树是民间的习俗，以至于以“桑梓”为故乡或故居的代称，同时也以“桑田”为私有土地的代称，“桑田皆为世业”[③]。北朝实行均田制，以桑田为允许私人永久占有土地的名称。南朝时“襄阳土俗，邻居种桑树于界上为志”[④]。因此树木视同于不动产，其租赁契约较为典型的有吐鲁番出土的“高昌延寿二年（625年）田婆吉夏树券”：

……二年乙酉岁三月二日，田婆吉从赵明儿边夏……株，到六月十五日，上夏树偿银钱捌文。不得斤府（斧）上株。若……月，拾钱上生钱壹文。若前却不上（偿），听拽家财，平为钱直。□身东……券，券成之后，各不得返悔，悔者□罚二入不悔者。民右（有）私要（约），行二主。各自署名为信。

倩书人　赵愿伯

时见　张屯富[⑤]

现在可以见到的唐代文书中尚未发现租赁碾磑、邸店、舟船的契约文书，只能从吐鲁番出土的“唐龙朔四年（664年）运海等六人赁车牛契”残件中找到一些这类契约的内容：

龙朔四年正月廿五日，武城乡……运海、范欢进、张……六人赁……具到……一道。……文，更依乡价输送，□具有失脱，一仰……知当。若

① 参见李剑农:《先秦两汉经济史稿》，生活·读书·新知三联书店1957年版，第三章。
② 《孟子·梁惠王上》。
③ 《魏书·食货志》。
④ 《南齐书·孝义传·韩系伯传》。
⑤ 《吐鲁番出土文书》第五册，第132页。

车牛到赤亭，□依价仰……依乡价上。两和立契。获指为……

车牛主 张贵儿

赁车牛人 范……

赁车牛人 翟……[①]

3. 租赁牲畜契约

《唐律疏议·名例》律疏：“庸，谓私役使所监临及借车马之属，计庸一日为绢三尺。”可见唐律是将人力及畜力的租赁都统称为庸，而民间则普遍将这些契约称之为“雇”。雇与庸字义在这方面相通。按照近代民法的观点，雇佣与租赁是两种不同的契约，而中国古代则往往都称之为“雇”或“庸”。在此姑且按近代民法的分类法将畜力的“雇契”置于本节之内，而将人力的“雇契”置于雇佣契约一节。

敦煌文书中多有租赁牲畜的契约，较为典型的“有壬辰年雇牛契”：

壬辰年十月生六日，洪池乡任百山乙阙少牛畜，遂雇同乡百姓雷粉……黄自牛一头年八岁。十月至九月末，断作雇价每月一石，春……被四月叁日，若是自牛并（病）死者，不关雇人之是（事）；若驮□走煞（杀），不关牛主诸事。两共对面平障（章），不许休悔，如先悔者，一驮……（后缺）[②]

从此件契约可见，租赁牲畜的风险是分别承担的，牲畜自行病死的情况下，是由出租人承担损失；而如果是使用不当造成牲畜倒毙的，则是由承租人承担赔偿。然而这样的约定似乎比较含糊。也有的牲畜租赁契约对此有更明确的约定，如敦煌出土的“癸未年张修造雇驼契”：

① 《吐鲁番出土文书》第五册，第 145 页。

② 《敦煌资料》第一辑，第 343 页。

癸未年四月十五日，张修造遂于西州充使，欠阙驼弃（当为乘之误），遂于押衙王通通面上雇五岁父驼壹硕（头），断作驼价官布十六匹，长柒捌。到日纳还。驼若路贼打病死，一仰要同行见，或若非里（理）押损走却，不（关）驼主知（之）事，一仰修造……

（后缺）[①]

这件契约中约定，租赁的牲畜如有意外死亡，要有同行人的证明；如果是使用不当导致死亡，就要由租赁人负赔偿责任。

（五）寄存契约

寄存行为应该是起源很早的民事行为，至唐代寄存委托保管的行业已是相当兴盛，专营保管寄存外地客商货物的有“邸舍”，保管寄存之外又兼营批发的有“邸店”，《唐律疏议 · 名例》律疏：“邸店者，居物之处为邸，沽卖之处为店”。另外还有“寄附铺”也是经营寄存业务的，寄存保管现钱的则称为“柜坊”。

现存最早的关于寄存的法律可见于《唐律疏议 · 杂律》的“受寄财物辄费用”条。“诸受寄财物而辄费用者，坐赃论减一等；诈言死失者，以诈欺取财论减一等。”律疏解释坐赃论减一等即赃一尺笞十，一匹加一等，罪止徒二年半；诈欺取财论减一等即赃一尺笞五十，一匹加一等，罪止徒三年。这条法律只是刑事方面的处分，律疏又设问答对此做了扩大解释。“问曰：受人寄付财物，实死失，合偿以否？”“答曰：下条云，亡失官私器物，各备（赔）偿，被强盗者不偿。即失非强盗，仍合偿之。以理死者，不合备（赔）偿；非理死者，准《厩牧令》，合偿减价。”

然而唐律所载的这些法律规定都没有涉及寄存物的孳息归属问题，也没有关于寄存费用的规定。按照唐律关于坐赃致罪的规定，孳息物都算是

① 《敦煌资料》第一辑，第338页。

“正赃”，《唐律疏议·名例》律疏：“生产蕃息者，谓婢生子、马生驹之类”，但“若是兴生出举而得利润，皆用后人之功，本无财主之力，既非孳生之物，不同蕃息之限，所得利物，合入后人”。据此推断，凡自然孳息（生产蕃息）都必须随原物归还原主，而寄存于邸店、柜坊等营利机构的财物经贸易出举经营的利润就不算是孳息，不用归还本主，大大有利于这些行业的经营者。

唐代笔记《朝野佥载》卷五记有一个著名的寄存纠纷案例：卫州新乡县人王敬戍边，将自己的六头母牛寄存于舅舅李琎家，五年后，母牛共产犊三十头。王敬回乡，李琎只归还四头老牛，说另外两头已病死。王敬就此起诉。县令裴子云下令以盗牛罪逮捕李琎，并将王敬蒙上头带到庭上装扮为指扳李琎的盗贼。李琎，辩解称冤，说三十头牛是外甥寄养的母牛所产，裴子云拉去王敬头上的蒙布，说：“即当还牛，更欲何言？”并又判决：“五年养牛辛苦，与牛五头。余并还敬。”

（六）雇佣契约

从现存可以看到的唐代史料来看，还没有能够找到唐代法律直接有关雇佣契约方面的条文规定。《唐律疏议·名例》“计庸赁为赃”条律疏解释“庸”：“庸，谓私役使所监临及借车马之属。计庸一日为绢三尺。”可见唐律将人力、畜力的役使都统称为庸，并予以标准的计赃换算方法。从出土的唐代文书中来看，这与民间的雇佣契约习惯一致。劳作方面的雇佣契约一般为期一年，或为一年中的农忙时期。契约上一般写作“用岁作”“造作一年”，雇价以月计算。契约中一般有雇价、劳作条件、风险等较为详细具体的条款。而其他的短期雇佣契约则没有这么复杂。

出土的唐代文书中较为典型的劳作雇佣契约，可见敦煌出土的“后梁龙德四年（924年）张厶甲雇工契”：

龙德肆年甲申岁二月一日，敦煌郡乡百姓张厶甲，为家用阙少人力，遂雇同乡百姓阴厶甲。断作雇价，从正（当为二之误）月至九月末造作，逐月壹驮。见分付多少已讫，更残到秋物□之时。收领春衣一对，长袖并裈。皮鞋一量（两，即双），余外欠阙，仰自枇排（花费？）。入作之后，比至月满，便须兢心，勿□二意，时向不离。城内城外一般获时造作，不得……抛涤工夫。忽忙时不就田畔蹭蹬闲行，左右直北。抛工一日，克物贰斗。应有泌身使用农具兼及畜乘，非理失脱损伤者，陪（赔）在厶甲身上。忽若偷盗他人麦粟牛羊鞍马逃走，一仰厶甲亲眷□当。或若浇溉之时，不慎睡卧，水落在□处，官中书罚，仰自祇当。亦不得侵损他□田亩，针草须守本分。大例贼打输身却者，无亲表论说之分。两共对面平章为定，准法不许翻（反）悔如先悔者，罚上羊壹口，充入不悔人。恐人无信，故立明文，用为后验。

雇身厶甲　口承人厶甲

甲厶人见　甲厶人见[①]

本件契约规定的劳动条件是恶劣的，尤其是在劳作期间的风险几乎都要由受雇人承担。比如，农具、牲畜的丢失损坏都要由受雇人赔偿；受雇人有犯罪行为时，其后果也全部由受雇人的亲属承担；劳作时导致水利设施的损坏也要受雇人受罚；受雇人若发生意外则完全与雇佣人无关。不过与这件文书相比，吐鲁番出土的高昌延和十二年（613 年）雇工契的雇工条件还要苛刻得多，如规定如果雇工“不作壹日”或因生病而抛工，“到头壹日还上壹日”；“亡失作具”要一赔十；侵损人田禾、六畜亦要由“作儿承了”。又高昌午岁（约 599 年或 610 年）赵沙弥受雇放羊券，也规定所放牧的羊有走失、骨折都要由“放羊儿了”，但“若羊迳（经）宿完（晚）具（俱）死，放羊儿悉不知”，即羊若隔夜发生死亡，放羊人可以不负责任。[②]

① 见《敦煌资料》第一辑，第 333 页。本件文书当事人都称厶甲，当为一件雇佣契约文书的样文。

② 上述两件文书见于《吐鲁番出土文书》第四册，第 156 页；第五册，第 155 页。均有残破。

与这些雇佣契约文书所规定的雇工待遇相比，官府奴婢的待遇似乎还要略好一点。如据《唐六典·刑部·都官郎中》载官奴婢的待遇："春衣每岁一给，冬衣二岁一给，其粮则季一给。丁奴春头巾一，布衫、裤各一，牛皮靴一量（两）并毡。官婢春给裙、衫各一，绢禅一，鞋二量；冬给襦、复裤各一，牛皮靴一量并毡。十岁已下男春给布衫一、鞋一量，女给布衫一、布裙一、鞋一量；冬，男女各给布襦一、鞋袜一量。官户长上者准此。"

出土最多的唐代短期雇佣契约是雇人上烽契。上烽是指至边境烽火台服役守望。唐朝在边境线上每隔三十里设烽候（烽火台）一座，以报边警。《唐六典·兵部·职方郎中员外郎》："凡烽候所置，大率相去三十里（若有山冈隔绝，须逐便安置，得相望见，不必要限三十里）。"烽候的守望人员则征发当地百姓充当，称之为烽子。据《唐令拾遗·军防令》引日本《令集解》："《唐令》烽条云，取中男配烽子者，无杂徭故也。"可见烽子是征发当地中男（15—20岁的男子）充当的，因为中男不承担朝廷的正式的徭役，也不承担地方官府征发的杂徭。唐律令严禁卫士防人冒名顶替，但并不明文禁止烽子雇人代役。烽子轮番上烽，每期15日。很多农民都雇人上烽，这种雇人上烽契较为典型的如吐鲁番出土的"唐西州高昌县武城乡张玉塠雇人上烽契"：

……正月廿八日，武城乡……银钱八文，雇同乡人解知德当柳中县……壹次，十五日。其钱即日交相付……若烽上有逋留、官罪，壹仰解知德当，张玉塠悉不知。□有先悔者，一罚贰入不悔人。……指为记。

钱主　张玉塠

受雇人　解知德（画指）

保人　张板德（画指）

知见人　张仁丰（画指）[1]

① 见《吐鲁番出土文书》第五册，第164页。另有较完整的上烽契，可见该书第24、111、142页等。

由这件文书可以看到，上烽的雇价很低，但受到官府责备惩罚的风险都由受雇人承担。所谓逋留，是逗留逋逃之人的缩略语，按《唐律疏议 · 捕亡》对逃亡者“过致资给”（律疏解释：“谓指授道途，送过险处，助其运致，并资给衣粮”）者也要按逃亡者的罪名减一等处刑。又如，《卫禁律》规定，缘边城戍候望者不觉“外奸内入、内奸外出”，或奸人出入“不速告及告而稽留”，都要处徒刑一年半。官罪当指《卫禁律》所规定的：“应举烽燧而不举、应放多烽而放少烽者，各徒三年；……以故陷败户口、军人、城戍者，绞。……即不应举烽燧而举，若应少放烽而多放烽，及绕烽二里内辄放烟火者，各徒一年。”按《唐六典 · 兵部 · 职方郎中员外郎》，烽候望见敌军尘烟即应放烽，根据敌军的多少，分别燃放烽一炬、二炬、三炬、四炬，具体多少敌军燃放几炬则有专门的形式加以规定。受雇人承担的是很大的风险。

（七）承揽契约

唐代承揽契约仍然混淆于雇佣契约，法律对此没有任何规定，民间习惯上也不区分雇佣和承揽的不同，民间的承揽行为往往做成雇佣或租赁的形式的契约。较为典型的民间承揽契约可见敦煌出土的“卯年张和和断造协篱契”：

卯年四月一日，悉董萨部落百姓张和和，为无种子，今于永康寺常住处取协篱价麦壹番硕驮，断造协篱贰拾扇，长九尺，阔六尺。其协篱限四月二十五日已前造了。如违其限，协篱请倍，麦壹驮倍两驮。恐人无信，故勒此契。卯年四月一日，张和子手帖。中间或身东西，一仰保人等代还。

麦主

取麦人　张和和年□一

保人弟　张贯子年廿五[①]

① 《敦煌资料》第一辑，第 355 页。

这一件契约从近代民法的眼光看来应该是承揽，但其契约形式却是模仿借贷契约的，仍以取麦人与麦主的关系进行立契。

（八）合伙契约

唐代民间已有相当频繁的合伙民事行为，唐代商业繁盛，商人之间应该有很多合伙的行为，但可惜的是在目前能见到的唐代契约文书中还不能发现商业方面的合伙契约文书，唐朝的法律对此也没有任何的规定。只是在吐鲁番出土的文书中有一件农业租佃方面的合伙契约可供分析。这就是“唐龙朔三年（663年）张海隆夏田契”：

龙朔三年九月十二日，武城乡人张海隆，于同乡人赵阿欢仁边夏取叁、肆年中，五年六年中，武城北渠口分常田贰亩。海隆、阿欢仁二人合佃食，其耕牛、麦子仰海隆边出，其秋麦，二人庭分。若海隆肆年、五年、六年中不得田佃食者，别钱伍拾文入张；若到头不佃田者，别钱伍拾文入赵，与阿欢仁草玖围。契有两本，各捉一本。两主和同立契，获指□记。

田主 赵阿欢仁（画指）

合佃人 张海隆（画指）

知见人 赵武隆（画指）

知见人 赵石子（画指）[①]

这件契约虽然以租佃契约的形式，但究其实质，很明显应归为是一件合伙契约，实际上是张海隆与赵阿欢仁两人合伙耕种即“合佃”，张海隆出耕牛、种子，而赵阿欢仁出土地，两人平分所收的粮食。没有地租方面的约定。契约的末尾双方各自画指，和一般的租佃契约中地主并不画指的情况不同。在契约契纸的背面有合同记号，又明言为复本契，双方各持一

① 见《吐鲁番出土文书》第五册，第117页。

本，这即后代所言的“合同契”。但是据现有史料尚不能确定当时凡类似的合伙契约都是采用这种合同契约形式的。

二、损害赔偿之债

中国古代法律严格贯彻了国家主义的原则，一切对于财产权利及人身权利的侵害，都被认定为是对于社会、对于国家的侵害，必须由国家加以处罚，没有私人之间的赔偿可言，即使是有所赔偿方面的规定，也决然排斥私人的意志，绝不当作私人之间的债务进行处理。所以从严格意义上而言，实际上中国古代法律并不存在损害赔偿之债。但从近代民法的角度来看，唐代的法律中也确实有着若干与近代民法的损害赔偿内容相近之处。本节即从这些相近之处加以分析归纳。

（一）侵损财产行为的损害赔偿

根据《唐律疏议》进行分析，其对于侵损他人财产行为的处理原则主要有如下几个方面。

首先，凡是行为人主观上有故意的，都要作为犯罪行为处理，在处以刑罚的同时，还要处以作为附加刑性质的强迫赔偿。如凡强盗、窃盗罪，都要按赃“倍备（赔）”[①]。所谓倍备，就是“盗一尺，征二尺”。弃毁他人财物、毁伐他人树木庄稼罪“准盗论”“各备（赔）偿”，即赔偿原价。故决堤防或故意放火罪，徒三年，导致损败财物的，“故犯者，征偿”，也要进行赔偿，但赃重者则要准盗论。

---

① 《唐律疏议·名例》规定：“盗者，倍备”，但又规定：“死及配流勿征”，律疏解释：“因赃断死及以赃配流，得罪既重，多破家业，赃已费用，矜其流、死，其赃不征。”由于强盗赃一尺以上已是流刑，因此实际上一般而言强盗赃已无须赔偿，只需归还原正赃（原物及其孳息）即可。

其次，凡行为人在主观上并无故意的，则分别处理，有的不受刑罚只需赔偿即可，“偿而不坐”；有的则要受刑罚而无须赔偿，“坐而不偿”。如因过失错误而弃毁、亡失他人财物，据《杂律》律疏，“若误毁、失私物，依下条例，偿而不坐”，不算犯罪，具有比较单纯的损害赔偿性质。又如，《厩库律》误杀伤官私马牛，“其误杀伤者，不坐，但偿其减价”（详见后文），律疏解释：“误杀伤者，谓目所不见、心所不意，或非系放畜产之所而误伤杀，或欲杀猛兽而杀伤畜产者，不坐，但偿其减价。”而因失火、不修堤防导致水灾损害，要处以刑罚，但按《杂律》“诸水火有所损败，故犯者，征偿；误失者，不偿”。律疏解释，“其称‘失火’之处及‘不修堤防而致损害’之类，各不偿”。

再次，即使允许进行赔偿的，也强调局限于赔偿直接损失。《杂律》“坐赃致罪”条律疏解释“因事受财”，称“假如被人侵损，备偿之外，因而受财之类，两和取与，于法并违”，“取者”和“与者”都要按坐赃罪处罚。可见赔偿数额超过了官方认定的备偿额就作为犯罪处罚。唐律中凡要进行赔偿的都明确是赔偿“减价”，即以受损害的财物原价值减去残留部分价值后的余数。比如，《厩库律》“杀伤官私马牛”条的律疏解释“减价”：“减价，谓畜产直（值）绢十匹，杀讫，唯直绢两匹，即减八匹价；或伤止直九匹，是减一匹价。杀减八匹偿八匹，伤减一匹偿一匹之类。”其减价的计算极其细致，如“官私畜产毁食官私之物”条律疏举例：“假有一牛，直上绢五匹，毁食人物平直上绢两匹；其物主登时伤杀，死牛出卖直绢三匹，计减二匹；牛主偿所损食绢二匹，物主酬所减牛价绢亦二匹。”

最后，按照罪赃进行的赔偿，其数额的确定也来自处理刑事犯罪时的“平赃”，与双方当事人的意志无关。按《唐律疏议·名例》：“诸平赃者，皆据犯处当时物价及上绢估。”律疏的解释是：“赃谓罪人所取之赃，皆平其价直，准犯处当时上绢之价。依《令》：每月，旬别三等估。其赃平所犯旬估，定罪取所犯旬上绢之价。”

总之，唐律对于侵损财物的损害赔偿采取的总的原则是进行严格限制。

强调的是一切侵犯都是对于国家统治秩序的侵犯，必须由国家进行处罚，并不考虑私人在这期间的因素。这些原则为以后各代基本沿袭。

（二）侵损人身行为的损害赔偿

侵损人身的行为在古代一律作为严重犯罪行为处理，即使从近代民法的观点看来加害人并无任何主观上的故意及过失，依然要判处刑罚，虽然在处刑时可能会转换为赎刑，但顶替刑罚的钱财只在很少的情况下能够交付给受害人，从严格意义上而言，并不是近代民法中所谓的损害赔偿。

从《唐律疏议》来看，具有一定损害赔偿性质的只有《杂律》中的两条：一条是因“公私要速”（律疏解释：“公谓公事要速及乘邮驿、并奉敕使之辈；私谓吉凶、疾病之类，须求医药并急追人，而走车马者。”）在城内走车马时，因马匹惊骇“力不能制”而杀伤人者，减过失杀伤两等处刑，“听赎，其铜各入被伤杀家”；另一条是在市场等人群拥挤场所因误惊而在扰乱中杀伤人，“从过失法收赎，铜入被伤杀之家”。这种入受害人之家的赎刑之铜可以视为一种赔偿。

另外，在伤害及诬告罪的罪犯因种种原因得以免除刑罚，可以赎铜代刑的情况下，据唐《狱官令》：“诸伤损于人及诬告得罪，其人应合赎者，铜入被告及伤损之家。即两人相犯俱得罪及同居相犯者，铜入官。”[①] 这种入受害人之家的抵偿刑罚的铜也具有一定的损害赔偿的性质。

由于《唐律疏议》其他的有关赎刑的规定都没有铜入被害人之家的说法，可见这几条在立法上具有一定的损害赔偿的意义。然而其数额与被伤杀的损害程度并没有直接的联系，严格意义上而言依然只是顶替刑罚的方法。

唐律对于这种严格限制损害赔偿的原则是相当细致的，如《唐律疏议·厩库》规定：“诸畜产及噬犬有抵蹋啮人，而标帜羁绊不如法，若狂犬

① 此条据《唐令拾遗》所复原之条文，第 726 页。

不杀者，笞四十。以故杀伤人者，以过失论。若故放令杀伤人者，减斗杀伤一等。即被雇疗畜产（被倩者同过失法）及无故触之而被杀伤者，畜主不坐。”该条律疏又引唐《杂令》：“依《杂令》：畜产抵人者，截两角；踏人者，绊足；啮人者，截两耳。此为标识、羁绊之法。”可见唐代律令强调损害人身就是犯罪，凡有危害性的事物都必须预作防范，不预作防范措施的也就是犯罪。而且该条律疏对于律文后半段的解释是：“被雇本是规财，无故谓故自犯触。如此被杀伤者，畜主不在坐限。若被倩疗畜产被杀伤，依赎法论。”被雇治疗畜产是出于“规财”即谋求畜主的财产报酬，所以也就要自行负担风险，和无故撩拨畜产而受杀伤一样，即使是被畜产抵踏受伤也得不到法律的保护，谈不到受到赔偿；而被聘请被“倩”治疗畜产因没有报酬，被杀伤时才可以得到一定的法律保护。

三、不动产典权的出现——贴赁及典质

典权是中国古代特有的一项民事权利，其特点是出典方将土地房屋之类的不动产转移给典权人以获得一笔远低于卖价的典价，典权人获得该项不动产的全部占有、使用、收益权及将其转典的处分权，出典人只保留在约定的若干年后以原典价赎回该项不动产的收赎权。

唐代是典权制度形成的重要时期。北齐时实行均田制，禁止土地买卖，但又允许“帖卖”，据《通典·食货二·田制下》引《关东风俗志》，所谓帖卖：“帖卖者，帖荒田七年、熟田五年，地还钱还，依令听许。”就“地还钱还”而言，这种帖卖已具有后世典权的要素。唐朝法律禁止土地的自由买卖，但有条件的允许“贴赁”。《通典·食货·田制下》载唐开元二十五年《田令》：“诸田不得贴赁及质，违者财没不追，地还本主。若从远役、外任，无人守业者，听贴赁及质。其官人永业田及赐田，欲卖及贴赁者，皆不在禁限。”贴字自两汉以后，一直用于表示向债权人一方提供某种质押物。《说文解字》：“贴，以物质钱也。”因此三国两晋南北朝以来

贴、质二字互用。北齐的帖卖，帖即贴，从债权的角度来看，可以说是出让方以自己的不动产作为债务的质押物，并又以若干年该项不动产的收益抵销债务的利息；而卖则是指若干年中的收益权的转移买卖。从物权的角度来看，帖卖也可以被视为一种附有买回条件的买卖。唐令所言之贴，即仍为传统的质押之义，而赁即指租赁。以贴赁代替帖买，表明唐朝立法者力图避免允许买卖土地的迹象，以质押、租赁的名称来包容土地的转移方式。而从民间实际民事交易的角度来看，出贴的一方通过贴赁可以迅速获得所急需的现款，规避官府禁止出卖口分田、永业田的法令，并且避免债权人的高利盘剥，在若干年后能够以原价赎回原土地；受贴的一方则可以远低于买价的价格获得田产，只要出贴的一方无法归还原贴价，接着"地还钱还"的规定就可以长期占有田产，并且还可以规避官府法律有关土地买卖及私有土地面积方面的限制。由于这些原因，贴赁得以迅速在民间普及，成为当时最重要的土地转移方式。在吐鲁番、敦煌出土的唐代契约文书中，很多以出租、"夏"或质举为名的契约，其实质就是贴赁。

贴赁原则上也要经过官府的批准，吐鲁番出土的"唐永徽元年（650年）云骑尉严慈仁请求出租常田的牒陈"就是一件具有典型意义的材料：

常田四亩　　车渠

牒：　慈仁家贫，先来乞短，一身独立，更无兄弟。唯租上件田，得子已（以）供喉命。今春三月，粮食交无，遂将此田租与安横延。立卷（券）六年，作练八匹。田既出赁，前人从索公文。既无力自耕，不可停田受饿。谨已牒陈，请裁。谨……

永徽元年九月廿　日

云骑尉　严慈仁[1]

① 见《吐鲁番出土文书》第六册，第223页。

牒陈所请求批准的交易实质，是严慈仁以自己的 4 亩常田（即口分田）以 8 匹练的代价贴赁给安横延 6 年，所谓的出租人是出于生活艰窘才不得已贴赁土地，完全没有一般意义上的地主出租土地、收取地租的主动地位。在吐鲁番、敦煌出土的不少以租、夏为名或以质为名的契约文书中，凡租田人一次性付清地租（绝大多数情况下都是以货币形式的），明确约定租期，并且有时还要求还田时还清原租价，所规定的违约罚是入出租人的，而且在契末签署处只有出租人画指、而承租人不画指的，实际上就是贴赁，而并不是一般意义上的租赁。如吐鲁番出土的“唐总章三年（670 年）左憧憙夏菜园契”：

总章三年二月十三日，左憧憙于张善憙边夏取张渠菜园壹所，在白赤举北分墙。其园叁年中与夏价大麦拾陆斛，秋拾陆斛。更四年，与银钱叁拾文。若到佃时不得者，壹罚贰入左。祖（租）殊（输）伯（佰）役，仰园主；渠破水谪，仰佃人当。为人无信，故立私契为验。

钱主　左
园主　张善熹（画指）
保人　男　君洛
保人　女　如资
知见人　王父师（画指）
知见人　曹威[1]

这件契约文书虽以夏为名，但对于地租本身的规定很少，强调的是出租人必须按时转移不动产的占有；承租人改称“钱主”，且不书名、不画指，相反出租人却要画指，还要将自己的子女列为保人，显然在契约的成立过程中承租人完全占有主动地位。因此这件契约只是以租赁面貌

① 见《吐鲁番出土文书》第六册，第 428 页。

出现的贴赁契约。类似的契约在吐鲁番出土文书中还有不少。实际上都是"贴赁"[1]。另外也有一些贴赁契约是以贷或质为名的。如吐鲁番出土的"唐显庆四年（659 年）白僧定举麦契"：

显庆四年十二月廿一日，崇化乡人白僧定于武城乡王才欢边，举取小麦肆斛，将五年马埿吩□部田壹亩、更六年胡麻井部田壹亩，准麦取田。到年年不得耕作者，当还麦肆斛入王才（欢）。租殊（输）百役，一仰田主；渠破水谪，一仰佃人。两和立契，获指为信。

麦主　王才欢

贷麦人　白僧定（画指）

知见人　夏尾信

知见人　王士开（画指）

知见人　康海□[2]

这件契约中虽称为"举取"，但最后的签署处则为"贷麦人"，从契约中未提到利息来看应该是贷麦契；而从"租输百役，一仰田主；渠破水谪，一仰佃人"的租佃契约的惯语来看，似乎又是租佃契约。但据"准麦取田"的条款来看，这一件契约实际只是贴赁契约。

由于贴与质、典可换用，典质与贴赁经常混用。武则天长安末年（约 704 年前后），武则天打算在长安白司马坂建造大佛像，国子祭酒同平章事李峤上疏劝阻，称："天下编户贫弱者众，亦有佣力客作以济糇粮，亦有卖舍贴田以供王役。"[3] 唐初名臣魏征后代魏稠贫困不堪，将土地"质钱于人"，

---

① 可见《吐鲁番出土文书》第五册，第 78 页；第六册，第 253、421、428 页；第七册，第 370、406 页等。

② 《吐鲁番出土文书》第七册，第 370 页。

③ 《旧唐书·李峤传》。

后经白居易建议，唐德宗下诏“出内库钱二千缗，赎赐魏稠。仍禁卖质”[①]。唐中期名臣卢群曾寓居郑州，“典质良田数十顷”，以后任天成军节度使、郑滑观察使重回郑州，“各与本地契书，分付所管令长，令召还本主。时论称美”[②]。不仅民间混用贴赁及典质，即使是朝廷的立法也往往混用。唐玄宗天宝十一载（752 年）诏书：“如闻王公百官及豪富之家，皆置庄田，恣行吞并，莫惧章程。……爰及口分、永业，违法买卖，或改籍书，或云典贴，致令百姓无处安置，乃别停客户，使其佃食。既夺居人之业，实生浮惰之端。远近皆然，因循已久。”[③]可见在这十五年前的开元二十五年发布的禁止一般贴赁的令文实际上并没有起多大的作用，只不过加速了民间混用贴赁和典质的名词，以图规避法令的制约。

由于无法阻止民间的贴赁或典质为名的土地交易，至唐中叶朝廷已不得不承认贴赁的效力。在安史之乱被平息的当年（宝应二年，763 年）制敕宣布，客户若在当地居住一年以上，或“自贴买得田地有农桑者”，都可以在当地入籍[④]。这样就正式承认了民间贴赁或典质行为的合法性，已因贴赁或典质所占有的土地得到了官府法令的保护。对于这种民事行为的称呼也逐渐集中为典质或单称为典、出典。

贴赁契约所采用的是租佃契约的形式，所以在法律上和习惯上，标的土地所承担的官府赋税仍由原主负责缴纳，即在上述的几件契约文书中都有“租输百役，仰田主了”的惯语。但自唐中期推行“两税法”改革后，赋税主要依据土地、资产征收，贴赁得到土地的一方占有土地的收益但却可以不承担赋税，显然是极不合理的，尤其是可能会导致官府的赋税落空。唐朝廷为此连下诏书，强调获得土地的一方必须承担赋税，并且不得以代纳赋税为理由刁难收赎的出典人。唐宪宗元和元年（806 年）敕进一步确

① 《资治通鉴》卷 237。

② 《旧唐书·卢群传》。

③ 《册府元龟》卷 495。

④ 《唐会要·逃户》。

认贴赁典质的合法性，但同时也强调不得因此而失落官府的赋税："应赐王公、公主、百官等庄宅、碾磑、店铺、车坊、园林等，一任贴典货卖，其所缘税役，便令府县收管。"① 唐穆宗长庆元年（821 年）赦文再次强调这一原则，并强调出典一方的收赎权："应天下典人庄田园店，便合祇承户税。本主赎日，不得更引令式，云依私契征理以组织贫人。"唐敬宗宝历元年（825 年）赦文又有："应天下典贴得人庄田园店等，便合祇承户税。"② 按照古代法律以设定义务默认权利的传统，典贴的权利也就得到了承认。

唐末时期贴典权利逐渐得到法律的确认和规范，并且其名称也逐渐固定为典。据《宋刑统 · 户婚律》"典卖指当论竞物业"门的"臣等参详"的说法，自唐元和六年（811 年）开始对典、卖行为进行规范："自唐元和六年后来条理典、卖物业，敕文不一。"但从现存史料中还未能发现完整的关于贴或典的唐代法令。在五代时立法倾向于将出典与买卖相提并论，一起加以规范，即不再将原来的典贴作为一种债权的担保方式，而是将其正式作为一种物权的转移方式，强调典权人应承担相当于所有权的权利与义务。如后周广顺二年（952 年）敕："请准格律指挥，如有典、卖庄宅，准例房亲、邻人合得承当，若是亲邻不要及著价不及，方得别处商量，和合交易。印税之时，于税务内纳契日，一本务司点检，须有官牙人、邻人押署处，及委不是重叠倚当钱物，方得与印。"③ 这一传统延续至宋朝，典卖一直连称。

在民间，典与租赁或质举的形式也逐渐脱离，既然典已得到官府的认可，且已和买卖一样成为田地、房屋等产业的正式的转移方式，民间的契约也就直接以典或质为名了。这种契约较为典型的有敦煌出土的"后周广顺三年（953 年）龙氏兄弟典地契"：

广顺三年，岁次癸丑，十月二十三日立契。莫高乡百姓龙章祐、弟祐

---

① 《旧唐书 · 宪宗本纪》。

② 《文苑英华》卷 426，卷 423《赦》。

③ 《册府元龟》卷 613《刑法部 · 定律令五》。

定，伏缘家内窘迫，无物用度，今将父祖口分地两畦子，共贰亩中半，只（质）典已（与）莲畔人押衙罗恩朝。断作地价，其日见过麦壹拾伍硕。字（自）今已后，物无利头、地无雇价。其地佃种限肆年内不喜（许）地主收俗（赎），若于年限满日，便仰地主还本麦者，便仰地主收地。两共对面平章为定，更不喜（许）休悔，如若先悔者，罚青麦拾驮，充入不悔人。恐后无信，故勒次（此）契，用为后凭。

地主　弟　龙祐定（画押）
地主　兄　龙章祐（画押）
只典地人　押衙罗恩朝
知见　父　押衙罗安进（画押）
知见人　法律福海知[①]

这件契约中“物无利头、地无雇价”一语，可称之为典契的实质性表述。其特点是典价不会生息，这是典和质举的区别；而出典的土地也没有地租或雇工之类的问题，这是典和一般意义上的出租及雇工契约的区别。可见到了这一时期，民间也已明确区分了出典与租赁及质举的不同之处。由于从表面上来看出典这种民事行为是一种无息的交易，勉强符合不保护有息债权的唐代法律原则；在均田制瓦解后，土地的交易也不必再遮遮掩掩。因此贴赁既然曾被法律明文禁止，换成“典”就可以暗度陈仓，被法律所承认。只是进一步对这种民事行为进行规范的法律还有待于宋朝。

由于出典契约形式的日益成熟，除了土地房屋之外，有时人身也会成为出典的标的。敦煌出土的唐末五代时期的契约文书中有几件这样的契约文书，较为典型的如“癸卯年吴庆顺典身契”：

癸卯年十月廿八日，慈惠乡百姓吴庆顺兄弟三人商拟，为家中贫乏，

① 《敦煌资料》第一辑，第324页。

欠负广深，今将庆顺己身典在龙兴寺索僧政家，见取麦壹拾硕、黄麻壹硕陆升（斗？），准麦叁硕贰斗；又取粟玖硕，更无交加。自取物后，人无雇价、物无利头，便任索家驱驰，比至还得物日，不许左右。或若到家被恶人勾卷、盗切（窃）他人牛羊、园菜、麦粟，一仰庆顺祇当，不干主人之事。或若兄弟相争、延引抛功，便同雇人，逐日加物叁斗。如若主人不在，所有农（具）遗失，亦仰庆顺填倍（赔）。或痘出病死，其物本在，仰二弟填还。两共面对商量为定。恐人无信，故立此契，用为后凭。

又，麦壹硕、粟贰斗，恐人不信，押字为凭。叔　吴佛婢

只（质）典兄　吴庆顺（画押）

同取物口承弟　吴万升（画押）

同取物口承弟　吴庆信（画押）

只承见人房叔　吴佛婢（画押）

见人　安寺主（画押）[1]

值得注意的是，这件契约中也有“人无雇价、物无利头”的惯语，可见这是当时出典契约的套语（另一件“乙未年赵僧子典儿契”亦有此语）。这件契约对于出典人来说条件是相当苛刻的，出典人的人身生命安全风险责任完全自负，甚至身死后依然还要其同立契兄弟归还原典价。也有的契约是规定典期的，赵僧子典儿契就规定典期为 6 年，但由于如不能归还原典价就无法使出典人的人身获释，所以实际意义并不大。而且在 6 年中即使归还原典价也不能使出典人回家，比未规定期限的契约更为苛刻。但这种典身契约毕竟要比过去“以身贴钱”“质身”的形式更可能恢复人身的自由。唐宋法律对此种契约没有任何规定，依然只是作为一种民间的“私契”。典身契约对以后的“典雇”当有直接的影响。

① 《敦煌资料》第一辑，第 331 页。另该书第 329 页“乙未年赵僧子典儿契”的内容与之大同小异。

四、不动产抵押权的形成——指质

唐代指定不动产作为债务担保的民事行为在法律上称之为“指质”。指即指定，质指质押，即仅指定债权的抵押物而暂不实际转移抵押物的占有。习惯上指质的债权人还往往要求债务人将不动产的证书（地契或分家时的分书）提交给债权人保存，清偿时赎回。如果债务人不能清偿债务，所指定的不动产就转归债权人所有。

指质是由来已久的一种民间民事惯例。《通典·刑典六·决断》载汉代有乌程男子孙常，以借给孤侄孙并的一些粮食作为债务，没取孤侄良田。《南史·梁临川王宏传》载南梁临川王萧宏惯以“悬钱”放债，“每以田宅、邸店悬上文券，期讫，便驱券主，夺其宅”。

唐代民间的小额的指质契约一般和举取契约合一，仅在举取契约中指定作为担保的具体的不动产项目，可能并不转交所指定不动产的证书。较为典型的有吐鲁番出土的“唐乾封三年（668 年）张善憙举钱契”：

乾封三年三月三日，武城乡张善憙于崇化乡在憧憙边举取银钱贰拾文，月别生利银钱贰文。到月满，张即须送到。到左须钱之日，张并须本利酬还。若延引不还，听左拽取张家财杂物，平为钱直。身东西不在，一仰妻儿保人上钱使了。若延引不与左钱者，将中渠菜园半亩，与作钱质，要须得好菜处。两和立契，获指为验。左共折生钱，日别与左菜伍尺园，到菜干日。

钱主　左

举钱人　张善憙（画指）

保人　女　如资（画指）

保人　高隆欢（画指）

知见人　张轨端（画指）[①]

① 《吐鲁番出土文书》第六册，第 422 页。

以上这件契约中一般性的债务担保惯语“听左拽取张家财杂物平为钱直”，只是按照习惯照旧写上而已，实际上真正的担保是以“中渠菜园半亩”作为债务的抵押，如将来不能清偿，这半亩菜园就转交债权人所有。另外也较典型的有“武周长安三年（703年）曹保保举钱契”：

长安三年二月廿七日，顺义乡曹保保、并母目，于史玄政边举取铜钱叁佰贰拾文。月别依乡法生利入史。月满依数送利。如史须钱之日，利本即须具还。如延引不还及无本利钱可还，将来年辰岁石宕渠口分常田贰亩，折充钱直。如身东西不在，一仰收后、保人当代知。两和立契，画指为信。

钱主

举钱人　曹保保　曹宝宝（画指）

　　　　母　阿目十金（画指）

保人　女　师子（画指）

知见人　杜孝忠

知见人　吴申感[1]

唐朝法律对于这种抵押权方面的民间习惯并没有着意加以规范。只是由于指质容易发生诈骗流弊，唐《杂令》曾有立法对于指质的程序进行规范。据《宋刑统·户婚律》引唐《杂令》：“诸家长在（在，谓三百里内非隔阂者），而子、孙、弟、侄等不得辄以奴婢、六畜、田宅及余财物私自质举，及卖田宅（无质而举者亦准此）。其有质举卖者，皆得本司文牒，然后听之。若不相本问，违而辄与及买者，物即还主，钱没不追。”规定指质必须由家长立契，并经过官府的批准，否则“物即还主，钱没不追”。另据《宋刑统·杂律》所引的几段唐中后期敕文，可以发现其立法的原则

① 《吐鲁番出土文书》第七册，第453页。

依然是强调由尊长出面立契，同时加重对于违法者的处罚；至于这种民事行为本身，则并未加以全面的规范，没有采取官府登记等更能将这种行为纳入法制轨道的措施。如所引唐元和五年（810 年）十一月六日敕节文："应诸色人中，身是卑幼，不告家长，私举公私钱物等。多有此色子弟，凶恶徒党因之交结，便与作保，举诸司及形要家钱物，同为非道破用，家有尊长都不知委。及征收本利，举者便东西，保人等即称举钱主见有家宅、庄业，请便收纳，喧诉相次，实扰府县。今后如有此色举钱，无尊者同署文契，推问得实，其举钱主在与不在，其保人等并请先决杖二十，其本利仍令均摊填纳，冀绝奸计。"又如，所引唐长庆二年（822 年）敕节文："或有祖父分析多时，田园产业各别，疏远子弟行义无良，妄举官钱，指为旧业。及征纳之际，无物可还，即通状请收，称未曾分析。诸司、诸使、诸军等不详事由，领人管领；或依投无处，转徙至多，事涉甚冤，恐须厘革。伏请应有此色，并牒府县推寻，若房分多时，妄有指注，即请散征牙保代纳官钱，其所举官钱妄指庄园等人及保人，各决重杖二十。纵属诸军、诸使，亦请准百姓例。若是本分合得庄园，即任填还官债，亦须府县推勘取实。如未经府县推勘，请不在收限。"值得注意的是，这两道敕文主要解决的是官债的征收问题及防止这些纠纷烦扰官府的问题，立法的出发点并不在于企图规范这种民事行为本身。由于上述的唐律令对有息债权"任依私契，官不为理"的暧昧态度，唐后期立法也并没有对此加以改变，因此对于抵押权的立法也就是含糊其事，只强调保护官债，对于私人之间的抵押债务如何清偿、抵押的不动产如何转移等都不加以明确规定。

在司法实践中，对于因此而产生的纠纷也往往以"官不为理"为原则，有时官府采取指示当地民间进行调解、另立私契的办法。如吐鲁番出土的"唐贞观二十二年（648 年）洛州河南县桓德琮赎宅契"：

贞观廿二年八月十六日，河南县张（元隆）、索法惠等二人，向县诉桓德琮……宅价钱，三月未得。今奉明府付坊正追向县。坊正、坊民令遣两人和同，别立私契。其利钱，限至八月卅日付了；其赎宅价钱，限至九月卅日还了。如其违限不还，任元隆宅与卖宅，取钱还足，余乘（剩）任还桓琮。两共和可，画指为验。

负钱人　桓德琮（画指）

男　大义（画指）

同坊人　成敬嗣（画指）

坊正　李差经[1]

这件契约在整理时被定名为典契，但实际上通观全篇，并无典字出现，况且原契约规定有利息，而典契是没有利息的。出典应在立契的同时转移占有，而此契虽称赎宅，但其住宅尚未转移占有。实际上这是一件指质纠纷的补充契约。其实质是桓德琮举取了张元隆、索法惠两人的钱，以自己的住宅为指质，但桓德琮未能按时归还本利，其原来的债务就转换为赎回指质的住宅的债务。在这以后的三个月桓德琮仍未能交出赎宅钱，张元隆、索法惠向县衙提起诉讼，县衙却将此案发回本坊，指令由坊正调解，再立私契。经坊正李差经约会坊民调解，再约定一个半月的期限，如桓德琮到时还不能清偿债务，就要由债权人接管其指质的住宅并加以出卖，所得卖价抵偿原债务本利，多余部分归还债务人。如果住宅早已转移占有至债权人，则无须如此程序，债权人完全可以径自出卖住宅，实现债权。

官府对于指质纠纷有时也会采用出人意料的处理方式。比如，唐代最著名的“赵和籍产”案件：

唐咸通初年（约 861 年前后），位于长江北岸的楚州淮阴县发生一件疑案，东村的一家富户为买数百亩良田，向西村的一户富户举借了铜钱千缗，约定第二年连本带利一起归还，并提交了自己的“庄券”作为抵押。第二年东村的富户新买的良田获得大丰收，于是向西村富户清偿债务。第

① 见《吐鲁番出土文书》第四册，第 269 页。

一天先运送了八百缗铜钱给西村的富户，因为两家彼此熟识，就口头约定第二天再归还余下的部分，赎回所抵押的庄券。不料第二天西村的富户拒不认账，东村的富户告到当地官府，当地官府认为此案“以无保证、又无文籍”，不愿受理。东村富户无奈，只得越江到江南的江阴县，请求以善断疑案出名的江阴县令赵和出面裁断。赵和不能越境行使管辖，但当时法律规定对于“持刃截江”的强盗案件可以越境追捕。于是赵和给江北的淮阴县送去公文，要求淮阴县协助逮捕西村的富户，按照“寇江贼”同党的罪名，押送到江阴县受审。西村的富户到了江阴县庭，极力称冤，百般辩解，赵和就要西村的富户交代其所有财产的来源。西村富户交代说：“钱若干贯，东邻赎券者。”赵和就传唤东村的富户出庭，当面对质，西村的富户见了“惭愧失色，祈死厅下”，赵和即检付契书，又将西村的富户“置之于法”。[①]

这个案件在古代被当作处理疑案的典范，收入《疑狱集》《折狱龟鉴》等古代案例集。赵和的处理方式作为机智、灵活的法官手段，长期被后代的法官模仿。可是从法律的角度而言，这种处理方式没有能够促使在立法方面加以补救，抵押权始终是一种民间的惯例。

五、动产质押的制度——收质

唐代以财物质押举借债务的行为称之为典质、收质、质举等。单从名称上来看，并不区分动产的质押和不动产贴典，都混称为“典质”，只是在立法上，有时会有所区别。一般而言，动产的质押行为是法律允许的，而不动产的贴典正如上文所述，有着种种的限制。

唐代最经常的质押行为当是质库的收质放贷，其利息的限制当与法律的一般规定相同。按照《唐律疏议·名例》的规定，质库所收到的质物可

① 见《疑狱集》卷下“赵和籍产”。

以由质库运营，所生的孳息都算作质库的利润收入，不必归还债务人。因此质库的收入丰厚，是最能获利的行业之一。唐代的贵族官僚都以开设质库作为聚敛钱财的手段。如唐前期太平公主，家中“财货山积，珍奇宝物，侔于御府；马牧羊牧，田园质库，数年征敛不尽”[①]。唐后期会昌五年（845年）赦文称：“如闻朝列衣冠，或代承华胄，或在清途，私置质库楼店，与人争利。”[②]民间的巨商富贾也都以质库为经营牟利途径。《唐国史补》卷中言，扬州巨商王四舅“匿迹货殖”，在商界有极大势力，“富商大贾，质库酒家，得王四舅一字，悉奔走之”。依两晋南北朝以来的惯例，唐代的佛教寺院依然经营质库业。如唐福田寺大德法师常俨于唐贞元年间“与常住造立铺店，并收质钱舍屋”[③]。唐代民间质押动产举贷债务的情况极其普遍，质库营业相当繁盛。长安城的质库集中于西市，唐德宗建中三年（782年）为平定李希烈叛乱，强行搜刮西市质库和僦柜钱财，得钱二百万元[④]。所谓的僦柜，据《资治通鉴》卷二二七胡注：“民间以物质钱，异时赎出，于母钱之外，复还子钱，谓之僦柜。”吐鲁番出土的唐代文书中有质钱帖子多件，其中有两件载明年号“广德”（唐代宗年号，763—764年）、“咸通”（唐懿宗年号，860—873年）。帖子约长18厘米、宽11厘米，以泥版印成四竖格，记有千字文的序号、质押物名称、贷出财物的数额等项内容。吐鲁番出土文书中还有很多财物清账，上有划勾的记号，很可能是当时质库的账簿残页。[⑤]而吐鲁番出土的阿斯塔纳206号墓又有质库的账历，其中提到的质物有绢、布衫、裙、铜镜、麻鞋等。[⑥]

---

① 《旧唐书·外戚传·武承嗣传附攸暨妻太平公主传》。

② 《全唐文》卷78“会昌五年加尊号后郊天赦文”。

③ 《山右石刻丛编》卷9“大唐福田寺……大德法师常俨置粥院记”。

④ 《旧唐书·德宗本纪》。

⑤ 日本大谷探险队发现的吐鲁番文书，转引自［日］仁井田陞：《中国法制史研究·取引法》第十一章。

⑥ 《吐鲁番出土文书》第五册，第314页。

唐代律令中有关质押的条文并不多见，主要有《杂令》的一条规定："收质者，非对物主不得辄卖。若计利过本不赎，听告市司对卖。"[①] 收取质押品的债权人在债务人不能按时清偿的情况下，要等到利息累计已超过原本才可以出卖质押品，并且必须报告官府的市场管理机构市司及通知债务人，在市司及债务人的监督下出卖质押品，卖价中相当于原本一倍的价金归债权人，剩余部分归债务人。

唐朝法律对于质押的财物并无任何限制，但《唐律疏议·杂律》专设"以良人为奴婢质债"条，规定："诸妄以良人为奴婢用质债者，各减自相卖罪三等；知情而取者，又减一等。仍计庸以当债直。"律疏解释："谓以凡人质债，从流上减三等；若以亲戚年幼妄质债者，各依本条，减卖罪三等。"而根据《贼盗律》，和同相卖良人，流二千里，用良人质债比照相卖良人罪减三等，即徒二年；和卖子孙卑幼罪比照斗杀罪减一等，用子孙卑幼质债则又减三等，即以弟妹质债徒一年、以子孙质债杖八十。然而在唐代，民间依然有以子孙卑幼质债的习俗，如韩愈任袁州刺史、柳宗元任柳州刺史，都曾下令废除当地以子女质债的"俗法"，并都曾以自己的私俸赎回因此被没为奴婢的男女，在当时政界传为美谈。[②]

质押财物的行为可以作为不计息债务的担保，或者也可以作为计息债务的担保，在后一种情况下，一般被称之为"质举"。前者的契约较为典型的，有敦煌文书中的"某年曹清奴便麦契"：

……三月一日，中元部（落百姓）曹清奴为无种子，今于……寺僧……手下佛物处，便麦肆硕……、豆壹……。

自限至秋还纳。如违限不还，其典铛壹……没……请倍。仍任掣夺家资杂物，用充物直。……（身）东西不在，一仰保人段兴子知当代还。恐

① 《宋刑统》卷26《杂律·受寄财物辄费用》门引唐《杂令》。

② 《旧唐书·韩愈柳宗元传》。

人（无）信，故立此契，用为后凭。

便种子豆麦人　曹清奴年……

保人　段兴子年……

见人　见人[①]

这件契约为便契，其中并没有利息方面的内容，债务人提供的质押物品，即契约中所称的典物，为一口铛（炊具）。除了质押的担保之外，这件契约依然和其他的借贷契约一样，还约定有牵掣及保人代还的担保内容。更为完整、质押物更值钱的契约如敦煌文书中的“卯年武光子便麦契”：

卯年正月十九日，曷骨萨部落百姓武光子，为少年粮种子，于灵图寺便佛帐麦拾伍硕，其车一乘为典。限至秋八月十五日已前送纳足。如违限不纳其麦，请不著领六住寺收，将其麦壹斗倍为贰斗。如身东西，一仰保人男五娘等代还。恐人无信，故立此契，……指为记。

便麦人　武光子

保人　男　五娘　年十三

保人　男……三年八岁

看人　李骚骚[②]

提供质押物的计息借贷契约，较为典型的如敦煌文书中的“癸未年彭顺子便麦粟契”：

癸未年五月十六日，平康乡彭顺子乏少粮用，遂于高通子便麦两硕，至秋肆（硕）；便粟两硕，至秋肆硕。只（质）典紫罗郡（裙）一要（腰）。

① 《敦煌资料》第一辑，第384页。

② 转引自孔庆明等编著：《中国民法史》，吉林人民出版社1996年版，第308页。

若身东西不在，一仰口承人妻张、二侄子面取……交纳。恐为无凭，立此文书。

（后缺）[1]

这件契约名为“便契”，但却约定了利息，而且其利息高达半年就翻一番的程度，因此实际上是一件举麦契。将明显的举契称之为便，这当是唐末以后民间习惯演变的结果。这件契约同时还设定了质押物，照理说如果债务人不能清偿债务时，就可以该质押物抵偿债务，但却依然写有其他所担保惯语。

综上所述，唐代的民事法律及民间民事习惯在不少方面，尤其是在典权等方面，为今后民事法律的发展打下了基础。但是这些有限的民事法律和民间的民事习惯并没有能够紧密的结合，总的来说，民事习惯的发展较少受到法律的规范和指导，放任自流，终于没有形成完整的民事法律体系。

① 《敦煌资料》第一辑，第367页。

第十一章　唐朝的婚姻家庭法律

唐王朝是一个疆域辽阔、空前强盛的封建大帝国。国家的统一和强大为封建社会各种制度和社会关系的生长、发育和成熟提供了广阔的空间和充足的时间。比起早期社会关系相对简单的封建国家来，唐代社会的政治、经济、社会、文化、艺术和对外交流有了高度的发展，封建婚姻家庭财产关系得以全面、深入展现，为婚姻家庭法律制度的完备和成熟提供了现实基础，也为长期积累、渐变的各项制度的总结提供了必要条件。与此同时，中国古代的婚姻家庭法律制度经夏商周三代早期的发展，后又历经三国两晋南北朝一千多年的创制，已积累了相当的经验并形成了相应的制度。到唐时，中国古代婚姻家庭继承法律制度已进入了成熟时期，无论是调整手段、法律内容，还是法律形式、立法技巧，都代表着古代婚姻家庭法律制度的一个高峰。一方面是调整婚姻家庭关系的法律制度以系统化的形式（户婚律）定型，另一方面是礼的精神充分为法所吸纳，并渗透到具体的法律制度中。礼与法的融合在唐代婚姻家庭领域尤为典型，表现为：(1)法律直接移用礼教的某些规范，如礼有“无子则为之置后”[①]“同宗则可为之后”[②]的规定，唐令则有“无子者，听养同宗昭穆相当者”的规定；礼有“取妻不取同姓”[③]，律有禁同姓为婚条；礼有“七去”“三不

---

① 《礼记·杂记上》。
② 《仪礼·丧服传》。
③ 《礼记·曲礼》。

去”[1]，唐律有“七出”“三不去”。如此之类，不一而足。（2）法律制度的建立与罪名的设立直接发源于礼的规定。法律关于妻的地位、子孙违反教令及供养有厥、禁居丧嫁娶等规定，无不体现了礼关于嫡妻、服制、孝道、妇道的规定。（3）律疏的解释以儒家礼的精神为准则，往往直接援用儒家经典。这种形式在唐律中比比皆是：户婚篇“许嫁女辄悔”条疏议言：“婚礼先以聘财为信，故《礼》云：‘聘则为妻’……”；同篇“有妻更妻”条疏议：“依礼，日见于甲，月见于庚，象夫妇之义。一与之齐，中馈斯重。”名例篇疏议言：“‘夫’者，依礼，有三月庙见，有未庙见，或就婚等三种之夫，并同夫法”“《礼》云：‘孝子之养亲也，乐其心，不违其志，以其饮食而忠养之’。其有堪供而阙者，祖父母父母告乃坐。”援礼释法这一形式，用儒家伦理来阐释立法原理，将法律规范纳于礼教伦理的价值范围内，法律的有效调整也就意味着礼教规范的实现。就调整婚姻家庭继承这一领域的手段而言，唐代法律调整与伦理教化并行，而尤强调以德礼为本，刑罚为用。在法律形式上，成文法占据主导地位，但法律也给习惯法留下了一定的适用空间。[2]婚姻家庭继承规范相对集中规定于唐律户婚篇中，但其他各篇也有所涉及。除律外，令以其灵活、及时、方便的特点对律起着补充、确定、修改、完备的作用。与婚姻家庭继承有关的令有户令、服制令、丧葬令等，内容涉及家户、家长、婚嫁、收养、离异、继承等。此外，针对当时婚姻家庭继承领域特殊的社会现象，唐代统治者还常以诏令的形式颁布禁令，以补律令之不足。这类诏令常常是对民间某一习俗、现象的禁止，遭到民间习俗的抵制，因而其实施有难度，往往不能贯彻始终[3]。综上观之，

① 《大戴礼记·本命》。

② 唐律“不应得为”条规定“不应得为而为”也属犯罪。按照律注的解释，“不应得为”是指“律令无条，理不可为者”。这里的“理”，按古人的理解，礼、理相通：“礼也者，理也”（《礼记·仲尼燕居》），“礼也者，理之不可移也”。（《礼记·乐记》）因此，“不应得为”即在律令之外、为人们所普遍认可的道德规范（礼俗），即作为习惯法的礼俗。

③ 后文所言的禁士族婚、障车均属此列。

律、令、诏令、习惯法共同构成了唐代调整婚姻家庭继承关系的法律体系。在这一综合性法律体系中，律具有相对的稳定性，并以其刑罚特征区别于其他法律形式。而令则是对律未尽事宜的补充，诏令则带有唐王朝某一时期政策规定的性质，以其灵活、便捷弥补律、令固定化的不足。习惯法则是为国家所认可的礼俗，在社会生活中有效地调整婚姻家庭继承关系。这样，律、令、诏令、习惯法共同构成了调整唐代婚姻家庭继承关系的综合法律体系，其中律令是主干，诏令、习惯法起着拾遗补缺的作用，各自发挥不同的功能和作用，整个婚姻家庭继承关系就被罩入这张严密的网中。从内容上看，唐代婚姻家庭继承法律的规定可谓细密周详，涉及相关的刑事、民事、行政管理范畴，凡婚姻家庭继承方面的基本问题，从成丁到结婚、财产、离婚、夫妻、子女、亲属、嫡庶、良贱、收养、继承等，包罗尽致，规范无遗。至唐代，中国封建婚姻家庭法律制度已基本定型，即便宋元明清诸朝有所修正，也仅局限在伦理规范的调整作用强于唐代和法律表现形式的变动上，就法律本身而言并无重大实质性修改。其影响不仅延及后世，且对唐代周边国家和地区产生了深远的影响。在日本，自文武天皇大宝元年（701 年）颁布《大宝律令》起，至 12 世纪末镰仓幕府成立时止，是大量吸收唐朝法制制定法律、法令，建立国家政治法律体制的“律令制时代”。《大宝律令》十二篇，在名称、次序上，与唐《永徽律》完全相同，设有户婚篇。其中关于有妻更娶、祖父母父母在别籍异财、七出、义绝、妻无七出及义绝之状而出之、奴娶良人女等，皆同于唐律。《大宝令》关于养子、收养、封爵继承等规定也同于唐令。元正天皇养老二年（718 年），重修《大宝律令》所颁布的《养老律》中，也有户婚篇，其内容基本与唐律相仿。在朝鲜，高丽国统一后，主要模仿唐代法制。据《高丽史 · 刑法志》载：“高丽一代之制，大抵皆仿乎唐。至于刑法亦采《唐律》，参酌时宜而用之。”高丽刑律共七十一条，其中包含户婚四条，系撷取唐律而成。其关于“告周亲尊长”“祖父母父母在子孙别籍异财”“奴娶良女”“养异姓男”等律文与唐律相同。明洪武二十五年（1392 年）李成桂立，次年改国号为朝鲜。李氏王朝统治期间，始终以明律为母法，其渊源可上溯至唐律。在越南，公元1042年所颁布的《刑书》、1230年颁布的《国朝统制》中的《国朝刑律》，其内容基本同于唐律。至于《洪德律》，则是折中唐宋元明法律，而以唐律为主的法典，其中有“户婚田产之律”150条，约有十分之七同于唐律。①

第一节　唐朝婚姻法律

一、婚姻的成立

婚姻自古被视为人伦之始，婚姻关系则被视为一切社会关系的源头。与家族血缘社会相对应，婚姻被认为是“合二姓之好，上以事宗庙，而下以继后世”。② 这一观念普遍存在于唐代人的思想观念中，类似的提法广泛出现于皇帝的诏令、官吏的奏章以及民间的传说中。唐贞观六年（632年），御史大夫韦挺上表言：“夫妇之道，王化之先；婚姻之礼，人伦攸尚。所以承绍家业，嗣续祖妣，静而思之，安可不敬？”③《新唐书·李芃传》也言：“衣者蚕桑也，食者耕农也，男女者继嗣之重也。”这种婚姻观念所蕴含的内容要比文字的表述丰富得多：婚姻的成立是通过两个家族的和亲这种方式来实现的，其终极目的则是祭祀祖先与延续血胤。作为婚姻关系主体的男女双方个人的感情和利益在这种婚姻观念中是微不足道、可以不予考虑的。结婚对男子而言，个人娶妻事小，家族娶妇事重；对女子而言，嫁夫事小，嫁给夫族为重。作为个人的男女仅仅是祖先与子孙这一血缘链条上

① 杨廷福：《唐律初探》，天津人民出版社1982年版，第190页。

② 《礼记·昏义》。

③ 《唐会要·嫁娶》。

的一环，仅仅是实现祖先血缘延续的生育工具。这种工具的属性，决定了中国古代婚姻多少带有悲剧色彩。这种形式上的两个家族的和亲，最后以男性家族始终为中心，女性家族的利益为男性家族所吞没为结果。祭祖是男性后裔的义务和权利，传宗接代也只是男性血缘的延续，女子被排除在祭祀与家族的延续之外。男性及男性家族至上，这便是礼教与法律的精神。

（一）唐代法定婚龄及其实践

用法律来强制推行早婚是中国封建社会的传统。唐代也不例外。与前朝不同的是，唐代统治者在颁诏推行早婚[①]的同时，还注意采取了相应的保障措施，这便是：（1）凡过时者，官府主持嫁娶；[②]（2）以辖区内婚姻是否及时作为考核官吏的标准之一[③]；（3）从经济上予以援助，此即史书所载："若贫穷之徒，将迎匮乏，仰于亲近乡里，富有之家，裒多益寡，使得资送。"[④]

尽管上述措施并不一定能贯彻始终，各地因时因俗也会使实现的程度不一，尤其在大规模的战乱兴起时，法定婚龄会受到严重破坏，贫困也会影响法定婚龄的实现，但综观唐代实际婚龄，绝大多数是在法定婚龄线上下波动的。这表明除特殊情况外，唐王朝的早婚法令是确有成效的。

---

① 《唐会要·嫁娶》载唐太宗贞观元年诏："男年二十，女年十五已上……令其好合。"玄宗开元二十五年又诏令："诸男年十五，女年十三以上，并听婚嫁。"（见《唐令拾遗》"户令"，第158页。）

② 白居易在《唐故虢州刺史赠礼部尚书崔公墓志铭并序》中言：崔公"既至密，密民之冻馁者赈邺之，疾疫者救療之，胔骼未殡者命藏之。男女过时者趋嫁娶之。"（见《白氏长庆集》卷六一）

太宗朝有绛州孝女卫氏，成年后为父报仇，"太宗嘉其孝烈，特令免罪，给傳乘徙于雍州，并给田宅，仍令州县以礼嫁之。"（载于《旧唐书·列女传》）

③ 《唐会要·嫁娶》。

④ 《唐会要·嫁娶》。

（二）唐代许婚制度

按照唐代法律，报婚书或聘财是衡量婚姻是否成立的法律要件。对此，法律有详细的规定："诸许嫁女，已报婚书及有私约而辄悔者，杖六十。虽无许婚之书，但受聘财亦是。"对此条律文，疏议做了进一步的解释："许嫁女已报婚书者，谓男家致书礼请，女氏答书许讫。'及有私约'，注云'约，谓先知夫身老、幼、疾、残、养、庶之类'，老幼，谓违本约相校倍年者；疾残，谓状当三疾，支体不完；养，谓非己所生；庶，谓非嫡子及庶、孽之类。以其色目非一，故云'之类'。皆谓宿相谙委，两情具惬，私有契约，或报婚书，如此之流，不得辄悔。"从以上律文和注疏可以明了：

1. 不论求婚的意向实际出自何方，按照唐律所规定的许婚程序是自男方下通婚书开始，先求而后许。

2. 男方礼请与女方许讫，都应采用书面形式。不论双方实际的议婚情形如何，男方致书与女方答书这一致一答的形式是唐律所规定的法定婚书形成的程序，并以女方答书许婚为婚约成立的标志。

3. 报婚书是婚约成立的书面形式，具有法律上的约束力。

4. 议婚、许嫁都是在双方家庭之间进行，嫁娶的决定者是双方的家长，而不是作为婚姻关系主体的男女个人。

5. "私约"是在正式婚书以外对特别事项的约定，它作为婚书的重要补充，具有法律约束力。对私约的形式，法律并无专门规定，口头与书面形式似乎都为律所认可。"私约"的内容往往是不宜明载于婚书之上的内容，如男女年龄相差成倍、肢体不全、非亲身、非嫡子等。就私约的效力而言，有修正本约的作用，并且这种作用为法律所确认和保护。

6. 婚书并不是婚约成立的必备条件。只要有收受聘财的事实，婚约就视为成立，其效力与报婚书同。

7. 在整个嫁娶过程中，始终有媒妁奔走其间，一方面，媒妁起着沟通、调和、化解难题的作用；另一方面，一方不好提及的条件、话题，由媒妁传达更为方便，可免去双方家族的尴尬，同时也起到证人的作用。

8. 无须经官府登记。

从以下两件敦煌出土的唐代婚书样文，我们大致可以看出上述法律规定在民间是得到实施的：

通婚书　某顿首顿首。触叙既久，倾瞩良深（如未相识即云：久藉徽猷，未由展觌，倾幕之至，难以名言）。时候伏惟某位动止万福，原馆舍清休，（如前人无妻即不用此语）即此某蒙稚免，展拜未由，但埤翘称重（原文如此，恐有误）。谨奉状。不宣。某郡姓名　顿首顿首。（别纸）某自第几男（或弟、或侄某某），年已成立，未有婚媾。承贤第某女（或妹、侄女），令淑有闻，四德兼备，愿法交援。谨同媒人某氏某乙，敢以礼请月正。若不遗，伫听嘉命。某自。

答婚书　某顿首顿首，久仰德风，意阙披展（如先相识即云：求展既久，倾慕良深）忽辱荣问，慰沃逾增。时候伏惟某动止万福。原馆舍清休（前人无妻不要此语）即此某蒙稚免。言叙未由，但增企除，谨奉状不宣。某郡姓名顿首顿首。（别纸）某自第儿女（或妹、侄、孙女）年尚初笄，未闲礼，则承贤第某男（或弟、侄、孙）未有伉俪，顾存姻好，愿抚高援。请回媒人某氏，不敬，从某自。[1]

由以上婚书样文我们还可以看出，通婚书与答婚书都有一定的固定程式，由正书和别纸组成。正书系套语，表达礼节上的尊重，具体内容则载于别纸，主要载明：（1）主婚人与作为婚姻主体的男女个人的身份关系；（2）男女姓名、年龄、婚否状况；（3）求婚与许婚的意思表示；（4）媒人姓氏。至于婚书的缮写、封题、递送，民间均有一定的程式和礼仪，只是不由法律来规定罢了。这两件样文只是对实际生活中存在的婚书程式的一

① 转引自叶孝信主编：《中国民法史》，上海人民出版社 1993 年版，第 290—291 页。

种总结和抽象，还远远没有涉及聘财、迎娶出嫁等事项，其作用在于将双方愿意嫁娶的意思固定下来。不难想象，现实世界中的婚嫁情形要复杂、丰富、微妙得多，但唐律只赋予婚书和聘财法律上的效力，尽管这一规定有偏重形式而忽略个人感情发展之不足，但作为法律，将具有文书证据意义的婚书与民间长期存在的具有儒家礼教意义的聘财以法律的形式固定下来，无疑是对社会生活的高度概括和对社会关系的高度抽象，即便在今天看来，也是达到了相当的立法高度。

婚约一旦成立，便具有强制履行的效力。除法律所规定的解约原因外，双方只能朝着既定的成婚方向迈进，不得反悔。男方违约，将失去聘财，但不视为犯罪；女家违约则视为犯罪，被科以刑罚。唐律对女家悔约的处罚，按行为的不同情形和严重程度分别规定：（1）仅仅悔约而无别许情形，杖六十，婚约仍有效；（2）婚约未解除又别许他人，杖一百；（3）别许他人已成婚者，徒一年半。女仍归前夫，前夫不娶，还聘财，后夫婚如法。

虽然历史的尘封已久，但我们仍能从唐代人的判文和小说中看到法律的执行情况。唐穆宗长庆年间所编集的《白氏长庆集》，收录了唐代诗人白居易的若干判书，其中有一则内容为：

“得乙女将嫁于丁，既纳币而乙悔，丁诉之。乙云：‘未立婚书。’”

“女也有行，义不可废。父兮无信，讼所由生。虽必告而是遵，岂约言之可爽？乙将求佳婿，曾不良图，入币之仪，既从五两，御轮之礼，未及三周，遂违在耳之言，欲阻齐眉之请，况卜凤以求士，且靡咎言，何奠雁而从人，有乖宿诺，婚书未立，徒引以为辞；聘财已交，亦悔而无及，请从玉润之诉，无过桃夭之时。”[①]

---

① 《白氏长庆集》卷49“甲乙判”。

白居易身为大诗人，其判词虽过华，但甲乙判作为一种范文，应是具有指导时人习法、官吏判案作用的。判文的理由和结论与唐律的规定并无二致，说明许婚制度即便在中晚唐也具有法律效力。此外，唐人小说中有已许婚而别嫁者，夺归前夫之例，也可相映证。①

从根本上言，法律内在效力的有效与否在于其是否能高度、充分地反映现实社会生活。在总原则之下，法律还要顾及为数虽少、情况特殊但又不可忽略的社会现象，作一些补充性的规定。唐代的立法者显然深谙此道。在规定婚约如法的总原则下，又规定了可以解除婚约的若干条件：

1. 定婚后三年无故不娶，女家可解除婚约，这一规定并不载于唐律，但我们可以从唐人的判文中推知唐代应有此制。《白香山全集》裁判：

“判得，景定婚姻讫，而女家改嫁，不还财礼，景诉之，女家云，无故三年不成。（判云）义敦好合，礼重亲迎，苟定婚而未成，虽改嫁而何罪。景谋将著代，礼及问名，二姓有行，已卜和鸣之兆，三年无故，竟愆嬿婉之期，桃李恐失于当年，榛栗遂移于他族。既闻改适，乃诉纳征，揆情而嘉礼自亏，在法而聘财不返，女兮不爽，未乖九十之仪，夫也无良，可谓二三其德，去礼逾远，责人斯难。”

2. 双重婚约。对此，律有规定：“诸卑幼在外，尊长后为定婚，而卑幼自娶妻，已成者，婚如法；未成者，从尊长。违者，杖一百。”疏议有进一步的解释：“‘卑幼’，谓子、孙、弟、姪等。‘在外’，谓公私行诣之处。因自娶妻，其尊长后为定婚，若卑幼所娶妻已成者，婚如法；未成者，从尊长所定。违者，杖一百。‘尊长’，谓祖父母、父母及伯叔父母、姑、兄姊。”② 双重婚约应是卑幼因公务、私务在外，卑幼与尊长在互不相知的情

---

① 《说渊辛集·柳参军传》载，崔氏先将其女许婚于外甥王家，后又许婚于柳生，官府断令，王家先下财礼，合归于王。转引自陈鹏：《中国婚姻史稿》，中华书局1990年版，第367页。

② 《唐律疏议·户婚》“卑幼自娶妻”条。

况下所为。法律奉行事实婚优先原则，但婚姻未成，则尊长定婚的效力优于卑幼自定婚的效力。虽然法律并未规定卑幼在外的时间长短，但按常理推知，法律既然以尊尊为长，则绝不允许卑幼借短暂的在外时间而脱离家长的控制，因此，这种在外的时间应是长期的。

（三）法定主婚人与媒妁制度

1. 法定主婚人

主婚人是主持嫁娶及婚礼的人。大众意义上的主婚人可以是多种多样的，但法律意义上的主婚人则是有一定亲属范围、一定资格限制的。按照《唐律疏议·户婚》“嫁娶违律”条的规定，唐律所认可的主婚人是祖父母、父母，期亲尊长，余亲。同条疏议还进一步解释：“余亲，谓期亲卑幼及大功以下主婚。”依此解释，期亲卑幼是可以主婚的。至于期亲尊长，则是指穿一年丧服的尊亲属，如伯叔父母、姑母、兄姐、高祖父、曾祖父等丧服期为一年的亲属。

有资格成为主婚人并不意味着就是嫁娶的实际主婚人。主婚人是按一定的顺序排列的，只有在前一顺序主婚人不存在时，后一顺序主婚人才能担当主婚之责。主婚顺序，首先是祖父母、父母，其次是其他尊长和“余亲”，余亲主婚则依先尊后卑原则来确定主婚人。[①]

在上述主婚人之外，针对不同的对象，唐律还规定了特殊的主婚人。（1）寡妇再嫁时的主婚人。按照唐律的规定，对丧夫之女，只有其祖父母、父母才有强嫁权，才能成为主婚人。（2）奴婢的主婚人是其主人。在唐律上，奴婢是作为物而不是作为法律关系的主体来看待的[②]，主人有随意处置其所有物的权利，也就有担当奴婢主婚人的法律规定。

① 这一原则来自唐令的规定：“依令，婚先由伯叔，伯叔若无，始及兄弟。”见《唐令拾遗》“户令”，第159页。

② 《唐律疏议·户婚》“杂户官户与良人为婚”条疏议：“奴婢既同资财，即合由主处分，辄将其女私嫁与人，须计婢赃，准盗论罪。”

唐律在赋予主婚人权利的同时，也规定其依法主婚的义务。《唐律疏议·户婚》“嫁娶违律”条专门规定了主婚人相应的法律责任：“诸嫁娶违律，祖父母、父母主婚者，独坐主婚。若期亲尊长主婚者，主婚为首，男女为从。余亲主婚者，事由主婚，主婚为首，男女为从；事由男女，男女为首，主婚为从。其男女被逼，若男年十八以下及在室之女，亦主婚独坐。”同条疏议进一步解释：“祖父母、父母主婚者，为奉尊者教命，故独坐主婚，嫁娶者无罪。假令祖父母、父母主婚，为子孙娶舅甥妻，合徒一年，唯祖父母、父母得罪，子孙不坐。”“期亲尊长，次于父母，故主婚为首，男女为从。‘余亲主婚者’，余亲，谓期亲卑幼及大功以下主婚，即各以所由为首：事由主婚，主婚为首，男女为从，事由男女，男女为首，主婚为从。”“‘男女被逼’，谓主婚以威若力，男女理不自由，虽是长男及寡女，亦不合得罪。若男年十八以下及在室之女，亦主婚独坐，男女勿论。”由上述律文和疏议可以看出，主婚人的责任依主婚人与结婚者的亲疏远近不同而规定为独坐和划分首从。同时，结婚者的年龄、意愿等，也成为是否独坐主婚的条件。

2. 媒妁制度

按照古人的解释：“媒，谋也，谋合二姓者也。”“妁，酌也，斟酌二姓者也。”[①] 其作用在于撮合男女嫁娶。嫁娶须媒，向为礼法所重[②]，与“父母之命”并重。至唐时，法律已正式将其列为婚姻成立的法定要件，有无媒人便成为婚姻是否合法的标志之一。《唐律疏议·名例》疏言：“嫁娶有媒”，《户婚》疏言：“为婚之法，必有行媒。”鉴于媒人在婚姻嫁娶中所起的作用，唐律责其应承担的法律责任，仅次于主婚人。《唐律疏议·户婚》“嫁娶违律”条规定：“诸嫁娶违律，祖父母父母主婚者，独坐

---

① 《说文》。

② 《诗·齐风·南山》：“娶妻如之何，必告父母。”“取妻如之何，匪媒不得。”《礼记·曲礼》：“男女非有行媒，不相知名。”

主婚……媒人各减首罪二等。”疏议又规定：“假有同姓为婚，合徒二年，未成，即杖八十。此是各减五等，其媒人犹徒一年。”在此，法律实际上赋予媒人从犯的角色，其责任大小又根据婚姻是否成立、危害社会的结果是否形成而区别处罚。

（四）婚姻成立的禁止条件及法律责任

作为一种特殊的社会关系，婚姻始终受到国家法律的规范。唐代法律对婚姻的成立作了若干限制规定，以保证婚姻关系始终在国家所认可的范围内。依律根本不能定婚与结婚而仍结婚的，被视为违律为婚。[①]

1. 禁为婚妄冒

《唐律疏议·户婚》“为婚妄冒”条规定：“诸为婚而女家妄冒者，徒一年。男家妄冒，加一等。未成者，依本约；已成者，离之。”同条疏议又言：“为婚之法，必有行媒，男女、嫡庶、长幼，当时理有契约，女家违约妄冒者，徒一年。男家妄冒者，加一等。‘未成者依本约’，谓依初许婚契约。已成者，离之。违约之中，理有多种，或以尊卑，或以大小之类皆是。”依此规定，为婚妄冒的实质在于有故意欺诈行为，表现为婚嫁当事人有顶替或与约定的条件不符，故意作伪。结婚是一种特定的身份行为，其婚配主体各自所具有的身体和身份、财产条件都应规定于婚书或“私约”中，双方均应按约行事，不得欺骗。对妄冒为婚，唐律采用了刑事与民事处理并行的方式来处理，凡妄冒为婚，对妄冒方处以徒刑；民事处理则依婚姻已成和未成来区别对待：未成婚，则依本约嫁娶；已成婚，则婚姻无效，并离异。

2. 禁有妻更娶

中国古代自周代以后，礼制和法律都将“一夫一妻”作为婚姻结构的模式[②]，这种结构的核心在于只承认一个男子只能有一个礼法意义上的妻

① 《唐律疏议·户婚》“违律为婚离正”条疏议：“‘违律为婚’，谓依律不合作婚而故违者。”
② 陈鹏：《中国婚姻史稿》，中华书局1990年版，第429页。

子，而确立妻的地位的意义在于确立嫡庶之别。《唐律疏议 · 户婚》“有妻更娶”条规定：“诸有妻更娶妻者，徒一年；女家，减一等。若欺妄而娶者，徒一年半；女家不坐。各离之。”同条疏议又言：“依礼，日见于甲，月见于庚，象夫妇之义。一与之齐，中馈斯重。故有妻而更娶者，合徒一年。‘女家减一等’，为其知情，合杖一百。‘若欺妄而娶’，谓有妻言无，以其矫诈之故，合徒一年半。女家既不知情，依法不坐。仍各离之。称‘各’者，谓女氏知有妻、无妻，皆合离异，故云‘各离之’。”“问曰：有妇而更娶妇，后娶者虽合离异，未离之间，其夫内外亲戚相犯，得同妻法以否？答曰：一夫一妇，不刊之制。有妻更娶，本不成妻。详求理法，止同凡人之坐。”按照律疏的规定，凡有妻更娶，对男方及明知对方有妻而嫁之者均处以刑罚，并且这一婚姻自始无效，予以撤销。

应该说唐律的规定已经很为周全了，但当执法流于形式时，这种周全便是毫无价值的。纵观有唐一代，禁有妻更娶这一法律在唐帝国境内往往名存实亡，上自天子下至百姓，并不以并嫡为过，朝臣已有妻者，皇帝往往还赐以妻，且并受封爵。兹列举如下：

《旧唐书 · 王毛仲传》：“其妻已邑号国夫人，赐妻李氏又为国夫人，每入内朝谒，二夫人同承赐赉。”[①]

《安禄山事迹》（卷上）：“（天宝）六载，加御史大夫，封两妻康氏段氏并为国夫人。”[②]

《合璧事类》：“安重荣娶二妻，高祖因之，并加封爵。”

近代所发现的敦煌唐户籍中，一男注籍领二妻或三妻者甚多：

（1）户主程什住（载柒拾捌岁老男翊卫）户　老男户主一，丁男上柱国之子，妻三，妾一，小男一，中女四，小女一，黄女一，口数计十三。

（2）户主程仁贞（载柒拾柒岁老男翊卫）户　老男户主一，妻二，中

① 陈鹏：《中国婚姻史稿》，中华书局 1990 年版，第 429 页。

② 陈鹏：《中国婚姻史稿》，中华书局 1990 年版，第 429 页。

女五，口数计八。

（3）户主程大忠（载伍拾壹岁上柱国）户　户主丁男一，妻二，小男一，黄男一，中女一，小女六，口数计十二。[①]

从上述史料可知，在唐代，禁有妻更娶的法律并未得到全面、有效的执行，法律的规定与人们的观念相差如此之远，应该说是立法者囿于礼制的要求，而使法律超越了现实的社会关系，因而这种规定本身缺乏实现的基础。

3. 禁同姓为婚与亲属为婚

《唐律疏议·户婚》"同姓为婚"条规定："诸同姓为婚者，各徒二年。"按照同条疏议的解释，是指同宗共姓不婚。同姓而异宗，则不在禁列。相反，若因改姓，而档案谱牒证明其原本同姓者，仍不得为婚。这一规定适用于娶妻与买妾。

律所规定的亲属不婚，包括下列范围内的亲属不婚：（1）五服内亲不得为婚，即同条疏议所规定的："若同姓缌麻以上为婚者，各依《杂律》奸条科罪。"这些亲属包括高祖父母、曾伯叔祖父母、族伯叔父母、族兄弟及未嫁的族姐妹等同宗亲或关系更近的亲属。（2）外姻有服的亲属之间，尊卑不得为婚。外姻有服的亲属范围包括外祖父母、舅、姨、妻之父母。外姻虽有服，但非尊卑为婚，唐律并不禁。（3）外姻无服的亲属之间，唐律只禁尊卑为婚。（4）禁娶同母异父姊妹和娶妻前夫之女。（5）禁娶曾为袒免亲之妻。唐代袒免亲是指五服之外的亲属，包括高祖父的兄弟、曾祖的伯叔兄弟、祖父的隔两代的堂兄弟、父亲的隔三代的堂兄弟、本人的隔四代的堂兄弟。

4. 禁监临官娶监临女为妻妾

唐代法律基于官与民、上司与下属的特殊社会关系而对其婚姻作了禁止规定。对此，律和令都有详细的规定。《唐律疏议·户婚》"监临娶所监临女"条规定："诸监临之官，娶所监临女为妾者，杖一百；若为亲属娶者，

① 陈鹏：《中国婚姻史稿》，中华书局1990年版，第429页。

亦如之。其在官非监临者，减一等。女家不坐。即枉法娶人妻妾及女者，以奸论加二等；行求者，各减二等。各离之。”唐令：“诸州县官人在任之日，不得共部下百姓交婚，违者虽会赦，仍离之。其州上佐以上及县令于所统属官亦同。其定婚在前，任官居后，及三辅内官门阀相当情愿者，并不在禁限。”[1] 以上律令包含以下内容：

（1）责任主体为监临之官和在官非监临者。监临之官有特定含义，指统辖监督部下及审理判断或参与处置的官员。州、县、镇、戍及折冲府等官署内判官以上的官员，在各自的管辖范围内，经常属于监临。除这些官署外，其他只要是实行统辖的主管官员及进行审判的官员都是。“在官非监临者”，依疏议的解释，是指“非州、县、镇、戍、折冲府判官以上，诸州参军事及小录事”。[2]

（2）具有为己或为亲属娶监临女为妻妾的行为。依律，监临官杖一百，其亲属不处罚。若亲属与监临官一致同意强娶或施加恐吓威喝娶人，按本条法律分首犯、从犯判罪，以监临官为首，以娶者为从。

非监临官在所部任官，自娶或为亲属娶妻妾，各减监临官罪一等处罚，女家不坐，婚姻解除。

（3）监临官枉法自娶或为亲属娶人妻妾及女，加重处罚，以奸论加二等，即娶人妻妾者，徒三年，娶女者，徒二年半，均解除婚姻，女不坐。

（4）请求监临官娶其妻妾及女而后曲法断事的，比照监临官减二等处罚；监临官的亲属明知这是行贿求情枉法，而娶人妻妾及女，依本条法律的规定作为从犯判罪，并判决离异。

（5）本条规定的除外条件：凡定婚在前、任官在后，以及三辅（京兆尹、左冯翊、右扶风）内官，门阀相当，情愿者，不受婚禁。这一除外规定，

① 《唐令拾遗》，第 162 页。

② 《唐律疏议·职制律》“监临之官家人乞借”条疏：“在官非监临者，谓非州、县、镇、戍、折冲府判官以上，其诸州参军事及小录事，于所部不得常为监临，此为‘在官非监临’。”

我们可以从唐代典籍中依稀看到其实现的情况：

《新唐书·李绅传》载："始沣人吴汝纳者，韶州刺史武陵兄子也。武陵坐贬潘州司户参军，死，汝纳家被逐，久不调。时李吉甫任宰相，汝纳怨之，后遂附宗闵党中。会昌时为永宁尉，弟湘为江都尉，郡人讼湘受赃狼藉，身娶民颜悦女，绅使观察判官魏铏鞫湘，罪明白，论报杀之。时议者谓吴氏世与宰相有嫌，疑绅内顾望织成其罪，谏官屡论列，诏遣御史崔元藻覆按。元藻言湘盗粮钱有状，娶部人女不实，按悦尝为青州衙推，而妻王，故衣冠女，不应坐，德裕恶元藻持两端，奏贬崖州司户参军。宣宗立，德裕去位，绅已卒，崖铉等久不得志，导汝纳使为湘讼……言颜悦故士族，湘罪皆不当死。"

《白香山集》判云："得甲为郡守，部下渔色，御史将责之，辞云，未授官已前，已纳采。判云：诸侯不下，用戒淫风，君子好逑，未乖婚义。甲既荣为郡，且念宜其家，礼未及于结褵，责已加于执宪，求娶于本郡之内，虽处嫌疑，定婚于授官之前，未为纵欲。况礼先纳采，足明嬿婉之求，聘则为妻，殊非强暴之政，宜听隼旟之诉，难科渔色之辜。"

从以上史载可知，监临官不得娶所监临女的禁令已融入人们的生活和观念中。但这一禁令有严格的适用时间和严格的适用对象，任前定婚，任内嫁娶与士族阀阅之家，则不为律令所禁。

5. 禁良贱为婚

与所有古代社会一样，唐代社会是一个严格的等级社会，人群被划分为良与贱两个对立的群类，这种划分得到法律的确认和保护。唐律所称的"良"，是指"良人""良口"而言，包括皇室贵族、官吏、僧道和为数众多的"百姓"。"百姓"主要是指持有小块耕地的个体农民，也包括依附于官府或私家的客户、佣工、个体手工业者和小商人等。"贱"则是指"贱民""贱人""贱口"，包括官户（番户）、杂户、工乐户、太常音声人、部曲、客女、奴婢等。良贱之间，具有不同的社会地位和法律地位，承担不同的权利和义务，且被划分为不同的等第，规定了不同的身份地位，有明显的差别。奴婢被规定为唐代社会最卑下和最受奴役的一个等级，仅被视为主人的财产[①]，完全没有人身自由和权利。其他贱民对主人而言也有强烈的依附关系，很少有人身自由，法律上也无充分的权利，但他们不完全属于主人所有，仍有一定的独立性。这种社会等级反映在唐代婚姻法律制度中，便是严禁良贱为婚。这正如《户婚律》“奴娶良人为妻”条所言：“人各有耦，色类须同。良贱既殊，何宜配合。”良贱不婚有着丰富的内涵：

（1）关于奴婢与良人的婚禁

主人替奴婢娶良人女为妻，处徒刑一年半；女家减一等处罚，并且婚姻离异。若属于奴婢自己娶良人女为妻，其处罚相同。主人知情，杖一百，因此而将良人女的身份登记为奴婢的，流三千里。主人擅自将奴婢作为良人，而与良人结为夫妻，处徒刑二年。奴婢冒充良人而与良人结为夫妻，其处罚也相同。以上各种嫁娶都要追还本家及改正身份。

若奴婢私自将女嫁给良人作妻妾，依盗窃财产罪论处；知情而娶者，和私嫁者同罚，并且都追还嫁出之女及改正身份。

（2）关于杂户、官户、工乐与良人的婚禁

杂户是因前代犯罪而没官，散配诸司驱使的官奴，其地位略高于官户；官户则是番户的总称，是前代配隶人户的子孙或是本朝配没的人户，在州县没有籍贯，隶属于司农，其地位高于官奴婢。官奴婢被放免也可以为官户。工乐是工乐户的简称，系隶属于少府监和太常寺的贱民。工乐户与官户的地位相等。[②]

唐代法律不仅禁止杂户、官户、工乐户与良人通婚，同属贱民的工、乐、杂户、官户，也应在各自的等级内通婚，违者属违令行为，不仅婚姻无效，且违律为婚所造成的身份的非法变更也无效，恢复其原有的身份。

① 《唐律疏议·名例》：“奴婢贱人，律比畜产”；《贼盗律》：奴婢“身系于主”“奴婢比之资财”。

② 参见李季平：《唐代奴婢制度》，上海人民出版社 1986 年版，第 91 页。

凡此类行为，均予以刑罚处罚。

（3）太常音声人婚同百姓

太常音声人是在太常寺作乐的人，在各类官贱民中等级最高，在某些方面可享有与良人相同的待遇，其受田、进丁、老免都与百姓同。唐律规定其婚同百姓。[①]

（4）部曲、部曲妻、客女

部曲是私家所有的家仆。客女为部曲之女，部曲、部曲妻、客女都属于唐代私属贱民，其身份地位相同，高于奴婢，与官户同等。[②]依照唐律的规定，部曲除娶客女或婢女为妻外，也可以娶良人女[③]。但良人女嫁与部曲为妻后，其身份地位降低，与部曲同等。这可以从唐律的刑罚处罚中推知：《唐律疏议·斗讼》："诸部曲殴良人者……加凡人一等，奴婢又加一等……"疏议言："名例律称部曲者，妻亦同此，即部曲妻，不限良人及客女。"《捕亡律》疏议言："官户及官奴婢逃亡者，一日杖六十，三日加一等。注云：部曲奴婢亦同。部曲虽娶良人之女，其妻若逃亡，罪同部曲。"可见在涉及讼事时，部曲妻要降低其原有的良人身份，而与部曲等同。

由上述规定可知，婚姻的成立与禁配是与主体的社会地位、等级相适应的，由这种禁令也可以反观其社会地位、等级的高下。大致而言，贱民之中，其地位以太常音声人最高，杂户次之，官户与工乐又次之，奴婢则最低。这种等级之中又有等第、贱色之中色有高下的社会结构，受到法律的严格保护。

6. 禁僧道为婚

僧侣、道士、尼姑不得结婚的规定虽不见于律令正文，但据《唐六典》

---

① 《唐律疏议·户婚》"杂户官户与良人为婚"条："太常音声人，依令'婚同百姓'。"

② 《唐律疏议·斗讼》："官户与部曲同"，《唐律疏议·名例》："部曲之女亦是，犯罪皆与官户部曲同。"

③ 《唐律疏议·名例》："部曲妻者，通娶良人女为之。""部曲，谓私家所有，其妻通娶良人、客女、奴婢为之。"

注文可知，唐代对此是有禁令的：“僧侣、道士若服俗衣及绫罗……皆还俗；若巡门叫化，和合婚姻，饮酒食肉，设食五辛，作音乐博戏，毁骂三纲，凌突长宿者，皆苦役也。”[①] 这里的“和合婚姻”，是指为他人撮合婚姻，并非自娶。唐德宗时：“李叔明上书，请禁道佛，帝善之，下尚书省计议。刑部员外郎裴伯言曰：‘衣者蚕桑也，食者耕农也。男女者继祖之重也，而二教悉禁，国家著令，又从而助之，是以夷狄不经法，反制中夏礼义之俗也。’”[②] 由此可推知，唐令当有禁僧道结婚之文。但唐代社会，儒佛道之斗争颇为复杂和激烈，官方毁佛、扬佛反反复复，尽管如此，佛教在民间的影响是日益扩大和深入了。但这种影响表现为佛教的日益中国化和世俗化。教规虽禁婚，但僧道为婚之事例在唐代屡见不鲜：

《旧唐书 · 武宗纪》：（会昌六年）“彭州刺史李鉷，买州龙兴寺婢为乳母。”

《新唐书 · 食货志》：“武宗即位，废浮屠法，天下毁寺四千六百，招提，兰若四万，籍僧尼为民，二十六万五千人，奴婢十五万人，田数千万顷。”

《新唐书 · 李德裕传》：“蜀先主祠旁有猱村，其民皆剔发若浮屠者，而畜妻子自如。”

陶宗仪《辍耕录》引唐郑熊《番禺杂记》：“广中僧有室家者，谓之火宅僧。”

《唐语林》卷六所载：相国窦参败，有宠妾上清者：隶掖庭，在帝左右，后上清特敕为道士，终嫁为金忠义妻。[③]

由上可知，虽有令文禁止，僧道为婚在唐代始终存在，唐律对此未作规定，一则是律一经制定，便具有相对稳定性，不能随时修改，同时这也反映了法律的滞后性。更重要的是，唐代社会政治生活中，儒佛道三者时涨时消，

① 《唐六典 · 祠部郎中》注。
② 《新唐书 · 李叔明传》。
③ 陈鹏：《中国婚姻史稿》，中华书局 1990 年版，第 461—462 页。

极不稳定，以至于唐律对这种不稳定的社会关系不能作出适时的反映。

7. 违律为婚而又恐喝、强娶

《唐律疏议·户婚》“违律为婚恐喝娶”条规定：“诸违律为婚，虽有媒娉，而恐喝娶者，加本罪一等；强娶者，又加一等。被强者，止依未成法。”由这一规定可知：

（1）本条律文指在违律为婚的情况下又犯恐喝、强娶罪，因而是数罪并罚。

（2）恐喝与强娶均有严格的含义。恐喝是指口头或书面威胁，使人恐惧而屈从。强娶则是指以武力强迫人出嫁。恐喝与强娶二者犯罪的加害程度不同，因而处刑不一。

（3）就婚姻的效力而言，被强迫的一方，只依定而未成的规定处理。

（五）嫁娶违律及法律责任

唐律关于“嫁娶违律”的规定有别于“为婚违律”的禁令，它旨在追究虽符合法定的定婚与结婚条件，只是嫁娶时机不当而违法的罪责。按照律文的规定，嫁娶违律主要有：居丧嫁娶和祖父母、父母囚禁而嫁娶。

1. 居丧嫁娶

居丧禁嫁娶源于礼，后入律。依礼制，人子居父母丧，“鸡斯徒跣，扱上衽，交手哭……水浆不入口，三日不举火……口不甘味，身不安……寝苫枕块，哀亲之在土也。故哭泣无时，服勤三年”。[①] 故居父母丧嫁娶被列为不孝，入十恶大罪，为常赦所不原。而妻妾居夫丧而再婚，则是违背儒家的天道，被视为不义，均受到法律制裁。按照唐律的规定，居丧的内容分为居父母丧、居夫丧和居期亲丧三类。

（1）居父母丧、夫丧嫁娶

按照疏议的规定，丧服的期限为二十七个月。在此期内，儿子冒丧娶

① 《礼记·丧问》。

妻、在室女冒丧出嫁、妻居夫丧而再嫁，均处徒刑三年。同时，男子居丧娶妾，妻子女儿出嫁为妾，减三等处罚。并且，凡属以上情形，婚姻均解除。

双方家长明知一方丧服未除，却令子女成亲（子娶妻，女嫁作妻），则各减罪五等处罚；令娶妾，则杖七十。不知者不为罪。

（2）居期亲丧嫁娶

唐律所称的期亲是指本人的伯叔父母、姑母、兄弟、姐妹、妻、儿女、侄儿女及高祖父、曾祖父等丧服期为一年的亲属。在这些人的丧期内，男子娶妻，女嫁作妻，杖一百。若亡故者是卑幼，则居其丧嫁娶，也减二等处罚，杖八十。至于居期亲丧而男子娶妾，女子出嫁为妾，则无罪。

上述规定见于高宗朝所制定的《唐律疏议》中。至中宗时，又制禁居父母丧嫁娶："在百官嫁娶之家，百两未行。二亲俄殒，停哀之际，更即成婚，遂缀苴绖之哀，敢申牢巹之礼、宁戚之心安寄，罔极之意罔如，败俗伤风，莫过于此，自今而后，宜即惩革。"[①] 从这一规定可以反观唐时虽有律令禁居丧嫁娶，但民间习俗常常破此法禁。中唐以后，民间盛行"借吉"之俗，冒丧外婚，并为皇室所认可。德宗女嫁张茂宗即一例。

《新唐书·蒋乂传》载："张孝忠子茂宗，尚义章公主，母亡，遗言丐成婚。帝念孝忠功，即日召为左卫将军，许主下降。乂上疏，以为：'墨缞礼，本缘金革，未有夺丧尚主者。缪盭典礼，违人情，不可为法'，帝令中使者谕茂宗之母之请，乂意殊坚。帝曰：'卿所言古礼也，今俗借吉而婚不为少。'对曰：'俚室穷人子，旁无至亲，乃有借吉以嫁，不闻男冒凶而娶。陛下建中诏书郡县主当婚，皆使有司循典故，毋用俗仪。公主春秋少，待年不为晚，请茂宗如礼便。'帝曰：'更思之。'会太常博士韦彤、裴堪谏曰：'婚礼，主人几筵听命，称事立文，谓之嘉，所以承宗庙，继后嗣也。丧礼，创巨者日久，痛甚者愈迟，二十五月而毕，谓之凶，所以送死报终，示有节也。故夫义妇听，父慈子孝。昔鲁侯改服，晋襄墨缞，缘金革事则有权变，

① 《册府元龟·帝王都·兴教化》。

安有释衰服，衣冕裳，去垩室，行亲迎，以凶渎嘉，为朝廷爽法。’疏入，帝迁其言，促行前诏，然心嘉乂有守。”

从君臣的议论可以看出，德宗朝民间冒丧嫁娶已为世人所接受，并不以为过。而作为一言一行有昭仪天下的皇室，也从世俗，足见唐时这一律令的虚设和古礼难行。至于为妻服丧，虽律有规定，但世人并不以为然。唐郑致雍未第，求婚于白州崔相远，其后崔氏卒，致雍“杖绖朞周”。南部新书特记此事，称其“莫不合礼，士林以此多之。”[①]

2. 祖父母、父母被囚禁而嫁娶

关于祖父母、父母被囚禁而嫁娶，唐律根据嫁娶主体的不同而作了不同的规定。

针对官吏，唐律规定：“祖父母、父母犯死罪，被囚禁，而作乐及婚娶者，免官。”根据同条疏议的进一步解释，可以看出，官吏犯此禁令，仅限于男娶妻，并不罪及出嫁方。[②]

针对普通人，唐律规定：“诸父母、父母被囚禁而嫁娶者，死罪，徒一年半；流罪，减一等；徒罪，杖一百。”律注：“祖父母、父母命者，勿论。”同条疏议规定：“祖父母、父母既被囚禁，固身囹圄，子孙嫁娶，名教不容。若祖父母、父母犯当死罪，嫁娶者徒一年半；流罪，徒一年；徒罪，杖一百。若娶妾及嫁为妾者，即准上文减三等。若期亲尊长主婚，即以主婚为首，男女为从。若余亲主婚，事由主婚，主婚为首，男女为从；事由男女，即男女为首，主婚为从。其男女被逼，或男年十八以下，在室之女，并主婚独坐。注云‘祖父母、父母命者，勿论’，谓奉祖父母、父母命为亲，故律不加其罪。依令，不得宴会。”[③]

由上述律疏可以看出：

---

① 陈鹏：《中国婚姻史稿》，中华书局1990年版，第535页。

② 《唐律疏议·户婚》“父母被囚禁嫁娶”条。

③ 《唐律疏议·户婚》“父母被囚禁嫁娶”条。

（1）处罚的根据是尊长所犯罪刑的轻重：尊长犯死罪，嫁娶者处徒一年半；尊长犯流罪，嫁娶者减一等；尊长犯徒罪，嫁娶者杖一百。这种由尊长所犯罪刑轻重来决定刑罚轻重的原理，我们可以反过来看，国家惩罚尊长越重，嫁娶者的罪刑就越重。而嫁娶者之所以犯罪，其直接原因在于其在尊长被囚禁期间嫁娶，也即直接侵犯尊长的权益。这样我们就可以换过来说，国家惩罚尊长越重，本条法律对尊长的保护就越重。这似乎是一个矛盾，但确是始于唐律的一项制度，为唐以后各朝法律所继承，其谜底即礼所倡导的尊尊亲亲家族主义成为立法的指导思想和价值取向，屈法伸礼，抑国家主义而扬家族主义。

（2）娶妾及嫁为妾者，比照上文罪减三等处罚。

（3）责任的大小依各自在嫁娶中所起的作用大小而定：凡期服亲中的尊长主持婚事，则该尊长为首犯，娶妻嫁女的男女为从犯；若是其余的亲属主婚，并且婚事由主婚人作主，则主婚人为首犯，男女为从犯。其婚事由男、女自己作主，则男女为首犯，主婚人为从犯。

如果男女出于被迫，或男子年十八以下，女子为未出嫁者，则由主婚人独自承担罪责。

（4）免责条件：如果奉祖父母、父母的命令成亲，则不为罪。

二、婚姻的效力

婚姻的效力是指婚姻成立所产生的法律后果或约束力。它主要指法律所确定的夫妻之间、家庭成员之间的权利和义务。这种权利义务在古代社会不仅涉及夫妻关系、父母子女关系、亲属关系以及继承关系，还涉及享受荣誉与刑事连带责任等，尤以夫妻之间的权利义务关系为轴心，这正是本节所要探讨的问题。

婚姻成立对夫妻双方所产生的后果或约束力表现在身份法、财产法、行政责任和刑事责任等方面。

（一）身份法上的效力

古代婚姻成立的效力，可以从女子出嫁后与母家、夫家的关系来看。

1. 出嫁女与其母家的关系

女子未嫁时，对本宗的服制完全与男子相同，出嫁后，在服制上与母家的关系降等。对父母及祖父母由斩衰三年降为期年，对其他亲属也从原服降一等。不仅如此，这种降等还影响到下一代：孙为父母斩衰三年，为祖父母服齐衰不杖期，而外孙为外祖父母只是小功，为母之祖父母，已无服。这种降等意味着女子及其所生育的子女与女子自身家族的疏远和夫家中心地位的确立。夫家成为其常住地，而其本家则带有客居的意义了。与此同时，女子本家不再拥有女子的劳动权以及由此带来的收益。这种劳动能力和收益也连同出嫁一同转至夫家。只有当女子离异，回归本宗后，这一切才恢复如常。

2. 出嫁女与夫家的关系

女子出嫁，从形式上看是离开其父母家而入夫家，其实质则是脱离父宗而加入夫宗，成为夫家的一员。这一改变意味着女子从父家长权的统治下，转到夫宗家长权和夫权的统治之下，表现为：

（1）于本姓之上，冠以夫姓，以示其身份已属夫家；

（2）以夫家所在地为其居住地，以夫家为本，而以母家为客了；

（3）妻的社会地位、人格荣辱都依夫的身份、地位而定。在唐代，妻可因夫官品等级不同而享有不同的爵位称号，妇人犯罪，各依夫的品级享有议、请、减、赎、当、免的特权。①

古代家族一荣皆荣，一损皆损。妻也因夫及夫家犯罪而受株连。按照唐律的规定，这种株连自有许婚书及私约或已纳聘财开始有效。② 凡谋反

① 《唐律疏议·名例》“妇人有官品邑号”条。

② 《唐律疏议·名例》“缘坐非同居”条。

及大逆者，其妻妾及儿子的妻妾皆没官。至于话不能打动众人，影响也不足以带动他人的谋反，其妻妾流三千里。凡谋叛者，妻、子流二千里；若率部众百人以上，则妻流三千里。[①] 上至皇子、重臣，下至黎民百姓，均可罪及妻子，或没入官廷，或流放。这种因夫、夫家犯罪而受株连的情形，存在于整个唐代历史中，并非唐所独有，唐代不过是古代社会的一个缩影罢了。

（4）女子出嫁入夫宗后，其与夫宗的关系依宗法、服制的亲疏尊卑而定。这种服制，不仅确定了出嫁女在夫宗血亲中的地位、身份高下，同时也是法律处理其与夫宗亲属相犯的根据。

（二）财产法上的效力

女子出嫁，母家所陪送妆奁有别于夫家财产，不属于应分的财产。根据唐令，“诸应分田宅及财物者，兄弟均分，妻家所得之财，不在分限”。[②] 由此观之，妻之妆奁，在性质上不属于家庭共有财产，妻对此拥有相当独立的权利。但史书称唐有“夫用妇钱，义无还理”之谚[③]，也说明妆奁虽有相对的独立性，但礼制“夫妻牉合”“夫妻一体”的主张[④]，消减了这种独立性，使夫有使用权与处分权。

同时，女子出嫁也意味着丧失了在其本家的财产继承权，尽管这种继承所要承继的财产是极为有限的。至于户绝财产，依唐代敕令，则出嫁女可得到变后扣除丧葬费用所余的资产。在夫亡后，寡妻无子可继承夫的财产份额，但以不改嫁为前提。[⑤] 从现今发现的唐代敦煌民歌，我们还可以看到唐代（至少在敦煌）夫死，妻携产改嫁，似乎成俗：“有钱惜不喫，身

---

① 《唐律疏议 · 贼盗》“谋反大逆”条。

② 《宋刑统 · 户婚律》“卑幼私用财”条。

③ 《太平广记》“再生五”。

④ 《仪礼 · 丧服传》。

⑤ 《宋刑统 · 户婚律》“户绝资财”条引。

死由妻儿。”“好住四合舍，殷勤堂上妻，无常煞鬼至，火急被追催，露头赤脚走。不容得着鞋。向前任料理，难见却回来。有意造一仏，为设百人斋，无情任改嫁，资产听将倍，吾在惜不用，死后他人财，亿相平生日，悔不唱三台。”①

（三）夫妻在法律上的地位

古代社会男女地位的不平等导致了法律上的不平等。在唐代，这种不平等反映在下列方面：

1. 法律确认礼教男尊女卑的原则。唐律律文和疏议中多次出现“夫为妇天，尚无再醮”②“妇人从夫，无自专之道”③《依礼》：“夫者，妇之天”④“夫者，妻之天也”。⑤尽管律文和疏议中也有关于夫妻一体的表述，但联系律文上下可知，这只是在涉及妻与卑幼关系时而言。在涉及夫妻关系时，法律明确确认妻从夫的原则。因此，妻在法律上相当于卑幼，夫在法律上的地位相当于尊长，二者的地位明显悬殊。这在唐律的疏议中说得再明白不过了：“其妻虽非卑幼，义与期亲卑幼同。”⑥

2. 从服制看，妻为夫服斩衰三年；而夫为妻只服期年。

3. 夫对妻的权利。尽管律有禁卖妻的规定，但民间荒年而典妻、卖妻不绝史书：《通鉴》载唐代乾符元年（874年）：“州县以有上供及三司钱，督趣甚急，动加捶挞。虽撤屋伐木，雇妻鬻子，止可供所由酒食费。”《玉泉子真录》载：“令狐绹父楚，镇东平，绹侍以赴任。……时方久旱，绹因问民间疾苦。……父老答曰：‘……赋税征道，贩妻鬻子，不给，继以桑

---

① 陈鹏：《中国婚姻史稿》，中华书局1990年版，第587页。
② 《唐律疏议·户婚》“居父母夫丧嫁娶”条。
③ 《唐律疏议·户婚》“义绝离之”条。
④ 《唐律疏议·名例》“十恶”条。
⑤ 《唐律疏议·名例》“十恶”条。
⑥ 《唐律疏议·斗讼》“告缌麻以上卑幼”条。

柘。’”[①]《续博物志》:“太岁在酉，乞浆得酒，太岁在巳，贩妻鬻子。”[②]

同时，唐律赋予夫单方出妻的权利，使其握有决定婚姻是否存续的权利（详见后节）。

4. 妻对夫的义务。妻对夫负有保有贞操的义务，违此，夫可以休妻。同时，妻还负有同居的义务。未经夫同意，妻擅自背离夫出走，处徒刑二年；因此而改嫁，则加重二等处罚。疏议对此有详细的阐释：“妇人从夫，无自专之道，虽见兄弟，送迎尚不踰阈。若有心乖唱和，意在分离，背夫擅行，有怀他志，妻妾合徒二年。因擅去而改嫁者，徒三年，故云‘加二等’。室家之敬，亦为难久，帷薄之内，能无忿争，相嗔蹔去，不同此罪。”[③]

5. 夫妻相犯。唐律对夫妻相犯处罚的总原则是夫犯妻从轻，妻犯夫从重。

夫妻斗殴，同一罪刑，妻殴夫加重其刑，夫殴妻则减其刑。“诸妻殴夫，徒一年。若殴伤重者，加凡斗伤三等（须夫告，乃坐）。死者，斩。……过失杀伤者，各减二等。”[④]“诸殴伤妻者，减凡人二等，死者，以凡人论……过失杀者，各勿论。”[⑤]

妻杀夫，入恶逆，殴、告夫，入不睦，闻夫丧而匿不举哀，入不义；相反，夫须谋杀及卖妻，才入不睦。

三、婚姻的终止

（一）婚姻终止的概念

按照现代人的理解，婚姻的终止是指合法有效的婚姻关系因一定的法

---

① 陈鹏:《中国婚姻史稿》，中华书局1990年版，第587页。

② 陈鹏:《中国婚姻史稿》，中华书局1990年版，第587页。

③《唐律疏议·户婚律》“义绝离之”条。

④《唐律疏议·斗讼律》“妻殴夫”条、“殴伤妻”条。

⑤《唐律疏议·斗讼律》“妻殴夫”条、“殴伤妻”条。

律事实的产生而归于消灭。[①]“一定的法律事实”主要是指配偶一方死亡和离婚。前者是婚姻主体的一方消失而使婚姻关系在客观上不复存在，是自然的结束；后者则是配偶于生存期间依照法律的规定解除婚姻关系，是人为的结束。

因配偶一方死亡而导致婚姻关系终止，古今中外皆然。但唐代法律所确认的这一原则有更为丰富和特殊的内容：

1. 妻为夫服丧期间不得再婚。按照唐律疏议的解释，这一期间为二十七个月。无庸置疑，这一规定首先意味着夫对妻单方面所拥有的权利在夫身后还能延续一定期间，但也不排除立法包含有使家庭关系不因夫亡而骤然变更，以致引起财产和家庭内部关系及两个姻亲家族不稳定的意蕴，当然也不排除出于人伦而对亡者的一种追思。况且从生育的角度看，这也给寡妻留下了生育原夫子女的足够时间，以免在子女血亲的归属上引起纠纷。

2. 寡妻与夫的直系尊亲属的亲属关系依然存在。寡妻改嫁后，与亡夫的祖父母、父母相犯，依律仍须承担不同于常人的刑事责任。[②]并且，寡妻改嫁后，与其寡媳之间相犯，唐律仍按亲婆婆身份的法条处断。[③]由上可以看出，在唐代，因配偶一方死亡而导致婚姻关系自然消亡，这是就夫妻而言的；就婚姻所产生的家族、亲属关系而言，并不因一方死亡而完全消亡。

中国古代奉行许可离婚主义。虽然伦理与法律[④]均以“白头偕老”为

---

① 杨大文主编：《婚姻法学》，法律出版社1986年版，第156页。

② 《唐律疏议·斗讼》“妻妾殴詈故夫父母”条：“诸妻妾殴、詈故夫之祖父母、父母者，各减殴、詈舅姑二等；折伤者，加役流；死者，斩；过失杀伤者，依凡论。”

③ 《唐律疏议·斗讼》“妻妾殴詈故夫父母”条疏议：“（姑）已改醮他人，子孙之妻，孀居守志，虽于夫家义绝，母子终无绝道，子既如母，其妇理亦如姑。姑虽适人，妇仍在室，理依亲姑之法，不得同于旧姑。”

④ 《唐律疏议·户婚》“妻无七出而出之”条疏：“伉俪之道，义期同穴，一与之齐，终身不改。”

佳境，但无论是礼教[①]还是法律，都视离婚为一种正常的社会现象，并不加以禁止。这与欧洲中世纪盛行的禁止离婚的传统截然相反。其原因是多方面的。中国古代自氏族解体、国家产生以来，国家政权在现实社会中一直拥有绝对的权力，始终没有产生凌驾于世俗政权和世俗社会之上的宗教，婚姻不具有宗教神学的色彩。婚姻自古被界定在世俗的范围内，婚姻的主体是世俗的个人和家族，婚姻的目的则是世俗的利益。虽然后世也有婚姻天定之说，但它并未成为官方立法的指导思想，只是存在于民间，远未达到影响婚姻制度创设的程度。就婚姻的功能和目的来看，婚姻的成立是为了家族利益。若有关的家族利益不能实现，则婚姻的功能就无以发挥作用，也就失去了存在的价值，离异便是当然的选择。况且按照古人的婚姻观，夫妻关系是由“义”来连结的，这种“义”可以理解为夫妻基于基本的人伦而对对方及对方家族所应承担的道德上和法律上的义务。无“义”，夫妻关系就失去了连结点，婚姻解散便成定局。这种婚姻观念渗透到法律中，便形成了中国古代社会颇具特色的官府强制离婚制度——义绝。

（二）离婚类型

就唐律所规定的离婚制度来看，唐代立法者为消解离婚这一社会现象，精心设置了一个周密的制度体系。按照《唐律疏议》所规定的法定离婚理由来划分，唐代的离婚有出妻、和离和义绝三种类型。

1. 出妻

出妻是中国古代最主要的离婚方式。历朝有“去”“弃”“出妇”“弃妇”“休离”“休妻”之称。大致在秦汉以前，法律多称“弃”，秦汉以后律固定称“出”。称谓虽多，但代表同一含义：在妻有七种法定过错时，夫可以单方解除婚姻关系，因而出妻又被称为“七出”“七去”或“七弃”。

---

① 离婚在儒家经传中屡见不鲜。《礼记·内则》：“子甚宜其妻，父母不说，出。子不宜其妻，父母曰是善事我。”

最初，它只是礼制的一项内容，后入律，成为中国封建社会颇具特色的一项离婚制度。

唐时，出妻既是一种通称又是一种普遍现象，在律在文，都通称为出妻。唐律的七出之法源于礼制自不待言，但在内容上有变动，在顺序上也有较大的调整。《大戴礼记·本命篇》："妇有七去，不顺父母去，无子去，淫去，妬去，有恶疾去，多言去，窃盗去。"而依唐代律、令，七出的顺序为：一无子，二淫佚，三不事舅姑，四口舌，五盗窃，六妬忌，七恶疾。从内容上看，礼称"不顺父母去"，而律称"不事舅姑"，虽然二者内容大致相同，但关注的重点大不相同，也表现出礼与律两种社会规范的区别。依礼，言"顺"不言"事"，"顺"的实质是无条件地恭从和合意，顺与不顺并不在于妻的行为本身，而在于是否取悦于舅姑，即舅姑的主观好恶是评判顺与不顺的标准。因此，礼制中的"顺"带有浓厚的主观随意色彩，缺乏客观评判尺度，若不加一定的修正便推及于世，无疑会增加法律实施的难度。依法，言"事"不言"顺"，"事"的中心是侍奉，在恭从之外更偏重于"顺"的客观表现形式——行为。就此而言，礼与法，一个强调主观修养，另一个强调客观外在行为，二者在唐代社会被固定在合理、适当的位置，担负不同的职能，发挥不同的功能。

与礼制的顺序不同，七出的顺序在唐律中有较大调整，这主要表现在：

（1）无子出妻由礼制中的第二位取代"不顺父母去"而跃居第一位；"不顺父母出妻"这一项却被后置于第三位。这表明比起礼制，唐律更重视婚姻的继嗣目的。继嗣被置于尊长利益之上，归根结底还是家族的延续高于一切。这一顺序的调整，也说明了儒家"不孝有三，无后为大"的说教已深得法律的认同。当然，这也是中国古代家族血缘这一社会基础对法律的要求。

（2）"淫去"由礼制的第三项上升为法律上的第二项，这表明淫佚在立法者心目中的危害程度有所上升。

（3）妬忌由礼制上的第四位下降为法律上的第六位，这在一定程度上表明立法者对妬忌的性质和危害程度有所看轻。

（4）恶疾由礼制上的第五位退居法律顺序的末位。这反映出立法者将恶疾与妻的主观罪过并不完全等同看待，对恶疾的性质有了略为进步的认识，相对减轻了妻的过错责任。当然，这种后置并不能改变这一法条强加给妻的无理性质，只是在一个无理、不平等的体系中作了一个小小的合理改变而已。

（5）“多言”一项由礼制上的第六位，上升为法律上的第四位（口舌），从一个侧面反映了口多言导致的家族不睦的后果为立法者所重视。

（6）盗窃由礼制上的末位上升为第五位，反映出法律对家庭财产的重视程度高于礼制。

由上述这些变动可以概括得出这样的结论：在唐代，无子、淫佚、口舌、盗窃的位次有所上升，而妬忌、恶疾的位次相对后置，这实际表明法律对继嗣、财产和家族伦常的重视较礼制有所上升，位次的前置与后置，本身就是唐代社会的根本要求和特征在法律上的反映。

七出是法律赋予男子单方面出妻的权利。这一权利，男子可以行使，也可以放弃，是一种选择性法律规范，它既无强制性，又无须经过官府判决。需要指出的是，在中国古代社会，法律置子女于卑幼的地位，因而出妻的特权往往操之于男方父母，有时并不完全出于夫本人的意愿。

2. 出妻的法定条件

按照唐代法律的规定，出妻的法定条件有七，分别是：

（1）无子。在中国古代家族社会里，婚姻的目的、功能和最高价值都被界定在“合两姓之好，上以事宗庙，下以继后世”的范围内。在儒家经典中，为了达到这一目的，悖礼擅娶也不为过。[①] 娶妻的目的就是生育出承祖传家的男性继承人，这也是妻的应有职责。这一礼制观念历代相沿，至唐未改。唐律强调妻的这一生育职责，将无子出妻列为七出之首，实是

---

① 《孟子篇》中：“不孝有三，无后为大。舜不告而娶，为无后也，君子以为犹告也。”

将生育责任片面归于妻。

但是一个人的生育年龄可以是很长的，大致从十四五岁始，可延续至五十岁左右。儒家礼制对无子出妻并无年龄限制，这意味着男子随时可以援用无子出妻法。唐律对此有明确的年龄限制。《唐律疏议·户婚》“妻无七出而出之”条疏议言：“问曰：妻无子者，听出。未知几年无子，即合出之？答曰：律云：‘妻年五十以上无子，听立庶以长。’即是四十九以下无子，未合出之。”由这一法律解释可知，唐律基本上是以妇女的育龄上限作为无子出妻年龄的参照标准，这表明妻处于生育年龄阶段，夫不能援用无子出妻法。

（2）淫佚。淫佚即纵欲放荡。[①] 按照《大戴礼记·本命》的解释，礼设“淫去”，是因为其乱族。[②] 古代中国是一个血族聚居的家族社会，它强调血缘的纯正和亲疏远近之别，由此决定家族内部的等级，以及推衍出社会的等级。淫佚乱族，此为家族之大忌。在唐代法律的七出顺序中，淫佚位列第二，先于“不事舅姑”，仅后于“无子”。无论是礼制和法律，在七出之外都还设有三不去，唯独淫佚不在“三不去”之列，可见礼制和法律对其性质和危害程度重视之深。当然，这一禁条仅仅是对妻而言，对夫并无丝毫的要求，它标志着夫及其家族对妻的性专权。

（3）“不事舅姑（公婆）。”按礼制，不事舅姑的实质在于逆德[③]。前文已述礼制“不顺舅姑”与唐律“不事舅姑”的联系与区别，此不赘述。在礼，妇顺是天经地义的做人之道。女子在室顺父母，出嫁则顺舅姑。《礼记·昏义》言：“成妇礼，明妇顺，又申之以著代。所以重责妇归顺焉也。妇顺者，顺于舅姑，和于室人，而后当于夫，以成丝麻布帛之事，以审守委积盖藏。

① 《左传·隐公三年》：“骄奢淫失，所自邪也。”孔颖达疏：“淫，谓嗜欲过度；佚，指放恣无艺。”

② 《公羊传·庄公二十七年》何注：“淫佚弃，乱族也。”

③ 《大戴礼记·本命》：“不顺父母去，为其逆德也。”

是故妇顺备，而后内和理；内和理而后家可长久也。故圣王重之。”由礼制所言妇顺，可知其意在由顺衍绎出家族的长久和睦。而礼制关于妇顺的标准，则是苛严而又细微的[①]，从妻的一言一行、一颦一笑，到侍奉舅姑的衣食住行，从态度到行为，可谓无所不包。我们从唐代的女教名著，还可以看到妇事舅姑在唐代的具体内容。唐代宋若华、宋若昭姐妹的《女论语》及其释文，以其流畅顺口的四言诗歌形式，广为流传，成为后世女子初学必读之书。它专设事舅姑一章，详细阐述妇人每日自早到晚侍奉舅姑的内容，从言语到行为，均设定了细微的标准。妇顺的内容尽管琐碎，但其核心是对舅姑无微不至地照料和无条件地遵从。

（4）口舌。“口舌”出妻这一律条在礼表示为“多言”，其义相同，均有说闲话、搬弄是非之意。但“多言”的主观愿望不一定为恶意，“口舌”的主观恶意却很明显。因此就礼而言，偏重客观行为本身，而律则是偏重主观故意。按照儒家典籍的解释：“口多言，为其离亲也。”[②]这一解释是非常精辟和贴切的。在古代社会，家族的和睦构成社会稳定的一大基础，口舌所产生的后果必然危及家族秩序，有碍族人的和睦相处，严重者可导致家族内部以及家族之间的争吵、斗械。因此，早在奴隶社会就被视为恶源。[③]至唐相沿不改。

（5）盗窃。按照儒家经典的解释，盗窃出妻是因为这一行为违反了义的规定。[④]在这一解释中，窃盗与盗窃是在同一义上使用的。但考唐律，凡提及以非法手段秘密取得他人财产时，都用“窃盗”一词，唯独在言及七出时采用“盗窃”语词。也许这只是讹误，也许立法另有其意，今已难考。但无论如何，其核心是妻以秘密手段非法取得不属于自己的财产。这类财

① 见《礼记·内则》。
② 《大戴礼记·本命》。《公羊传·庄公二十七年》何休注也有相同的解释。
③ 《诗·大雅·瞻印》：“妇有长舌，维厉之阶。乱匪降自天，生自妇人。”
④ 《大戴礼记·本命》：“盗窃，为其反义也。”

产包括他人的财产和妻私自取自家中的财产。[①]前者是盗窃的通常形态，后者则具有特殊性。按照礼制，“子妇无私货，无私蓄，无私器，不敢私假，不敢私与”。妻对夫家财产并无所有权，其私取违犯妇道，当属窃盗行为。而盗窃他人财产，既是对他人财产所有权的侵犯，又有损于夫族声誉，按照礼制和法律所赋予女子的角色，其一生被限定在持家主内的狭小范围内，其窃取他人财产的行为已远远超出了礼、法的设定，既损害社会利益，又损害家族利益，可以成为夫出妻的法定理由。

（6）妒忌。妒忌的基本含义是忌恨。在七出之法中，戒妒是礼制和法律加于妇女的单方面义务，相对应的则是礼、法所赋予男子的特权。妒忌所侵害的对象应理解为对男子性自由以及对与男子有染的其他女性的忌恨，其实质是对男子特权和多妾制的侵害。在儒家典籍中，妒忌被看作乱家的行为[②]。礼、法设置妒忌出妻的目的是消除男性性自由所导致的家族内部的不稳定，维持家内安宁。

（7）恶疾。什么疾病、达到什么程度才算恶疾，礼与律均无明文规定。从古人的解释来看，有宽狭两说。《公羊传·昭公二十年》何休注：“恶疾，谓瘖、聋、盲、疠、秃、跛、伛，不逮人伦之属也。”这是一种解释。另一种解释是：《说文》：“疠，恶疾也。”《日本令集解·户令·目盲条》：“遍身烂灼，体上无皮，毛发凋零，指节自解，触类繁多，总云恶疾，唐称病癞者，恶疾别名耳。”[③]从前一种解释看，恶疾的范围颇宽，后一解释则将

① 笔者不赞同将盗窃的对象仅限于家族内财产的看法（见陶毅、明欣：《中国婚姻家庭制度史》，东方出版社1994年版，第259页。）因为盗窃之所以成为出妻的理由，是因为这一行为“反义”（《公羊传》庄公二十七年何注：“盗窃弃，反义也。”）而义在古代的解释往往是广义的，包括家内家外之义。私自取得家中财产是盗窃的一种形态，而盗窃他人财产，既是对他人利益的侵犯，也是对夫族声誉的损害，远远超出了礼制所设立的为妇之道，此种行为被排除在违义之外，恐难成立。

② 《大戴礼记·本命》：“妒，为其乱家也。”《公羊传·庄公二十七年》何休注：“嫉妒弃，乱家也。”

③ 陈鹏：《中国婚姻史稿》，中华书局1990年版，第625页。

疠（从症状看应是麻风病）作为恶疾。后人也有直接认定恶疾便是麻风病的。[①] 笔者并不赞同后一种认定。按照《大戴礼记 · 本命》的解释，恶疾出妻是因为妻患有“不可与共粢盛”的疾病，《公羊传》何注则言恶疾为“不可奉宗庙也”。《大戴礼记》与《公羊传》何注，在儒家经籍中的权威性是不容置疑的，因此可以断言，恶疾应与妨碍妻参与祭祀相关。粢是谷类的总称，在古代作为祭品，是指盛在祭器内的黍稷。[②] 由此我们可以得出这样的结论，恶疾是指妻患有不能与夫一同祭祀宗庙的疾病。按照古人的观念，夫妇皆祭祖才为恭敬，正如《礼记 · 内则》所言：“若富，则具二牲献其贤者于宗子，夫妇皆齐而宗敬焉。”正因为妻不能与夫一同祭祀宗庙（祖先），妻“传家事，承祭祀”的职责无以实现，成妇的意义不再存，因而与夫解除婚姻关系就在情理之中。这样的解释，应是符合婚姻的目的与意义的。由此看来，麻风病仅仅是其中的一种，绝不是唯一的一种，何休注所言的疾病类型似乎更为合理些。

从上述七出法的各项内容来看，属于女子主观过错的有淫佚、不事舅姑、口舌、盗窃、妒忌五项，而无子、恶疾则是女子根本无法把握的纯客观事由，与女子主观无丝毫联系。以今人之观点看，其荒谬至极。但是，考察任何一项制度，都离不开产生它的具体社会环境。将七出之法放到唐代这样一个典型的封建社会中，其存在的合理性又是不容置疑的。古代中国家是国的基础，国则是家的扩大，家国一体，由家族伦理推及国家政治，由家内秩序衍绎出政治秩序，家族利益和家族的稳定是礼制和法律关注的重点，七出之法实际上是礼、法从宗庙继嗣、家族伦理、家族等级秩序和财产所有权等方面为家族利益而设置的一项制度，其七项内容无一不与家

① 《中国婚姻史稿》《中国婚姻家庭制度史》均认定恶疾就是麻风病，前书见第 626 页，后书见第 261 页。

② 《左传》桓六年：“粢盛丰备。”注：“黍稷曰粢，在器曰盛。”疏：“祭之用米，黍稷为多，故云黍稷曰粢……盛，谓盛于器，故云在器云盛。”《孟子 · 滕文公下》：“诸侯耕助，以供粢盛。”转引自《辞源》第 1295 页。

族相关，无一不是为了家族利益。

3. 出妻的法定限制条件——“三不去”

唐律在七出之外，还规定了“三不去”来对七出加以限制。这一定制源于礼的规定，但礼制与法律在“三不去”的顺序上有所不同。《大戴礼记·本命》：“妇有三不去，有所取，无所归，不去，与更三年丧不去，前贫贱，后富贵不去。”唐律律疏则称：“三不去者，谓：一、经持舅姑之丧；二、娶时贱后贵；三、有所受无所归。”律的规定源于礼，其内容与精神与礼一致，这是无疑的。但律在引礼入律时，作了适当调整，这是由于礼和律毕竟是两种不同的社会规范。

（1）律将礼制上位居第二位的“与更三年丧不去”上升为“三不去”的首项，取代礼制第一项的“有所取，无所归不去”，强调子妇为舅姑服过三年之丧，可以成为对抗七出的法定理由。妇为舅姑服丧，在礼制看来，是有恩于夫族的[①]；对夫而言，妻为舅姑服三年丧不可出，则意味着尊长生前的主婚意志在其身后仍延续有效。这一定制，旨在维护礼制丧服制的神圣，体现对祖先的孝道和对祖先意志的顺从。

（2）将礼制上位居末位的“前贫贱，后富贵不去”上升为法律上的第二位。这一顺序调整，从一个侧面反映了法律在婚姻家庭领域对社会地位和财富变化的干涉。值得注意的是，礼称“前贫贱，后富贵不去”，而律称“娶时贱，后贵不去”，礼言“富贵”，而律称“贵”，其意已远。“富贵”一词包含有拥有一定财富和社会地位之意，因此是经济和社会因素的综合；而“贵”则不同，它重在社会地位，虽说“贵”一般就富，但在古代社会，富不一定就贵，因此律条已删除了礼制中的经济因素，更加反映出唐代社会等级特权的本质。

（3）将礼制中位列首位的“有所取，无所归，不去”降为律的末位，表明唐律较礼制漠视对妻族所予财产和妻的现状，也表明了相对于礼，律

① 《公羊传·庄公二十七年》何注：“尝更三年丧，不去，不忘恩也。”

更为漠视妻的利益和现实困难。

当然，以上调整都是在“三不去”的总框架内进行的，就“三不去”的精神而言，是对男子自由出妻的一种限制，避免因擅自出妻而产生社会问题，自有其积极意义，对于稳定婚姻关系，也有一定的作用，体现了儒家仁义的精神[①]，也反映了礼制与法律对人伦的重视。

按照唐律的规定，凡是妻有七出之状，但存在“三不去”的情形而出妻，杖一百，并且出妻行为无效，原婚姻仍存续。但“三不去”并不具有完全排除七出适用的效力，妻犯恶疾及奸，虽有“三不去”的条件，仍可以出妻，由此可观唐律重奸非、畏恶疾的法律精神。

4. 出妻程序

在古代社会，婚姻的意义对内是传宗接代，对外则是两个家族的和好。因此，离婚并非仅仅消灭夫妻个人关系，同时也是解除家族间姻亲关系的行为。其成立和解散向为礼、律所重视，在实质要件之外，礼、律还规定有相应的程序和仪式。[②]按唐律的规定，出妻不必经官府判决，但必须采用书面形式，不仅夫及双方父母、伯姨署名，而且须有邻人作证并一同署名，[③]才生效力。这一规定，一方面使婚姻的解散公之于众，另一方面又将这一结果以书面形式固定下来，以免日后口说无凭之弊，自有其合理之处。

5. 从“无子”与“妒忌”出妻看唐代七出三不去离婚制度的理论与实践

唐律对七出“三不去”作了如此详细的规定，它们在唐代社会生活中

---

① 《公羊传·庄公二十七年》何休注：“尝更三年丧，不去，不忘恩也；贱取，贵不去，不背德也；有所受无所归不去，不穷穷也。”

② 《礼记·杂记》载诸侯出妻：“诸侯出夫人，夫人比至于其国，以夫人之礼行，至以夫人入，使者将命曰：‘寡君不敏，不能从而事社稷宗庙，使使臣某敢告于执事。’主人对曰：‘寡君固前辞不教矣，寡君敢不敬须以俟命。’有司官陈器皿，主人有司，亦官受之。”

③ 《日本·户令》“七出”条集解：“唐令释云，男及父母伯姨舅，并女父母伯姨，东邻西邻及见人皆署也。”（《唐令拾遗》，第163页。）

的实际情况又是怎样的呢？笔者对最能反映唐代七出特点的“无子”和“妒忌”作了以下考察：

无子出妻被唐律列为七出之首，它是有条件的。按照律疏的解释，须妻年满五十以上无子，才可以适用无子出妻法。另一方面，无子出妻还要受到“三不去”的限制，即虽然妻无子，但具有三不去条件之一的，夫仍不得出妻。然而现实生活中又是怎样一番情形呢？《云溪友议》上载有：“慎氏者，毗陵庆亭儒家之女，三史严灌夫因游彼遂结姻好，同载归，蕲春经十余秋，无胤嗣，灌夫拾其过而出妻。”[①]“商陵穆子娶妻五年无子，父母欲其出妻改娶。其妻中夜悲啸，穆子感之而作《别鹄操》”，诗中有“巢成不生子，大义当乖离”[②]的诗句，以此来暗示无子而出妻的正当。白居易也在诗中写道：“义重莫若妻，生离不如死。誓将死同穴，其奈生无子。商陵迫礼教，妇出不能止。”[③]这两则事例都说明了民间无子而出妻，并不受年龄限制。一个是“蕲春经十余秋”无子，另一个是“娶妻五年”无子而出，虽然都违犯了唐律关于无子出妻应受年龄限制的规定，却仍可以出妻，并不被认为有不当之处。尤其引我们注意的是民间无子出妻常破坏法律关于“三不去”的规定。唐诗人张司业笔下的《离妇》诗形象地为我们勾画出了这样的情景：“薄命不生子，古制有分离。……堂上谢姑嫜，长跪请离辞。……昔日初为妇，当君贫贱时，昼夜常纺绩，不得事蛾眉。……洛阳买大宅，邯郸买侍儿，夫婿乘龙马，出入有光仪。”[④]这是对唐代无子出妻却不受“三不去”制约的真实写照。至此我们可以说，唐律对无子而可以出妻所作的年龄和“三不去”的两项限制在民间实际上都已名存实亡了。

① 《云溪友议·毗陵出》。

② 《白氏长庆集》卷51《和微之听妻弹别鹄操因写解释其义依加四句》。

③ 《白氏长庆集》卷51《和微之听妻弹别鹄操因写解释其义依加四句》。

④ 《唐张司业诗集》卷7《离妇》。

关于妒忌，这也是唐律所规定的夫可以出妻的法定理由。然而在实际生活中，往往极端的妒忌也不见被出。据史载，任环之妻“刘氏妒悍无礼，为世人所讥”，[①] 却不曾因此而被出。张亮更娶李氏，“李素有淫行，骄妒特甚，亮宠惮之”，[②] 也不曾因妒而出妻。更有趣者，“房玄龄夫人至妒，太宗将赐美人，屡辞不受……帝乃令谓曰：‘宁不妒而生，宁妒而死？’曰：‘妾宁妒而死’，乃遣酌一卮酒与之曰：‘若然，可饮此一酖。’一举便尽，无所留难。帝曰：‘我尚畏见，何况于玄龄乎？’” [③] 众多的事例告诉我们，像此类已达极端化的妒忌在唐代并不见被出，可见因妒忌而出妻的制度在唐代的施行是有限的。

上列情形是由唐代社会的特性所决定的。中国封建社会是一个以家族为本位的社会。同祖共宗的血亲意识成为宗族结合的心理基础，由此产生两个必然的结果：一是对祖先顶礼膜拜，二是对血缘关系高度重视，不仅要求血缘的纯正，而且要求家族永久延续不辍。于是妻成为生儿育女、传宗接代的工具，无子便成为妇女不可饶恕的罪过。千百年来，无后被认为是一种对祖先不孝的行为，无子可以出妻历代相沿，在唐代，它在民间甚至具有凌驾于“三不去”之上的效力。但官判有所不同。《白氏长庆集》卷五十判：“得累娶妻三年无子，舅姑将出之，诉，云归所从。”白居易的判文最后结果是“不去”。仔细推敲一下这则判文，便会得知，它承认“承家不嗣，礼许仳离”，承认无子可以出妻。但特别需要注意的一点是本案的关键在于有“诉”，即当事人将纠纷提交官府，已经不再由民间商量解决，不能再按民间无子出妻可以破坏“三不去”的习俗来解决问题，而要由官府依律来判决了。

① 《旧唐书 · 任环传》。
② 《旧唐书 · 张亮传》。
③ 《太平广记》卷372《妒妇》。

至于妒忌出妻，在唐之前，史书屡有记载。[1]而唐代史籍所载有所不同，往往妒忌至极，也不见夫出妻。对此所作的研究表明，这一现象不过是唐代妇女社会地位的一种反映。众所周知，在古代，越是原始的民族，妇女的地位就越高。唐代的少数民族，有许多还处在原始社会阶段。这些原始的民族，与汉族频繁接触和通婚，促进了各民族的融合。而少数民族不讲礼法，尊重妇女的观念和习俗，必然给唐人以一定影响。尤其是受北方鲜卑等少数民族的影响更为明显。正如《颜氏家训·治家》篇所言："邺下风俗，专以妇持门户，争讼曲直，造请逢迎，车乘填街，绮罗盈府寺……此乃恒代之遗风乎。"又言："北方人士，多靠妇女管家，夫妇之间，你我相呼，不讲妇人敬夫之礼节。"由于受少数民族尊重妇女、不讲礼法习俗的影响，唐代妇女较他朝妇女享有略为自由和略受尊重的地位，从而才有了唐所特有的妒忌至极却不出妻的情形。此外，武则天在当政期间，从女性立场出发，推行了一些尊重妇女的措施，并改革丧服制，将为母服丧一年，改为服三年丧，客观上为妇女地位的提高做出了一定贡献。这一系列因素，为唐代妇女提供了较为有利的社会环境，以至于出现妒忌至极却不见被出的情形。

（三）和离

和离作为离婚形式的一种，始于何时，因年代久远，史料匮乏，已难考定。现存最早的有关律条，载于《唐律疏议》。唐律对和离有如下规定："若夫妻不相安谐而和离者，不坐。"同条疏议进一步解释："'若夫妻不相

---

① 《汉书·元后传》载："元后母，适妻，魏郡李氏女也，后以妒去，更嫁为河内苟宾妻。"《后汉书·冯衍传》载："冯衍，娶北地任氏为妻，悍忌，不得置媵妾，儿女常自操井臼，老竟逐之。"

《魏书·李孝伯传》也载："安世妻博陵崔氏，生一子玚。崔氏以妒悍见出，又尚沧水公主。"此类记载尚多，此不赘举。

安谐'，谓彼此情不相得，两愿离者，不坐。"[①] 就法律的规定来看，和离是指男女双方不能安宁、和谐相处而自愿离婚，类似于今日之协议离婚。它的一个显著特点是男女双方在同意离婚这一点上态度一致，并无分歧。在这一离婚形式下，法律将男女双方置于同等的法律地位，双方共同决定婚姻归于消灭。

比起七出和义绝来，和离这种离婚形式要平和得多，它尤其顾及了女方的声誉和地位，不致给两个家族带来难堪和尴尬。这在家族社会以及古代狭小的通婚区域内是十分必要的。同时从和离的条件看，表面是"不相安谐"（律），实质是彼此"情不相投"（疏议），前者是夫妻感情失和的外在表现，后者则是失和的内在实质。因此，较七出和义绝这种因过错而离婚的形式来看，它关注的是夫妻双方的感情状态。对这一立法，言其达到了古代离婚制度的高峰并不为过，即便在今天，也不失其合理的价值。但任何一项制度都不是孤立的，它同其他制度紧密相关，并受制于社会政治、经济、文化等。和离这一制度，仅仅是唐代离婚制度体系中的一项制度，并不具有对抗七出和义绝的效力，这说明和离的适用范围并不是无限的，相反，义绝具有排除其适用的效力。而当男方行使七出权利时，和离便不可能成立。由此观之，和离的主动权又是掌握在男方手中的。

从下面一件"放妻书样文"[②]，我们大致可以看到和离在唐代的情形：

乡百姓某专甲放妻书一通。盖须伉俪情深，夫妇义重，幽怀合卺之欢，叹司……牢之乐。夫妻相对，恰似鸳鸯双飞，并月来花颜共生，两德之美，恩爱极重，二体一心，死同棺椁于坟下，三载结缘，则夫妇相和；三年有怨，则来作仇隙。今已不和相，是前世怨家，反目生嫌，作为后代增嫉。缘业

① 《唐律疏议·户婚》"义绝离之"条。

② [日]仁井田陞：《中国身份法史》，第五章第四节，转引自叶孝信主编：《中国民法史》，上海人民出版社1993年版，第298—299页。

不通，见此分离，聚会二亲。夫与妻物色具名书之。已归一别相隔之后，更选重官双职之夫，弄影庭前，美逞琴瑟合韵之态。解缘舍结，更莫相谈，三年衣粮，便畜献柔仪。伏愿娘子千秋万岁。时次某年月日

从这则样文来看，与休书不同，并不以过错出妻，因而将其视为和离的书面形式恐不为错。从全篇文字来看，和离重在“和”字，并不将离婚过错单纯归于某一方，而是将其归于双方共同的过错，并巧妙地以“前世怨家”之说开脱双方的责任。文书还表达了消解怨结的愿望和对女方的良好祝愿，并有经济上提供女子三年衣粮的保证。由此可见男方竭力想避免离婚在族际间产生的负面效果，其用心良苦，溢于字里行间。这也从一个侧面体现了中国社会“和为贵”的传统。同时，和离也不是个人行为，需有双方亲属参与，才能生效。从这一文书的制作来看，放妻书由男方书写，标志着男方在婚姻存续和消灭上所起的主动和决定作用，也印证了和离虽是唐代社会颇具人性的离婚制度，但它在立法精神上与七出、义绝并不截然对立，它只是以平和的方式，表达男权的行使，因此，三者维护男权的立法精神是一致的，只是各自关注的重点不同，男权行使的方式不同罢了。

（四）义绝

这是中国古代颇具特色的一种离婚制度。其意是指夫对妻、妻对夫的一定范围内的亲属，犯有殴、杀、奸罪，经官府认定双方义绝而强制其离婚。

义绝之说，由来已久。《汉书·孔光传》载：“夫妇之道，有义则合，无义则离。”《白虎通·嫁娶》言：“悖逆人伦，杀妻父母，废绝纲纪，乱之大者也，义绝，乃得去也。”据此可知，在汉儒看来，义的核心乃是纲纪和人伦。至于义绝之说何时入律，今已难考。但礼法只是确定了义绝的原则和精神，法律则是将义绝之说具体化、制度化，使之具有可操作性。从唐律的规定来看，法律设立义绝制度的目的在于维护家族内部伦常和防范亲属相犯。这可以从唐律所规定的义绝条件看出：

（1）夫殴打妻之祖父母、父母；

（2）夫杀妻外祖父母、伯叔父母、兄弟、姑、姊、妹；

（3）夫妻双方的祖父母、父母、外祖父母、伯叔父母、兄弟、姑、姊、妹互相杀害；

（4）妻打骂夫的祖父母、父母；

（5）妻杀伤夫的外祖父母、伯叔父母、兄弟、姑、姊、妹；

（6）妻与夫的缌麻以上亲奸，夫与妻母奸；

（7）妻欲害夫。

上述七项条件中，除第二项外，其余各项中妻所负的责任都重于夫。夫对妻方亲属，有殴、杀行为，才构成义绝，而妻对夫方亲属，仅有骂、伤行为，就构成义绝。妻与夫缌麻以上亲属相奸，构成义绝，而夫只有在与妻母奸时才构成义绝。同时，夫妻相害，只确认妻欲害夫为义绝条件之一，而将夫欲害妻排除在义绝条件之外，足见唐律对夫族伦常的重视和唐代社会男权为本、男权为贵的特征。而第二项关于夫妻双方的亲属相犯而构成义绝的规定，则是以夫妻之外的因素来决定婚姻的终结，这种在今天看来似乎荒谬的规定在当时却是极为合理的，因为在古代家族社会里，家族利益具有凌驾于个人利益之上的特权。

上列七种行为同时被法律确认为犯罪行为，在承担刑事责任之外，法律还规定虽逢会赦，夫妻之间仍然义绝，官府仍应强制解除其婚姻关系，并且义绝自妻入门前起生效。[①] 但从程序上言，是否存在义绝的情形，要由官府来判决。一旦官府判决义绝成立，夫妻就必须离异，否则，对不肯离异的一方，处徒刑一年。若夫妻双方都不愿离异，则按造意为首，随从者为从的原则处罚。

（五）离婚的效力

在古代社会，离婚生效后，不仅夫妻关系归于消灭，而且男女两家的

① 《唐律疏议·户婚》“妻无七出而出之”条疏：“义绝……妻虽未入门，亦从此令。”

姻亲关系也随之消灭，由此在身份、财产等方面产生一系列的法律后果。

1. 身份方面的效力

（1）夫妻关系

离婚生效后，夫妻身份关系即归于消灭，基于夫妻身份所产生的权利义务随之消失，双方享有再婚的权利。对妻而言，离婚意味着去夫姓，恢复婚前的姓氏和身份，脱离夫家而回归本宗。其住所从夫家转为本家。同时，妻与母家的服制恢复如昔，不再降等。

（2）父母子女关系

在古代家族社会，人们尤其重视血缘的延续。父母子女之间的自然血亲关系，并不因为父母的离异而消亡。无论是礼制还是法律，都确认自然血亲不能人为地改变。以《仪礼·丧服》为典型，其疏言："母子至亲，无绝道也。"这一原则为唐律所确认，律文多处引用这一表述。[①] 反映在法律上，离婚后，母亲与子女仍具有如下法律关系：①子女为母服丧。按照礼制，子女为出母服期年之丧。[②] 但唐律对离婚后，子女是否为母服丧并无明确的规定，但我们从唐律反复强调虽与夫家义绝，但母子终无绝道的法理念，可以推知，既然母子之自然血亲关系为律所承认，则子女为其母服丧则在情理之中。②离异后，母亲所犯刑事责任，仍可因子之恩荫而享受减赎特权。这明确规定于《唐律疏议·名例》"以理去官"条中。我们从《白香山集》卷四十九的一则判文也可看到唐时存在的这一规定："得甲去妻后，妻犯罪，请用子荫赎罪，甲怒不许。判云：'二姓好合，义有时绝，三年生育，恩不可遗。凤虽阻于和鸣，乌岂忘于反哺，旋观怨偶，遽抵明刑。王吉去妻，断弦未续，孔氏出母，疏网将加，诚鞠育之可思，何患难之不救。况不安尔室，尽孝犹慰母心，薄送我畿，赎罪宁辞子荫。纵下山有怒，

---

① 《唐律疏议·名例》"以理去官"条疏议："妇人犯夫，及与夫家义绝，并夫在被出，并得以子荫者，为'母子无绝道'故也。"

《唐律疏议·斗讼》"妻妾殴詈故夫父母"条疏议："虽于夫家义绝，母子终无绝道。"

② 《仪礼·丧服》传："出妻之子为母期。"疏曰："母子至亲，无绝道也。"

曷《陟岵》之无情，想《苶苡》之歌，且闻乐其有子，念《葛藟》之义，岂忍不庇于根，难抑其辞，请敦不匮。③与旧夫的其他亲属仍保持法律上一定的身份效力。就刑事责任而言，姑改嫁或被出，虽与子之父无夫妻关系，但子媳与姑相犯，唐律仍规定按照母子关系类推适用法律，视为子媳与亲姑相犯。[1]就婚姻的禁止条件看，任何男子不得娶祖免亲已离异的妻妾为妻。按照疏议的解释，属于祖免亲的亲属有高祖父的兄弟、曾祖的伯叔兄弟、祖父的隔二代的堂兄弟、父亲的隔三代的堂兄弟、本人的隔四代的堂兄弟。针对不同的亲等，唐律规定了不同的定罪和处罚标准：凡嫁娶曾经是祖免亲的妻子，各杖一百；嫁娶曾经是缌麻亲及舅父、外甥的妻子，嫁娶各方处一年徒刑；嫁、娶小功以上亲的妻子，则以奸论。如果嫁娶的是以上各种亲属的妾，则各比照上述规定减二等处罚。此外，以上婚姻都须解除。'"[2]

2. 财产方面的效力

唐代社会，家庭财产属于同居亲属共有，其使用和处分权属于家长，妇女并无所有权，因此也无离异而分割财产之说。妇女能否从夫家得到一部分资财，全由男方决定，律无定制。但妻带至夫家的妆奁，礼制承认妻有所有权。妻被出，夫应送还其妆奁。[3]汉时，律有"弃妻界所齑"之文，据程树德先生考，汉时女嫁携妆奁而来，被出，则携妆奁归本宗。[4]唐律虽无相关规定，但妻之妆奁，均作"当房""私产"，其归属在实践中当依礼制的规定。[5]

① 《唐律疏议·斗讼》"妻妾殴詈故夫父母"条。

② 《唐律疏议·户婚》"尝为祖免妻而嫁娶"条。

③ 《礼记·杂记》："诸侯出夫人……有司官陈器皿，主人有司亦官受之。"注云："器皿，其本所齑物也。"疏云："有司官陈器皿者，使者既得主人答命，故使从已来有司之官，陈夫人嫁时所赍器皿之属，以还主国也。"

④ 《九朝律考·汉律考三·律文考》（第87页）："按急就篇，妻妇聘嫁齑媵僮。颜注，齑者，将持而遣之也。言妇人初嫁，其父母以仆妾财物将送之也，所齑盖即指仆妾物而言。"

⑤ 陈鹏：《中国婚姻史稿》，中华书局1990年版，第581页。

四、唐代婚姻法律与唐代社会

（一）唐代诏令与士族婚

中国社会自东汉以来，豪宗大族、宦门世家逐渐发展，士庶之别、门第等级渐严。曹魏始行九品中正法选拔官吏，门第出身成为品评人物的标准，形成“上品无寒门，下品无士族”的政治结构。魏晋南北朝时期，社会门第意识强烈，不仅家族门第有豪门、寒门之分，豪门之中又有高下等第之别。士族累代居高位，同时取得优越的社会地位，他们以保持“纯正”的中国文化自居，在地方拥有强大的特权、势力和名望。其婚姻实行严格的内婚制。但这一时期又是中国历史上政权频繁更替的时期。士族之外，凭借军功和经济实力，新的社会力量也在形成。南北朝时，寒门新贵竞相以重金求娶旧族之女。[①]至隋时，废九品中正制，行科举选官，不再以家族世系为选官标准。但盛行几百年的士族门阀制度和由此形成的习俗、观念，并非一朝一夕便能消除。初唐时，士族已失去其国家政权和经济上的优势，但其在地方仍是一股游离于王权之外的社会力量，其社会名望不减，并自矜旧望，嫁女必索厚赀[②]，而世人也以与士族联姻为荣。由此形成超然于国家政治力量之外的一种特殊社会现象，与军功起家的李唐王室构成冲突。对唐王室而言，世出关陇，不尚山东士族，其强大而统一的中央政权也不允许存在超然于皇室尊贵地位之外的社会力量。唐王朝存在的几百年间，对士族婚姻的限制和对士族的压制，一直为王朝所看重，并成为这一时期的一大特点。早在唐初，高祖对世家大族便

① （清）赵翼：《二十二史札记》卷15《财婚》：“魏齐之世，婚嫁多以财币相尚，盖其始高门与卑族为婚，利其所有，财贿纷遗，其后遂成风俗，凡婚嫁无不以财币为事，争多竞少，恬不为怪也。”

② 《资治通鉴·唐纪十一》：“先是山东人士，崔、卢、李、郑诸族，好自矜地望，虽累叶陵夷，苟他族欲与为婚姻，必多责财币。”

颇有微词。[①] 至太宗时，唐王朝对豪门士族的强烈不满已演化为积极的抑制措施。贞观六年（632 年），太宗痛斥士族好自矜大和借婚索财，诏令朝臣重修氏族志，最终将豪门四姓之一的崔氏降为第三位，而将皇族和最高级别官员的氏族排在首位，高祖和太宗的母系亲属排在第二位。此次修志，旨在贬低山东贵族世家的社会地位和名望，确立李唐王室及官僚的社会地位，最终以政治等级和地位取代游离于皇权之外的士族的社会地位和名望。贞观十六年（642 年），太宗再次下诏禁士族卖婚。[②] 但这一禁令的实施是不理想的。据史载，士族“男女婚嫁，不许他姓，欲聘其族，厚赠金帛始许焉。唐太宗曾降诏以戒其弊，终莫能改”。[③] 而太宗朝的三员大臣房玄龄、魏征、李世勣都和“四姓”联姻，士族名望不减，[④]，成为唐王朝的忧患。

高宗显庆四年（659 年），下诏禁后魏陇西李宝、太原王琼、荥阳郑温、范阳卢子选、卢浑、卢辅，清河崔宗伯元孙，共七姓十一家，不得自为婚姻。[⑤] 但当时人仍以与士族通婚为荣。[⑥] 中宗时，又下诏禁五姓四十四人之后相为婚姻。[⑦] 但族望对婚姻的影响根深蒂固。据统计，高祖同母妹

① 《新唐书 · 窦威传》：“帝笑曰：公以三后族夸我邪，关东人与崔卢婚者，犹自矜大，公世为帝戚，不亦贵乎。”

② 《唐会要 · 嫁娶》。

③ 《旧五代史 · 李专美传》。

④ 《资治通鉴》卷 200：“而房玄龄、魏征、李勣家皆盛与为昏，常左右之，由是旧望不减。”

⑤ 《唐会要 · 嫁娶》。

⑥ 《资治通鉴》卷 200 显庆四年冬十月“然族望为时所尚，终不能禁，或载女窃送夫家，或女老不嫁，终不与异姓为婚。其衰宗落谱，昭穆所不齿者，往往反自称禁婚家，益增厚价”。

⑦ 《文苑英华》卷 900“李华撰唐赠太子太（少）师崔公神道碑”：“神龙中，申明旧诏，著之甲令。（令甲）以五姓婚媾，冠冕天下，物恶大盛，禁相为姻。陇西李宝之六子、太原王琼之四子、荥阳郑温之三子，范阳卢子迁之四子，卢辅之六子，公（崔景旺）之八代祖元孙之三子，博陵崔懿之八子、赵郡李楷之四子、士望四十四人之后，同降明诏，斯可谓美宗族人物，而表冠冕矣。……山东士大夫以五姓婚姻为第一，朝廷衣冠以尚书端揆为贵，惟公兼之。”

同安公主下嫁随州刺史太原王裕，其余公主降崔氏者七人，降郑氏者八人。高祖、肃宗、代宗皆纳崔氏女为妃嫔。太宗为曹王明纳荥阳郑休璿之女为妃。顺宗庄宪皇后即琅玡王氏女。《文苑英华》碑类所录唐人墓志，五姓相联婚者几占大半。就民间而言，婚姻重族望更是一以贯之：《新唐书·李怀远传》附孙彭年传："彭年……与李林甫善，常慕山东著姓为婚姻，引就清列。"《权载之文集》唐卫国夫人墓志铭："夫人姓李氏，赵郡人……婚亲族类为山东冠甲。"徐铉《徐骑省集》：大唐故中散大夫贾宣公墓志铭："惟公事业富寿昭映一时，族望婚姻熏灼当代。"元稹《去杭州》诗注："近世不以勋贤之胄为令族，而以冈卢泽李为甲门。"以至于文宗有这样的感叹："民间修婚姻，不计官品，而尚阀阅，我家二百年天子，顾不及崔卢耶。"①

由上观之，有唐一代，朝廷对士族一直处于主动抑制的态势。为抑制士族相互通婚和借婚索财，朝廷曾多次采取严禁措施。但朝廷的抑制效果往往是不理想的，唐代皇帝虽代有禁令，但朝臣与世人仍以与士族通婚为荣。这表明，社会地位和名望具有相对的独立性，它并不完全与皇室政权和政治地位同消涨，二者有时甚至是脱节的。尤其在新政权建立之初，往往存在与前代所遗旧望冲突的问题。就婚姻而言，它往往带有浓厚的习俗色彩，更注重现实的利益，更受人们观念的影响。事实上，唐王朝二百多年历史，朝廷一方面推行抑制士族之法，另一方面又不放弃与士族的通婚。并且伴随着科举制度的推行，中小地主成为唐王朝的统治基础，士族的社会地位和名望渐成空壳，失去依附，政治地位与社会名望的冲突渐趋平和。从总体上看，与魏晋南北朝时代相比，唐朝的士族已不再对政治权力起主宰作用，其势力和名望呈萎缩状态，只是在婚姻家庭领域与唐王室构成一定程度上的冲突，成为皇权最后需要征服的领域。至五代时，历经战乱，士族已彻底失去往日的旧望，而氏族内婚制也不再存在。

① 以上史料均转引自陈鹏：《中国婚姻史稿》，中华书局1990年版，第65页。

（二）唐中前期贞节观的淡化

贞节，是指女子不改嫁或不失身。在此所及只是与婚姻法律制度相关联的离婚妇女或寡居妇女的改嫁问题。自《礼记》首倡“一与之齐，终身不改。故夫死不嫁”的礼教以来，妇女的贞节观念经秦、汉、魏晋南北朝历代的发展，呈日益加重的趋势。但至唐中前期，贞节观念却呈现出封建社会少有的淡化现象。

首先，唐代再嫁并不被视为失节。从唐高祖起，便有大规模出宫人的记载。对这些出宫的宫人，唐统治者采取“任求伉俪”“任其嫁配”的不限制政策，对此并不认为有失节之处。据《新唐书·公主传》统计，唐中前期公主中更嫁者多达二十四人，其中三嫁者有五人之多。至于民间，改嫁的记载更是不绝史书。韩愈之女曾先适李氏，后嫁樊宗懿。《太平广记》载勤自励“以天宝末，充健儿，随军安南。及击吐蕃，十年不还。自励妻林氏，为父母夺志，将改嫁同县陈氏”。[①] 这是因夫长期不归而父母让其改嫁的。房玄龄在其病危时告妻言：“君年少，不可寡居，善事后人。”[②] 董直言坐贬岭南，“以妻少，乃诀曰：生死不可期，吾去，可亟嫁，无须也”。[③] 这是夫劝妻改嫁的。就连一向讲究礼法的山东士族，也不视再嫁为失节。山东著姓卢氏，嫁与崔绘为妻，“绘早终，卢年少，诸兄欲嫁之。卢辄称病固辞。卢亡姊之夫李思冲，神龙初为工部侍郎，又求续亲，诸兄不之拒”。[④] 在此，卢氏的诸兄两次欲改嫁其妹，反映了当时山东望族的观念，说明即使在唐士族这一层次，贞节的观念也淡化了。《旧唐书·列女传》所载楚王灵龟妃上官氏的事例，更是突出地反映了唐中前期世人对于再嫁的社会心理和社会舆论。“楚王灵龟妃上官氏，王死，服终，诸兄谓曰：‘妃

---

① 《太平广记》卷428《虎类·勤自励》。

② 《太平广记》卷270《妇人类·卢夫人》。

③ 《新唐书·列女传》。

④ 《旧唐书·列女传》。

年尚少，又无所生，改醮异门，礼仪常范。'”可见再嫁已为世人心目中“常范”的礼仪所认可，并不以为非。《大唐新语》卷三也载魏元忠的儿子娶荥阳郑远女为妻，元忠子为乱兵所害，郑远便“以此乃就元忠求离书。今日得离书，明日改醮”。可见当时改嫁之易了。

与改嫁相应，娶再婚妇也无鄙夷。独孤郁娶相国权文公之寡女，以得佳婿，以至天子动色相羡。杨贵妃本是寿王妃，为玄宗之儿媳，后被玄宗宠至为贵妃。武则天曾是太宗的才子，到高宗即位后，被封为“昭仪”，后又立为皇后。王缙之妻，“原为左丞韦济妻，济卒，乃为王缙所娶”。[①]中书侍郎严挺之“初娶妻出之，妻乃嫁蔚州刺史王元琰”。[②]“王阿足初适同县李氏，未有子而亡。时年尚少，人多聘之。”[③]均不见有任何鄙夷再婚妇女的观念，妇女也不以屡适为耻。

唐中前期贞节观的淡化，除了与唐代妇女地位的提高、异族婚俗和观念的影响、以李唐王室为首的关陇贵族受封建礼法的束缚比门阀氏族松弛、国家赋税收入对户口增加的要求以及由此对婚姻的影响等因素有关之外，唐代法律对唐中前期贞节观的淡化起了积极的促进作用。武德、贞观年间制定的唐律规定：“诸居父母及夫丧而嫁娶者，徒三年，妾减三等。各离之。”[④]按照律文的意思，则夫丧服外的再嫁并不为法律所限制。更重要的是，唐太宗还在贞观元年（627年）下诏：“男年二十，女年十五以下，及妻丧达制之后，孀居服纪已除，并须申以婚媾，令其好合。若贫穷之徒，将近匮乏，仰于亲近乡里，富有之家，裒多益寡，使得资送。”[⑤]这是用诏令的形式鼓励再婚，并从财产上保证已达婚龄的男女和寡居服纪已满的

① 《旧唐书·王缙传》。

② 《旧唐书·李林甫传》。

③ 《旧唐书·列女传》。

④ 《唐律疏议·户婚》“居父母夫丧嫁娶”条。

⑤ 《唐会要·嫁娶》。

妇人能够成婚。这项财产保障措施在现实生活中是否能真正实现值得怀疑，但它至少从一个侧面说明了唐政府是鼓励再婚的。此外，还从官吏考核制度上加以保证，即“刺史县令以下官人，若能婚姻及时，鳏寡数少，量准户口增多，以进考第。如导劝乖方，失于配偶，准户口减少附殿”。[①]即以婚姻是否及时，鳏寡是否数少，户口是否增多来作为考核官吏的标准。可见，妇女再婚，并不受法律的约束，相反，法律还为妇女的相对自由提供了一定的条件。

（三）唐代对异族婚的限制

中国古礼，并不禁与异族、异国人为婚。西周春秋之时，多有纳夷狄之女为妻的故事。[②]汉时，上自宗室，下至平民，华族与异族之间的通婚屡见史书。[③]魏晋南北朝为民族大迁徙、大融合时期，北魏孝文帝更有倡导与汉族通婚之举，汉胡通婚益众。隋唐两代皇室，均有异族血统。唐时异族通婚不绝史书，但这种通婚受到法律一定的限制。从《唐律疏议 · 卫禁》“越度缘边关塞”条律文及疏议的规定，可以看出唐代法律对异族婚的限制包括：（1）中国人不得越边塞与异族通婚，违者，流二千里；婚姻未成，则减三等处罚；（2）国内官人、百姓不得私与入朝蕃客为婚；（3）蕃人经允许居住中国内，可以娶汉女为妻妾，但不得将其带回蕃内。[④]

---

① 《唐会要 · 嫁娶》。

② 《史记 · 周本纪》：“周襄王以翟女为后。”《史记 · 晋世家》：“晋献公伐骊戎，得骊姬及其弟，俱爱幸之。公子重耳以骊姬之难，出奔狄，狄人伐咎如，得二女，以长女妻重耳，以少女妻赵衰。”《左传 · 襄公三十一年》：“鲁襄公娶胡女曰敬归。”

③ 《汉书 · 金日磾传》：“金日磾，字翁叔，本匈奴休屠王太子也……光以女妻日磾子赏。”《后汉书 · 董卓传》注引《献章传》：“马腾父平，为天水尉，失官，留陇西与羌错居，家贫无妻，遂娶羌女。”
汉时以民女或宗室女为公主出嫁匈奴单于，颇为寻常。

④ 《唐律疏议 · 卫禁》“越度缘边关塞”条。

唐代对违禁的处罚甚严，往往坐及父母。据史载，玄宗时守国公李令问，因子与回纥通婚而贬官。[①]但需要指出的是，唐代并非对所有的异族通婚都予禁止，诸蕃侨客，久居长安，与华族为婚，并不为律所禁。尤其是在安史之乱后，异族通婚更盛。史书对此颇多记载：代宗时，“先是回纥留京师者常千人，商胡伪服而杂居者又倍之……或衣华服，诱娶妻妾。”[②]德宗时，“胡客留长安久者，或四十余年，皆有妻子”。[③]宪宗以后，“北胡于京师杂处，娶妻生子”。[④]不仅民间如此，朝廷之内，异族婚也不少见。在唐供职的异族将领阿史那社尔、执失思力就娶太宗姐妹为妻，唐公主与在朝异族通婚也不少见。此外，唐沿汉以来习俗，出于政治考虑，常对异族抚以“和亲”之举，吐蕃、奚、契丹、突厥、回纥、吐谷浑首领都曾娶唐公主为妻。和亲之举，突破了唐朝妇女不得出境为异族妻的禁令，其对法律的破坏不言自明。但对任何王朝而言，现实的政治利益有时凌驾于法律之上，是并不违背王朝法制的整体目的的。

值得注意的是，唐代将有关异族通婚的内容规定于卫禁篇而非户婚篇中，从立法意图而言，是将异族通婚排除在普通婚姻之外，将其视作有可能影响国家边防的大事。在此，与其说法律关注通婚，不如说关注通婚的后果更为恰当。特别需要指出的是，古代世界关于异族通婚的限制容易带有狭隘的民族色彩。唐律虽也称异邦、异族人为“化外人”[⑤]，以中国文化为中心，但关于异族通婚的规定并不直接源于民族偏见，而是包含有国家防卫的考虑。

---

① 《新唐书·李靖传附孙令问传》载有：“李靖孙令问，其子与回纥部曲承宗连婚，贬抚州别驾。”

② 《资治通鉴·唐纪》“大历十四年”。

③ 《资治通鉴·唐纪》“贞元三年”。

④ 《太平广记》卷485。

⑤ 所谓“化外人”，即未受中国文化教化之人，是文化中心论的表现。

第二节 唐朝家庭法律

一、家户与家长

唐代法律中，家、户基本相通[①]，只是在使用时，前者代表亲属法上的概念，指以父子祖孙、兄弟或叔侄及其妻妾为中心的共同生活的亲属团体；后者则是行政法上的概念。唐时，家户为国家政治的基本单位，依令，百户为里，五里为乡，四家为邻，三邻为保。家户成员通常由祖孙三代的人员组成。奴婢、部曲虽附主人户籍，但其形同畜产，并不等同于主人的家庭成员。

户主都由家长担任。[②]家长首先由家庭中男性最尊者担任。女性尊长一般情况下不能担当户主。只有在户内无男时，女性才可以成为国家行政法意义上的户主。[③]下面一件唐玄宗天宝六年敦煌龙勒乡都乡里的户籍残片，说明一户之中有男子，就不能由女子作户主：

王氏，69 岁，寡

王氏之儿媳，索氏，49 岁，寡

索氏之子刘智新，29 岁

刘妻王氏 21 岁

刘之弟妹若干

户主：刘智新

① 唐律常用家、户互释，如《唐律疏议·名例》："家无兼丁者，谓户内全无兼丁。""犯死罪应侍家无期亲成丁"条解释"家无期亲成丁者"为"户内无期亲年二十一以上、五十九以下者"。

② 《通典·食货七》："按开元二十五年户云，诸户主皆以家长为之。"

③ 这可以从《唐律疏议·户婚》"脱漏户口增减年状"条疏议所言"若户内并无男夫，直以女人为户"推知。

在上述例中，户主的资格与其在家中的卑幼地位是矛盾的。对此，唐律针对不同的法律关系，作了不同的规定。在行政法上，通常法律只认可男子的户主资格（若为女户时，也认可女子的户主资格）；在刑法上，不认可作为尊长的女子在刑法上的尊长地位，这可以从《唐律疏议·名例》的规定看出："若家人共犯，止坐尊长。"注曰："尊长，谓男夫。"同条疏议又言："假有妇人尊长，共男夫卑幼共犯，虽妇人造意，仍以男夫独坐。"由此似乎可以说，在涉及国家事务的公法领域，唐律通常不承认女子的户主资格；而在私法领域，女子的尊长地位是有效的，可以对抗具有卑幼身份的男性户主。

二、家长的权利与义务

唐代，家长的权利与义务可以分为对内和对外两个方面。对外，家长作为一家一户的法定代表人，对国家承担申报户口、赋税徭役等行政法上的义务，主持与其他家族的交往。对内，家长是全体家属成员的统领，不仅享有管理、处分财产的权利，而且享有对子孙及其配偶的支配权。

（一）家长的权利

1. 财产权

古代家族制度下的财产，呈同居共财状态。但这种共财并非现代意义上的共同共有，其管理、支配、处分的权利均归于家长。法律保护这一财产形式的目的在于维持家庭财产的完整和统一，防止任意分割造成家产的流失，从而导致维系家庭共同生活的经济基础的崩溃。其理论依据则是礼制所确立的尊长支配家产，子孙不得有私财的原则。与礼制的规定相适应，唐律规定祖父母、父母在，子孙不得别籍异财，违者处三年徒刑。[①] 按照

① 《唐律疏议·户婚》"子孙别籍异财"条。

疏议的解释，律所称的“别籍异财”，包括财异籍别、财同籍别及户同财异三种情况。只有在祖父母、父母令子孙分割家产时，才可以分割。同时，家长对家产的这种支配权一直延续至父母身后二十七个月，即在父母丧期内，子孙也不得别籍异财，违者处徒刑一年。不仅如此，唐律还规定卑幼未经家长允许，不得擅自使用家产。[①] 凡卑幼私自动用财产，值满十匹绢的，处笞十下，每十匹加一等，最高处杖一百。卑幼对家产既无占有权也无使用权，更没有抵押和出卖家产的权利，由此也排生出家长对外进行民事法律活动的特权。依唐代《杂令》：“诸家长在（‘在’谓三百里内，非隔关者），而子孙弟侄等，不得辄以奴婢、六畜、田宅及余财物私自质举及卖田宅（无质而举者，亦准此）。其有质举、卖者，皆得本司文牒，然后听之。若不相本问，违而与及买者，物即还主，钱没不追。”[②] 只有当家长在境外以及为兵戎所阻隔的情况下，子孙向官府申请并取得官府认可的凭证后，才可以典卖家产。否则，典卖契约无效，物还原主，钱则没入官府。

2. 教令权与自行责罚权

在古代中国，孝道的最高境界是顺从。这对家长而言是一种权利，对子孙则是一种义务。顺从的核心是遵从家长的意志，接受其管束。当子孙违反家长的意志不受管束时，家长可以予以处罚。就父母对子孙的教令而言，包括了日常生活的各个方面。上自家政大事，下涉细微琐事，教令权都贯彻始终，具有法律上的约束力。当然，家长的教令应合法，并且是子孙在现实生活中可以遵从的，否则也不构成法律所言的违反教令。此外，子孙有违反教令的行为，也不一定受到法律的惩罚。决定是否制裁的权利归于家长，只有在祖父母、父母告官的情况下，子孙才构成违反教令的犯罪，处徒刑二年[③]。

① 《唐律疏议 · 户婚》“同居卑幼私辄用财”条。

② 《唐令拾遗 · 杂令》，第 788—789 页。

③ 《唐律疏议 · 斗讼》“子孙违反教令”条。

在古人看来，“刑罚不可弛于国，笞棰不可废于家”，这是天经地义的道理。因此，除国家法律直接制裁违反教令的行为外，习俗和法律还认可家长对违反教令的子孙予以责罚的权利。唐时，家长已无擅杀子孙的权利，但唐律规定，家长殴打子孙，至折伤才予以一定处罚，无折伤则不坐。可见唐时家长仍有责罚子孙的权利，只不过这种权利被限制在为法律所许可的程度内。

3. 送惩权

通常情况下，子孙违反教令，家长有权自行责罚，但若家长不能自行责罚，则可将子孙送交官府，由官府代家长惩戒。这种惩戒代表着国家政权对家长权的支持，也是国家政权与家长权紧密结合的表现，其实质乃是以国家强制力来保证家长意志的实现，维护家长在家庭中的中心地位。

在唐代，法律认可家长可以送惩的理由大致有两类：一是子孙违反教令，二是子孙供养有厥。从内容上看，二者均是对礼制孝亲之道的违反，但前者侧重表现为对家长意志的直接对抗，所有领域都可以产生违反教令的情况；后者则表现为行为的欠缺，并主要局限在衣食住行日常生活领域，强调物质的因素。按照疏议的解释，供养应是精神和物质上的供养，二者缺一不可，均以顺从、恭敬为要。关于供养，疏议直接援用了礼制的规定：“《礼》云：‘孝子之养亲也，乐其心，不违其志，以其饮食而忠养之。’其有堪供而厥者，祖父母、父母告乃坐。”[①]“‘及供养有厥者’,《礼》云：‘七十,二膳；八十，常珍’之类，家道堪供而故有厥者，各徒二年。”[②]由这一规定可知，儒家关于孝亲的原则乃至细微末节的规定，即律所规定的供养的全部内容。但礼制与法律毕竟是两种不同的社会规范，其所关注的重点也有所不同。礼制强调人的主观态度，强调心的虔诚，此即孔子所言的

① 《唐律疏议·名例》“十恶”条疏。
② 《唐律疏议·斗讼》“子孙违反教令”条。

"今之孝者，是谓能养。至于犬马，皆能有养。不敬，何以别乎？"[①]法律则重视强制规范实现的现实可能性。所以唐律以家长的教令合理、适宜且不违法为家长送惩权有效的前提，以家道能够供养作为供养有厥成立的前提。[②]并且，是否送官府惩戒的决定权取决于家长的意志。但一旦祖父母、父母向官府控告子孙后，事情就由非讼程序正式转入国家司法程序，这标志着父家长权让位于国家政权，家长的意志为法律的意志所取代。这显然已超出了家长所能控制的范围，其结果只能按律的设定行事，处徒二年的刑罚。

4. 主婚权

指法律赋予家长决定其子女婚姻成立、持续及解除的权利。中国自先秦以来，婚姻即具有家族至上的目的和意义，由此决定了婚姻主要不是由子女个人的情感和意愿来决定，而是家长根据家族利益乃至自己的喜好来做最后的决定。因此，子孙自始至终都处于被支配、被决定的地位，在婚姻中扮演履行家长决定的角色，而家长才是子女婚姻的决定人。家长的意志贯穿于婚姻始终，表现为为子孙择妻、为女选夫，直至令子孙休妻的全部权利[③]。婚姻必须遵从父母之命，既是礼制、礼俗的要求，也是法律的强制规定。按照唐律，若子孙在外定婚，而尊长又在家为其定婚，即使尊长定婚在后，其效力仍大于卑幼定婚。只有在子孙自定婚约且已成婚时，婚姻才算有效[④]。由此条律文还可顺理推导出：卑幼无外出之状时，尊长的主婚权是始终有效的。[⑤]不仅如此，唐律所确认的七出休妻的离婚制度，其中不顺父母即出妻的法定理由，而顺与不顺的标准，则主要看父母之意了。

① 《论语 · 为政》。
② 《唐律疏议 · 名例》"十恶"条疏。
③ 《诗 · 南山》:"取妻如之何？必告父母。"
《礼记 · 内则》:"子甚宜其妻，父母不悦，出。子不宜其妻，父母曰:'是善事我'。"
④ 《唐律疏议 · 户婚》"卑幼自娶妻"条。
⑤ 《唐律疏议 · 户婚》"夫丧守志而强嫁"条。

此外，需要指出的是，唐律还确认祖父母、父母对丧偶之女的主婚权，表现为祖父母、父母的强嫁权。

（二）家长的义务

唐律在确认家长权利的同时，还规定了家庭对国家、社会的义务，这种义务往往由家长来承担。在经济方面，家长负有及时向国家缴纳赋税和服役的义务。按照唐令，缴纳赋税和服役是有期限的，违期被视为触犯国家刑律的行为。凡户主违期不缴足的，处笞四十的处罚[①]。与国家赋税徭役的征发紧密相连，唐律极为重视户籍管理。自家长到官吏，唐律都规定有相应的户籍责任。家长作为户主[②]，其责任为："诸脱户者，家长徒三年；无课役者，减二等；女户，又减三等（谓一户俱不附贯。若不由家长，罪其所由。即见在役任者，虽脱户及计口多者，各从漏口法。）脱口及增减年状，（谓疾、老、中、小之类。）以免课役者，一口徒一年，二口加一等，罪止徒三年。其增减非免课役及漏无课役口者，四口为一口，罪止徒一年半；即不满四口，杖六十。（部曲、奴婢亦同。）"[③]从上述规定可知，在户籍登记和管理过程中，存在着脱、漏、增、减四种违法犯罪行为，具体表现为：整户不登记入户籍和口数脱漏，或故意增年入老，减年入中、小及增状入疾，由残疾入废疾，从废疾入笃疾。这些行为的直接后果是国家赋税的减少，由此直接影响王朝存续的物质基础。因此，唐律是以国家赋役减少的多少程度来作为处罚的根据。对整户不登记入籍的，又区别一般家户、无赋税徭役的家户、纯女性户三种不同情况，予以处三年徒刑、减二等、减五等的处罚。若系脱漏口数、虚报病残及增减年龄的，依口数折算处罚。

需要指出的是，唐律对官吏违反户籍管理而存在的脱漏户籍行为，区

① 《唐律疏议·户婚》"输课税物违期"条。

② 唐开元二十五年《户令》："诸户主皆以家长为之。"

③ 《唐律疏议·户婚》："脱漏户口增减年状"条。

别故意和过失两种情况处罚，但对家户违反户籍管理的行为，则不分故意与过失，一概认定为犯罪行为，即只计客观效果而不计主观态度，其特别之处仅在于律规定若脱户的责任不在家长，就处罚应负责任者。

与户籍管理相应的是唐律关于私入道[①]的规定。中国社会自南北朝以来，佛教对民众的影响日益深入和普及，寺院拥有众多的信徒和随附的部曲奴婢。至唐代，佛道盛行，寺观日多，僧道益众。唐代入道包括当道士、女道士、僧和尼姑。由于出家的僧道享有免除赋役的权利，因此出家入道成为农民逃避国家赋税徭役的有效方式，由此造成国家在籍户口的减少，直接影响了国家对劳动力的控制和国家财政的收入。对此，唐王朝通过法律来加以限制。按照唐代律令，出家为僧道必须经官方批准发放凭证才为合法，未经官府允许而私自出家或让人出家，均属私入道。若责任在家长，则家长处杖一百；已经注销户籍的，处徒一年。[②]

家长的义务还表现在对土地的有效利用上。唐律规定户主有保证土地不致荒芜的义务。凡户主犯田地荒芜罪的，以全部土地作五分计算，荒芜一分笞打三十，多一分则加一等处罚。[③]

家长的责任也表现在刑法方面。唐代，家人共同犯罪，一般只追究尊长的法律责任，卑幼无罪。[④]同样，嫁娶违律，系祖父母、父母主婚的，也只处罚作为主婚人的祖父母、父母。

三、父母子女在法律上的关系

根据家族主义的原理，唐律将父母子女视作尊长与卑幼，由此决定二者不平等的法律地位。

---

① 《唐律疏议 · 户婚》“私入道”条。
② 《唐律疏议 · 户婚》“私入道”条。
③ 《唐律疏议 · 户婚》“部内田畴荒芜”条。
④ 《唐律疏议 · 斗讼》“殴妻前夫子”条。

（一）父母子女关系在刑法上的表现——不孝与恶逆罪

在儒家看来，孝是仁、德之本[①]，天地之经义，它既是子女的行为准则，也是君王治理国家之道。对普通人而言，孝即事亲，其具体内容包括：日常生活的供养[②]、恭敬与顺从[③]、能劝谏父母之过[④]、忧疾[⑤]、重丧祭、行孝道[⑥]。儒家正是从孝道出发，将其推及于君，移孝作忠，孝亲与忠君合二为一，以达治家、齐国、平天下的理想。这种忠孝合一的思想，适应了王朝统治的需要，为历代法律所确认，其典型便是将不孝视为重罪，即所谓的“五刑之属三千，而罪莫大于不孝”。唐律沿袭前代之法，将不孝入十恶大罪。按照唐律的规定，不孝行为包括：（1）告发或者咒骂祖父母、父母；（2）祖父母、父母在世时与其分立户籍、另置财产；（3）能供养而不供养；（4）为父母服丧期内自主娶妻或出嫁、奏乐、释服从吉；（5）闻祖父母、父母丧隐瞒不哀哭；（6）诈说祖父母、父母死亡。凡有以上行为之一，即为不孝，依律重罚。

如果说不孝是一般侵犯至亲尊长的行为，那么恶逆则是侵害至亲尊长的最凶恶的忤逆之罪。其行为特征是殴及谋杀至亲尊长，系积极的作为，其主观意志则是故意，侵害的范围包括：殴打或预谋杀祖父母、父母，杀叔伯父母、兄姐、姑母、外祖父母、夫、夫的祖父母和父母。按照疏议的解释，设置这一罪名的立法理由为：“父母之恩，昊天罔极。嗣续妣祖，承奉不轻。枭鸱（獍）其心，爱（慕）〔敬〕同尽；五服至亲，自相屠戳，穷恶尽逆，绝弃人理，故曰：‘恶逆’。”[⑦] 由此可知，唐律设置这一法条的基础

---

① 《论语·学而》《孝经·开宗明义》。

② 《孝经·庶人》：“谨身节用，以养父母。”

③ 《礼记·内则》有详细规定。

④ 《礼记·孔子闲居》：“微谏不倦……可谓孝矣。”

⑤ 《论语·为政》：“孟武伯问孝，子曰：父母唯其疾之忧。”

⑥ 《论语·学而》：“父在观其志，父没观其行，三年无改于父之道，可谓孝矣。”

⑦ 《唐律疏议·名例》“十恶”条。

是恩情和血缘。这是古代社会做人最起码的准则。违此皆斩，重于对常人的处罚。

（二）父母子女关系在诉讼法上的表现

1. 留养制度

留养是在一定条件下，减免刑罚，以使罪犯能够养亲的法律制度。这一立法的理论基础是儒家的孝亲主张。唐时法律所规定的留养制度包括以下内容[①]：

（1）不在十恶条内的犯罪，其祖父母、父母年老病重应有人侍奉，期亲内又无男丁的，上请皇帝减免刑罚。

（2）犯流罪者，暂且留家侍奉尊亲。侍奉完毕，同其他流犯在下一个季度规定的期限发配，即留养条件消失，仍须执行流刑。

（3）犯徒罪，家无兼丁（二十一岁以上、五十九岁以下的男丁），折杖释放。因尊亲年老或有疾需侍奉者，仍折杖释放。

2. 容隐制度

由儒家“父子相隐”的主张发展而来，其内容是对亲属的一般刑事犯罪予以隐瞒不予告发。详见本书刑法部分。

（三）父母子女关系在民法上的表现

主要表现为家庭财产所有形态、财产继承、子孙对尊长的扶养义务等。此处注重言前一问题，后两者则在其他节中详述。

唐代家庭财产所有权采同居共财形态，这可以从史书和法律的规定中得到印证。《新唐书·刘君良传》载：“……四世同居，族兄弟犹同产也。门内斗粟尺帛无所私。”《旧唐书·刘审礼传》也载：“再从同居，家无异爨。”虽然这是两则带有特例性质的记载，但其关于同居之内财产性质的

① 《唐律疏议·名例》“犯死罪应侍家无期亲成丁”条、“犯徒应役家无兼丁”条。

表达是与唐律的精神相符合的。但这种同居共财形态并不意味着家内若干个人的共同共有，它强调的是家长专权下的群体（家属）的共有，具有下列特征：

（1）家庭财产系家属群体的共有财产，而非家长的私产。这表明虽然家长对家产享有管理、分配和处分的权利，但“非私产”的属性限制着家长在处置家产时，不能单纯从一己私利出发，而应顾及整个家庭乃至家族利益，受到家族原则的制约。

（2）同居共财排除了同居之外的其他人的所有权，即没有家属身份不得享有共有财产。

（3）个人对家产不享有明确的份额，并不成为所有权的主体。古代社会的家户才是所有权的主体，而实际管理者则是家户之长——家长。

家产在一定条件下是可以分割的，那就是：（1）祖父母、父母令子孙分割家产，并不为罪；[①]（2）亲属犯重罪，虽与罪犯同居共财但不属缘坐和免予缘坐者，各自依照财产分割法分得家财。并且，因年老残废而免刑的亲属，各自按照相当于一子的份额留其一份家财。[②]这种家产分割的具体做法是：若本人及子均存，则连同本人及子计算人数平分，孙子各在其父的份内。若子均不存，就连同本人及孙计算人数平分。

（四）父母子女关系在行政法上的表现

1. 回避制度

唐代，回避在行政法上的效力主要表现为：（1）凡官署、官职名称同父或祖父名字有同字，而冒受荣耀担任该项官职的，撤免所任官职。若属于侵犯父、祖父名字而冒受荣耀升迁的，追回已发的任官凭证。[③]（2）避

---

① 《唐律疏议·户婚》“子孙别籍异财”条。

② 《唐律疏议·户婚》“缘坐非同居”条。

③ 《唐律疏议·名例》“免所居官”条。

亲就任。凡大功以上亲，不得在同一机构或同一部门的上下级机关同时任职。[①]

2. 官吏侍亲制度

唐律基于孝亲之理，对官吏侍亲作了详细的规定：首先，祖父母、父母年八十以上或笃疾，家无别丁侍养，官吏应留家侍养，不得任官，否则免其所任官并处徒一年；但有突出的才能、功业显著，皇上令其带官侍养，则不受律条限制。其次，将年老重疾的祖父母、父母带着到任所奉养以及做官在前，祖父母、父母年老重疾在后，不请求解官侍亲的，一并按违令办罪。此外，谎称祖父母、父母年老重疾以求解官奉养者，处徒一年。

3. 假宁制度

这是关于官吏休假的规定。唐代，官吏休假有：（1）探视父母和扫墓的休假。《唐令》规定："诸文武官若流外已上者，父母在三千里外，三年一给定省假三十日；五百里，五年一给拜墓假十五日，并除程。若已经还家者，计还后给。其五品已上，所司勘当于事每阙者奏，不得辄自奏请。"[②]（2）因自身或亲属冠、婚而休假。《唐令》："诸冠，给假三日。五服内亲冠，给假一日，并不给程。""诸婚，给假九日，除程。周亲婚嫁五日，大功三日，小功已下一日，并不给程。固以下无主者，百里内除程。"（3）因丧而休假。丧假可分为父母之丧和余亲丧两大类。同一类的服丧，因各自的官职不同，丧假也不同。

与丧假相应，唐律禁止官吏为父母服丧在二十五个月之外二十七个月之内外出做官，违者徒一年。若在二十五个月内外出做官，则属不孝，处徒三年。

① 《唐六典·吏部》。

② 《唐令拾遗·假宁令》，第665页。

四、收养制度

收养是身份法上的一种法律关系，指将他人的子女作为自己的子女，使本无父母子女关系的人之间产生法律拟制的父母子女关系。[①]收养在唐代可分为异姓收养和同宗养子两类。

1. 异姓收养

收养与本人无血缘联系的未成年人为自己的子女，在现代社会收养制度中是一项普遍的、主要的收养形式，但在古代中国社会，则是为律所严格限制的特殊的、次要的收养形式，属于非亲属收养的范围，本不为礼、律所允许。[②]至唐时，法律网开一面，准许在特定的条件下收养异姓之子，同时不禁止收养异姓女。《唐律疏议·户婚》"养子舍去"条规定："其遗弃小儿年三岁以下，虽异姓，听收养，即从其姓。"同条疏议进一步解释并规定："异姓之男，本非族类，违法收养，故徒一年；违法与者，得笞五十。养女者不坐。其小儿年三岁以下，本生父母遗弃，若不听收养，即性命将绝，故虽异姓，仍听收养，即从其姓。如是父母遗失，于后来识认，合还本生；失儿之家，量酬乳哺之直。"由律文和疏议可以看出，唐律允许一定条件下收养异姓之子，乃出自仁义之道和对生命的重视，意在解决遗弃幼儿的社会问题，实是为被弃幼儿寻找设立的一种社会救济制度。为了避免这一制度造成异姓乱宗的结果，唐律将非亲属收养的前提确定为三岁以下的弃儿。这一前提既包含有对幼儿年龄的限定，又包含了对幼儿来源的规定，即必须是弃儿，而非他人遗失之子。在律，遗弃与遗失是两个不同的概念：前者，父母主观上有抛弃、不予认领和抚养的故意，并且伴随有消极的不作为；后者则是父母始终不愿放弃父母子女关系，其在客观上

① 杨大文主编:《婚姻法学》，法律出版社 1986 年版，第 220 页。

② 古代礼制并无非亲属收养的内容。至西晋时，法律仍令收养他人之子别立户籍。见《九朝律考·晋律考·晋令》"户令"条，第 328 页。

表现为积极地寻找。因此，遗失子女不构成收养的前提，抚养他人遗失子女类似于代养，并不构成法律上的拟制父母子女关系，其生父母认领，抚养人应返还其子女。

至于符合唐律的规定条件收养异姓之子，则收养成立，养父母与养子之间形成法律拟制的父母子女关系，养子须从养父之姓。但是，异姓养子不得立为嗣子，其地位远逊于嗣子，不得承继宗祧，其继承权唐律也无规定。不符合法律的规定而收养异姓之子，收养方与送养方分别处以徒一年和笞五十的刑罚。

需要指出的是，唐律关于收养异姓弃儿年限的规定并不完全符合现实。就儿童而言，超过三岁乃至十几岁，在无人抚养的情况下，都存在生存危机，而且年龄越小，危险越大。将这一年龄段的儿童排除在外，似有不妥。由此唐代又往往通过诏令在一定地区，针对一定的家庭放宽收养年限，补律之不足。高宗咸亨元年（670 年）即有如此诏："令雍、同、华州贫窭之家，有年十五已下不能存活者，听一切任人收养为男女。"

2. 同宗养子

同宗养子的主要意义在于立嗣。它在中国古代是一种主要的收养形式，指无子之男选立同宗的子辈作为嗣子，承继宗祧，延续后代。其实质是对无子所造成的男性血统承续中断的补救。立嗣源于古代礼制[①]，至唐代，立嗣时称收养，法律对此有严密的规定：（1）收养的范围以男子同宗辈分相当者为限，律禁止收养异姓之男。[②]法律确立这一限制性条件的目的是保证家族血统的纯正。若违律收养异姓之子，收养方处徒一年，送养方，处笞五十。至于祖父母、父母非法以子孙作为他人子孙的，处徒二年，子孙不坐。[③]（2）禁止良人收养杂户、官户之男及部曲与奴，违者对收养方与

① 《礼记 · 杂记》。

② 《唐令拾遗 · 户令》。

③ 《唐律疏议 · 户婚》"子孙别籍异财" 条。

送养方处以相同的刑罚，即徒刑、杖刑，并解除收养，恢复贱民身份。[①]（3）收养一经成立，便具有法律效力，不得任意解除。凡收养方无子而解除收养，处徒刑二年。但若收养方生子或送养方无子，想要将养子送还其生父母时，唐律允许养父母解除收养，将养子送还其本家。

第三节　唐朝的亲属法律

亲属，泛指因婚姻、血缘而产生的人与人之间的身份关系。法律意义上的亲属与此有所不同，它可因人为地拟制而产生，同时，法律对亲属的范围也有一定的限制。因此，法律所称的亲属，便是因婚姻、血缘、拟制而产生、由法律所界定的、一定范围内具有权利义务内容的身份关系。

一、亲等制度——唐代法律中的服制

亲等是计算亲属之间关系亲疏远近的尺度，也是亲属之间产生法律上特定的权利义务关系的依据。中国古代用丧服的等差来区分亲属关系的亲疏远近，因而丧服制度便是古代中国亲属法的亲等制度。

服制最初起源于丧祭，其意在根据与死者亲疏关系的不同而着不同规格、式样、不同期限的丧服。礼制将本宗九族内的丧服划分为斩衰、齐衰、大功、小功、缌麻五等。由斩衰至缌麻，丧服的衣料由粗劣渐次精细，制作也由粗放渐次讲究，穿着的时间也由长逐渐趋短，与此相应，亲属关系由近趋远，由亲趋疏。这种亲等制，除世次远近外，还参酌了双方地位的尊卑、名分的高低、恩情的厚薄、性别的差异，因而其本身就是中国古代社会等级和宗法等级的反映，为律所确认，其效力及于民事、刑事、行政等各种法律关系。

① 《唐律疏议·名例》“养杂户等为子孙”条。

唐代法律依照丧礼的五服作为划分亲属范围和等级的标准。

1. 斩衰：按照礼制，服斩衰者，主要是妻、子、在室女、儿媳，时间为三年。唐代，在先秦礼制之外，增加嫡孙为祖、妇为舅服斩衰，高宗时将父在为母服止一期改为为母服三年。[①]

2. 期：唐律将所有的直系血亲都从齐衰中分出来称为“期”，只保留了旁系的“不杖期”一种，由此五服便变成了斩衰、期、大功、小功、缌麻五等。期服为守丧一年，期亲亲属有伯叔父母、姑母、兄弟、姐妹、妻子、儿女、侄儿女及高祖父、曾祖父等。

3. 大功：唐代在礼制所定亲属范围之外，又增加祖父母为庶孙、父母为子妇、己身为兄弟之子妇等亲属为大功亲。

4. 小功亲：唐律所确认的小功亲[②]为：祖之兄弟、父之从父兄弟、己身之再从兄弟。值得一提的是，唐太宗贞观年间，将舅服缌麻，上升为与从母同服小功。

5. 缌麻亲[③]：唐律所确定的缌麻亲为：曾祖兄弟、祖从父兄弟、父再从兄弟、己身之三从兄弟。

在上述五服之外的同宗亲属，被称为袒免亲，具体包括：高祖兄弟、曾祖从父兄弟、祖再从兄弟、父三从兄弟、己身之四从兄弟。

二、亲属关系在法律上的效力

现代社会，亲属之间在法律上所具有的权利义务关系局限在极为有限的范围内，往往集中体现在婚姻家庭领域。古代中国社会与此不同，亲属关系的影响宽广，涉及刑事、民事、行政、诉讼等诸多方面。

---

① 《旧唐书 · 志第七 · 礼仪七》。

② 《唐律疏议 · 名例》“八议”条疏议。

③ 《唐律疏议 · 名例》“八议”条。

（一）亲属关系在刑法上的效力

1. 亲属相犯

唐律沿用晋律“准五服以制罪”的原则，按服制的远近，以亲疏、尊卑、长幼作为判定亲属相犯是否有罪及罪刑轻重的标准。其对量刑幅度的影响，表现为按亲属服制的亲疏，递增或递减，同时贯穿下犯上加重，上犯下减轻的精神。凡系亲属间的人身伤害，尊犯卑，服制愈近，处罚愈轻；反之，卑犯尊，服制愈近，处罚愈重。[①] 亲属之间相盗，则采取从疏至亲递减的处罚原则，即服制越近，处罚越轻；服制越疏，处罚越重。[②]

2. 亲属相奸

中国历代法律严格维护亲属间的性禁忌，视亲属相奸为乱伦，予以重罚。按照唐律的规定，常人相奸处徒刑；亲属相奸，若系奸小功以上亲以及父祖之妾，入十恶大罪，为常赦所不原。其处罚原则为：服制越近，辈分越尊，处罚越重。并且，凡属和奸，不分尊卑长幼，男女双方同等处罚，强奸则只处罚侵害人一方。

3. 缘坐制度

缘坐是古代法律基于血缘亲属关系所设立的连带刑事责任制度，其特征是一人犯罪，罪及亲属。其内容可上溯至夏商。与秦汉和魏晋南北朝相比，唐代缘坐主要适用于谋反、谋大逆及谋叛等危害封建统治及皇帝的重罪，一般不适用于其他犯罪，且处以死刑的范围大大缩小。详见本书刑法部分。

4. 荫庇制度

荫庇是亲属血缘关系在法律上的一种延伸，是家族主义在法律上的重要反映。其意是一人职高位隆，便可推恩于其亲，亲属依仗其恩泽而享有

① 《唐律疏议·斗讼》“殴缌麻兄姊等”“殴兄姊等”条。

② 《唐律疏议·贼盗》“盗缌麻小功亲财物”条。

犯罪减免的特权。推恩的主体是国家法律所确认的皇亲国戚和一定品级的官吏，享受者则是其亲属。而受荫亲属范围的大小、其所享有的特权的内容、大小，取决于推恩主体地位的显赦与否、官职的高低以及亲属之间的亲疏远近。因此，荫庇制度是法律赋予贵族官吏的一项等级特权制度，它在中国古代源远流长，自周代的“八辟”到汉设“上请”制，到隋唐的减赎之法，均是其在法律上的表现。唐时，荫庇制度主要规定于八议制度中。[①]不同的皇亲国戚和不同品级的官吏，其亲属犯罪分别享有议、请、减、赎等特权。其内容详见本书刑法部分。

（二）亲属关系在民法上的效力

1. 亲属先买权

先买权是一种先于他人购买的权利，其实质不在购买条件的优惠，而在购买顺序的优先。中国古代，田宅产业为家户之根，也是凝聚族人、维持生存和发展的经济基础，宗法观念视守成为本，以增值为荣，而视变卖产业为败家。这类不动产，即便不得已而出卖，也本着产业先在亲族范围内流转，尽量不外流的原则行事。因此，从这一原则的本旨来看，虽也包含有方便管理之意，但并非主要基于有利于财产的管理、积累和增值的考虑，而是主要基于一种血亲观念，系家族封闭属性的限制，就其效果而言，对财产的自由流转和增值增加了血亲因素的障碍，虽符合家族社会自然经济的需要，但也阻碍了商品经济的成长和发育。

早在南北朝时，就有承认亲属购买权先于他人的记载。《魏书·食货志》载：“诸远流配谪，无子孙及户绝者，墟宅桑榆尽为公田以供授受，授受之次给其所亲，未给之间亦借其所亲。”唐时，亲属居先买权顺序之首，其次才是四邻。《唐会要》载：“天下诸郡逃户，有田宅产业妄被人破除，

① 《唐律疏议·名例》“八议”条、“七品以上之官”条、“应议请减”条。

并缘缺负租庸，先已亲邻买卖。”五代时仍沿袭这一规定。《五代会要》载：“姑有典卖庄宅，准例房亲邻人合得承当，若是亲人不要，及着价不及，方得别处商量。”

2. 亲属的扶养义务

子孙对父母、祖父母的扶养自不待言，旁系亲属之间，律文虽无明确的互相扶养的义务，但从律文强调“大功同财”的规定看，大功以上的亲属似乎是有互相扶养义务的。在唐代，法律所规定的亲属扶养的范围远不止于此，依《唐令·户令》：“诸鳏寡孤独、贫穷老疾不能自存者，令近亲收养，若无近亲付乡里安恤。”事实上，在古代社会，人们往往是依血缘而群居，同乡的乡里、乡邻、乡党，往往多少都有着血缘联系，“乡里安恤”实则确认了较远亲属的扶养义务，这一做法的实质是按亲属身份延伸义务，是一种家族范围内的血缘亲属救济制度。它将鳏寡孤独、贫穷老疾这一本与血缘亲属无关的社会问题消解在家族之内，有利于稳定社会秩序、巩固王朝统治、发挥家族功能，在古代社会自有其存在的合理性和必然性。

（三）亲属关系在行政法上的效力

1. 亲属关系对仕途的影响

与古代血缘家族社会的本质相适应，亲属关系对历代官爵以及入仕均有一定影响。唐代为官之道，科举考试与门荫并举。后者因父祖官位、豪门世家的余荫而得官，在唐代普遍适用，上至皇亲国戚，下至文武大臣，均按品级荫子孙。与门阀制度有所不同，这种门荫入仕只用于叙官，并不实授，仅表明待遇和身份地位不同的等级，其荫官的亲属范围不同。据玄宗开元七年令：“诸皇亲缌麻已上，及皇太后周亲，正六品上叙；皇太后大功亲，皇后周亲，从六品上；皇（帝）祖免亲，皇太后小功缌麻，皇后大功亲，正七品以上；皇后小功缌麻亲，皇太子妃周亲，从七品上；其外戚，各依本服降二等叙。娶郡主者出身，正六品上；娶县主者，正七品上。郡主子出身，从七品上；县主子，从八品上叙。”[①]这是皇亲国戚所享受的门荫。至于官吏，据令：“诸一品子正七品上叙，从三品子递降一等，四品、五品有正从之差，亦递降一等，从五品子从八品下叙，国公子亦从八品下，三品已上荫曾孙，五品已上荫孙，孙降子一等，曾孙降孙一等。散官同职事。若三等带勋官者，即依勋官品同职事荫，四品降一等，五品降二等。郡县公子，准从五品孙，县男已上子降一等；勋官二品子，又降一等。二王后子孙，准正三品荫。”[②]叙官虽非实授，但先获散位，后以劳考叙进，因而是进入仕途的重要途径。据考证，“唐代文武显官以门荫而至者比比皆是，宰相窦威从孙德玄，德玄子怀贞均为相，宰相萧瑀曾侄孙萧嵩、嵩子华、孙萧复，及其后人萧俛均为相，宰相李德裕为故相吉甫之子、杜悰为故相杜佑之孙，韩滉为韩休之子，卢杞为怀慎之孙，崔植为祐甫之子，郑覃为郑珣之子，此皆相门出相。其他如宰相褚遂良、陆敦信、李安期、来恒、薛元超、张大安、李元素、姚崇、萧至忠、裴光庭、李林甫、陈希烈、房琯、崔涣、宗楚客等，皆因门荫入仕而至相位”。[③]可见这一法令在唐代还是行之有效的。

2. 亲属经商对入仕的阻碍

唐时，商人被称为“工商之家”，其义明确，专指以经商求利为业者，一般家庭中的纺织手工之类不在此内。[④]唐代法律承袭前代“重农抑商”的一贯政策，在沿用“商人不得入仕”古制的同时，法律还有大功以上亲属有经商者而不得为官的限制。《唐律疏议 · 诈伪》“诈假官假与人官条”疏议：“依《选举令》：‘官人身及同居大功以上亲，自执工商，家专其业者，不得仕。”玄宗开元七年（719 年）和开元二十五年（737 年），朝廷又两

---

① 《唐令拾遗》，第 212 页。

② 《唐令拾遗》，第 214 页。

③ 张晋藩、王超：《中国政治制度史》，中国政法大学出版社 1987 年版，第 524—525 页。

④ 《唐六典 · 尚书户部》“郎中”“员外郎”条。

次颁令重申这一法则。[①] 由唐律的规定可以看出，唐代对商人入仕的禁令，已由个人延及其亲属。这一亲属的范围并不为窄，它包括堂兄弟、未嫁的堂姐妹，已嫁的姑、姐妹，已嫁者同自己的伯叔父及兄弟等的亲属关系以及夫的祖父母、伯叔父母。凡此范围内的亲属有以商为业者，本人受连带而不得入仕。从这一意义上言，凡欲入仕者，不仅本人不得经商，还包括其大功以上亲不得经商。推言之，欲入仕者，还另负有阻止其大功以上亲经商的义务。由此可见法律对商人成见之深和由商而入仕限制之严。同时这也在国家政权领域排除了商人的一席之地，也限制了经济领域的流通和发展。

第四节　唐朝的继承法律

与现代继承仅以财产为内容不同，古代中国继承的内容十分丰富而又复杂，既涉及财产继承，又涉及身份地位的继承。[②] 就其实质而言，前者是经济权利的转移，后者则是政治利益和荣誉的转移。就转移的方式看，前者可以分割，后者则不可分割。这种二元继承制为唐律所沿用，并有所发展。

一、身份地位继承

唐代的身份地位主要表现为家内的身份地位和在国家政治结构中的身份地位。前者通过立嫡而延续，后者则可通过王朝的封爵和食封得以世袭。与此相应，形成了与身份地位继承相关的祭祀、封爵与食封继承。

---

① 《唐令拾遗》“选举令”第十一、十七。

② 对古代的继承不应按现代意义去理解，而应将其理解为身份和财产权在家内的一种转移。

（一）祭祀继承

在古人看来，国之大事，唯祀与戎。上自国君，下至百姓，皆以祭祀祖先为重。因而祭祀向来被视为严肃、庄重并带有国家政治和家族政治色彩的一项活动，有严格的仪式、礼节和程序。主持祭祀既是对祖先的义务，更是权力和地位的象征。只有家内最尊、最长的男子才有资格主持，有着严格的身份限制。由此形成中国独特的宗祧继承制度，并衍生出立嫡之制。这一制度正式形成于西周。周取代殷商之后，鉴于殷商王位继承的弊端，废“父死子继”和“兄终弟及”继统法，在国家和宗族内行嫡长子继承制和“立嫡以长不以贤”的准则，这一制度为后世所沿袭。唐时，嫡子是合法的祭祀继承人。但唐律所称的嫡子是指嫡妻所生的长子，并非泛指嫡妻所生的诸子。至于嫡妻所生的其他诸子，律以“嫡子同母弟”相称，可见嫡子是独一无二的。从唐律的规定看，其立嫡制度相当完备、周全，其“立嫡违法”条规定：“诸立嫡违法者，徒一年。即嫡妻年五十以上无子者，得立嫡以长，不以长者亦如之。”同条疏议言：“立嫡者，本拟承袭。嫡妻之长子为嫡子，不依此立，是名‘违法’，合徒一年。‘即嫡妻年五十以上无子者’，谓妇人年五十以上，不復乳育，故许立庶子为嫡。皆先立长，不立长者，亦徒一年，故云‘亦如之’。依令：‘无嫡子及有罪疾，立嫡孙；无嫡孙，以次立嫡子同母弟；无母弟，立庶子；无庶子，立嫡孙同母弟；无母弟，立庶孙。曾、玄以下准此’。无后者，为户绝。”由上述法律规定可知唐代立嫡制度奉行下列原则：

1. 女子被排除在立嫡之外。

2. 立长原则。凡立嫡，须先立年长之子，年长之孙。

3. 嫡优于庶的原则。在子辈、孙辈中，嫡妻所生诸子优于庶子，嫡孙妻所生众孙优于庶孙。

4. 顺序原则。唐律所规定的立嫡顺序为：嫡长子—嫡长孙—嫡子同母弟—庶子—嫡孙同母弟—庶孙。只有在前一顺序人不存在时，后一顺序人才可取代前一顺序人成为嫡子、嫡孙，但需要指出的是，当嫡子有罪及患病时，嫡孙取代其地位。至于嫡子在犯何罪和有何疾病时被嫡孙所取代承继宗祧，唐律及律疏并未解释。但据唐令，似乎应是罪徒以上的犯罪。[①]至于疾病，根据前文对七出之中恶疾可以出妻的解释类推，应是影响其祭祀的疾病。因为古之祭祀，是由一整套烦琐的礼仪过程来实现的，若嫡子无法主持这一祭祀活动，则立嫡的目的难以实现，在此情况下，另择嫡孙来承继祭祀应是上策。

（二）封爵继承

封爵是帝王授予皇亲国戚及功臣、官吏的一种荣誉。封爵制度始于周，历代等数不一。唐时基本沿用隋开皇年间所定的九等爵位，分王、郡王、国公、郡公、县公、县侯、县伯、县子、县男九等，分为虚封和实封两种，前者仅表示荣誉大小而已。只有在言实封时，才属真户，享有与此相应的物质待遇。爵位可以继承，但继承主体历代规定不同。唐时，亲王、郡王是授予皇室人员的荣誉，郡王有时也授予非皇室人员。与南北朝时旁系亲属可以继承爵位不同，[②]唐代公、侯、伯、子、男爵位的继承系直系子孙继承，不及兄弟等旁系，无子孙即除去封爵。爵位继承的顺序与立嫡顺序同：“诸王、公、伯、子、男皆子孙承嫡者传袭，若无嫡子及有罪疾立嫡孙，无嫡孙以次立嫡子同母弟，无母弟立庶子，无庶子立嫡孙同母弟，无母弟立庶孙。曾玄以下准此。无后者容除。”“诸王公以下，无子孙以兄弟为后，生经侍养者听承袭，赠爵者亦准此。若死王事，虽不生经侍养者亦听承袭。”[③]至于袭爵的等数，国公、郡王、县公、侯、伯、子、男袭爵不降爵位，而亲王、嗣王、郡王的子孙袭爵，降为国公、郡公。

---

① 《唐令拾遗·封爵令》“嫡子有罪徒以上”条。

② 《魏书·王洛儿传》：“子长成袭爵，卒无子，弟德成袭爵。”《宋书·宗室列传》：“追赠散骑常侍，无子，弟秉以子承继封。”

③ 《唐令拾遗·封爵令》。

（三）食封继承

唐时，当封爵为实封时，则爵位主人享有食封。食封的内容以食邑为主，也包括其他封赏物。与封爵的实封和虚封相适应，唐代法律将爵位继承与食封继承分开规定为两种不同的继承制度。与爵位不能分割只能单独继承相反，食封因属于经济利益而允许分割继承。据《唐六典》载："食封人身殁以后，所封物随其男数为分，承嫡者加一分；若子亡者，即男承父分；寡妻无男承夫分；若非承嫡房，至玄孙即不在分限，其封物总入承嫡房，一依上法为分。其分承嫡房，每至玄孙，准前停。其应得分房无男有女在室者，准当房分得数与半，女虽多更不加。虽有男，其姑、姊妹在室者，亦三分减男之二。若公主食实封，则公主薨乃停。"由这一规定可以看出：（1）在诸子分割的基础上，给予承嫡人加一份的特权；（2）女子有一定的继承权，但受量的限制。在应得分房无男可继承食封时，同房在室女可以继承同房男子应继份的一半。对女子而言，不论人数多少，其可继承食封的总量是固定不变的，因此女子人数越多，各自所得的份额越少；反之，份额则越大。并且，在室的姑、姊妹，可得到同房男子应继份 1/3 的份额。由上可知，唐时食封继承比起财产继承来，它赋予了嫡长子双份特权，但同时对女子继承权的规定优于财产继承，承认女子有一定的继承权。食封继承与财产继承的这种区别，根植于食封与财产的本质区别。食封乃皇帝的封赏，是皇帝的恩泽，为物化的一种荣誉，远非普通财产可比。在保证传宗接代者的特权之外，又将食封推及于众，使皇恩遍及家人，家族利益与王朝荣誉便达到了高度统一。

二、家产的分割与继承

按照现代法的概念，财产继承应是遗产继承，指被继承人死亡之后，继承人分割其个人所有的财产的行为。但古代中国财产的继承颇为复杂。从性质上讲，家庭财产属于家人共有，并非家长的私产，因而多数情况下，财产继承与家产的全面分割同时进行，其实质是财产的管理权、收益权和处分权从父祖辈转移到子孙辈，即财产主体的转移，因此这种继承并不同于现代法意义上的遗产继承，而是一种广义的财产承受。

唐律关于家产的分割与继承的原则集中规定于“户令·应分条”中：“诸应分田宅者，及财物，兄弟均分。（其父祖亡后，各自异居，又不同炊，经三载已上，逃亡经六载已上，若无父祖旧田宅、邸店、碾硙、部曲、奴婢，见在可分者，不得辄更论分。）妻家所得之财，不在分限。（妻虽亡没，所有资财及奴婢，妻家并不得追理。）兄弟亡者，子承父分（继绝亦同）。兄弟俱亡，则诸子均分。（其父祖永业田及赐田亦均分，口分田即准丁中老小法。若田少者，亦依此法为分。）其未娶妻者，别与娉财，姑、姊妹在室者，减男娉财之半。寡妻妾无男者，承夫分，若夫兄弟皆亡，同一子之分。（有男者不得别分，谓在夫家守志者；若改适，其见在部曲、奴婢、田宅不得费用，皆应分人均分。）”[①]

（一）分割与继承的家产范围

唐代分割与继承的家产范围广泛，主要是田宅等不动产和作为动产的财物。部曲、奴婢因在法律上等同于畜产，因而也被列入财产分割与继承的范围。但妻自本家所得财产（主要指嫁妆）不属于家庭共有财产，不列入家产分割和继承的范围。

（二）家产分割与继承的分配原则

关于财产在家内主体之间的转移，据唐之前史籍记载，多采均分主义[②]，但也有多寡不一的[③]，一切均从父祖之意。唐时，家产分割与继承的法

---

① 《宋刑统·户婚律》“卑幼私用财”条所引唐令。

② 《史记·陆贾传》：“陆生病免居，千金分五子，人匀二百。”

③ 《晋书·石崇传》：“崇少敏而有谋，苞临终分财物与诸子，独不及崇。”

律渐趋完备，法律确定兄弟均分、无嫡庶区别原则。兄弟之中有死亡者，由死亡者之子代其父继承父的应继份额（代位继承）。若兄弟俱亡，则由兄弟之众子均分家产，因此出现这样一种情形：当兄与弟之子数相同时，家产的分割无论是对兄弟而言还是对兄弟之子而言，都是均分的，但当兄与弟之子数不相同时，这一分配方案则意味着兄弟之子是均分而对兄弟则是不均。

并且，已婚兄弟、姊妹与未婚兄弟、姊妹取得的财产有所不同。由于已婚的兄弟，已从家庭财产中花费过聘财，因而未婚的兄弟可以从财产中分得一份聘财（这一聘财的份额，若家道不衰的话，想来应是与已婚兄弟的聘财相当），这样，未婚的兄弟除了与已婚兄弟取得均等的家产之外，另外还能得到一份聘财。同理，由于已婚姊妹在共有财产中已取得过妆奁，未婚姑、姊妹可以得到一份妆奁，但在数量上只是未婚男子所得聘财的一半。

由于法律允许养父母在有亲子之后，又允许养子留养父母家中，根据上述令文“继绝亦同”[①]的规定，养子与亲子的份额均等，即享有同等承继财产的权利。

寡妻无子可代父位继承的，妻可承夫份；若夫兄弟皆亡，则可以分得等同于一子份额的一份财产，但改嫁者无权继承。

上述分配原则决定了家产分割和继承的顺序为：有兄弟时由兄弟分割；兄弟俱亡则由兄弟之子及兄弟在室寡妻按份分割。若兄弟之中有死亡者，由其子代位继承，无子者由在室寡妻代子继承。

（三）户绝财产

对此，唐令有详细的规定：唐开元二十五年（737 年）令：“诸身丧户绝者，所有部曲、客女、奴婢、店宅、资财，并令近亲（亲依本服，不以

① 《宋户令·户婚律》“卑幼私用财”条所引唐令：“子孙继绝者，谓为养子也。”

出降）转易货卖，将营葬事及量营功德之外，余财并与女（户虽同，资财先别者，亦准此）；无女，均入以次近亲；无亲戚者，官为检校。若亡人存日，自有遗嘱处分，证验分明者，不用此令。”① 唐文宗开成元年（836 年）敕又有进一步的限制：“自今后，如百姓及诸色人死绝，无男空有女，已出嫁者，《令》文合得资产。其间如有心怀觊望，孝道不全，与夫合谋，有所侵夺者，委所在长吏，严加纠察，如有此色，不在给与之限。”② 由这两则令文可知，令文所确立的财产分割顺序的适用有一个基本前提，即没有遗嘱处分存在，若有遗嘱处分财产，则遗嘱的效力优于令文所规定的法定继承的效力。并且，女儿在作为继承人时应无损害被继承人利益和人身的主观故意与客观行为，对此，官府有稽查的责任，并有权剥夺其继承的权利。

（四）死商遗产的继承

按照古人的理解，“行曰商，处曰贾”，行商意味着离开其原居住地从事买卖。因此所遗财产极易散失，其权利也难得到有效保护，唐代法律将商人的遗产单独予以规定，既反映了当时商品经济的繁荣，也体现了法律的特殊保护。

关于死商财产，唐代法律有下列规定：

“诸商旅身死，勘问无家人亲属〔相随〕者，所有财物，随便纳官，仍具状申省。在后有识认勘当，灼然是其父兄子弟等，依数却酬还。”③

唐太和五年（831 年）敕令：“死商钱物等，其死商有父母、嫡妻及男，或亲兄弟、在室姊妹、在室女、亲侄男，见相随者便任收管财物。如死商父母、妻儿等不相随，如后亲属将本贯文牒来收认，委专知官切加根寻，

① 《唐令拾遗·丧葬令》，第 770 页。

② 《宋刑统·户婚律》“户绝资产”条所引唐令。

③ 《宋刑统·户婚律》“死商钱物”条所引唐《主客式》。

实是至亲，责保讫，任分付取领，状入案申省”。[1]

唐太和八年（834 年）敕令：“死商客及外界人身死，应有资财货物等，检勘从前敕旨，内有父母、嫡妻、男、亲侄男、在室女，并合给付。如有在室姊妹，三分内给一分。如无上件亲属，所有钱物等并合官收。”“死波斯及诸蕃人资财货物等，伏请依诸‘客商例’，如有父母、嫡妻、男女、亲女、亲兄弟无相随，并请给还。如无上件至亲，所有钱物等并请官收，更不牒本贯追勘亲族。”[2]

从以上三则规定看，立法用意在于妥善保管财物，使其不受损失。其内容是逐渐具体、明确和成熟的。第一则规定只是规定了处理死商财产的总原则，其所确认的继承主体并不十分明确，只是用“父兄子弟等”的词句来指明继承主体的范围，易引起纠纷。与后两则规定相比较，其制定的年代当最早。

至第二则规定，已改正了继承主体范围不明确的不足，并加强了程序法方面的规定，以防止妄冒认领。第三则规定则明确了在室姊妹的份额，并对涉外死商财物作了不同于国人的规定。三则规定充分反映了唐人对死商财物这一特殊财产认识的不断深化和社会财产关系的日益复杂，由此确立了唐代处理死商财产的基本制度：

（1）客商死亡时若身边有亲属相随，其遗产由其家人亲属收管。亲属的范围包括客商的父母、嫡妻及子、亲兄弟、在室姊妹、在室女、亲侄男。

（2）无家人亲属相随，则财物由官府收管，承办官府应就此项财物向上级部门书面报告。

（3）不随行的亲属认领财产，须持有原籍官府出具的公文，并须有人担保。官府确认无误后，交还全部遗产。

（4）至于波斯及诸蕃商人所遗财产，如有家人亲属相随，则由其家人

① 《宋刑统·户婚》“死商钱物”条所引。

② 《宋刑统·户婚》“死商钱物”条所引。

亲属收管。这种涉外继承人的范围，小于国人之间的继承主体的范围，只包括父母、嫡妻、子女、亲兄弟，排除了亲侄男、在室姊妹的继承权。当然，也可能是现今所据的太和令有衍文或漏抄所致[①]。

无随行的家人亲属，则所有钱物等一律收归官府，这实际上剥夺了不随行家属的继承权。

（5）官府对死商财物的继承一直起着监督、检查的作用，并须申报上级。这充分反映了国家政权对财产的干预作用。

三、唐朝女子的继承权

古代中国是一个男性独尊的家族社会，这一特性反映在继承关系上，表现为法律和礼俗重男子权利而轻女子权利。就祭祀继承及其相关的立嫡、继嗣和爵位继承制度来看，均是男性血缘的延续，因此可以说，凡在涉及身份、地位、荣誉的法律关系中，女子都没有继承权。这是由女子所处的依附地位所决定的。至于财产，因其系生存必需，因而法律赋予女子一定的继承权，以维持其基本的生活。但这种继承权，无论是在份额还是在顺序上，处处体现了法律对女子权利的漠视。在食封继承中，当应分房无男可继承时，同房在室女可以继承同房男子应继份的一半，在室的姑、姊妹，可得到同房男子应继份的三分之一。可见女子继承食封是有条件的，其前提是同房无男。若无这一前提，则女子仍是与食封继承无缘的。这一规定严于普通财产分割的规定，大致因食封乃特殊的财产，其对家族而言财产意义尚轻，荣誉和地位才为最重，首先应由男性来传承。

与身份继承相比，法律关于女子在普通财产承继中的规定要略为有利一些。未婚的姑、姊妹，只能得到未婚男子所得聘财的一半。如果考虑到未婚男子另可得一份家产的因素，则女子所得就微不足道了。

① 叶孝信主编:《中国民法史》，上海人民出版社 1993 年版，第 423 页。

女子较充分的继承权只有在户绝财产法律关系中才可能得以实现，即本宗无男可继承财产时，女子才可以成为继承主体。倘若有遗嘱处分在先，唐律承认遗嘱有优先于法定继承的效力，遗嘱人仍可剥夺女子对户绝财产的继承权。在这一法律关系中，女子的身份是特定的，即须是女儿，除此之外的家族女子不被视为有继承权。

以上是女子在本宗参与财产分割的情形。女子出嫁进入夫家成媳、成母，其从礼教和法律的精神看，是由父权统治移至夫权和夫家族权的统治之下，并无财产所有权，一般也不参与夫族财产的分割。但在夫亡、无子的情况下，媳、母可以承夫份、子份，但其前提是在夫家守志，即不改嫁他宗。

总之，唐代继承法在身份继承领域，是基本排除女子的继承主体地位的，只有在财产继承领域，未嫁女子才在本宗有分割财产的权利，但其份额极少。出嫁女对本宗而言，只有在户绝时才有继承权，除此与本宗无财产继承可言。法律和礼俗自始遵循了男权优于女权、男子优于女子的原则，这是与中国古代社会的根本特质相适应的。

第十二章　唐朝的司法制度

唐朝总结了以前各朝的司法经验，建立了比以往更为完备的司法制度，内容包括司法机关、起诉、审判、执行等各方面。另外，与司法制度有关联的司法教育也相当发展。本章专门阐述这些问题。

第一节　司法机关

唐朝的司法机关主要包括中央和地方的司法机关。

一、中央司法机关

中央司法机关由大理寺、刑部和御史台组成，它们不仅各有机构、职责，还存在一种互相配合、制约的关系。

（一）大理寺

大理寺是唐朝中央的最高审判机关。它的主要职责是：负责审判中央百官犯罪及京师徒刑以上的案件，但是流、徒刑案件判决后须经刑部复核，死刑案件判决后则须奏报皇帝批准；负责审核由刑部移送来的地方死刑案件。

根据《唐六典·大理寺》的记载，大理寺应有官吏二百八十五人。其中，“卿一人，少卿二人，正二人，丞六人，主簿二人，录事二人，府二十八人，史五十六人；狱丞四人，狱史六人，亭长四人，掌固十八人，问事一百人；司直六人，史十二人；评事十二人，史二十四人”。

《唐六典 · 大理寺》还同时对大理寺内主要官吏的官品和职责等都作了规定，其基本情况如下。

大理寺卿是大理寺的长官，官品是“从三品”。其职责是负责大理寺的全面事务，即“掌邦国折狱详刑之事”。

大理少卿是大理寺的副长官，官品是“从四品上”。其职责主要是审定判决，即“凡诸司马官所送犯徒刑以上，九品以上犯除、免、官当，庶人犯流、死以上者，详而质之，以上刑部”。“其杖刑以下则决之，若囚有推决未尽，留系未结者，五日一虑。若淹延久系，不被推诘；或其状可知，而推证未尽；或讼一人数事，及被讼人有数事，重事实而轻事未决者；咸虑而决之。凡中外官吏有犯，经断奏讫而犹称冤者，则审详其状。”

大理正是具体核查案件判决等的官吏，官品是“从五品下”。其职责主要是：“掌参议刑狱，评正科条之事。凡六丞断罪有不当者，则以法正之。凡内外官及爵五品以上犯罪至弃市者，并监决。若车驾巡幸，在京，则都一人留寺以总卿、贰之职。在都，则京亦如之。”大理正的名称有过变化。“龙朔二年（662 年）改为详刑大夫，咸亨元年（670 年）改为大理正，光宅元年（684 年）改为司刑正，神龙初复旧。”

大理丞是具体定罪判刑的官吏，官品是“从六品上”。其职责主要是：“分判寺事，凡有犯皆据其本状以正刑名。徒以上各呼囚与其家属告以罪名，问其状款，不伏，则听其自理。”

大理司直是奉皇帝的诏令复审案件的官吏，官品是“从六品上”。其职责主要是：“掌承制出使推覆，若寺有疑狱则参议之。”

评事是具体审案的官吏。官品是“从八品下”。其职责主要是：“掌出使推案。凡承制推讯长吏，据状合停务及禁锢者，先请鱼书以往，据所受之状鞫而尽之。若词有反复不能首实者，则依法拷之。”

主簿是掌管印章、审阅案卷、摘抄编目和检查文书的官吏，官品是“从七品上”。其职责主要是：“掌印，省署抄目，勾检稽失。凡官吏之负、犯并雪冤者，则据所由文牒而立簿焉。凡私坐而赎铜者，一斤为负；公坐而赎铜者二斤为一负；各十负为一殿”，等等。

录事是负责收案、发案的官吏，官品是“从九品上”。其职责主要是：“掌受事发辰。”

狱丞是统率狱吏、管理囚徒的官吏，官品是“从九品下”。其职责主要是：“掌率狱吏，知囚徒。贵贱、男女异狱。五品以上月一沐，暑则置浆。禁纸笔、金刃、钱物、杵梃入者。囚病，给医药；重者脱械、锁，家人入侍。”

凡经大理寺审判的案件，大理寺卿、少卿、丞、司直、评事等有关官吏都署名，即“大理断狱皆连署焉”。[①]

唐穆宗时（821—824年）曾设立“参酌院”，由一中书舍人一起参与大案的审判，后经大理少卿崔杞的反对，才被取消。《新唐书·刑法志》载：“穆宗童昏，然颇知慎刑法，每有司断大狱，令中书舍人一人参酌而轻重之，号‘参酌院’。”以后，大理少卿崔杞反对，他认为：“今别设参酌之官，有司定罪，乃议其出入，是与夺系于人情，而法官不得守其职……臣以为参酌之名不正，宜废。”于是，便取消了它。

唐高宗龙朔二年（662年）和武后光宅元年（684年）曾先后改大理寺为详刑寺和司刑寺，但不久均告恢复。[②]

有的大理寺长官也亲自审案，而且依法断案，唐临是其中之一。“唐临为大理卿，初莅职，断一死囚。先时坐死者十余人，皆他官所断。会太宗幸夺，亲录囚徒。他官所断死囚，称冤不已；（唐）临所断者，嘿而无言。太宗怪之，问其故，囚对曰：‘唐卿断臣，必无枉滥，所以绝意。’”[③]

唐朝有些较为开明的皇帝很重视司法问题，特别关心大理寺的审判事

① 《唐六典·大理寺》。

② 参见陈光中等：《中国古代司法制度》，群众出版社1984年版，第6页。

③ 《大唐新语·持法第七》。

务，唐太宗是其中之一。贞观十六年（643 年）他曾要求大理寺卿孙伏伽在审判中要用法宽平，并讲了如下这番话："夫作甲者欲其坚，恐人之伤；作箭者欲其锐，恐人不伤。何则？各有司存，利在称职故也。朕常问法官刑罚轻重，每称法网宽于往代。仍恐主狱之司，利在杀人，危人自达，以钓声价，今之所忧，正在此耳！深宜禁止，务在宽平。"①

唐朝虽有大理寺这个中央的最高审判机关，但由于那时也是实行专制统治，所以皇帝实际上控制着国家的最高审判权。他下令臣死，臣就会不经大理寺审判而被处死，就是开明皇帝当政时期也不例外。贞观五年（632 年）有个"相州人李好德素有风疾，言涉妖妄"，唐太宗令大理丞张蕴古去审理此案。张蕴古审案后认为："（李）好德癫病有征，法不当坐。"唐太宗听后，"许将宽宥"。哪知，张蕴古竟"密报其旨，仍引与博戏"。但此事被侍御史发现，"太宗大怒，令斩于东市"。然而，根据唐朝法律，张蕴古不该问斩。以后，唐太宗对此事也曾"既而悔之"。②

（二）刑部

刑部是唐朝的中央司法行政机关，尚书省中六部之一。它的职责是主管全国的司法行政事务，并负责复核大理寺判决的流刑以下及州县判决的徒刑以上案件。

根据《唐六典 · 刑部》的记载，刑部的人员编制共是一百九十一人。其中，"刑部尚书一人，侍郎一人。郎中二人，员外郎二人，主事四人，令史十九人，书令史三十八人，亭长六人，掌固十人。都官郎中一人，员外郎一人，主事二人，令史九人，书令史十二人，掌固四人。比部郎中一人，员外郎一人，主事四人，令史十四人，书令史二十七人，计史一人，掌固四人。司门郎中一人，员外郎一人，主事二人，令史六人，书令史十三人，

① 《贞观政要 · 刑法第三十一》。

② 《贞观政要 · 刑法第三十一》。

掌固四人”。

《唐六典·刑部》同时还对刑部主要官吏的官品和职责等都作了规定，其基本情况如下。

尚书是刑部的长官，官品是“正三品”。侍郎是刑部的副长官，官品是“正四品下”。他们负责刑部的全部事务。“刑部尚书、侍郎之职，掌天下刑法及徒隶句覆、关禁之政令。”“尚书、侍郎总其职务，而行其制命。凡中外百司之事，由于所属，咸质正焉。”

刑部内有四个部门，即四个司。它们是刑部、都官、比部和司门司。它们都在尚书和侍郎统领之下，而且其中的官吏各有自己的职责。

在刑部司中，郎中是长官，官品是“从五品上”；员外郎是副长官，官品是“从六品上”。他们主持刑部司工作。由于刑部司是刑部中的首司，职权特重，所以他们的职责也比较重要。“郎中、员外郎掌贰尚书、侍郎，举其典宪，而辨其轻重。”主事是掌管文案事务的官吏，官品是“从九品上”。刑部司郎中的名称有过变化。“武德三年（620 年）改曰刑部郎中，龙朔元年（661 年）改为司刑大夫，咸亨、光宅、神龙并随曹改。”刑部司员外郎的名称也有过变化。“武德三年改曰刑部员外郎。龙朔、咸亨、光宅、神龙并随曹改复。”

在都官司中，郎中是长官，官品是“从五品上”；员外郎是副长官，官品是“从六品上”。他们主持都官司工作。“都官郎中、员外郎，掌配役隶，簿录俘囚，以给衣粮、药疗，以理诉竞、雪免。”主事也是掌管文案事务的官吏，官品是“从九品上”。都官司郎中的名称有过变化。“武德三年（620 年）加中字，龙朔二年（662 年）改曰司仆大夫。咸亨元年（670 年）复故。”都官司员外郎的名称也有过变化。“武德三年改为都官员外郎，龙朔、咸亨并随曹改、复。”

在比部司中，郎中是长官，官品是“从五品上”；员外郎是副长官，官品是“从六品上”。他们共同主管比部司的事务。“比部郎中、员外郎，掌百诸司百僚俸料、公廨、赃、赎。（镇）戍上、中、下差。”主事也是掌管文案事务的官吏，官品是“从九品上”。比部司郎中的名称有过变化。武德三年前称都官郎“武德三年加中字，龙朔二年（662 年）改为司计大夫。咸亨元年复故”。比部司员外郎的名称也有过变化。武德二年（619 年）前称承务郎，“武德二年改为员外郎，龙朔、咸亨随曹改、复”。

在司门司中，郎中也是长官，官品是“从五品上”；员外郎也是副长官，官品是“从六品上”。他们共同主持司门司的事务。“司门郎中、员外郎掌天下诸门及关出入往来之籍赋，而审其政。”主事同样掌管文案事务的官吏。司门司郎中的名称也有过变化。武德三年前称为司门郎，“武德三年加中字，龙朔二年改曰司门大夫，成亨元年改复”。司门司员外郎的名称也有过变化。武德三年前为承务郎，“武德三年改曰员外郎”。

在社会秩序较好的时期，刑部的审判任务很少。“（唐）玄宗自初即位，励精政事，常自选太守、县令，告戒以言，而良吏布州县，民获安乐；二十年间，号称治平，衣食富足，人罕犯法。是岁刑部所断天下死罪五十八人。”[①]

唐中期以后，多次以刑部官吏为主修撰法律。唐德宗时期（780—805 年）刑部侍郎班宏上奏：“谋反、大逆及叛、恶逆四者，十恶之大也，犯者宜如律。其余当斩、绞刑者，决重杖一顿处死，以代极法。”此奏获准，“故时，死罪皆先决杖，其数或百或六十，于是悉罢之”。[②]以后，唐宪宗元和十三年（818 年）“刑部侍郎许孟容、蒋乂等奉诏删定（格后敕），复勒成三十卷。刑部侍郎刘伯刍等考定，如其旧卷”。唐文宗大和七年（833 年）刑部把新编后敕“去繁举要，列司分门，都为五十卷”，并在全国施行。[③]

（三）御史台

御史台是唐朝的中央监察机关。它的主要职责是负责监察全国的各级

① 《新唐书·刑法志》。
② 《新唐书·刑法志》。
③ 《旧唐书·刑法志》。

官吏，也参加一些重大、疑难案件的审判。

根据《唐六典·御史台》的记载，御史台的编制应是一百三十六人。其中，“大夫一人，中丞二人。（台院）侍御史四人，主簿一人，录事二人，令史十五人，书令史二十五人，亭长六人，掌固十二人。（殿院）殿中侍御史六人，令史八人，书令史十人。（察院）监察御史十人，令史三十四人”。[①]

唐朝御史台的名称曾有过变化。龙朔二年前称御史台，“龙朔二年（662年）更名宪台，咸亨元年复故。光宅元年（684年）改曰左肃政台，专政在京百司；更置右肃政台，专知按察诸州，加右台大夫一人。神龙元年（705年）改为左、右御史台，犹置二大夫。延和元年（712年）废右台，先天二年（713年）九月复置，十月又废，而大夫随台废置”。[②]

御史大夫是御史台的长官，官品是“从三品”。御史中丞是御史台的副长官，官品是“正五品”。他们共同负责御史台的事务。“御史大夫之职，掌邦国刑宪典章之政令，以肃正朝列。中丞为之式。”[③]具体来说是：“凡天下之人，有称冤而无告者，与三司诘之。凡中外百僚之事应弹劾者，御史言于大夫，大事则方幅奏弹，小事则署名而已。若有制使覆囚徒，则刑部尚书参择之。凡国有大礼，则乘辂车以为之导。”[④]

御史台中分设台院、殿院和察院三个部门。台院负责纠弹中央百官，参加重大案件的审判。它是御史台的主要部门，职权较重，地位较高。殿院负责殿廷纠察朝仪。察院负责监察各级地方官吏。此院长官的品位较低，可任务最重，涉及全国。这三个部门均受御史大夫和中丞的指挥。

《唐六典·御史台》还对御史台中主要官吏的官品和职责都作了规定，基本情况如下。

① 《新唐书·百官志》记载的御史台人数多于《唐六典·御史台》记载的人数。可见在开元后，御史台的人数有所增加。

② 《唐六典·御史台》注。

③ 《唐六典·御史台》。

④ 《唐六典·御史台》。

台院的主要官吏是侍御史，官品是“从六品下”。其中有一年资较深者主持日常工作。“侍御史年深者一人判台事，知公廨杂事等。”侍御史的主要职责是“纠举百僚，推鞫狱讼”。台院中还设有主簿和录事。主簿是负责管理印章和登记、收发、检查文书簿籍等事务的官吏，即“主簿掌印及受事发辰、句检稽失，兼知官厨及黄卷”。官品是“从七品下”。录事是主簿之佐，从事掌管簿书的官吏，官品是“从九品下”。

殿院的主要官吏是殿中侍御史，官品是“从七品下”。其职责是主管百官上殿的序列、班次等事务，即“掌殿廷供奉之仪式”。

察院的主要官吏是监察御史，官品是“正八品上”。其职责主要是：“分察百僚、巡按州县、纠视刑狱、整肃朝仪。”

唐前期的皇帝很重视发挥御史台的作用，曾增加人员和提高官吏的官品。在殿院中，“武德五年（623 年）置四人，正八品上；贞观二十三年（649 年）加员品”。在察院里，“武德初监察御史置八人。贞观二十二年（648 年）加监察二人，其外又置监察御史里行，其始自马周以布衣，太宗令于监察御史里行，自此便置里行之官”。[①]

自贞观末年始，御史台也开始审理案件。《通典 · 职官六》载：“旧制，御史台不受诉讼，有通词状者，立于台门候御史，御史竞往门外收采，如可弹者，略其姓名，皆云风闻访知。”“贞观末，御史中丞李乾佑以囚自大理来往滋其奸故，又案事入法多为大理所反，乃奏于台中置东西二狱，以自系劾。”永徽中，御史大夫崔义元又规定由御史轮流值班，受理词讼。从此，“罕有闻风弹举之事，多受词讼推覆理尽，然后弹之”。[②]

御史不仅依法弹劾违法犯罪官吏，还可用判例处罚那些虽无法律明文规定，但又严重违礼的行为。《龙筋凤髓 · 左右卫率府》载：“御史弹东宫，每乘牛车微行，游诸寺观，左右清道，无不设仪仗，殊失礼容，所由率丁

① 《唐六典 · 御史台》注。

② 《通典 · 职官六》。

让并请付法。”有学者认为，东宫太子的这一违礼行为“通篇唐律也没有审理此案的类似规定，故只能通过判例形式来加以解决”，对“左右卫率府的统领丁让等作出有罪的裁决”。[①]

对于一些重要的申诉案件，御史台的侍御史还与中书省的中书舍人、门下省的给事中一起审理。“凡三司理事，则与给事中、中书舍人更直于朝堂受表。”[②] 这被称为“三司理事”，也有称“小三司”。

唐朝御史台的官吏中良莠皆有。武太后时（684—705 年），御史中丞来俊臣和侍御史侯思止等人肆意行恶，制造冤狱，不得人心。《旧唐书·刑法志》载：他们“恣骋愚暴，纵虐含毒，仇嫉在位，安忍朝臣，罪逐情加，刑随意改。当其时也，囚囹如市，朝廷以目”。当然，也有清廉正直者，他们依法办事，甚至不怕得罪皇帝。宪宗时（806—820 年）御史中丞薛存诚依法行使监察权，要处死犯法的僧人鉴虚，可是“上宣令释放，存诚不奉诏。明日，又令中使诣台宣旨曰：‘朕要此僧面诘之，非赦之也’。存诚附中使奏曰：‘鉴虚罪款已具，陛下若召而赦之，请先杀臣，然后可取，不然，臣期不奉诏’”。最后，“上嘉其守，从之”。[③]

（四）中央司法机关之间的关系

唐朝的中央司法机关既有明确分工，相对独立；又互相联系，甚至互相制约。其中，突出表现在：大理寺主审判，刑部主复核，御史台主监察；还有，它们共同审理一些重大、疑难案件等。

刑部复核大理寺的审判，就有一种制衡作用，可以督促刑部依法审判，避免或减少错案。根据《新唐书·刑法志》记载，刑部行使了这种复核职能，而且不只是书面复核，还到监狱核查其他一些情况，说：“天下疑狱谳

① 田涛等校注：《〈龙筋凤髓〉校注》，中国政法大学出版社 1996 年版，第 191 页。

② 《唐六典·御史台》。

③ 《旧唐书·薛存诚传》。

大理寺不能决，尚书省众议之，录可为法者送秘书省。奏报不驰驿。经覆而决者，刑部岁以正月遣使巡覆，所至，阅狱囚杻校、粮饷，治不如法者。”

御史台的监察范围很广泛，包括了百官的所有违法犯罪行为。《旧唐书·崔隐甫传》载：唐玄宗时，崔隐甫曾任御史大夫，其监察的范围极广，“大夫以下，至监察御史，竞为官政，略无承禀，（隐甫）一切督责，事无大小，悉令谘决，稍有忤意者，便列上其罪，前后贬黜者殆半，群僚侧目”。监察大理寺、刑部官吏的违法司法行为只是其中的一部分。由于御史台的官吏直接对皇帝负责，因此他们的监察行为与百官的命运联系在一起。从这种意义上说，御史台对大理寺、刑部官吏的司法监督应是有力、有效的。不过，御史台官吏的监察也须依法进行，他们如有违法犯罪行为也会被弹劾。《新唐书·百官志》载：左右丞“掌辩六官之仪，纠正省内，劾御史举不当者”。

中央司法机关间的互相制约有利于依法执法，更有利于皇帝对司法权的控制，防止任何一个机关独揽司法权，构成对专制制度的威胁。

在唐朝，如果遇有重大、疑难案件，还采用一些会审的形式来进行审理，其中还有一些中央司法机关的官吏参加。除上述的“三司理事”外，还有其他一些形式。由大理寺卿会同刑部尚书、御史中丞共同审理重大案件的，称为“三司推事”。还有，由中书、门下和尚书省等一些官吏参加的审判。贞观元年（627 年）唐太宗认为：“古者断狱，必讯于三槐、九棘之官，今三公、九卿，即其职也。自今以后，大辟罪，皆令中书、门下四品以上及尚书九卿议之，如此，庶免冤滥。”[①] 另外，对于一些地方的重大案件，还派出监察御史、刑部员外郎和大理寺评事前往审判，这被称为“三司使”。这些由中央司法机关官吏参加的、以会审形式出现的审判，既是一种“慎刑”的表现，更是一种皇帝控制司法权的途径。即通过分散下属的司法权，甚至让一些非司法机关也来参与审判，最终达到皇帝掌握司法大权的目的。唐朝的会审形式对明、清会审制度有很

---

① 《贞观政要·刑法第三十一》。

大影响。

最后还要提及的是，不同的中央司法机关的官吏一起参加国家的重大立法活动，制定法典。这也是他们互相联系的一种表现。在制定《唐律疏议》的官吏中，有御史中丞贾敏行、刑部郎中王怀恪、大理丞路立等人。[①]以后，到了唐睿宗时期（710—712年），在删定《太极格》的官吏中，也有刑部员外郎邵知新、刑部主事阎义颛、大理寺丞陈义海等人。[②]不同的中央司法机关的官吏一起参与立法，便于了解立法者的意图，协调法典的内容，也便于以后司法。

唐朝中央司法机关的建制、职责及一系列规定，对唐朝以后中央司法机关机制的形成，产生了很大影响。宋朝的中央司法机关几乎是唐朝的翻版，元、明、清朝虽有改变，但仍不离其宗，还是三大部门，而且同样是互相独立和互相制约。

二、地方司法机关

唐朝也建立了地方司法机关，并形成了自己的体系。唐朝的地方政权是州、县两级制，州、县是主要地方行政机关。另外，还有道、府以及县以下的乡、里等一些机关、单位。由于唐朝也是地方行政机关兼行地方司法机关职能，所以这些行政机关和单位也都是一些具有司法职能的机关。

（一）州司法机关

唐朝的州是中央之下、县以上的一级地方行政区划。据贞观十三年（639年）的统计，全国共有三百五十八个州。按户口多寡等为标准，这些州分为上、中、下三等。三万户以上的为上州，二万户以上、三万户不到

① 《进律疏表》。

② 《旧唐书·刑法志》。

的为中州，二万户以下的为下州。

刺史是州的行政长官，也是州的最高司法官。他要负责“录囚徒”；“有不孝悌、悖礼乱常、不率法令者，纠而绳之”；“若狱讼之枉、疑”，要上奏。[①] 唐玄宗天宝元年（742 年）曾一度改州为郡，故刺史也被改为太守。后又复为州，再重为刺史。三州的刺史官品不同，上州刺史为从三品，下州刺史只有正四品下。唐太宗十分重视刺史的选任，而且亲自选定。《贞观政要 · 择官第七》载：贞观十一年（637 年）侍御史马周上奏认为：“治天下者以人为本。欲令百姓安乐，惟在刺史、县令。县令既众，不可皆贤，若每州得良刺史，则合境苏息。天下刺史悉称圣意，则陛下可端拱岩廊之上，百姓不虑不安。”唐太宗遂决定：“刺史朕当自简择。”

刺史以下有一些佐官，包括别驾、长史、司马、录事参军事、录事和司功、司仓、司户、司田、司兵、司法、司士曹参军事等。其中的司户参军事和司法参军事都掌有具体的司法职责。司户参军事的司法职责是：“凡男女婚姻之合，必辨其族姓以举其违。凡井、田利害之宜，必止其争讼以从其顺。”司法参军事的司法职责是：“掌律、令、格、式，鞫狱定刑，督捕盗贼，纠逖奸非之事，以究其情伪而制其文法。赦从重而罚从轻。使人知所避而迁善远罪。”[②]《新唐书 · 李元纮传》载有开元年间任雍州司户参军事的李元纮，依法进行审判，维护合法权益的史实。

唐朝的首都或陪都在其所在地设有府，它与州平行。唐玄宗开元元年（713 年）改雍州为京兆府，洛州为河南府，并州为太原府。以后，扩大府的设置，又增设了凤翔、成都、河中、江陵、兴元等一些府。府的长官是府尹。他们既是府的最高行政官吏，也是府的高司法官吏。他们具有与刺州相同的司法职责。《旧唐书 · 许孟容传》载有唐宪宗元和四年（810 年）任京兆尹的许孟容，不畏强暴，依法判案的史实。府尹之下设有少尹及与

① 《唐六典 · 三府督护州县》。

② 《唐六典 · 三府督护州县》。

州相似的一些官吏，司户、司法参军事等都要处理具体的司法事务。

唐朝在边疆地区设置了都护府，以管理少数民族事务。从贞观至天宝年间（627—756年）共设立了安东、安南、安西、安北、单于和北庭等多个都护府。都护府的长官是都护，他也是兼行地方的行政权和司法权。《新唐书·百官志》载："都护掌统诸蕃、抚慰、征讨、叙功、罚过，总判府事。"另外，据《唐六典·三府督护州县》记载，他们也具有与刺史相同的司法职责。

（二）县司法机关

唐朝的州下设县。据贞观十三年（639年）的统计，全国共有一千五百五十一个县。按户口多寡等为标准，这些县分为上、中、下三等。五千户以上的为上县，二千户以上的为中县，一千户以上的为下县。另外，还有京县和畿县。

县的长官都称令，但官品不同。上县令的官品是从六品上，中县令是正七品上，下县令是从七品下。县令既是一县的行政长官，也是一县的司法官，要亲自处理司法事务。《旧唐书·职官志》载："京畿及天下诸县令之职，皆掌导扬风化，抚字黎氓，敦四人之业，崇五土之利，养鳏寡，恤孤穷。审察冤屈，躬亲狱讼，务知百姓之疾苦。"县令也有其佐官，他们是：丞、主簿、尉、司户、司法、仓督、典狱和问事等。其中的司法、典狱等都是处理具体司法事务的官吏。

县也是唐朝的基层政权，要受理大量的地方案件，至今仍可从一些史籍中看到县令审案的史实。《棠阴比事》载有两则唐朝县令亲自审理的案例。一则是讲裴子云在卫州新乡县任县令时，亲审的一个牛案。当时，"部人王恭戍边，留牸牛六头于舅李璡家，五年产犊三十头"，可是当王恭向李璡讨还时，李璡谎说："牸牛二头已死，只还四头老牸。"于是，王恭只得到裴子云那里告状。他受理此案后，施用巧计，使李璡招出实情："三十头牛，总是外甥牸牛所生。"最后，此案圆满解决，"令（李璡）尽还牛；

却以五头酬（李）琎辛苦”。[1] 另一则是讲唐懿宗咸通（860—874年）初年，江阴县令赵和审判的一个财产案。那时，“有楚之淮阴二农比庄，其东邻以庄券质西邻，钱百万缗。明年，先纳八千缗，期来日以残资赎券，恃契不征领约，明日赍余镪至，而西邻不认，既无保证，又无文籍，诉于州县，皆不能直”。于是，东邻人越江诉至赵和。赵和受理此案后，旁敲侧击，出其不意，很快查清案情，依法处理了此案。“遂引诉邻，令其偶证。于是梏往本土，检付契书，卒置之法。”[2]

在这里还要提及的是，县下的乡、里等基层居民组织有协助司法的职能。《旧唐书·职官志》载：“百户为里，五里为乡。”这样，乡、里的数目较多。据《长安志·万年县志》载，唐朝万年县有四十五乡，每乡有五百户。乡设乡长，里设里正。他们除了要收授土地，劝课农桑，交纳赋税，摊派兵役以外，还要协助司法。在乡、里之下还设邻、保。《唐六典·户部》载：“四家为邻，五家为保，保有长，以相禁约。”他们也要协助司法，否则要被追究法律责任。《唐律疏议·斗讼》“监临知犯法不举劾”条规定：“同伍保内，在家有犯，知而不纠者，死罪，徒一年；流罪，杖一百；徒罪，杖七十。”唐朝的《捕亡令》也规定：“诸囚及征人、防人、流人、移乡人逃亡及欲入寇贼者，经随近官司申牒，即移亡者之家居所属，及亡处比州、比县追捕。承告之处，下其乡、里、村、保，令加访捉。”[3]

（三）地方监察机关

唐朝设置了地方区划——道。它按地理位置设定，通常覆盖数个州。贞观时，全国有十道。唐玄宗时，增至十五道。到唐后期，全国被划分成四十余个道。道的长官是观察使，其属官有都知兵马使、都押衙、都教练使等武官和副使、行军司马、判官、掌书记、支使、推官、巡官等文官。

① 《棠阴比事》上。
② 《棠阴比事》下。
③ 《唐令拾遗》，第657页。

道的官吏巡察州、县，纠察地方官吏的各种违法犯罪行为。贞观二十年（646 年）时，他们“以六条巡察四方，多所贬黜举奏”。[①] 这“六条”的内容具体是：其一察官人善恶；其二察户口流散，籍帐隐没，赋役不均；其三察农桑不勤，仓库减耗；其四察妖猾盗贼，不事生业，为私蠹害；其五察德行孝悌，茂才异等，藏器晦迹，应时用者；其六察黠吏豪宗，兼并纵暴，贫弱冤苦，不能自申者。[②] 以后，巡察的内容有所变化。《新唐书·百官志》载：“垂拱二年（686 年），诸道巡察使所奏科目，凡有四十四件，至于别准格敕令访察者，又有三十余条，而巡察使率是三月之后出都，十一月终奏事。”

观察使的权力日重，至唐肃宗时（756—763 年），他们已掌握有官吏的贬褒权、司法权和军事权等。唐宪宗元和八年（813 年）“孟简为常州刺史，开漕古孟渎，长四十里，得沃壤四千余顷，观察使举其课，遂就赐金紫焉”。[③] 在这里，观察使的褒扬起了决定作用。《新唐书·沈传师传》记载了沈传师在任江西观察使时，亲自审案，行使司法权的史实，说：“（传师）出为江西观察使，徙宣州，传师于吏治明，吏不敢罔，慎重刑法，每断狱，召幕府平处轻重，轻重尽合乃决。”《新唐书·裴休传》载有裴休的父亲在任浙东观察使时，领兵镇压，行使军事权的史实，说：“（裴休）父肃，贞元时（785—805 年）为浙东观察使，剧贼栗锽，诱山越为乱，陷州县，肃引州兵破擒之。”正因为观察使的权力不断加重，所以有学者认为，到了唐的后期，他们实际上已成为统领一道的军政、司法等大权的行政长官了，而“州县二级建制实际上变成了道、州、县三级建制”。[④] 此话有一定的道理。

---

① 《唐会要·诸使》。

② 参见彭勃等：《中国监察制度史》，中国政法大学出版社 1989 年版，第 117 页。

③ 《唐会要·疏凿利人》。

④ 陈茂同：《历代职官沿革史》，华东师范大学出版社 1988 年版，第 297 页。

第二节 控告与强制措施

控告是唐朝司法程序中的一个重要环节。与控告有关的还有一些强制措施，它们是一种限制犯罪嫌疑人或罪犯自由的措施。

一、控告

唐朝的司法程序中也有控告这一程序，而且是开始审案的缘由或依据。

（一）关于控告的一般规定

为了有效地打击犯罪，巩固李家王朝的政权，唐朝的统治阶级鼓励人们控告犯罪者，并制定了相关的一些规定，规范控告行为。

唐朝的统治者推行鼓励人们控告犯罪的政策，奖励控告者，甚至是密告者。武则天执政时，盛开密告之门，规定凡密告的，在路途中供给驿马和五品官的饮食。如果所告内容符合武则天心意的，密告人还可不按常规，被破格封官任职。[①] 以此来得到各种密告，排除、打击异己者。但是，告密者也需遵守一些有关规定，《狱官令》曾作出过这类规定。比如，“诸告密人，皆经当处长密告；长官有事，经佐官告；长官、佐官俱有密告者，经比界论告。若须有掩捕，应与余州相知者，所在准状收捕。事当谋叛已上，驰驿奏闻。且称告谋叛已上，不肯言事意者，给驿部领送京。其犯死罪囚及缘边诸州镇防人等，若犯流人告密，并不在送限”。[②]

司法官在接受密告后，必须根据情况依法处理。神龙年间（705—707

---

① 参见陈光中等:《中国古代司法制度》，群众出版社 1984 年版，第 53 页。

②《唐令拾遗》，第 711 页。

年）制定的散颁《刑部格》[1]曾对此作过明确规定。它说："但有告密，一准令条。受告官司，尽理推鞫。如先有合决笞、杖者，先决本笞、杖，然后推逐状内。不当密条者，不须勘当。密条灼然，有逗留者，即准律掩捕，驰驿闻奏。如无指的，不须浪追及奏。若推勘事虚，先决杖一百，然后依法科罪，仍不得减赎。若责状不吐，确称有密者，即令自抄状自封，长官重封；如不解书，推勘官人为抄，长官封印署，驰驿进奏。仍禁身待进止。有不肯抄状，并不受推勘者，即与无密，宜便准前决杖及科本罪。若死囚，旨符已到，有告密者，不须为受。其有相知，遣人数头分告，及取人文状，或称闻人传说，或称疑有如此，或云恐如此即告，并重告他人所告之密，勘当虚事，其杖及反坐无密等罪，一准告人科决。其告密人，虽抄封进，状内所告非密，及纵别言他事，并不须为勘当。或缘斗竞，或有冤嫌，即注被夺密封；事恐漏泄，官司不为追即摄，云党助逆徒：有如此色者，并不须为勘当。仍令州县录敕，于所在村、坊要路榜示，使人具知，勿陷入罪。"此格的内容详细规定了司法官在受理密告案件中所可能遇到的各种情况以及处理办法，这不仅规范了司法官受理密告案件的行为，还对密告人提出了要求，以免违格而受到处罚。

同时，唐朝的法律还惩治应告而不告的行为，迫使人们告举犯罪人。从控告的主体来看，官吏、伍保人和一般百姓都有控告义务，只是控告的对象和犯罪不同而已。如果他们不履行控告义务的，还会受到严厉的刑事制裁。《唐律疏议·斗讼》"监临知犯法不举劾"条对监临主司知而不举告违法犯罪的下属人员、伍保之人知而不举告违法犯罪的家人等的处罚作了详尽的规定，说："诸监临主司知所部有犯法，不举劾者，减罪人罪三等。纠弹之官，减二等。即同伍保内，在家有犯，知而不纠者，死罪，徒一年；流罪，杖一百；徒罪，杖七十。其家唯有妇女及男年十五以下者，皆勿论。"《唐律疏议·斗讼》"知谋反逆叛不告"和"强盗杀人不告主司"条对一

① 刘俊文：《敦煌吐鲁番唐代法制文书考释》，中华书局1989年版，第249—251页。

般百姓不控告重大犯罪的法律责任作了明文规定，说："诸知谋反及大逆者，密告随近官司，不告者，绞。知谋大逆、谋叛不告者，流二千里。知指斥乘舆及妖言不告者，各减本罪五等。""诸强盗及杀人贼发，被害之家及同伍即告其主司。若家人、同伍单弱，比伍为告。当告而不告，一日杖六十。"

但是，为了顾及伦理等一些原因，唐朝的法律还对有些犯罪及情况的控告，作出限制，规定不能控告。综合起来，法律所规定不可控告的原因及情况大致有以下这些。

第一，因亲属关系而不可控告。唐朝实行同居相为隐制度，规定同居者犯罪可互相隐瞒，不可相互控告；如果控告的，要被追究刑事责任，而且按亲属的尊卑亲疏确定用刑。卑告尊的，越是亲近用刑用重；尊告卑的，越是亲近用刑越轻。《唐律疏议 · 名例》"同居相为隐"条确认了同居相为隐制度，规定："诸同居，若大功以上亲及外祖父母、外孙，若孙之妇、夫之兄弟及兄弟妻，有罪相为隐；部曲、奴婢为主隐；皆勿论。"《唐律疏议 · 斗讼》"告祖父母父母""告期亲以下缌麻以上尊长"和"告缌麻以上卑幼"条则规定了亲属互相控告所应受到的处罚，主要内容是：告祖父母、父母者，绞；告期亲尊长、外祖父母、夫、夫之祖父母，虽得实，徒二年；告大功尊长，各减一等；小功、缌麻，减二等；告缌麻、小功卑幼，虽得实，杖八十；大功以上，递减一等。但是，也有例外，即出现了以下的情况，不再适用同居相为隐的规定。这种情况主要是两类。一类是严重危害国家政权和适用缘坐的犯罪。《唐律疏议 · 名例》"同居相为隐"条还同时规定："若犯谋叛以上者，不用此律。"即犯有谋反、谋大逆和谋叛三个罪的，不可同居相为隐，而需要互相告发。还有，一些适用缘坐的犯罪，如"杀一家三人支解人"和"造畜蛊毒"等[①]，也不能同居相为隐。另一类是一些亲属间互相侵害的犯罪。其中包括杀父、殴打、侵夺财产等犯罪。《唐律疏

① 详见《唐律疏议 · 贼盗》"杀一家三人支解人""造畜蛊毒"条。

议·斗讼》"告祖父母父母"条规定："嫡、继、慈母杀其父，及所养者杀其本生，并听告。"还有，期亲以下、缌麻以上，因侵夺财物、殴打其身犯罪的，也可控告。[①]因亲属关系不可控告的规定，有利于维护父权和夫权，也有利于维护家庭伦理，稳定家庭，不致动荡。

第二，因主奴关系而不可控告。主奴关系亦是一种阶级关系。他们处于一种不平等的阶级地位中，其中奴婢是被剥削、压迫阶级，甚至在法律上被认为是物，可由主人任意处分，即"奴婢既同资财，即合由主处分"。[②]这种处分包括可以买卖[③]。他们在同居中的这种被剥削、压迫地位，决定了他们必须为主人隐罪而不可控告，否则将会受到处罚。《唐律疏议·名例》"同居相为隐"条规定："部曲、奴婢为主隐：皆勿论。"《唐律疏议·斗讼》"部曲奴婢告主"条进一步规定："诸部曲、奴婢告主，非谋反、逆、叛者，皆绞；告主之期亲及外祖父母者，流；大功以下亲，徒一年。"不准奴婢告主的规定与唐太宗要惩治奴告主的思想基本吻合，其区别之点主要在于，唐太宗认为连奴告主谋逆都是不能容忍的。"贞观二年（628年）太宗谓侍臣曰：'比有奴告主谋逆，此极弊法，特须禁断。假令有谋反者，必不独成，终将与人计之；众计之事，必有他人论之，岂藉奴告也。自今奴告主者，不须受，尽令斩决。'"[④]也可以说，唐律中的这一规定是从唐太宗的思想演变而来的。它有助于巩固唐朝的等级制度，维护剥削、压迫者的地位和尊严。

第三，因生理条件而不可控告。唐朝的法律还对一些有特殊生理条件的人作出不可控告的限制，这些人包括：八十岁以上的老人、十岁以下的幼童和笃疾者。除对有些重大犯罪和与本人有直接利害关系的犯罪外，他

① 详见《唐律疏议·斗讼》"告期亲以下缌麻以上尊长"条。

② 《唐律疏议·户婚》"杂户官户与良人为婚"条"疏议"。

③ 详见《唐律疏议·户婚》"买奴婢牛马不立券"条。

④ 《贞观政要·刑法第三十一》。

们没有控告的权利，不能到官府去控告。《唐律疏议 · 斗讼》“囚不得告举他事”条规定：“年八十以上，十岁以下及笃疾者，听告谋反、逆、叛、子孙不孝及同居之内为人侵犯者，余并不得告。”唐朝关于因生理条件不可控告的规定，是出于这样一种考虑，即这些老、幼、笃疾由于生理上的原因，无法正确行使控告权，这样就易给司法造成麻烦。所以，干脆取消他们的一般控告权，只是在特殊情况下才可行使这一权利。

第四，因犯罪被囚禁的不可控告。唐朝沿袭前朝的做法，也不允许囚禁者控告他人，只是在明知他人犯有谋反、谋大逆和谋叛罪时、狱官残酷虐待囚犯时、坦白自己的罪行牵连别人的犯罪时等才是例外，即可以告举他人。《唐律疏议 · 斗讼》“囚不得告举他事”条规定：“诸被囚禁，不得告举他事。其为狱官酷己者，听之。”还有，“明知谋叛以上，听告；余准律不得告举”。[①] 唐朝因犯罪被囚禁不可控告的规定，是一种歧视囚禁者的表现，即通过剥夺他们控告权的方式，来使他们处于一种不平等的地位。

在唐朝关于控告规定的内容中，还有一些关于类似今日自诉的规定。唐律曾对此作出过一些规定。《唐律疏议 · 斗讼》“告期亲以下缌麻以上尊长”条规定：期亲以下、缌麻以上的亲属“其相侵犯，自理诉者，听”。即允许自诉告官。此条“疏议”还做了进一步的说明：“谓期亲以下、缌麻以上，或侵夺财物，或殴打其身之类，得自理诉。”另外，《唐律疏议 · 斗讼》“子孙违犯教令”条规定：“诸子孙违犯教令及供养有缺者，徒二年。”“须祖父母、父母告，乃坐。”也就是说，当祖父母、父母自诉了子、孙违犯教令以后，司法官将依法对他们进行处罚，其量刑是“徒二年”。还有在《唐律疏议 · 斗讼》“强盗杀人不告主司”条中，也有关于自诉的规定。从现存案例来看，对其他不孝行为也适用自诉。《折狱龟鉴》记载：李杰任河南尹时，曾“有寡妇告其子不孝”。李杰受理了此案，并觉得“物色非是”，就对这个妇人说：“汝寡居唯一子，今告之，罪至死，得无悔乎？”哪知此

① 《唐律疏议 · 斗讼》“囚不得告举他事”条“疏议”。

妇人竟不惜儿子有被判死的可能，坚持要诉。“妇言子无状，宁弗惜。”以后的审理结果不是儿子不孝，而是此妇人与道士通奸，“为子所制，故欲除之”，最后“杖杀道士”。[①] 在此案中，妇人状告其儿子，就是自诉。

（二）关于禁止诬告和投匿名书告人的规定

唐朝的法律允许人们控告犯罪，但禁止诬告，诬告者将会受到处罚。唐律规定，诬告者要按所诬告的罪而反坐被罚，具有监察职能的官吏挟私弹劾他人的也是如此。“诸诬告人者，各反坐。即纠弹之官，挟私弹事不实者，亦如之。反坐致罪，准前人入罪法。”[②] 唐律同时还对告发一人数罪和数人数罪的诬告情况作了规定，基本精神是：凡告发一人数罪的，诬告人只承担其中不实之罪的反坐责任，实者不予追究；凡告发数人数罪的，诬告人诬告的罪再多，也只以高者论罪，不采用合并论罪的原则。《唐律疏议・斗讼》“诬告反坐”条规定：“若告二罪以上，重事实及数事等，但一事实，除其罪；重事虚，反其所剩。即罪至所止者，所诬虽多，不反坐。其告二人以上，虽实者多，犹以虚者反坐。”

唐律也对诬告有关的一些事宜作了规定。第一，受雇诬告的与自诬同。即受唆使而诬告他人的，受唆使的人要负全部诬告责任。《唐律疏议・斗讼》“为人作辞牒加状”条规定：“受雇诬告人罪者，与自诬告同。”第二，诬告人在被诬告人受罚前就承认诬告事实的可减轻受罚。这仅适用于流以下罪。《唐律疏议・斗讼》“诬告人流罪以下引虚”条规定：“诬告人流罪以下，前人未加拷掠，而告人引虚者，减一等。”但有例外。“诬告期亲尊长、外祖父母、夫、夫之祖父母，及奴婢、部曲诬告主之期亲、外祖父母者，虽引虚，各不减。”第三，告发之事与调查后所得不同的也要依诬告论。《唐律疏议・斗讼》“告小事虚”条规定：如果告发人的所告之事“离其事，则

① 《折狱龟鉴・惩恶》。

② 《唐律疏议・斗讼》“诬告反坐”条。

依本诬论”。此条“疏议”还专门举例做了说明：“告人盗马，检得铸钱之属”，则“得诬告盗马之罪”。第四，被诬告人未被施刑的，诬告人可减轻处罚。《唐律疏议 · 斗讼》“诬告反坐”条规定：诬告人“反坐致罪，准前人入罪法。至死，而前人未决者，听减二等”。《唐律疏议 · 斗讼》“诬告人流罪以下引虚”条规定：“诸诬告人流罪以下，前人未加拷掠，而告人引虚者，减一等。”第五，诬告本地长官的，要加重处罚。《唐律疏议 · 斗讼》“诬告府主刺史县令”条规定：“诸诬告本属府主、刺史、县令者，加所诬罪二等。”还有，卑亲诬告尊亲、奴婢和部曲诬告主人的亲属等，也要不同程度地加重处罚。[①]

至今，仍可从史籍中发现一些因诬告而被判罪处罚的案例。《折狱龟鉴》记载：垂拱年间（685—688 年），湖州的佐史江琛窃取了刺史裴光写的判书，然后把其中的字裁下“凑合成文，以为与徐敬业反书，告之”。武则天先后派三个御史去查办此案，“皆不能决”。最后，张楚金受命前往查处。他仰卧在窗边，见日光穿过窗户，照在“反书”的背面，发现其中的字都由修补粘贴而成。于是，他“遂集州县官吏，索水一盆，令（江）琛以书投于水中，字字解散。琛叩头服罪”。最后，他被“决一百，然后斩之”。[②] 还有，“御史质状”也是一个惩治诬告者的案例。[③]

除了诬告以外，唐朝的法律还禁止投匿名书控告人的行为，违犯者同样要受到处罚。《唐律疏议 · 斗讼》“投匿名书告人罪”条规定：“诸投匿名书告人罪者，流二千里。得书者，皆即焚之，若将送官司者，徒一年。”此条“疏议”还对投匿名书的范围作了解释，说“谓绝匿姓名及假人姓名，以避己作者。弃置、悬之俱是”。

---

① 详见《唐律疏议 · 斗讼》“诬告人流罪以下引虚”“告期亲以下缌麻以上尊长”“部曲奴婢告主”条。

② 《折狱龟鉴 · 辨诬》。

③ 《折狱龟鉴 · 辨诬》。

（三）关于受理控告的规定

唐朝的法律对控告的受理也有明文规定，主要包括了以下这些方面。

在唐朝，不是任何官府都可受理人们的控告，行使审判权。只有具有审判权的官府才有这种受理权。唐朝的军府之官不得受理人们的控告，即使是犯罪人自首，他们也不得受理。如果是有关谋反、谋大逆、谋叛和盗等一些重大的犯罪，他们可以在接受自首后马上移送至附近有受理权的官府。如果接受后置案一天不送的，官吏要按自首罪减三等论处。这在唐律中都有明确规定。《唐律疏议·斗讼》“犯罪皆经所在官司首”条规定：“诸犯罪欲自陈首者，皆经所在官司申牒，军府之官不得辄受。其谋叛以上及盗者，听受，即送随近官司。若受经一日不送及越览余事者，各减本罪三等。”

在唐朝，除了被囚禁者不可控告他事，八十岁以上老人、十岁以下幼童和笃疾者不可控告一般罪，不可投匿名书控告他人等一些受法律限制的控告，司法官不能受理以外，他们还不能受理其他一些控告，主要是这样两类。第一类是越诉的控告。唐朝的法律也规定控告应逐级进行，不可越诉。凡越诉者的，不仅越诉者本人要受处罚，受理越诉的司法官也要一样受罚。《唐律疏议·斗讼》“越诉”条规定：“诸越诉及受者，各笞四十。”第二类是不符合规定程式的控告。唐朝的法律规定，告状要符合一定的程式要求，如必须写清犯罪事实和时间、控告的事实要真实等，否则控告人和受理的司法官都要受到刑罚处罚。《唐律疏议·斗讼》“告人罪须注年月”条规定：“诸告人罪，皆须明注年月，指陈实事，不得称疑。违者，笞五十。官司受而为理者，减所告罪一等。”

另外，还有两种情况是有条件的可受理。一种情况是有些亲属互告的案件，只有在告后才能受理。没有亲属的自诉控告，司法官不能受理，也不能判决。这种情况主要包括这样五个方面：夫殴伤妻、妾的，须妻、妾告，才可受理；妻殴伤妾，须妾告，才可受理；妻殴伤夫，须夫告，才可受理；妻、妾骂夫的祖父母、父母，须夫的祖父母、父母告，才可受理；子孙违犯了教令及供养有缺的，须有祖父母、父母告，才可受理。[①] 另一种情况是控告一般犯罪行为的，需经控告人三次慎重考虑后，才可受理。即控告他人除犯有谋叛以上罪和其他一些重大现行犯罪外，司法官要令控告人作三次慎重考虑，并且告知虚告反坐的法律责任，要求别日再接受诉状。《唐六典 · 刑部》载："凡告言人罪，非谋叛以上，皆三审之""应受辞牒官司，并具晓示虚得反坐之状。每审皆别日受辞。若有事物切害者不在此例。"

最后，唐朝的法律还对司法官受理案件的法律责任作了规定，凡是应受理而不受理的行为，都会受到法律的追究。《唐律疏议 · 斗讼》"越诉"条规定："若应合为受，推抑而不受者笞五十，三条加一等，十条杖九十。"

二、强制措施

唐朝有拘捕、囚禁等一些强制措施，而且都有明确规定。

（一）拘捕

唐朝对拘捕这一强制措施作了较为具体而又完备的规定，内容主要涉及以下四个方面。

关于拘捕人及其责任的规定。唐朝的各级地方官吏和县以下的乡、里、村、坊基层组织的长吏都有拘捕罪犯的责任，当他们接到关于重大的现行犯罪报告后，应立即采取措施，前往拘捕罪犯。《捕亡令》规定："诸有盗贼及被杀伤者，即告随近官司、村坊、屯驿。闻告之处，率随近军人及夫，从发处追捕。"[②] 如果没能捕获的，也有责任写明有关情况，上报有关部门。只是在追捕三年以后，仍然未果的，方可罢休。《捕亡令》规定："若未即

① 详见《唐律疏议 · 斗讼》"殴伤妻妾""妻殴詈夫""妻妾殴詈夫父母""子孙违犯教令"等条。

② 《唐令拾遗》，第 658 页。

擒获者，仰本属，录亡者年纪、形貌可验之状，更移比部切访。捉得之日，移送本司科断。其失处、得处并各申尚书省。若追捕经三年不获者，停。”[①] 拘捕人在受命以后不前往捕人，或在“人仗足敌”的情况下因畏罪犯不斗就退、斗后就退的，都被认为是一种犯罪行为，拘捕人要受到处罚。《唐律疏议·捕亡》“将吏捕罪人逗留不行”条规定：“诸罪人逃亡，将吏已受使追捕，而不行及逗留；[谓故方便之者。] 虽行，与亡者相遇，人仗足敌，不计而退者：各减罪人罪一等；斗而退者，减二等。即人仗不敌，不斗而退者，减三等”。只是在“人仗不敌”而且“斗而退者”，才可不被处罚，即“不坐”。还有，拘捕人有保密的义务，如果因漏而致罪犯逃走的，也要被追究刑事责任。《唐律疏议·捕亡》“捕罪人漏露其事”条规定：“诸捕罪人，有漏露其事，令得逃亡者，减罪人罪一等。”另外，神龙年间（705—707 年）制定的散颁《刑部格》曾对州、县官吏隐瞒贼情后的拘捕责任作了特别规定，说：“如有贼发州县，专知官及长官隐蔽不言，及勾官不能纠举者，并解却。若捉贼不获，贬授远恶官。限内捕获，过半以上，即免贬责。如擒获外境五人以上，与中上考。”[②]

关于傍人、行人和邻里的义务的规定。唐朝还规定，在某些情况下，傍人或行人有协助拘捕罪犯的义务，如果不履行这一义务的，也要因此而受到处罚。《唐律疏议·捕亡》中有多处对此作出规定。“被殴击奸盗捕法”条要求傍人拘捕那些重大犯罪的现行犯，规定：“诸被人殴击折伤以上，若盗及强奸，虽傍人皆得捕系，以送官司。”“道路行人不助捕罪人”条规定，行人被追捕人告知需要协助拘捕罪犯的，就应协同履行拘捕义务，否则将被追究法律责任。不过，“势不得助”情况例外。此条说：“诸追捕罪人而力不能制，告道路行人，其行人力能助之而不助者，杖八十；势不得助者，勿论。”此条“疏议”还对“势不得助”情

① 《唐令拾遗》，第 657 页。

② 刘俊文：《敦煌吐鲁番唐代法制文书考释》，中华书局 1989 年版，第 251—252 页。

况作了如下说明："谓隔川谷、垣篱、堑栅之类，不可逾越过者及驰驿之类。""邻里被强盗不救助"条确定了邻里的"救助"责任，规定："诸邻里被强盗及杀人，告而不救助者，杖一百；闻而不救助者，减一等；力势不能赴救者，速告随近官司，若不告者，亦以不救助论。"此条"疏议"还专门对此规定中的关键句子"力势不能赴救者"作了限定，具体是："谓贼强人少，或老小羸弱。"

关于被拘捕人的规定。被拘捕人遇有官民拘捕时，应束手就擒，不可拒捕或者脱逃，否则就可能被拘捕人处死，而且在这种情况下，拘捕人不承担任何刑事责任。《唐律疏议 · 捕亡》"罪人持仗拒捕"条规定："诸捕罪人而罪人持仗拒捍，其捕者格杀之及走逐而杀，若迫窘而自杀者，皆勿论。"但是，拘捕人也不可随便将被拘捕人杀害或打伤，否则他们也会被追究刑事责任。其中，被拘捕人"空手拒捍而杀者，徒二年。已就拘执及不拒捍而杀，或折伤之，各以斗杀伤论；用刃者，从故杀伤法；罪人本犯应死而杀者，加役流。即拒殴捕者，加本罪一等；伤者，加斗伤二等；杀者，斩"。还有，唐朝鼓励逃亡的被拘捕人自首、捕获同伙，这样他们可以免被追究刑事责任。《唐律疏议 · 名例》"犯罪共亡捕者"条规定："诸犯罪共亡，轻罪能捕重罪者，及轻重等，获半以上首者，皆除其罪。"

关于对拘捕人奖赏的规定。唐朝的法律不仅要惩罚未履行义务的拘捕者，还要奖赏完成拘捕任务的拘捕人。《捕亡令》规定，拘捕盗贼者可视情况从其"赃"中得到奖赏，如无"赃"的，由官府出钱授奖。此令说："诸纠捉盗贼者，所征倍赃，皆赏纠捉之人。家贫无财可征及依法不合征倍赃者，并计得正赃，准五分与二分，赏纠捉人。若正赃费尽者，官出一分，以赏捉人。"[①] 如果是拘捕到奴婢的，这种奖赏则另有办法。《捕亡令》规定：凡捉捕逃亡奴婢的"其已入官司、未付本主而更逃亡，重被执送者，从远处征赏。若后捉者远，三分以一分赏前捉人，二分赏后捉人。若前捉者远，

① 《唐令拾遗》，第 658 页。

中分之。若走归主家，犹征半赏”。[1]

（二）囚禁

囚禁在唐朝也是一种强制措施，那些被告人、犯罪嫌疑人等都会被囚禁。唐朝也对囚禁作了一些规定。这些规定只适用于判决以前的被告人、犯罪嫌疑人等，不适用于判决以后执行刑罚的囚犯。对于这类囚犯，本章另有所述。

囚禁的对象首先是被告人，而且是犯杖罪以上者。根据《狱官令》规定，犯笞者不合禁，杖罪以上始合禁推。[2]不过，囚禁一些高官须经过特殊的上报程序，这在唐朝也有明文规定。《狱官令》说："诸职事官五品以上、散官二品以上，犯罪合禁，在京者皆先奏；若犯死罪及在外者，先禁后奏。其职事官及散官参品以上有罪，敕令禁推者，所推之司皆覆奏，然后禁推。"[3]

司法官亦有关于囚禁的责任。他们对应囚禁而不囚禁，或不应囚禁而囚禁的，都负有刑事责任，要被受到处罚。当时规定：如果"应禁而不禁"的，司法官的处罚是"杖罪笞三十，徒罪以上递加一等"；如果"不应禁而禁"的，司法官的处罚是"杖六十"。[4]还有，对于囚禁者，司法官必须严密看守，不可让他们逃脱；逃脱了囚禁者，司法官要受到处罚。这种处罚的幅度与囚禁者逃脱时的情节、是否捕到以及相关情节等都有关系。《唐律疏议·捕亡》"主守不觉失囚"条规定："诸主守不觉失囚者，减囚罪二等；若囚拒捍而走者，又减二等。皆听一百日追捕。限内能自捕得及他人捕得，若囚已死及自首，除其罪；即限外捕得，及囚已死若自首者，各又追减一等。监当之官，各减主守三等。故纵者，不给捕限，

① 《唐令拾遗》，第659页。

② 《唐律疏议·断狱》"囚应禁不禁"条。

③ 《唐令拾遗》，第718页。

④ 《唐律疏议·断狱》"囚应禁不禁"条。

即以其罪罪之；未断决间，能自捕得及他人捕得，若囚已死及自首，各减一等。”

为了防止囚禁者脱逃或进行其他一些反抗活动，唐朝的法律也要求对一般囚禁者使用狱具，而且还对狱具的规格等都做了相应的规定。唐朝的狱具主要是：枷、杻、钳和锁。《旧唐书 · 刑法志》载：“又系囚之具，有枷、杻、钳、锁，皆有长短广狭之制。”《唐六典 · 刑部》对这些狱具的法定规格有记载，说：“枷，长二尺五寸以上、二尺六寸以下，共阔一尺四寸以上、六寸以下，径头三寸以上、四寸以下。杻，长一尺六寸以上、二尺以下，广三寸，厚一寸。钳，重八两以上、一斤以下，长一尺以上、一尺五寸以下。锁，长八尺以上、一丈二尺以下。”不过，武则天当政时，来俊臣等一些酷吏却擅制大枷，突破法定规格，把狱具变成了一种更为残酷的刑具。据《旧唐书 · 刑法志》记载，这种大枷分为十种，它们是：“一曰定百脉，二曰喘不得，三曰突地吼，四曰著即承，五曰失魂胆，六曰实同反，七曰反是实，八曰死猪愁，九曰求即死，十曰求破家。”

狱具的使用与囚禁者的性别、身份和所犯罪名都有联系，《狱官令》对此有过规定。它说：“禁囚，死罪枷杻，妇人及流以下去杻，其杖罪，散禁。”[①]《唐六典 · 刑部》说：“官品及勋、散之阶第七以上，锁而不枷。”但是，“勋官武骑尉及散官宣议郎并七品阶，诸应议、请、减者犯流以上，若除、免、官当者，并锁禁”。另外，有些犯罪和情况也可免用狱具。这些犯罪和情况是：“杖、笞与公坐徒，及年八十、十岁、废疾、怀孕、侏儒之类，皆颂系以待弊。”[②]

唐朝法律对使用狱具的法律责任也有明文规定，凡是应用不用或不应用而用的，都会受到处罚。《唐律疏议 · 断狱》“囚应禁不禁”条规定：“应枷、锁、杻而不枷、锁、杻及脱去者，杖罪笞三十，徒罪以上递加一等；

① 《唐律疏议 · 断狱》“囚应禁不禁”条。
② 《唐六典 · 刑部》。

回易所著者，各减一等。即因自脱去及回易所著者，罪亦如之。”“不应枷、锁、杻而枷、锁、杻者，杖六十。”

（三）其他强制措施

在唐朝，拘捕和囚禁是两种主要的强制措施，除此以外，还有追摄和保候等一些强制措施。

追摄是一种因审案需要而传唤有关人员的一种强制措施。唐朝广泛使用追摄，而且还有明文规定。《唐律疏议·断狱》“鞫狱官停囚待对牒至不遣”条规定：“诸鞫狱官，停囚待对问者，虽职不相管，皆听直牒追摄。”此条“疏议”还作了这样的解释：“囚徒倡见在他所，须追对问者。虽职不相管，皆听直牒”；而且，“不缘所管上司，直牒所管追牒”。例如，“大理及州、县官，须追省、台之人，皆得直牒追摄。牒至，皆须即遣”。如果被追摄者不接受这种追摄的，将会受到刑事处罚。“牒至不即遣者，笞五十；三日以上，杖一百。”①

保候是一种类似今日取保候审的强制措施。唐朝也广泛使用这种强制措施，并做了明文规定。《唐律疏议·断狱》“拷囚不得过三度”和“拷囚限满不首”条对保候的适用对象、条件及其法律责任等都有明确规定，说：“诸拷囚不得过三度，数总不得过二百，杖罪以下不得过所犯之数。拷满不承，取保放之。”此条“疏议”补充说：“不取保放者，于律有违，当‘不应得为’，流以上从重，徒罪以下从轻。”“诸拷囚限满而不首者，反拷告人”“拷满不首，取保并放。违者，以故失论。”根据以上规定可知：保候的适用对象是囚禁者或控告人；适用条件是他们在拷讯达到规定的限度而仍然不承认的，其中先拷讯囚禁者，在他们不承认的情况下再拷讯控告人；法律责任是司法官不依法保候的，要按“不应得为”和“故失论”受到处罚。

① 《唐律疏议·断狱》“鞫狱官停囚待对牒至不遣”条。

第三节 审 判

唐朝的审判制度中包括证据、审判、上诉与复核等一系列内容，而且都有法律的明文规定。

一、证据

证据是审判的重要依据，唐朝规定的证据涉及证人、证言、物证和书证等一些方面。

（一）证人与证言

唐朝的法律规定不是任何人在任何情况下，都可成为证人。证人的主体资格受到法律的限制。这种限制主要是两种情况。一种情况是同居相为隐的成员对一般犯罪不能互相作证。另一种情况是年龄八十岁以上、十岁以下和笃疾者也不可作为证人。《唐律疏议 · 断狱》“议请减老小疾不合拷讯”条规定：“‘其于律得相容隐’即年八十以上，十岁以下及笃疾，皆不得令其为证，违者减罪人罪三等。”此条“疏议”还专门对这一规定中的一些问题做了如下说明：“‘其于律得相容隐’谓同居，若大功以上亲及外祖父母、外孙，若孙之妇、夫之兄弟及兄弟妻，及部曲、奴婢得为主隐；其年八十以上，十岁以下及笃疾，以其不堪加刑；故并不许为证。”

作伪证的人员要按反坐原则，受到处罚，这在唐律中也有规定。《唐律疏议 · 诈伪》“证不言情及译人诈伪”条规定，“诸证不言情”，而且“致罪有出入者，证人减二等”。另外，证人在一定条件下也会被拷打，拷打证人在唐朝同样是一种法定程序。“诸诬告人流罪以下，前人未加拷掠，而告人引虚者，减一等；若前人已拷者，不减。即拷证人，亦是。”[①]

对于证人提供的证言，唐朝的司法官要依据“据众证定罪”的原则，来确定它的证明力。具体来说是这样的：“三人以上，明证其事，始合定罪”；如果“察验难明，二人证实，犹故不合入罪，况一实一虚，被告之人，全不合坐”；如果“三人证实，三人证虚”，那么要按“疑罪”处理。[②]

（二）物证与勘验

唐朝的司法官亦应充分重视物证，并把它作为定罪的主要证据之一。《唐律疏议·断狱》“讯囚察辞理”条规定：“若赃状露验，理不可疑，虽不承引，即据状断之。”此条“疏议”还举例做了说明。“计赃者见获真赃，杀人者检得实状，赃状明白，理不可疑，问虽不承，听据状科断。”在这种情况下，物证便起了定案的决定性作用。这种据赃定罪的案件在唐朝不是少数，至今仍可看到实例。唐朝的阎济美曾“镇江南”，其间他就办过一个以赃定罪的案件。情况是这样的：有个船夫受雇载送一个客商，此客商随身携带了“甚繁碎”，而且“密隐银十锭于货中”。这一切都给船夫看到了，于是他偷了十锭银子并“沉于泊船之所”。第二天早上，当那位客商发现少了银子以后，便拖着船夫到官府去告状，阎济美审理了此案。他问了客商的前后情况后，就命令武士与船夫一起去寻找那些找不到的银子，还秘密指示武士：“必是舟人盗之，沉于江中矣，可令楫师沉钩取之，获当重赏。”武士依命，到江中打捞，果然“获簏，银在其中，封题犹全”。在赃物面前，“舟人遂服罪”。[③] 还有，在“苏无名获盗”“董行成叱贼”[④] 等案中，也都是以赃物作为定罪的主要依据。

为了取得可靠的证据，规范勘验行为，唐朝还对有关勘验问题做了法

---

① 《唐律疏议·斗讼》“诬告人流罪以下引虚”条。

② 《唐律疏议·断狱》“议请减老小疾不合拷讯”条及其“疏议”。

③ 《折狱龟鉴·察盗》。

④ 《折狱龟鉴·察盗》。

律规定，违犯者还要受到处罚。《唐律疏议 · 诈伪》“诈病死伤检验不实”条规定：“诸有诈病及死伤，受使检验不实者，各依所欺，减一等。若实病死及伤，不以实验者，以故入人罪论。”

（三）书证

书证不同于物证，它以文字、符号、图画等所表达的内容来证明案情。唐朝的司法官曾利用书证来破案、定罪。王锷任淮南节度使时，曾有人把匿名信扔在衙门前，他的属官便拾起交给了他。王锷拿到信后便把它放进靴筒里，当时“靴中先有他书以杂之”。吏人走后，他拿出别的信烧掉了，这一假象使“人信其匿名书亦焚也。”回到家里，王锷查看了匿名信的所告之事。以信中所告之事为线索，他在几天后假借别的事把信中所告的人抓获、审查。王锷的这一做法，“禁系按验以谲其众，下吏以为神明”。[①]还有，“李至远识奸”[②]也是利用书证，破案定罪。

二、审判

根据唐朝法律的规定，审判中包含有司法官的审判责任、审判管辖、审判期限、刑讯、调解和判决等几个组成部分。

（一）司法官的审判责任

唐朝建立了一套比以往更为完备的司法官审判责任制度，用以规范司法官的审判行为，增强他们的审判责任感。根据《唐律疏议 · 断狱》的规定，司法官的审判责任主要是以下几个方面。

第一方面，涉及同案犯的，司法官要依公文行事或移送至其他同案犯处一起审判，否则要被处罚。“诸鞫狱官，停囚待对问者，虽职不相管，

① 《折狱龟鉴 · 严明》。
② 《折狱龟鉴 · 察奸》。

皆听直牒追摄。牒至不即遣者，笞五十；三日以上，杖一百。”“诸鞫狱官，囚徒伴在他所者，听移送先系处并论之。违者，杖一百。”[①]

第二方面，司法官应依照告状的请求审判，违反者要被罚。“诸鞫狱官，皆须依所告状鞫之。若于本状之外，别求他罪者，以故入人罪论。”[②]

第三方面，司法官要正确适用法律条文，违反的，要被追究法律责任。“诸断罪皆须引具律、令、格、式正文，违者笞三十。”如果要用制敕断罪的，也要依法进行。“诸制敕断罪，临时处分，不为永格者，不得引为后比。若辄引，致罪有出入者，以故失论。”[③]

第四方面，司法官要严格依法定罪量刑，不可出入人罪，否则要按情节被处以刑罚。“诸官司入人罪者，若入全罪，以全罪论。从轻入重，以所剩论。刑名易者，从笞入杖、从徒入流，亦以所剩论。从笞杖入徒流，从徒流入死罪，亦以全罪论。其出罪者，各如之。即断罪失于入者，各减三等；失于出者，各减五等。若未决放及放而还获，若囚自死，各听减一等。即别使推事，通状失情者，各又减二等；所司已承误断讫，即从失出入法。虽有出入，于决罚不异者，勿论。”[④]

第五方面，其他与审判有关的责任。司法官遇需上报的案件，不可擅自决断，违反者要受处罚。“诸断罪应言上而不言上，应待报而不待报，辄自决断者，各减故失三等。”[⑤]审判结束后，凡是判徒刑以上的，司法官应将判决告诉罪犯的家属，让其“服辩”，不服的可以申诉；司法官不按这一程序办理的，要被追究刑事责任。“诸狱结竟，徒以上，各呼囚及其家属，具告罪名，仍取囚服辩。若不服者，听其自理，更为审详。违者，笞

① 《唐律疏议·断狱》“鞫狱官停囚待对牒至不遣”“囚徒伴移送并论”条。
② 《唐律疏议·断狱》“依告状鞫狱”条。
③ 《唐律疏议·断狱》“断罪不具引律令格式”“辄引制敕断罪”条。
④ 《唐律疏议·断狱》“官司出入人罪”条。
⑤ 《唐律疏议·断狱》“应言上待报而辄自决断”条。

五十；死罪，杖一百。”[①] 还有，司法官要慎重对待与赦有关的法律适用，违反了规定的，也会被罚。“诸赦前断罪不当者，若处轻为重，宜改从轻，处重为轻，即依轻法。其常赦所不免者，依常律。即赦书定罪名，合从轻者，又不得引律比附入重，违者各以故、失论。”[②]

除此以外，《唐六典》和《狱官令》等还对其他一些问题作了规定。《唐六典·刑部》规定，司法官在审判中要执行回避制度，而且有明确的回避范围。“凡鞫狱官与被鞫人有亲属仇嫌者，皆听更之。”注称：“亲谓五服内亲，及大功以上婚姻之家，并受业经师为本部都督、刺史、县令及府佐于府主，皆同换推。”《狱官令》对适用格的问题作了补足规定，说：“诸犯罪未发及已发未断决，逢格改者，若格重，听依犯时格；若格轻，听从轻法。”[③]最后，受理民事案件必须在每年的十月至第二年的三月，司法官不可在其他时间受理、审判民事案件。“诸诉田宅、婚姻、债负，起十月一日，至三月三十日检校，以外不合。”[④]

（二）审判管辖

唐朝也有关于审判管辖的规定，其内容主要是级别管辖和地区管辖。

唐朝的级别管辖专门规定了各级刑罚的处断、审核的机关。《狱官令》载：“杖罪以下，县决之。徒以上，县断定，送州覆审讫，徒罪及流应决杖、笞若应赎者，即决配征赎。其大理寺及京兆、河南府断徒及官人罪，并后有雪减，并申省，省司覆审无失，速即下知；如有不当者，随事驳正。若大理寺及诸州断流以上，若除、免、官当者，皆连写案状申省，大理寺及京兆、河南府，即封案送。若驾行幸，即准诸州例，案覆理尽申奏。”[⑤]《狱

① 《唐律疏议·断狱》“狱结竟取服辩”条。
② 《唐律疏议·断狱》“赦前断罪不当”条。
③ 《唐令拾遗》，第709页。
④ 《唐令拾遗》，第788页。
⑤ 《唐律疏议·断狱》“应言上待报而辄自决断”条“疏议”。

官令》还对疑案的管辖作了这样的规定："诸州府有疑狱不决者，谳大理寺，若大理仍疑，申尚书省。"

唐朝也有地区管辖的规定，内容涉及同级审判机关在地区上对案件的分工。《唐六典·刑部》载："凡有犯罪者，皆从所发州、县推而断之。"即是刑事案件由案发地的审判机关来受理。但是，有些案件有其复杂性，出现了一人数案或数人数案的情况，以致两地或两地以上的审判机关都有管辖权。对于这种复杂情况，唐律作了规定。《唐律疏议·断狱》"囚徒伴移送并论"条规定："诸鞫狱官，囚徒伴在他所者，听移送先系处并论之。"具体来说是这样："轻从重。若轻重等，少从多。多少等，后从先。若禁处相去百里外者，各从事发处断之。"违反这一规定的司法官要被"杖一百"。还有，"若违法移囚，即令当处受而推之，申所管属推劾。若囚至不受及受而不申者，亦与移囚罪同"。

（三）审判期限

唐朝曾多次对审判期限作出过规定。唐玄宗开元时期曾明确规定过赎限和应征官物等的期限，具体内容是："诸赎死刑限八十日，流六十日，徒五十日，杖四十日，笞三十日。若无故过限不输者，会赦不免。虽有披诉，据理不移前断者，若应征官物者，准直五十匹以上一百日，三十匹以上五十日，二十匹以上三十日，不满二十匹以下二十日。"[①]

唐宪宗元和四年（809年）又颁敕规定了大理寺、刑部等司法机关断案的时限。"刑部大理决断系囚，过为淹迟，是长奸幸。自今已后，大理寺检断，不得过二十日，刑部覆下，不得过十日。如刑部覆有异同，寺司重加不得过十五日，省司重加不得过十五日，省司量覆不得过七日。如有牒外州府节目及于京城内勘，本推即日以报。牒到后计日数，被勘司却报不得过五日。"[②]

① 《唐令拾遗》，第721页。
② 《旧唐书·刑法志》。

唐穆宗长庆元年（821 年）再次规定了大理寺、刑部断案时间，而且更为详明。“大理，大理寺限三十五日，详断毕，申刑部，限三十日闻奏；中事，大理寺三十日，刑部二十五日；小事，大理寺二十五日，刑部二十日。一状所犯十人以上，所断罪二十件以上，为大；所犯六人以上，所断罪十件以上，为中；所犯五人以下，所断罪十件以下，为小。其或所抵罪状并所结刑名并同者，则虽人数甚多，亦同一人之例。”①

司法官必须依照规定，在审判期限内结案，否则会被追究法律责任。元和四年（809 年）的规定最后明确指出：“仍令刑部具遣牒及报牒月日，牒报都省及分察使，各准敕文勾举纠访。”长庆元年（821 年）的规定最后也说：“违者，罪有差。”它们都明言要纠劾、处罚违反审判期限规定的司法官。

有些案件无法一下子结案的，也不可淹禁不决，而要虑而决之。《狱官令》规定：“诸若禁囚有推决未尽、留系未结者，五日一虑。若淹延久系，不被推诘，或其状可知而推证未尽，或讼一人数事及被讼人有数事，重事实而轻事未决者，咸虑而决之。”②

（四）刑讯

唐朝也允许在审讯中使用刑讯，而且制定了一套比以前更为完备的刑讯制度。

关于刑讯条件的规定。唐朝的法律规定，司法官不可在任何条件下都使用刑讯，而有专门的条件规定。《狱官令》载：“诸察狱之官，先备五听，又验诸证信，事状疑似，犹不首实者，然后拷掠。”③另外，还须经过特定的立案程序，不可擅自刑讯，否则擅刑的司法官将受到处罚。《唐律疏议 · 断狱》“讯囚察辞理”条规定：“诸应讯囚者，必先以情，审察辞理，反覆参验；

① 《旧唐书 · 刑法志》。

② 《唐令拾遗》，第 719 页。《唐六典 · 刑部》和《唐六典 · 大理寺》中有相似的规定。

③ 《唐令拾遗》，第 713 页。《唐六典 · 刑部》和《通典 · 刑六 · 考讯附》中有相似的规定。

犹未能决，事须讯问者，立案同判，然后拷讯。违者，杖六十。”此条“疏议”还作了这样的补充：“事不明辨，未能断决，事须讯问者，立案，取见在长官同判，然后拷讯。若充使推勘及无官同判者，得自别拷。”

关于刑讯施行的规定。唐朝的法律对拷讯的次数、部位、拷病囚等一系列刑讯施行问题都作了规定。首先，拷讯的次数有明确的规定。“诸拷囚不得过三度，总数不得过二百，杖罪以下不得过所犯之数。”还有，“每讯相去二十日。若讯未毕，更移他司，仍须拷鞫，即通计前讯以充三度”。如果司法官违反了这一规定，将被追究刑事责任。“若拷过三度及杖外以他法拷掠者，杖一百；杖数过者，反坐所剩；以故致死者，徒二年。”① 其次，拷讯的部位有明确的规定。“决笞者，腿、臀分受。决杖者，背、腿、臀分受。须数等。拷讯者亦同。”② 再次，拷讯的行刑人有明确的规定。“拷囚及行决罚者，皆不得中易人。”③ 复次，拷讯病囚及被拷讯死亡的有明确的规定。“有疮病，不待差而拷者，亦杖一百；若决杖笞者，笞五十；以故致死者，徒一年半。若依法拷决，而邂逅致死者，勿论；仍令长官等勘验，违者杖六十。”④ 最后，拷讯原告人和证人亦有明确规定。当拷完被告人而仍不招供的，就要反拷原告人。⑤ 证人为被诬告人作证的，也要被拷讯，尽管最终要追究诬告人的刑事责任。⑥

关于不准刑讯对象的规定。唐朝也规定了不准刑讯的对象，主要是具有特权者、年老年幼者、废疾者、孕妇和产后妇等。“诸应议、请、减，若年七十以上，十五以下及废疾者，并不合拷讯”⑦。还有，刑讯孕妇产后

① 《唐律疏议·断狱》“拷囚不得过三度”条。
② 《唐律疏议·断狱》“决罚不如法”条“疏议”。
③ 《唐令拾遗》，第714页。
④ 《唐律疏议·断狱》“拷囚不得过三度”条。
⑤ 详见《唐律疏议·断狱》“拷囚限满不首”条。
⑥ 详见《唐律疏议·斗讼》“诬告人流罪以下引虚”条。
⑦ 《唐律疏议·断狱》“议请减老小疾不合拷讯”条。

妇的司法官要被处罚。“诸妇人怀孕，犯罪应拷及决杖笞，若未产而拷、决者，杖一百；伤重者，依前人不合捶拷法；产后未满百日而拷决者，减一等。失者，各减二等。”[①]

关于刑讯具的规定。刑讯具杖也在唐朝法律规定之列。贞观、开元年间都曾对杖的规格作过规定。“诸杖皆削去节目，长三尺五寸。讯囚杖，大头径三分二厘，小头二分二厘”。[②]

唐朝虽建立了较为完备的刑讯制度，但在司法实践中，司法官滥用刑讯并因此而造成冤案的情况为数不少。《折狱龟鉴 · 释冤上》记载，“东都留守杜亚，恶大将令狐运”，于是他利用机会，审讯令狐运，但是“幕府按鞫无状，更以爱将武金掠服之”，令狐运蒙受了不白之冤。有些奸臣更是利用刑讯，大发淫威，陷害无辜，其惨状令人不能目睹。《旧唐书 · 刑法志》载：来俊臣“每鞫囚，无问轻重，多以醋灌鼻。禁地牢中，或盛之于瓮中，以火圜绕炙之。兼绝其粮饷，至有抽衣絮以啖之者”。

（五）调解与判决

唐朝也采用调解的方法去解决一些轻微的刑事案件和民事案件。在乡、里，乡老、里正、村正、坊正等都具有调解职能，他们要处理乡、里出现的民间讼事。[③]这样，一般的民事案件和轻微的刑事案件大多可在乡、里等县以下居民组织用调解的方法得以解决。

在县衙里，县令也有用调解办法结案的做法。开元时，贵乡县的县令韦景骏审理了一个母子相讼的案件。审案中，韦景骏用调解的办法，开导母子两人，最后妥善地解决了此案，“母子感悟，请自新，遂称慈孝”。[④]

① 《唐律疏议 · 断狱》“拷决孕妇”条。

② 《唐令拾遗》，第727页。《旧唐书 · 刑法志》《唐六典 · 刑部》和《唐律疏议 · 断狱》中皆有相似规定。

③ 参见陈光中等：《中国古代司法制度》，群众出版社1984年版，第139页。

④ 《续通志 · 循吏韦景骏传》。

从现存资料来看，唐朝的一些重要案件都通过判决来解决。皇帝是许多案件的直接判决者。他的判定便成了终审判决。唐太宗曾亲自判决过一些案子。一天，唐太宗“录系囚”，发现了一个囚犯叫刘恭，其“颈有‘胜’文，自云：‘当胜天下。’”因而被关进监狱。唐太宗了解到这一情况后，说：“若天将兴亡，非朕所能除；若无天命，‘胜’文何为！”于是，就把刘恭释放了。[①]

唐朝的《狱官令》要求司法官要亲自审判。“诸问囚，皆判官亲问，辞定令自书款，若不解书，主典依口写讫，对判官读示。”[②] 一些“八议”“上请”案件，须依法经过商议后，再由皇帝最后判定。这在《狱官令》中同样有明确规定。“诸狱囚应入议请者，皆申刑部，集诸司七品已上于都座议之。”[③]

判决徒刑以上案件必须经过长官的同意，即“长官同判”。[④] 在一些较为重要的案件中，参与判决的司法官还要连署意见，判错了要负连带刑事责任。据《唐律疏议·名例》“同职犯公坐”条“疏议”的规定，连署人分为四等。在地方是长官、通判官、判官、主典。在中央大理寺则是卿、少卿和正是通判官，丞是判官，府吏是主典。“诸同职犯公坐者，长官为一等，通判官为一等，判官为一等，主典为一等，各以所由为首”；他们都是“连署之官”。

司法官要根据唐律、令、格、式等法律正文进行判决。如果法无明文规定的，那可依据唐律中有关“举重以明轻”和“举轻以明重”的原则进行判决。《唐律疏议·名例》“罪无正条”条规定：“诸断罪而无正条，其应出罪者，则举重以明轻；其应入罪者，则举轻以明重。”如果违反了令、式而“律无罪名者”，那要按违令、式进行处罚。《唐律疏议·杂律》“违令”条规定：“诸违令者，笞五十；别式，减一等。”如果有些行为属于“律令

① 详见许晓麓：《古案例选评》，武汉大学出版社1985年版，第51页。

② 《唐令拾遗》，第715页。

③ 《唐令拾遗》，第716页。《唐六典·刑部》中有相似规定。

④ 《唐律疏议·断狱》“狱结竟取服辨”条“疏议”。

无条，理不可为者”，那要按“不应得为”进行判定。《唐律疏议 · 杂律》“不应得为”条规定：“诸不应得为而为之者，笞四十；事理重者，杖八十。”

徒刑以上的案件被判决后，司法官要向被判决人及其家属宣告其罪行，听取被判人是否服判的意见。如果不服的，还要重审。《唐律疏议 · 断狱》“狱结竞取服辩”条规定：“诸狱结竟，徒以上，各呼囚及其家属，具告罪名，仍取囚服辩。若不服者，听其自理，更为审详。”

三、上诉与复核

在唐朝，第一审判决后，允许被判决人上诉。死刑案件在执行前还要经过复核程序。

（一）上诉与复审

在唐朝，如果确有冤滞的，被告人在判决后可以提起上诉，直至皇帝。“凡有冤滞不申欲诉理者，先由本司、本贯，或路远而踬碍者，随近官司断决之。即不伏，当请给不理状，至尚书省左右丞为申详之。又不伏，复给不理状，经三司陈述。又不伏者，上表。”[①]

唐朝还建立了专门的复审制度。上级机关要复审由下级机关审理的案件，其基本情况是：县所判定的徒罪案件，要由州复审；流罪和死罪案件，则须由刑部复审，然后再奏皇帝裁定；大理寺、京兆府和河南府初审的徒罪以上案件、官人被判罪并后有雪减案件，都应申报至尚书省、刑部复审。流罪以上及除名、免官、官当的案件，要经尚书省、刑部复审后，再报请皇帝裁定；县、州审理的疑案，先移至大理寺复审，大理寺无法审决的，再由尚书省众议，然后奏报皇帝定夺，等等。[②] 如果司法官违反复审制度，

① 《唐六典 · 刑部》。

② 参见陈光中等：《中国古代司法制度》，群众出版社 1984 年版，第 151—152 页。

有应复审而不申报、没有接到上级的复审通知而擅自执行等行为的，都要受到杖刑的处罚。[①]

（二）直诉

唐朝还有直诉的规定。当无辜者被冤，而且冤抑很重并无处申辩的，可直接向皇帝申诉。直诉的形式主要有四种，即邀车驾、挝登闻鼓、上表和立肺石。邀车驾是一种有冤人在路旁迎皇帝车驾进行申诉的直诉形式。挝登闻鼓是一种有冤者敲击朝堂外所置大鼓，以向朝廷申冤的直诉形式。立肺石是一种有冤者站在朝堂门外的赤色石上，要求朝廷申冤的直诉形式。因此石色赤如肺而得此名。上表是一种有冤者陈书直接上奏的直诉形式。有重大冤抑者可选择其中任何一种形式进行直诉。

另外，在武则天执政时期，还有一种名为“伸冤匦”的直诉形式。武则天时曾命人制成铜匦，置于朝堂外，接受有冤人的投诉。同时，还设置知匦使和理匦使掌管此事。他们每天开匦，取出诉状，提供给武则天审理。

唐朝的法律还同时对直诉提出要求，违反的还要被追究刑事责任。根据《唐律疏议·斗讼》的规定，有关直诉的规定主要是以下三个方面。第一，所诉事实必须真实。否则，直诉人要受到处罚。“以身事自理诉，而不实者，杖八十。”[②]第二，在形式和程序上必须严格遵守规定。如邀车驾的只可在路旁迎驾，不可辄入部伍，否则要被制裁。“其邀车驾诉，而入部伍内，杖六十。”[③]又如，上表的须有中书舍人、给事中、御史三司监受，违反这个规定而“入殿庭而诉，是名‘越诉’”。越诉者要被笞四十。[④]第三，司法官必须接受并认真受理直诉案件。如果司法官违反这一规定，而不立

① 详见《唐律疏议·职制》“事应奏不奏”条。

② 《唐律疏议·斗讼》“邀车驾挝鼓诉事不实”条。

③ 《唐律疏议·斗讼》“越诉”条。

④ 《唐律疏议·斗讼》“越诉”条。

即接受直诉的，要按情节被处以杖六十至一百的刑罚。[①]

（三）死刑的核准和覆奏

死刑有关人命。唐朝的统治者从慎刑出发，建立了自己的死刑核准和覆奏制度，防止错杀不构成死罪者。

死刑核准制度是一种由谁最后确定死刑的制度。唐朝的死刑案件，先由中央机关核准，然后再由皇帝决定。《唐六典·刑部》载："旧制，（死刑）皆于刑部详覆，然后奏决。开元二十五年（737年）敕，以为庶狱即简，且无死刑，自今以后，有犯死刑，除十恶死罪、伪造头首、劫杀、故杀、谋杀外，宜令中书门下与法官等详所犯轻罪，具状闻奏。"

死刑核准以后，在执行死刑罪犯前，还有一个死刑覆奏程序。唐朝也把这一程序作为制度确定下来。这是一个死刑案件经核准后，在执行前还须经皇帝勾决，才能执行的制度。唐太宗贞观五年（631年）前已有死刑三覆奏。那年，唐太宗错杀了不构成死罪的大理丞张蕴古。为了防止再错杀，他下诏规定："凡有死刑，虽令即决，皆须五覆奏。"因此，唐朝的"五覆奏，自蕴古始也"。[②]以后，《狱官令》对三覆奏、五覆奏以及相关问题都做了明确规定。"诸决大辟罪，在京者，行决之司五覆奏；在外者，刑部三覆奏（在京者，决前一日二覆奏，决日三覆奏；在外者，初日一覆奏，后日再覆奏。纵临时有敕，不许覆奏，亦准此覆奏）。若犯恶逆以上及部曲、奴婢杀主者，唯一覆奏。"[③]

司法官违犯死刑覆奏制度的，要按情节受到严厉处罚。《唐律疏议·断狱》"死囚覆奏报决"条规定："诸死罪囚，不待覆奏报下而决者，流二千里。即奏报应决者，听三日乃行刑，若限未满而行刑者，徒一年；即过限，违一日杖一百，二日加一等。"

---

① 《唐律疏议·斗讼》"越诉"条"疏议"。

② 《贞观政要·刑法第三十一》。

③ 《唐令拾遗》，第692—693页。《唐六典·刑部》等有相似记载。

死刑核准和覆奏制度有利于依法执行死刑，减少或避免冤假、错案的产生，有其积极的一面。唐太宗就曾根据这种制度，纠正过错案。贞观年间发生过这样一个案件：卫州版桥店的主人张逖的妻子回娘家省亲。这时，魏州有杨正等三个卫兵投宿到此店。晚上，有人拿他们的刀杀死了张逖，然后又把刀插回鞘中，而杨正等人没有发觉。“至晓，店人追及，刀血狼藉，收禁考掠，遂自诬服。”案件上报后，唐太宗“疑之，差御史蒋常复推”。蒋常受命后，即进行了侦察，最后发现是一男子“与（张）逖妻奸杀（张）逖”，于是杨正等人被释放。[①] 但是，在唐朝的很多时期，这种制度没有发挥应有的作用，甚至虚设，以致冤狱迭出。武则天时“前后枉遭杀害者，不可胜数”。唐肃宗时（756—763 年），有人用刑“皆深酷割剥，骤求权柄，杀人以逞刑，厚敛以资国。六七年间，大狱相继，州县之内，多是贬降人”。[②] 唐文宗时（827—840 年），也是“诛杀大臣，夷灭其族，滥及者不可胜数”。[③]

第四节　执　行

在唐朝的执行程序中包括五刑等的执行和监狱两个部分。

一、五刑的执行

五刑的执行是执行中的重要内容，另外还有与五刑有关的设官等的执行。

（一）笞杖刑的执行

唐朝的法律曾对笞、杖刑的执行有过全面的规定。

① 《折狱龟鉴·释冤上》。

② 《旧唐书·刑法志》。

③ 《新唐书·刑法志》。

首先，对执行笞、杖的刑具作过规定。唐朝规定，笞具是“楚”，即荆条。《唐律疏议 · 名例》“笞刑五”条“疏议”说：“汉时笞则用竹，今时则用楚。”杖具是竹板，长三尺五寸，“常行杖，大头二分七厘，小头一分七厘；笞杖，大头二分，小头一分半”。①

其次，对行刑部位作过规定。《狱官令》规定，笞的部位是腿和臀，杖的部位是背、腿和臀，均是分受。“其决笞者，腿、臀分受；决杖者，背、腿、臀分受，须数等。”但是，如果受刑人愿笞的部位为背、腿的，也被允许，即“笞以下愿背腿均受者，听”。② 唐太宗和唐文宗都曾作出过不得鞭背的规定。唐太宗“尝览《明堂针灸图》，见人之五脏皆近背，针灸失所，则其害致死，叹曰：‘夫箠者，五刑之轻；死者，人之所重。安得犯至轻之刑而或致死？’”于是，他便下诏规定：“罪人无得鞭背。”③ 以后，唐文宗在太和八年（834 年）又重申：“宜准贞观四年十一月十七日制处分，不得鞭背。”④ 但是，他们的诏令并没有改变笞、杖部位的规定。

最后，对违法施行笞、杖的责任作过规定。唐律对司法官违法施行笞、杖的责任作出过规定。凡是不按法定部位笞、杖，或笞、杖具不如规格的，司法官都要被“笞三十；以故致死者，徒一年”。⑤ 凡是笞、杖怀孕妇女或产后未满一百日的，司法官要被“杖一百”或杖九十；把胎儿打掉的，要被“徒二年”；把人打死的，要判“加役流”；把人打成重伤的，要以“斗杀伤论”。⑥ 凡是笞、杖“有疮病不待差”者，司法官要被“笞五十，以故致死者，徒一年半”。⑦ 但是，如果司法官是依法笞、杖罪犯，但“邂逅致

① 《唐令拾遗》，第 727 页。《唐六典 · 刑部》和《唐律疏议 · 断狱》“决罚不如法”条“疏议”有同样的规定。

② 《唐令拾遗》，第 727 页。

③ 《新唐书 · 刑法志》。

④ 《唐会要 · 君上慎恤门》。

⑤ 《唐律疏议 · 断狱》“决罚不如法”条。

⑥ 《唐律疏议 · 断狱》“拷决孕妇”条“疏议”。

⑦ 《唐律疏议 · 断狱》“拷囚不得过三度”条。

死者，勿论”。[1]

（二）徒刑的执行

唐朝的法律对徒刑的执行也有规定。如果被判徒刑罪犯家中“无兼丁”的，可用杖来替代“居作”的执行，但除“盗及伤人者”外。具体的折代方法是：“徒一年，加杖一百二十，不居作；一等加二十。若徒年限内无兼丁者，总计应役日及应加杖数，准折决放。”[2]

徒刑的居作内容也有规定，而且在市、州的有所不同。《狱官令》规定：“诸犯徒应配居作者，在京送将作监，妇人送少府监缝作，在外州者，供当处官役。当处无官作者，听留州修理城隍、仓库及公廨杂使。”[3]

在一般情况下，徒囚者在居作时也带上囚具，只是在特殊情况下才可免带。“徒罪居作者，皆著钳。若无钳者，著盘枷。病及有保者听脱。不得著巾带。”[4]他们还定期给假，在配役场所活动。“每旬给假一日，腊、寒食各给二日，不得出所役之院。”[5]

徒囚的居作时间必须依照判决，如数执行。违反的，司法人员要被追究法律责任。《唐律疏议·断狱》“领徒囚应役不役”条规定：“诸领徒应役而不役，及徒囚病愈不计日令陪役者，过三日笞三十，三日加一等；过杖一百，十日加一等，罪止徒二年。”

最后还要提及的是，司法人员对徒囚的起解和押送也都负有法律责任。徒囚要“案成即送”，无故稽留的，超过一日，司法人员要被“笞三十”。[6]还有，徒囚在起解中途逃亡的，司法官要按“一日笞四十，三日加一等；过

① 《唐律疏议·断狱》“拷囚不得过三度”条。

② 《唐律疏议·名例》“犯徒应役家无兼丁”条。

③ 《唐令拾遗》，第706页。

④ 《唐令拾遗》，第707页。

⑤ 《唐令拾遗》，第707页。

⑥ 《唐律疏议·断狱》“徒流送配稽留”条。

杖一百,五日加一等”受罚。[①] 在役中逃跑的也按此惩治司法人员。

（三）流刑的执行

唐朝的法律对流刑的执行也有较为完备的规定。

根据唐律的规定,“工乐杂户及妇人犯流”等的,可以决杖来代替流遣,然后在本地服役,具体是:“诸工、乐、杂户及太常音声人,犯流者,二千里决杖一百,一等加三十,留注,俱役三年;加役流者,役四年。”还有,“妇人犯流者,亦留住,流二千里决杖六十,一等加二十,俱役三年”。[②]

如果是七十岁以上的老人、十五岁以下的儿童或废疾者被判处流刑的,只流遣到服役之处,而不居作。另外,男性犯流罪的,妻、妾和父、祖、子孙愿随往服役地的,也可同去。[③] 然而,如果是带妻妾同往服役地的,服役完后,不可弃她们而走。《狱官令》规定:“诸犯流断定,及流移之人,皆不得弃放妻妾及私遁还乡。”[④] 如果流囚身死的,即使其亲属的户籍已落入服役地的,这些亲属也可在三年内返还原籍地。[⑤]

《狱官令》对流囚的送遣时间、流囚妻的同往和流遣地等一些具体内容也作了规定。送遣的时间是:“诸流人季别一遣,若符在季末三十日内至者,听与后季人同遣。”流囚妻的同往和流遣地是这样规定的:“若妻子在远,预为追唤,待至同发。配西州、伊州者,送凉府。江北配岭南者,送桂、广府。非剑南人,配姚、嶲州者,送付益府,取领即还。”[⑥]

流囚在服役地居作的,也和徒囚一样,要“著枷”等。[⑦]

---

① 《唐律疏议 · 捕亡》“流徒囚役限内亡”条。

② 《唐律疏议 · 名例》“工乐杂户及妇人犯流决杖”条。

③ 参见王立民:《唐律新探》,上海社会科学院出版社 1993 年版,第 116—117 页。

④ 《唐令拾遗》,第 702 页。

⑤ 《唐律疏议 · 名例》“犯流应配”条。

⑥ 《唐令拾遗》,第 703 页。

⑦ 详见《唐令拾遗》,第 707 页。

如果流囚在流遣途中遇到赦的，那要根据具体情况来确定是否可以赦原。《唐律疏议·名例》“流配人在道会赦”条规定：“诸流配人在道会赦，计行程过限者，不得以赦原。有故者，不用此律。若程内至配所者，亦从赦原。逃亡者虽在程内，亦不在免限。”

有些不应流而流的官吏被流三年后，可以继续任官。《狱官令》规定：“本犯不应流而特配流者，三载以后听仕。有资者，各依本犯收叙法。”[①]

司法人员对流囚的起解和押送也负有法律责任，其法律规定的内容与对徒囚的相同，这里不再赘述。

（四）死刑的执行

与笞、杖、徒、流的执行不同，死刑的执行有专门的时间规定。除恶逆以上和奴婢、部曲杀主人罪犯要“决不待时”处死外，一般的死囚都要在特定的时间被执行。唐朝规定的不能执行死刑的时间是：立春至秋分期间、断屠月、禁杀日、大祭祀日、致斋日、朔望、上下弦、二十四气、雨未晴、夜未明和假日等。[②]

《狱官令》对押送死囚到刑场等作了明确规定。“诸决大辟罪，皆防援至刑所，囚一人防援二十人，每一囚加五人。五品以上听乘车，并官给酒食，听亲故辞决，宣告犯状，仍日未后乃行刑（犯恶逆以上，不在乘车之限。决之经宿，所司即为埋瘗。若有亲故，亦任收葬）。”[③]

死刑的执行应在闹市区，但有例外。“诸决大辟罪，皆于市。五品已上，犯非恶逆已上，听自尽于家。七品已上及皇族若妇人，犯非斩者，皆绞于隐处。”[④]

---

① 《唐令拾遗》，第 704 页。

② 《唐令拾遗》，第 697 页。

③ 《唐令拾遗》，第 694—695 页。

④ 《唐令拾遗》，第 696 页。

执行死刑时，必须有人监刑，特别是一些五品以上官吏。“诸决大辟罪，官爵五品以上，在京者，大理正监决；在外者，上佐监决，余并判官监决。”“在京决死囚，皆令御史、金吾监决。”① 在行刑前，如果死囚强烈表示冤枉的，就要马上停止执行，并上报皇帝。“若囚有冤枉灼然者，停决奏闻。”②

妇女怀孕的，必须待至产后一百日才可执行。即“诸妇女犯死罪，怀孕，当决者，听产后一百日乃行刑”。③

无亲戚的死囚处死后，官府负有安葬责任。“诸囚死，无亲戚者，皆给棺，于官地内权殡（其棺，在京者将作造供，在外者用官物给。若犯恶逆以上，不给）。”④

司法官对死刑的执行同样具有法律责任，违反规定的要被处以刑罚。司法官如果处死孕妇的，要被“徒二年”；处死产生未满一百日妇女的，要被“徒一年”⑤。如果在立春后、秋分前执行死刑的，也要被“徒一年”；在断屠月和禁杀日等时间内执行死刑的，要被“杖六十”。⑥

与五刑的执行有关的还有没官的执行。没官即收归官府所有，它适用于重大犯罪和赃罪等。《唐律疏议 · 贼盗》“谋反大逆”条规定，谋反、谋大逆的十五岁以下儿子及“母女、妻妾、祖孙、兄弟、姊妹若部曲、资财、田宅并没官”。还有，《唐律疏议 · 断狱》“输备赎没入物违限”条“疏议”也规定：“赃及犯禁之物，没官。”司法官应依法实施没官，违反的要被处罚。“诸缘坐应没官而放之，及非应没官而没之者，各以流罪故、失论。”⑦

最后还要提及的是唐朝的赦。赦书由皇帝颁布。赦书下达后，囚徒

① 《唐令拾遗》，第 698 页。
② 《唐令拾遗》，第 698 页。
③ 《唐律疏议 · 断狱》“妇女怀孕犯死罪”条。
④ 《唐令拾遗》，第 700 页。
⑤ 《唐律疏议 · 断狱》“妇女怀孕犯死罪”条。
⑥ 《唐律疏议 · 断狱》“立春后秋分前不决死刑”条。
⑦ 《唐律疏议 · 断狱》“缘坐没官不如法”条。

就可释放，原判刑罪不再执行。关于赦的具体程序亦有法律规定。《旧唐书·刑法志》载：“其有赦之日，武库令设金鸡及鼓于宫城门外之右，勒集囚徒于阙前，挝鼓千声讫，宣诏而释之。其赦书颁诸州，用绢写行下。”[①] 不过，唐朝的皇帝对赦的控制比较严格，避免了滥赦。这与他们的用赦策略有关。唐太宗认为，赦只会使非法者得益。他在贞观七年（633 年）曾对侍臣说：“天下愚人者多，智人者少，智者不肯为恶，愚人好犯宪章。凡赦宥之恩，惟及不轨之辈。”同时，他还总结了前人用赦的经验和教训，认为“诸葛亮治蜀十年不赦，而蜀大化。梁武帝每年数赦，卒至倾败”。因此，他说：“我有天下已来，决不放赦。”以后，长孙皇后在临终前，皇太子劝其用赦来“冀蒙福祐”，但遭到拒绝，她说：“赦者国之大事，佛道者，上每示存异方之教耳。常恐为理体之弊，岂以吾一妇人而乱天下法？”[②] 这些都为唐朝少赦提供了理论基础。

二、监狱

唐朝不仅有监狱，还建立了一套较为完备的监狱制度。

（一）监狱的种类

唐朝的监狱分为中央监狱和地方监狱。

唐朝的中央监狱包括大理寺狱、御史台狱和内宫的幽禁场所等。

大理寺狱是中央监狱之一，直属大理寺管辖，主要关押诸司犯罪的官吏及京城地区的要案犯。大理寺设狱丞四人，掌管大理寺狱事务。“狱丞四人，从九品下。狱丞掌率狱吏，知囚徒。”[③] 唐朝治安情况较好的时期，大理寺狱中关押的人很少。唐高宗执政时期（650—683 年），此监狱中仅

---

① 《旧唐书·刑法志》。

② 《贞观政要·赦令第三十二》。

③ 《唐六典·大理寺》。

关押五十余人。《旧唐书·刑法志》载："高宗即位，遵贞观故事，务在恤刑。尝问大理卿唐临在狱系囚之数，临对曰：'见囚五十余人，惟二人合死。'帝以囚数全少，怡然形于颜色。"唐玄宗执政时期，大理寺狱也出现过囚数很少的情况。开元二十五年（737年）被判处死刑者仅五十八人。"大理狱院，由来相传杀气太盛，鸟雀不栖，至是有鹊巢其树。于是百僚以几至刑措，上表陈贺。"[①] 安史之乱以后，有些大臣在大理寺狱赐死自尽。唐肃宗时"陈希烈、张垍、郭纳、独孤朗等七人，于大理寺狱赐自尽"。[②]

御史台狱在唐初并没设置。那时，御史台要关押囚犯的，就使用大理寺狱。贞观末年，作为御史大夫的李乾祐认为，囚犯要从大理寺狱押出来审讯，易泄露狱情。于是，便在御史台也设置了监狱，而且还分东、西两狱。[③] 武则天执政时，御史台狱还在使用。载初元年（689年），"武承嗣使酷吏周兴诬告上金、素节谋反，召至都，系于御史台"。[④] 到了唐玄宗当政时，曾废用御史台狱。开元十四年（726年），御史大夫崔隐甫针对御史台狱"有所鞫讯，便辄系之。由是自中丞、侍御史已下，各自禁人，牢扉常满"的情况，上奏皇帝，认为不妥，于是该狱便"遂掘去之"。[⑤] 但是，唐宪宗以后，御史台狱又恢复使用。[⑥]

内宫的幽禁场所专门关押得罪皇帝的皇亲国戚。他们一般不经过普通的司法程序，而是"刑于家法"，重者处死，轻则关进内宫的幽禁场所。这种场所虽不同于一般监狱，但是它限制了关押者的自由，具有监狱的性质。《旧唐书》多处记载了关押进这种场所的情况。唐高宗调露二年（680年），章怀太子李贤因反对武则天临朝称制，被废为庶人，并"幽于别所"。[⑦]

---

① 《旧唐书·刑法志》。
② 《旧唐书·刑法志》。
③ 参见薛梅卿主编:《中国监狱史》，群众出版社1986年版，第70页。
④ 《旧唐书·泽王上金传》。
⑤ 《旧唐书·崔隐甫传》。
⑥ 参见薛梅卿主编:《中国监狱史》，群众出版社1986年版，第71页。
⑦ 《旧唐书·章怀太子贤传》。

以后，当唐肃宗大病时（762 年），太子李豫“收捕越王系及内官朱光辉、马英俊等禁锢之，幽皇后于别殿”[①] 等。被关押者的生活同样十分悲惨。“则天时以章怀迁谪，臣幽闭宫中十余年，每岁被敕杖数顿，见斑痕甚厚”。[②]

此外，唐朝效仿西汉的掖庭狱，在内侍省下设置了掖庭局，囚禁那些被没为官奴婢的妇女，即“妇人工巧者入于掖庭”。[③] 还有那些皇族成员。唐高宗咸亨年间（670—674 年），义阳、宣城两公主“以母得罪，幽于掖庭”。[④] 以后，在安史之乱期间，唐玄宗“幸蜀，诸王、妃、主以幸不及者，多陷于贼，后被拘于东都掖庭”。[⑤]

除有中央监狱外，唐朝还有地方监狱。其中包括京畿地区京兆、河南府监狱，长安、万年、河南、洛阳四京县的监狱和其他各州、县的监狱。

在京畿地区，西京设有京兆府，东京设有河南府，这两府都设置了监狱，即京兆狱和河南狱。有些犯罪百官也常押于这两个监狱。“京兆、河南狱治京师。”[⑥] 长安、万年、河南和洛阳四县是京县，为京兆和河南两府所治，它们也置有自己的监狱。[⑦]

唐朝各州、县也分别设立了监狱，关囚本地区的罪犯。《新唐书·刑法志》载：“凡州、县有狱。”按唐朝州、县数来计算，唐朝的州、县监狱有近二千所。

同时，唐朝还建立了一支庞大的狱吏队伍。根据《唐六典》[⑧] 设定的编制，京兆、河南两府各设典狱十八人；上州设典狱十四人，中州十二人，下州八人；长安、万年、河南和洛阳等京县各设典狱十四人；在其他

---

① 《旧唐书·代宗本纪》。
② 《旧唐书·章怀太子贤传附邠王守礼传》。
③ 《旧唐书·职官志》。
④ 《旧唐书·孝敬皇帝弘传》。
⑤ 《旧唐书·后妃传下》。
⑥ 《新唐书·刑法志》。
⑦ 参见薛梅卿主编：《中国监狱史》，群众出版社 1986 年版，第 73 页。
⑧ 《唐六典·三府督护州县》。

县，上县设典狱十人，中县八人，下县六人。这样，唐朝狱吏的总人数在一万五千人左右。

（二）监狱的管理制度

唐朝不仅设置了监狱，还建立了一套较为完备的监狱管理制度。

囚禁制度。唐朝普通监狱的主要囚禁对象是待审的人员和判决后待执行的罪犯。唐律规定："不限有罪无罪，但据状应禁者"，[①] 都在囚禁之列。为了区别于强制措施囚禁，这里专指判决后的囚禁。除判笞和杖者在判决后不需囚禁外，判徒、流和死者在判决后，都会在监狱里度日。[②] 监狱的囚房有了贵贱、男女之分，即"囚徒贵贱、男女异狱"。[③] 被囚者都要被带上狱具，除特殊情况外。狱具的种类、使用对象、规格等的规定，与以上强制措施中囚禁的相同。有些唐朝的皇帝曾使用过暂放囚犯、以观后效等的做法。贞观六年（632 年）唐太宗怜悯死囚，"乃敕天下死囚，皆纵遣，使至期来诣京师"。结果，第二年"天下死囚凡三百九十人，无人督帅，皆如期自诣朝堂，无一人亡匿者，上皆赦之"。[④] 以后，开元十六年（728 年）唐玄宗"许徒（刑）以下囚保任营农"。[⑤] 这种做法在中外法制史上都为罕见。

录囚制度。录囚也是唐朝一项常典。自开国皇帝李渊始，每朝都进行录囚，有的皇帝的录囚次数还很多。据《旧唐书·高宗纪》记载，唐高宗李治曾在永徽元年（650 年）、永徽四年（654 年）、显庆三年（658 年）、龙朔三年（663 年）、麟德二年（665 年）、乾封二年（667 年）、总章三年（670 年）、咸亨二年（671 年）八次"亲录囚徒"或"亲录京城系囚"。皇帝不仅自己录囚，还指令中央官吏录囚，唐玄宗即是如此。开元二十年（732

① 《唐律疏议·捕亡》"被囚禁拒捍走"条"疏议"。

② 参见薛梅卿主编：《中国监狱史》，群众出版社 1986 年版，第 74 页。

③ 《新唐书·百官志》。

④ 《资治通鉴·唐纪》"太宗贞观六年"。

⑤ 《新唐书·玄宗纪》。

年），他“分命宰相录京城诸狱系囚”。天宝六年（747年），他又“命宰相、台寺、府县录系囚”。[①]此外，录囚也是中央司法机关的一件经常性事务。刑部每年正月都要派人到各地录囚，他们“所至，阅狱囚杻校、粮饷，治不如法者”。[②]御史台的官吏通过录囚进行监察。开元十三年（725年），唐玄宗“分遣御史中丞蒋钦绪等往十道疏决囚徒”。[③]京兆、河南、太原府和各州的都督、刺史也有巡查所属各县，进行录囚的任务。他们“每岁巡属县”，并“录囚徒”。[④]可见，唐朝建立了广泛的、经常性的录囚制度，目的是防止或减少冤狱的产生。

囚徒的衣食医药等制度。唐朝的法律还对囚徒在囚禁期间的衣、食、医药问题作了规定。囚徒的衣、食通常由家人供应。如果被囚地点较远的，那么官府供给衣、食，但家人需按价付钱。《狱官令》规定：“囚去家悬远绝饷者，官给衣粮，家人至日，依数征纳。”[⑤]囚徒生病的，还要给药，进行治疗。病重的和有其他原因死去的，还要另做处理。《狱官令》规定：“诸狱囚有疾病，主司陈牒，长官亲验知实，给医药救疗，病重者，脱去枷、锁、杻，仍听家人内一人入禁看待。其有死者，若有他故，随状推断。”[⑥]另外，唐朝的法律还对囚徒的其他一些问题也作了规定。“诸狱皆厚铺席荐，夏月置浆水，其囚每月一沐，其纸笔及酒、金刃、钱物、杵棒之类，并不得入。”[⑦]

居作制度。被判处徒、流者均须在指定场所居作，即作劳役。《新唐书·刑法志》记载了关于居作的一些具体规定，说：“居作者著钳若校，京师隶将作，女子隶少府缝作。旬给假一日，腊寒食二日，毋出役院。病者释钳、校，给假，疾差陪役……凡役，男子入于蔬圃，女子入于厨饎。”

①《旧唐书·玄宗纪》。

②《新唐书·刑法志》。

③《旧唐书·玄宗纪》。

④《唐六典·三府督护州县》。

⑤《唐令拾遗》，第725页。

⑥《唐令拾遗》，第724页。

⑦《唐令拾遗》，第724页。

对于徒、流罪犯来说，居作场所亦具有监狱性质。

（三）对违犯监管制度的惩治

唐朝还运用刑罚惩治那些违犯监管制度的行为。

劫囚和窃囚都是用非法手段使囚徒逃脱监管的犯罪行为，唐律严惩这两种犯罪行为。《唐律疏议 · 贼盗》“劫囚”条规定：“诸劫囚者，流三千里；伤人及劫死囚者，绞；杀人者，皆斩。若窃囚而亡者，与囚同罪；窃而未得，减二等；以故杀伤人者，从劫囚法。”越狱同样是一种囚徒逃离监狱的犯罪行为，也在唐律的严打之列。《唐律疏议 · 捕亡》“被囚禁拒捍走”条规定：“诸被囚禁，拒捍官司而走者，流二千里；伤人者，加役流；杀人者斩，从者绞。若私窃逃亡，以徒亡论。”

向囚徒提供锥、刀、绳、锯等工具，是直接危害监狱安全的犯罪行为，即使没有造成严重后果的，也要受到处罚；造成后果的，处罚更重。“诸以金刃及他物，可以自杀及解脱，而与囚者，杖一百；若囚以故逃亡及自伤、伤人者，徒一年；自杀、杀人者，徒二年；若囚本犯流罪以上，因得逃亡，虽无伤杀，亦准此。”①

如果死罪囚徒的亲族故友受囚徒之托而自行或雇人杀囚徒，使其逃避法律制裁的，也被认为是犯罪行为，同样要被惩治。《唐律疏议 · 断狱》“死罪囚辞穷竟雇请人杀”条规定：“诸死罪囚辞穷竟，而囚之亲故为囚所遣，雇倩人杀之及杀之者，各依本杀罪减二等。囚若不遣雇倩，及辞未穷竟而杀，各以斗杀罪论，至死者加役流。”

还有，狱吏违犯了监管制度的也要受到处罚。狱吏被罚的行为也包括：应禁囚徒而不禁、不应禁囚徒而禁、不觉而致囚徒逃亡、应用狱具而不用等。②

---

① 《唐律疏议 · 断狱》“与囚金刃解脱”条。

② 详见《唐律疏议 · 断狱》“囚应禁不禁”条、《唐律疏议 · 捕亡》“主守不觉失囚”条等。

第五节　司法教育

唐朝也有自己的司法教育，而且唐朝的司法教育制度比以往更为完善。

一、司法教育的重要性

司法教育的重要性在于，唐朝需要大量的懂法的司法人才。唐朝是礼法结合的完成时期。这种结合，不仅是法律内容的礼法结合，也是统治者成熟使用礼法并用统治策略的结合。其中，法治便是一个重要内容。唐朝的多数皇帝都重视法治，尤其是在前期的一些皇帝，唐太宗是代表者。他上台后即命长孙无忌等大臣撰修贞观律、令、格、式。同时，他还要求司法官严格依法司法，说："罚不阿亲贵，以公平为规矩。"① 他特别痛恨那些枉法官吏，说："枉法受财者，必无赦免。"② 为了推行法治，他还对官吏提出要求，要他们"置所要律令格式，其中要节，仍准旧例，录在官厅壁"，③ 以便经常读诵。唐朝要施行法治，就需要大批懂法的司法人员，司法教育也就应运发展起来了。

具体来说，中央司法机关的官吏需由懂法者来充任。大理寺、刑部和御史台是中央的三大司法机关，其中的官吏从事和接触的都是与司法有关的事务，因此他们必须懂法，否则就会造成冤案、错案。还有，有些中央的非司法机关的官吏也需懂法，因为他们的职责决定了他们也需参与一些具体司法事务。唐太宗贞观时期，"中书、门下四品以上及尚书九卿"等

① 《贞观政要·择官第七》。
② 《贞观政要·政体第二》。
③ 《唐会要·杂记》。

非司法官吏据令要参与死刑的审定。[①]他们不懂法也不行。

地方的行政长官和专职司法官也须懂法。地方行政长官，无论是州、府，还是县的，都是所管地区的最高司法官，要审理本地的案件，懂法则是基本条件。还有，在地方行政机关中，设有专门从事司法工作的官吏，如州中的司户、司法参军事都是如此。如果他们不知法，便无法从事日常的司法工作，或者导致冤、假、错案的产生。可见，地方官吏的行政长官和专职司法官也应由懂法者来担任。这些都促使唐朝的统治者大力发展司法教育。

二、国学

这里的国学是指国家所开展的司法教育。相对科举等形式而言。

隋文帝执政初，很重视司法教育，把律学列入六学之一。这六学分别是：国文学、太学、四门学、书学、算学和律学。唐初曾一度废止律学。唐太宗贞观六年（632 年）又重新恢复律学。那时，在国子监的管理之下，设有六学和弘文馆。至贞观十三年（639 年）又设置了崇贤馆。六学二馆的学生多达八千余人。[②]唐高宗龙朔二年（662 年）律学改由详刑寺领导。

律学的教学计划在史籍中没有详细记载。有学者认为，律学的学习内容，大致是历代刑法志、当代律令和开元礼等。[③]律学的学生五十人。凡八品以下官吏的子孙，以及一般庶人能通习律学而有志学习的，都可学习律学。《新唐书 · 选举志》载："律学生五十人""以八品以下子及庶人之通其学者为之"。律学学生的入学年龄为十八岁至二十五岁。学生入学时，要向老师行"束脩之礼"，即每位学生在入学时要送给老师绢一匹、酒一

① 《贞观政要 · 刑法第三十一》。

② 参见熊明安编著：《中国高等教育史》，重庆出版社 1983 年版，第 140 页。

③ 参见熊明安编著：《中国高等教育史》，重庆出版社 1983 年版，第 147 页。

壶和肉一案。这束脩分五份，博士得三份，助教得二份。

律学的教师是博士和助教。律学博士有三人，助教一人。《新唐书·百官志》载："律学，博士三人，助教一人。"律学博士的官品是正五品至九品，助教的官品则是六品至从九品。据唐代宗大历十二年（777 年）的规定，博士的月薪自二十五贯至二贯，助教的月薪则自五贯三百文至一二贯。① 教学方法是讲、读。即由博士或助教讲解，由学生自己读书、背诵。此外，博士和助教还有督促学生的学习和考核的责任。

律学学生与其他专门的学生一样，每年都有两种假期，即短假和长假。短假是每十天一次。长假则是每年两次，每次一个月。一次在五月，称为"田假"；另一次在九月，称为"授衣假"。如果家离学校路远，情况又特殊的，可以延长假期。"每岁五月有田假，九月有授衣假，二百里外给程。其不师教及岁中违程满三十日，事故百日，缘亲病二百日，皆罢归"。②

学生在每年年终都要进行岁考，及格者可升入上一年级的学习，不及格的则要重读。连续三次不及格的，就要被延长其在读时间；还是不及格的，只能退学。退学的条件除考试不及格的，还有无故逾期不返校和品行恶劣不堪教育的两种。

唐朝的司法教育还对一些东亚国家产生过影响。日本就曾仿照唐朝的律学，在本国也开设了律学。黄遵宪在《日本国志》中说，日本除了要学生学习儒家经典以外，"此外有算学，有书学，有律学，有音学，有天文阴阳历医等学"。

三、科举

在唐朝，科举既是一条选拔人才，取士做官的途径，也是一种考核、检验学习结果的方法。无论是在校学生，还是非在校学生，通过自学学习

① 参见熊明安编著：《中国高等教育史》，重庆出版社 1983 年版，第 149 页。

② 《新唐书·选举志》。

者，都可参加科举。而且，中举者一般可以入仕任官，学习法律者也是如此。因此，科举还促进、检验了司法教育。

唐朝完备了隋朝确立的科举制度。那时有六个“常科”科目，“明法”科即法律科目是其中之一。《新唐书 · 选举志》载：“其科之目：有秀才、有明经、有俊士、有进士、有明法、有明书、有明算。”由于“俊士”科不常举行，所以“常科”只有六科。明法科的考试内容是：律令各十贴，试策共十条。其中，有律七条、令三条。全通为甲，通八条以上为乙，七条以下为不及弟。[①]

常科的主管机关是尚书省下属的礼部，主考官最初是考功员外郎，开元二十四年（736 年）改由礼部侍郎担任。考选每年一次，考试的时间是在阴历十一月。参加考试的人员主要是两类。一类是生徒，即中央六学二馆的学生。他们经学校考试合格，由国子监祭酒挑选合格的学生，送礼部，参加省试。另一类是乡贡，即那些没有通过六学二馆学习，由自己自学，而且学业有成的人员。他们如果要参加考试，先得向本县报名，由县考选后送州，经州考选后，才可到礼部参加省试。生徒和乡贡者都有相同的参考权利，录取时只看学识水平，不管考生来源。省试通过以后，参考者还须经过吏部的复试，合格者才能授官任职。

唐朝科举对司法教育影响很大。学校为了使自己的学生能够在省试中顺利通过，把科举考试的内容就作为自己的教学内容。考生为了使自己能通过省试，然后做官，也把科举考试的内容作为自己的学习内容。司法教育围绕科举转，教学内容针对性很强，实际成了科举的附庸。同样，这也束缚了考生的思想。他们只求记诵，不求义理的理解，学习思路受到很大的限制，弊多利少。

① 《通典 · 选举》。

第十三章　唐朝法律的特点及其历史地位

李唐王朝不仅是我国历史上政治、经济、文化的繁荣发达和对外开放时期，而且也是我国历史上法律制度极为完备和影响深远的时期。以律、令、格、式、敕、例等为主要形式的唐朝法律体系不仅满足了当时帝国的政治、经济、社会的需要，形成了自身的特点，而且对我国后世封建法律制度以及东亚各国法律制度产生了持久和深刻的影响，被中外学者视为“中华法系”的最终确立时期，成为这一法系的典型代表。

无论是从唐朝法律的特点还是影响方面来看，均是以《唐律疏议》为中心和基础建构起来的，所以，在此我们以《唐律疏议》为主体进行介绍和分析。

第一节　唐朝法律的主要特点

在我国古代法律发展的历史途程中，一方面，较早地形成了具有恒久意义的法律文化特色；另一方面，各个时代的封建王朝为了回答自己面临的现实问题，又形成了各自的法律文化特点，或者在固有的法律特色的基础上又有所加强和丰富。这是由我国古代社会、政治、经济演化陈陈相因的结构性特点和渐进积累的发展性特点所决定的，对于唐朝法律特点的认识，就必须放在这样一个历史背景底下来考察。

一、体现唐朝礼法结合的特点

从法律制度史角度看，礼与法的关系问题，是我国古代法律发展史上的一个基本问题，也是理解我国古代法律发展的一条基本线索。早在夏、商、周三代时期，王朝政府不仅有刑（法），而且有礼；它的主导规范则是礼，所以有“礼治时代”的说法。春秋战国时期虽有“礼崩乐坏”和“变法”运动的嬗变兴替，一朝得势的法家大肆废礼兴法，并且竭力摧毁礼制秩序赖以生存的宗法社会结构；但是，礼与法之间的关联终究无法彻底割裂。① 西汉王朝建立，一则鉴于秦朝“二世速亡”（这被认为是秦代繁法严刑的一个恶果）的经验教训，二则由于文化基础和宗法社会的传统因素的差异②，至武帝时代，封建政权正式标举“罢黜百家、独尊儒术”，我国古代礼与法的关系进入了一个新的发展时期。其后，不仅有所谓“引经决狱”，更有所谓“以经解律”，乃至“引礼入律”等的做法，从而开启了我国法

① 在我国的中国法律史研究中，学者特别强调儒家与法家，礼与法之间的“你死我活”，事实上，儒家与法家，礼与法之间虽有鲜明的差异和对立；但是，他们之间相连相通的地方依然不可忽视。从学派的“系谱”上讲，法家与儒家之间的渊源关系甚为密切。例如，李悝受业孔门弟子子夏；（参见钱穆：《先秦诸子系年考辨》卷二《魏文侯礼贤考·李克》，上海书店 1992 年版，第 121—122 页。）再如，大家熟悉的著名法家韩非和李斯，均出自战国大儒荀况门下。从礼与法的关系说，在夏、商、周三代，由于宗法家国融为一体，所以礼与法不曾分化，或者说分化得不够彻底；但是，随着战国时代各国“富国强兵”政策的推行，各国的政治、军事竞争导致国家官僚机器的分化逐渐加强，法律的“理性化”程度也渐次加强，礼与法的分化也就渐次明朗；值得注意的是，两者之间的关联依然存在。所以，程树德先生指出：在夏、商、周三代，“未有礼与律之分也”；即使到了汉代，由于“其时去古未远，礼与律之别，犹不甚严”。（参见《九朝律考·汉律考·律名考》，第 17 页。）

② 应该指出，虽有所谓“汉承秦制”的说法，但是，由于汉代政权与秦代的文化基础和对于宗法社会传统因素的认识和态度不同，从而采取的政治对策也有不同；所以，汉代“罢黜百家、独尊儒术”政策的推行，是有其深层的文化和社会原因的。参见谢谦：《“儒学独尊”的文化背景说》，载《传统文化与现代化》1993 年第 5 期；陈明：《儒学与汉代吏治》，载《原道》第 1 辑，中国社会科学出版社 1994 年版。

律发展史上著名的法律“儒家化”运动或礼与法结合的运动[①]。唐朝的法律建设，既是这一法律“儒家化”历史发展运动的继续深化，又是这一历史运动的集大成者。

从法律思想史角度看，礼与法的关系问题，同样是一个具有悠久历史和广泛影响的话题。早在西周初期，鉴于“率民事神”的殷商“神权”政治的覆亡，当时的统治集团就敏锐地感到“天命靡常”和“皇天无亲”，从而提出“以德配天”和“明德慎罚”的治国方略和法制指导思想。这种植根于宗法社会的“德主刑辅”思想，成为后世儒家政治法律思想的基本源泉。例如，儒家思想的万世宗师孔子说：“导之以政，齐之以刑，民免而无耻；导之以德，齐之以礼，有耻且格。”[②]及至汉代，大儒董仲舒更在“天人感应”与“阴阳”学说（神学目的论）的总体框架下阐述“德主刑辅”的道理，认为“仁义制度之数，尽取之天”。[③]并且认为：天，亲阳疏阴，任德贱刑；所以竭力主张“刑者德之辅，阴者阳之助”[④]的法制指导思想。唐朝法律建设的基本指导思想，大抵不出这一范围。

1. 从《唐律疏议》的基本纲领看礼法结合。唐初修律，对礼与法的关系甚为措意，唐太宗明确表示：“失礼之禁，著在刑书。”[⑤]《名例律》“疏议”对“以礼为本，以刑为用”的法律指导思想也有精要阐述，它说：“因政教而施刑法”；又说：“德礼为政教之本，刑罚为政教之用，犹昏晓阳秋相须而成者也。”作为唐朝法律基本纲领的礼，主要表现在以下两个方面：

其一，体现礼的宗法等级原则。众所周知，我国古代礼的根本特点和

---

① 对此话题的讨论甚多，也颇有争议；比较经典的研究，参见瞿同祖：《中国法律与中国社会》，中华书局 1981 年版，第 328—246 页。

② 《论语·为政》。

③ 《春秋繁露·基义》。

④ 《春秋繁露·天辨》。

⑤ 《全唐文·薄葬诏》，转引自张晋藩：《中国古代法律制度》，中国广播电视出版社 1992 年版，第 389 页。

精神就是体现和维护宗法等级秩序，《礼记 · 中庸》说："亲亲之杀，尊贤之等，礼所生也。"《礼记 · 乐记》讲："礼义立，则贵贱等矣。"郑玄注云："等，阶级也。"这一宗法等级的基本架构，就是"三纲"——君为臣纲、父为子纲、夫为妻纲原则。[①] 对此，唐朝法律规定极为详尽，其中著名的"十恶"重罪的确立就是为了维护这一礼教纲常的等级秩序；"疏议"在解释立法理由时指出："亏损名教，毁裂冠冕。"为了充分体现和贯彻这一目的，而将其他相关的条文散布全部法典；从而形成一部法典内部之间"纲"与"目"的协调关系，将此"法网"笼罩整个社会，真正收到"纲举目张"的统治效果。

其二，体现礼的仁义德治精神。儒家认为，礼的精神实质在于"仁义"两字，儒家思想的万世宗师孔子就是"以仁释礼"的；[②] 而礼的真正贯彻和落实则在乎"仁政"和"德治"。据此，儒家特别强调"保民"和"慎刑"，从而反对不教而诛和严刑峻罚；对此，在唐初立法定制的时候就有很好的体现。《新唐书 · 刑法志》载曰：唐太宗即位之初，"有劝以威刑肃天下者，魏征以为不可，因为上言王政本于仁恩，所以爱民厚俗之意。太宗欣然纳之，遂以宽仁治天下，而于刑法尤慎"。贞观时期的修律活动大致本此精神，《旧唐书 · 刑法志》指出："比隋代旧律，减大辟者九十二条，减流入

---

① 关于"三纲"原则，历来说者颇多。有的学者认为："三纲"原则渊源于儒家思想；其中，经由荀子到董仲舒，再从《礼纬 · 含文嘉》至《白虎通》；至此"三纲"原则被神圣化、法典化。（参见怀石：《三纲五常辨析》，载《南京大学学报》1987 年第 1 期。）也有学者认为："三纲"也是法家的东西；《韩非子 · 忠孝》所谓："臣事君、子事父、妻事夫，三者顺则天下治，三者逆则天下乱，此天下之常道也，明王贤臣而弗易也。"汉儒董仲舒等人提倡"三纲"原则，乃是因为他们已经法家化的缘故。（参见余英时：《中国思想传统的现代诠释》，江苏人民出版社 1989 年版，第 100 页。）而就原始儒家思想而言，他们比较强调：臣忠君礼、父慈子孝、民贵君轻以及从道不从君等思想，君臣之间的关系具有一定程度的协调；法家则反是。据此，我们大致可以肯定，"三纲"原则与法家思想有着更深的关系。

② 李泽厚认为："孔子讲'仁'是为了释'礼'，与维护'礼'直接相关。"参见李泽厚：《中国古代思想史论》，人民出版社 1986 年版，第 16 页。

徒者七十一条。其当徒之法，唯夺一官，除名之人，仍同士伍。凡削烦去蠹，变重为轻者，不可胜纪。”值得注意的是，后世的官僚吏员和文人学者之所以对《唐律疏议》特别推许，主要原因就在于《唐律疏议》比较好地体现和贯彻了儒家的“仁政”和“德治”思想原则；晚清著名律学家沈家本就说：“《唐律》之轻重得其中也。”[①] 当然，如果从司法实践的角度观察，那么这一体现礼的“仁义”和“德治”精神的法典并没有得到真正实现；即使在法制状况比较好的唐初，就已经如此。唐初名臣褚遂良指出：“推鞫者犹行酷法，不依律文，妄称异端，建立证据，构为罪状，舍法用情，格律昭然，无心遵奉。断事则不依款占，不据条章，状表生情，法外构理，率心自由，天下称冤，莫不缘此。”[②] 在某些时候，更是酷吏横行肆虐，刑罚滥用；对此，只要读读新旧《唐书·酷吏列传》，便可见一斑。

2. 从《唐律疏议》的规范来源看礼法结合。一部《唐律疏议》12篇502条（或500条），绝大部分条文或直接或间接地源于礼[③]，文繁不能具引，在此稍举例证以资说明。

首先，直接源于礼的法律规定。例一，关于“八议”的特权制度。《唐律疏议·名例》规定：“八议：一曰议亲，二曰议故，三曰议贤，四曰议能，五曰议功，六曰议贵，七曰议勤，八曰议宾。”此条见于《周礼·秋官·小司寇》的“八辟”。例二，关于“七出三不去”的离婚制度。《唐律疏议·户婚》规定：“诸妻无七出及义绝之状而出之者，徒一年半；虽犯七出，有三不去而出之者，杖一百，追还合。”这条源出《大戴礼记·本命》的“七出三不去”。例三，关于“老小及疾有犯”的恤刑制度。《唐律疏议·名例》规定：“诸年七十以上，十五以下及废疾，犯流罪以下，收赎；八十以上、

① 《历代刑法考·律令四》，第928页。

② （唐）褚遂良：《谏五品以上妻犯奸没官表》，转引自李季平主编：《全唐文——政治经济资料汇编》，三秦出版社1992年版，第112页。

③ 以下的有关讨论，参见刘俊文：《唐律与礼的密切关系例述》，载《北京大学学报》（哲学社会科学版）1984年第3期。

十岁以下及笃疾，犯反、逆、杀人应死者，上请，盗及伤人者，亦收赎，余皆勿论；九十以上，七岁以下，虽有死罪，不加刑。”这条出自《周礼·秋官·司刺》的“三赦之法”和《礼记·曲礼》的“悼耄之年罪不加刑”。

其次，间接源于礼的法律规定。例一，关于“不孝”。“不孝”为罪，由来尚矣；《孝经·五刑》“五刑之属三千，而罪莫大于不孝”是其源头，其后历代王朝的法律莫不有此规定。[①]作为我国传统伦理的核心观念，尽管“孝”的内涵甚为丰富，但是它的基本要求则是“生养死葬”。《唐律疏议·名例》规定：不孝，谓告言、诅詈祖父母、父母，处以绞刑；这一规定源于《礼记·檀弓》：孝子事亲，有隐无犯。同条法律还规定：不孝，谓祖父母、父母在，别籍、异财，供养有阙，分别处以徒三年和徒二年的刑罚；此一规定源于《礼记·曲礼》“父母存，不敢有私财”及《礼记·内则》“孝子之养亲也，乐其心，不违其志，以其饮食而忠养之”。当条法律还规定：不孝，谓居父母丧，身自嫁娶，若作乐，释服从吉；闻祖父母、父母丧，匿不举哀，分别处以轻者杖刑和重者徒刑、流刑；这一规定出自《礼记·问丧》“孝子丧亲，哭泣无数，服勤三年”以及《礼记·奔丧》“始闻亲丧，以哭答使者，尽哀，问故，又哭尽哀”。例二，关于“不应得为”。《唐律疏议·杂律》规定：“诸不应得为而为之者，笞四十；事理重者，杖八十。注：谓律令无条，理不可为者。”所谓“理不可为”，实即“礼不可为”；管子说：“礼者，谓有理也。”[②]这一极为抽象的原则规定，实际上是将全部违礼行为统统纳入法律的轨道，赋予法律的性质和效力；就此而言，清代名儒纪昀在《四库全书总目提要》中认为：“《唐律》一准乎礼”是信而有据的。

3. 从唐朝法律的其他方面看礼法结合。唐朝礼与法的密切关系，不仅

① 有关的讨论，参见陈鹏生、陈汉生：《孔子的“孝”义及其对封建法制“不孝入罪”的影响》，载乔伟、杨鹤皋主编：《孔子法律思想研究（论文集）》，山东人民出版社 1986 年版，第 230—245 页。

② 《管子·心术》。

反映在唐律正条里，而且体现在“疏议”和其他法律形式乃至司法实践中。

其一，由“疏议”看礼法结合。以儒家经典来解释法律，早在东汉已经蔚成风气。这种法律解释虽然有技术上的要求和方法，但是更有价值上的阐发与建构，即对法律的宗法社会基础和礼教精神气质的重新建构；结果，法律规范虽然在表面形式上依旧，但是内容实质却已发生某种变化。唐律的“疏议”就是继其余绪而总其大成。“疏议”对于儒家经典广征博引，动辄子曰诗云；据粗略统计，“疏议”引用的儒家经典约有十余种；[①] 又据学者统计：其中“依礼”16见，“礼云”22见，“准礼”2见，“在礼”2见，“依（准）礼令”3见，“礼经”“礼制”及“礼”17见；直接引述儒家经典的有：“依《周礼》”“《周礼》云”及《周礼》共10见，《诗》2见，《书》3见，《易》4见，《春秋公羊》和《左传》6见，《礼记》1见，《孝经》5见，“案丧服制”3见，提到“春秋之义”的也有1例；总计100多例，从而将唐律的礼教精神揭发无遗。[②]“疏议”引礼释律的主要功能在于：一是释明律文的礼义内涵，如《唐律疏议·职制》“乘舆服御”条规定“进御乖失”，它的含义不甚明确；“疏议”释曰：“依礼：‘授立不跪，授坐不立’之类，各依礼法，如有乖失者，合杖一百。”二是扩展律文的未尽内容，如《唐律疏议·名例》“十恶”条“恶逆”款有“杀夫”规定，但是“夫”的外延不太清楚；“疏议”答曰：“夫者，依礼有三月庙见，有未庙见，或就婚等三种之夫，并同夫法。”三是阐发律文的礼教价值，如对于《名例律》“十恶”条，“疏议”全面征引儒家的基本道德观念：忠、孝、天常、人理、道、德、礼、义、仁、爱、敬、情、睦等，用

① 高绍先认为共有20余种，参见高绍先：《〈唐律疏议〉与中国古代法律文化》，载《现代法学》1997年第2期。“疏议”提到的儒家经典计有：《尚书》《诗经》《礼记》《孝经》《国语》《春秋》《左传》《公羊传》《周礼》《孔子家语》《论语》《尔雅》等。但是，高绍先把《食经》《史记》《汉书》《说文》等典籍也计入儒家经典，恐怕不妥。

② 详细的讨论，参见霍存福：《论〈唐律〉“义疏”的法律功能》，载《吉林大学社会科学学报》1987年第4期。

以解释“十恶”重罪的道德和价值基础，从而证明它的必要性和合理性。

其二，由其他法律形式看礼法结合。以往学者在谈论唐朝法律与礼的关系问题时，主要集中在唐律正条及其“疏议”；事实上，唐朝的令、格、式同样与礼有着密切的关系，只是令、格、式原文已经散佚而已。日本著名中国法制史学者仁井田陞在复原“唐令”时指出：唐令不仅与古代典章制度，特别是与《周礼》有很深的关系；而且与唐朝的礼诸如《贞观礼》《显庆礼》《开元礼》也有很深的关系，上述礼中有与祠、仪制、衣服、卤簿、假宁、丧葬各令相当的规定。这表明：往往令中有礼，礼中有令，或礼和令两存；礼与令在发生冲突时，则不乏依令修礼或据礼变令的情况。[①] 而就礼与令的关系言，礼是源，令是流；礼为主，令为次；礼处重，令属轻。凡是礼有规定的，著为令；礼无规定的，令也阙。[②] 可见，唐令也是“于礼以为出入”和“一准乎礼”的。

那么，格和式与礼的关系如何呢？由于史料佚失，无法详明；但是，《旧唐书 · 礼仪志》记有：“高宗初……重加辑定，勒成一百三十卷，至显庆三年奏上之，增损旧礼，并与令式参会改定。”《新唐书 · 礼乐志》也说：“显庆礼，其文杂以式令。”说明式与礼的关系同样密不可分。[③] 由于格是从皇帝的“制敕”转化而来，又是律、令、式的“追加法”或“补充修正法”，它与礼同样也有很深的关系。例如，《唐六典》所谓：“格以禁违止邪”，这一定义本身似乎即已透现某种礼教的色彩。又如，《神龙散颁刑部格》残卷规定：“宿霄行道，男女交杂，因此聚会，并宜禁断。其邻保徒一年，里正决

① 详细的讨论，参见《唐令拾遗》，第 840—841 页，第 858—864 页。

② 详细的讨论，参见霍存福：《论礼令关系与唐令的复原——〈唐令拾遗〉编译墨余录》，载《法学研究》1990 年第 4 期。关于唐代礼与令的关系问题，还可参见姜伯勤：《敦煌艺术宗教与礼乐文明》，中国社会科学出版社 1996 年版，第 425—441 页。

③ 霍存福先生在研究日本式与礼的关系时指出：在唐式原形中，礼与式就有密切的关系；礼与令的关系也是如此。参见霍存福：《唐式与日本式的比较研究》，载李启欣、杨一凡主编：《中外法律史新探》（第二辑），陕西人民出版社 1994 年版，第 253 页。

杖一百。”此条规定虽然是针对佛教徒夜晚举办斋会而言，[①] 但是，它特别标举“男女（僧尼）交杂”则当系针对礼教风化而设，这是大致可以推定的。

其三，由司法实践看礼法关系。一般认为，由于《唐律疏议》的制定，我国古代司法实践中“引经决狱”的做法大致告一段落。然而法律中的礼毕竟是有限的，社会生活则是无限多样的；所以，在唐朝的司法实践中，信奉儒家思想的官吏“引经”和“依礼”来决断狱讼，还是时有发生。在此仅举两例以为说明：

例一，释法任情。《旧唐书·良吏列传·韦机传附韦景骏传》载曰：“韦景骏，开元中为贵乡令。县人有母子相讼者，景骏谓之曰：‘吾少孤，每见人养亲，自恨终天无分，汝幸在温情之地，何得如此？锡类不行，令之罪也。’因垂泣呜咽，仍取《孝经》付令习读之，于是母子感悟，各请改悔，遂称慈孝。”这里，不太清楚的是：母子两人相讼，究竟是谁告谁？但是，根据文中“养亲”两字推测，应该是儿子不听教令或供养有阙之类。如果是这样的话，那么根据《唐律疏议·名例》的规定：儿子犯有“不孝罪”，入于“十恶”重罪，罪不可恕，当处徒刑。[②] 反之，如果是儿子告母亲的话，同样属于“不孝罪”而入于“十恶”，当处绞刑。值得注意的是，韦景骏没有依法审理此案；而是晓之以理，动之以情，授之以《孝经》，使之习读醒悟。

---

① 参见刘俊文：《敦煌吐鲁番唐代法制文书考释》，中华书局 1989 年版，第 253 页（格文），第 266 页（考释）。

② 在此，我们可以比较一下唐玄宗时期河南尹“李杰觇妇”故事。宋代郑克《折狱龟鉴》卷五“惩恶”记有：“唐李杰，为河南尹。有寡妇告其子不孝，杰物色非是，谓寡妇曰：‘汝寡居，唯一子，今告之罪至死，得无悔乎？’妇言：‘子无状，宁复惜！’杰曰：‘审如此，可买棺来取儿尸。’因使觇其后。寡妇出，与一道士语曰：‘事了矣。’俄将棺至。杰即令捕道士，劾问，具服：‘与寡妇通，为子所制，故欲除之。’于是杖杀道士，纳于棺。”这一故事新旧《唐书·李杰列传》均有记载。虽然故事讲述的是李杰如何“惩恶”，写得也有点像小说家言；但是，李杰说“审如此，可买棺来取儿尸”表明，在唐朝，父母告子女“不孝罪”，官吏应当依法判罪，那是没有疑问的。

例二，折中礼法。《旧唐书 · 刑法志》记有：“长庆二年四月，刑部员外郎孙革奏：‘京兆府云阳县人张莅，欠羽林官骑康宪钱米。宪征之，莅承醉拉宪，气息将绝。宪男买得，年十四，将救其父。以莅角抵力人，不敢挥解，遂持木锸，击莅之首，见血，后三日致死者。准律：父为人所殴，子往救，击其人折伤，减凡斗三等，至死者，依常律。即买得救父难是性孝，非暴；击张莅是心切，非凶。以髫丱之岁，正父子之亲，若非圣化所加，童子安能及此？王制称五刑之理，必原父子之亲以权之，慎测浅深之量以别之。春秋之义，原心定罪。周书所训，诸罚有权。今买得生被皇风，幼符至孝，哀矜之宥，伏在圣慈。臣职当谳刑，合分善恶。’敕：‘康买得尚在童年，能知子道，虽杀人当死，而为父可哀。若从沉命之科，恐失原情之义，宜付法司，减死罪一等。’”在此案例中，无论是对康买得犯罪动机的解释以及犯罪事实的认定，还是对法律的解释以及判决的作出，都将人情、伦理和教化置于非常重要的位置；并且以此折中礼法。

这种折中礼法的断狱方法还是得到皇帝许可的，相反，如果官吏严守法律，皇帝有时反而感到忧虑；唐太宗就说：“比来有司断狱，多据律文，虽情在可矜，而不敢违法，守文定罪，或恐有冤。自今门下省视，有据法当死而情在可矜者，录状奏闻。”[1]

二、反映唐朝统治结构的特点

夏、商、周时期的王朝体制具有以下特点：其一，王朝政权的兴起和

① 转引自李季平主编:《全唐文——政治经济资料汇编》，三秦出版社 1992 年版，第 110 页。这样的史料在唐朝并不少见，如《旧唐书 · 刑法志》记载“梁悦复仇杀死秦果命案”，名臣韩愈对此发表的议论，也是旨在折中礼法关系；并且试图在制度上谋求解决办法。他建议：“凡有复父仇者，事发，具其事由，下尚书省集议奏闻。酌其宜而处之，则经律无失其指矣。”韩愈的这一建议与前面唐太宗的诏书所讲完全一致。

建立有赖部落或部落国家之间军事征伐，[1]三代政权的嬗变更替莫不如此。这一征服关系也就成为日后的政治统治关系，王权专制的建立和维系也于此有关。《礼记·曲礼》所谓“礼不下庶人，刑不上大夫”的法律适用原则，历来无有定说，但是它的历史渊源或深层原因，同样于此有着很深的关系。其二，氏族血缘组织原则成为日后政治国家的“原型”，构成学者普遍认可的“家国同构”的模式。所谓“家天下”，可以理解为：一是最高统治权力的家族世袭继承，可以说是一种权力私有制；二是宗法家族的等级结构成为政治权力的等级结构，形成一个“天子——诸侯——大夫——士”的贵族统治系统；三是社会组织关系以宗法家族为基础。据此，三代时期的礼法制度就是植根于这样一种“政治——社会”土壤的。

春秋以降，这一宗法世袭“政治——社会”结构渐次崩溃解体；战国时代，则是我国建立在小农自然经济基础之上的“皇帝——官僚政治”与“郡县体制——基层村落”组织结构的形成时期；到了秦汉时代，这种政治体制得以最终完成。对此，以后各个封建王朝大致予以沿袭。就此而言，晚清思想家谭嗣同说“二千年来之政，秦政也”[2]是非常有道理的。

大唐帝国的“政治——社会”结构模式，从宏观角度看，大致可以分为：国家——社会或官——民关系；从国家组织内部看，则可粗略分为：皇帝（包括宗室、宦官和外戚）——官僚（包括中央三省六部二十四司、地方州县等的官僚和吏员）两大系统；从社会组织看，则可大致分为：乡——里（村）——邻保——家族系统，[3]通过这一介乎政治国家与民间社会之间

① 梁治平指出“战争在中国国家形成程序上”具有极为重要的作用。（参见梁治平：《“法”辨》，载《中国社会科学》1986年第4期。）关于部族战争在我国国家形成过程中的作用，乃至对我国早期法律特点形成的作用问题，目前学者已经大致形成共识。

② （清）谭嗣同：《仁学》，转引自张国华：《中国法律思想史新编》，北京大学出版社1991年版，第310页。

③ 有关唐朝乡里组织系统的详细讨论，参见齐涛：《魏晋隋唐乡村社会研究》，山东人民出版社1994年版，第57—80页。

的乡里组织，国家得以由此深入社会内部。这一政治结构形成一个金字塔式的统治关系：皇帝——官僚——庶民；并且根据法家的政治思想“皇帝治官不治民”实行层层统治：皇帝控制官僚，官僚统治庶民。这一政治结构的维系，有赖于它的经济基础和税收制度：前期是均田制——租庸调，后期则是地主制——两税法。可以说，正是这样一种帝国的政治社会结构决定着唐朝法律的外观、结构、功能和内容特点；换言之，唐朝法律深刻地反映了这样一种帝国“政治——社会”结构的特点。

1. 唐朝法律所反映的公法特点。众所周知，公法与私法的理论划分导源于古罗马的法学家乌尔比安，近代以来成为大陆法系的一个基本的分类标准，这一划分有着深刻的社会制度结构原因，尤其是一个市民社会基础。那么，我国古代法律又是怎样一种面貌呢？日本著名学者滋贺秀三指出：中国古代所谓的法律，一方面是刑法，另一方面则是官僚机构的组织法，它由行政执行规则以及针对违反规则行为的罚则所构成。① 就唐朝的法律体系律、令、格、式而言，大致就是这样一种法律制度。如果从现代法学分类的眼光看，那么可以说，唐朝法律属于“公法”体系。这也是我国学者的一个普遍看法，并且认为这是我国古代法律文化与西方不同的一个重要特点。② 导致这一法律文化特点形成的深层原因就是：在唐朝，由于政治

① 参见［日］滋贺秀三：《中国法文化的考察》，载《比较法研究》1988 年第 3 期。

② 张中秋先生认为导致中国古代“公法”（刑法）发达的主要原因是：其一，中国古代社会商品经济不够发达；其二，中国古代国家权力和国家观念的发达。详细的讨论，参见张中秋：《中西法律文化比较研究》，南京大学出版社 1991 年版，第 77—98 页。梁治平先生指出：研究《大清律例》的学者发现，律典直接按照中央各部名称分类，而其律文与其说是针对所有臣民的一般规定，不如说是对官吏的指示。参见梁治平：《清代习惯法：社会与国家》，中国政法大学出版社 1996 年版，第 128 页。这固然很有道理。事实上，在唐朝，作为“国家之制度”及百官有司“常行之事”和“常守之法”的令、格、式，固然是有关官僚体制的规定和对官吏的指示；就是《唐律》，尽管它的篇目与《大清律例》不同，但是，考其主要内容和“表述”态度、方法、语气——通篇充满关于禁止作什么和必须作什么，则仍然属于对官吏的指示的范畴。

国家与社会组织之间的严密整合，也即国家旨在实现对于社会的控制，这是大唐帝国的“政治——社会”结构的内在要隶，由此形成一种极为发达的“官僚型”的法律制度，维护这一法律体系的基本手段或特点则是使用刑法或刑罚。反过来讲，这种法律制度的基本宗旨也是企图通过官僚监控社会，从而体现国家意志和完成国家的预期目标，它的视角完全是国家的；虽然存在不少关涉婚姻、家庭、继承、田土、钱债以及经济交往等所谓民事、经济法律关系，但是它的视角依然是国家的。正是在这个意义上，我国古代（包括唐朝）没有严格意义上的私法制度。

2. 唐朝法律所反映的结构——功能特点。我们先来看看《唐律疏议》，应该承认，战国时期著名的法家先驱李悝在编撰《法经》时，对于如何形成一个合理完善的法典结构，从而充分发挥它的功能效果，已经有所考虑。《晋书·刑法志》所谓：“王者之政莫急于盗贼，故其律始于《盗》《贼》。盗贼须劾捕，故著《网》《捕》二篇。其轻狡、越城、博戏、借假不廉、淫侈、逾制，以为《杂》律一篇。又以《具》律具其加减。是故所著六篇而已，然皆罪名之制也。”及至魏晋立法，于此更为措意，晋代张斐《律表》有曰：“律始于刑名者，所以定罪制也；终于诸侯者，所以毕其政也。王政布于上，诸侯奉于下，礼乐抚于中，故有三才之义焉，其相须而成，若一体焉。”[①]这种从国家政治的结构——功能来安排法典的结构体例，也为《唐律》所继承。

翻开《唐律疏议》，我们可以惊异地发现，这部法典不仅充分地体现了最高统治集团关于国家政治统治的基本理念，而且精要地反映出大唐帝国的结构图式。首先，《名例》一篇不仅阐述了唐朝国家政治的根本理念，并且规定了法律的基本原则和制度，从而体现了法典意图维护大唐帝国秩序的中心所在。其次，法典安排《卫禁》《职制》和《户婚》三篇，明确勾勒出帝国的政治结构模式：《卫禁》一篇旨在维护皇帝的尊严、人身安全

① 《晋书·刑法志》。

和权威；这可以说是前述帝国金字塔式结构的顶端。《职制》一篇紧跟，所谓“宫卫事了，设官为次”，则是意图规范帝国官吏的职责和义务；而这一方面反映出皇帝对于官吏的严密控制，另一方面则是旨在发挥官吏统治庶民的效能，从而反映出皇帝控制官吏，而官吏统治庶民的意图。这可以说是上述金字塔式统治结构的中层。《户婚》一篇又次之，所谓“既论职司事讫，即户口、婚姻”，它的目的，一方面是加强国家对社会的控制，另一方面则是维护帝国的土地制度和赋税徭役制度，从而确保帝国政治赖以维系的社会组织基础和经济基础。这可以说是上述金字塔式统治结构的基础部分。如果我们以上文描述的大唐帝国的政治结构图式来衡量，那么可以说，这一法典结构安排与此若合符节。复次，《唐律疏议》的以下诸篇，则是根据当时社会政治关系的主次轻重，安排《厩库》《擅兴》《贼盗》《斗讼》《诈伪》和《杂律》等篇，意图网罗一切社会关系，打击破坏这一关系的任何犯罪。最后，法典安排《捕亡》和《断狱》二篇，成为官吏审判的程序依据，以便达到对于各类犯罪以及官吏在执法过程中发生的违法犯罪行为的追究；终于形成由实体法到“程序法”（从现代观点看，也是一种实体法）的逻辑结构，从而完成国家立法定制的最终意图。当然，这一程序规定与现代意义上的程序原理或理念并不完全相同；但是，无论如何，一部《唐律疏议》至此完成了自身的逻辑结构与功能，同时也深刻地反映了大唐帝国政权的结构——功能图式。

我们再来看看令、格、式的结构与功能特点。关于令、格、式的法律性质问题，学者迄无定说。从宏观上讲，主流观点认为：令、格、式是行政法规；但是，也有学者认为：令、格、式全部都是刑法。[①] 从微观上说，学者对于令、格、式的性质有过仔细的辨析，从而指出：律是刑法；令全

① 王立民先生认为：“唐律、令、格、式都是刑法。”说得斩钉截铁。详细的分析，参见王立民：《唐律新探》，上海社会科学院出版社 1993 年版，第 46—48 页。

部不是刑法；格大部分不是刑法，只有少部分是刑法；式基本上不是刑法。[①]还有学者指出：唐朝的令、格、式之间虽然可以作出一般的区分；但是，有时令、格、式之间又有相互重叠交叉的地方。[②]不管学者之间对此问题有何争议，然而有一点是可以肯定的，避开违反令、格、式的刑事制裁手段不谈，那么唐朝的令、格、式都是根据国家机构的职能与结构进行分类编纂的，[③]本身就是官吏管理和行政管理的法规，它的主要功能则是发挥官吏行政效能的基本手段；也就是说，它是由皇帝直接来控制官吏，而由官吏间接去统治庶民百姓的工具，从而成为维持一个发达的官僚政治体制必不可少的工具。据此，唐朝令、格、式的分类、性质是由其政治体制的结构——功能所决定的；反过来讲，令、格、式则是唐朝帝国政治体制结构——功能的反映。只有以此着眼，方能理解和把握唐朝律、令、格、式法律体系的性质和特点。

3. 唐朝法律所反映的等级结构特点要述。大唐帝国结构的一个根本特点，就是从皇帝→官僚→庶民→贱民的身份等级结构，他们各有其并不对称的权力或权利与职责或义务。对此具体内容，前面各章已有详尽的讨论，在此作一简要的概括。

---

① 详细的讨论，参见钱大群：《唐律与唐代法律体系研究》，南京大学出版社 1996 年版，第 98—127 页。

② 有关令、格、式的详细研究，参见霍存福：《令式分辨与唐令的复原——〈唐令拾遗〉编译墨余录》，载《当代法学》1990 年第 3 期；霍存福：《唐式性质考》，载《吉林大学社会科学学报》1992 年第 6 期。

③ 根据《旧唐书·刑法志》记载，我们知道，唐朝制定法律，是律、令、格、式同时修订的，各成卷帙，以后对此也屡有修订。虽然令、格、式已经散佚，但是我们从《唐律疏议》中还是能够见其大概。例如，令有：官品、祠、户、选举、封爵、禄、宫卫、军防、衣服、仪制、卤簿、公式、田、赋役、厩牧、关市、捕亡、狱官、营缮、丧葬和杂诸令等；又如，格有：吏部、司封、司勋、考功、户部、度支、金部、仓部、礼部、祠部、膳部、主客、兵部、职方、驾部、库部、刑部、都官、比部、司门、工部、屯田、虞部和水部诸格；再如，式有：刑部、监门、主客、职方、驾部、太仆、库部、兵部和户部等式。参见王立民：《唐律新探》，上海社会科学院出版社 1993 年版，第 50—52 页。

第一，维护皇权专制统治。皇帝身居帝国统治金字塔式结构的顶端，他“上祇宝命，下临率土”，享有立法、行政、司法审判和军事方面的各项权力，因此，如何严密维护皇帝的权力、尊严和人身安全，是唐朝法律的中心任务，法律对此的规定不遗余力。

第二，维护贵族官僚特权。为了充分发挥帝国政权的统治效能，一方面，唐朝法律对官吏在荐举官员、执行政务、管理经济以及司法审判等方面规定了严格的法律责任。[①]但是，另一方面，唐朝法律又赋予贵族官僚各种特权和优遇，企图真正落实“刑不上大夫”及“有犯以礼责之”的法律等级原则。具体表现在：对于贵族官僚犯罪原则上不科真刑，而是通过议、请、减、赎、除名和官当等优遇措施使之获得减、免或换刑的处理。

第三，维护宗法家族制度。家族组织是中国古代社会的真正基础，唐朝也不例外。唐朝法律对于家族制度的维护具有以下特点：一是在与国家利益不相冲突的情况下，确保家族内部的“自治”（相对于代表“公”的国家来说，家族则是代表“私”的社会组织，因而具有一定的自治空间；所谓中国的百姓如同一盘散沙，基本原因就在于此），赋予尊长全面管理家族事务及其成员的权力，诸如教令、主婚、经济管理和祭祀等。由于注重家族身份等级，所以家族成员之间如果出现尊卑相侵，则与凡人同罪异罚（包括杀伤、相盗、奸非等）；甚至家族身份成为判定是否构成犯罪的一个重要标准。与此同时，在一定程度上允许家族成员相互“容隐”犯罪，并且禁止相互告发等。[②]二是在与国家利益冲突的时候，则以国家利益为重；

① 详细的讨论，参见王清云：《汉唐文官法律责任制度》第三章“唐代文官的法律责任制度”，中国人民大学出版社 1989 年版，第 118—256 页。

② 关于“亲属相犯”与“亲亲相隐”的法律规定，过去学者普遍认为这是中国古代法律的突出特点；最近范忠信著文对此提出质疑，并且认为基于家族身份而在相侵相犯时实行“同罪异罚”以及亲属犯罪“相互容隐”乃是中西之通例。详细的讨论，参见范忠信：《“亲亲尊尊”与亲属相犯：中外刑法的暗合》，载《法学研究》1997 年第 3 期；《中西法律传统中的“亲亲相隐”》，载《中国社会科学》1997 年第 3 期。

例如，亲属犯有谋反、谋叛和谋大逆等“十恶”重罪，则不但不得享受“容隐”特权，而且更要适用“缘坐”制度。三是一方面赋予尊长以极大的权力，另一方面却又给予尊长多种义务，如在申报户口、田粮以及家族成员共同犯罪等方面均唯尊长是问。这也是一种权利与义务的对应关系。

第四，维护良贱等级。唐朝贱民大致包括：官私奴婢、部曲、官户以及杂户等，身份地位各不相同。[①] 在刑法上，其一，良人与贱民相犯，良人侵犯贱民可以减轻处罚；其二，家主与家贱相犯，家主侵犯家贱量刑更轻乃至无罪；反之，则量刑更重。

三、唐朝法律解释的特点

法律的存在，从根本上讲是为了实施，如何实现既有法律规则的预期目标和现实目标，[②] 也就涉及对于法律的理解和解释；因此，可以这么说，自有法律以来，便有法律的解释活动。然而在法律解释的早期历史上，与现代意义上的法律解释的一个非常不同的特点则是由于“知识”（法律从根本上讲也是一种知识系统，即关于制度的知识）的官方垄断，尤其是祭司阶层对于“知识”的独占，对于法律的解释也就成为官方或祭司的独占权力，民间无有法律解释之可能，实乃中外法律史上通行的惯例和故事。例如，在西方历史上，解释一词的原意，它的拉丁化拼法是 hermeneuin，它的词根则是 Hermes；而 Hermes 是指希腊神话中专司向人传递神谕的信使，传递神谕的过程实际上也就无可避免地蕴含着向人解释神谕的活动，

① 关于唐朝贱民身份的详细分析，参见张泽咸：《唐代阶级结构研究》，中州出版社 1996 年版，第 425—499 页。

② 就如何实现既有法律的预期目标（也即法律编撰者的原来意图）和现实目标而言，在法律解释学上所采用的方法有所不同，可以分为法律解释学上的主观解释理论和客观解释理论。有关的讨论，参见付正权：《刑法解释》，载陈兴良主编：《刑事司法研究——情节·判例·解释·裁量》，中国方正出版社 1996 年版，第 327—343 页。

以使神谕变得可以理解；由此衍生两个基本含义：一是使隐藏的东西显示出来，二是使含糊的东西变得清晰。[①] 在罗马法的早期发展史上，法律不仅“一直保存在祭司的深宅之中”秘而不宣，而且凭袭他们特有的知识与独特的宗教身份解释法律，世俗法学的发展只是随着法律知识和解释的公开，方才获得发展。[②]

在我国古代法律发展的早期历史上，一方面，由于同样存在一个“知识—权力”政治体制结构，亦即史书所谓“学在官府”的时期，其时法律“密而不宣”；《左传·昭公六年》所谓“昔先王议事以制，不为刑辟”，即此之谓也。这里所说的“不为刑辟”，不应理解成没有法律作为依据，而应理解为在适用法律时如何解释法律，以便达到“刑罚擅断”之目的。[③] 另一方面，当时神权政治颇为盛行，《礼记·表记》载曰：“殷人尊神，率民以事神，先鬼而后礼。”这反映出殷人神权政治的特色。不仅商王本人

① 参见张汝伦：《意义的探究》，辽宁人民出版社 1987 年版，第 3—4 页。

② 有关的讨论，参见［意］朱塞佩·格罗索：《罗马法史》，黄风译，中国政法大学出版社 1996 年版，第 99、102 页；另见周枏：《罗马法原论》（上册），商务印书馆 1994 年版，第 34 页。

③ 关于郑国“铸刑书”和晋国“铸刑鼎”与我国古代法律公布问题的历史事实的理解，学者的解释不尽相同。通说认为：根据《左传·昭公六年》“昔先王议事以制，不为刑辟”以及法律公布以后叔向、孔子站在维护礼制的立场上对此提出批评，说明过去法律是“秘而不宣”的。有关的资料很多，此不枚举。反对这一看法的学者认为：根据《周礼·秋官》等书的记载，当时有“悬法象魏”和“令民读法”之制表明，西周时期法律就已公布；并且“铸刑书”和“铸刑鼎”尚难说明这是法律的公布；最后，叔向、孔子的反对，并不意味着反对法律的公布；等等。（详细的讨论，参见俞荣根：《儒家法思想通论》，广西人民出版社 1992 年版，第 59—83 页。）我们认为，“铸刑书”和“铸刑鼎”的历史事实以及引起的争议表明，礼与法之间的关系发生了根本性的变化。过去是礼与法“分离”，并且各有“专书”，各有适用对象（即《礼记·曲礼》所谓“礼不下庶人，刑不上大夫”是也）；而现在却是礼与法“合一”，一则礼的规范内容（即法律规范的假定、处理部分）与刑罚（制裁部分）结合，再则“礼下庶人，刑上大夫”（两者的适用对象趋于“合一”）。对此问题，在此不好深论。

就是巫师，而且他的身边还有许多宗教助手——祭司。[1] 就法律而言，商代的巫师也具有特殊的解释权和适用权，商代甲骨卜辞就有记载：例如，“贞：王闻惟辟？”又如，“贞：王闻不惟辟？”[2] 这种适用法律或司法审判活动，必然产生法律解释的问题，只是史间有阙无法详明而已。春秋时代，随着郑国“铸刑鼎”（公元前536年）和晋国“铸刑书”（公元前513年）等法律全面公布以来，民间的法律解释活动方才有所发展，相应的法律解释（学）才能获得发展。邓析，肯定是这一民间法律解释（学）兴起的一个重要人物。据《吕氏春秋·审应览·离谓》说：其时跟他学讼的人“不可胜数”；而邓析却“以非为是，以是为非，是非无度，而可与不可日变”。就此而言，邓析的做法肯定涉及法律解释问题；但是，他的解释究竟有何成就，则不无疑问。[3] 尤可注意的是，当时诸家诸派莫不谈论法律，一方面促进了法律思想和法律解释的发展，乃至各国的法律建设事业；李悝的撰次诸国法律编写《法经》，商鞅的“授之相秦”，均为显例。另一方面也危及法制的统一，所以早在商鞅变法时期就曾提出国家垄断法律解释权的建议。《商君书·定分》主张：“为法令置官吏，朴足以知法令之谓者，以为天下正，则奏天子。天子则各主法令之，皆降受命，发官。”又说：“主法令之吏有迁徙物故，辄使学读法令所谓，为之程式，使日数而知法令之所谓，不中程，为法令以罪之。”这一思想也为韩非继承，主张“法为官师”和“听吏从教”，进而提出“燔诗书而明法令。”[4] 秦始皇三十四年（公元前213年）李斯向秦始皇提出：“史官非秦记，皆烧之。非博士官所职，天下敢有藏诗、

① 关于商代巫师的讨论，参见华裔美国学者张光直：《美术·神话与祭祀》，郭净等译，辽宁教育出版社1988年版，第32—42页。

② 转引自张晋藩主编：《中国法制史》，群众出版社1982年版，第29页。

③ 事实上，邓析的法律活动是非常不健康的，他的法律解释是以“功利”（参见《吕氏春秋·审应览·离谓》所记“郑国富人溺尸”）为归依的“是非无度”；成为后世我国专以架词设控、颠倒黑白、敲剥小民为能事的讼师的鼻祖。

④ 参见《韩非子》中的《说疑》《诡使》《和氏》诸篇。有关的讨论，参见黄留珠：《秦汉仕进制度》，西北大学出版社1985年版，第64—66页。

书、百家语者，悉诣守、尉杂烧之。敢有偶语诗、书者，弃市。以古非今者，族。吏见知不举者，与同罪。令下三十日不烧，黥为城旦。……若欲有学法令者，以吏为师。”[①] 至此，这一国家垄断法令解释权的建议得以真正实现。

汉代以降的法律解释（学），大致沿着两条道路发展，并且相互影响：一条是官方的法律解释。例如，1975 年在湖北省云梦县睡虎地发现一批自战国末期至秦代的竹简，即《秦简》，其中的《法律答问》，就是当时的法律解释。从《法律答问》涉及内容和解释方法看，具有如下特点：一是“答问”基本属于司法解释，主要内容都是关于如何准确适用法律和阐明法律意图的。或者是解释某种行为是否构成犯罪，如“‘父盗子，不为盗’，今假父盗假子，何论？当为盗”。[②] 或者是解释某种犯罪应该如何处罚，譬如“司寇盗百一十钱，先自告，可（何）论？当耐为隶臣，或曰赀二甲。”二是解释法律术语，例如“何谓‘四邻’？‘四邻’即伍人谓也”。三是在没有法律的情况下，对于案件应该怎样定罪量刑，“答问”引证“成例”作为定案依据；如“盗封啬夫可（何）论？廷行事以伪写印”。四是《秦简》中的法律解释用辞极为简明精要，深得法律解释真髓。汉代法律的官方解释情况如何，史间有阙，不得其详。但是根据“引经决狱”的有关案例考察，重在运用“经义”解释法律。譬如著名的“淮南王刘安谋反”一案，有关的审判官员指出：“淮南王安，大逆无道，谋反明白，当伏法。胶西王端议曰，安废法度，行邪僻，有诈伪心，以乱天下，营惑百姓，背畔（叛）宗庙，妄作妖言。春秋曰：臣无将，将而诛。安罪重于将，谋反形已定，当伏法。”[③] 就谋反而言，汉律早有明文规定，这里征引《春秋》，旨在阐述其伦理意义；所以“引经决狱”作为一种法律解释，重在“义理”。晋代张斐和杜预

① 《史记·秦始皇本纪》。

② 睡虎地秦墓竹简整理小组：《睡虎地秦墓竹简》，文物出版社 1978 年版，第 159 页；引文依据整理小组的释文。另外，下面凡是注引《秦简》，不再另行注出。

③ 《史记·淮南王传》，转引自《九朝律考·春秋决狱考》，第 214 页。

共注《晋律》，是我国法律解释（学）史上的重要成果，可惜今已不存；从有关史料看，张斐、杜预的“注释”颇有可观之处。其一，解释注重发明“律义”或“法意”。其二，对于法律概念、术语的解释极为精要。常为学者称道的是张斐“律表”中的20个法律概念，对此，《晋书·刑法志》载曰：“其知而犯之谓之故，意以为然谓之失，违忠欺上谓之谩，背信藏巧谓之诈，亏礼废节谓之不敬，两讼相趣谓之斗，两和相害谓之戏，无变斩击谓之贼，不意误犯谓之过失，逆节绝理谓之不道，陵上僭贵谓之恶逆，将害未发谓之戕，唱首先言谓之造意，二人对议谓之谋，制众建计谓之率，不和谓之强，攻恶谓之略，三人谓之群，取非其物谓之盗，货财之利谓之赃：凡二十者，律义之较名也。”定义之精要可见一斑。其三，颇得法律系统或体系解释之深意。《晋书·刑法志》张斐“律表”记有：“刑名所以经略罪法之轻重，正加减之等差，明发众篇之多义，补其章条之不足，较举上下纲领。……告讯为之心舌，捕系为之手足，断狱为之定罪，名例齐其制。自始及终，往而不穷，变动无常，周流四极，上下无方，不离于法律之中也。”根据这一法典编撰思想，颇可见出张斐法律解释的系统特征。[①]

另一条是私家的法律解释。自东汉以来，法律解释名家辈出，《晋书·刑法志》载曰：“叔孙宣、郭令卿、马融、郑玄诸儒章句十有余家，家数十万言。凡断罪所当由用者，合二万六千二百七十二条，七百七十三万二千二百余言，言数益繁，览者益难。天子于是下诏，但用郑氏章句，不得杂用余家。”郑氏章句由此获得官方性质，并且具有法律效力。他们“注律”的方法与特点如何？虽然不可详知，但是他们以儒者之身份和经学之名家解释法律，结果只能是以“注经”的方法来“解律”，并且“引经入律”，这是可以肯定的。

唐朝的法律解释（学）师承如何呢？想必承袭前朝，并且集其大成。

① 关于晋代张斐“注律”问题的专门讨论，参见高恒：《秦汉法制论考》，厦门大学出版社1994年版，第286—309页。

对于承袭前朝"注经"之方法，《名例律》疏议曰："昔者，圣人制作谓之为经，传师所说谓之为传，此则丘明、子夏于《春秋》《礼经》作传是也。近代以来，兼经注而明之谓之为义疏。"据此，"疏议"师承前朝"注经"的方法盖无疑问。

1. 唐朝"疏议"制定的目的。从唐律正条的行文看，可以说是文从字顺，言简意赅，立法水平甚高。法律文辞的简要，其目的当然是便于理解和适用。对于官吏来说，只有如此，方能做到"尽记"，从而"不敢为非"，更可免除奸吏夤缘为市；对于百姓来讲，也只有如此，方能做到"知所避就"和"易知难犯"。① 这是历代统治当局的基本法制理念，于今亦然。但是，也有可能造成法律"意义"的隐晦不彰，从而导致理解上的困难。这是人类语言的一个"悖论"，也是人类立法史上的一个通例。"疏议"的制定，就是为了解决这一难题，提供规范和统一的理解标准。当然，从现代解释学的眼光看，这是不可能的。因为对于"疏议"本身，在适用时依然需要解释，更何况人们理解法律的"前见"各不相同；故而在此前提下的法律解释自然无法统一。②

那么，"疏议"编纂的主要原因或目的是什么呢？考诸史乘，记载不尽相同。《旧唐书 · 刑法志》载云：高宗永徽三年（652 年）诏曰："律学未

① 关于我国古代法律宣传和法律公开程序问题，向来研究不多。在西周，有所谓"读法"之举；在明代，朱元璋特别重视宣传《大诰》，不仅要习读，而且要家藏。唐朝的情况如何呢？不太清楚。稍可注意的是：在唐朝，由于尚无法律的刊版印刷技术，据说《宋刑统》是我国历史上第一部印刷的法典；唐朝法律是有官府手抄，数量当以满足官方需要为限，不会太多。史书所谓法律制定以后"颁行天下"，是指各级官府，不会是民间。这一点，我们从唐朝的"留司格"和"散颁格"的区分当中可以见出。根据《旧唐书 · 刑法志》记载：唐玄宗开元二十五年（737 年）撰成《格式律令事类》40 卷，"奏上，敕于尚书都省写五十本，发使散于天下"。区区 50 本之数，百姓何以知之？所以，唐朝百姓通过何种渠道了解法律，以及了解的程度如何？尚待进一步研究。

② 作为一个现代读者，笔者感到有时对于"疏议"的解读难度全不亚于律文本身；所以，笔者推想：唐人在理解"疏议"时也会碰到同样的问题，尽管自从有了"疏议"以后官吏每每根据"疏议"来听讼断狱，《旧唐书 · 刑法志》所谓"自是断狱者皆引疏分析之"即其证明。

有定疏，每年所举明法，遂无凭准，宜广召解律人条义疏奏闻。”据此，“疏议”的撰写，目的在于向科举士子提供统一的理解标准。[①]但是，《名例律》“疏议”的说法与此不同，它说：“今之典宪，前圣规模，章程靡失，鸿纤备举，而刑宪之司执行殊异：大理当其死坐，刑部处以流刑；一州断以徒年，一县将为杖罚。不有解释，触涂睽误。”因此必须“爰造律疏”，以期“大明典式”；从而使《唐律》成为一部“譬权衡之知轻重，若规矩之得方圆。迈彼三章，同符画一”的易于理解，而且能够准确执行和便于遵守的法典。特别值得指出的是：根据《刑法志》的记载：“疏议”的制定是为了科举考试，固然有理，也与史实相符。因为在唐朝，科举考试乃至律学博士培养法律士子的最终目的，是选拔官吏；官吏理政御民的依据就是法律，因此必须使入选者通晓法律。这，也是我国古代政治的基本格局和传统，三代以来教育的基本目的不外如此。但是，我们知道，法律解释的真正目的是准确适用法律或者说审判案件；就此而言，“疏议”揭橥的为了解决司法审判过程中出现的“刑宪之司执行殊异”而编撰法律解释，要比《刑法志》的说法来得深刻；从而也更能反映出唐朝解释者对法律解释意义的深刻领悟和把握。

2. 关于“疏议”两字的解释。首先，关于“疏议”两字称呼的变迁。“疏议”唐人原称“义疏”，如《旧唐书·刑法志》说：永徽三年（652年）诏书“宜广召解律人条义疏奏闻；”再如，《名例律》“疏议”讲“兼经注

① 根据《文献通考·选举志二·举士》的记载：“凡明法试律七条，令三条，全通为甲第，通八为乙第。”在唐朝的不同时期，明法考试的内容各有不同，史书记载也稍有差异。另外，在唐朝，涉及法律考试的场合甚多。例如，通过礼部考试的士子，只是取得做官的资格；此后，尚要经过吏部的铨试，也叫“释褐试”，方得正式授予官职。根据杜佑《通典·选举》的记载：吏部考试包括：身、言、书、判四事，其中的“判”，也是法律考试，主要是实判（州县的疑案）或拟判（虚构的案例）。另据《唐六典》的记载：唐朝设置律学博士，专门培养法律人才，教学内容“以律、令为专业，格、式、法例亦兼习之”。关于唐朝法律教育和考试的详细研究，参见汤松能等：《探索的轨迹——中国法学教育史略》，法律出版社1995年版，第32—37页。

而明之则谓之为义疏”。另外，唐人也称“律疏”，譬如《旧唐书 · 刑法志》说“参撰律疏”；又如，《名例律》“疏议”讲“爰造律疏”。而所谓“疏议”这个名称，则是宋、元以来的称呼[①]，迄今相沿不改；原来的叫法倒是大有废而不用的趋势。而这，恐怕与其解释术语每每称“疏议曰”有关。

其次，关于“疏议”两字的含义。何为“疏”？何为“议（义）”？向来解说各有不同。例如，俞正燮以为：“此书名疏者，申明律及注意；云议者，申律之深义及律所不周不达，若董仲舒《春秋决狱》、应劭《决事比》及《集驳议》之类。”[②]晚清著名律学家沈家本同意此说。[③]又如，董康认为：“疏”是诠释法律之大要，“义”为探索法律之本旨。[④]刑法学者陈兴良同意此说。[⑤]再如，王重民则以为：“疏”和“议”两字同义，均为申明律及注。[⑥]杨廷福同意此说。[⑦]上述诸说虽然互有差异，但是，也并非全无道理。我们认为，解决这一问题的关键在于：第一，考察“疏议”自身的解释。关于“义疏”，“疏议”释之曰：“兼经注而明之则谓之为义疏。”“经”本来是指儒家的经典，在此则是指“律”；[⑧]“注”是指对于“律”的解释，而“义疏”

---

① 乔伟认为：律与疏统称为《永徽律疏》，元代以后称为《唐律疏议》。（参见乔伟：《唐律研究》，山东人民出版社1985年版，第33页。）霍存福则认为：疏（义）议，则是宋、元人的说法。参见霍存福：《论〈唐律〉“义疏”的法律功能》，载《吉林大学社会科学学报》1987年第4期。

② （清）俞正燮：《癸巳类稿》卷12《唐律疏议跋》。

③ 《历代刑法考 · 律令四》，第932页。

④ 董康：《中国刑法疏议凡例》，转引自杨廷福：《唐律初探》，天津人民出版社1982年版，第1页注①。

⑤ 陈兴良：《刑法疏议》，中国人民公安大学出版社1997年版，第716页。

⑥ 王重民：《敦煌古籍叙录》跋《伯希和3593号〈唐律疏议〉残卷》，转引自杨廷福：《唐律初探》，天津人民出版社1982年版，第1页注①。

⑦ 杨廷福：《唐律初探》，天津人民出版社1982年版，第1页注①。

⑧ 我国古代能够称为“经”的范围甚广，参见章太炎：《国故论衡 · 原经》，刘梦溪主编：《中国现代学术经典 · 章太炎卷》，河北教育出版社1996年版，第52—63页。值得注意的是，法律也有称“经”者。东汉王充《论衡 · 谢短》说：“五经题篇，皆以事义别之，至礼与律独经也。”李悝所著《法经》被称之为“经”，也其证也。

则是对于“律”与“注”的全面解释。这就是“疏议”所谓“兼经注而明之则谓之为义疏”的意思。关于“疏”和“议”。“疏议”释曰：“疏之为字，本以疏阔、疏远立名。又，《广雅》云：‘疏者，识也。’案：疏训识，则书疏记识之道存焉。”这样的解释，意思并不显豁。另外，对于“议”，则没有任何具体的说明。所以必须参照具体的解释体例，方能搞清弄懂。第二，分析“疏议”的解释体例。以“谋反”为例。什么是“谋反”呢？下有一行小字的“注”文释曰：谓谋危社稷。这是有关“谋反”构成的基本解释。以下【疏】议曰：“案《公羊传》云：‘君亲无将，将而必诛。’谓将有逆心，而害于君父者，则必诛之。《左传》云：‘天反时为灾，人反德为乱。’然王者居宸极之至尊，奉上天之宝命，同二仪之覆载，作兆庶之父母。为子为臣，惟忠惟孝。乃敢包藏凶慝，将起逆心，规反天常，悖逆人理，故曰‘谋反’。”这是对“谋反”所做的综合解释，旨在揭示“谋反”的义理或伦理基础。后面“注”文以下的【疏】议曰：“社为五土之神，稷为田正也，所以神地道，主司啬。君为神主，食乃人天，主泰即神安，神宁即时稔。臣下将图逆节，而有无君之心，君位若危，神将安恃。不敢指斥尊号，故托云‘社稷’。《周礼》云‘左祖右社’，人君所尊也。”显然是对“注”的文字和义理进行解释。由此可见，“注”是对“律”的简单解释，实际上包括确立规范的意思。之所以说“注”具有建立规范的含义，是因为它讲明了“谋反”的法律构成是“谋危社稷”，如果没有这四个字，那么“谋反”作为一种犯罪行为也就根本无法搞清弄明。而“疏”则是对“律”以及“注”的义理进行解释，所以它是既释规范又解义理，更有补充“律”与“注”不及不周的功能；就此而言，从法律解释方法的角度讲，颇有填补“法律漏洞”的价值。至于“议”，则是有关“疏”的议论，也即“疏”的内容，实际上与“疏”是一回事。这一简要分析说明，上述俞正燮、董康和王重民的观点各有所是，也各有所失。第三，参照经典解释的体例再予申述。比较以下“疏议”与《秦简》中的《法律答问》，可以发现，“疏议”的方法与此不同，而与汉魏以来注释儒家经典和佛教经典的方法相同。因为尽管我国古代的注释学早在先秦时代就已产生，但是较大规模的发展，则是经典注释兴起以后的事情；它的正式出现当在汉朝，仅就《汉书·艺文志》的著录，便可见一斑；到了南朝，由于经典注释受到印传佛教疏解佛经方法的启发，开创出一种新的经典注释，就是义疏学。这种注释方法的基本特点是：以疏通文字，讲解义理为主，方法较为自由，内容也较为细致；注释者既可以围绕“本文”讲解大义，也可以自由发挥自己的理解。及至唐朝，由于唐太宗诏令撰写“五经正义”，渐次形成“疏不破注”的惯例。这里的“注”，是对原文的解释，而对“注”的解释就是“疏”。[①] 唐朝的“律”“注”和“疏议”就是这样一种解释体例。当然，《唐律》中的“问答”则与《秦简》中的《法律答问》极为相似；但是，两者之间有否直接的“师承”关系，则有待进一步的研究。

3. 唐朝“疏议”的法律作用。唐高宗时期（628—683 年）下诏编撰“疏议”，它的总体目的在于通过所谓：“远则皇王妙旨，近则萧、贾遗文，沿波讨源，自枝穷叶，甄表宽大，裁成简久。”以期上下官司执法之时能够做到：“譬权衡之知轻重，若规矩之得方圆。迈彼三章，同符画一者矣。”从而避免“触涂睽误”，方便执法。这一目的发生作用没有呢？回答是肯定的。《旧唐书·刑法志》指出：“疏议”颁布之后，“自是断狱者皆引疏分析之。”可见，它的作用对于司法审判有多大。

现在，我们来考察一下“疏议”在阐明唐朝法律思想、协调法律体系和《唐律》内部篇章条款之间关系以及补充律文不及不周方面所发挥的诸多作用。[②]

① 对此问题的详细讨论，参见董洪利：《古籍的阐释》，辽宁教育出版社 1993 年版，第 1—12 页，第 238—240 页。

② 有关的研究，参见王立民：《略论〈唐律疏议〉中“疏议”的作用》，载《西北政法学院学报》1987 年第 3 期；也见王立民：《唐律新探》，上海社会科学院出版社 1993 年版，第 23—28 页；霍存福：《论〈唐律〉“义疏”的法律功能》，载《吉林大学社会科学学报》1987 年第 4 期；钱大群：《唐律与唐代法律体系研究》，南京大学出版社 1996 年版，第 98—127 页。

首先，阐明唐朝的法律思想。前文提到，唐朝法律的基本特点是“一准乎礼”；这，不仅是指《唐律》的基本立法精神和指导思想，也是指唐朝全部法律的基本精神和指导思想。对此，“疏议”从两个方面予以阐明：一是阐明《唐律》的基本指导思想。例如，《名例律》“疏议”指出：“德礼为政教之本，刑罚为政教之用，犹昏晓阳秋相须而成者也。”二是阐明各个篇章条款中的指导思想。譬如《名例律》“十恶”条的“疏议”指出：“五刑之中，十恶尤切，亏损名教，毁裂冠冕，特标篇首，以为明诫。”这是对“十恶”条总体精神的揭示。又如，同条“不孝”的“疏议”认为：“善事父母曰孝。既有违犯，是名‘不孝’。”则是对“不孝”罪名的法意的揭示。这种阐发唐朝法律基本指导思想的解释，实际上也是在协调礼与法之间的关系。

其次，协调相关律条之间的关系。上文指出，唐朝法律是大唐帝国“政治——社会”结构的反映，形成一个相对严密的系统结构，而《唐律》是主干与核心，在结构的系统性方面更是如此；因此，如何使不同篇章、不同律条之间的规定形成一个严密的系统结构，充分发挥法律的统治效能，至关重要；而“疏议”恰好起了一个“桥梁”的作用。作为具有总则意义的《名例律》，在此具有特别重要的价值。例如，《名例律》规定：“诸本条别有制，与例不同者，依本条。”但是，如何把握，则不无疑问。对此，“疏议”解释说：在《名例律》中规定，共同犯罪以造意为首，随从者减一等；而在《斗讼》中则规定，同谋共殴伤人，各以下手重者为重罪，元谋者减一等，从者又减一等。通过这一解释，不仅将律文之间的关系揭示明白，而且也将律文的意义诠释清楚。从法律解释方法论的角度看，就是所谓系统解释。

最后，协调律与令、格、式之间的关系。说一个国家法律体系的形式合理化，不仅是指一部法典内部的系统合理化；而且包括各种法律之间的系统合理化。《新唐书·刑法志》指出：“唐之刑书有四，曰：律、令、格、式。……凡邦国之政，必从事于此三者（笔者按：令、格、式）。其有所违及人之为恶而入于罪戾者，一断以律。”这样，也就更加要求律、令、格、式之间的相互协调；在唐朝，它的解决方法之一就是通过“疏议”在律条中征引令、格、式以期达到四者之间的系统协调。根据学者的统计：一部《唐律》502 条，有 145 条律文征引了令；有 9 条律文征引了格；有 43 律文征引了式；[1] 几乎占到全部律条的 40%。当然，相对于永徽年间数量繁多的令、格、式而言，被律条征引的令、格、式只是其中的极小一部分而已。

总之，对于《唐律》“疏议”的解释，就其法律作用而言，是多方面的。例如，“疏议”当中“引礼释律”，在协调礼与法之间的关系方面就有极为重要的意义，对于理解律文的立法宗旨和精神，可以说是不可或缺的。对此，上文已经有所讨论，不赘。再如，“疏议”专设“问答”一项，对于律条的决疑释惑以及补充律文之不足不周也有较为重要的价值。又如，“疏议”在解释篇目、各种制度、术语时引经据典、沿波讨源，虽然不免烦琐；但是，对于理解和揭示《唐律》的意义，同样具有不可轻视的作用。凡此种种，由于篇幅所限，无法在此全面地展开论述。

4. 唐朝“疏议”的解释方法。从现代解释学的角度讲，大致可以把解释学分成两个方面：作为本体论的解释学和作为方法论的解释学。我们认为：法律作为一种人类生存“环境”，或者说一种人类生活样式的表现形式，其中蕴含的价值和意义，它的前提和条件，它对人类个性与自由的发展和完善，它对人类前景和未来的影响，仅仅从作为方法的法律解释学领域进行检讨是无法真正获得解决的；换言之，这需要从法律的哲学解释学或法律的本体论解释学角度予以考察和研究。但是，法律作为一种社会制度的构成要件，在具体的运作过程中如何准确地理解法律、适用法律从而解决一个个活生生的案件？再者，相对不变的法律规则与瞬息万变的社会生活之间如何协调？抽象的法律条文与具体的待决案件之间如何获得妥当、合理的解决？凡此种种，均需要一种具体的法律解释方法，或者说需要作为

① 参见霍存福：《论〈唐律〉“义疏”的法律功能》，载《吉林大学社会科学学报》1987 年第 4 期。

方法的法律解释学。《唐律》的“疏议”，基本上是作为一种方法的法律解释学而存在的；另外，鉴于《唐律》是一部刑法典，所以“疏议”应该归入刑法解释；再者，在法律解释分类上，“疏议”属于所谓的立法解释。①

关于刑法解释的具体方法，我国学者也有种种分类。②就《唐律》“疏议”来说，涉及的方法也非常丰富多样，篇幅所限，这里稍举其例，以资说明。

第一，文理解释。这种解释方法在“疏议”中极为丰富，触目皆是。例如，什么是“日”？《名例律》“疏议”释曰：“诸称‘日’者，以百刻。计功庸者，从朝至暮。”又如，什么是“不道”？《名例律》“疏议”释云：“安忍残贼，背违正道，故曰‘不道’。”再如，什么是“加”“减”刑罚？《名例律》“疏议”解释：“诸称‘加’者，就重次；称‘减’者，就轻次。”

第二，论理解释。这种解释方法的种类很多，在此仅举几种最为基本的解释方法：

一是扩张解释。《职制律》规定：“诸在官长吏，实无政迹，辄立碑者，徒一年……”而“疏议”释曰：“官人虽有政迹，而自遣所部立碑，或遣申请者，官人亦依前科罪。”这一解释将原来“实无政迹”扩张到“虽有政迹”，犯罪主体的范围已有扩大。

二是缩限解释。《名例律》规定“不孝”，“疏议”将有关“注”文“供养有阙”解释成“堪供而阙者，祖父母、父母告乃坐。”这样一来，适用这条法律必须符合两个条件：其一，必须是有能力供养的；其二，必须是

① 首先，从方法论角度讲，所谓有权解释、无权解释，立法解释、司法解释、学理解释等的分类，没有太大的价值，因为它们的解释方法是一样的。其次，也有学者认为《唐律疏议》有所谓的立法解释、司法解释和学理解释之分。参见钱大群、夏锦文：《唐律与中国现行刑法比较研究》，江苏人民出版社 1991 年版，第 59—62 页；也见钱大群、钱元凯：《唐律论析》，南京大学出版社 1989 年版，第 68—70 页。

② 参见陈兴良主编：《刑事司法研究——情节·判例·解释·裁量》，中国方正出版社 1996 年版，第 421 页，该页罗列了国内学者有关刑法解释的各种观点；另见李希慧：《刑法解释论》，中国人民公安大学出版社 1995 年版，第 97—133 页。

祖父母、父母告发的；否则无罪。

三是历史解释。这一方面的例证在《唐律》“疏议”中极为丰富，可以说是我国古代法律解释中的一个显著特点。比如，什么是“杖刑”呢？《名例律》“疏议”释曰：“《说文》云‘杖者持也’，而可以击人者欤？《家语》云：‘舜之事父，小杖则受，大杖则走。’《国语》云：‘薄刑用鞭扑。’《书》云：‘鞭作官刑。’犹今之杖刑者也。又蚩尤作五虐之刑，亦用鞭扑。源其滥觞，所从来远矣。汉景帝以笞者已死而笞未毕，改三百曰二百，二百曰一百。奕代沿流，曾微增损。爰洎隋室，以杖易鞭。今律运‘累决笞杖者，不得过二百’，盖循汉制也。”这不仅解释了“杖刑”的文义，而且解释了它的历史沿革。

四是当然解释。《名例律》规定：“诸断罪而无正条，其应出罪者，则举重以明轻；其应入罪者，则举轻以明重。”这条律文实际上是对当然解释的原则规定，但是如何运用呢？“疏议”解释说：“断罪无正条者，一部律内，犯无罪名。‘其应出罪者’，依《贼盗律》：‘夜无故入人家，主人登时杀者，勿论。’假有折伤，灼然不坐。”而对“其应入罪者则举轻以明重”，“疏议”解释说：“案《贼盗律》：‘谋杀期亲尊长，皆斩。’无已杀、已伤之文，如有杀、伤者，举始谋是轻，尚得死罪；杀及谋而已伤是重，明从皆斩之坐。”过去学者多将此条规定视为“类推”原则，现在看来应以当然解释为妥。

其他诸如系统解释（前面讨论“疏议”的协调作用时已经提到）、比较解释（“疏议”经常征引其他法律资料来解释律文，既是系统解释；但是，其中也不乏相互比较解释的内容）、目的解释（“疏议”的突出特点和总体精神在于全面揭示唐朝宗法专制与礼教社会中法律实施的目的，上文在讨论礼与法的关系时已经涉及）等，可见“疏议”作为一种法律解释方法，内容是极为丰富的。

总而言之，有关“疏议”解释问题，需要讨论与研究的内容非常丰富复杂；有些问题有待进一步的深入研究和挖掘。就其法律解释的方法论特点而言，大致可以概括如下：其一，唐朝法律解释的现实主义特点。可以这么说，《唐律疏议》的解释深受我国传统实践理性思想的影响，法律解释处处着眼司法实践；所以，很少在学理上、方法论上予以总结和概括。这，既是其长处也是其短处。[①] 当然，法律解释从根本上讲确实是一门实践的学问，是面向司法操作的作业，这本来是无可厚非的。但是，也正是在这个意义上，唐朝的“疏议”只是停留在具体操作的层面；所以，只能称之为法律解释，而很难说已经上升到法律解释学的高度。此外，如果真有什么方法论可言的话，那么它的基本方法论大抵采自儒家经典和佛教经典解释以及训诂之学；所以，对于它的方法论特色的评价，应该置于汉魏以来的经典解释方法的视野中加以观照，予以总结。其二，唐朝法律解释的伦理主义或礼教主义特点。《唐律疏议》的解释，不仅在精神上全面贯彻儒家经义和礼教原则，而且在内容上大量征引儒家经典与伦理教条，即使在法律观念、术语方面也大肆借采经义的观念和术语；所以这种法律解释到底是在解释法意、律意呢？还是在解释理义、礼义和德意呢？使人难以区别，实质上只能说是两者之间的相互解释。正是这样一种法律解释方法，促使唐朝法律的礼教化、伦理化；反之，则是礼教和伦理的法律化。这一点，从上文的有关分析，已经大致可以获得一个比较深刻的影响。

第二节 唐朝法律的历史地位

有唐一代，不仅是我国封建社会经济、政治和文化的繁荣时期；并且也是一个具有某种转型意义的历史时期。首先，随着均田制的崩溃，国家

① 参见张晋藩：《清代律学及其转型》，载陈景良、张中秋主编：《求索集——张晋藩先生与中国法制史学四十年》，南京大学出版社 1996 年版，第 562 页。张晋藩先生虽然是针对“律学”而言，实际上同样适用于唐朝的法律解释；另外，我国古代律学的主体部分就是“律疏”。

对于土地关系的干预有所削弱，土地转让相对自由的地主经济有所发展；原先管理严密的坊市制度开始解体，城市商业经济以及草市经济有了发展。其次，安史之乱以后出现藩镇割据，导致唐朝政权结构的重大变迁。所有这些，对于五代、宋元以降的经济、政治发展影响甚巨，所以，尽管宋元以来的法律制度不少依然承袭唐朝；但是，随着这一经济、政治变迁而来的法律制度也有明显的发展，尤其是有关经济领域的法制以及有关交易的民间习惯（法）。应该承认，这在一定程度上已经超越唐朝法律的已有成就。最后，对于唐朝法律的域外影响，必须放在秦汉以来的历史传统中加以把握；换言之，如果没有前朝奠定的文化、法律交流的基础，那么唐朝法律的域外影响必将是另外一个面貌。就此而言，过去学界对于唐朝法律历史地位的评估有些偏高；因为学者的着眼之处仅仅是《唐律疏议》的历史地位。例如，沈家本说："历代之律存于今者唯《唐律》，而古今律之得其中者亦唯《唐律》，谓其尚得三代先王之遗意也。"① 又如，近人杨鸿烈也讲："《唐律》是中国现存历代法典的模型。"② 今人大多蹈袭此说。事实上，就整个唐朝法律体系的律、令、格、式而言，律的影响固然较大；但是，其中的令、格、式就不能与之相比。譬如令，事实上宋初尚用令，后来就不太重要了；明朝的《大明令》在性质和内容上均与唐令不同。又如格，宋代虽有修订格的举动，但是也已不甚重要；元代条格非常重要，但是与唐格并不完全一样；明清两代已经没有专门的格了。再如式，宋朝还比较重视，但是元、明、清三代也已不见有何单行的格式了。③ 就是《刑统》这一法律样式，宋代以后也消失不见了。

据此，我们认为，虽然在目前的研究条件下尚难全面评估唐朝法律（包

① 《历代刑法考·汉律摭遗自序》，第1365页。

② 杨鸿烈：《中国法律发达史》（上），上海书店1990年影印版，第344页。

③ 有关律、令、格、式等法律样式变迁的讨论，参见刘海年、杨一凡：《中国古代法律史知识》，黑龙江人民出版社1984年版，第88—90页。

括《唐律疏议》、令、格、式等）在我国封建社会与东亚"汉文化圈"的影响；但是，我们至少应该清醒地意识到这一点。而这既是研究视界的变化，也是研究方法的转变。

一、唐朝法律在我国封建社会中的历史地位

就唐朝法律在我国封建社会中的历史地位而言，有两个问题亟待解决：第一，什么是唐朝法律的真正贡献？或者说独创性的贡献？例如，《唐律疏议》的意义和价值，在某种程度上是由于前朝法律散失而为后世统治当局和学者建构起来的；实际上，在我国封建社会法律史上真正具有独创性的时代，也许是魏晋南北朝。第二，对于唐朝法律的历史地位的评估，还应包括其他法律形式。例如，民间社会自发形成的习惯和习惯法等；唐朝以前的习惯和习惯法规则甚少（没有保存下来？），宋明以降则渐次增多，尤其是清代。这些规则对于社会生活秩序以及经济秩序非常重要，也是中国法律史研究的一个新课题。

1. 唐朝法律对于前朝法律的继承和发展。唐朝的法律形式有四：律、令、格、式，它们均与前朝的法律有着渊源关系，或者说是前朝的继承和发展。

先说律。夏、商、周三代时期，史称"礼治"时代，它的基本法律规则是礼与刑；春秋、战国以降，随着变法改革和法家的兴起，我国古代社会"法治"时代开始出现；史称商鞅"改法为律"，由此形成一个"律治"的时代，其后历代相沿无改直到清朝鼎革为止。[1] 其中《魏律》《晋律》《北齐律》，尤其是隋朝的《开皇律》在律典的篇章结构、基本内容、礼法关

① 参见钱剑夫：《中国封建社会只有律家律学律治而无法家法学法治说》，载《学术月刊》1979 年第 2 期；梁治平在《"法"辨》中认为：三代是刑，春秋战国是法，秦汉以后则主要是律。

系以及法律解释诸方面，均对唐朝律典有直接影响；就此而言，《唐律》及其“疏议”只是发展与总成，恐怕很难说具有独特的创造性。也许，从另一个角度我们也可以说：发展和总成本身也意味着创造。

次说令。令，作为一种单行法律形式，至少在春秋、战国时代已经颇为流行，《管子 · 立政》：“令则行，禁而止”；《商君书》有所谓“垦草令”“阡陌令”和“分户令”等；《秦简 · 法律答问》也有“犯令”和“废令”之说。在汉代，《汉书 · 杜周传》说：“前主所是著为律，后主所是疏为令”，更有“令甲、令乙、令丙”之分；[①]但是，在秦汉之际，律与令的界限不甚分明。魏晋以来，律、令渐次分明，《太平御览》卷 638《刑法》著录晋代杜预《律序》说“律以定罪名，令以存事制”即其例证；也是《唐六典》“律以正刑定罪，令以设范立制”的渊源所自；如以现存晋令逸文[②]与唐令逸文对比，虽然在内容和篇目等方面有些差异，但是两者在立法方法和调整对象方面则有相同之处，所以仁井田陞认为：“从晋令逸文中，可以看到唐令的前身。”[③]此外，根据《隋书 · 刑法志》记有：隋朝在定律的时候，也有修令之举；而《旧唐书 · 刑法志》则说：唐初修订律令，也是“因开皇律令而损益之”。其相沿相袭可知矣。

再说格。根据《唐六典 · 刑部》“后魏以格代科”的说法，则格作为一种法律形式，渊源于汉魏时代的科；[④]其时著名的有东魏孝静帝兴和三年（541 年）编定的《麟趾格》，[⑤]它是“正刑定罪”的刑事法典。及至隋朝，虽然律、令、格、式并行；但是，格的地位和作用远非唐朝可比。在唐朝，

---

① 参见《汉书 · 宣帝纪》如淳注：“令有先后，故有令甲、令乙、令丙。”

② 参见张鹏一编著：《晋令辑存》，三秦出版社 1989 年版。

③ 《唐令拾遗》，第 805 页。

④ 关于“科”的流变的比较详尽的讨论，参见张建国：《“科”的变迁及其历史作用》，载《北京大学学报》（哲学社会科学版）1987 年第 3 期。

⑤ 陈仲安先生认为：《麟趾格》作为正式颁布的法律文书至东魏才形成。参见陈仲安：《麟趾格制定经过考》，载《文史》第 21 辑。

格已经成为学者所谓的“行政法规”，地位和作用大为提高；其中只有《刑部格》属于刑事法规。另外，在唐朝律、令、格、式法律体系中，格的变化甚大，而且逐步朝着刑事法律的方向发展。① 但是无论如何，格的历史继承性是显而易见的；这是我们在评估唐格的历史地位时不可忽视的。

后说式。关于唐式的研究，目前的资料和研究都比较稀少，学者大致认为，式作为一种法律形式，源于战国时代；《秦简》录有“封诊式”，内容涉及侦查勘验、治狱断案的程式。秦汉、魏晋时期没有见到任何史料记载，西魏于大统年间（544 年）曾经制定《大统式》，内容和性质如何，不太清楚；隋朝有式，内容无考；唐朝承而袭之，并且成为一种基本的国家法律规范，学者视为“公文程式”方面的行政活动细则。②

通过上述唐朝基本法律形式源流的简要回顾，③ 我们可以发现，它们全是前朝法律形式的继承、发展和完善。仅就目前的史料来看，唐朝自身的独创恐怕不会很大。另外，特别值得注意的是：唐朝后期的法制与前期相比，变化很大，前期主要是修订律、令、格、式等国家基本法规；后期则视之为具文，着重编撰“格后敕”和“刑律统类”等法律，实际都是“编敕”。再者，唐朝后期，在法律适用时，先用制敕；制敕无文，方用律、令、格、式。这种做法对于五代和宋朝法制影响极大。④

2. 唐朝法律对于后世法律的影响。以《唐律》及其“疏议”为代表的法律体系，不仅汇集前朝法律之大成，而且对于后世封建法律发生的影响比较深广。

---

① 有关唐格的变迁情况的分析，参见马小红：《“格”的演变及其意义》，载《北京大学学报》（哲学社会科学版）1987 年第 3 期。

② 对于视唐式为“公文程式”的论断，霍存福在《唐式性质考论》（《吉林大学社会科学学报》1992 年第 6 期）中有所质疑。

③ 关于唐朝律、令、格、式的性质问题，这里不便详论；对此，笔者另拟专文分析。

④ 对此问题的详尽讨论，参见刘俊文：《论唐朝后期法制的变化》，载《北京大学学报》（哲学社会科学版）1986 年第 2 期。

第一，唐朝法律对于五代法律的影响。五代是我国历史上又一个纷争离乱的时期，不仅视法制为具文，而且大肆严刑峻罚，诸如凌迟、腰斩、断舌、刺字、折足等酷刑层出不穷；[①]但是，就法律编制而言，依然大多沿袭唐朝法律。例如，后梁开平四年（910年）完成的《大梁新定格式律令》，据《旧五代史·刑法志》说：律令30卷，式20卷，格10卷，律疏30卷；其中律令及其“疏议”大抵与唐朝相同。[②]又如，后唐同光三年（925年）撰定的《同光刑律统类》，据《旧五代史·刑法志》讲：它是根据唐朝律、令、格、式汇集而成；另据《册府元龟》卷613记载：长兴四年（933年）敕定《大中刑律统类》，所编即唐朝大中五年（863年）的《大中刑律统类》。再如，依《旧五代史·刑法志》载：后晋的《天福杂敕》是删节唐朝律令而成。最后，据《旧五代史·刑法志》云：后周显德四年（957年）制定的著名的《显德刑统》，也是删辑唐朝《大中刑律统类》而成。需要指出的是，五代法律虽然承袭唐朝者不少，但是，在实际运作过程中则是另外一种情形，此不可不察。

第二，唐朝法律对于宋朝法律的影响。据《宋史·刑法志》说：“宋法制因唐律、令、格、式，而随时损益则有编敕。”这说明两点：一是宋朝法律大抵承袭唐朝；二是宋朝自身的法制特色在于编敕，但实际上也是沿用唐朝后期和五代以来的传统。两宋300余年时间，总计修订50余部法典，大多散佚；今存著名的《宋刑统》，其在篇目和内容方面大致抄袭《唐律疏议》，主要变化有：其一，法典命名的不同。《宋刑统》不称“律”而叫“刑统”，显然是沿用唐宣宗时期《大中刑律统类》的名称。其二，法典体例的不同。《宋刑统》将律、敕、令、格、式加以综合编撰，以律为体，把敕、令、格式以及注、疏议、问答分编于后；又在12篇目以下分门别类，总计213门。其三，《宋刑统》虽然袭用“五刑”，但是，却将死刑以外的笞、杖、

① 参见杨廷福：《唐律初探》，天津人民出版社1982年版，第145页。

② 参见《五代会要》卷9，又见《宋史·艺文志》。

徒、流改为“折杖法”，执行时一律“用常行杖”；对于死刑，犯有“十恶”中的谋反、谋大逆、谋叛和恶逆四大罪名者，“准律用刑”，其余则“决重杖一顿处死，以代极法”。其四，内容方面的不同。一是在《名例律》中增加“一部律内余条准此条”一门，总计 44 条；二是在《户婚律》中增加户绝资产、死商钱物、典卖指当论竞物业和婚田入务 4 门。

尽管《宋刑统·序》说：“（《宋刑统》）终宋之世，用之不改；”但是在实际法律活动中，制敕不仅数量越来越多而且地位越来越高，及至神宗时代更有“凡律所不载者，一断以敕”的做法。[①] 此外，在宋朝的法律实践中，“例”（传统观点认为包括“断例”和“指挥”两种）的作用也非常重要，以致出现“引例破法”的结果。[②] 凡此，足以说明唐朝法律对于宋朝法律的影响并非人们通常所说的那么深广，因为制敕和例都是根据宋朝自身的社会现实作出的法律回答；虽然名称或有继承，但是内容变化不小。

第三，唐朝法律对于辽、金、元三朝法律的影响。先说辽代法律。辽代由于民族和文化传统与中原汉族不同，起初法律颇用部落时代的习惯法；根据《辽史·百官志》记载：建国以后，“大略采用唐制”，制定官制，颁行律令；又据《辽史·刑法志》载曰：神册六年（921 年）“乃诏大臣定治契丹及诸夷之法，汉人则断以律令”，这里的汉人律令，即指唐朝的律令。其后辽代制定的《重熙新定条例》和《咸雍重修条例》，名称虽然有所变化，但是内容大致参辽酌汉修订而成；所谓汉法就是《唐律》。

次说金代法律。据《金史·刑》的记载：金代在灭辽代与北宋以后，曾经多次修订法律，大抵均以《唐律》为归依；例如，熙宗时期著名的《皇

---

① 对于这一记载，学者有不同的看法。参见江必新、莫家齐：《“以敕代律”说质疑》，载《法学研究》1985 年第 3 期；另见薛梅卿：《宋刑统研究》，法律出版社 1997 年版，第 135—152 页。

② 对于宋例的法律形式、性质、作用等问题，王侃先生有不同的看法。详细的分析，参见王侃：《宋例辨析》，载《法学研究》1996 年第 2 期，以及王侃：《宋例辨析续》，载《法学研究》1996 年第 7 期。

统制》，就是“以本朝旧制，兼采隋、唐之制，参辽、宋之法，类以成书”。再如，章宗时期大臣建议“历采前代刑书宜于今者，以补遗阙，取《刑统》疏文以释之，著为常法”，编成《昌明律义》。泰和元年（1201年）编撰《泰和律义》，篇目结构与《唐律》相同；《金史·刑》称其为“实《唐律》也。”

后说元代法律。诚如学者指出：虽然元代自始至终没有完成统一适用于蒙古、汉、回各族的法典，在它的法律系统中，包括有蒙古法、汉法和部分回回法在内的多元因素，不同民族适用法律之间的差异也非常鲜明；但是，元代法律的主体部分，还是施行于汉族臣民的传统封建法律，所以也有一定的体系；即使在元代的“断例”或其他法律公式文书中，也常大量引用金代的泰和律、令。[①] 自13世纪初到元代建立，元代法制比较复杂；但是，它的一个基本倾向是为了逐渐适应于对汉族地区进行统治的需要，行用金代《泰和律》，《元史·刑法志》所谓：“百司断理狱讼，循用《金律》。”与此同时，随着自身统治经验的积累，又为禁用《金律》打下了基础。元代建立以后，渐次编撰了一些法规汇编，如《至元新格》《风宪宏纲》和《至正条格》等；而从今存名著的英宗至治三年（1323年）编撰的《大元通制》来看，篇目大致与《泰和律》相同；[②] 上文提到的《泰和律》实即《唐律》。必须指出，元代虽然有取于《唐律》（如通过《泰和律》），实际上两者之间无论在内容方面（诸如民族、经济、政治、宗教文化等），还是在形式方面（诸如元代法律是圣旨、条画、条格和断例等汇编）差异均不可忽视。

第四，唐朝法律对于明朝法律的影响。明初修律，受《唐律》影响较大，《明史·刑法志》说：“洪武元年（朱元璋）又命儒臣四人，同刑官讲

① 对元代法律形成过程的详细讨论，参见姚大力：《论元朝刑法体系的形成》，载《元史论丛》第3辑，中华书局1986年版，第105—129页。

② 参见姚大力：《论元朝刑法体系的形成》，载《元史论丛》第3辑，第125页；另见杨廷福：《唐律初探》，天津人民出版社1982年版，第159页；仁井田陞认为，《大元通制》中的“条格”与唐令和宋令有很多一致的地方。参见《唐令拾遗》，第838页。

《唐律》，日进二十条。”可见君臣上下对《唐律》讲求颇为认真，立法定制也是如此。《明史·刑法志》继续说道：“盖太祖之于律令也，草创于吴元年，更定于洪武六年，整齐于二十二年，至三十年始颁示天下。”洪武六年（1373年），《明律》“篇目一准《唐律》”；在内容方面，则是以吴王元年（1367年）律令为基础修订而成的，“采用旧律二百八十八条，续律百二十八条，旧令改律三十六条，因事制律三十一条，掇《唐律》以补遗百二十三条，合六百有六条”。洪武三十年（1397年）颁行的《明律》，一改旧律的编撰体例，而以名例、吏、户、礼、兵、刑、工7篇构成，共460条，篇目和条文均有减损；内容于《唐律》也颇有损益，学者认为：“《唐律》在《大明律》中仍然适用者，占61%以上。”[①] 值得注意的是，即便就《唐律》与《明律》相同的方面讲，两者之间仍有差异，清代薛允升指出：“大抵事关典礼及风俗教化等事，《唐律》均较《明律》为重；贼盗及有关帑项钱粮等事，《明律》则又较《唐律》为重。”[②] 由于这部法典日久虑精，堪为一代法制，所以有司决狱，一准此律；另外，由于这部法典是朱元璋所定，因此历代相承，无敢轻改。但是，实际的法律运作则是例的地位和作用日益重要，律则反而“因循日久，视为具文”。[③] 从明朝法律实践和律以外的法律形式——如《大明令》《明大诰》、各种各样的“例”以及《大明会典》，虽然尚能窥见唐朝法律的某些影子；但是其自身的独特性更为突出和

① 钱元凯：《〈大明律〉和前朝的法典有何关系？》，载陈鹏生主编：《中国古代法律三百题》，上海古籍出版社1991年版，第90页。如果辟开礼法之间的关系以及刑罚之轻重问题不谈，单就立法技术的角度着眼，则《明律》恐怕较诸《唐律》更有发展的地方。对此，杨鸿烈指出：“中国法律到了明代可说有长足的进步，明太祖朱元璋和其他一般立法家都极富有创造精神，所以那一部洪武三十年更定的《大明律》，比较唐代的《永徽律》更为复杂，又新设许多篇目，虽说条数减少，而内容体裁，俱极精密，很有科学的律学的楷模。”杨鸿烈：《中国法律发达史》（下），上海书店1990年影印版，第746页。

② （清）薛允升：《唐明律合编》卷9；有关《唐律》与《明律》之比较分析，另见杨一凡：《明初重典考》，湖南人民出版社1984年版，第13—20页。

③ 参见《明史·刑法志》。

重要——唐朝法律对于明朝的影响，也就不如想象得那么突出。

第五，唐朝法律对于清朝的影响。清朝在入关以前就已开始注意吸收汉人的文化与法律制度，[①] 并且将明朝的法律翻译成满文。根据《太宗实录》卷 12 记载：天聪六年（1632 年）达海曾经翻译《刑部会典》，这部法典据说是明代《万历会典》的一部分，与《大明律例》没有什么不同；这对当时的立法有过影响，所以学者认为：当时“除了传统的习俗，也容受了中原文物。”[②] 入关初期，一方面沿用《明律》，顺治元年（1644 年）摄政王多尔衮就曾下令“自后问刑，准依明律”；另一方面则本着“详译明律，参以国制”的原则措手制定《清律》。这部《大清律例》先后经过顺治、康熙、雍正和乾隆四朝，历时将近百年方才告成；这部法典的篇目结构与《大明律》相同，具体是名例、吏、户、礼、兵、刑、工等 7 篇，47 卷，436 条，附例 1049 条。[③] 学者认为：这部法典以《明律》为蓝本，而《明律》则近本元朝法律，远宗《唐律》。[④] 就清朝法律而言，其一，《大清律例》近承《明律》而远祧《唐律》，所以《唐律》的影响是比较间接的；数量上也有所减少，晚清薛允升指出：“今之律文与唐律合者，亦十居三四。”[⑤] 其二，就是

① 例如，天聪五年（1631 年），在经过长期酝酿之后，仿照明代政治体制设置六部；崇德元年（1636 年）设立都察院。此外，六部建立之初，统治集团提出：凡事都照《大明会典》办理；及至天聪七年（1633 年）又提出“参金酌汉”的立法原则，制定适合本民族、本地区的条例法规；崇德元年制定《崇德会典》52 条，承袭《大明会典》的余绪等等。参见张晋藩、郭成康：《清入关前国家法律制度史》，辽宁人民出版社 1988 年版，第 50、55、67、437 页。

② 参见［日］岛田正郎：《清律之成立》，姚荣涛等译，载刘俊文主编：《日本学者研究中国史论著选译》第 8 卷《法律制度》，中华书局 1992 年版，第 468—469 页。

③ 关于《大清律例》修订经过的讨论，参见张晋藩：《中国古代法律制度》，第 790—796 页；另见［日］岛田正郎：《清律之成立》，姚荣涛等译，载刘俊文主编：《日本学者研究中国史论著选译》第 8 卷《法律制度》，天津人民出版社 1982 年版，第 461—521 页。

④ 参见杨廷福：《唐律初探》，第 167—168 页。

⑤ 薛允升：《读例存疑 · 总论》，引自胡星桥、邓又天主编：《读例存疑点注 · 总论》，中国人民公安大学出版社 1994 年版，第 3 页。

这部法典，也有清朝自身政治、民族、文化等特色。其三，从清朝的其他法律与运作看：律是万世之常经，一成不变；例系一时之权制，随时增损。诚如《清史稿·刑法志》所说："盖清代定例，一如宋时之编敕，有例不用律，律既多成虚文，而例遂愈滋繁碎。其间前后抵触，或律外加重，或因例破律……"就"例"而言，《清史稿·刑法志》统计雍正三年（1725年）《大清律例》时讲：从明朝《大明例》沿袭下来的例有321条；从《现行则例》收入的有290条；后来增加的有204条。[①] 这些数倍于律的例，充分体现了清朝的创造性发展；如果考虑一下清朝的其他法律，譬如《大清会典》以及各种民族法典、法规；那么，可以说唐朝法律对于清朝的影响，根据目前的研究来看，应该说是比较局部的，也是比较有限的。

通过上述讨论，对唐朝法律在我国历史上的地位和影响，我们可以得出下面几点初步结论：其一，作为一个整体来看，中国古代法律发展有其陈陈相因的特点；唐朝法律的成就主要在于对前朝法律的总结、发展和完善，它的独创性是比较有限的。其二，现代学者以中国古代法律为"律令格式"或"律令"体系[②]，这样的论断既不能反映唐朝以前法律的史实，也无法代表以后法律的发展和变迁；再者，唐朝的令、格、式，包括"刑律统类"等，对于后世的影响远远不如《唐律疏议》。其三，即使影响最大最久最深的《唐律》，对于后来的影响也在逐渐消逝、减弱；而且，如果我们考虑一下各朝"律典"的形式意义，那么，在一定程度上讲，它们是作为帝国法律的一个"象征"符号而存在的。某个朝代初期制定的"律典"只在很短一段时间内发生真正的效用，以后往往成为具文，虽然从来没有也不可能明文废止；而真正产生实际效力的则往往是各种各样的制敕、例

---

① 正文当中"例"的来源定名，依据［美］布迪、莫里斯：《中华帝国的法律》，朱勇译，江苏人民出版社1993年版，第61页。

② 尽管"令"在中国法律发展史上历史极为悠久，所以抽象地说中国古代法律是"律令"体系，并无不妥；但是，在唐朝，由于"令"的形式和内涵都是独特的，与秦汉和明清等朝代均有不同，因此，这样的概括也就非常不妥，甚至是错误的。

等权宜之法律；宋、辽、金、元、明、清各朝莫不如此。其四，唐朝法律，尤其是《唐律》之所以能发生久远的影响，主要原因在于我国古代社会某些基本不变的结构性因素的长期存在。换言之，这种不变的结构性因素的存在，使后世参照《唐律》来修订自己的法典成为可能；而变化则是渐进、缓慢的，尽管最终的积累总量非常惊人，每个朝代通过各种法律诸如制敕、例等来适应和满足这一渐进变迁的需要。唐朝的法律作为一种已经过去的、“死”的法律当然无法产生具有实质意义的影响。其五，作为万世之常经的“律典”，由于以下两个方面的原因也导致了它的不变：一是，就各个朝代本身而言，“律典”大多制定于开国之初，作为“祖宗之法”，子孙不敢轻易改变，这一点，我们在唐、宋、明、清各朝均可发现；二是，就整个封建时代来讲，我国古人崇尚权威、崇尚传统的心理结构，致使他们对于改变传统产生很大的犹豫，对于唐朝法律尤其是像《唐律》这样一部伟大的法典，这种心理也曾发生很大的作用。①

二、唐朝法律在东亚诸国历史上的地位

从比较法的视野观察，关于法系问题，虽然学者有种种不同的划分，②但是中华法系作为其中之一，学者基本没有疑问；而从中华法系的角度分析，学者也都认为，它是以唐朝“律令”法律体系为中心构成的。从文化理论来讲，学者认为：在东亚地区，从越南到朝鲜这一半圆形地区中的民族、国家，直至19世纪欧洲文化大量输入之前，始终是在中国文化影响下发展起来的；从而形成文化的“内核与外围 · 输出与接受”的关系，输

① 对于我国“律典”的变与不变，以及其他形式法律的变化原因，美国学者马伯良也曾论及，参见［美］马伯良：《〈唐律〉与后世的律：连续性的根基》，载高道蕴等编译：《美国学者论中国法律传统》，中国政法大学出版社1994年版，第259页。

② 参见杨鸿烈：《中国法律在东亚诸国之影响》“导言”，台湾“商务印书馆”1971年版。本书也是我们讨论中国在域外影响的基本参考文献。

出与接受本身也意味着文化的变异和过滤，因为双方均有其独特的文化“语境”。就此而言，对接受外来文化的民族或国家来讲，都有自己的文化，具有不可替代的性质；因此外来文化作为一种比较高级的文化可以或只能帮助和促进它们自身的文化，但是决不可能代替[①]。这是我们评估唐朝法律在东亚各国的影响以及各国法律特点的一个方法论前提。

对于以《唐律》为中心的中国法律对东亚各国的影响，前辈学者杨鸿烈《中国法律在东亚诸国之影响》和杨廷福《唐律初探》已有非常精湛的探讨；在此，我们在他们研究的基础上稍作介绍和分析，以期勾勒一个各国接受唐朝法律的基本轮廓。

1. 唐朝法律对于朝鲜法律的影响。东汉班固《汉书·地理志》曾说：殷道衰败，箕子去祖国到朝鲜（公元前 1122 年），教其百姓礼义、田蚕、织作以及乐浪朝鲜民犯八条：相杀、相伤、相盗（汉书所记只此三条）……不管记载是否可以信据，但是，它至少表明：中朝两国交往的历史极为悠久，并且我国法律对于朝鲜的影响也较早。钱大群认为：“朝鲜立国初期的法律制度源于周、汉。”[②] 汪向荣认为：在朝鲜半岛上，从 4 世纪起，先后进入“律令”时代。[③] 朝鲜之接受我国法律的影响，大致可以分为三个时期：唐朝以前的法律接受，模仿唐朝法律时期和遵用明朝法律时期。

其一，唐朝以前的法律接受。公元前 1 世纪，朝鲜分裂为新罗、百济、高句丽；但是这一时期的史料有阙，不可详考。见于史籍记载的主要有：如百济在古尒王二十九年（262 年）曾经下令：凡官人受财及盗三倍征赃禁锢终身。杨鸿烈认为：这是脱胎于汉魏法律的规定。再如，高句丽小兽林王三年（373 年）始颁律令，内容无考，杨鸿烈认为，这一律令受到晋

① 参见汪向荣：《古代的中国与日本》，生活·读书·新知三联书店 1989 年版，第 5、11 页。

② 钱大群、钱元凯：《唐律论析》，南京大学出版社 1989 年版，第 361—362 页。

③ 参见汪向荣：《古代的中国与日本》，生活·读书·新知三联书店 1989 年版，第 20 页。

代以后诸律的影响。又如，新罗法兴王七年（520 年）颁示律令。[①]

其二，模仿唐朝法律时期。严格地说，朝鲜半岛真正进入“律令”时代，是在模仿唐朝法律以后。公元 675 年，新罗统一百济、高句丽，时值唐朝盛世，也是“律令”时代的完备时期；当时中国与朝鲜两国的关系更为密切，不仅新罗商人足迹遍布各地，而且长安的新罗留学生多达 260 人。据此，学者认为，唐朝法律由此输入新罗是无可怀疑的事情。[②] 从真德王三年（649 年）起，新罗开始根据唐朝的制度修订自己的礼仪、官制、法律；包括：丁田制、征收租庸调；仿照唐朝的尚书省设置执事省，综理国政；改革地方体制，设置州、郡、县；仿照唐朝的历法、年号、衣冠、礼俗和科举等。

10 世纪初叶，王建重新统一全国，国号“高丽”，它的法制也渐次可考；在高丽王朝共计 474 年（918—1392 年）时间里，它的政治、经济、法律基本沿袭唐朝。《高丽史 · 刑法志》载曰：“高丽一代之制，大抵皆仿于唐。至于刑法亦采《唐律》，参酌时宜而用之。”例如，在政治上，中央设三省、六官（后改六部）、九寺，地方行政区划是全国十二州牧（后改十四道）；经济上，仿照唐朝“均田制”，颁布“田柴科”；在司法制度和刑法方面，则沿用《唐律》而有所精简。以高丽刑法“七十一”为例，据学者的考证，其中 69 条采自《唐律》；2 条录自《唐狱官令》。[③]

其三，遵用明朝法律时期。这一时期实际上是间接继受唐朝法律的影响。高丽王朝末年，辛禑三年（1377 年）曾经一度遵用元朝法律；[④] 不久，李成桂废黜辛禑自代，建立李氏朝鲜，改用《明律》。其后李氏王朝大力

① 参见杨鸿烈：《中国法律在东亚诸国之影响》，台湾“商务印书馆”1971 年版，第 47、45、42 页。

② 参见［日］泷川政次郎：《唐之法制》，载《世界文化史大系》第 7 卷，转引自杨鸿烈：《中国法律在东亚诸国的影响》，台湾“商务印书馆”1971 年版，第 41 页。

③ 参见杨廷福：《唐律初探》，天津人民出版社 1982 年版，第 186 页。

④ 参见《高丽史 · 辛禑列传》：“令中外决狱，一尊《至正条格》。”

提倡儒学，仿效我国礼俗、法制不遗余力。例如，为使官民容易理解法律，曾命吏读（官名）注释《明律》，称为《大明律直解》。再如，一方面，依据《唐六典》和《明会典》等制定《经国大典》，其中的《刑典》完全取自《明律》；另一方面，凡是法典没有规定的犯罪，定罪量刑可直接以《明律》为依据。[①] 直到 1905 年朝鲜为日本吞并，所颁布的《刑法大全》虽然体例和内容抄自日本法律；但是，其中不少内容采自《唐律》与《明律》等法典。[②]

2. 唐朝法律对于日本法律的影响。从文化交流史的角度讲，中日两国一衣带水，浮海相通历史悠久。考古学研究表明：早在日本弥生时代（公元前 3 世纪至 3 世纪），中国、朝鲜的铁、铜、陶器及其制造技术和水稻耕作方法等已相继传入日本。[③] 就中国方面的文献记载看，战国时代的《山海经・内海北经》曾经提到日本的地理方位，它说："盖国在锯燕南、倭北、倭属燕。"东汉班固《汉书・地理志》的记载更为明确，"乐浪海中有倭人，分为百余国，以岁时来献见云。"其后中国方面的史书记载渐多。及至公元 1—2 世纪，日本出现邪马台国，其与我国的关系更为密切。《三国志・魏志》记有：邪马台国"其法，轻者没其妻子，重者灭其门户。"学者认为，这是源于汉魏法律中的"夷三族"。应神天皇十六年（285 年）百济五经博士王仁将郑玄所注《论语》和《千字文》带到日本，我国的儒家思想渐次传入日本；其后，日本文化也逐渐迈向中国文化圈。从法律接受的角度说，真正具有重要意义的是推古天皇（592—628

① 参见［日］麻生武龟：《李朝之法典》，载《朝鲜》杂志，第 147 页，转引自杨廷福：《唐律初探》，天津人民出版社 1982 年版，第 187 页。

② 参见杨鸿烈：《中国法律在东亚诸国之影响》，台湾"商务印书馆"1971 年版，第 96 页以下。

③ 参见吴廷缪主编：《日本史》，南开大学出版社 1994 年版，第 13—15 页；关于唐朝以前中日交流基本史实的介绍，又见夏应元：《秦汉至隋唐时期的中日文化交流》，王晓秋、大庭脩主编：《中日文化交流史大系・历史卷》，浙江人民出版社 1996 年版，第 60—132 页。

年）时期圣德太子的改革以及随之而来的“大化改新”（645 年）；圣德太子执政时期制定的“冠位十二阶”与“宪法十七条”，深受我国政治制度和儒家思想的影响。为了摄取我国的先进文化，圣德太子于 609 年派遣小野妹子出使隋朝；推古天皇三十一年（623 年）留唐学生惠日等上奏天皇指出：“大唐国者，法式备定之珍国也，常须达。”[①]其后，两国贸易频繁，使者往返不绝，留唐学生络绎而来；自舒明天皇二年（630 年）至宇多天皇宽平六年（894 年），总共派出“遣唐使”19 次，其中到达长安的有 13 次，多至 500—600 人，少则 50—60 人。值得注意的是，在留唐学生中不乏研究唐朝礼法者，如大和长冈在长安学习唐朝法律，回国以后与吉备真备共同修订律令 24 条；吉备真备回国时曾带回唐礼，这对日本礼仪的制定颇有影响。[②]而“大化改新”则是日本法律接受史上首次全面输入唐朝政治、经济制度和“律令”体系。例如，仿照唐朝的三省六部制和州县里制，建立“八省百官”制和国郡里制的中央集权与天皇专制政治；又如，按照唐朝的“均田制”和“租庸调制”，废除部民制，建立“班田制”和“租庸调制”。这样，日本逐步过渡到封建社会，形成了奈良（约 700—800 年）和平安（约 800—1200 年）时期的社会发展与繁荣。就日本接受我国法律而言，大致可以分为三个时期：大化改新时期、武家政治时期和明治维新时期。

第一，大化改新时期。日本从“大化改新”以后，在引进唐朝法律方面有了很大的发展，先后制定了一批律令法典，从而形成日本学者所谓的“律令制”国家；这种国家结构的基本特点是：国家掌握人民和土地，并且以此建构中央集权制和官僚制国家。

---

① 参见《日本书纪》推古天皇三十一年条记载，引自《日本史料集成》，平凡社 1956 年版：第 88 页；转引自吴廷缪主编：《日本史》，第 53 页。

② 参见吴廷缪主编：《日本史》，第 81 页；另见杨廷福：《唐律初探》，天津人民出版社 1982 年版，第 175 页；又见刘连安：《唐法的东传》，刘俊文、[日] 池田温主编：《中日文化交流史大系 · 法制卷》，浙江人民出版社 1996 年版，第 15—16 页。

其一，天智天皇七年（668 年）制定的《近江令》22 卷，由高向玄理、僧旻等人负责编撰，内容无考；但是，根据日本学者的研究，《近江令》是依据唐朝的武德、贞观、永徽等令制定而成的。[①] 这是第一部直接继受唐朝法律制定的日本法典。

其二，天武天皇十年（683 年）制定的《天武律令》，根据《日本国史》卷 29 记载：当年二月诏曰："朕今更欲定律令，改法式。"这部法典大致以唐朝的武德、贞观或永徽三部律令之一修订而成的。

其三，文武天皇大宝元年（701 年）制定著名的《大宝律令》，据说这部法典是根据唐朝《永徽律令》和武则天垂拱元年《垂拱格式》制定的。从篇章结构看，《大宝律》12 篇，次序与《唐律》完全一致；就具体内容讲，也是基本采取《唐律》而成的，不仅文辞相同或相近，而且内容也只是对《唐律》加以简化。例如，《唐律》有"十恶"，《大宝律》则删去"不睦"和"内乱"，成为"八虐"；再如，《唐律》有"八议"，《大宝律》省去"议勤"与"议宾"，构成"六议"；又如，《唐律》有"五刑"，《大宝律》也有"五刑"，只是将"流刑"的道里数字去掉，改为"近流""中流"和"远流"三等。有关司法组织、诉讼程序、刑罚适用和执行等，大多也是对《唐律》加以简化和减轻；其他的诸多罪名也与《唐律》相同或相近。对此，学者已有详尽讨论。[②]

至于《大宝令》，根据日本学者的研究，认为取自《近江令》，实际上也是源于唐朝的武德、贞观、永徽三令，尤其是《永徽令》。[③]

其四，元正天皇养老二年（718 年）制定的《养老律》，根据《本朝

---

① 参见杨廷福：《唐律初探》，天津人民出版社 1982 年版，第 176 页；刘连安：《唐法的东传》，刘俊文、池田温主编：《中日文化交流史大系 · 法制卷》，第 17 页。

② ［日］桑原骘藏：《王朝之律令与唐之律令》，载《历史与地理》第 6 卷第 5 号，以及国内学者杨鸿烈：《中国法律在东亚诸国之影响》，对此讨论甚详，此不赘述。

③ 参见［日］佐藤诚实：《律令考》；中田薰：《法制史论集》第一卷附录第二；转见杨廷福：《唐律初探》，天津人民出版社 1982 年版，第 178 页。

文粹·弘仁格式序》记载：吉备真备于"养老二年，复同大臣不比等奉敕更撰律令，各为十卷。"《养老律》的篇目结构与《唐律》略同，《养老律》分"名例"为上下两篇，共有13篇。至于稍后（752年）制定的《养老令》，是依据《贞观令》删定而成的，大约有2/3的篇目与唐令相同。[①]

如果说在奈良时代，是律令制度初行的时代，也是日本政治、经济发展比较顺利和国运上升的时代的话，那么在平安时代，一方面，日本政府力图继续推行律令制度，并且视之为不朽的圣典；另一方面，律令制度作为一种"文本"形态，则与社会现实的政治、经济生活则颇有距离。如何解决这一局面，当时的统治集团做过努力，以期修改律令，使之符合现实生活的需要；具体的办法就是相继制定具有修正律令作用的格与式。[②]例如，嵯峨天皇时（820年）编纂《弘仁格》10卷和《弘仁式》40卷；又如，清和天皇时编撰《贞观格》（869年）12卷和《贞观式》（871年）20卷；醍瑚天皇时制定《延喜格》（907年）12卷和《延喜式》（927年）50卷。以上是日本历次模仿唐朝制定的主要法律，并且由此达到日本"律令"时代的高峰；[③]如《大日本史·刑法志》就说："此皇朝所以遵神道，采唐制，删定五代之大典者，可谓备矣。"与此同时，在对律令的认识上也承袭唐朝，《大日本史·刑法志》讲："盖令者，尊卑贵贱之等数，国家之制度也；格者，百官有司所常行之事也；式者，其所常守之法也。凡邦国之政，必从事于此，其不能遵由，为恶而入于罪戾者，一断以律。"但是，随之而来的却是"律令"王朝的解体；实际上，这一律令制度的危机早在奈良时代已经出现。

第二，武家政治时代。早在奈良和平安时期，大化改新以后渐次制定

① 有关《养老令》与唐令篇目的比较，参见《唐令拾遗》附表；另见夏应元：《秦汉至隋唐时期的中日文化交流》，载刘俊文、大庭脩主编：《中日文化交流史大系·历史卷》，第117页。

② 参见［日］坂本太郎：《日本史概说》，汪向荣等译，商务印书馆1992年版，第106—112页。

③ 见吴廷缪主编：《日本史》，南开大学出版社1994年版，第101页。

的“班田制”就开始逐渐废弛，庄园制随之萌芽和发展，成为日后武家政治赖以建立的经济基础。12世纪末，赖源氏灭掉平氏建立镰仓幕府，日本从此进入武家政治时代，直到明治维新，将近700年。这一时期日本法律的发生有较为明显的变化：一是过去的律令对于庶民依然没有完全失效；二是制定新的武家法规，两者并存了数个世纪之久。但是，随着武家专制的加强，原来的律令自然废而不用；武家法律取得主导地位。[①] 与此同时，制定和颁布了一系列的武家法规：镰仓幕府在贞永元年（1232年）制定《贞永式目》，全称《御成败式目》，意为审判或裁判法规，它是根据武家的司法实践和惯例，以及参酌《养老律令》修订而成的；后来室町幕府参酌镰仓时期的法律制定《建武式目》；再后来的战国时代（1467—1573年），各地的武家割据势力也制定一些武家法律，诸如《武田武家法度》《今川武家法度》等；德川家康建立德川幕府，曾经制定《武家诸法度》《德川刑法百条》《公事方御定书》等，各藩也制定过各种法律，如《熊本藩御刑法草书》《新发田藩新律》《会津藩刑则》《弘前藩御刑法牒》《和歌山藩国律》等，所有这些法律的来源不外三个方面：一是日本“律令”时代的法律；二是武家的习惯规则和伦理；三是我国明朝的法律，如《明律》。[②] 这一时代的日本法律，从某种意义上讲，只能算是间接继受唐朝法律的影响。

第三，明治维新时期。日本进入近代社会的根本转折点是19世纪后期著名的“明治维新”运动，试图谋求脱亚入欧；在导入西方大陆法律以前，有过一段过渡时期，当时的立法主要是在形式上参照西方近代法律，在内容上则主要是依据我国唐朝和明朝的法律，以及日本大化改新以来制

---

① 参见［法］勒纳·达维德：《当代主要法律体系》，漆竹生译，上海译文出版社1984年，第502页。

② 关于德川幕府时代日本对《明律》的研究，参见［日］高盐博：《日本亨保时期对明律的研究及所受的影响》，张玉元译，载刘俊文、池田温主编：《中日文化交流史大系·法制卷》，第136—164页；关于武家时代末期模仿《明律》的讨论，参见杨鸿烈：《中国法律在东亚诸国之影响》，台湾“商务印书馆”1971年版，第288页以下。

定的《大宝律令》《养老律令》和镰仓幕府的《贞永式目》、德川幕府的《公事方御定书》《德川刑法百条》等。明治元年（1868 年）制定《假（暂行）刑律》，参照《德川刑法百条》《大宝律令》《养老律令》和我国的《唐律》《明律》等；明治三年制定《新律纲领》，无论是形式还是内容都大致采借《明律》；明治六年制定《改定律例》，虽然在内容、形式方面抄袭欧洲大陆法律，但是它的某些法律名词、用语依然沿用唐朝和明朝的法典。①

3. 唐朝法律对于越南法律的影响。越南与我国南海毗连，两国交往历史悠久，学者认为：早在 5000 年以前，越南与我国巴蜀地区已有共同的文化。② 就越南方面的史料看，越南《大越史记》载有他们的祖先是神农氏后裔的传说；越南学者认为："现今越南北部的雒越人应是由福建的骆越人迁徙来的。"③ 秦始皇曾在现今越南北部等地设置象郡，汉朝曾设置交趾、日南、九真三郡，越南成为中国之一部分，所以，当时我国法律渗入越南怠无可疑。对此，日本学者牧野巽指出：越南是中国法系的南端，在秦汉时代就已接受中国文化，后汉马援远征越南，平定之后，越南成为中国的领土，直至唐朝犹然，因此当时越南所用的法律，当以唐朝的律令为主。④ 关于马援导入《汉律》的历史事实，《后汉书 · 马援列传》载曰：马援"条奏越律与汉律相驳者十余事，与越人申明旧制以约束之，自后骆越奉马将军故事。"这一工作其实就是旨在协调《越律》和《汉律》，由此也说明我国法律至此已经正式成为越南法律的重要组织部分。越南接受我国法律，大抵可以分为两个时期：唐朝以前，越南接受中国法律以《汉律》为主；以后直到清朝初期，则以《唐律》为主，兼采《明律》和《清

① 参见杨廷福：《唐律初探》，天津人民出版社 1982 年版，第 181—182 页；另见杨鸿烈：《中国法律在东亚诸国之影响》，台湾"商务印书馆"1971 年版，第 312 页以下。

② 胡世庆、张品兴：《中国文化史》（上册），中国广播电视出版社 1991 年版，第 288 页。

③ ［越］陶维英：《越南古代史》（上册），刘统文等译，商务印书馆 1976 年版，第 130 页。

④ ［日］牧野巽：《安南黎朝刑律中之家族制度》，转引自杨鸿烈：《中国法律在东亚诸国之影响》，台湾"商务印书馆"1971 年版，第 492 页。

律》等。

第一，唐朝法律对于李朝和陈朝的影响。937年，吴权打败南汉，独立称王；与此同时，吴权依照我国的体制设官分职，史称：吴权“置百官，制朝仪，定服色”。968年，丁部领在华闾洞称帝，《大越史记·外纪全书》说：丁部领曾经“制朝仪，置百官，立社稷，尊号大胜皇帝”。它的根据显然也是我国的政治制度。在越南的王朝更替中，以李朝（1010—1225年）和陈朝（1225—1400年）为重要。李太尊明道元年（1042年）颁布《刑书》3卷，陈太尊建中六年（1230年）制定《国朝通制》20卷，内容大多采自《唐律》。据潘辉注《历朝宪章志类·刑律志》讲：“按李朝、陈朝刑法……当初校定律格，想亦遵用唐、宋之制，但其宽严之间时加斟酌。”而就两朝的典章制度看，同样折中于我国唐朝和宋朝之间。例如，李朝实行中央集权体制，中央职官分文武两班；地方设24路（府），知府执掌政务；路下置府或州，基层行政单位称“社”。学者认为，在越南，这一体制是从李朝开始的。[①]

第二，唐朝法律对于黎朝和阮朝的影响。1400年，胡季犛推翻陈朝，经过一番纷争，1428年黎利称帝，建立后黎朝。在政治上，依照我国的体制，中央设六部，地方置12道，下设府、县、州，基层置社，并且仿行我国监察和科举制度等；在经济上，依照唐朝的“均田制”实施《均田法》；在法律上，相继制定：太祖顺天元年（1423年）的《词讼律令》，太宗大宝年间（1440—1442年）的《律书》，圣宗鸿（洪）德元年（1470年）的《鸿德刑律》，显宗景兴三年（1669年）的《国朝条律》等。其中最为重要的是《鸿德刑律》屡经修订，成为后黎朝的基本法典；越南学者认为：“这是一部复合法典，它包括有刑法、婚姻和家庭法、民法和诉讼法，但是所有这些法都是按照刑律的规范形式排列的。”[②]可见，它的编撰模式与我国

① 参见杨振洪：《古代越南移植中国法律探微》，载张晋藩主编：《中国法律的传统与现代化》，中国民主法制出版社1996年版，第276页。

② 越南社会科学委员会编著：《越南历史》，北京人民出版社1977年版，第318页。

律典所谓“诸法合体”相同，[1]它的内容：五刑、十恶、八议、自首、老弱、过失等规定与《唐律》相同；据杨廷福的比较，其中约有70%与《唐律》相同，30%与《明律》相同。[2]

阮福映于1802年建立阮朝，后来接受清朝的册封，在法律方面则直接适用《清律》；1813颁布的《皇越律例》，共计389条，在形式和内容方面“实际上几乎是《大清律》的翻版”。[3]另外，《皇越律例 · 序》也说：“我越李、陈、黎之兴，一代有一代之制，而备于洪德。北朝汉、唐、宋、明之兴，律令之书，代有修改而备于大清。爰命廷臣准历朝令典，参以洪德、清朝条例。”后来，即使在越南成为法国殖民地以后，于维新三年（1909年）颁布的《大越南典例撮要》，虽然内容渐次西化，但是仍有沿袭《大清律例》的地方。这些，可以说是间接继受唐朝法律的影响。

以上我们对唐朝法律，[4]尤其是《唐律》在东亚各国的影响，作了一个大致的勾勒；从中可以看出唐朝法律作为“中华法系”中心的地位和意义。但是，我们也必须看到，学者以及上文的讨论由于史料所限，主要集中在法律的“文本”层面和国家的正式制度层面；因此，东亚各国法律的实际运作如何？民间社会百姓大众的日常法律生活实际情况如何？则仍待进一

---

① 关于我国古代律典“诸法合体”的说法，在此只是“暂时借用”传统的观点，有关的质疑，参见钱大群：《唐律与唐代法律体系研究》，南京大学出版社1996年版，第98—127页。

② 参见杨廷福：《唐律初探》，天津人民出版社1982年版，第190页；杨鸿烈认为：“黎朝法典大部分模仿唐律，一小部分则受元明律之影响。”杨鸿烈：《中国法律在东亚诸国之影响》，台湾“商务印书馆”1971年版，第504页。

③ 越南社会科学委员会编著：《越南历史》，北京人民出版社1977年版，第444页。

④ 从上面的讨论可以看出，实际上包括唐朝法律以前与以后的内容；另外，学者在讨论这一问题时，还将琉球和西域地区包括在内。由于唐朝以前我国与琉球的文化、法律往来情况并不清楚；两地正式往来是在明朝，在法律方面主要是接受《清律》的影响，虽然也有《唐律》的影响，但是已非主体（当然，《清律》也是继承《唐律》而来的）。至于西域地区，虽然学者提出一些证据，但是终究无法展开具体讨论；再者，考虑西域的新疆、甘肃现在是我国领土的一部分，也不拟在此讨论。

步的研究。例如，在日本，大化改新以后逐步导入我国唐朝的律令制度，经过大约半个世纪的努力，迅速建立模仿唐朝的国家体制；但是在实践中，律令制度贯彻得并不彻底。我们从两国律、令、格、式的“文本”看，形式和内容也都非常一致，可以说日本在接受唐朝法律时是亦步亦趋的；然而国家的上层虽在竭力推行律令制度，社会的下层则在“乖离”这一制度。早在奈良时代，武家庄园制度就已开始兴起，他们的习惯或习惯法渐次重要。根据汪向荣先生的说法：在 8 世纪中叶，律令制度已经破绽百出；到 9 世纪开始，律令制度已经日趋崩溃。[①] 虽然以后多次加以修订，但是律令的象征意义恐怕已经大过它的实际价值和效力。因此，我们说一个国家的法制状况怎样，不能仅仅局限于它的法律制度“文本”层面，而且必须深入它的法律实际运作领域；也不能仅仅局限于代表一个国家官方法律制度的正式“文本”层面，而且必须关注民间社会百姓大众的日常法律生活领域。就唐朝法律在东亚各国的影响而言，要真正领悟它的重要性恐怕不能停留在法律的“文本”层面，而是深入法律的实践领域。此类问题，都是需要进一步予以深入考察和研究的重要课题。

总而言之，一方面，我们应当承认并且肯定唐朝法律在东亚法律史或“中华法系”上的中心地位；另一方面，我们对于唐朝法律对东亚各国影响问题的评价，必须保持相因的克制，同时又必须跳出法律制度的“文本”层面，进行相对全面和综合的评估。

① 参见汪向荣：《古代的中国与日本》，生活·读书·新知三联书店 1989 年版，第 24 页。

第十四章　五代的立法概况

唐朝自安史之乱后，形成了各地藩镇拥兵自重、割据一方的局面，不过唐王朝的中央政府在形式上仍然能够保持统一的格局。然而，自黄巢领导的唐末农民大起义之后，这种形式上的统一格局也遭到破坏，陷入了藩镇割据混战的局面。这些割据势力主要由四种力量构成：一是自安史之乱后形成的藩镇，其代表便是河北三镇；二是在镇压黄巢起义过程中逐步发展势力的地方军阀，主要集中于南方一带；三是被唐朝统治者请来帮助镇压农民起义的沙陀贵族李克用的部队，他们在镇压了农民起义之后，趁机占据河东，觊觎唐室江山；四是原黄巢旧部降将朱温等人的部队，他们在反戈一击，帮助唐朝统治者镇压农民起义的过程中，趁机发展力量，形成新的割据势力。在这四种割据势力中，力量最强的朱温先后击败了各路藩镇，最终夺取了唐王朝的江山，于公元 907 年自立为皇帝，国号梁，史称后梁。而江南一带的地方军阀也趁机割据一方。这样，开始了中国历史上的“五代十国”时期。这一时期，中原先后建立了后梁、后唐、后晋、后汉和后周五个王朝。由于这几个王朝都是由原来的割据势力发展起来的，其统治基础相当薄弱，为了巩固统治，他们大都采取严刑峻罚的手段来维持社会秩序。因此，立法深峻，刑罚酷滥，司法黑暗，成为这一时期法律制度的显著特点。然而也应看到，这一时期各王朝的统治并未因此而忽视法制的建设，相反，正因为他们重视法律的作用，注重用法律手段来维护社会秩序，所以在法律制度方面也有一定的建树，而且这些成就大都被后来的宋朝法律制度所继承，并对宋朝法律制度的发展产生了直接的影响。

五代时期，各王朝基本上是沿袭了唐朝特别是唐朝中后期的法律，但由于政治、经济等方面的需要，在体例、内容等方面也有一定的变化，形成了自己的特点。

第一节 五代的立法

一、后梁的立法

后梁建立后，为了使政权合法化，也仿前朝先例，于开平三年（909 年）十一月，下诏删定律令格式，由太常卿李燕、御史司宪萧顷、中书舍人张衮、户部侍郎崔沂、大理寺卿王鄯、刑部郎中崔诰等人共同负责，历时一年，至开平四年（910 年）十二月完成，由中书门下奏上，共有令三十卷，式二十卷，格十卷，律并目录十三卷（律十二卷，目录一卷），律疏三十卷，总计一百三卷。从内容来看，令、格、式是根据原唐代的令、格、式删辑而成，律及律疏显然是《唐律》及律疏的沿袭。这些删定的律令格式及律疏于乾化元年（911 年）正式颁布。梁太祖朱温在颁布《大梁新定格式律令》的诏书中说："立法垂制，详刑定科，传之无穷，守而勿失。中书门下所奏新定格式律令，已颁下中外，各委所在长吏切务遵行，尽革烦苛，皆除枉滥，用副哀矜之旨，无违钦恤之言。"[①] 道明了立法的意图。值得注意的是，后梁在法典编纂形式上，并没有沿袭自中唐以来作为主要法律形式的"刑法统类"（又称"刑律统类""刑律总要"）以及"格后敕"的形式，（尽管开平年间大理寺卿李保殷曾主持编纂了《刑律总要》十二卷，但并未得到适用。）这在某种程度上与后梁不愿直接沿袭（至少是在形式上）被取代的唐王朝的法律有很大关系。

① 《旧五代史·梁书·太祖纪》。

二、后唐的立法

后唐的统治者以唐王朝的继承者自居，因此在立法上也全盘沿袭了中唐以来行用的立法体制，即以“刑律统类”及“格后敕”为主的法律形式。

后梁在颁布《大梁新定格式律令》后，为了保证新法的权威及施行，曾下令将唐朝的律令格式等全部焚毁。后唐建立后，又“拨乱反正”，下令废除了后梁法律，恢复适用唐朝旧法。后唐建立后不久，御史台便上奏说：“本朝（按：指唐朝）法书，自朱温僭逆，删改事条，或重货财，轻入人命；或自徇枉过，滥加刑罚。今见在三司收贮刑书，并是伪廷删改者。兼伪廷先下诸道，追取本朝法书焚毁，或经兵火所遗，皆无旧本节目。只定州敕库有本朝法书具在，请敕定州节度使写副本进纳，庶刑法令式，并合本朝旧制。”[①] 这一建议被采纳。不久，定州将抄录的唐律令格式二百八十六卷奏上，由刑部尚书卢价（一作卢质）等人删定为十三卷，称《同光刑律统类》，于同光二年（924 年）奏上颁行。从卷目来看，基本上是沿袭唐《大中刑律统类》。

后唐明宗李宜（李嗣源）即位后，又以唐朝律令格式为基础，对通行的法律进行了修订。天成元年（926 年）九月，御史大夫李琪以当时仍在通行后梁的新格，与唐朝旧格内容相抵触为理由，建议“废伪梁之新格，行本朝之旧章，遵而行之，违者抵罪”。[②] 这一建议被采纳，并以敕令的形式发布。同年十月，御史台、刑部、大理寺又联合上奏，奏章中说：“奉九月二十八日敕：宜依李琪所奏，废伪梁格，施行本朝格令者。伏详敕命，未该律令。伏以开元朝与开成隔越七帝，年代既深，法制多异，且有重轻。律无二等，若将两朝格文（按：指唐玄宗开元年间制定的《开元格》与唐文宗开成年间制定的《开成格》）并行，伏虑重叠舛误。况法者天下之大

① 《旧五代史 · 刑法志》。

② 《五代会要》卷 9《定格令》。

理，非一人之法，天下之法也，故为一代不变之制。又敕：立后格合破前格。若将《开元格》与《开成格》并行，实难检举。又有《太和格》五十二卷、《刑法要录》一十卷、《格式律令事类》四十卷、《大中刑法格后敕》六十卷，共一百六十一卷，久不检举，伏请定其予夺。奉敕：宜令御史台、刑部、大理寺同详定一件格施行者。今集众商量，《开元格》多定条流公事，《开成格》关于刑狱，今欲且使《开成格》。”[①] 应该说，这一建议是符合实际情况的，因为唐自开元以后颁布了大量的格式律令，而这些格式律令又是根据当时的实际情况制定的，内容之间难免有重复抵牾之处，而后唐距这些格式律令的制定颁布又过了许多年，客观情况也不尽相同。虽说全盘沿用这些旧法是出于政治策略的需要，但事实上是做不到的。而单纯沿用时间上相距较近的《开成格》，从某种程度上来说却是可行的，因而这一建议也被采纳，以《开成格》为通行法典。

除沿用、删定唐朝的《大中刑统》（除《同光刑统》外，还于长兴四年详定《大中刑统》）和《开成格》外，后唐还以“编敕”作为主要的立法形式之一。后唐明宗时编有《天成杂敕》三卷，后唐末帝清泰二年（935年）又由御史中丞卢损等进清泰元年以前十一年间颁布的敕条中可以久远施行的三百九十四道（条）编为《清泰制敕》三十卷，“其不中选者各令本司封闭，不得行用”。[②]

三、后晋的立法

后晋基本上是沿用了后唐的立法，尤其是后唐长兴四年（933年）详定的《大中刑统》。从《五代会要》等史籍的记载来看，有不少适用《刑法统类》定罪量刑的事例，由此也可见后唐详定的《大中刑统》也是后晋

① 《五代会要》卷9《定格令》。
② 《五代会要》卷9《定格令》。

时期所适用的一部主要法典。后晋最主要的立法活动，就是在后唐的《清泰制敕》的基础上，对旧敕重新进行详定，编纂《天福编敕》三十一卷。关于这次编敕的经过，据《五代会要》记载：后晋天福三年（938年）六月，中书门下奏："伏睹天福元年十月敕节文，唐明宗朝敕命法制，仰所在遵行，不得改易。今诸司每有公事，见执清泰元年十月十四日编敕施行，称明宗朝敕，除编集外，并已封锁不行。臣等商量，望差官将编集及封锁前后敕文并再详定，其经久可行条件，别录奏闻。"于是，由左谏议大夫薛融等负责，对旧敕进行详定编集，至次年完成，共详定编敕三百六十八道，分为三十一卷（其中目录一卷），令有司写录，与格式参用。[①]从《天福编敕》的内容来看，所收录的基本上都是后唐（当然也包括唐朝）颁布的敕条，因而实际上只是对前朝敕条的汇编而已。

四、后周的立法

后汉因立国时间只有短短四年，没有进行系统的立法活动。后汉末年，又因兵荒马乱，前朝的法书也大都亡佚。因此，周初广顺元年（951年），命侍御史卢亿、刑部员外郎曹匪躬、大理正段涛等人议定重写法书一百四十八卷。同时，又将后晋、后汉及后周初年发布的有关刑法的敕条二十六件分为二卷，附于法书之后，称为《大周续编敕》。

除《大周续编敕》外，前朝的律令格式，包括律（按：即《唐律》）十二卷，律疏三十卷，式二十卷，令三十卷，《开成格》十二卷，《大中刑统》十二卷，以及后唐以来至后汉末的编敕三十二卷等，也都是通行的法律。由于这些法律均为前朝所制定，"律令则文辞古质，看览者难以详明；格敕则条目繁多，检阅者或有疑误。加之边远之地，贪猾之徒，缘此为奸，

① 《五代会要》卷9《定格令》。

浸以成弊”。[1] 因此，后周世宗时，由侍御史知杂事张湜、太子右庶子剧可久等人负责，以前朝律令及《刑统》《编敕》等为基础，编纂新的法典，“律令之有难解者，就文训释；格敕之有繁杂者，随事删除。止要谐理省文，兼且直书易会。其中有轻重未当，便于古而不便于今，矛盾相违，可于此而不可于彼，尽宜改正，无或牵拘。”[2] 这项工作历时一年，至显德五年（958年）完成，共二十一卷，名为《大周刑统》（又称《显德刑统》）。这部法典对后来《宋刑统》的制定产生了直接影响。

五、十国的立法

五代时期，南方的一些割据政权也进行了一些立法活动。其中吴国的“太祖”杨行密曾删定格令五十卷，作为吴国通行的法律；南唐国王李昇即位后，也命法官在吴国旧法的基础上，删定《升元条》三十卷；另外，南唐还制定了《江南刑律统类》十二卷，及《江南格令条》八十卷。此外，蜀国也有《蜀杂制敕》三卷。

第二节　五代的法律形式及其发展

一、五代的法律形式

从五代的立法以及对前朝法律的继承情况来看，在法律形式上体现了“杂”的特点，不仅全盘沿袭了唐朝的法律形式，而且有所发展。概括地说，五代时期的法律形式，大体上有以下几种。

① 《旧五代史·刑法志》。
② 《旧五代史·刑法志》。

（一）律

律，即《唐律》十二篇。五代时期基本上依然沿用《唐律》的规定，不过当律与敕、刑统等规定发生冲突时，则往往以后者为准。

（二）律疏

律疏，即《永徽律疏》。律疏原为对法律条文的疏证解释，而五代时期，对律疏中的某些内容，直接作为法律条款予以援引。

（三）格

五代时期的格，除后梁删定格十卷外，其余各朝主要是直接援用唐朝的《开成格》。此外，后唐还制定《长定格》一卷（一作三卷）。

（四）式

五代时期，仅后梁删定式二十卷，其余各朝也大都是沿用唐式。

（五）令

五代时期，除后梁曾删定令三十卷外，其余各朝也大都沿用唐令。

（六）敕与编敕

敕与编敕是五代时期主要的法律形式。一般来说，自中唐以后至五代时期发布的一些单行的敕条，是当时定罪量刑的主要依据，其效力高于其他法律形式。同时，为了便于准确援引，自后唐起，采取了对于可行的敕条进行汇编的做法，并正式确立了“编敕”这一法律形式。

（七）刑统（刑律统类、刑法统类、刑律总要）

刑统也是五代时期主要的法律形式之一。后梁初年，大理卿李保殷曾根据唐朝的刑统，制定《刑律总要》十二卷，但并未能得到施行。后唐初年，又根据唐刑统制制定了《同光刑律统类》十三卷（包括目录一卷）。而后唐长兴四年，又重新详定唐《大中刑统》，作为基本法典。至后周显德四年，又在《大中刑统》的基础上，制定了《大周刑统》二十一卷。

二、五代法律形式的发展

五代法律形式最主要的发展，就是“编敕”的确立和刑统体例内容的逐步完善。

如前所述，五代时期以刑统作为主要的法典，而这个刑统，主要是沿用唐朝的《大中刑统》。与《唐律》相比，《大中刑统》在体例及内容上的一个重要变化，就是在《唐律》律文的基础上，分类为门，并附以唐高宗以后各朝颁布的敕令格式之可用者汇编而成。从史籍的有关记载看，《大中刑统》的律文之后并不附律疏，因此律疏三十卷是单独被参用的。从现本《宋刑统》中所收录的有关敕令格式看，计有唐玄宗开元二年至唐宣宗大中六年所颁布的敕 51 条，令 42 条，格 12 条，式 9 条。而且此后的唐朝敕条却不见收录。因此，可以说，现本《宋刑统》中的 502 条律文及所附的唐敕令格式，实际上就是原《大中刑统》的内容。

由于刑统这一形式与“律”相比，具有注重实用，便于随时增补、灵活援用的特点，因而也成为五代时期主要的法律形式。后周显德四年，又以《大中刑统》为基础，参以律疏及五代时期的敕条，重加详定，“律令之有难解者，就文训释；格敕之有繁杂者，随事删除。止要谐理省文，兼且直书易会。其中有轻重未当，便于古而不便于今，矛盾相违，可于此而不可于彼，尽宜改正，无或牵拘”，在体例及内容方面作了较大修改：“其所编集者，用律为正；辞旨之难解者，释以疏意；义理之有易了者，略其疏文。式令之有附近者次之，格敕之有废置者又次之。事有不便与该说未尽者，别立新条与本条之下；其有文理深古，虑人疑惑者，别以朱字训释。

至于朝廷之禁令，州县之常科，各以类分，悉令编附。”[1] 从史籍记载及现存《宋刑统》的内容来看，《大周刑统》主要有以下几部分内容：

（1）律文，即《唐律》五百零二条律文。

（2）律疏，《大中刑统》未收录律疏的内容，而《大周刑统》则节录律疏以补律文之不足。

（3）训释，即对个别疑难字句“别以朱字训释”。现存《宋刑统》中尚有约三十处标以“释曰”字样的训释，可能就是原《大周刑统》中的内容。

（4）敕条，《大周刑统》除收录《大中刑统》中的敕条及令格式条外，还补入了五代时期颁布的一些重要敕条，现本《宋刑统》中仍有不少这方面内容。

（5）起请，这是对有关律文及敕条的修改意见。这部分内容可能就是“事有不便与该说未尽者，别立新条于本条之下”的内容。[2]

正由于“刑统”这种形式在体例及内容上在继承、发展前朝律典的同时，注重了法律的实用性，因而成为五代时期主要的法典编纂形式，并且被后来的宋朝立法所沿袭。《宋刑统》在体例及内容上都直接以《大周刑统》为蓝本。

除“刑统”外，五代时期法律形式上另一项重要发展，就是“编敕”这种形式的确立。不过五代时期的编敕只是有关敕令的汇编，并没有严格的体例。直到宋朝咸平元年（998 年）颁布的《咸平编敕》中，才开始按律十二篇的体例进行编敕。至此，编敕才逐步开始成为一种法典编纂形式。

---

① 《旧五代史·刑法志》。

② 过去一般都认为“起请”这种形式是《宋刑统》中首创的，但从《五代会要》中的有关记载来看，当时已有“臣等参详”的起请条，而且《宋刑统》中个别起请条的内容与其完全一样，可见《宋刑统》中有些起请条本身就是沿自前朝的律典，尤其是《大周刑统》。

第十五章　五代法律的基本内容与特点

第一节　五代刑法总论

一、五代的刑罚制度

五代形式上仍沿袭了唐代的五刑制度，但在刑罚的执行方法上，出现了一些新的变化。

1. 折杖法

所谓折杖法，即将笞、杖、徒、流四种刑罚的执行都用杖行来代替。据史料记载，唐朝后期的敕条中，就已有关于适用折杖法的规定了。唐大中七年（853 年）四月敕："自今法司处罪，用常行杖。杖脊一，折法杖十（注：法杖，谓常行臀杖也）；杖臀一，折笞杖五，使吏用法有常准。"[①] 五代时期对某些犯罪的处罚上也沿袭了这一做法。据《册府元龟》卷 613 记载：后唐清泰元年（934 年），大理寺议窃盗赃，"议云：赃一匹杖脊十八，不满一匹杖十五，不得财，杖臀十五。"[②] 因此，五代时期已开始适用折杖法了，

① 《资治通鉴》卷 249，另《文献通考·刑考五》记载："法司断罪，每脊杖一下，折法杖十下；臀杖一下，折笞杖五下。"

② 《五代会要》卷 9《定赃》的记载，为"议定赃满一匹，徒二年半；不及一匹，徒一年半，不得财，杖七十"。而从《宋刑统》中有关折杖法的规定看，徒二年半折脊杖十八，徒一年半折脊杖十五，杖七十折臀杖十五，折杖数显然是相同的。

这也说明折杖法并不是宋朝才开始适用的。而五代时期适用折杖法的原因，主要有两个方面，一是五代时期由王朝直接控制的版图狭小，事实上限制了流刑的执行；二是五代时期大赦频繁，徒刑在实际上是很难执行完毕的。而适用折杖法之后，从某种程度上解决了这一问题。这也正是宋初将折杖法作为一项制度确立下来的主要原因。

2. 刺配

五代时期，对于一些宥恕死罪的罪犯，采取决杖配流或刺面配流以代替死刑的做法。据记载，这一做法始于后晋天福年间，它是将决杖与配流并用或是将刺面（在犯人脸上刺字）与配流并用，不过刺面配流（简称“刺配”）并不附加决杖。[①] 后来宋朝正是在此基础上，创立了决杖、刺面、配流三刑并用的刺配法。

3. 凌迟（又作“陵迟”）

凌迟是活剐犯人的一种酷刑。南宋陆游在《条对状》中说过：“五季多故，以常法为不足，于是始于法外特置陵迟一条。肌肉已尽，而气息未绝；肝心联络，而视听犹存。”[②] 后晋的左拾遗窦俨在上疏中也说：“案《名例律》：死刑二，绞、斩之谓也。绞者，筋骨相连；斩者，头颈异处。大辟之目，不出两端。淫刑之兴，近出数等……或长钉贯人手足，或短刀脔人肌肤，迁延信宿，不令就死。”[③] 因此，这种酷刑的目的，就在于延长受刑人的痛苦。不过，从这种刑罚的执行方式上来看，很可能是从当时北方的游牧民族的政权契丹那里学来的。[④]

---

① 《文献通考 · 刑七》：“（后）晋天福始创刺配，合用其二，仍役而不决”；“刺配之法，始于（后）晋天福间，国初加杖，用贷死罪。”可见刺配加杖是宋朝开始实行的。

② （南宋）陆游:《渭南文集》卷五。

③ 《宋史 · 窦俨传》。

④ 《辽史 · 刑法志》载有:“死刑有绞、斩、陵迟之属。”

二、五代刑法原则

（一）关于责任年龄

五代法律关于责任年龄的规定，形式上虽然仍是沿袭唐代法律的有关规定，但在实际适用上有所变化。据《册府元龟》引后唐清泰元年敕："今后结党连群为害者，并男十五以上，并准元敕处断。其父母、兄弟、妻女、小儿一切不罪。"而在事实上，对责任年龄的认定上有很大的随意性。如《容斋随笔》记载："（后唐）天成三年，京师巡检军使浑公儿口奏，有百姓二人以竹竿习战斗之事。帝（明宗）即传宣令付石敬塘处置。敬塘杀之。次日枢密使安重诲敷奏，方知悉是幼童为戏。"[①] 按后唐所沿用的唐代刑法的规定，十岁以下幼童即使犯死罪也应先"上请"，盗及伤人者收赎，其余犯罪皆"勿论"。但从这一记载来看，那些执法者们对于这一点显然并未加以考虑，这也从侧面反映了当时有关责任年龄认定上的实际状况。

（二）特权原则

五代时期不仅继承了前朝法律的特权原则，而且出于当时政治及军事情势的特定需要，扩大了法律特权。其具体表现，便是对一些功臣及降将滥发誓书铁券，凡持有誓书铁券者只要不犯谋反大逆或谋叛罪，都可以免死甚至免罪，其优待内容比"八议"更为宽大。而且，对于权贵犯罪的案件，也往往是网开一面。后梁晋州节度使华温琪在任上，违法籍民家财，民家讼于朝，制使劾之，伏罪。梁末帝认为华温琪是先朝旧臣，不欲追究，但左拾遗李恩坚持主张依法处理。结果梁末帝发布一道诏令，诏令中说："朕若不与鞫穷，谓予不念赤子；若或遂行典宪，谓予不念功臣。为尔君者，

① 《容斋三笔》卷7《五代滥刑》。

不亦难乎？其华温琪所受赃，宜官给代还所讼之家。”[1]此外，对一般官员犯罪的，除沿用唐代法律的上请及当、赎之制外，还根据当时的特殊情形，扩大了当、赎适用的范围。如后晋天福六年（939年）定制：“应内外文武官，有品官者，自依品官法；无品官有散试官者，应内外带职廷臣、宾从、有功将校等，并请同九品官例；其京都军巡使及诸道州府衙前职员、内外杂任镇将等，并请准律不得上请当赎；其巡司马步同判官，虽有曾历品官者，亦请同流外职，准律杖罪以下依决罚例，徒罪以上仍依当赎法。”[2]

（三）区分故意过失

五代法律在量刑上，仍以罪犯的主观心态——故意与过失作为主要依据之一，对故意犯罪加重处罚，过失犯罪则减轻处罚。后梁《斗竞律》“斗殴”条：“不斗故殴伤人者，加伤罪一等。”后梁开平四年（910年），“左金吾大将军寇彦卿入朝，过天津桥，市民梁现者不时回避，前导伍伯捽之投石栏以致毙。彦卿自前白于梁祖”[3]“帝（梁太祖）以彦卿才干有功，久在左右，命以私财遗死者家以赎罪。御史司宪崔沂劾奏彦卿杀人阙下，请论如法。帝命彦卿分析，彦卿对令从者举置栏外，不意误死。帝欲以过失论。沂奏：在法，以势力使令为首，下手为从，不得归罪从者；不斗而故殴伤人，加伤罪一等，不得为过失。……责授彦卿游击将军，左卫中郎将。”[4]从这一案件的审议及有关法律条文的援引来看，反映了故意从重、过失从轻这一原则的适用。另后唐长兴二年四月的敕条中也规定：“若推勘因而致死，有故以故杀论，无故减一等。”[5]

---

① 《旧五代史 · 唐书 · 李愚传》。
② 《文献通考 · 刑十》。
③ 《旧五代史 · 唐书 · 崔沂传》。
④ 《资治通鉴 · 后梁纪》。
⑤ 《五代会要》卷9《议刑轻重》。

（四）共犯区分首从

五代法律对二人以上共同犯罪的处理，原则上是采取区分首从、分别量刑的原则，但在具体适用上，结合实际情况，作了相应规定。

1. 一般共犯

五代法律对一般共犯，采取的是区分首从，从犯比照首犯减轻处罚的原则。后梁《斗竞律》规定，共同犯罪“以怙势力为罪首，下手者为从，减一等”。[①] 后周显德五年（958 年）七月七日敕：凡僧俗不辨，或男女混居，合党连群以谋不轨的，“其头首及党徒中豪强者，并决杀，余者减等科罪”“诸恐吓取人财物者……赃满二十匹，头首处死，同情者减一等”。[②]

2. 危害国家及社会秩序的危险共犯

这类共犯，具有极大的危害性，因而尽管在犯罪分工及情节上有所不同，但并不影响量刑。后周显德五年七月七日敕：“今后应持杖行劫，不问有赃无赃，并处死。其同行劫贼，内有不持杖者，亦处死。”[③]

3. 家人共犯

五代法律对家人共犯，虽然原则上仍采取“止坐尊长”的处理方法，但在实际处理上，根据家长对犯罪行为主观方面是否知情，作出不同处理。家长对犯罪行为“同情”或是“知情”的，则按家人共犯，止坐尊长的原则处理，“有同情共犯者，若是骨肉卑幼奴婢同犯，只罪家长主首”；家长不知情的，“只罪造意者，余减等科断”。[④]

4. 必要共犯

必要共犯是指二人以上的共同行为构成的共同犯罪。五代法律对必要共犯，也采取不分首从、同样量刑的处罚原则。后唐长兴四年（933 年）

---

① 《资治通鉴·后梁纪》，《旧五代史·唐书·崔沂传》。

② 《宋刑统·贼盗律》引。

③ 《宋刑统·贼盗律》引。

④ 《五代会要》卷 27《盐铁杂条下》。

五月七日敕："此后犯（私盐）一两以上至一斤，买卖人各杖六十；一斤以上至二斤，买卖人各杖七十；二斤以上至三斤，买卖人各徒一年；三斤以上至五斤，买卖人各徒二年；五斤以上，买卖人各决脊杖处死。"[①]

五代法律对共同犯罪者的地位划分上，有一个重要发展，即将共犯分为"同情"者及"知情"者两种。后周显德五年（958年）七月七日敕："劫盗及杀人贼同情、知情者，若是未行劫之前，曾与同居骨肉和同商量，或更教唆使去，事过之后，同受赃物，如此者谓之同情；若是拟行劫杀之时，骨肉虽知，止遏不得，或是劫杀之后，方始告知，或将到赃物，收藏在家，如此者谓之知情。"[②]这种区分，对于明确共犯的责任，准确量刑，是有一定作用的。

（五）二罪以上俱发，从重论处

五代法律对二罪以上俱发的，原则上虽然按唐《断狱律》中的"以重者论"的规定处理，但事实上，往往视其情节，加重处罚。后晋商州刺史李重俊坐与亲妹奸，又以剑砍杀女使，乃杀部曲孙汉荣，强奸其妻，数罪并发，准法弃市，诏赐死于家。[③]后周大将赵凤横行不法，"常抑夺人之妻女，又以进奉南郊为名，率敛部民财货，为人所讼。广顺三年（953年）十二月，诏削夺凤在身官爵，寻令赐死"。[④]

（六）累犯加重处罚

五代法律对私盐、盗罪等严重犯罪经断后又累犯的，也采取加重论处的原则。后唐长兴四年敕："或有已曾违犯（私盐），不致死刑，经断后，公然不惧条流再犯者，不计斤两多少，所犯人并处极法。"[⑤]后周显德五年

① 《五代会要》卷26《盐铁杂条上》。

② 《宋刑统·贼盗律》引。

③ 《旧五代史·晋书·少帝纪》及《李重俊传》。

④ 《旧五代史·周书·赵凤传》。

⑤ 《五代会要》卷26《盐铁杂条上》。

敕："诸盗经断后仍更行盗，前后三犯，并曾经官司推问伏罪者，不问赦前后、赃多少，并决杀。"①

（七）断罪引律令与比附为罪

五代时期，随着"敕"的地位的提高，各法律形式之间的地位也发生了变化。不过，"断罪引律令格式"在形式上仍然得到认可。后唐长兴二年（931年）八月敕："今后凡有刑狱，先引律令格式有无正文，然后详检后敕。须是名目条件同，即以后敕定罪。敕内无正条，即以格文定罪。格内又无正条，即比附定刑。先自后敕为比，事实无疑，方得定罪。或虑律令难明，录奏取裁。"②（按：《宋刑统·断狱律》引后唐长兴二年八月敕为"今后凡有刑狱，宜据所犯罪名，须具引律、令、格、式，逐色有无正文，然后详检后敕，须是名目条件同，即以后敕定罪。后敕内无正条，即以格文定罪。格内又无正条，即以律文定罪。律、格及后敕内并无正条，即比附定刑，亦先自后敕为比"。）从这一规定看，断罪须按后敕、格、律的有关条文，只有在三者都无明文规定的情况下，才可以适用比附。比附的顺序，也是先比照后敕；后敕无规定的，比照格文；格文亦无规定的，比照律文。如果律文亦无规定的，则可按"不应得为"的规定处理。当然，这仅限于情节较轻的犯罪。③

第二节　五代法律关于犯罪的规定

如前所述，五代法律在内容上基本上沿袭了《唐律》十二篇的内容，

① 《文献通考·刑考五》。
② 《五代会要》卷16《大理寺》。
③ 《五代会要》卷9《议刑轻重》。

但由于大量后敕的补充，使得在定罪量刑上发生了较大的变化。首先，出现了一些《唐律》中所没有的新的罪名；其次，对于一些犯罪的量刑比起《唐律》来有了较大的变化。可以说，五代法律关于犯罪的规定比起《唐律》来既有继承，又有发展（尽管这种发展大多是“恶性”的）。由于文献散佚，五代法律除《大周刑统》的部分内容保存在现本《宋刑统》之中外，其余都失传了。为此，我们只得将文献中的有关记载，按《唐律》的体例分类归纳。以求能大致上反映五代法律有关犯罪的规定。

一、职制方面的犯罪

这方面的犯罪，主要有以下几类。

（一）贪赃行为

贪赃，是国家官吏利用职权，非法收受他人财物的行为。《唐律》将官吏贪赃分为受财枉法、不枉法、受所监临财物及坐赃。五代法律基本上沿袭了这一分类。

1. 受财枉法、不枉法

《唐律疏议·职制》“监主受财枉法”条：“诸监临主司受财而枉法者，一尺杖一百，一匹加一等，十五匹绞；不枉法者，一尺杖九十，二匹加一等，三十匹加役流；无禄者，各减一等，枉法者二十匹绞，不枉法者四十匹加役流。”天宝年间改为受财枉法赃二十匹绞，较《唐律》规定有所减轻。五代后唐沿袭了天宝年间改定的规定，其理由是“自丧乱以来，廉耻者少，举律行令，诫人远财。国家常切好生，上下颇能知禁。犯既渐寡，法亦宜轻。起今后犯枉法赃者，宜准格文处分。赃名条内，有以准加减及同字者，并倍累赃，并宜准律令格式处分”。[1]但后唐清泰二年（935 年），“中书门下奏：

① 《五代会要》卷 9《定赃》。

刺史位列公侯，县令为人父母，只合倍加乳哺，岂可自致疮痍。一昨张宗胤胥吏讼论，合当极典，法司援律，罪止徒流。臣闻立法稍严，则人不敢犯。其见行法律，望下所司更加斟酌。御史台、刑部、大理寺同奏议曰：准律：枉法赃十五匹绞。天宝元载加至二十匹。请今后枉法赃十五匹，准律绞；不枉法赃准三十匹，加徒（役？）流”。[1]（按：《册府元龟》卷613《刑法部》作“请今后犯枉法赃十五匹，准律绞；不枉法赃，旧律三十匹加役流。……今请依《统类》，不枉法赃过三十匹”。）

此外，对“无禄人”犯枉法赃的，量刑也比《唐律》的规定轻。后周显德五年七月七日敕：“今后无禄人犯枉法赃者，特加至二十五匹绞；不枉法赃今后过五十匹者，奏取敕裁。”[2]

2. 受所监临财物

《唐律疏议·职制》“受所监临财物”条：“诸监临之官，受所监临财物者，一尺笞四十，一匹加一等；八匹徒一年，八匹加一等；五十匹流二千里。”五代法律基本上沿用这一规定。后唐清泰元年，御史台、刑部、大理寺议定：“准律……受所监临赃五十匹，流二千里。”[3]后周显德五年七月七日敕：“起今后受所监临赃及乞取赃过一百匹者，奏取敕裁。”[4]五代时期法律对受所监临财物罪的最高刑，原则上虽限定于流刑，但在实际处理上并不完全受法律规定的限制。后唐天成三年，曹州刺史成景宏因受本州仓吏钱百缗，贬绥州司户参军，续敕长流宥州，寻赐自尽。[5]另据《国老谈苑》记载：“周世宗在汉为诸卫将军，尝游畿甸，谒县令，忘其姓名，令方聚邑客蒱博，弗得见，世宗颇衔之。及即位，令因部夫犯赃数百匹，宰相范质以具狱上奏。世宗曰：亲民之官，赃状狼籍，法当处死。质奏曰：受所监

① 《五代会要》卷9《定赃》。

② 《宋刑统·职制律》引。

③ 《五代会要》卷9《定赃》。

④ 《宋刑统·职制律》引。

⑤ 《旧五代史·唐书·明宗纪》。

临财物，有罪止赃虽多，法不至死。世宗怒，厉声曰：法者，自古帝王之所制本以防奸，朕立法杀二赃吏，非酷刑也。质曰：陛下杀之即可，若付有司，臣不敢署敕。遂贷其命。因令今后犯者，并以枉法论。”

此外，五代时期，对官吏贪赃犯罪的处罚上还有一个重要变化，那就是除后周外，后梁、后唐、后晋及后汉都将“官典犯赃”作为常赦所不免的犯罪，“不在原赦之限”。[①] 而后周虽未将“官典犯赃”作为常赦所不免的犯罪，但在对赃罪的实际量刑上，却比前朝加重，这也反映了对赃罪量刑上的变化。这一做法，也被继后周而建立的宋朝继承。

（二）擅权行为

擅权是国家官吏在执行公务的过程中滥用职权或越权的行为。这类行为主要有：

1. 非毁诏敕

非毁诏敕是指官吏非议朝廷诏敕，或拒不执行诏敕的行为。诏敕是以皇帝名义发布的法律文件，具有最高的权威和法律效力。因此，非毁诏敕自然被视为是一种严重的犯罪行为。据《洛阳缙绅旧闻记》记载：“赠大监张公讳……至汉祖即位之初，为上党戎判。……三司举行请禁天下牛皮法，与河东时同，天下苦之。会上党民犯牛皮者二十余人，狱成，罪俱当死。大监时为判官，独执曰：主上钦明，三司不合如此起请，二十余人死尚间可，使天下犯者皆衔冤而死乎？且主上在河东，大聚甲兵，须藉牛皮，严禁之可也；今为天下君，何少牛皮，立法至于此乎？遂封奏之时，三司使方用事，执政之地，除冯瀛王（冯道）外，皆恶之，曰：岂有州郡使敢非朝廷之诏敕？力言于汉祖。汉祖亦怒曰：昭义一判官是何人，为敢作如是！其犯牛皮者，依敕俱死；大监以其非毁诏敕，亦死。”[②]

① 参见《古今图书集成·详刑典·赦宥部汇考十》。

② 《洛阳缙绅旧闻记》卷5《张大监正直》。

2. 矫制杀人

矫制杀人是指奉命出使的官员妄托制书、擅权杀人的行为。《汉书·汲黯传》颜师古注："矫，托也，托奉制诏而行之。"由于矫制杀人的行为损害了皇帝诏敕的权威，因而也被视为严重犯罪。后晋天福四年（939年），灵州戍将王彦忠据怀远城作乱，晋高祖石敬塘派供奉官齐延祚前去传谕劝降，王彦忠率众出降，齐延祚乘机将他杀死。结果石敬塘以齐延祚违反誓言，矫制杀降，将他除名，决杖配流。[①]

3. 率敛所监临财物

率敛所监临财物是指监临主司假借名目，私自征收所监临财物入已或馈赠他人的行为。《唐律疏议·职制》"率敛所监临财物"条规定：率敛所监临财物馈遗人的，虽不入己，以受所监临财物论。若是入己的，按乞取所监临财物论。五代法律对率敛所监临财物的量刑，比《唐律》加重。后唐应顺元年（934年）敕："刺史、县令、丞尉得替，自今后如是见任官将已分钱物资送得替人，即勿论；其或率敛吏民，以受所监临财物论，加一等；如以威刑率敛，以枉法论。"[②]后周时，单州刺史赵凤以进奉南郊为名，率敛部民财货，为人告发。广顺三年十二月，诏削夺赵凤在身官爵，寻赐死。[③]

4. 挟势乞索

挟势乞索是指凭借官员的威势，敲诈、索取他人财物的行为。这些人本身虽非官员，但是他们凭借与官员的种种关系、利用官员的威势从事敲诈、索取他人钱财的行为，因而事实上也是一种擅权行为。《唐律疏议·职制》"挟势乞索"条："诸因官挟势及豪强之人乞索者，坐赃论减一等。"后周显德四年敕："诸处颇有闲人、游客，干投县镇乞索，或执持州府职员书

① 《旧五代史·晋书·高祖纪》。
② 《宋刑统·职制律》引。
③ 《旧五代史·周书·赵凤传》。

题，干求财帛，县镇承意分配，节级所由，其所由节级，又须转于人户处乞觅，颇是烦扰者，宜令今后止绝。如有此辈，并许诸色人论告，勘当不虚，其发书题人并县镇官吏并游索人等，并当重断。”[①]

二、户婚方面的犯罪

这方面的犯罪，主要有以下几类：

（一）户籍与家庭方面的犯罪

1. 私度入道

私度入道是指僧尼、道士违法擅自剃度他人的行为。由于僧尼、道士在法律上享有免除课役的特权，因此，私度入道的行为不仅破坏了户籍制度，同时妨碍了国家徭役的征发。《唐律疏议 · 户婚》“私入道”条：“诸私入道及度之者，杖一百；已除贯者，徒一年。”五代法律对私度入道的处罚，比起《唐律》在量刑上加重。后唐天成二年（927年）敕：“访闻僧尼寺院，多有故违条法，衷私度人。此后有志愿出家，准旧例经官陈状，比试所念经文，则容剃削，仍不经官坛，不得私受戒法。如违，所犯僧及本师等各徒二年，配于重处色役。”[②]后周显德二年敕：“今后僧尼不得私剃头。应有人志愿出家者，并取父母祖父母处分，已孤者取同居伯叔兄处分，候听许方得出家。其师主须得本人家长听许文字，方得容受。男年十五以上，念得经文一百纸，或读得经文五百纸者；女年十三以上，念得经文七十纸，或读得经文三百纸者，方得经本州陈状，乞剃头，委录事参军、本判官试验经文，合敕条者，只仰闻奏。其未剃头间，须留发髻。如有私剃头者，却勒还俗；其本师主决重杖勒还俗，仍役配三年；其本寺院三纲知事僧尼

① 《宋刑统 · 职制律》引。

② 《五代会要》卷12《杂录》。

杖八十，并勒还俗。”[①]

2. 卑幼私典当

五代沿袭《唐律》有关禁止卑幼擅自处分家产的规定，对于卑幼私自典当家产的行为严厉禁止。后周广顺二年（952 年）开封府奏准：“如是卑幼不问家长，便将物业典卖倚当……所犯人重行科断，其牙人钱主，并当深罪。”[②]

3. 冒姓夺财

冒姓夺财是外姓以冒姓入继为手段侵夺他人家财的行为。由于这种行为直接侵犯了他人家庭财产的所有权，因而也被视为是一种犯罪行为。后周时，“镇州有市人刘方遇，家富于财。方遇卒无子，妻弟田令遵者，幼为方遇治财，善殖货，刘族乃共推令遵为方遇子，亲族共立券书，以为誓言。累年后，方遇二女取资于令遵，不如意，乃讼令遵冒姓夺父家财。判官陆浣鞫其狱，而杀令遵”。[③]

（二）侵犯婚姻关系的犯罪

五代法律关于侵犯婚姻关系的犯罪的规定，基本上是沿袭唐代法律，但对于个别行为的量刑，也比唐代法律要重。如“妻妾擅去”的行为，唐《户婚律》规定：妻妾擅去者，徒二年；因而改嫁者，加二等，徒三年。而后周显德五年（958 年）七月七日敕：“妻擅去者徒三年，因而改嫁者流三千里，妾各减一等。娶者并与同罪。如不知其有夫者不坐，娶而后知者减一等，并离之。父母主婚者，独坐父母，妻妾唯得擅去之罪；期亲等主婚，分首从。”[④]

---

① 《五代会要》卷 12《杂录》。

② 《五代会要》卷 26《市》。

③ 《旧五代史·周书·李从敏传》。

④ 《宋刑统·户婚律》引。

三、厩库方面的犯罪

这方面的犯罪主要有以下两类。

（一）违反牲畜管理的犯罪

五代时期，由于战争频繁，对牲畜的需求大量增加，对牲畜的管理也更为严格，因而法律上对违反牲畜管理的行为的处罚也大大加重了，并出现了一些新的罪名。

1. 故杀官私牛马

牛马是五代时期主要的生产及交通运输以及军需运送的工具，“牛为耕稼之本，马即致远供军”。[①] 因此，不仅严厉禁止个人擅自宰杀牛马，而且对自行将私有牛马宰杀货卖的行为也视作为严重犯罪，予以严厉的处罚。《唐律疏议 · 厩库》“故杀官私马牛”条规定：“诸故杀官私马牛者，徒一年半……其误杀伤者，不坐，但偿其减价；主自杀马牛者，徒一年。”即故杀马牛的最高刑一般为徒刑。而五代时期故杀马牛的最高刑可至死刑，而且屠牛还同“十恶”“五逆”等一样，属于常赦所不免的犯罪。后唐同光元年敕：“凡军人百姓，将牛、驴及马宰杀货卖，今后切要断除。如敢故违，便即擒捉，不问职分高低，所在处斩奏讫。”[②] 天成二年（927 年）敕：“访闻京城坊市军营，有故犯条流，杀牛卖肉者，仰府县军巡，严加纠察。如得所犯人，准条科断。”[③]

2. 犯牛皮

五代时期的各种苛法，以犯牛皮为最。牛皮是制作兵甲的主要材料。频繁的战争，对牛皮的需求也大大增加了。因此，官府严厉禁止民间交易

① 《唐律疏议 · 厩库》“故杀官私马牛”条疏议。
② 《五代会要》卷 9《断屠钓》。
③ 《五代会要》卷 9《断屠钓》。

和使用牛皮，违者处以极刑，正如《资治通鉴》中所说："兵兴以来，禁民私买卖牛皮，悉令输官受直。唐明宗之世，有司只偿以盐；晋天福中，并盐不给。"[①] 刘知远在河东时，"大聚甲兵，禁牛皮，不得私贸易，及民间盗用之。如有牛死，即时官纳其皮"。[②] 后汉建立后，又颁布了"牛皮法"，犯牛皮一寸即处死。[③] 后周对犯牛皮的处罚有所减轻，据广顺元年敕："诸道州府牛皮，今后犯一张，本犯人徒三年，刺配重处色役，本管节级所由杖九十；两张以上，本人处死，本管节级所由徒二年半，刺配重处色役。……其人户有牛死者，其本户报告本地方所由节级邻保人，仰当日内同检验过，令本主画时剥皮，及申报本处官吏，限十日内，须送纳毕，其筋骨不得隐落。"[④] 次年，又颁敕令，废除牛皮法，"所有牛马驴骡皮筋骨，今后官中更不禁断，并许私家共使买卖，只不得将出化外敌疆。仍仰关津界首，仔细觉察，捕捉所犯人，必加深罪。其州县先置巡检牛皮节级，及朝廷先降条法，一切停废"。[⑤]

3. 战马不调养

战马是战争所需的主要工具，战马的好坏，对战争有很大影响。战马不调养或是调养不善，不仅会使战马瘦瘠乃至死亡，而且可能因此而削弱军队的战斗力。所以，五代时期，战马不调养也被作为一种严重犯罪。后梁乾化二年（912 年），朱温驻跸相州，忌部下骁将邓季筠、黄文靖之能，在阅马时，以其所部马瘦为由，将二人及军校何令稠、陈令勋一同当场斩首。[⑥] 后唐明宗时，马牧军使田令方所负责牧养的战马瘠而多毙，按法当死。枢密使安重诲劝谏说："使天下闻以马故杀一军使，是谓贵畜而贱人。"田

① 《资治通鉴》卷 291。
② 《旧五代史·周书·冯道传》注引《洛阳缙绅旧闻记》。
③ 《资治通鉴》卷 291。
④ 《五代会要》卷 25《杂录》。
⑤ 《五代会要》卷 25《杂录》。
⑥ 《旧五代史·梁书·邓季筠传》《黄文靖传》。

令方这才得以免于一死。[①]

（二）违反仓库管理的犯罪

1. 擅用官仓财物

擅用官仓财物是指各种利用或买卖官仓财物以图牟利的行为。在唐《厩库律》中，对各种擅用官仓财物的行为，如假借官物不还、监主贷官物、放散官物等，都做了明确的规定。五代法律对各种擅用官仓财物的行为，不仅量刑比《唐律》加重，而且最高刑可以至死刑。后唐长兴二年（931年），供奉官丁延徽、仓官田继勋坐擅出仓粟数百斛，弃市。[②]后晋开运三年（946年），刑部员外郎王洧坐私用官钱经营求利，特赐自尽。[③]太原节度使刘知远的同母弟、棣州刺史慕容延超前任濮州时，擅出仓麦及私卖官面，事发，准法处死，因刘知远上书求情，才"特贷其死，削夺在身官爵，房州安置"。[④]

2. 官物欠损

官物欠损是指主管官吏对所管官物因各种原因造成大量缺损的行为。五代法律规定：官仓主管官吏对所管官物须经常检点，不得有缺少；上级官员也应经常加以检查。如果在检点及受替代清点交割时，发现有大量欠损的，要追究主管官吏的责任。《册府元龟》引后唐长兴二年（931年）敕规定：凡有官物欠损的，计赃绢五十匹，决重杖一顿处死。后晋天福二年（937年）敕亦规定："应在京及诸道监临主当仓库官吏等当受纳时，例破加耗，及交替日，岂合亏悬？自今后如得替交割及非时点检，无故妄称欠少者，并准唐长兴二年敕条，计赃绢五十匹，决重杖一顿处死，所有钱物家业尽底通纳，余外不征。"[⑤]

① 《新五代史·安重诲传》。
② 《旧五代史·唐书·明宗纪》。
③ 《旧五代史·晋书·少帝纪》。
④ 《旧五代史·晋书·少帝纪》。
⑤ 《册府元龟》卷613《刑法部》。

四、擅兴方面的犯罪

五代时期，战争频繁，军事活动与政治活动交织在一起，与军事有关的各种犯罪也大大增加了，并体现了以下特点：（1）军事犯罪与“谋反”“谋叛”等严重犯罪密切联系，也就是说，进行“谋反”“谋叛”的，绝大多数是那些军事将领，这是由当时藩镇割据、武夫专权的客观现实所决定的。（2）军事犯罪的罪名的不确定性，即法律上对有些军事犯罪并无明确具体的罪名，因而在认定上具有较大的随意性。（3）处罚严厉，即对各种军事犯罪普遍适用死刑。因此，五代时期法律有关军事犯罪的规定较为混乱。一般来说，比较重要的，主要有以下几种。

（一）专擅

专擅是指将领违反或是不从军令、擅自行事的行为。后梁太祖朱温疑忌部属，诸将稍有过失，往往被加以专擅的罪名予以诛杀。后梁开平三年（909年），保塞（鄜延）兵变，凤翔李茂贞及其养子邠宁节度使李继徽趁势出兵。梁佑国节度使王重师未经朱温许可，擅自派遣裨将张君练领兵西攻邠宁、凤翔，结果反为邠凤兵所败。朱温怒其专擅，将王重师处斩（一说赐死），并夷其族。[①]

（二）临阵惧敌

临阵惧敌是指将领在作战时逗留不前及临阵先退的行为。《唐律疏议·擅兴》“主将临阵先退”条规定：凡临阵交兵而有先退者，斩。五代时期对临阵逗留及先退的行为，也都处以死刑。后梁贞明六年（920年），梁将朱友谦叛，梁末帝命大将刘鄩为河东招讨使，讨伐朱友谦。刘鄩以书招降朱友谦，两军相持月余，结果唐将李嗣昭率军增援朱友谦，大败刘鄩。

① 《旧五代史·梁书·王重师传》。

刘鄩回洛阳，梁末帝以其逗留养寇，以致兵败，于是命河南尹张全义逼刘鄩饮鸩而死。[1] 后周显德元年（954 年），北汉趁后周太祖郭威之丧，引契丹兵万余骑入寇，周世宗率军抵御，两军战于高平。临阵交锋时，后周右军主将樊爱能、何徽领兵率先溃逃。赖周世宗与诸将奋力拼杀，才得以转败为胜。高平之战后，周世宗以樊爱能、何徽等临阵先退，将他们全部处死。[2]

（三）不理军政

不理军政是指将帅在平时对所属军队的士兵及军务不加管理的行为。后梁骁将范居实镇守泽州时，因“戒备不理”而被处斩。[3] 后梁太祖朱温的养子朱友恭与大将氏叔琮受密令杀唐昭宗，事后，朱温为灭口，又以军政不理的罪名，将二将处死。[4]

五、贼盗方面的犯罪

自古以来，“王者之政莫急于盗贼”，五代乱世自然更不例外。五代法律对贼盗等犯罪的规定，在沿袭唐代法律，尤其是中唐以后敕令内容的基础上，根据当时的具体情况，在定罪量刑上都有较大的变化。

（一）侵犯皇权的犯罪

1. 谋反

谋反即图谋推翻统治政权的行为。五代时期，由于军阀割据，战乱不息，从事“谋反”的，大多是一些军事将领。因而五代时期有关“谋反”的事例，可以说是史不绝书。后梁乾化四年（914 年），徐州节度使蒋殷反，

---

① 《旧五代史·梁书·刘鄩传》。
② 《旧五代史·周书·世宗纪》。
③ 《旧五代史·梁书·范居实传》。
④ 《旧五代史·梁书·氏叔琮传》《朱友恭传》。

下诏削夺蒋殷在身官爵，命牛存节、刘鄩率军讨伐。蒋殷兵败，举族自焚。梁军于火中得其尸，枭首以献。[①] 乾化五年（贞明元年，915 年），康王朱友孜谋反，遣刺客谋刺梁末帝，事觉伏诛。[②] 后唐同光二年（924 年），河阳留后张继业（张全义子）上疏称弟张继孙（实为张全义假子）私藏兵甲，招置部曲，图谋不轨。诏赐张继孙自尽，籍没资产。[③] 后汉乾祐三年（950 年），枢密使杨邠、侍卫都指挥使史宏肇、三司使王章等"同谋叛逆，欲危宗社"，被处斩，并被夷族。[④] 后周广顺元年（951 年），泰宁节度使慕容彦超反，周太祖下诏削夺慕容彦超官爵，并亲自领兵征讨，斩慕容彦超，并夷其族。[⑤]

2. 谋叛

谋叛是指将帅背叛本朝，投奔、归顺敌对政权的行为。同谋反一样，五代时期将帅拥兵抗命、投奔敌对政权的事例层出不穷。因此，对谋叛的将领一旦擒获，则即处死刑，决不宽贷。后梁贞明四年（918 年），大将张万进据兖州城叛，并向晋军请降。梁末帝下令削夺其在身官爵，并发兵讨伐。次年擒杀张万进，并夷其族。[⑥] 后唐同光四年（926 年），邢州军校赵太据城叛，命李绍真率军征讨，擒赵太等二十一人，皆磔于军门。[⑦] 后汉乾祐三年（950 年），陕州李洪信奏马步都指挥使聂召、奉国指挥使杨德等人同情谋叛，并杀之。[⑧]

3. 谋乱

谋乱是军校及士兵拥兵作乱或哗变，以及擅自易置主帅的行为。自唐

① 《旧五代史・梁书・末帝纪》。
② 《旧五代史・梁书・末帝纪》。
③ 《旧五代史・唐书・庄宗纪》。
④ 《旧五代史・汉书・隐帝纪》。
⑤ 《旧五代史・周书・太祖纪》。
⑥ 《旧五代史・梁书・末帝纪》《张万进传》。
⑦ 《旧五代史・唐书・庄宗纪》。
⑧ 《旧五代史・汉书・隐帝纪》。

末以来，藩镇割据，牙兵骄横，军士谋乱发动兵变，拥立主帅已成尾大不掉之积习，“其凶戾者强贾豪夺，踰法犯令，长吏不能禁；变易主帅，有同儿戏”[①]。至五代时，军士谋乱哗变甚至由拥立主帅发展成为拥立皇帝。五代由军士拥立的皇帝，就有梁末帝朱友贞、唐明宗李嗣源、唐末帝李从珂、周太祖郭威，以及后来的宋太祖赵匡胤等。因此，谋乱行为对统治政权以及君主的地位构成了直接的威胁，所以历代对谋乱行为也都予以最严厉的制裁。仅以后唐为例：同光四年（926 年），马直宿卫军士王温等五人夜半谋乱，杀本军使，为卫兵所擒，磔于本军之门。[②]清泰二年（935 年），石敬塘屯驻忻州时，军中军士突然高呼万岁者数四，石敬塘立即将为首者三十余人处斩。[③]天成元年（926 年），汴州指挥使赵虔等三千余人谋乱，被知州孔循擒获，并族诛。[④]

4. 左道妖言

左道妖言是指以旁门邪道及奸邪之言蛊惑人心的行为。《礼记 · 王制》：“执左道以乱政，杀。”郑玄注：“左道，若巫蛊及俗禁。”《唐律疏议 · 贼盗》“造妖书妖言”条：“诸造妖书妖言者，绞，传用以惑众者亦如之；……言理无害者杖一百。”但是，唐朝由于佛教的广泛传播，各种假托佛法传播左道妖言的行为也层出不穷。因此，开元二十八年（740 年）敕对这类行为又作了补充规定：“自今以后，辄有托称佛法，因肆妖言，妄谈休咎，专行诳惑，诸如此类，法实难容。宜令所在长官，严加捉搦，仍委御史台及本道采访使纠察，如有此色，推勘得实，必无冤滥者，其头首宜令集众先决一百，自余徒侣等各决六十，然后录奏。”[⑤]由于一些不满于统治政权的人为了达到政治目的，也往往借宗教力量号召民众反抗现政权，这也使

① 《旧五代史 · 梁书 · 罗绍威传》。
② 《旧五代史 · 唐书 · 庄宗纪》。
③ 《旧五代史 · 晋书 · 高祖纪》。
④ 《旧五代史 · 唐书 · 明宗纪》。
⑤ 《宋刑统 · 贼盗律》引。

得“左道妖言”在内容上更加复杂。因此，五代时期，对各种“左道妖言”的行为予以严刑制裁。后梁末帝时，“陈州里俗之人喜习左道，依浮屠氏之教，自立一宗，号曰上乘，不食荤茹，诱化庸民，揉杂淫秽，宵聚昼散，州县因循，遂致滋蔓”。当时的陈州刺史、惠王朱友能恃戚藩之宠，横行不法，终于激起民变。他们推母乙为首领，众至数千人，朝廷累发州兵讨捕，反为所败。最后，以禁军及数州之兵合力围剿，才将母乙等击溃，并生擒母乙等首领八十余人，“械送阙下，并斩于都市”。[①] 后唐天成二年（927年），颁布敕令，严厉禁止各种利用佛教等惑众的行为，“或僧俗不辩，或男女混居，合党连群，夜聚明散，托宣传于法令，潜恣纵于淫风，若不去除，实为弊恶。此后委所在州府县镇及地界所由巡司节级，严加惩刺。有此色之人，便仰收捉勘寻，据关连徒党，并决重杖处死”。[②] 后周显德五年（958年）颁布的敕令则规定：“今后捉获此色人，其头首及党徒中豪强者，并决杀；余者减等科罪。如是情涉不顺者，准前敕（即上引后唐天成二年敕）处分。其有妖书者，所在焚烧。”[③]

5. 五逆

五逆是五代时期仅次于“十恶”的严重犯罪。五逆之说源于佛经，是佛教中的五种恶业大罪，它是指杀父、杀母、害阿罗汉、斗乱众僧、起恶于如来所（一说为杀父、杀母、杀阿罗汉、由佛身出血、破合和僧）五种行为。佛教将“五逆”与“十恶”并称，犯五逆者必入地狱。自中唐以后，五逆也被作为严重犯罪，在法律上明确肯定下来。五代时，五逆与“十恶”等同为“常赦所不原”的犯罪。后唐同光元年赦令：“惟犯十恶、五逆……不在原赦之限”；同光四年赦令：“除十恶、五逆……准律常赦不原外”；后晋、后汉的赦令中也都有相同的规定。[④]

① 《旧五代史·梁书·末帝纪》。
② 《宋刑统·贼盗律》引。
③ 《宋刑统·贼盗律》引。
④ 参见《详刑典·赦宥部汇考十》。

（二）侵犯财产关系的犯罪

1. 强盗

《唐律》对强盗罪，主要是根据取财多少及伤人程度来决定处罚的。《贼盗律》“强盗”条：“诸强盗，不得财徒二年，一尺徒三年，二匹加一等，十匹及伤人者绞，杀人者斩。其持杖者，虽不得财，流三千里，五匹绞，伤人者斩。”但至中唐以后，对强盗的量刑上出现了两个变化，一是量刑较《唐律》规定明显加重；二是不再以取财多少作为量刑标准。唐建中三年（782 年）敕：“应（京兆）府界内捉获强盗，不论有赃无赃……并准敕集众决杀。”[①] 五代法律对强盗罪的处罚上也沿袭了这一做法。后汉天福十二年（947 年）八月敕：“应天下凡关贼盗捕获，不计赃物多少，按验不虚，并宜处死。”[②] 后周显德五年（958 年）七月七日敕也规定：“今后应持杖行劫，不问有赃无赃，并处死。其同行劫贼，内有不持杖者，亦与同罪。其余称强盗者，准律文处分。”[③]

此外，五代法律对“群盗”（包括家人共犯者）也专门作了规定。后唐天成二年（927 年）敕：“应山林群盗，害物残人，若捕捉勘结不虚，全家处置；有偶然劫盗者，正身准法，知情者同罪。”至长兴四年（933 年）改为“今后结党连群为害者，并男十五以上，并准元敕（按：即指天成二年敕）处断，其父母、兄弟、妻女、小儿一切不罪。有骨肉中与贼同恶者亦同罪。如同谋不行或受赃不受赃则准律科断”。[④] 另后周显德五年（958 年）七月七日敕：“劫盗及杀人贼同情、知情者，若是未行劫之前，曾与同居骨肉和同商量，或更教唆使去，事过之后，同受赃物，如此者谓之同情。若

---

① 《册府元龟》卷 613《刑法部》引。另《宋刑统 · 贼盗律》引元和十年敕节文：“京兆府奏：应擒获强盗，不论有赃无赃，并集众决杀。”

② 《册府元龟》卷 613《刑法部》。

③ 《宋刑统 · 贼盗律》引。

④ 《册府元龟》卷 613《刑法部》。

是拟行劫杀之时，骨肉虽知，止遏不得，或始劫杀之后，方始告知，或将盗赃物，收藏在家，如此者谓之知情。应同情者，与贼同罪。若一家之内，同情者众，只取一人为首处死，余人为从，减死罪。其妇女同情者，量罪科断。如知情者，既劝诫不及，又告言无文，望准律处分。如累行劫杀，骨肉皆曾知情，亦可量情科断。”[①]

另外，五代时期对强盗罪，除将罪犯本人处死外，还往往采取籍没罪犯财产的做法。后晋时相州节度使桑维翰曾上书朝廷，建议禁止这种做法。为此，朝廷于天福四年（939 年）发布敕令，“今后凡有贼人，准格律定罪，不得没纳家资，天下诸州皆准此处分”。[②]

2. 恐喝取人财物

恐喝取人财物，是指以揭发他人的不法或犯罪行为以及其他隐私相威胁，敲诈他人财物的行为。唐《贼盗律》“恐喝取人财物”条疏议曰：“恐喝者，谓知人有犯，欲相告诉，恐喝以取财物者。”《唐律》对恐喝取人财物的处罚，原则上是比照窃盗罪加一等论处，但最高刑仍为流刑。五代时期对恐喝取人财物的则可适用死刑。后周显德五年（958 年）七月七日敕：“今欲致诸恐喝取人财物者，若被官司形势，不因公事，非理临迫，或被所由节级因事动摇，或偶有违犯，被人称欲发举论告，及纪拾州县并诸职司，以求裨补，或受雇论事，以此取财物等，赃满二十匹，头首处死，同情者减一等；赃不满者，等第科断。”[③]

3. 窃盗

《唐律》对窃盗罪的处罚，采取的是计赃为罪的原则，即根据所得赃物多少分别量刑，但最高刑为加役流。唐中宗神龙年间颁布的散颁刑部格中规定：“盗计赃满一匹以上……勘当得实，先决杖一百，仍依法与罪。”[④]

---

① 《宋刑统·贼盗律》引。

② 《旧五代史·晋书·桑维翰传》。

③ 《宋刑统·贼盗律》引。

④ 刘俊文:《敦煌吐鲁番唐代法制文书考释》，中华书局 1989 年版，第 249 页。

至唐德宗建中三年（782 年）的敕令中，又规定“自今以后，捉获窃盗，赃满三匹以上者，并集众决杀”。[①] 量刑比原《唐律》加重。五代法律对窃盗罪，基本上是沿袭了中唐以后的规定。后唐清泰元年（934 年），大理寺奏：“所用法书窃盗条，准建中三年赃满三匹以上决杀，不及三匹量情决杖。本朝以量情之文不定。”诏御史中丞龙敏等议定：“赃满三匹，准旧法；一匹以上，决徒一年半；一匹以下，量罪以杖。”大理寺又以量罪之文不定申奏，集寺重议，议定：“赃满一匹，徒二年半（《册府元龟》作杖脊十八）；不及一匹，徒一年半（《册府元龟》作杖脊十五）；不得财，杖七十（《册府元龟》作杖臀十五）。”[②]

后晋对窃盗的量刑略有减轻，据天福五年（940 年）十月敕：“今后窃盗赃满五匹者处死，三匹以上决杖配流，以盗论者，依律文处分。”[③]。

后汉对窃盗的处罚，堪称是五代之最。《宋史 · 刑法志》中说：“（后）汉乾祐以来，用法益峻，民盗一钱，抵极法。”后周则又恢复沿用后唐的规定。广顺二年（952 年）敕：“其犯窃盗者，计赃绢满三匹，并集众决杀。……不满三匹者，等第决断。”[④]

六、斗讼方面的犯罪

这方面的犯罪，主要包括斗殴杀伤人以及违反诉讼制度的犯罪等两类。

（一）杀伤人的犯罪

1. 斗殴杀伤人

斗殴杀伤人是在斗殴过程中故意杀死或杀伤他人的行为。唐《斗讼律》

---

① 《宋刑统 · 贼盗律》引。

② 《五代会要》卷 9《定赃》。

③ 《五代会要》卷 9《定赃》。

④ 《五代会要》卷 9《定赃》。

“斗殴以手足他物伤”条疏议：“相争为斗，相击为殴。”斗殴杀伤人与故杀人的主要区别，就在于斗殴杀人者本无“杀心”。后梁的《斗竞律》规定：“不斗故殴伤人者，加伤罪一等。”[①]（按:《唐律疏议·斗讼》作“不因斗，故殴伤人者，加斗殴伤罪一等。”）五代时期关于斗殴杀伤人的处理，虽然也是沿袭了《唐律》中的规定，但在实际处理以及对律条的适用和解释上，却又有所差异。后晋天福三年，大理寺奏：“左街（使）韩延嗣为百姓李延晖冲者，本街使连喝不住，殴击致死。准律：斗殴者，原无杀心，因相斗殴而杀人者，依故杀人者斩。其韩延嗣准律合斩；刑法统类节文：绞刑决重杖一百处死。”敕：“法寺定法……比不因斗殴故伤人辜内死者，依杀人论，盖微相类，且非本条，罪有可疑，法当在宥。徒二年半，刺面配华州，发运务收管。”[②]

2. 复仇杀人

中国古代法律对于复杂杀人行为的处理历来都是采取双重标准，五代时期自不例外。法律上虽然明文规定“杀人者死”，但按礼教却又对复仇杀人者网开一面。后唐洛州平恩县百姓高晖被乡人王感所杀，高晖子高宏超又挟刃将王感杀死，并带着王感的首级去衙门自首。大理寺断以故杀论，但刑部员外郎李思梦认为：“伏以挟刃杀人，按律处死；投狱自首，降罪垂文。高宏超既遂报仇，固不逃法，戴天罔愧，视死如归。历代以来，事多贷命。……方今明时，有此孝子，其高宏超若使须归极法，实虑未契鸿慈。”最后，朝廷颁降敕令：“忠孝之道，乃治国之大柄；典刑之要，本诛恶之深文。……今高宏超为父复仇，即丹书之不尚，人伦之口，法网宜矜，可减死一等。”[③]反之，对于尊长被人所杀，子孙于私下与凶手和解的，则要依法追究，甚至要处以极刑。后唐天成三年（928 年），襄邑县民闻威父为人

① 《旧五代史·唐书·崔沂传》。
② 《五代会要》卷 9《议刑轻重》。
③ 《五代会要》卷 9《议刑轻重》。

所杀，闻威不雪父冤，有状和解，特敕处死。[①]

（二）违反诉讼制度的犯罪

1. 诬告

中国古代法律对诬告罪一般都采取“反坐”的处罚原则，五代法律也不例外。后唐时，捧圣军使李行德、十将张俭等诬告枢密使安重诲私市兵杖，被处以族刑。[②] 后汉时，沿淮巡检使唐景思被部下仆夫诬告下狱，后查明真相，唐景思无罪释放，仆夫则被处斩。[③] 另据《宋史 · 薛居正传》记载：薛居正在后汉任开封府判官时，有史宏肇部下吏告百姓犯监禁，依法当处死。狱将决，薛居正疑其不实，重新进行讯问，结果查明是吏与百姓有私冤，而对百姓进行诬告，于是便下令将吏逮捕，依法抵罪。

然而，五代时期虽然严禁诬告，但诸朝君主为防止臣下篡权，又广开告密之门；将帅之间争权夺利，亦往往以反叛的罪名诬告对方。因此，五代史上文臣武将因被诬告而遭贬杀者为数不少。而诬告者却也因此得以平步青云。后唐时的宰相豆卢革、韦说等就是被萧希甫诬告而遭贬死，而萧希甫则因此被擢升为右散骑常侍、集贤殿学士。[④]

2. 越诉

越诉是指违反正常的诉讼程序，越级上诉的行为。《唐律疏议 · 斗讼》“越诉”条：“诸越诉及受者，各笞四十。”五代法律虽然也沿袭了这一规定，但越诉的情形事实上是多方面的，因而在实际处理上，也就有所不同。后唐天成二年（927 年），御史台、刑部、大理寺奏：“奉天成元年十二月二十日敕：越诉之条，本防虚妄，须用惩断，以绝效尤。如或实抱深冤，

---

① 《旧五代史 · 唐书 · 明宗纪》。

② 《旧五代史 · 唐书 · 明宗纪》。

③ 《旧五代史 · 周书 · 唐景思传》。

④ 《旧五代史 · 唐书 · 萧希甫传》《豆卢革传》《韦说传》。

无门上诉，其越诉律内，不载杖数，仍令大理寺别具奏闻者。寺司准《名例律》：诸断罪而无正条，若或不经台省，何得复雠？事在酌中，理难执律。其应出律者，则举重以明轻；其应入罪者，则举轻以明重。“疏”云：断罪而无正条，谓一部律内，犯无罪名者。准《杂律》：不应得为而为者，笞四十，谓律令无条，理不可为者；事理重者，杖八十。“疏”云：杂犯轻罪，触类弘多，金科玉条，包罗难尽，其有在律在令无有正条，若不轻重相明，无文可以比附，临时处断，量情为罪，庶补遗阙，故立此条。其情轻者，笞四十；事理重者，杖八十。”奉敕宜依。[1]

3. 以赦前事相告言

以赦前事相告言，是指向官府控告他人赦前犯罪的行为。依据法律，凡大赦之后，除常赦所不原的犯罪外，其他一般犯罪一概不予追究，因此，告言他人赦前犯罪的行为，也就违反了法律规定，扰乱了官府的审判活动，因而本身成为一种违法行为，依法应予追究。唐《斗讼律》“以赦前事相告言”条：“诸以赦前事相告言者，以其罪罪之；官司受而为理者，以故入人罪论。”五代法律也沿袭了这一规定。后唐同光元年（923 年）四月敕：“如敢以赦前事相告者，以其罪罪之。”长兴元年（930 年）二月敕：“敢以赦文前事告者，以其罪罪之。”后晋天福三年（938 年）九月敕：“如敢以赦前事相告言及相仇报者，以其罪罪之。”开运二年（945 年）五月敕：“敢有以赦前事相扰告者，以其罪罪之。”后汉乾祐元年正月敕：“敢以赦前事言者，以罪罪之。”[2]然而，出于特定目的，对于以赦前事相告言的，不追究告言者的责任，反追究被告者的事例也是有的。唐末的平卢节度使王师范曾斩杀朱温之子朱友宁。后王师范兵败，投降朱温，朱温不仅赦免他过去的罪过，还命他为河阳节度使。梁朝建立后，又封为金吾上将军。不久，朱温大封诸子为王，朱友宁的妻子向朱温哭诉，要求处死王师范，替亡夫

① 《五代会要》卷 9《议刑轻重》，其中所引律文、律疏及所述内容杂乱，疑有缺文。

② 见《祥刑典·赦宥部汇考十、十一》。

报仇。结果朱温下令将王师范全族人杀掉，“先掘坑于第侧，乃告之。其弟师诲、兄师悦及儿侄二百口，咸尽戮焉”。[1]

七、杂律方面的犯罪

（一）私铸钱

《唐律疏议·杂律》“私铸钱”条规定：“诸私铸钱者，流三千里。”后来的《刑部格敕》进一步规定：“私铸钱及造意人，及句合头首者，并处绞，仍先决杖一百。从及居停主人加役流，仍各先决杖六十。若家人共犯，坐其家长。若老弱残疾不坐者，则归罪其以次家长。其铸钱处，邻保配徒一年，里正、坊正、村正各决杖六十。”[2]五代对私铸钱的处罚，基本上是沿用《刑部格敕》的规定。后唐长兴二年（931 年）敕：“如有衷私铸写铁蜡钱，及将铜钱销铸，别造物色，捉获勘鞫不虚，并依格敕处断。”[3]后晋天福三年（938 年）废私铸钱法，许民间私铸钱，但不久又重令禁止。[4]

后周因铜钱奇缺，严禁民间销钱铸为铜器货卖，如有犯者，不计多少斤两，并处死，其地分所由节级徒一年，邻保人杖七十。[5]显德二年（955年）又颁敕令，规定除朝廷用器物、军器及寺观内的法器外，其余铜器一切禁断。凡有私藏、私用铜器的，一两至一斤，所犯人及知情人徒二年，所由节级四邻杖七十；一斤至五斤，所犯及知情人各徒三年，所由节级四邻杖九十；五斤以上，不计多少，所犯人处死，知情人徒三年，配役一年，所

① 《旧五代史·梁书·王师范传》。
② 《宋刑统·杂律》引。
③ 《宋刑统·杂律》引。
④ 《五代会要》卷 27《泉货》。
⑤ 《五代会要》卷 27《泉货》。

由节级四邻杖一百。[①]

（二）犯奸

1. 强奸

五代时对强奸的处罚，比《唐律》规定要重。后周广顺三年（953 年）敕：应有夫妇人被强奸者，男子决杀，妇人不坐罪。[②]

2. 和奸

五代时后晋对和奸的处罚极为严厉。后晋天福年间敕：凡和奸者，男子妇人，并处极法。[③]后周广顺元年（951 年）敕：今后应犯窃盗赃及和奸者，并依晋天福元年已前条制施行。[④]广顺三年（953 年）敕也规定："其犯和奸者，男子妇人，并准律科断，罪不至死。其余奸私，准格律处分。"[⑤]

3. 亲属相奸

亲属相奸，属于"十恶"中的"内乱"。《唐律》对亲属相奸在量刑上要重于一般的奸罪。五代时期对亲属相奸，也予以严厉处罚。后晋商州刺史李重俊与妹通奸，及其他诸不法事，数罚并发，以重者论，赐死于家。[⑥]庆州刺史米廷训坐奸妻兄之女，追夺在身官爵，配流麟州。[⑦]

（三）毁坏官私树木

1. 滥伐园林

后梁乾化元年（911 年），右龙虎统军兼侍卫指挥使胡规在奉诏修洛河

---

① 《五代会要》卷 27《泉货》。
② 《宋刑统·杂律》引。
③ 《册府元龟》卷 613《刑法部》。
④ 《册府元龟》卷 613《刑法部》。
⑤ 《五代会要》卷 9《定赃》。
⑥ 《旧五代史·晋书·少帝纪》及《李重俊传》。
⑦ 《旧五代史·晋书·高祖纪》。

堤堰时，因斩伐百姓园林太甚，被河南尹张全义举奏，胡规因此被赐死。[①]

2. 毁人桑树

桑叶是蚕的主要食物，在男耕女织的自然经济下，桑树也是一种非常重要的经济作物，毁坏他人桑树，事实上会造成严重的经济损失，因而也被视为一种严重的犯罪，依法应予严厉处罚。后周显德五年（958 年）七月七日敕："如有因依仇嫌，心生蠹害，剥人桑树，致枯死者，至三功绞。（按《宋史 · 刑法志》：祖宗时，重盗剥桑柘之禁，枯者以尺计，积四十二尺为一功，三功以上抵死。）不满三功及不致枯死者，等第科断。"[②]

（四）妨碍道路交通的犯罪

1. 侵占街巷

后唐天成元年（926 年）敕："其城基内旧有巷道处，便为巷道，不得因循，妄有侵射。"[③] 长兴二年（931 年）敕："其诸坊巷道两边，当须通得车牛。如有小街巷，亦须通得车马来往，此外并不得辄有侵占。……此后或更敢侵占，不计多少，宜委地分官司量罪科断。"[④]

2. 街衢走马

街衢走马是危害道路交通安全的行为，在《唐律疏议 · 杂律》"无故于城内街巷走车马"条中规定："诸于城内街巷及人众中，无故走车马者，笞五十；以故杀伤人者，减斗杀伤一等。"但五代时期，这一规定事实上已成具文。因此，后晋天福三年，刑部郎中马承翰奏："伏见都下衢街窄狭，人物殷繁，其有步履艰难，眼目昏暗，老者幼者，悉在其间。车马若纵于奔驰，生物必见于伤害。况律禁无故走马，伤人杀人，素有严典。臣切恐功勋之子，军伍之人，向来愚昧于宪章，此际忽思于驰骋，害人者死，是

① 《旧五代史 · 梁书 · 胡规传》。

② 《宋刑统 · 杂律》引。

③ 《五代会要》卷 26《城郭》。

④ 《五代会要》卷 26《街巷》。

杀二人；杀人既多，亦伤至化。臣以为不若令之在前，使民知禁。臣乞特降明诏，示谕内诸司以下及诸军巡，于街衢坊曲，并不得走马……如有故违走马者，不问是何色目人，并捉搦申所司请依律科断。”敕依马承翰所奏，余准近敕处分。[①]

（五）桥梁堤防失修

1. 桥道不修

桥道不修是指主管官吏对所管辖区域内的桥梁道路不加修缮的行为。后唐同光三年（925年），“庄宗幸寿安山陵，道路泥泞，庄宗访其主者，宦官奏曰：属河南县。促令召（河南县令罗）贯至。罗贯奏曰：臣初不奉命，请诘禀命者。帝曰：卿之所部，反问他人，何也？命下府狱。府吏榜笞，促令伏款。翌日，传诏杀之。郭崇韬奏曰：贯别无赃状，桥道不修，法未当死。庄宗怒曰：母后灵驾将发，天子乘舆往来，桥道不修，是谁之过也？”遂命判罗贯长流崖州，不久又命河南府决痛杖一顿处死。[②]

2. 堤防失修

《唐律疏议·杂律》“失时不修堤防”条：“诸不修堤防及修而失时者，主司杖七十；毁害人家，漂失财物者，坐赃论减五等；以故杀伤人者，减斗杀伤罪三等。”五代法律对堤防失修在量刑上较《唐律》为重。后周广顺三年（953年），内衣库使齐藏珍奉诏修河，不于役所部辖，私自于近县止宿。及报堤防危急，安寝不动，遂致横流。齐藏珍以巡护河堤，驰慢致河决，除名，配沙门岛。[③]

（六）私盐曲

五代时期，盐、酒等都属于国家专卖的商品，严禁私人生产和销售，

---

① 《册府元龟》卷613《刑法部》。

② 《旧五代史·唐书·庄宗纪》及《罗贯传》。

③ 《旧五代史·周书·太祖纪》及《齐藏珍传》。

违者处以严刑。因此，严苛的盐法与曲法（酒法）也是五代法律较为突出的特点之一。

1. 私盐

唐朝前期，国用主要依赖于租庸调的收入，对盐禁并不很严，并且自武德、贞观年间起，约百三十年间不征盐税，成为古代盐政史上少有之特例。（《唐律》中无“私盐”的规定，大概与此也有一定关系。）自开元年起，重新实行盐类专卖，盐税也成为国家财政收入的主要来源之一。因此，自中唐以后，法律上对私盐的处罚也日益加重。至五代时，盐禁愈严，盐法也愈苛，不论是私自生产还是销售、贩卖，都要给予严刑处罚。

首先，对私刮硷煎盐，即自行刮取硷土煎炼食盐的，“不计多少斤两，并处极法，并许四邻及诸色人等陈告，等第支给赏钱”。后改为五斤以上处死。后汉盐法亦酷，所犯不计斤两多少，并处极刑。至后周广顺元年（951年），改为刮硷煎炼私盐，所犯一斤以下，徒三年，配役；一斤以上，并决重杖一顿处死。但至显德二年，又改定盐法，规定凡刮硷煎盐人并知情人，所犯不计多少斤两，并决重杖一顿处死。并且在盐场附近煎造盐货的，也不计多少，决重杖一顿处死。[①]

其次，私自买卖食盐的，因所犯地界不同，量刑上也略有差异。据后唐长兴四年五月七日敕：应食颗盐州府，所有折博并每年人户蚕盐，并不许将带一斤一两入城，侵夺榷粜课利。如违犯者，一两以上至一斤，买卖人各杖六十；一斤以上至三斤，买卖人各杖七十；三斤以上至五斤，买卖人各杖八十；五斤以上至十斤，买卖人各徒二年；十斤以上，不计多少，买卖人各决脊杖二十，处死。所有犯盐人随行钱物、驴畜等，并纳入官。应食末盐地界，犯一两以上至一斤，买卖人各杖六十；一斤以上至二斤，买卖人各杖七十；二斤以上至三斤，买卖人各徒一年；三斤以上至五斤，

① 《五代会要》卷26、27《盐铁杂条上下》。

买卖人各徒二年；五斤以上，买卖人各决脊杖二十，处死。如有已曾违犯，不至死刑，经断后公然不惧条流再犯的，不计斤两多少，所犯人并处极法。此外，凡榷粜场院员僚节级人力、煎盐池客灶户、般盐船纲、押纲军将衙官梢工等，如有公然偷盗官盐，或将货卖，其买卖人及窝盘主人知情不告，并依前项刮硷例，五斤以上处死。[1]

后汉法律规定，凡犯私盐者，不论斤两多少，一律处死。后周初年沿汉法而不改。时有郑州百姓以屋税受盐于官，过州城，吏以为私盐，执而杀之，其妻讼冤。遂于广顺元年九月诏改盐法，所犯一斤以下至一两，杖八十，配役；五斤以下、一斤以上，徒三年；五斤以上，重杖一顿处死。[2]显德三年（956 年）又重定盐法，凡诸色犯盐人，一两至一斤，决臀杖十五，令众半月；一斤以上至一十斤，徒一年半，令众一月；十斤以上，不计多少，徒二年，配发运务役一年。[3]但如果是偷盗官盐之类，则处死刑。[4]

2. 私曲

同私盐一样，五代时期除后梁外，对私曲也严厉禁止。后梁时曾开曲禁，许诸道州府百姓自行酿造，官府征税。后唐初年改为由官府专卖，禁民私酿，犯私曲者五斤以上皆死。东都留守孔循曾以曲法杀一家于洛阳。[5]后唐明宗以其法太酷，下诏改曲法，许百姓私酿货卖。后汉时又严禁私曲，犯私曲者同私盐一样，不论斤两皆死。[6]后周广顺二年（952 年），重定盐曲法，犯私曲者一斤以下至一两，杖八十，配役；五斤以下一斤以上，徒三年，配役；五斤以上，并决重杖一顿处死。[7]

---

① 《五代会要》卷 26《盐铁杂条上》。
② 《资治通鉴》卷 290。
③ 《五代会要》卷 27《盐铁杂条下》。
④ 《五代会要》卷 27《盐铁杂条下》。
⑤ （清）赵翼:《廿二史札记》卷 22《五代盐曲之禁》。
⑥ （清）赵翼:《廿二史札记》卷 22《五代盐曲之禁》。
⑦ 《五代会要》卷 27《盐铁杂条下》。

八、断狱方面的犯罪

这方面的犯罪，主要有以下两类：

（一）出入人罪

1. 故入人罪

《唐律》对官吏故入人罪，采取的是“反坐”的处罚原则。五代时期也沿袭了这一原则。据《册府元龟》等记载，后汉乾祐三年（950 年），潞州长子县民崔彦、陈宝选等八人将牛皮诣后汉高祖庙冒鼓，节度判官史在德引牛皮法，断八人死罪。但节度使刘重进则认为其事先曾于本镇申明，与故犯不同，改处杖刑。史在德固争不已，并上言朝廷。大理寺断史在德失入人罪。枢密使杨邠则又认为大理寺所断不允，命左庶子张仁瑑重审。张仁瑑认为，大理寺是按律文定罪的，而凡断罪应以最后敕为定，编敕中有“官典鞫狱枉滥，元推官典并当诛罚”的规定，因此史在德故入人罪，依敕当处极刑。结果，史在德被处决杖弃市。

2. 失入人罪

由于失入人罪在主观上没有故意，所以在量刑上也比照故入人罪减轻。后唐长兴二年（931 年），大理寺、刑部官员因断罪失入，均受到处罚，大理正剧可久责授登州司户，刑部员外郎裴选责授卫尉寺丞，刑部侍郎李光序、判大理寺卿事任赞各降一官，罚一季俸。[①] 后周广顺元年（951 年），郑州百姓李思美妻诣御史台，诉夫私鬻盐，罪不至死，判官杨瑛置以大辟。有司摄治瑛，瑛具伏。大理卿剧可久断杨瑛失入人死罪，减三等，徒二年半。[②]

3. 失出人罪

《唐律》对失出人罪比照故出减轻处罚，五代法律基本上也采取这一

① 《旧五代史·唐书·明宗纪》。

② 《宋史·剧可久传》。

做法。后唐清泰二年（935年），延州保安镇将白文审闻兵兴岐下，专杀郡人赵思谦等十余人，被逮入御史台推鞫，正在此时，朝廷颁降赦书（德音），除十恶、五逆、放火杀人外，并放。御史中丞便因此释放了白文审。唐末帝得知后大怒，收白文审诛之。御史台称是奉德音释放的，遭到中书的驳斥。大理寺断御史台失出人罪。结果，御史中丞卢损责授右赞善大夫，知杂侍御史韦税责授太仆寺丞，侍御史魏逊责授太府寺主簿，侍御史王岳责授司农寺主簿。①

（二）违反审判制度的犯罪

1. 刑讯不如法

五代法律承认刑讯的合法性的同时，对刑讯的适用也作了相应的限制，禁止司法官吏违法适用刑讯。后唐长兴二年（931年），大理寺正剧可久奏：准《开成格》，应盗贼须得本赃，然后科罪，如有推勘因而致死者，以故杀论。臣请起今以后，若因而致死，无故即请减一等，别增病症而死者，从辜限。根据剧可久的建议，中书门下对违法刑讯的处理问题作了如下规定：

（1）盗贼等犯罪须得本赃，然后才得施以刑讯，否则即为违法；

（2）若因非法刑讯而致人死亡的，如果是出于故意，则以故杀论罪；如果是出于过失，则比照故杀减一等论处；

（3）若因刑讯而增疾患的，侯验分明，如无他故，虽于辜限内致死，亦以减一等论。②

后晋天福六年（941年），刑部员外郎李象奏："据《刑法统类》节文云：盗贼未见本赃，推勘因而致死者，有故者以故杀论，无故者减一等。又云：今后或有故者，以故杀论；或无故者，景迹显然，支证不谬，坚恃奸恶，

① 《旧五代史·唐书·末帝纪》。

② 《五代会要》卷9《议刑轻重》。

不招本情，以此致死者，减故杀罪三等；其或妄被攀引，终是平人，以此致死者，减故杀罪一等。臣按：上文云，有故杀者，以故杀论，此即是矣。其无故杀者，亦坐减一等罪，即恐未当。……请今后推勘之时致死者，若实情无故，请依邂逅勿论之义。”[①] 详定院根据李象意见，对违法拷讯及其处理作了如下规定：

（1）若违法拷掠，即非托故挟情，以致其死，而无情故者，依故杀论；

（2）若虽不依法拷掠，即非托故挟情，以致其死，而无情故者，减故杀一等；

（3）若本无情的，又依法拷掠，或未拷掠，或诘问未诘问，及不压抑，因他故致死，并属邂逅勿论之义。[②]

2. 追断赦前事

追断赦前事是指司法官吏违反赦书规定，追究赦前犯罪的行为。五代法律一方面严禁以赦前事相告言，另一方面也禁止追究赦前的犯罪。后唐长兴二年（931 年）六月敕：“诸道州府推断刑狱，或虑有司因循，仍以赦令前事辄有申理，紊乱刑罚，宜令尽举中兴以来所降赦书德音釐革恩敕晓示。王者应天顺人，发号施令，布丝纶于远迩，示恩信于华夷。傥隐而不行，则主者有罪，须重提举，无致因循。宜令御史台兼三京及诸道州府应受词状及推勘详断之所，须具此令文榜壁，各令详审，无至逾违。如或公然以赦书德音及恩敕前事辄敢受而违理者，应状案经过处，并当勘责，以故违敕令律格科罪。”[③] 后周广顺元年（951 年），考城县巡检供奉官马彦勍匿赦书杀狱囚，被处以弃市。[④]

---

① 《五代会要》卷 9《议刑轻重》。
② 《五代会要》卷 9《议刑轻重》。
③ 《册府元龟》卷 613《刑法部》。
④ 《旧五代史 · 周书 · 太祖纪》。

第三节 五代的经济与民事法律

一、五代的经济法制

（一）土地制度

五代基本上沿袭了唐末的土地制度。但由于频繁的战争，土地兼并现象极为严重。这一时期，朝廷为了解决赋税问题，继续营田，出现了侵占农民土地和强迫农民充当营田户的情形。这样反而减少了纳税户，同时营田的收入也常被官吏侵吞。因此，为了保证朝廷的财政收入，便改行将营田赐给佃户以为永业，并收取田租的制度。后周广顺二年（952年）敕："悉罢户部营田务，以其民隶州县，其田庐、牛、农器，并赐见佃者为永业。"①

（二）赋税制度

五代时期虽然主要是继承了唐朝的两税法，但同时也沿袭了唐朝后期的青苗钱。此外还有各种名目繁多的杂税。

1. 两税

两税是五代时期主要的赋税。后唐同光三年（925年）敕："本朝征科，惟配有两税……宜令租庸司指挥并准元征本色输纳，不得改更。"②后周显德三年（956年），"宣三司指挥诸道州府，今后夏税，以六月一日起征，秋税至十月一日起征，永为定制"。③

① 《资治通鉴》卷291。
② 《旧五代史·食货志》。
③ 《旧五代史·食货志》。

2. 青苗钱

青苗钱始征于唐代宗时，以后成为常式。五代时也以青苗钱为常税。后唐长兴元年诏："……应天下府州，合征秋夏苗税……"① 另外，五代时各朝的诏书敕令中，也多有减免青苗钱的规定。后晋天福六年诏："其经烧爇舍室，杀伤人命者，据户下合征苗税，并与除放。"② 后汉乾祐元年诏："其今年夏麦苗子于旧额上，特与放免一半。"③ 由此，也可见青苗钱在当时，是一种固定的税制。

3. 杂税

除两税及青苗钱外，五代时期还有各种名目繁多的杂税。杂税的税种主要有：

（1）盐税。后晋天福七年（942 年），"诏州郡税盐，过税斤七钱，住税斤十钱"。④ 后周广顺三年诏："今后每青盐一石，依旧抽税钱八百文，以八十五为陌，盐一斗；白盐一石，抽税钱五百，盐五升。此外更不得别有邀求。"⑤

（2）酒税。后唐天成三年（928 年）敕："自今年七月后，于夏秋田苗上，每亩纳麴钱五文足陌。"⑥ 长兴二年敕："诸道州府人户，每秋苗一亩上，元征麴钱五文，今后特放二文，只征三文。"⑦

（3）农器税。后唐长兴二年，"许百姓自铸农器什器之属，于夏秋田亩上每亩输农器钱一钱五分"。⑧

（4）牛皮税。后周广顺二年（952 年）敕："约每岁民间所输牛皮，三

① 《册府元龟》卷 94《帝王部》。
② 《册府元龟》卷 94《帝王部》。
③ 《册府元龟》卷 94《帝王部》。
④ 《旧五代史 · 晋书 · 少帝纪》。
⑤ 《旧五代史 · 食货志》。
⑥ 《旧五代史 · 食货志》。
⑦ 《旧五代史 · 食货志》。
⑧ 《旧五代史 · 唐书 · 明宗纪》。

分减二，计田十顷，税取一皮，余听民自用及买卖。”[①]

此外，在征税之时，除应征税额外，还要加征所谓“省耗”。后唐天成元年（926 年）以前，两税加征的省耗为每斗一升，[②]自天成元年起明令废除，但事实上加征之事依然存在。后汉（可能也包括后晋）时，田税每斛（十斗）加输二升，称为“雀鼠耗”。说起这“雀鼠耗”，本是南北朝时的一句戏言。据《南史·张率传》记载：“（张率）在新安，遣家僮载米三千石还宅，及至，遂耗大半。率问其故，对曰：鼠雀耗。率笑而言曰：壮哉雀鼠！竟不研问。”然而，这一句戏言，在五代时竟成为一种固定的陋规。后汉王章为三司使，又在“雀鼠耗”的基础上，增收每斛二斗的“省耗”。[③]

除了各种“法定”的税额之外，五代时期的一些地方军阀还自行加征甚至滥征赋税。后晋宋州节度使赵在礼在任多为不法，百姓苦之。听说他将要调职时，百姓忻然相贺，说：“此人若去，可为眼中拔钉子，何快哉！”然而，赵在礼调职未成，仍回原任，便以此为由，向当地百姓征收“拔钉钱”，每口一千文，获钱百万。[④]后汉刘铢任青州节度使时，“擅行赋敛，每秋苗一亩，率钱三千，夏苗一亩，钱二千”。[⑤]后汉西京留守王守恩“性贪鄙，专事聚敛，丧车非输钱不得出城，下至抒厕行乞之人，不免课率”。[⑥]

（三）钱法

五代时期战乱不断，社会经济受到很大影响，造成钱币缺少，钱的质量也很差。由于钱币短缺，自唐末以来，就以八十文为一陌（一陌原应为一百文），但到后唐时，一陌连八十文都不到。为此，后唐天成二年（927

---

① 《文献通考》卷 4《田赋考四》。

② 《旧五代史·食货志》。

③ 《旧五代史·汉书·王章传》。

④ 《五代史补》卷 3《赵在礼拔钉钱》。

⑤ 《旧五代史·汉书·刘铢传》。

⑥ 《资治通鉴》卷 288。

年）敕令："凡有买卖，并须使八十陌钱，兼令巡司厢界节级所由，点检觉察。如有无知之辈，依前故违，辄将短钱兴贩，便仰收捉，委逐州府枷项收禁勘责。"[①]但事实上，这类规定也很难得到执行。后汉时，三司使王章就曾发布命令，明白规定官府支出以七十七文为陌。[②]

由于钱币不足，使得质量很差的钱甚至铅铁小钱也充斥市场。为此，朝廷曾不断发布敕令，禁止铅铁钱流通。后唐同光二年（924年）敕："令京城及诸道于坊市行使钱内，点检杂恶铅锡钱，并宜禁断。沿江州县，每有舟船到岸，严加觉察，若私载往来，并宜收纳。"[③]天成四年（929年）敕："先条流三京诸道州府，不得于市使钱内，夹带铅铁钱。虽已约束，仍闻公然行使。今后有人于钱陌内，捉到一文至两文，所使钱不计多少纳官，所犯人准条流科罪。"[④]但是，由于朝廷并未铸钱，钱币缺乏，使得盗铸者如云而起。尽管法律上对盗铸者规定了严厉的处罚，但由于市场的需要，有利可图，使得盗铸铤而走险，市面上恶钱泛滥，阻碍了商品交换的发展。

二、五代的民事法律

五代的民事法律在唐代的基础上，得到了一定程度的发展，尤其是在契约、典卖等方面，对后来宋朝的民事法律产生了相当的影响。

（一）买卖

五代时期，对买卖及担保作了明确规定，"应有诸色牙人店主人引致买卖，并须钱物交相分付，或还钱未足，只仰牙行人店主明立期限，勒定文字，递相委保。如数内有人前却，及违限别无抵当，便仰连署契人同力

① 《五代会要》卷27《泉货》。
② 《旧五代史·汉书·王章传》。
③ 《五代会要》卷27《泉货》。
④ 《五代会要》卷27《泉货》。

填还。如诸色牙行人内，有贫穷无信行者，恐已后误累，即却众状集出，如是客旅人自与人商量交易，其店主人牙行人并不得邀难遮占，称须依行店事例引致。如有此色人，亦加深罪”。[①]

（二）借贷

五代时期对于高利贷在法律上是不予认可的。后梁贞明六年（920 年）四月的诏书中说：“其有私放远年债负，生利过倍，自违条格，所在州县不在更与征理之限。”[②] 后唐同光元年四月的诏书中也说：“应有欠负，不系公私，若曾重重出利，累经征理，填还不适者，并皆释放。”[③] 后唐长兴元年（930 年），大赦天下，“应私债出利已经倍者，只许征本；已经两倍者，本利并放”。[④] 后晋天福六年（941 年），大赦天下，“私下债负征利及一倍者，并放”。[⑤] 从上述的诏书及赦书的规定中都可以看出，民间借贷的利息不得超过本金。此外，五代时期还常常以赦令的形式，废除民间的债务。后唐同光元年（923 年）十月，降德音：“残欠赋税及诸务悬欠积年课利及公私债负等，其汴州城内，自收复日已前，并不在征理之限；应天下诸道……并放。”[⑥] 后唐天成二年（927 年）诏：“应汴州城内百姓，既经惊劫，须议优饶，宜放二年屋税及公私债负。”[⑦] 后晋天福五年（940 年）降制：“应天福元年终以前，公私债负，一切并放。”[⑧] 天福七年（942 年）八月诏：“应天福七年夏税以前诸色残欠及讼征钱物，并公私债负等，并与除放。”[⑨] 这

① 《五代会要》卷 26《市》。
② 《册府元龟》卷 491《邦计部》。
③ 《册府元龟》卷 491《邦计部》。
④ 《册府元龟》卷 492《邦计部》。
⑤ 《册府元龟》卷 492《邦计部》。
⑥ 《旧五代史·唐书·庄宗纪》。
⑦ 《旧五代史·唐书·明宗纪》。
⑧ 《册府元龟》卷 92《帝王部》。
⑨ 《册府元龟》卷 92《帝王部》。

种由朝廷强行废除民间债务的做法，事实上并不利于民间借贷，并且在事实上也是很难做到的。当时的一些民间借贷契约中专门为此加上“中间或有恩赦，不在免限”的字样，使债务关系免受赦令的影响。

（三）典卖

五代时期，在典卖方面已逐步形成了比较规范的制度。后周广顺二年（952 年），开封府针对当时“庄宅牙人亦多与有物业人通情，重叠将产宅立契典当，或虚指别人产业，及浮造屋舍，伪称祖父所置；更有卑幼骨肉，不问家长，衷私典卖，及将倚当取债；或是骨肉物业，自己不合有分，倚强凌弱，公行典卖，牙人钱主，通同蒙昧”[①] 等种种情形，制定了一套规范，并得到朝廷批准。其中规定：“其有典质倚当物业，仰官牙人、业主及四邻同署文契，委不是曾将物业印税之时，于税务内纳契白一本，务司点检，须有官牙人、邻人押署处，及委不是重叠倚当，方得与印。如有故违，关连人押行科断，仍征还钱物。如业主别无抵当，仰同署契行保邻人均分代纳。如是卑幼不问家长，便将物业典卖倚当，或虽是骨肉物业，自己不合有分，辄敢典卖倚当者，所犯人重行科断，其牙人钱主并当深罪。所有物业，请准格律指挥。如有典卖庄宅，准例房亲邻人合当承当。若是亲人不要，及著价不及，方得别处商量。不得虚抬价例，蒙昧公私。有发觉，一任亲人论理。勘责不虚，业主牙保人并行重断，仍改正物业。或亲邻人不收买，妄有遮吝阻滞交易者，亦当深罪。”[②] 从这一规定看，首先，典当物业，须有官牙人、业主、四邻同署文契；其次，典卖违法的，同署文契的牙人、邻人等都要负连带责任；再次，亲邻对典卖的物业有优先承当权；最后，凡卑幼不经家长同意，擅自典卖，或典卖自己无分的亲属产业，以及其他违法交易的，依法不予承认，并追究有关人的责任。

① 《五代会要》卷 26《市》。
② 《五代会要》卷 26《市》。

（四）契约

五代时期的民事活动中，契约的订立占了很重要的地位。因此，契约的内容、格式也日趋具体、规范。从现存的五代时期的契约看，主要有以下几种类型的契约。

1. 买卖契约

敦煌发现的一份“后唐清泰三年（936 年）的卖房契约”残卷，[①] 是一份较为典型的买卖契约：

（前缺）

修文坊巷西壁上舍一所，内堂西头一片，东西并台一丈五寸，南北并基一丈五尺。（东至杨□子，西至张欺忠，南至邓坡山，北至薛安住。）又院落地一茶，东西一丈四尺，南北并基五尺，东至井道，西至邓坡山，南至坡山及万子，北至薛安升及万子，又井道四家停支出入，不许割截。时清泰三年丙申岁十一月廿三日，百姓杨忽律哺为手头阙乏，今将父祖口分舍出卖与弟薛安子、弟富子二人，断作舍价每地一尺，断物一硕二斗，兼屋木并袱都计得物三十三硕七斗。其舍及物当日交相分付讫，更无玄（悬）欠。向后或有别人认识者，一仰忽律哺祇当。中间如遇恩敕大赦流行，亦不许论理。两共对面平章，准法不许休悔。如先悔者，罚青麦十五驮，充入不悔人。恐人无信，立此文书，用为后凭。田主兼字

出卖舍主杨忽律哺（左头指）
出卖舍主母阿张（右中指）
同院人邓坡山（押）
同院人薛安升（押）

① 《敦煌资料》五,《契约文书》甲。转引自王永兴:《隋唐五代经济史料汇编校注》第一编，中华书局 1987 年版，第 983 页。

另《金石萃编》卷121《五代三》所载《广慈禅院残牒》也是一份类似的契约：

天福四年二月二十日，买得安□界菜市南壁上韩勋□一所，准作价钱四□缺□如后，北至官街，东至草场，南至通城巷，西至太庙院。

卖宅人殿前承旨韩勋年二十五　同卖宅人弟□（下缺）

同卖宅人母吴氏年五十八　保人前内侍省内常（下缺）

保人银青光禄大夫检校工部尚书康□庄宅牙□（下缺）

2. 典卖契约

随着典卖制度的逐步规范化，典卖契约的内容也趋于规范。五代后周时的一份典卖契约便是一例：

广顺三年次岁癸丑十月廿二日立契，莫高乡百姓龙章祐、弟祐定，伏缘家内窘阙，无物用度，今将父祖口分地雨（两）畦子共二亩中半，只（质）典已莲（边）畔人押衙罗思朝，断作地价，其日见过麦一十五硕。宇（自）今已后，物无利头，地无雇价，其地佃种，限四年内，不喜（许）地主收俗，若干年限满日，便仰地主辨还本麦者，便仰地主收地，两共对面平章为卜定，更不计喜休悔，如若先悔者，罚青麦十驮，充入不悔人。恐无后信，故勒次（此）契，用为后凭。

地主弟龙祐定（押）

地主兄龙章祐（押）

只（质）地人押衙罗思朝

知见人押衙罗安进（押）

知见人法律福海（押）[1]

① 斯坦因汉文文书466号，转引自孔庆明等编著：《中国民法史》，吉林人民出版社1996年版，第318—319页。

3. 雇佣契约

五代时期，随着雇佣关系的规范化，雇佣契约成为确认雇佣关系的主要依据，因而雇佣契约的内容也不断详备。以龙德四年（实为后唐同光二年，924 年）的一份雇佣契约为例：

龙德四年甲申岁二月一日，敦煌郡乡百姓张厶甲，为家内阙少人力，遂雇同乡百姓阴厶甲，断作雇价，从正月至九月末造作，逐月一驮。见分付多少已讫，更残到秋物□之时，收到春衣一对，袜袖并裈皮鞋一量（两）余外欠阙，仰自枇排。入作之后，比至月满，便须兢心夘□二意，时尚不离。城内城外一般获时造作，不得□抛涤工夫。忽忙时，不就田畔，蹭蹬闲行，左右直北。抛工一日，尅物二斗。应有沿身使用农具，兼及畜乘，非理失脱损伤者，陪在厶甲身上。忽若偷盗他人麦粟牛羊鞍马，逃走，一仰厶甲亲眷□当。或若浇溉之时，不慎睡卧，水落在□处。官中书罚，仰自衹当。亦不得侵损他□田苗针草，须守本分。大例贼打。输身却者，无亲表论说之分。两共对面平章为定，准法不许翻悔；如先悔者，罚上羊一口，充入不悔人。恐人无（信），故立明文，用为后验。

见人厶甲　雇身某甲

见人厶甲　□丞人厶甲①

从上面所录的几份不同类型的契约来看，在契约的格式、体例及内容上，都有共同之处：首先，订立契约的双方当事人姓名；其次，订立契约的原因及具体内容，包括有关的年限、价钱（报酬）及双方的责任等；再次，悔约责任及赔偿；最后，订契约的当事人与见证人画押。这些反映了五代时期契约制度的不断完善。

---

① 《敦煌资料》五，《契约文书》丙。转引自《隋唐五代经济史料汇编校注》第一编，中华书局 1987 年版，第 806—807 页。

（五）继承

五代时期在唐朝的基础上，对继承的权利与范围等，在法律上作了明确规定。[①] 并且对死商钱物的继承与处理，在唐代有关敕令的基础上，进一步作了明确规定。据后周显德五年（958 年）七月七日敕："死商财物如有父母、祖父母、妻，不问有子无子，及亲子孙男女，并同居大功以上亲幼小者，亦同成人，不问随行与不随行，并可给付。如无以上亲，其同居小功亲，及出嫁亲女，三分财物内取一分，均给之。余亲及别居骨肉不在给付之限。"[②]

此外，对于有关财产继承争讼的处理，则往往是以礼教伦常为依据。后唐张希崇任邠州节度使时，州民郭氏收养了一个孩子，这个养子长大后，因性情乖戾，不听教训，被郭氏遣走了。郭氏夫妇相继去世后，郭氏的几个亲戚教唆养子去衙门控告，说自己是郭氏的亲子，企图分割郭氏嫡子的财产。前后几任官都对此案束手无策。张希崇受理此案后，判道："父在已离，母死不至。虽云假子，辜二十年养育之恩；傥是亲儿，犯三千条悖逆之罪。甚为伤害民教，岂敢理认田园。其生涯尽付嫡子，所有讼者与其朋党，委法官以律定刑。"[③]

第四节　五代法律的特点

五代的法律制度虽然是沿袭唐朝，但时处乱世，纸上的规定很难得到有效的贯彻执行，因而后人发出"五代乱世，本无刑章，视人命如草芥"[④]

① 现本《宋刑统 · 户婚律》"户绝资产"及"死商钱物"等条内容，为《唐律》所无，应是唐末及五代刑统所增补，这些内容在五代时也是有法律效力的。

② 《宋刑统 · 户婚律》引。

③ 《折狱龟鉴》卷 8，另见《旧五代史 · 晋书 · 张希崇传》。

④ （清）赵翼：《廿二史札记》卷 22《五代滥刑》。

的感慨。因此，从总体上看，五代的法律，尤其是刑法，体现了“酷”与“滥”两个方面的特点。

一、五代的酷法

五代的酷法，主要表现在立法与刑罚上。

首先，从立法上来看，五代各国立法虽大多沿袭唐朝，但内容却比唐朝法律，尤其是《唐律》中的规定要严酷得多。《宋史・刑法志》引文彦博的上言：“唐末五代，用重典以救时弊，故法律之外，徒流或加至于死。”如有关窃盗罪的量刑，比原《唐律》的规定大大加重。从本章第二节中所记述的有关犯罪的量刑来看，也基本上反映了这个特点。

其次，从刑罚来看，五代刑罚之酷，除上文中提到的在死刑执行上适用“凌迟”之刑外，最显著的表现，便是广泛适用族刑。五代时被族诛的文臣武将史不绝书，其中较著名的，如后梁太祖朱温以旧怨族诛王师范于洛阳，“先掘坑于第侧，其弟师诲、兄师悦及儿姪二百口咸尽戮焉”。王师范临刑之时，“盛启宴席，令昆仲子弟列座，谓使者曰：死者人所不能免，况有罪乎？然予惧坑尸于下，少长失序，有愧于先人。行酒之次，令少长依次于坑所受戮。人士痛之”。[①] 后唐庄宗命夏鲁奇族诛朱友谦于河中，“是时，百口涂地，冤酷之声，行路流涕”。[②] 后唐汴州控鹤指挥使张谏谋叛，既伏诛，又集其党三千人并族之，并诛滑州长剑等军士数百人，夷其族。[③] 后汉任延皓为文水县令时，“聚敛财贿，民欲陈诉。延皓知之。一日，先诬告县吏结集百姓欲劫县库。高祖（刘知远）怒，遣骑军併擒县民十数族

① 《旧五代史・梁书・王师范传》。
② 《旧五代史・唐书・朱友谦传》。
③ 《旧五代史・唐书・明宗纪》。

诛之。冤枉之声，闻于行路”。[1]

二、五代的滥刑

五代各朝除后汉外，都制定、颁布了律典刑章，后汉虽因立国时间短而未及制定律典，但仍沿用后晋的法律。因此，在形式上，各朝法律适用都有凭准，颁布的诏令中也多次强调断案须具引敕格律令，然而在事实上，从中央到地方，官吏在审判案件时率性滥断的情形比比皆是。赵翼在《廿二史札记·五代滥刑》中，列举了后汉滥刑的情形：“史弘肇为将，麾下稍忤意，即挝杀之。”“汉隐帝时，李守贞等反，京师多流言，弘肇督兵巡察，罪无大小，皆死，有白昼仰观天者，亦腰斩于市。凡民抵罪，弘肇但以三指示吏，吏即腰斩。又为断舌、决口、斮筋、折足之刑。”“不问罪之轻重，理之是非，但云有犯，即处极刑，枉滥之家，莫敢上诉，军吏因之为奸，嫁祸胁人，不可胜数。”“苏逢吉为相，以天下多盗，自草诏，凡盗所居，本家及邻保皆族诛。或谓盗无族诛法，况邻保乎，乃但去族字。由是郓州捕贼使者张令柔杀平阴县十七村人皆尽……卫州刺史叶仁鲁帅兵捕盗，有村民十数方逐盗入山，仁鲁并疑其为盗，断其脚筋，宛转号呼而死……刘铢立法深峻，左右有忤意，即令人倒曳而出数百步，体无完肤。每杖人，双杖对下，谓之合欢杖；或杖人如其岁数，谓之随年杖。……民之生于是时，不知如何措手足也。”

① 《旧五代史·汉书·任延皓传》。

第十六章　五代的司法制度

五代时期的司法制度虽然也是沿袭唐代，但同时又体现了酷滥与进步双重特点。一方面，由于当时社会政治现实，司法黑暗成为一个普遍现象；另一方面，一些朝代的封建统治者又采取种种措施，力图改变司法中的黑暗与腐败现象，这些措施多少也收到一定的效果，更重要的是它开始扭转了唐末以来的司法审判无秩状态，为宋朝的中央集权的司法体系的建立奠定了基础。

第一节　司法机关

一、中央司法机关

五代沿唐制，以大理寺、刑部、御史台为中央负责司法审判的机关。

（一）大理寺

大理寺为断狱机关，主要负责审理京城案件及地方上奏的疑案。大理寺设卿、少卿为长官，[①] 大理正、大理丞、法直官、评事等为属官，负责具

① 杨鸿烈《中国法律发达史》第20章《五代》中说："后周大理寺无考，只有御史台、刑部还见明文。"但据《宋史·剧可久传》："周广顺初……复为大理卿"，《苏晓传》："周广顺初……入为大理正，以谳狱有功，迁少卿。"

体审判事务。据后唐长兴二年（931 年）八月大理卿李延范奏："寺司每奉敕旨断案，准格须委法直司据罪人所犯，检定法条，本断官将所犯罪名，并所检法律，及法书本卷，对验不差，然后逐件于法状上署名，下法定断。"[①] 可见大理寺在断案时，检详法律与作出判决两项职责是分别由法直官与断官来行使的，目的是保证审判的公正。长兴四年（933 年），大理正张琭又奏准在大理寺内恢复设置"议狱堂""每寺丞详断刑狱毕，集大卿、二少卿、二正、六丞、四司直、八评事、十司于议狱堂参详。……凡断公事，并集法官详议，然后连署奏闻"。[②]

（二）刑部

刑部是审判复核机关，主要是对大理寺所断案件及地方的死刑案件进行审核。五代时，由于朝廷司法审判权旁落，地方专杀，刑部对地方死刑案件的审核权也名存实亡。后晋天福三年（938 年），原晋州洪洞县主簿卢粲进策；认为"刑狱至重，朝廷所难。尚书省分职六司，天下谓之会府。诸道决狱，若关人命，即刑部不合不知。欲请诸州府，凡断大辟罪人讫，逐季具有无申报刑部，仍具录案款事节，并本判官、马步都虞侯，司法参军、法直官、马步司判官名衔申闻。或有案内情曲不圆，刑部请行复勘"。[③] 虽然这一建议被采纳，但事实上却并未能够完全得到执行。正如《宋史 · 刑法志》中所说："藩镇跋扈，专杀为威，朝廷姑息，率置不问，刑部按复之职废矣。"

（三）御史台

御史台是审判监督机关，主要负责受理申诉案件及皇帝交办的案件。御史台实际长官为御史中丞，以侍御史为其副，"掌纠举百僚，推鞫狱讼"。[④]

---

① 《五代会要》卷 16《大理寺》。
② 《五代会要》卷 16《大理寺》。
③ 《五代会要》卷 16《刑部》。
④ 《五代会要》卷 17《侍御史》。

另有殿中侍御史、监察御史、御史台主簿、推事等。一般案件的审讯，都由推官负责。[①]

大理寺、刑部、御史台在司法审判方面的职责，一般都有较明确的分工。地方上奏的疑难案件，由大理寺审理，刑部复核。后周高防为刑部郎中，“宿州有民剚刃其妻，而妻族受赂绐州，言病风狂不语。并不拷掠，以具狱上请。大理断令决杖。（高）防复之，云：其人病风不语，医工未有验状，凭何取证，便坐杖刑？况禁系旬月，岂不呼索饮食？再劾其事，必见本情。周祖深以为然，终置于法”。[②] 如果大理寺对刑部所复不服的，则由两司廷议后，由君主裁决。后唐天成三年（928 年），“李纾差摄陵台令，张保嗣等各虚称试衔，为奉先令王延朗所讼。大理寺断以诈假官论。刑部详复，称非诈假。大理执之。召两司廷议，刑部理屈”。结果，刑部侍郎马缟、刑部员外郎李慎等均因此遭贬斥。[③]

对于官吏犯罪、申诉案件或是皇帝交办的案件，则是由御史台负责审理，大理寺负责判决，并由刑部复核。后周广顺元年（951 年），郑州百姓李思美妻诣御史台，诉夫私鬻盐，罪不至死，判官杨瑛置以大辟。有司摄治瑛，瑛具伏。大理寺断杨瑛失入人罪，徒二年半。[④] 河阳判官宋仁范与洛阳嫠妇交讼，诏殿中侍御史冯瓒推劾。狱成，大理寺断宋仁范以官当徒，追两官告身。刑部员外郎张处素覆核无异，奏行”。[⑤]

二、地方司法机关

五代沿唐末藩镇割据之积习，地方州县虽设有专门负责司法审判的衙

---

① 《五代会要》卷 17《推官》。

② 《折狱龟鉴》卷 4《议罪》。

③ 《旧五代史·唐书·明宗纪》。

④ 《宋史·剧可久传》。

⑤ 《宋史·冯瓒传》。

门，但均为军士武夫所把持。

各县原设的县尉一职，“以军校为之，大为民患”。[①] 不仅如此，各县还由“藩侯补署亲随，为诸藩镇副镇都虞侯，同掌警逻盗窃之事，与县令抗礼，凡公事专达于州”。[②]

各州设州狱及马步院，由州判官、马步军都虞侯及判官负责司法审判，马步军都虞侯及判官都由军中牙校担任。[③] 后晋天福二年（937 年）诏：“应诸道马步都虞侯，今自后朝廷更不差补，委自藩方于本州衙前大将中慎选久历事任晓会刑狱者充，以三年限，仍不得于元随职员内差补。”[④]

各府设军巡院，由军巡使及判官负责司法审判。

马步院、军巡院都是由军事机关演变而来。这些不通法律的武夫来负责司法审判，往往是任意高下其手，循情枉断。后唐时，汴州长垣县的四个大盗收买了州衙的都虞侯，都虞侯串通推吏与典狱官，抓了四个贫民来抵罪，并将他们判了死罪。知州孔循对他们进行复审时，囚犯们一言不发。但当吏役把他们押出去时，却屡屡回视。孔循情知有异，命将他们押回，当面讯问，四个囚犯说：刚才是因为狱吏故意抬高枷尾，所以无法说话。于是孔循将此案交州主簿重审，终于才查明真相。[⑤] 后唐吕琦为侍御史知杂事时，“河阳帑吏财事发，诏军巡院鞫之。时军巡使尹训怙势纳赂，枉直相反。俄有诉冤于阙下者，诏琦按之。既验其奸，乃上言请治尹训，沮而不行。琦连奏不已。训知其不免，自杀于家，其狱遂明，蒙活者甚众”。[⑥]

---

① 《燕翼治谋录》卷 1。
② 《宋朝事实》卷 9。
③ 《渑水燕谈录》卷 5,《燕翼治谋录》卷 1。
④ 《旧五代史 · 晋书 · 高祖纪》。
⑤ 《折狱龟鉴》卷 2《释冤下》。
⑥ 《旧五史代 · 晋书 · 吕琦传》。

第二节　诉讼审判制度

一、诉讼制度

五代时期，对刑事诉讼与民事诉讼的受理上，已开始作了区分。后周广顺三年（953 年）诏："其婚田争讼，赋税丁徭，合是令佐之职；其擒奸捕盗，庇护部民，合是军镇警察之职。"[①] 当然，不论是在地方审判机关，还是在中央审判机关中，这种区分在职责上并不是很明确的。

（一）刑事诉讼

刑事诉讼的提起，须经法定的程序，严禁越诉。后唐长兴三年（932 年）敕："今后诸色人论讼，已经州府断遣后抑屈，更不在牒本道勘逐，便可据状施行。若未经州府论诉，蓦越陈状，可具事由，勒本道进奏官差人赍牒监送本处，就关连人勘断讫奏闻。"[②] 后周广顺三年（953 年）敕："起今后诸色词讼，及诉灾沴，并须先经本县，次诣本州、本府，仍是逐处不与申理，及断遣不平，方得次第陈状，及诣台省，经匦进状。其有蓦越词讼者，所由司不得与理。本犯人准律科罪。""若是州县不与申理，及推断谬滥，致人上诉者，委逐处长吏举奏，以防冤滞。"[③]

此外，"应所论讼人，并须事实干己，证据分明。如或不干己事，及所论矫妄，并加深罪"。同时，"其所陈文状，或自己书，只于状后具言自书；或雇请人书，亦于状后具写状人姓名、居住去处。如不识文字，及无人雇

① 《旧五代史·周书·太祖纪》。
② 《五代会要》卷 17《御史台》。
③ 《宋刑统·斗讼律》引。

请，亦许通过白纸”。[1]

（二）民事诉讼

五代民事诉讼的程序与刑事诉讼相同，先诉于县，再诉于府。后唐时，“常山属邑曰九门，有人鬻地与异居兄，议价不定，乃移于他人。他人须兄立券，兄固抑之，因诉于（县）令，令以弟兄俱不义，送府。”[2] 同时，为了防止因民事诉讼而影响农业生产，规定只在农闲时受理民事诉讼。后周显德四年（957 年）七月敕：“准令（按：指唐《杂令》），诸论田宅婚姻，起十一月一日，至三月三十日止者，州县争论，旧有釐革。每至农月，贵塞讼端。近闻官吏因循，由此成弊。凡有诉竞，故作逗留，至时而不与尽辞，入务而即使停罢。强猾者因兹得计，孤弱者无以自伸。起今后应有人论诉，陈词状至二月三十日权停，若是交相侵夺，情理妨害不可停滞者，不拘此限。”[3]（《五代会要》所引作“起今后应有人论诉物业婚姻，自十一月一日后许承状，至二月三十日权停。自二月三十日以前，如有陈诉，至权停日公事未了绝者，抑本处州县亦与尽理勘逐，须见定夺了绝。其本处官吏如敢违慢，并当重责。其三月一日后，至十月三十日以前，如有婚田词讼者，州县不得与理。若是交相侵夺，情理妨害，不可停滞者，不拘此例。”）

二、禁囚与监狱制度

五代时期监狱的主要功能，在于羁押未决的囚犯。在京城有御史台狱，诸州府有马步司及左右军巡院狱，这些地方监狱也都由牙校负责管理。这些牙校们往往利用职权，勒索、虐待囚犯，“初则滋张节目，作法拘囚，

① 《宋刑统·斗讼律》引。
② 《旧五代史·晋书·高祖纪》。
③ 《旧五代史·周书·世宗纪》。

终则诛剥货财”“胥吏舞文，枝蔓乃众。捶楚之下，或陷无辜。缧绁之中，莫能自理。苟一人拘系，则数人营财”。[①]

当然，五代时期的一些君王也注意到了当时监狱管理的黑暗与腐败现象，他们也采取了一些措施，着力改善这种状况。

首先，规定了定期疏理禁囚的制度。后唐同光二年（924 年）六月敕：“应御史台、河南府行台、马步司、左右军巡院见禁囚徒，据罪轻重，限十日内并须决遣申奏，仍委四京诸道州府，见禁囚徒，速宜疏决，不得淹停。”同光三年（925 年）五月敕：“三京诸道州府，所禁罪人，如无大过，速令疏决，不得淹滞。”[②] 为了防止淹滞禁囚，还专门规定了地方长吏定期巡视监狱，疏理禁囚的制度。后唐天成二年（927 年）定制：“天下系囚，委长吏逐旬亲自引问，质其罪状真虚，然后论之以法。”[③] 后晋又改为“凡是禁系罪人，五日一度录问”。[④]此外，遇大寒、酷暑及其他气候或节气变化，也要及时疏理狱中禁囚。

其次，改善监狱环境与条件。后周时多次发布敕令，“令狱吏洒扫牢狱，当令虚歇；洗涤枷械，无令蚤虱；供给水浆，无令饥渴；如有疾患，令其家人看承。囚人无主，官差医工诊侯，勿致病亡”。[⑤] 显德二年（955 年）又定制：“应诸道见禁罪人，无家人供备吃食者，每人逐日破官米二升，不得信任狱子节级减消罪人口食。仍令不住供给水浆，扫洒狱内，每五日一度洗刷枷杻。如有疾病者，画时差人看承医疗。”[⑥]

最后，设立“病囚院”。后唐长兴二年（931 年），濮州录事参军崔琮上言，“诸道狱囚，恐不依法拷掠，或不胜苦，致毙，翻以病闻，请置病

① 《旧五代史・刑法志》。
② 《旧五代史・刑法志》。
③ 《旧五代史・唐书・明宗纪》。
④ 《旧五代史・刑法志》。
⑤ 《旧五代史・刑法志》。
⑥ 《五代会要》卷 10《刑法杂录》。

囚院，兼加医药”。[1]这一建议被朝廷采纳，并下敕：“诸道州府各置病囚院，或有病囚，当时差人诊侯治疗，瘥后据所犯轻重决断。如敢故违，致病囚负屈身亡，本官吏并加严断。”[2]病囚院的设置，在中国古代狱政史上具有重要意义，是狱政逐步趋向文明的表现。

当然，由于五代特殊的社会环境，使得这些良好的措施在实践中很难得到真正的贯彻。后汉高祖刘知远在太原时，曾命节度判官苏逢吉“静狱”以祈福佑，“静狱”的本意是要他疏理禁囚，平反冤狱，可苏逢吉却“尽杀禁囚以报”。[3]宋朝人在评论五代的狱政时曾说过：五代时“州镇专杀，而司狱事者轻视人命”，[4]这个评价应该是很公正的。

三、审判制度

（一）案件的审讯

五代时期，在案件审讯过程中，刑讯是主要的取证手段。虽然法律也禁止滥用刑讯，违者比照故意杀人罪论处（见第二章第二节八：“刑讯不如法。”）但这是建立在承认刑讯的合法性的基础上的。因此，普遍适用刑讯，也就成为五代时期司法审判的一个显著特点。因而屈打成招者不可胜数。在《折狱龟鉴·释冤下》中所收录的几起五代时的案件，都是因酷刑拷打而被迫诬供的。[5]

其一，后汉时，“有人因行商回，见妻为人所杀，而失其首。既悲且惧，以告妻族。乃执婿送官。不胜捶楚，自诬杀妻。狱既具，府从事独疑之，

① 《旧五代史·刑法志》。
② 《宋刑统·断狱律》引。
③ 《旧五代史·汉书·苏逢吉传》。
④ 《燕翼治谋录》卷1。
⑤ 其中“孔循虑囚”一案，参见本章“地方司法机关”所引。

请更加穷治，太守听许。乃追封内件作行人，令供近日与人家安厝去处。又问颇有举事可疑者乎？一人对曰：某处豪家举事，只言殂却奶子，五更初，墙头舁过凶器（棺材），极轻，似无物，见瘗某处。亟遣发之，乃一女子首。令囚验认，云非妻也。遂收豪家鞫问，具服：杀奶子，函首埋瘗，以尸易囚之妻，畜于私室。婿乃获免”。

其二，后周高防知蔡州时，“部民王义为贼所劫，捕得五人，系狱穷治，赃验已具，将加极典。防疑其枉，取赃阅之，召义问：所失衫袴是一端布否？曰：然。防令校其幅尺，广狭不同，疏密有异，囚乃称冤。问：何故服罪？曰：不任捶楚，求速死耳。居数日，获其本贼，而五人得释”。

不过，值得一提的是，五代时期在审讯理论方面也取得一定的成就，其代表便是和凝父子同撰的《疑狱集》的问世。和凝是后梁进士，后唐时任殿中侍御史、刑部员外郎等职；后晋时任端明殿学士、右仆射；后汉时任太子太保，封鲁国公；后周迁太子太傅。他历任五朝，在后唐时专任司法之职，《疑狱集》一书可能就是这一时期开始撰写，最后由其子和㠓完成的。《疑狱集》一书中，收录了大量的古代侦查、断案的事例，记录了古代较为典型的侦查、断案技巧，不仅是我国现存最早的案例汇编，而且对后来的刑事审判及其理论的发展都产生了重要影响。其后相继问世的《折狱龟鉴》《棠阴比事》都是以本书为基础的。

（二）案件的复核与覆奏

如前所述，地方各州案件的审理，主要是由马步院的都虞侯及判官等负责的，他们在审理结束后，便可以直接作出判决，但州府长官如果认为有疑问的，便可对案件进行复核。上文中所引《折狱龟鉴》中的事例，都是州府长官在复核时发现问题而予以平反的。后唐长兴三年敕还规定：“诸道州府凡有推鞫囚狱，案成后，逐处委观察、防御、团练军事判官，引所勘囚人面前录问，如有异同，即移司别勘。若见本情，其前推勘官吏，量罪科责。如无异同，即于案后别连一状，云所录问囚人与案款同，转上本处观察、团练使、刺史。如有案牍未经录问过，不得便令详断。”[①] 为了使官吏认真复核，后唐、后晋时曾规定雪活冤狱的奖励制度。后唐长兴年间规定，“州县官在任详谳刑狱，昭雪人命者，不限岁月赴选，许令超资注官，仍赐章服，诸道州府给付公验，躬赴行部投状，随给优牒”。[②] 至后晋时，又奏准“但能雪活冤狱，不限中外官，并加旌赏”。[③]

大理寺所审理的案件，则由刑部负责复核。此已见前述。对于已定判的死刑案件，依法应“三覆奏”，但事实上，“近年以来，全不覆奏，或蒙赦宥，已被诛夷”。[④] 因此，后唐天成二年（927 年）定制：“应在京有犯极刑者，令决前、决日，各一覆奏，听进止；有凶逆犯军令者，亦许临时一覆奏。”[⑤]

第三节　刑罚的执行与赦免

一、刑罚的执行

五代法律对刑罚的执行虽有明文规定，但由于地方州府任情专杀，因而在执行上带有很大的随意性，这也是五代时期刑罚执行的一个突出特点。

（一）笞杖刑的执行

后周显德五年（958 年）定常行官杖制，杖长三尺五寸，大头阔不过二寸，厚及小头径不得过九分。[⑥] 州县自长官以下，因公事行责情杖，量

① 《宋刑统 · 断狱律》引。
② 《宋史 · 赵上交传》。
③ 《宋史 · 赵上交传》。
④ 《五代会要》卷 10《刑法杂录》。
⑤ 《五代会要》卷 10《刑法杂录》。
⑥ 《宋史 · 刑法志》。

情状轻重，用今时杖，不得过臀杖十五。因责情杖至死者，具事由闻奏。[1]

另据后晋开运三年（946 年）详定院奏准：“今后在京及诸道州府，如有准敕决笞杖者，差一员公干清强官监视。”[2]

（二）徒流刑的执行

后唐清泰三年（936 年），刑部郎中李元龟奏准：“准《开成格》，应断天下徒流人到所流处，本管画时申御史台，候年月满日申奏，方得放还本贯。近年凡徒流人所管虽奏，不申御史台报大理寺，所以不知放还年月。望依格律处分。”[3]

（三）死刑的执行

五代沿袭唐制，死刑的执行方法为绞、斩二种，并继承了中唐以来决重杖一顿处死以代极刑的做法。同时，在死刑执行的时间上，也沿袭了古时顺天行刑的制度。后唐同光三年（925 年）敕：“刑以秋冬，虽关恻隐，罪多连累，翻虑淹滞。若或十人之中，止为一夫抵死，岂可以轻附重，禁锢愈时。言念哀矜，又难全废。其诸司囚徒，罪无轻重，并宜各委本司，据罪详断申奏。轻者即时疏理，重者候过立春，至秋分然后行法。如是事系军机，须行严令，或谋恶逆，或畜奸邪，或行劫杀人，难于留滞，并不在此限。”[4]后晋天福七年（942 年）敕：“两京诸道州府应决大辟罪，起今后遇大祭祀、正冬、寒食、立春、立夏、雨雪未晴，以上日并不得行极刑。如有已断下文案，可取次日及雨雪定后施行。”[5]

---

① 《宋刑统·名例律》引。

② 《五代会要》卷 10《刑法杂录》。

③ 《五代会要》卷 9《徒流人》。

④ 《五代会要》卷 10《刑法杂录》。

⑤ 《宋刑统·断狱律》引。

二、刑罚的赦免

五代盛行赦罪。虽然赦罪的名目不同，有大赦，有德音；赦免的内容也不同，有罪无轻重、常赦所不原则减除之，有犯十恶、五逆、火光行劫、持刃杀人、官典犯赃、屠牛、铸钱、合造毒药不在原赦之限，有降死罪以下囚，有降流罪以下囚。五代诸君盛行大赦的主要目的，自然是收买人心，巩固自己的统治。但频繁的大赦，势必影响了法律的执行。因此，后晋时张允进曾作《驳赦论》，力言赦罪之弊。文中说："窃观自古帝王，皆以水旱则降德音而宥过，开狴牢而放囚，冀感天心以救其灾者，非也。假有二人讼，一人有罪，一人无罪，有罪者见赦则喜，无罪者衔冤。衔冤者何疏乎？见赦者何亲乎？如此则是致灾之道，非救灾之术也。至使小民遇天灾则喜，皆劝为恶，曰：国家好行赦，必赦我以救灾。如此，则赦者教民为恶也。且夫天道福善祸淫，若以赦为恶之人，而变灾为福，是则天助恶民也。或曰：天降之灾，警诫人主，岂以滥舍有罪，而能救其灾乎？是知赦不可行也。"①

① 《五代会要》卷9《论赦宥》。